지방자치의 이해와 전략

최봉기 · 박종선 · 성영태 공저

法 文 社

머 리 말

지방자치란 중앙정부의 권력적 통치의 한계를 보완하는 지역주민의 민주적 제도이며, 주민참여를 통해 자기지역의 특성을 발전시킴으로써 국가발전에 기여하는 제도이다. 따라서 한 국가의 지방자치는 국가의 민주주의 역량을 평가하고, 강화시키기 위한 가장 기본적인 장치이며 제도라 할 수 있다. 급변하는 경쟁적 세계화 시대 속에서 지방자치제도는 국내 각 지역의 개별·특성적 발전을 통해 국가전체의 균형발전을 도모할 수 있는 21세기 새로운 국가발전 패러다임으로 인식되어 왔다. 우리나라의 지방자치는 이승만 정부와 장면 정부를 합한 9년, 그리고 1991년 부할 된 이후 현재까지 제도적 기틀을 유지하고 발전시켜 왔지만 중앙정부의 과도한 통제와 정당 및 국회의원들의 정치적 수단으로 전락되어 그 근본 취지가 왜곡되고 있다. 그러나 부분적이지만 지역발전을 위한 중앙정부의 제도 개편과 지방정부 주도의 정책추진 등을 통해서 지방행정의 투명성과 민주성을 제고시키고 있다는 긍정적인 평가도 받고 있다.

세방화(glocalization)와 지세화(loc-blization)현상이 보편화되어가고 있는 21세기 지구촌 사회의 변화 속에서 국가선진화의 중추적 수단으로서 지방분권과 자치발전은 불가피한 과제이다. 그러나 지방분권과 자치발전의 중요성에 대한 국민적 인식수준이 저급하고 중앙정부의 반분권적이고 비자치적 저항이 심각하여 국가선진화가 지체되고 있다.

특히 지방자치제도의 근본적 취지에도 맞지 않고, 시대변화에도 부응하지 못하고 있는 우리나라의 현행 지방자치제도는 시급히 대대적으로 개편되어야 하지만 집권층의 무관심과 중앙행정부의 저항으로 방치되고 있는 상태이다. 이에 우리 저자들은 지방자치에 대한 국민적 관심을 증진시키고, 자치제도에 대한 좀더 정확한 이해를 바탕으로 지방고유의 특성이 반영된 미래지향적 지방자치제도의 재정립이 무엇보다 중요하다는 인식으로 본서의 기획을 시작하였다. 따라서 본서는 전문대학, 대학, 대학원 등의 학생수준을 고려하여 한국지방자치의 폭넓은 지식을 전달하고 습득시키기 위한 교재로써의 역할과 함께 지방자치를 새롭게 연구하려는 학도들이나 공무원, 지방의원들에게는 효과적인 학습서가 될 수 있을 것이다.

본서는 총 5편으로 구성되어 있다. 제 1편은 지방자치의 기초이론을 소개하고, 제2편은 국가와 지방자치단체의 관계에 관한 내용을 담고 있다. 그리고 제3편은 지방자치단체의 구조와 기능 등 이론과 함께 지방자치단체의 자치역량 강화방안을 제시하였다. 제4편은 한국지방자치의 역사와 지방자치의 경험과 반성을 검토하였다. 마지막 제5편은 정부 간 관계와 광역행정에 대한 내용을 포함하고 있다. 특히 본서는 지방자치와 관련된 최신의 이론과 경향을 분석하고 설명함으로써 현실 적응력을 향상시키고자 노력하였다. 나아가 지방자치학의 학문적 체계화를 위해 노력하면서도 가능한 한 간결하고 독자들이 이해하기 쉽도록 작성하려고 노력하였다.

본서의 출판은 많은 사람들의 배려와 도움으로 이루어졌다. 모든 분들을 한 분 한 분 이름을 들어 설명할 수는 없지만 본서의 집필과 편집과정에서 조언과 수고를 아끼지 않으신 모든 분들에게 이 자리를 빌어 심심한 감사의 인사를 드린다. 특히 출판을 흔쾌히 허락해 주신 법문사 사장님과, 무수한 편집과정에서 많은 수고를 아끼지 않으신 예상현 과장을 비롯한 법문사 관계자 여러분들께도 심심한 감사를 드린다.

2015년 8월

저자일동

차 례

제 1 편 지방자치의 기초이론 (1~36)

제 1 장 현대지방자치의 의의와 민주정치 발전 ···················· 3

제 1 절 지방자치의 개념과 구성요소 ···················· 3

Ⅰ. 현대지방자치의 개념 3

1. 의 의 3
2. 주민자치와 단체자치 4
3. 현대적 지방자치의 개념구성 6

Ⅱ. 지방자치의 목적 7

1. 정치이념적 목적 8
2. 실제적 · 효용적 목적 8
3. 목적간의 대립 · 상충과 조화문제 8

Ⅲ. 지방자치의 구성요소 9

1. 지방정부(지방자치단체의 기관) 9
2. 지방자치권 10
3. 지역(자치구역)과 주민 10
4. 지방의 공공사무 10
5. 주민의 정치행정참여 11
6. 자주적 재원 11

제 2절 지방자치와 민주정치발전의 관계 ···················· 12

Ⅰ. 지방자치와 민주주의의 관계 12

1. 관계긍정론과 관계부정론 12
2. 지방자치와 정치발전의 관계 16

Ⅱ. 지방자치제도의 민주적 가치와 폐해 18

1. 지방자치의 민주적 가치 18
2. 지방자치의 역기능적 단점 23

제 2 장 지방자치의 현대적 경향과 연구대상 및 방법 ···················· 26

제 1 절 지방자치의 현대적 경향 ···················· 26

1. 지방자치의 변질과 제약 26
2. 지방자치제도의 내재적 한계 29

제 2 절 지방자치학의 연구대상과 범위 및 방법 ···················· 30

1. 지방자치학연구의 특수성 31
2. 지방자치학의 연구대상과 범위 33

3. 지방자치학의 연구방법 36

제 2 편 국가와 지방자치단체의 관계 (37~100)

제 1 장 중앙집권론과 지방분권론 ······ 39

제 1 절 중앙집권과 지방분권의 의의와 성격 ······ 39

Ⅰ. 의의와 성격 39

1. 의 의 39
2. 중앙집권과 지방분권의 개념 40
3. 중앙집권과 지방분권의 성격 41
4. 분권과 분산의 차이 42
5. 집권화와 분권화의 촉진요인 42

Ⅱ. 지방분권의 시대적 특성과 향후방향 43

1. 지방분권화의 시대적 배경 43
2. 지방분권의 목적 44
3. 근래 지방분권화 현상의 대두배경 44
4. 지방분권의 바람직한 방향 45

Ⅲ. 지방분권의 방식 47

1. 자치적 분권 47
2. 행정적 분권 49
3. 협력적 분권 50

제 2 절 중앙집권과 지방분권의 관계 ······ 50

Ⅰ. 중앙집권과 지방분권의 속성 50

Ⅱ. 중앙집권과 지방분권의 장 · 단점 51

1. 중앙집권의 장 · 단점 51
2. 지방분권의 장 · 단점 53

Ⅲ. 중앙집권과 지방분권의 조정과 조화 55

1. 집권과 분권, 통합과 분리의 관점필요 55
2. 공동이해관계 및 자율적 협조체제로서의 인식증진 55
3. 집권과 분권의 조화와 균형요청 56

제 3 절 신중앙집권론과 신지방분권론 ······ 56

1. 신중앙집권의 내용과 한계 56
2. 신지방분권론의 의의와 내용 60

제 2 장 중앙정부와 지방정부간의 기능배분 ········· 64

제 1 절 의 의 ········· 64

제 2 절 기능배분에 관한 이론의 검토 ········· 65

Ⅰ. 기능배분의 의의 65
1. 의 의 65
2. 중앙정부와 지방정부의 기능실태 65

Ⅱ. 기능배분의 원칙과 기준 및 변수 67
1. 중앙과 지방간 기능배분의 필요성 67
2. 기능배분의 원칙 68
3. 기능배분의 기준 69
4. 기능배분의 변수 70

제 3 절 한국의 정부간 기능배분실태와 문제점 ········· 72

Ⅰ. 기능배분의 실태 72
1. 일반적 실태 72
2. 제도적 실태 73

Ⅱ. 기능배분의 문제점과 합리화 방안 76
1. 기능배분의 문제점 76
2. 기능배분의 합리화방안 78

제 3 장 중앙정부의 지방정부 통제(중앙통제론) ········· 81

제 1 절 중앙통제의 의의와 필요성 ········· 81

Ⅰ. 제도의 변천 81

Ⅱ. 중앙통제의 필요성과 한계 82
1. 중앙통제의 개념 82
2. 중앙통제의 필요성 82
3. 중앙통제의 한계 84

제 2 절 중앙통제방식의 유형과 대상 ········· 85

Ⅰ. 중앙통제 방식의 유형 85
1. 일반적 중앙통제의 방식(내부통제) 85
2. 중앙행정기관에 의한 통제방식 87
3. 중앙통제의 현대적 경향 90

Ⅱ. 중앙통제의 대상기관 91
1. 지방의회에 대한 통제 91
2. 지방자치단체장에 대한 통제 91

제 3 절 한국 중앙통제의 실태와 개선방향 ········· 92

Ⅰ. 한국중앙통제의 실태 92

1. 중앙통제의 특징 92
2. 중앙통제의 실태 93
3. 중앙통제의 문제점 96
Ⅱ. 행정환경변화와 중앙통제제도의 개선방향 97

제 3 편 지방자치단체론 (101~378)

제 1 장 지방자치단체의 일반이론 ······ 103

제 1 절 지방자치단체의 의의와 구성요소 ······ 103
Ⅰ. 지방자치단체의 개념과 성격 103
1. 지방자치단체의 개념 103
2. 지방자치단체의 성격 104
3. 중앙정부의 지방특별행정기관과의 차이 105
Ⅱ. 지방자치단체의 구성요소 106
1. 주민(住民) 106
2. 자치구역(自治區域) 106
3. 자치권(自治權) 107
4. 기관(機關: 지방정부) 107

제 2 절 지방자치단체의 종류 ······ 108
1. 보통지방자치단체(일반지방자치단체) 108
2. 특별지방자치단체 112

제 3 절 지방자치단체의 계층구조 ······ 114
Ⅰ. 계층구조의 의의 114
Ⅱ. 단층제와 중층제의 장 · 단점 115
1. 단층제의 장 · 단점 115
2. 중층제의 장 · 단점 117
Ⅲ. 지방자치단체의 계층구조 119
1. 외국 지방자치단체의 계층구조 119
2. 한국 지방자치단체의 계층구조 121
Ⅳ. 기초자치단체와 광역자치단체간의 관계 123
1. 대등한 협력관계 123
2. 상 · 하의 감독관계 124

제 4 절 지방자치단체의 기관구성 형태 ······ 125
Ⅰ. 의 의 125
Ⅱ. 기관통합형(機關統合型) 126
1. 기관통합형의 개념 126
2. 기관통합형의 유형 126
Ⅲ. 기관분리형(機關分離型) 128

1. 기관분리형의 개념 128 2. 기관분리형의 유형 128
Ⅳ. 절충형(의회-위원회형) 130
1. 개 념 130 2. 유 형 130

제 2 장 지방자치단체의 권한(지방자치권) ······ 131

제 1 절 지방자치권의 본질 ······ 131
Ⅰ. 지방자치권의 의의와 성격 131
1. 지방자치권의 개념 131 2. 지방자치권의 성격 132
Ⅱ. 자치권의 본질에 관한 학설 133
1. 고유권설(지방권설) 133
2. 전래권설(국권설 혹은 수탁권설) 134
3. 제도적 보장설(制度的 保障說) 135
Ⅲ. 자치권의 보장과 제한 135
1. 자치권의 보장 135 2. 자치권의 제한 136

제 2 절 지방자치권의 유형과 내용 ······ 136
Ⅰ. 자치입법권(自治立法權) 136
1. 자치입법권의 개념 136 2. 자치입법권의 범위 137
3. 자치입법권의 유형 137
Ⅱ. 자치조직권(自治組織權) 142
1. 자치조직권의 의의 142 2. 자치조직권의 범위 142
Ⅲ. 자치행정권(自治行政權) 144
1. 자치행정권의 의의 144 2. 자치행정권의 범위 144
Ⅳ. 자치재정권(自治財政權) 146
1. 의 의 146 2. 자치재정권의 내용 147
3. 재정적 자주성 147

제 3 장 지방자치단체의 기관(지방정부) ······ 149

제 1 절 지방의회(의결기관) ······ 149
Ⅰ. 의 의 149
Ⅱ. 지방의회의 개념과 지위 150
1. 지방의회의 개념 150 2. 지방의회의 지위 150
Ⅲ. 지방의회의 조직 151
1. 지방의회의 구성(構成) 151 2. 의원정수(議員定數) 152

3. 지방의회의 규모(規模) 152
4. 지방의회의 내부조직 153
Ⅳ. 지방의회의 권한과 기능 157
1. 지방의회의 권한정도를 좌우하는 요인 157
2. 지방의회의 권한 157
3. 지방의회의 기능 161
Ⅴ. 지방의회의 운영 163
1. 지방의회의 소집 및 회기 163
2. 지방의회의 회의와 운영 164
3. 지방의회의 회의원칙 165
4. 위원회의 운영 167
5. 회의록의 작성과 보관 168
Ⅵ. 지방의원의 권리와 의무 169
1. 지방의원의 지위 169
2. 지방의원의 신분 170
3. 지방의원의 권리 171
4. 지방의원의 의무 173

제 2 절 지방자치단체의 장(집행기관) ········ 176

Ⅰ. 일반집행기관 176
1. 지방자치단체의 장 177
2. 보조기관(지방자치단체장의 보조기관) 184
3. 소속행정기관(所屬行政機關) 185
4. 하부행정기관(下部行政機關) 188
Ⅱ. 교육·학예집행기관 188
1. 자치교육제도와 교육담당기관 188
2. 우리나라 자치교육제도의 기본구조 188
3. 광역의회의 교육위원회(教育委員會) 189
4. 교육감(教育監): 교육·체육·학예집행기관 189
Ⅲ. 경찰집행기관 191
1. 경찰제도의 유형: 국가경찰제와 자치경찰제 191
2. 경찰제도의 모델 192
3. 한국의 경찰집행기관 193

제 3 절 지방의회와 자치단체장의 관계 ········ 194

Ⅰ. 의 의 194
Ⅱ. 지방의회와 자치단체장의 관계 195
1. 두 기관간의 관계를 좌우하는 요인들 195
2. 자치단체장에 대한 지방의회의 권한 195
3. 지방의회에 대한 자치단체장의 권한 197
4. 두 기관의 관계유형 200

Ⅲ. 지방의회와 지방자치단체장의 갈등 201
1. 갈등요인의 분석 201
2. 갈등해소방안의 탐색 202

제 4 장 지방자치단체의 주민과 구역 ······ 205

제 1 절 지방자치단체의 주민 ······ 205

Ⅰ. 주민의 개념과 지위 205
1. 주민의 개념 205
2. 주민의 지위 206

Ⅱ. 주민의 권리와 의무 207
1. 주민의 권리 207
2. 주민의 의무 210

제 2 절 지방자치에의 주민참여 ······ 211

Ⅰ. 주민참여의 의의와 배경 211
1. 주민참여의 의의 211
2. 주민참여제도의 발달배경 212

Ⅱ. 주민의 지방정치참여(참정) 212
1. 의 의 212
2. 주민의 지방정치참여 필요성 213
3. 주민의 정치참여 유형 214

Ⅲ. 주민의 자치행정에의 참여 217
1. 자치행정에 대한 주민참여의 개념 217
2. 지방자치행정에 대한 주민참여의 필요성 218
3. 자치행정에 대한 주민참여의 기능 220
4. 주민참여의 장단점(순기능과 역기능) 222
5. 자치행정에 대한 주민참여의 변수 224
6. 주민참여의 유형과 방법 228

Ⅳ. 한국의 주민참여제도 230
1. 제도화된 주민참여방식 230
2. 비제도화된 주민참여방식 232

Ⅴ. 주민참여의 제약요인과 활성화 방안 234
1. 주민참여의 제약요인 234
2. 주민참여의 활성화방안 236

Ⅵ. 로컬 거버넌스 238
1. 거버넌스(Governance)의 의의와 체제 238
2. 거버넌스의 대두배경 239
3. 거버넌스의 유형 240
4. 로컬 거버넌스의 실태 241

제 3 절 주민의 지방정부통제와 행정책임의 확보 ······ 241

Ⅰ. 주민통제의 의의와 중요성 241
1. 주민통제와 지방행정책임의 확보 241
2. 주민통제의 필요성과 중요성 증대 242
Ⅱ. 지방행정책임의 확보와 주민통제의 방법 243
1. 지방행정책임의 의의와 유형 243
2. 행정책임확보의 필요성과 기준 243
3. 주민통제의 방법 245
Ⅲ. 주민통제의 실태와 효율화 방안 249
1. 지방정부의 주민통제실태 249
2. 주민통제의 취약원인과 대책 249
3. 주민통제(행정책임확보)의 효율화방안 250

제 4 절 지방자치단체의 구역 ········ 254

Ⅰ. 자치구역의 의의와 성격 255
1. 자치구역과 행정구역 255
2. 자치구역의 성격과 구역적정화 256
Ⅱ. 지방자치구역의 현대적 동향과 기준 260
1. 자치구역의 환경변화와 구역설정의 동향 260
2. 자치구역설정의 기준 263
Ⅲ. 지방자치단체의 구역조정(구역개편) 266
1. 구역조정의 필요성과 목표 266
2. 구역조정의 방식과 유형 269
3. 구역조정의 사후처리와 한국의 구역개편 271

제 5 장 지방자치단체의 재정 ········ 275

제 1 절 지방재정의 이론적 기초 ········ 275

Ⅰ. 지방재정의 의의와 특징 275
1. 지방재정의 의의 275
2. 지방재정의 성격과 특징 276
Ⅱ. 지방재정의 기능과 운영원칙 277
1. 지방재정의 기능 277
2. 지방재정운영의 원칙 278
3. 지방재정의 여건변화 279

제 2 절 지방정부의 재정수입 ········ 280

Ⅰ. 지방재정수입의 특징과 분류 280
1. 지방재정수입의 개념 280
2. 지방재정수입의 특징 280
3. 지방재정수입의 성격분류 281

Ⅱ. 지방정부의 자주적 재정수입(자주재원) 281
1. 지방세(地方稅) 282
2. 세외수입(稅外收入) 290
3. 지방채(地方債) 291
Ⅲ. 지방정부의 의존적 재정수입(의존재원) 294
1. 지방교부세(地方交付稅) 294
2. 국고보조금 295
3. 광역·지역발전특별회계 298
4. 시·군 조정교부금 299
5. 자치구 조정교부금(自治區 調整交付金) 300

제3절 지방정부의 재정지출과 재정자립도 ············ 301
Ⅰ. 재정지출의 의의와 분류 301
1. 재정지출의 의의와 특징 301
2. 재정지출(경비)의 분류 302
3. 재정지출(경비)의 현황 307
Ⅱ. 지방정부의 재정자립도와 지방재정력 309
1. 지방재정자립도 309
2. 지방재정력의 의의와 측정변수 312

제6장 지방자치단체의 기능과 자치역량의 제고 ············ 314

제1절 주민에 대한 행정서비스의 제공 ············ 314
Ⅰ. 지방행정서비스의 의의와 공급원칙 314
1. 지방행정서비스의 의의 314
2. 지방행정서비스의 특징과 서비스공급의 원칙 317
Ⅱ. 지방행정서비스의 유형 319
1. 공급목적에 따른 분류 319
2. 서비스의 성격에 의한 유형구분 321
Ⅲ. 지방행정서비스의 영역과 공급방법 322
1. 행정서비스공급에 시장경제적 경쟁원리도입 322
2. 지방행정서비스공급에 대한 검토기준 322
3. 지방행정서비스의 공급방법 323
Ⅳ. 지방행정서비스와 품질향상 325
1. 행정서비스 품질향상의 의의 325
2. 지방행정서비스의 품질향상 방안 326
3. 행정서비스 품질향상을 위한 정책 328

제2절 지방정부의 행정정보공개 ············ 331
Ⅰ. 지방행정 정보공개제도의 이론적 기초 331

1. 행정정보공개의 의의와 기능 331
2. 행정정보공개의 이념(理念) 334
3. 행정정보공개의 필요성 335
4. 행정정보공개의 촉진요인 336
Ⅱ. 지방행정정보공개의 내용과 특성 337
1. 정보공개의 주요내용 337
2. 행정정보공개의 특성 338
3. 지방정부 정보공개의 특징 339
Ⅲ. 지방행정정보공개의 방법과 제약요인 339
1. 행정정보공개의 과정 339
2. 행정정보공개의 방법 340
3. 행정정보공개의 제약요인 341
Ⅳ. 한국행정정보공개제도의 실태와 전망 343
1. 행정정보공개제도의 내용 343
2. 한국행정정보공개의 문제점 346
3. 한국행정정보공개제도의 전망과 대책 347
4. 외국 정보공개제도의 내용 348
제 3 절 지방정부의 자치역량 제고 ······ 349
Ⅰ. 자치역량제고의 의의와 내용 349
1. 의 의 349
2. 지방정부 자치역량의 개념과 확충 349
3. 자치역량의 요소와 분석방법 350
Ⅱ. 지방정부의 내부적 역량요소 351
1. 내부구조적 역량요소 351
2. 내부기능적 역량요소 352
Ⅲ. 지방정부의 외부적 역량요소 353
1. 외부구조적 역량요소 353
2. 외부기능적 역량요소 354
Ⅳ. 지방정부의 자치역량 제고방안 355
1. 자원의 증진 355
2. 지방분권 및 자치제도의 확충 356
3. 자치단체장의 리더십의 강화 356
4. 지원협력 및 통제의 효율화 357
5. 창조적 정책개발과 추진 357
제 4 절 지방정부의 역량제고와 정책개발 ······ 358
Ⅰ. 지방정부의 정책개발 필요성 358
1. 지방정부역할의 혁신과 과제 358
2. 지방정부의 정책개발에 대한 인식증진 359

3. 지방정부의 정책개발과 자치단체장의 정책리더십 360
Ⅱ. 지방정부의 정책개발유형과 영역 361
1. 바람직한 정책개발의 유형과 방법 361
2. 지방정부의 바람직한 정책개발영역 362
Ⅲ. 지방정부의 정책개발방법과 과제 363
1. 지방정부의 정책개발방법 363 2. 지방정부 정책개발의 과제 366
Ⅳ. 지방정부 정책개발의 과정 368
1. 지방정부 정책개발과정의 의의 368
2. 정책의제설정의 과정 369
3. 정책결정의 과정 371
Ⅴ. 지방정부 정책개발의 실제 375
1. 집행기관 내부의 정책결정과정 375
2. 지방의회와의 협력과 동의형성: 의결과정 377

제 4 편 한국 지방자치의 역사와 지방선거 (379~440)

제 1 장 한국지방자치의 역사적 경험과 교훈 ······ 381

제 1 절 한국의 지방행정과 지방자치역사 ······ 381
Ⅰ. 근대이전의 지방행정과 지방자치 381
1. 삼국시대의 지방행정 382
2. 고려시대의 지방행정과 지방자치 382
3. 조선시대의 지방행정과 지방자치 383
Ⅱ. 근대의 지방행정과 지방자치 385
1. 조선후기의 갑오경장시기 385
2. 일제시대의 지방행정과 지방자치 386
3. 미군정시대의 지방행정 387

제 2 절 한국 지방자치의 제도적 보장과 자치경험 ······ 387
Ⅰ. 지방자치제도의 헌법적 보장 387
1. 지방자치에 관한 헌법의 규정 387
2. 헌법에 보장된 지방자치제도 내용 388
3. 지방자치제도의 헌법적 보장의 의미 389
Ⅱ. 지방자치제도의 시행과 자치경험 389
1. 근대적 지방자치법의 제정과 자치제도의 실시 389

2. 제1회 지방선거와 지방자치의 경험 390
3. 제2회 지방선거와 지방자치의 경험 391
4. 제3회 지방선거와 지방자치의 경험 392
5. 제3~제5공화국의 지방자치(자치제도중단) 393
6. 제4회 지방선거와 지방자치의 경험 394
7. 제5회 지방선거와 지방자치의 경험 395
8. 제6회 지방선거와 지방자치의 경험 396
9. 제7회 지방선거와 지방자치의 경험 397
10. 제8회 지방선거와 지방자치의 경험 398
11. 제9회 지방선거와 지방자치의 경험 399
12. 제10회 지방선거와 지방자치의 경험 400

제 3 절 역대 지방선거의 종합과 교훈 ······ 401

1. 지방자치발전을 저해하는 요소들 401
2. 역대 지방선거의 종합 402
3. 지방자치제도시행을 통한 경험과 교훈 404

제 2 장 지방선거제도 ······ 408

제 1 절 지방자치발전과 지방선거의 이론적 기초 ······ 408

Ⅰ. 지방자치발전과 지방선거 **408**
1. 지방선거의 중요성 408
2. 지방선거와 중앙선거의 관련성 409

Ⅱ. 지방선거의 이론적 기초 **409**
1. 지방선거의 의의와 가치 409
2. 지방선거의 원리와 이념 410
3. 지방선거의 유형 412
4. 선거제도의 유형 413

제 2 절 지방선거와 정당참여 ······ 415

Ⅰ. 지방선거제도의 내용 **415**
1. 선거권과 피선거권(被選擧權) 415
2. 선거구와 선거기간 417
3. 선거운동과 선거비용 419

Ⅱ. 지방선거에 대한 정당참여 **421**
1. 의 의 421
2. 지방선거에 대한 정당참여의 찬성론 422
3. 지방선거에 대한 정당참여의 반대론 423
4. 찬성론과 반대론에 대한 의견 425
5. 외국의 사례 425

제 3 절 한국 지방선거제도의 문제점 ······ 426

Ⅰ. 공직선거법상 지방선거제도의 중요 문제점 426

1. 중앙정당의 지방선거 개입 문제 427
2. 선거 입후보자에 대한 정당공천 문제 427
3. 기초의회 의원선거구제도의 문제 428
4. 지방의원정수의 엄격한 통제와 최소의원정수 문제 429
5. 단독후보자들에 대한 무투표 당선제도의 문제 430
6. 동시선거의 혼란과 자치단체장 중심의 선거 431
7. 지방의원에 대한 후원회 제한과 과도한 기부행위 제한 432

Ⅱ. 한국지방선거제도의 합리적 개편방안 432

1. 중앙정당의 지방선거개입 방지 432
2. 입후보 자격요건제한 완화와 거주기간 강화 433
3. 기탁금제도의 개선 434
4. 무투표당선제도 폐지와 단독후보에 대한 찬반투표제도 도입 434
5. 중대선거구제도로의 제도개편과 직능대표제도의 도입 435
6. 자치단체장 선거와 지방의원선거의 합리적 분리실시 435
7. 선거공영제의 확대실시 436
8. 선거운동방법의 개혁 436
9. 선거운동규제의 개혁 438
10. 선거과정의 민주화와 민주적 선거문화의 정착 439
11. 선거관리기관의 정치적 독립과 제한적 사법권 보장 440

제 5 편 정부간 관계론과 광역행정 (441~484)

제 1 장 정부간 관계의 이론과 실제 ······ 443

제 1 절 정부간 관계의 의의와 유형 ······ 443

Ⅰ. 정부간 관계의 의의와 성격 443

1. 정부간 관계의 개념 443
2. 정부간 관계의 성격 445
3. 정부간 관계에 관한 연구경향 445

Ⅱ. 정부간 관계의 유형 447

1. 전통적 유형분류 447
2. 연방국가에서의 정부간 관계유형 448
3. 단일국가의 정부간 관계유형 450
4. 정부간 관계 행태 450

Ⅲ. 정부간 갈등의 유형 및 원인 452
1. 정부간 갈등의 양상과 대응 452
2. 정부간 갈등의 개념과 유형 454
3. 정부간 갈등의 원인과 전개양상 456
4. 정부간 갈등조정에 관한 이론 459

제 2 절 한국의 정부간 분쟁요인과 조정방안 ………… 461

Ⅰ. 한국의 정부간 분쟁요인 461
1. 중앙정부와 지방정부간의 분쟁요인 461
2. 지방정부 상호간의 분쟁요인 463

Ⅱ. 정부간 분쟁의 조정방안 464
1. 중앙정부와 지방정부간 분쟁조정방안 464
2. 지방정부 상호간의 분쟁조정방안 467

제 2 장 지방행정의 발달과 광역행정론 ………… 470

제 1 절 광역행정의 본질과 방식 ………… 470

Ⅰ. 광역행정의 본질 470
1. 광역행정의 의의 470
2. 광역행정의 촉진요인 471
3. 광역행정의 기준 472

Ⅱ. 광역행정의 방식 474
1. 처리주체에 따른 분류 474
2. 협력방식에 따른 분류 475
3. 광역행정의 강제성 정도에 따른 분류 477
4. 한국의 광역행정방식 478

제 2 절 광역행정의 문제점과 개선책 ………… 480
1. 광역행정의 문제점 480
2. 광역행정체제의 개선방안 481

참고문헌 ………… 485
찾아보기 ………… 495

제 1 편

지방자치의 기초이론

제1장 현대지방자치의 의의와 민주정치 발전
제2장 지방자치의 현대적 경향과 연구대상 및 방법

01
Chapter

현대지방자치의 의의와 민주정치 발전

제 1 절 지방자치의 개념과 구성요소

Ⅰ. 현대지방자치의 개념

1. 의 의

한 국가가 그 나라의 지역사회를 통치하는 방식은 그 국가의 역사와 문화 그리고 정치, 경제, 사회적인 제반 특성에 따라 각기 다르다. 지역에 대한 통치제도는 첫째 중앙정부가 지방에 자기의 하급기관을 설치하고 그것으로 하여금 중앙 및 지방사무를 처리하게 하는 방식과, 둘째 지방주민들이 스스로 자기들의 대표자를 선출하고 그들로 하여금 지방자치단체를 구성하게 하여, 지방의 사무를 주민들의 의사와 책임 하에 처리하게 하는 두 가지 방식으로 대별할 수 있다. 전자를 중앙정부에 의한 관치(행정) 또는 국가의 지방행정이라고 하며, 후자를 자치(행정) 또는 지방자치라고 한다. 이렇게 볼 때 지방자치란 "일정한 지역의 주민들이 그 지역의 공공사무를 그들 스스로의 의사와 책임하에 처리하는 것"이라고 말할 수 있다.

그러나 지방자치라고 하더라도 그 제도를 시행하고 있는 국가의 국내적 제반 여건이나 사정은 물론, 그 제도가 발달되어온 역사적 배경 등에 따라 제도의 내용이나 형태는 각기

상이하다. 때문에 모든 국가의 지방자치제도를 유사하거나 같은 것으로 간주해서는 안 된다. 따라서 지방자치에 관한 보다 정확한 개념과 원리를 파악하기 위해서는 원래 이 제도가 생성·발달되어온 유럽의 지방자치를 중심으로 고찰해 보아야 한다. 즉 영국을 중심으로 발달되어온 주민자치와, 독일과 프랑스를 중심으로 발달되어온 단체자치를 체계적으로 검토할 때 비로소 지방자치의 정확한 이념이나 개념을 파악·인지할 수 있다. 이들 두 가지의 자치유형은 근대적 지방자치제도의 형성에 결정적인 영향을 미쳤기 때문에 오늘날 각국의 지방자치제도 속에는 이들 주민자치와 단체자치의 관념과 요소들이 복합적으로 내포되어 있다.

2. 주민자치와 단체자치

오늘날의 지방자치라는 개념 속에는 언제나 두 가지 측면이 복합적으로 내포되어 있음을 간과해서는 안 된다. 하나는 일정한 지역 내의 주민들이 자신들이 구성한 지방정부(지방자치단체의 기관)와 주민들 자신과의 관계이며, 다른 하나는 중앙정부가 지방자치법에 의해 만든 지방자치단체와 국가와의 관계라는 두 측면이 그것이다. 전자를 주민자치라고 하고 후자를 단체자치라고 한다. 그리고 전자는 영국을 중심으로 발달되어 왔으며, 후자는 유럽대륙의 독일과 프랑스를 중심으로 발달되어 온 지방자치제도이다. 오늘날의 지방자치제도는 이들 두 유형의 지방자치가 복합되어 발달해 오고 있으므로 이를 지방자치의 이념, 관념, 계보라고 부르고 있다.

[그림 1-1] 지방자치의 개념구조

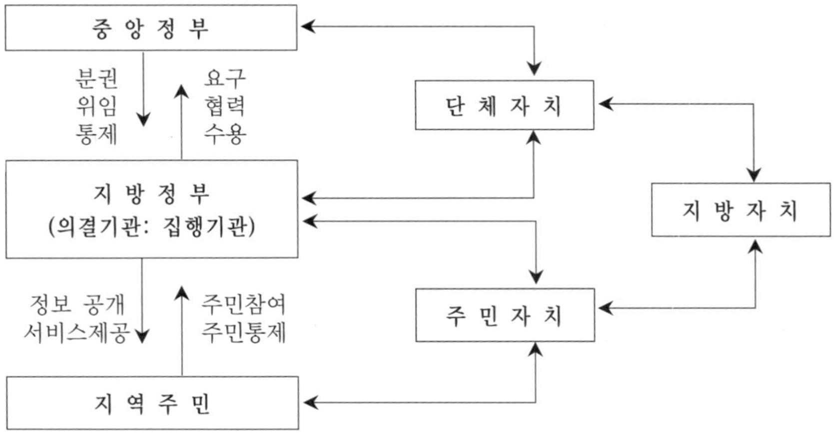

1) 주민자치

주민자치란 "지역주민의 의사와 책임 하에 스스로 또는 주민이 선출한 대표자를 통하여 그 지역의 공공사무를 처리하는 것"을 뜻한다. 영국에서는 일찍부터 자치에 대한 관념이 주민들 속에 널리 퍼져 있었다. 이러한 영국국민의 자치의식은 그들의 오랜 역사와 함께 함양된 것으로서, 그들은 지방을 통치함에 있어 지방주민의 의사와 다른 별도의 국가(중앙정부)에 의한 지방행정이란 존재할 수 없다고 생각하였다. 즉 영국은 역사적으로 볼 때 중앙정부가 확고한 체제를 갖추기 이전부터 이미 지방정부가 구성되어 지방의 일을 처리해왔다. 그리하여 영국에서는 국가적 이익을 대표하는 중앙정부와 지방자치단체의 이익을 대표하는 지방정부가 대립한다는 것은 있을 수 없으며, 지방에서의 모든 행정사무는 직접·간접적인 주민의 참여하에 지방정부가 처리하는 것을 당연한 것으로 여겼다. 따라서 주민자치는 지역주민이 주체가 되어 지방의 공공사무를 결정·처리하는 주민참여에 중점을 두는 제도로서, 아래로부터의 민주주의, 즉 풀뿌리 민주주의(grass root democracy) 원리를 구현하고자 하는 지방자치사상이며, 정치적 의미의 자치라고도 한다.

2) 단체자치

단체자치란 "국가와는 별개의 법인격을 가진 지방자치단체가 국가로부터 상대적으로 독립한 지위와 권한을 부여받아, 일정한 범위 내에서 중앙정부의 통제를 받지 않고 독자적으로 지역의 정치행정사무를 처리하는 제도"이다. 독일과 프랑스 등 유럽대륙에서의 지방자치란 국가권력 하에서 국가목표의 달성을 위해 필요한 수단적 성격을 지녔던 것이다. 즉 정치는 중앙정부가 하는 것으로 보았으며, 국가가 지방자치단체에게 일정한 범위의 자치를 허용하는 것도 지방주민이 국가를 위하여 정치의 일부분을 담당하는 것으로 파악하였다. 그리하여 지방자치권의 본질을 파악하는 시각도, 그것을 주민이 향유하는 당연한 권리가 아니라 국가에 의해 수여된 전래적 권리로 인식하였다. 때문에 지방자치라는 것도 국가권력 아래서 국가의 목적을 달성하기 위한 수단으로 파악하였다. 따라서 단체자치는 이를 국가의 법률에 의해 시행된다고 하여 법률적 의미의 자치라고도 하며, 자치단체의 법인화(法人化)와 자치권의 범위나 성격 등을 규명하는 데 중점을 두는 제도이다.

3. 현대적 지방자치의 개념구성

1) 두 가지 제도의 접근과 보완

이상과 같이 주민자치와 단체자치는 역사적 발달배경이나 기본관념을 전혀 달리하고 있다. 그러나 그것은 근대적 지방자치제도의 발달과정에서 상호 대조적인 두개의 모형이라고 할 수 있는 영국형과 대륙형의 특징을 내포하고 있으며, 오늘날에 와서는 지방자치의 개념을 규정하고 특정국가의 지방자치의 특성을 밝히는 하나의 준거기준이 되고 있다. 특히 이들 두 제도는 이론상 전혀 관련이 없거나 상호 모순적인 것이 아니라, 오히려 상호 긴밀한 관련성을 가지는 보완적인 요소가 많으며, 현실적으로 볼 때도 오늘날 모든 국가의 지방자치제도는 이 두 가지 유형의 자치제도가 상호 접근·보완되어 그 성격이나 내용들이 혼합되어 있다. 때문에 지방자치의 개념규정에는 물론 현실의 지방자치를 이해하기 위해서도 반드시 이들 두 가지 자치제도에 대한 분명한 이해가 있어야 한다.

그렇다면 이처럼 발달과정으로나 관념적으로 그 배경을 달리하는 이 두가지 제도가 현대에 와서 상호 접근·교차하게 된 이유와 과정은 무엇 때문인가?

첫째, 이론적 측면에서 보면 양 제도 모두가 현대적 자치제도로서는 부족한 약점과 한계를 지니고 있다는 점이다. 주민자치와 단체자치는 지방자치의 여러 가지 구성요소들 중에서 어떤 한 가지 중요한 측면을 강조한 것에 지나지 않는다. 즉 주민자치는 주민의 참여를 강조하고, 단체자치는 중앙정부로부터 자치단체의 독립을 강조하지만 현재로서는 완전한 지방자치가 되기 위해서는 이 두 제도가 결합될 때만이 비로소 그것이 가능하다. 이런 이유로 이 두 제도는 상호 접근·보완되지 않을 수 없었던 것이다.

둘째, 통치이념 및 통치구조상의 변질을 들 수 있다. 즉 단체자치는 근세초기 유럽대륙의 절대군주국을 중심으로 생성·발전되어온 것이었기 때문에 처음부터 강력한 중앙집권적 통제 하에서 발달되어 온 제도였다. 그러나 절대군주정이 민주적인 의회정치로 바뀌고, 중앙정부의 권력과 지방정부의 권력이 다 같이 국민의 선거로 구성된 동질적인 권력을 의미하게 됨으로써, 중앙정부가 일방적으로 지방정부를 통제·억압할 수 있는 근거가 소멸되었다. 그 결과 중앙과 지방의 대립적 사상 위에서 생성되었던 단체자치는 그 이론적 근거를 상실하고, 주민참여를 중심으로 하는 주민자치에 접근하게 되었다.

셋째, 과학기술발달과 산업사회의 고도화에 따라 사회경제적 상황이 변화했고, 이에 따라 나타난 국정의 신중앙집권화 경향을 들 수 있다. 과학기술의 발달에 따른 각종 산업발달의 고도화는 촌락경제 내지 지역경제구조를 국민경제와 국제경제구조로 발달시켰고, 교통·통신수단의 비약적인 발달은 시간적·공간적 거리를 단축시켜, 지역적 의식보다 국가전체의 문화적 동질화 작용과 일체의식을 고양시켰다. 따라서 종래까지 지방정부의 사무였던 일들이 광역자치단체 내지 중앙정부로 이관되는가 하면, 중앙정부에 의한 기술·정보·재정지원 등이 증대되었으며, 상대적으로 중앙정부의 각종 감독과 통제가 강화되었다. 이러한 신중앙집권화 현상이 주민자치적 요소를 줄이고 단체자치적 요소를 강화시키게 되었다.

넷째, 두 제도가 접근·교차하게 된 보다 현실적 이유로 제2차 세계대전을 들 수 있다.

즉 대전 후 패전국들은 국민들로부터의 질책과 비난을 완화하기 위하여 전승국인 영미의 주민자치적 요소를 다수 도입하게 되었고, 상대적으로 전승국들은 전쟁을 수행하는 과정에서 부득이 중앙집권을 강화하지 않을 수 없었으며, 전후 독립한 신생국들이 양 제도를 혼합적으로 도입하였는데 바로 이러한 이유 내지 과정에 의해 두 제도가 접근·교차하게 되었던 것이다. 그리하여 오늘날 세계 각국의 지방자치제도는 이들 두 가지 유형의 제도가 상호 복합되어 각각 새로운 형태의 다양한 모습을 지니게 된 것이다.

2) 현대적 지방자치의 개념규정

오늘날의 지방자치제도는 세계 어느 나라를 막론하고 주민자치제도와 단체자치제도가 적절히 결합되고, 거기에다 각국의 개별·특수적인 제도가 가미되어 있다. 따라서 오늘날 '지방자치제도'라 함은 i) 일정한 지역과 그 지역 내의 주민을 기초로 하는 지방자치단체가 ii) 그 지역 내의 공공사무를 자기의 사무로 하여, iii) 국가(중앙정부)로부터 수여 받은 자신의 권한과 책임 하에, iv) 주민이 부담한 자주적 재원을 주축으로, v) 주민들이 선출·구성한 자신의 기관(지방정부)을 통하여, vi) 주민들의 의사와 책임에 따라 처리(결정·집행)하는 제도라고 정의할 수 있다.

이러한 복잡한 개념규정을 보다 간단히 해보면, 지방자치란 " ① 중앙정부로부터 자치권을 부여받은 일정한 지역과 주민들이, ② 자신들이 선출한 대표로 지방정부를 구성하고, ③ 이 지방정부를 통해 지역내의 공공사무를 주민들의 의사와 책임 하에 처리하는 것"이다.

Ⅱ. 지방자치의 목적

지방분권의 이론적 근거를 어디에서 구하느냐 하는 점과, 현실적으로 지방자치를 실시하는 주요 이유가 무엇이냐 하는 것에 따라 나라마다 지방자치의 목적에는 차이가 있을 수 있다. 그러나 지방자치제도 그 자체가 지니고 있는 본질적 속성에 비추어 볼 때, 이 제도의 근본목적은 첫째 정치체제의 통치이념을 구현하고자 하는 정치이념적 목적과, 둘째 행정의 실질적인 능률성과 효과성을 구현하고자 하는 실제적 목적으로 나누어 볼 수 있겠다.

1. 정치이념적 목적

특정한 국가가 지방자치제도를 실시하는 목적에는 그 국가사회가 지향하는 일정한 가치체계와 정치체제가 구현하고자 하는 정치이념이 내재해 있다. 따라서 지방자치는 국민사회의 보편적 요구로서의 지역적 자치를 구현하기 위해서나, 대의정치제도라든가 민주주의 등과 같은 특정한 정치철학을 실현하기 위한 목적을 지니고 있다. 그리하여 전체주의 독재국가의 경우 그 체제의 통치이념을 실현하기 위해 강력한 중앙집권적 관치행정을 실시하지만, 민주주의 국민국가의 경우 국민의 요구와 체제의 이념을 구현하기 위해 국민 각자의 자율과 책임에 그 근거를 두고 있는 지방자치제도를 형성·실시하고 있는 것이다. 요컨대 지방자치는 오랜 세월에 걸쳐 형성되어온 그 사회의 보편적 가치로서의 자유, 평등, 정의, 형평 등을 구현하고자 하는 정치체제의 통치이념적 표현이다.

2. 실제적·효용적 목적

지방자치를 실시하는 또 다른 이유는 일정한 지역에서의 정치행정은 그 지역주민들이 스스로의 의사와 책임 하에 실시하는 것이 실질적인 행정의 합리화와 공공사무의 효율적 처리를 위해 필수 불가결하다는 실질적·효용적 목적을 달성하고자 하는 것이다. 특히 현대사회는 지방에서 처리되어야 하는 사무가 양적으로 증가되고 질적으로 복잡다원화 되어감에 따라 업무처리의 전문화와 합리화가 절실해 졌다. 또한 국민사회의 정치적 안정과 경제발전을 통한 국민복지향상을 추구하고 있는 나라에서는 실질적인 행정의 합리성이라든가 발전의 신속성 등이 강조되고 있기 때문에 지방자치는 이러한 현실적인 행정의 합리성을 구현하기 위해 실시되고 있다.[1)] 요컨대 중앙정부에 의한 지방사무의 처리보다는 지방의 문제는 그 지역의 사정이나 여건을 정확히 알고 있는 지역주민들의 자발적인 참여 하에, 자율적으로 해결하는 것이 행정의 실질적인 능률을 제고하고, 생산성을 향상시킬 수 있다면 지방자치는 바로 이러한 목적을 달성하기 위해 실시하는 제도이기도 한 것이다.

3. 목적간의 대립·상충과 조화문제

지방자치의 정치이념적 목적과 실질적·효용적 목적은 언제나 양립·병존할 수 있는

1) 그 예로 i) 국민사회의 통일성 유지, ii) 정치적 안정의 확보, iii) 사회경제적 개발의 촉진, iv) 사회제도 및 기구의 변혁, v) 행정조직의 기능제고, vi) 중앙정부의 존립 활동에 필요한 사무집행 등을 들 수 있다.

성질의 것은 아니다. 이들 두 가지의 목적은 때로는 상충·모순·대립될 경우도 있을 수 있다. 즉 "국민사회의 통일성 유지"라든가 "정치적 안정의 확보"라는 목적을 달성하기 위해서는 중앙집권적 관치행정체제가 요구될 수도 있으나, 민주정치의 이념을 보다 철저히 실현하기 위해서나 국민의사의 효율적 반영을 위해서는 지방분권을 통한 지방자치의 실시가 절대로 요청된다.

그러나 이러한 목적간의 상호 모순 또한 불변의 것은 아니며, 체제의 능력이나 전체사회의 여건변화에 따라 저절로 조정되거나 해결될 수도 있다. 예컨대 특정한 국가가 그 독립초기의 단계에서는 정치적 안정을 도모하기 위해 중앙집권적 통치체제가 요구되지만, 시일이 경과하여 정치적 안정이 이룩된 이후에는 지방분권과 지방자치에 우위성을 인정할 수도 있기 때문이다.

Ⅲ. 지방자치의 구성요소

지방자치제도는 그것이 본래의 기능을 발휘하기 위해서는 제도의 주요 내용을 구성하는 여러 가지 요소들이 바람직하게 정립되어야 하고, 이들 상호간에 유기적인 관계가 원활하게 이루어져야 한다. 이러한 지방자치제도의 주요 내용으로는「일정한 지역과 그 주민들을 기초로 하는 지방자치단체가, 지역내의 공공사무를 자기의 사무로 하여, 국가로부터 수여 받은 자치단체 자신의 권한과 책임하에, 주민이 선출한 자신의 기관(의결기관과 집행기관)을 통하여, 주민이 부담한 자주적 재원을 주축으로 처리하는 제도」등이다. 이렇게 볼 때 지방자치제도의 주요 구성요소로는 i) 지방정부(지방자치단체의 기관), ii) 지방자치권, iii) 구역과 주민, iv) 지방의 공공사무, v) 주민들의 정치행정참여, vi) 자주재원 등을 들 수 있다.

1. 지방정부(지방자치단체의 기관)

지방자치제도의 중요한 구성요소 중의 하나인 지방정부는 지방자치단체의 기관으로서 국가로부터 자치권을 부여받은 일정한 지역의 주민들이 선출하고 구성하게 된다. 지방정부는 지방자치단체의 의결기관(지방의회)과 집행기관(지방자치단체의 장)으로 구성되고, 이들 양 기관은 주민들의 선거에 의해 선출된 지역주민의 대표로 구성된다. 의결기관과 집행기관은 나라에 따라서 서로 독립시키는 경우도 있고(기관분리형), 통합시키는 경우도 있다(기관통합형). 지방자치단체는 독립된 통치주체로서 법인격을 부여하는 나라도 있고, 그렇지 않는 국가도 있지만 우리나라의 지방자치단체는 법인격을 가지고(公法人),

기관분리형을 채택하고 있다. 요컨대 지방자치단체는 일정한 지역과 주민 그리고 지방자치권을 구성요소로 한다. 그러나 지방자치단체는 주민들이 선출하고 구성한 의결기관과 집행기관으로 구성되는 지방정부가 이를 운영하므로 지방정부는 지방자치의 필수불가결한 구성요소이다.

2. 지방자치권

지방자치제도의 핵심적인 구성요소는 자치를 할 수 있도록 해주는 지방자치권이다. 지방자치권이란 일정한 지역의 주민들이 국가로부터 상대적으로 독립하여 중앙정부의 감독과 통제를 받지 않고, 지역 내의 공공사무를 주민들의 의사와 책임 하에 자율적으로 처리할 수 있도록 한 권한이다. 따라서 주민의 선거에 의해 구성된 지방정부는 지역내 공공사무를 처리함에 있어서는 언제나 주민들의 의사를 기초로 하고 이를 존중해야 한다. 이러한 지방자치권의 종류에는 i) 자치입법권, ii) 자치조직권, iii) 자치행정권, iv) 자주재정권 등이 있다. 그러나 이러한 자치권은 어디까지나 국가전체적 통일성의 유지와 효율적인 통치방안의 일환으로 인정된 권력이기 때문에 전반적 국법질서를 벗어날 수 없다는 한계가 있다. 문제는 우리나라와 같이 중앙정부의 국법체계가 지방을 지나치게 통제하여 지역발전을 저해하거나, 시대착오적으로 변화에 둔감하여 국제경쟁력이 상실되고 국가전체적 발전이 침체될 경우에도 지방은 맹목적으로 중앙정부에 복종해야만 하는가? 하는 의문이 제기될 수 있다.

3. 지역(자치구역)과 주민

지방자치는 일정한 지역 즉 자치구역과 그 지역의 주민을 불가결의 요소로 하고 있다. 지방자치단체는 국가 아래서 영토의 일부를 그 구역으로 하고 있으며, 국민의 일부를 그 주민으로 하고 있다. 이처럼 자치구역이란 "지방자치단체의 통치권이 미치는 지역적 범위"를 의미한다. 지방자치단체의 인적 구성요소로서의 주민은 그 지역 자치권의 주체이며, 권리의무의 대상, 지방자치단체의 기관구성에 직접 관여하는 자치단체의 최고선임기관으로서의 지위를 갖는다. 주민은 지역내 주소를 가지는 자로서 국적, 성, 연령, 행위능력 여부(미성년자, 한정치산자, 금치산자 등)를 불문하며, 자연인과 법인을 포함한다.

4. 지방의 공공사무

지방자치는 일정한 지역에 있어서의 공공사무를 그 지역주민들의 의사와 책임하에 처리하는 제도이므로 지방적 공공사무를 그 구성요소로 하고 있다. 여기서 공공사무란 특정한 개인이나 집단의 문제해결을 위한 사무가 아니라, 불특정 다수주민의 일반이익을 위한 사무를 의미한다. 이러한 지방자치단체의 사무에는 단체자신의 고유사무인 자치사무와 중앙정부나 상급자치단체로부터 위임받아 처리하는 위임사무가 있고, 이 위임사무는 다시 자치단체에 위임된 단체위임사무와 집행기관에게 위임된 기관위임사무로 나누어 진다.

5. 주민의 정치행정참여

지방자치는 지방주민들의 정치 및 행정참여를 불가결의 요소로 한다. 주민들은 지방정부의 의결기관과 집행기관을 구성하는 선거참여로부터 지방정부의 정책결정과 집행에 참여하는 행정참여에 이르기까지 광범한 영역에서 다양하게 참여한다. 지방자치는 이처럼 주민들이 지방정치는 물론 지방행정에도 적극적으로 참여할 것을 전제로 하고 있는 제도이다.

6. 자주적 재원

지방자치는 그것을 위해 소요되는 비용을 원칙적으로 주민이 부담한 세금으로 처리할 것을 전제로 하고 있다. 지방자치의 개념에서 "…주민이 부담한 자주적 재원을 주축으로…"라는 표현이 바로 이것을 의미하고 있다. 사실 지방자치제도가 아무리 완벽하게 정비되어있다고 하더라도 지역내 공공사무를 처리할 만한 자주재원이 마련되지 못한다면 지방자치는 한낱 이상(理想)으로 그칠지도 모른다. 그렇기 때문에 자주재원은 지방자치의 성패를 좌우할 만큼 중요한 요소인 것이다. 물론 모든 지방자치단체가 자주재원을 충분히 확보할 수 있기 때문에 지방자치를 실시하는 것은 아니며, 대부분의 지방자치단체들은 중앙정부의 재정지원을 받고 있는 것이 현실이다. 그럼에도 불구하고 지역경제가 활성화되고 그에 따라 지방자치단체의 재정적 자주성이 충분히 확보될 수 있을 때 지방자치는 보다 활발히 추진될 수 있다.

제 2 절 지방자치의 민주정치발전의 관계

Ⅰ. 지방자치와 민주주의의 관계

지방자치와 민주주의 간의 관계는 상호 밀접히 연관되어 불가분의 관계를 가지고 있다는 관계긍정론과 이들간에는 관계가 없거나 멀다고 하는 관계부정론이 대립되어 왔다. 이러한 상호 대립되는 주장은 오늘날에도 이어지고 있지만 긍정론이 지배적이고 부정론은 소수에 불과하다. 그리하여 부정론은 부정론으로서 보다는 긍정론에 대한 보완적 이론으로 오히려 그 의미가 커지고 있다.

1. 관계긍정론과 관계부정론

1) 관계긍정론(關係肯定論)

이것은 지방자치와 민주주의 관계는 상호 필연적인 관계에 있으며 상호보완적인 불가결의 요소로 파악하는 견해다. 다시 말해 지방자치는 민주주의의 필수불가결의 요인으로 작용하며 민주주의를 부단히 육성하고 발전시키는 통치방식이라는 것이다. 그리고 오늘날 대부분의 국가들은 지방자치의 전개과정에 힘입어 민주화 내지 효율화라는 정치행정의 목적을 성취해 왔다고 파악하는 입장이다.[1] 지방자치와 민주주의 관계를 긍정적으로 파악하는 대표적인 학자들의 논지를 보면 다음과 같다.

(1) 지방자치는 민주주의의 정신적 가치전제

토크빌(Tocquville)은 그의 명저 「미국 민주주의론」에서 “지방자치제도야말로 자유로운 국민의 힘을 축적한다”고 주장했으며 “지방자치의 자유에 대한 관계는 초등학교의 학문에 대한 관계와 같다”고 강조함으로써 지방자치와 민주주의 필연적 관계를 잘 표현해 주고 있다. 또한 “지방자치는 그것을 주민의 손이 닿는 곳에 가져오므로 주민이 그것을

---

1) 이러한 견해를 주장하는 대표적인 학자들로는 토크빌(A. de Tocqueville), 브라이스(J. Bryce), 팬터브릭(Keith Panter Brick) 등이 있으며, 그 외에도 라스키(H. J. Laski), 밀(J. S. Mill), 윌슨(C. H Wilson), 노이만(G. Neumann) 등 많은 학자들이 긍정론을 강조하고 있다.

어떻게 행사하는가를 가르친다"고 하면서 "지방자치 없이도 국가는 자유로운 정부를 수립할 수 있을지는 모르나 자유정신을 가질 수는 없다(Tocquville, 1961)"고 강조하였다.

(2) 국가권력의 자의적 행사통제와 중앙정국혼란의 지방파급 방지

민주주의의 발전과정은 중앙정부를 대표하는 국왕과 지방을 대표하는 시민들 간의 권력투쟁과정으로 이해되고 있다. 다시 말해 국왕으로부터 시민사회의 자율과 자치를 확보하기 위한 지방자치발전과정은 국왕의 권리를 통제하는 과정, 즉 국가권력의 극복과정으로 이해되고 있다. 지방자치는 주민참여의 기능을 통해 이른바 아래로부터의 풀뿌리민주주의를 구현한다는 민주이념으로 무장함으로써 지방자치를 위한 투쟁은 곧 민주주의를 위한 투쟁으로 인식되었다. 따라서 지방자치는 역사적으로 볼 때 군주의 자의적 권력행사에 대한 시민의 항의적 투쟁적 개념으로 이해되었으며, 그리하여 중앙의 전제정치가 지방에까지 파급되는 것을 방어하는 방파제 역할을 수행한다.

(3) 지방자치는 민주주의의 학교이며 훈련장으로 기능

브라이스(Bryce)는 그의 명저 「근대민주주의론」에서 소규모의 자치단체를 민주주의의 원천에 비유하면서 "지방자치를 실시하는 것이 민주주의 최량(最良)의 학교이며 그 성공을 위한 확실한 보증인"이라고 강조하였다. 또한 "지방자치는 다른 사람을 위하여 일하는 것 뿐 아니라 다른 사람과 더불어 효과적으로 일하도록 훈련시킨다."라고 주장하였다. 그는 지방자치제야말로 민중을 계도하고 그들로 하여금 민주적 사고방식을 갖게 하며, 나아가 그들의 의식구조를 쇄신하고 올바른 가치관을 형성시켜 공공심(公共心)과 자유정신을 함양시킴으로써 민주적 풍토를 조성하는 훌륭한 수단으로 간주하였다(Bryce, 1921). 지방자치제도는 민주시민을 양성·발전시키는 민주주의의 학교이다.

(4) 지방자치는 민주주의 이념과 원칙을 생활 속에 실천

지방자치는 '민주주의의 이념'과 '원칙'을 생활 속에 실천하는 사상이며 제도이다. 서구의 선진민주국가들은 그들의 장구한 역사를 통해 이룩한 민주주의의 이념과 원칙으로 자유와 평등, 인간존엄과 주권재민이라는 이념과 경쟁자유의 원칙과 다수결의 원칙을 발전시켰다. 지방자치는 바로 이러한 민주주의 이념과 원칙을 본질적 가치로 추구한다.

① 자유사상과 지방자치

지방자치제란 중앙집권적 통치체제에서 벗어나 지방의 자유의사에 의한 지역주민들의 자율통치를 도모코자 하는 제도이다. 따라서 민주주의의 이념을 구성하는 자유사상은 중앙집권체제 보다는 지방자치체제를 통해서 더욱 잘 구현될 수 있으며, 정치적 자유뿐만 아니라 시민적 자유, 경제적 자유 또한 지방자치제도하에서 훨씬 더 잘 확보될 수 있다.

지방자치를 통해 자유사상을 확대시키거나 내실화시킬 수 있으며 주민들로 하여금 자유의 고귀함을 체득케 함으로써 국가적인 민주정치의 기반을 견고히 할 수도 있다.

② 평등사상과 지방자치

지방자치는 관치행정 하에서 중앙과 지방간에 빚어졌던 종속관계 내지 불평등관계로부터 벗어나 국내의 모든 지방이 각자의 의사와 능력에 따라 대등한 삶을 도모하고자 하는 것이다. 지방자치가 실시되는 곳에서는 모든 주민들이 법 앞에서 평등한 대우를 받으며 정치행정적 참여의 기회 또한 공평하게 주어진다. 뿐만 아니라 스스로의 의사와 책임하에 대표를 선거하고 그들을 통해 그 지역의 공공사무를 자율적으로 처리해 나간다. 따라서 지방자치는 법적, 정치적, 사회적 평등을 전제로 경제적 평등을 구현해 나갈 수 있는 제도이다.

③ 인간존엄사상과 지방자치

지방자치는 지역주민들 모두가 각자 자기지역발전의 주역이며 그 지역이 주인임을 전제로 하고 있다. 또한 그 지역주민들은 모두가 자기의 생각과 뜻을 자유로이 제시할 수 있으며, 모든 의사는 동등하게 취급되고 존중받게 되는 것이다. 이처럼 지방자치는 지역주민 개개인의 인격과 가치를 존중하는 사상에서 출발하고 있을 뿐 아니라 궁극적으로 그것의 실현을 추구하는 제도이기도 한 것이다.

④ 주권재민사상과 지방자치

국가의 통치권인 주권이 국민에게 있다거나 국민으로부터 나온다는 것은 정부의 국민통치에 관한 내용이나 절차는 국민의 뜻에 따라야 함을 뜻한다. 이렇게 볼 때 지방자치 역시 국민의 일부를 형성하는 지역주민들의 뜻에 따라 그 지역의 정치행정을 수행해야 함을 뜻한다. 국가의 주권이 국민에게 있다고 하여 지방자치단체의 자치권 또한 지역주민에게 있다는 논리는 현실적으로 성립되기 어려울지 모르지만, 적어도 그러한 사상은 뒷받침되고 있다고 보아야 한다. 현실적으로도 지방자치제도 그 자체가 주권재민사상을 실천하는 제도라고 볼 수 있기 때문이다.

⑤ 민주주의 원칙과 지방자치

민주주의의 원리인 '경쟁자유원칙'과 '다수결의 원칙'이라는 것도 결국 지방자치의 현장인 지방선거과정과 지방의정현장에서 지방자치의 기본원칙으로 수용되고 있다. 따라서 지방자치와 민주주의의 관계는 그 이념상으로는 물론 현실적인 측면에서도 밀접히 연결되어 있기 때문에 지방자치와 민주주의는 불가분의 관계를 가지고 있다고 보아야 할 것이다.

2) 관계부정론(關係否定論)

이것은 지방자치와 민주주의 관계를 부정함으로써 양자간에는 필연적 관계라든가 필수 불가결한 요소를 내포하고 있는 것이 아니라는 주장이다. 즉 지방자치와 민주주의의 유기적 관계는 양자간의 윤리적 필연성에서 오는 귀결이 아니라 유럽대륙에서 있었던 역사적 우연에 불과하다든가, 지방자치는 오히려 민주주의에 반대되는 경향을 나타낸다고 하는 이론이다. 이러한 부정적 견해를 가진 대표적 학자들[2]의 주장은 다음과 같다.

(1) 지방자치는 민주주의에 반대되는 경향이 많다.

민주주의를 동태적으로 연구하면 민주주의와 지방자치는 근본적으로 상반관계에 있음을 알 수 있다. 민주주의는 평등주의적이며 다수결제도이고 중앙집권적인 체제이다. 그리고 지방자치는 분화·개별화 및 분립의 현상이다. 민주주의는 하나의 사회적 전체, 즉 획일적이고 평준화된 제 규정이 지배하는 공동체를 생성시키는 경향이 있다. 그러나 지방자치는 상대적으로 자치적인 사회집단이며 공권력의 구성요소이다. 따라서 민주주의는 본질적으로 집중화로 지향하나 지방자치는 지방자치단체간의 분립(다수의 존립)때문에 민주주의를 부정한다. 집중화는 자연적인 민주적 현상이나 지방자치는 예외적이고 인위적이다.

(2) 지방자치는 유럽대륙의 민주정치발전사와 우연히 일치할 뿐이다.

첫째 지방자치의 발전과정은 역사적으로 볼 때 유럽 국가들의 반독재화 과정과 일치한다. 따라서 근대 민주주의의 발전과정과 지방자치의 전개과정이 역사적 병립관계에 있었다는 것은 시간적 동시성과 같은 우연성에 기인하는 것이지 결코 민주주의와 지방자치의 상호의존성을 입증하는 것은 아니다.

둘째 지방자치가 민주주의의 기초라면 지방자치 없는 민주주의는 고려될 수 없으며, 모든 민주적 구조는 지방자치가 없을 때 붕괴되어야 하고 지방자치의 존립은 민주적 정치체제의 틀 안에서만 가능하다고 할 수 있다. 그러나 현실적으로는 지방자치가 존립하나 민주주의가 없는 국가도 있으며 지방자치가 소멸되었는데도 민주주의가 존속되기도 한다. 반대로 민주적인 정체 하에서도 지방자치가 비민주적으로나 피상적으로만 존재할 수도 있다.

(3) 현대사회는 민주적 지방분권화보다 능률적 중앙집권화가 더 요구된다.

현대국가에서는 사회구조의 변화에 의해 종래까지 지방자치가 가지고 있었던 민주적

---

2) 켈젠(H. Kelsen), 랭그로드(G. Langrod), 벤슨(G. C. S. Benson), 모울린(Moulin) 등이 있다.

행정이라는 장점적 측면이 능률적 행정이라는 새로운 요구 때문에 오히려 약점이 되고 있다. 다시 말해 지방자치는 사회구조의 변화가 몰고 온 여러 문제를 해결할 수 있는 능력을 상실하고 있다는 것이다. 즉 현대국가는 사회경제적 근대화에 의해 광역행정, 균등행정 등의 새로운 행정수요가 증대하고 있다. 그러나 전통적인 지방자치단체는 그 구역이 협소하고 재정력도 빈약하며 행정수요를 능률적으로 처리할 수 없다. 행정능률의 관점에서 지방자치의 존재는 장애가 되므로 중앙집권화가 유용하다고 보았다.[3)]

2. 지방자치와 정치발전의 관계

1) 정치발전의 의미와 내용

흔히 발전이란 "진보와 변동, 성장과 변형을 포함하는 양적·질적 개념이며, 보편성과 특수성, 그리고 목표와 과정의 총체적 가치개념"이라고 볼 수 있다. 그리고 특히 정치발전이란 경제발전의 계량적 의미에 비교하여 질적 개념으로서의 가치지향적이며 목표와 과정, 정치적 보편성과 특수성이 상호 보완적인 형이상학적 개념으로 보고 있다. 이처럼 정치발전의 의미를 구체화하기 위한 학자들의 연구를 보면, 우선 루시안 파이(L. Pye)는 정치발전의 공통분모로 가려낼 수 있는 3개의 발전징후군(development syndrome)을 i) 평등화, ii) 체제의 능력증대, iii) 분화와 전문화 등으로 들고 있다.[4)] 다음 알몬드(Almond)와 포웰(Powell)은 i) 구조기능적 역할의 분화, ii) 하위체계의 자율성, iii) 정치문화의 세속화 등을 들고 있으며, 또한 헌팅턴(S. P. Huntington)은 정치발전의 속성으로 i) 합리화 ii) 국민통합 iii) 민주화 iv) 유동화(moblization)라는 4개의 가치차원을 들었다.

이처럼 정치발전을 규정하는 기본요소 내지 변수에 관해서는 학자들 간에 많은 공통점이 있음을 알 수 있다. 즉 '체제의 능력향상', '구조적 분화와 기능적 자율화', '평등화와 참여', '문화적 세속화' 등을 공통요소로 담고 있다. 본서에서는 이들을 기준으로 한국정치발전의 변수를 i) 분권화와 전문화, ii) 하위체제의 자율성 제고, iii) 대중의 정치참여 확대, iv) 정치체제의 역량제고의 4가지를 제시하기로 한다. 그리고 이들 정치발전의 변수들과

---

3) 과거에는 자유를 보장하고 시민의 공적 책임의식의 배양에 노력하는 것이 지방자치의 중요한 기능이었으나 오늘날에는 그 기준이 행정적 결과의 절약과 능률에 있다고 주장함으로써 지방자치보다는 중앙집권을 강조하였다(Benson, 1941).

4) 여기서 평등화란 i) 대중의 정치참여 증대, ii) 만인에 대한 보편적인 법의 적용, iii) 능력본위의 충원 등이 이룩되도록 하려는 것이며, 정치체제의 능력증대란 i) 정부기능수행의 규모와 범위확대, ii) 보다 능률적인 정책수행, iii) 행정의 합리성 지향 등을 뜻한다. 그리고 분화와 전문화란 i) 구조의 분화와 기능의 전문화, ii) 복잡회된 구조와 과정의 통합 등이 이룩되도록 하는 것을 뜻한다고 설명하고 있다.

지방자치의 관계를 검토해 보기로 한다.

2) 정치발전에 대한 지방자치의 기여

(1) 분권화 및 전문화에 기여

정치체제의 권력구조와 통치기능이 국민사회에 적절히 분화되고 위임되는 것이 정치발전의 관건이 된다면 지방자치야 말로 바로 이러한 정치발전의 초석이 되는 제도이다. 지방자치는 중앙의 권력을 지방자치단체에 위임하여 그 단체로 하여금 그 지방의 통치를 담당하도록 한다. 또한 지방자치는 일정지역의 정치행정을 그 지역주민들의 자율의사에 따라 처리하게 하고, 책임도 주민들 스스로가 지도록 한다. 관치행정에서는 지방의 권력이 행정기관에 집중되지만 지방자치제에서는 그것을 지방의회와 집행기관으로 분화시켜 지방의 정치기능을 강화시켜 준다. 또한 관치행정에서는 지방행정이 중앙정부의 지시나 명령에 의존하여 지방의 특수성과 주민의 개별적 이익이 무시되기 쉽다. 그러나 지방자치제에서는 지방의 사무를 지방정부와 그 주민의 자율적 처리에 맡기고, 중앙정부는 전국적 이해관계사무에 전념할 수 있도록 해준다. 이처럼 지방자치는 중앙정부의 통치권을 지방에 위임시키며 중앙과 지방간의 사무를 효율적으로 배분하여 중앙정부와 지방정부의 기능적 전문화를 촉진시켜 준다.

(2) 하위체제의 자율성 제고

중앙집권체제 하에서는 중앙과 지방의 권력이 미분화된 상태에 있기 때문에 지방의 모든 정치행정이 중앙정부의 권력구조에 직접적인 영향을 받게 된다. 그러나 지방자치제도 하에서는 지방의 정치행정이 중앙정부와는 상대적으로 독립된 위치에 놓이게 되므로 그 영향은 현저히 감소된다. 따라서 지방정부의 이러한 상대적 독립이라는 지위 때문에 중앙정국의 혼란이나 중앙정치의 전제화 등에도 지방정부는 큰 영향을 받지 않게 되는 것이다. 지방자치제도는 상위체제인 중앙정부에 비하여 하위체제인 지방자치단체의 자율성을 높여주므로 제도 그 자체가 바로 민주정치발전에 기여한다.

(3) 대중의 정치참여확대

현대의 대의민주정치는 국민대중의 정치참여를 그 핵으로 하고 있다. 이러한 대중의 정치참여는 우선 간접민주정치를 보완하는 기능을 하며 행정통제기능을 통해 공직자의 행정책임을 확립시키고 행정의 독선화를 방지하는 역할을 한다. 지방자치는 대중의 정치참여를 가장 철저히 그리고 가장 자연스럽게 자극・촉진시킬 수 있는 제도이다. 지방자치제도하에서 지방주민들은 지방의회 및 집행기관의 구성을 위한 지방선거에 참여는 물론 주민들의 일상생활과 직결된 각종 위원회, 공청회, 토론회 등에도 활발하게 참여한다. 사실 자치제도 실시의 가장 큰 정치적 의의는 바로 지역주민들의 정치행정참여를 활성화시킴으로써 주민의 요구를 정책에 반영시킴으로써 민주발전을 도모하고자 하는 데 있다.

(4) 체제능력의 제고

정치체제의 능력이 증대하는 것을 정치발전의 변수로 볼 때 지방자치는 이러한 체제능력을 향상·제고시키는 데에도 크게 기여하는 제도임에 틀림없다.[5] 즉 지방자치는 국가의 권력을 지방으로 분화시켜 국가의 권력이 국민 개개인에게 내면화됨으로써 국민의 정치적 일체감을 확보시키는 제도이다. 또한 지방자치는 지방주민들의 정치적 욕구불만을 해소시켜 중앙정치에 대한 부담을 줄여주며, 행정의 지역적 실험을 가능하게 하고, 지역적 특수성에 부합하는 행정을 시행하여 국민의 개별·특수적 행정수요에 적극적으로 부응할 수 있게 한다. 그리고 지방자치는 지방공무원들의 자질과 공인의식 등을 향상시켜 국가 전체적으로는 통치체제의 쇄신과 능력발전에 기여하며, 지역사회 내의 실질적인 경제사회발전을 촉진시키게 된다.

Ⅱ. 지방자치제도의 민주적 가치와 폐해

1. 지방자치의 민주적 가치

1) 정치적 가치

지방자치는 민주정치의 구현과 발전에 지대한 공헌을 해왔다. "지방자치단체는 민주주의의 고향이며, 생동하는 지방자치는 민주정치의 성공적 운영에 절대적으로 필요하다"고 강조한 스미스(J. J. Smith)의 주장이나, "중앙에서의 민주화를 촉진시키기 위해서는 말단(지방)에서의 자치를 철저히 실시해야 한다"고 했던 화이너(G. Finer)의 주장 등은 민주정치를 실시함에 있어서 지방자치의 중요성을 강조했던 명언들이라 하겠다.

(1) 민주주의 실천원리

지방자치는 민주주의의 전제이며 그 실천원리로 기능한다. 즉 지방자치는 정치의 민주

---

5) 예컨대 알몬드(G. Almand)와 포웰(G. Powell)은 체제의 능력을 추출, 규제, 배분, 상징, 대응, 대내외적 능력이라는 6가지로 분류하고 있지만 지방자치는 그 이상의 능력을 향상시키는 제도인 것이다.

화를 구현하고 풀뿌리 민주주의를 실천함으로써 민주정치의 기초를 굳건히 한다. 그러므로 중앙정부의 민주주의를 전제로 하지 않는 한 지방자치의 실시·발전이란 기대할 수 없으며, 지방자치를 도외시한 민주주의란 정상적인 발전이 불가능한 것이다.

(2) 민주정치의 학교와 훈련장

지방자치는 지방주민의 자치능력과 민주적 양식을 배양하는 민주정치의 학교, 민주정치의 수련장으로서의 역할을 한다. 지방자치는 그것을 통하여 지방주민들이 민주의식을 배양하게 되고, 민주적 정치훈련과 경험을 쌓을 수 있으며, 민주적인 주민의 대표자를 선출하고 이들을 국민적 지도자로 양성시킬 수 있도록 한다.

(3) 전제정치에 대한 방파제

지방자치는 국정의 전제화와 독재화를 방어해 주는 방파제 구실을 함으로써 국가권력에 대한 제한적 기능을 한다. 오늘날 정부기능의 확대·강화에 따른 행정권의 비대화와 직업적 전문관료의 대규모적 증가현상은 국정의 전제화와 관료화를 더욱 가속화시키고 있다. 지방자치는 바로 이와 같은 국정의 독재화, 중앙집권화, 관료적 독선화 경향을 통제해주는 훌륭한 방파제 역할을 해주는 것이다.

(4) 정국불안과 마비의 지방파급방지

지방자치는 중앙정국의 불안정이나 혼란이 지방에까지 파급되는 것을 예방하거나 이를 최소화시켜주는 기능을 한다. 지방자치는 지방주민의 생활과 관련된 공공사무를 그들 스스로가 선출·구성한 지방자치단체를 통하여 처리함으로써, 주민들의 의사와는 다르게 빈번히 교체되는 중앙정부의 정치적 소용돌이로부터 주민을 보호할 수 있기 때문이다.

(5) 정치적 욕구충족과 지역적 인재양성

지방자치는 지역주민들의 정치적 욕구를 충족시킴으로써 정국의 안정을 도모할 수 있다. 즉 지방자치를 실시함으로써 중앙정치무대에서 소외된 지역정치지망생들의 정치적 욕구를 충족시킬 수 있을 뿐만 아니라, 어려서부터 정치를 지망하는 참신하고 유능한 인재를 선발하고 양성할 수 있다.

2) 행정적 가치

지방자치는 지방에서의 국가사무를 효율적으로 처리하는 데 기여할 뿐 아니라, 지역사회의 생태적 기능과 특성, 인구의 다양성, 지역사회의 규모 등에 따라 다양하게 나타나는 제반 행정수요에 적절하고 효율적으로 대처할 수 있게 해준다. 즉 지방자치는 중앙정부로 하여금 국가전체에 영향을 미치는 중요한 국정문제에만 전념케 하고, 지역적 이해관계사항은 지방자치단체에게 이를 맡김으로써 국가 전체적 행정의 효율성을 제고할 수 있게 해준다.

(1) 지역특성에 부합하는 행정가능

지방자치제도는 수많은 지역사회의 다양한 특성에 부합하고, 주민들의 개별적.집단적 요구에 적절히 부응할 수 있는 지역특성에 부합되는 행정을 가능하게 한다. 지방사회의 생태적・문화적 차이에 따라 발생하는 개별・특수적 지방행정수요를 중앙정부가 이들을 일일이 파악하고 처리할 수는 없다. 지방자치는 바로 이러한 특정지역의 문제는 그 지역 주민들이 스스로 자율적으로 처리할 수 있도록 해주는 제도이다. 그리하여 국내 각 지방은 각 지역의 고유한 문화와 유물을 보존하고 발전시킬 수 있는 제도이기도 하다.

(2) 중앙정부와 지방정부간의 분업과 기능조정가능

지방자치는 중앙과 지방의 행정업무에 대한 기능적 분화를 가능케 해 준다. 즉 지방자치는 지방의 이해관계사항은 지방자치단체에게 맡겨 주민들의 의사와 책임하에 처리하도록 하고, 중앙정부는 국가전체에 이해관계를 가진 전국적인 일에만 전념하게 할 수 있다. 중앙정부는 전국적 통일성을 유지하거나 기준을 제시하는 일과 정책 및 계획의 수립을 중심업무로 하고, 지방정부는 수립된 정책과 계획의 합리적인 집행에 전념하게 한다. 이렇게 중앙과 지방을 상호 협력적인 분업체제를 통하여 기능적으로 분화시켜 줌으로써 국가 전체적으로 행정의 효율화에 기여한다.

(3) 중앙정부정책의 지역적 실험 가능

지방자치제의 실시는 중앙정부의 제도나 정책에 대한 지역적 실험을 가능케 한다. 즉 지방자치는 각 지방자치단체가 독자적으로 행정활동을 수행하게 되므로 그들은 나름대로 자기지역에 적합하다고 판단되는 정책사업 등을 자주적으로 실행할 수가 있다. 또한 중앙정부로서도 새로운 제도나 정책을 시행하려 할 경우, 이를 우선 적절한 지방자치단체에다 시험적으로 실시해본 다음 그 결과에 따라 전국적 시행여부를 판단할 수 있게 해준다. 그리하여 지방자치단체는 행정의 실험실 역할을 수행할 수 있는 제도이기도 하다.

(4) 행정에의 주민참여와 행정의 민주화구현

지방자치는 당해 지역의 주민들로 하여금 행정참여를 촉진시키며, 이를 통해 지방행정을 통제할 수 있고, 따라서 궁극적으로는 지방행정의 민주화를 구현케 한다. 지방자치는

'주민의, 주민에 의한, 주민을 위한' 자율통치이기 때문에 주민참여를 불가결의 요소로 한다. 따라서 중앙집권적 관치행정 하에서 이루어졌던 관료중심의 지방통치와 그로 인한 행정의 권위주의화를 방지・개선할 수 있는 것이다.

(5) 지방공무원의 능력발전과 사기진작

지방자치제도의 실시는 침체된 지방공무원들의 사기를 진작시키고, 그들의 능력발전에 기여한다. 지방의회의 구성과 의원들의 행정사무에 대한 조사 및 감사활동은 지방공무원들로 하여금 자기업무에 대한 전문가적 자질함양을 자극・촉진시키게 되며, 이에 따라 지방공무원들의 능력발전이 향상된다. 뿐만 아니라 지방자치제가 실시되면 자연적으로 중앙권한의 지방분권이 촉진되며, 그로 인한 지방공무원들의 실질권한과 재량권이 증대되고 인사 및 보수상에도 지방공무원 위주의 제도가 정착되게 될 것이다. 이러한 여러 가지 이유로 지방자치제의 실시는 지방공무원들의 능력발전에 기여할 수 있는 훌륭한 제도인 것이다.

(6) 지역적 수준에서의 종합행정가능

지방자치는 지방행정을 종합행정 내지 종합조정행정이 될 수 있도록 해준다. 즉 중앙정부는 기능적으로 분화된 전문행정을 수행한다. 그러나 지방정부는 중앙수준에서의 전문화된 행정을 지방에서 종합하고 조정할 수 있게 해준다. 따라서 지방자치의 발전을 위해서는 지방에서의 행정은 자치행정 내지 종합행정이 되어야 하고, 이를 위해서는 중앙권한을 지방으로 분권화해야 하고, 지방특별행정기관을 지방정부로 흡수하거나 편입시켜야 한다.

3) 사회경제적 가치

중앙정부에 의한 경제발전정책이 국가전체적인 국민생활의 향상에 기여한다면, 지방자치단체에 의한 지역경제의 개발은 향상된 부의 공정한 배분과 실질적인 생활의 질을 향상시킨다. 지방자치를 통한 지역주민들 스스로의 자발적, 집단적 노력은 그 지방의 실질적인 사회경제적 개발을 촉진시키고, 계층간의 갈등을 해소시키며, 주민들의 애향심과 주체의식을 고양시켜 지역사회의 건전한 발전에 기여한다. 이처럼 지방자치는 지역주민들 개개인에 대해 생활의 변화를 통해 의식과 가치관 그리고 행동에 영향을 미침으로써 민주적 국민의식과 공동체의식을 함양하게 해준다. 지방자치를 실시함으로써 나타나는 사회경제적 가치와 이점들은 매우 다양하여 모두 검토하기 어렵다. 따라서 여기서는 다음의 몇 가지로 이를 요약하기로 한다.

(1) 지역개발과 발전촉진

지방자치는 지역주민들의 숙원사업과 지역개발을 촉진시킴으로써 주민들의 소득증대와 생활향상에 기여한다. 중앙집권적 관치행정이 행정편의주의에 치우침으로써 지역간 불균형과 격차가 심화된 우리 나라의 경우 지방자치를 통한 지역개발이 우선적인 과제로 부각되고 있다. 그리고 지방자치는 지역의 고유한 특성을 살려 이를 개발·보존함으로써 문화재의 보호와 관광자원의 개발을 촉진시키고, 그로 인한 주민전체의 긍지를 고양시킬 뿐 아니라 관광소득도 올릴 수 있다.

(2) 주민들의 공동체의식과 향토애, 주체의식과 책임의식의 고취

지방자치는 오늘날에 와서 점차 약화되어가고 있는 주민들의 향토애와 주민들의 공동체의식을 함양시킬 수 있는 제도이다. 물질주의와 배금사상에 물들어 버렸고, 나와 나의 가족만이 소중하고 우리를 잊은 주민들에게 함께 살아가는 이웃의 소중함을 일깨워 줄 수 있는 것이 바로 지방자치제도인 것이다. 지방자치가 실시됨으로써 지역주민들에게 공중도덕을 지키고 자기고장을 아끼고 사랑하는 마음을 갖게 해주며, 주민으로서의 주체의식과 자치발전에 대한 책임의식도 갖게 해준다.

(3) 인적·물적 자원의 지역적 편중화 방지

지방자치는 인적·물적 자원이 특정지역으로 편중되는 현상을 막을 수 있다. 지방자치는 모든 지방이 골고루 잘사는 특징 있는 고장을 만들어 나가려는 제도이다. 따라서 지방자치를 성공시키려면 중앙정부는 지방의 균형발전을 위해 재정·기술·지식·정보 등 제분야에서 지속적으로 지방을 지원해야 한다. 지방의 발전은 장기적으로 볼 때 지역인재의 외지유출을 완화시키고, 특정지역으로 집중되던 인적·물적 자원의 편중이동을 다양화시켜 주는 것이다.

(4) 지역 내 계층간 갈등방지 및 해소

지방자치는 지역내 사회계층간의 갈등을 완화시켜준다. 지방자치를 실시함으로써 지방의 정책결정이나 사업집행에 다양한 계층의 주민들이 함께 참여하여 대화하고 토론하는 기회가 늘어난다. 지방자치를 실시함으로써 지역주민의 대표가 구체화됨으로써 예상되는 주민간의 불화나 마찰 등을 조정해 주고, 지역내 노사분규해결에 주민대표가 적극 참여함으로써 주민사회의 다양한 갈등을 조정·해결할 수 있다. 요컨대 지방자치제도는 주민들 상호간에 대화와 타협을 가능하게 함으로써 단절된 사회에서 야기되는 갈등과 마찰을 완화시켜 줄 수 있는 제도인 것이다.

(5) 지역사회문화의 발전과 창달

지방자치는 지역사회의 문화를 육성하고 발전시킬 수 있도록 해준다. 지역사회는 각기 고유한 특색을 가진 지방문화를 가지고 있다. 이러한 지방문화는 오랜 세월에 걸쳐 조상들로부터 전수된 것들이 많으며, 제대로 개발하고 발전만 시킨다면 국가적 문화유산은 물론 세계문화유산으로도 만들 수 있다. 이처럼 지방자치는 이미 사라진 전통문화의 발자취를 오늘에 되살릴 수도 있으며, 현재의 지역문화를 더욱 발전시켜 나갈 수도 있다. 21세기는 문화의 세기라고들 한다. 세계화시대에 지역문화의 세계화를 위한 노력은 지방자치를 통해서 더욱 강화될 수 있다.

(6) 지역간 선의의 경쟁과 창의성 제고

지방자치제도가 실시됨으로써 각 지역은 서로 자기지역의 더 많은 발전을 위해 선의의 경쟁을 하게 된다. 이러한 과정에서 새로운 아이디어와 창조적 문제해결책들이 나타나게 된다. 민주주의는 자유경쟁을 그 기본원리로 하고 있다. 지방자치제도는 이처럼 각 지역간에 선의의 경쟁을 통해서 보다 빠르고 보다 질 높은 발전을 가능하게 한다.

2. 지방자치의 역기능적 단점

1) 정치적 단점

(1) 부분에 대한 과잉집착과 전체에 대한 소홀

지방자치제도는 특정지역의 문제는 당해지역에서 자주적으로 해결하도록 하는 제도이다. 따라서 국가전체적으로 볼 때 부분적인 자기문제를 스스로 해결하는 데 전념함으로써 국가전체적 시각이나 관점이 도외시될 수 있고 전국적 차원의 능률이나 효과를 간과하는 경향을 야기할 우려가 높다. 즉 국가전체의 이익보다는 자기지역의 이익을 우선시함으로써 부분을 보고 전체를 보지 못하는 우를 범하기 쉽다.

(2) 국가적 위기대응능력의 저하

지방자치는 전국적 단위에서 획일적으로 이루어지는 것이 아니라 지역적 단위에서 주민들의 참여를 통해 이루어진다. 따라서 다양한 주민들의 참여와 토론의 토대위에서 대화와 타협을 통해 이루어진다. 따라서 많은 사람들과 복잡한 절차를 거치게 되어 문제해결에 많은 시간을 소요하게 된다. 그 결과 시간적으로 촉박한 위기상황에 적절히 대응할 수 없게 된다. 예컨대 국가위기시에 전국을 단위로 하는 인적 물적 자원의 동원과 배분에는 지방분권체제보다는 중앙집권체제가 훨씬 유익하다.

(3) 지역에 따른 여론분열과 지역감정조장가능

지방자치를 실시하지 않아도 지역에 따른 견해차이가 나타나는 것은 사실이지만 지방자치를 실시할 경우 이러한 경향이 더욱 현저히 나타날 수 있다. 자기지역의 문제에 대한 공동의 관심과 협력으로 문제를 해결하다보면 선의의 경쟁이 자칫 지역간 감정대립으로 비화될 수 있다. 그리고 전국적 정치문제를 보는 시각도 지역에 따라 확연히 다르게 파악함으로써 지역에 따라 정치적 견해를 달리하는 경향이 야기될 수 있다.

2) 행정적 단점

(1) 행정의 비능률과 낭비

지방자치는 중앙정부와 지방정부간 기능분담이 확실치 못하거나 광역정부와 기초정부간의 기능배분이 분명하지 못하면, 중앙과 지방간 혹은 광역과 기초간에 중복행정 내지 이중행정이 되어 자원을 낭비할 우려가 높다. 그리고 행정수준이나 기술수준도 지역의 경우 전국차원의 그것보다 불가피하게 열등할 수 밖에 없다. 각종 자원의 부족 속에 다양한 이해관계자들의 참여가 자치행정의 비능률을 가져와 궁극적으로는 오히려 자원을 낭비할 우려가 높다.

(2) 외부효과의 부작용과 투자사업 기피현상

예컨대 특정 지방자치단체가 노숙자들에게 획기적으로 후한 복지정책을 실시한다고 하면 이 소식을 들은 이웃 지방자치단체의 노숙자들이 대거 그 특정 자치단체로 몰려들 가능성이 높다. 그리고 폐수처리 등 각종 환경개선에 많은 비용을 투하하여 환경이 좋은 자치단체는 인접한 자치단체에서 많은 주민들이 이곳으로 이주해 올 가능성이 높다. 이러한 외부효과를 가지는 것은 좋지만 이로 인해 이들 사업에 대한 투자규모는 매년 더 늘어나야만 하는 부작용이 발생할 수 있다. 뿐만 아니라 특정기업이나 사람들에게 세제특혜나 교육훈련의 특혜를 제공하였으나 이들 기업이나 사람들이 다른 지역으로 이주해 버릴 경우 당해 자치단체로서는 비용만 지불하고 남는 것이 없어지는 부작용이 나타난다. 그렇기 때문에 지방자치단체로서는 섣부른 정책추진이나 투자사업을 기피하게 된다.

3) 사회경제적 단점

(1) 규모경제의 희생과 서비스비용의 증대

소규모의 지방자치단체는 보다 규모가 큰 지방자치단체보다 공공재나 공공서비스의 공급에 있어 규모의 경제가 갖는 이익을 향유할 수 없다. 즉 공공재나 공공서비스의 경우 그 수혜대상자의 수가 많을수록 한 사람에 대한 공공재나 서비스의 비용이 줄어들게 된다. 따라서 광역자치단체에 비해서는 기초자치단체의 비용부담이, 지방자치단체에 비해서는 중앙정부의 비용부담이 줄어들게 됨으로써 소규모 자치의 비용지출이 늘어나게 된다.

(2) 분배정책 및 경제시책의 실패우려

예컨대 특정 지방자치단체가 지방조세정책의 개혁을 통해 주민들의 소득분배구조를 적극적으로 개선하려 할 경우, 높은 지방세를 부담해야 할 부자들은 다른 지방으로 이주하게 되고 소득이 낮은 사람들은 이주해 오도록 유도하게 되는 결과를 가져온다. 따라서 특정한 지방자치단체가 독자적으로 소득분배정책이나 경제정책을 실시할 경우 실패할 가능성이 매우 높다. 따라서 경제정책이나 소득정책의 경우 지방정부차원의 독자적인 정책 추진이 매우 어렵다.

(3) 지역주의와 배타주의 생성우려

지방자치는 지역주민들의 향토애를 고취시키고 주체의식을 갖도록 하는 것이지만 이것이 지나치면 자기지역에 대한 지방색을 부각시켜 방어적 지역감정을 야기시킬 우려가 높다. 특히 이러한 현상이 배타주의로 발전되면 국민단합에도 큰 저해요인으로 작용할 수 있다. 예컨대 특정지역 주민들이 피해의식과 소외감을 가진다거나 아니면 반대로 우월의식과 위화감을 갖는다면 이는 둘다 국가발전에 역행하는 현상으로 나타날 것이다.

02
Chapter

지방자치의 현대적 경향과 연구대상 및 방법

제 1 절 지방자치의 현대적 경향

오늘날의 지방자치제도는 20세기를 거치면서 급격한 과학기술과 정보통신기술의 발전으로 상당히 변화 내지 변질되고 있다. 20세기 대중민주주의시대를 통하여 전통적 의미의 지방자치정신과 제도는 점차 퇴색되거나 변질되어 갔으며, 국가와 국민, 중앙정부와 지방정부의 관계변화에 따라 지방자치제도의 내용도 상당히 변화되어 왔다. 21세기 지식정보화 사회, 세계화 시대의 무한경쟁사회에서는 그 변화의 양상과 속도가 더욱 빨라질 것으로 예상된다. 이처럼 근래 사회경제적 변화와 함께 나타나는 지방자치에 대한 여러 가지 변화경향을 자치제도의 변질과 제약이라는 관점에서 검토하고 아울러 지방자치제도 그 자체가 내포하고 있는 내재적 한계를 검토해 보기로 한다.

1. 지방자치의 변질과 제약

현대에 들어와 사회환경의 변화와 함께 정치이념 및 체제까지 변질됨에 따라 지방자치제도 또한 점차 변화되어 가고 있다. 이들 변화내용들은 전통적 의미의 지방자치관점에서 보면 본래의 지방자치를 제약하는 요인으로 볼 수도 있다. 그러나 변화하는 새로운 이념과 체제하에서 보면 오히려 지방자치와 지역발전을 위한 것으로 이해될 수도 있다. 그럼에도 불구하고 20세기 대중사회의 등장과 21세기 지식정보화 시대의 사회에서는 전통적 의미의 지방자치는 그만큼 제약받지 않을 수 없게 되었다.

1) 공동체의식 등 정신적 기초의 붕괴

원래 지방자치는 일정한 지역을 단위로 그 곳에서 장구한 세월 동안 공동운명체로 생활을 함께해 온 지역주민들의 정신적 공동체의식을 기초로 하여 생성되었다. 그러나 오늘날에 와서는 과학·기술이 발달하고 교통·통신수단이 발달함에 따라 국민들의 생활권이 현저하게 확대되었으며 지역간 인구이동도 빈번해졌다. 자치단체의 기본 구조변화는 주민들의 공동체의식이나 지역적 연대감을 희박하게 하여 지방자치제도의 효율적 운영에 상당한 제약요인으로 나타나게 된 것이다.

2) 신중앙집권화 경향의 대두

신중앙집권화란 장구한 역사를 통해 지방자치제도를 발전시켜 온 근대 민주주의 국가들 중에서도, 사회경제적 발전과 행정기능의 확대강화에 따라 중앙정부의 권한이 현저하게 강화되는 새로운 경향을 뜻한다. 즉 복지국가의 실현을 위한 행정의 사회통제 및 능률화의 조화원리에 따라 중앙정부와 지방정부간에 행정기능 및 권력의 재분배, 협조관계 촉진, 중앙의 지방에 대한 지식, 정보, 기술의 지원, 그리고 재정지원 등의 현상이 증대되는 것을 의미한다.[1]

그러나 신중앙집권화의 실질적인 내용이 어떻든 간에 오늘날 그것은 여러 측면에서 지방자치의 내용을 제약하고 있는 것만은 사실이다.[2] 그 이유가 어디에 있든 간에 지방의 업무수행에 중앙정부의 영향력이 작용한다는 것은 지방주민의 의사를 근간으로 하는 자치행정에 대해서는 커다란 장애요소가 아닐 수 없는 것이다. 다행히 최근 선진 각국에서는 다시 신지방분권화현상과 그에 관한 연구들이 전개되고 있어 신중앙집권화의 긍정적 측면은 받아들이고 부정적 측면은 극복하기 위한 노력이 활발하다.

3) 지방행정수요의 증대와 자주재정의 빈약

사회가 성장·발전함에 따라 주민들의 지방정부에 대한 요구와 기대도 변화되어 간다. 특히 근래 들어와 지방행정수요는 과거에 비해 현저하게 증대되고 있으며 이러한 현상은 농어촌에 비해 도시지역에서 더욱 증대되고 있다. 그런데 이들 행정수요는 거의 대부분이

---

1) 신중앙집권화의 경향은 전통적 지방자치에 대해서는 분명히 제약요인이 되지만 현대적 시각에서 새로운 형태의 지방자치를 모색케한다는 점에서는 지방자치에 대한 보완적 요소로 볼 수도 있음을 유의해야 할 것이다.

2) 정세욱, 전게서, pp. 92-95. 김규정, 「행정학원론」(서울: 법문사, 1983). pp. 400-401.

그 해결을 위해서는 재정적 지출을 수반해야 하는 재정수요이기 때문에 지방재정의 팽창을 요구하고 있다. 그러나 지방경제력의 한계와 지역주민의 담세능력의 한계로 지방재정은 궁핍을 면할 수 없게 되었으며, 따라서 중앙정부에 재정지원을 의존하지 않을 수 없게 되었다. 그 결과 중앙정부로부터 지방교부세, 국고보조금 등을 지원받는 대가로 각종 중앙정부의 규제와 감독이 뒤따르게 되어 효율적인 지방자치 운영을 제약하게 되는 것이다.

4) 발전행정의 전개와 계획경제의 운용

발전행정이란 행정체제가 국민형성과 사회경제적 향상이라는 국가발전목표를 달성하기 위한 행동계획을 수립·집행하고 계속적인 사회변동에 대한 대응능력을 증진시키는 것을 의미한다. 궁극적으로 발전행정은 중앙정부가 국가발전사업을 관리하고 환경을 의도적으로 변혁시켜 나가는 중앙집권적, 획일적 행정을 근간으로 하고 있다. 특히 발전행정하에서는 국가의 경제발전을 중앙정부가 주도하고 국민경제의 운용을 계획적, 획일적으로 조정·통제함으로써 지방 고유의 특성을 살릴 수 있는 지방자치의 발전에 커다란 제약요인이 되고 있는 것이다. 중앙정부의 소수관료들에 의해 주도되고 있는 국가발전 전략이나 계획경제는 정치적 민주화에 역행하는 요소이며, 지방자치를 근본적으로 배격하는 여건을 조성시키고 있다. 요컨대 발전행정의 이념인 능률화와 지방자치의 이념인 민주화가 상충되고 있다.

5) 광역행정 및 통일행정에 대한 수요증대

일반적으로 광역행정이란 지방행정의 효과성과 능률성을 제고하기 위하여 특정행정사무를 일정한 지방자치구역의 경계를 넘어 보다 넓은 지역에 걸쳐서 종합적, 통일적으로 처리하는 행정기능의 수행방법을 의미한다. 광역행정사무가 증대하는 만큼 개별 지방자치단체의 고유의사가 제약을 받게 되며 상호협력에 어려움을 겪게 되어 독자적인 지방자치의 실시에 장애요인이 되고 있다. 특히 광역행정방식에 의한 행정업무의 처리는 광역행정 전역에 걸쳐 통일적, 획일적 행정이 요구되므로 더욱 개별 지방자치단체의 고유사무를 저해하게 되는 것이다. 반면에 잘만 운영된다면 주변 지방자치단체가 상호 균형발전을 도모할 수 있는 제도이기도 하다.

6) 정당정치의 발달에 따른 지방정치의 중앙흡수

지방자치는 자치단체의 지위를 중앙정부로부터 어느 정도 독립시키고 그 사무처리에 있어서도 중앙정부로부터의 명령이나 감독을 상대적으로 배제하여, 지방에서의 정치행정을 독립적이고 자주적으로 실시하고자 하는 것이 그 본래의 취지이다. 그러나 오늘날 많은 자유민주국가들의 경우 정당정치가 고도로 발달하여 중앙정당의 영향력이 지방정치에까지 개입되고 있어 지방자치의 본래적 의의를 저해하고 있다. 특히 지방의회의원선거에 정당공천제를 실시할 경우 지방자치에 대한 정당의 영향력은 더욱 강화되며 중앙정치의 소용돌이에 지방이 함께 말려 들 수가 있다. 더구나 오늘날 정당은 그 본래의 기능을 상실하고 정당조직의 관료제화와 함께 소수의 과두정당관료에 의해 전국의 수많은 지방자치단체가 지배되는 현상이 야기될 수 있는 것이다. 이렇게 되면 결국 지방자치는 형식화되고 전국의 지역사회 강력한 중앙집권적 지배체제로 전환되어 버리고 말 것이다.

2. 지방자치제도의 내재적 한계

이미 지방자치의 단점부분에서 밝힌 바와 같이 지방자치제도는 그 자체가 적잖은 한계를 내포하고 있다. 지방자치의 한계는 앞에서 검토한 지방자치의 단점부분과 일부 중복되는 점이 있음은 어쩔 수 없다. 예컨대 지방자치는 위기대응능력이 부족하다거나, 지역주의를 조장할 우려가 높다거나 전국규모정책의 효과적 수행이 곤란하다는 점 등이 그것이다. 다음은 이들에 관해 간략히 고찰하기로 한다.

1) 국가적인 위기대응능력의 저하

지방자치제도는 지역적으로 구분된 수많은 지방자치단체가 각자 그 대표를 선거하여 그 지방의 정치행정수요에 대응해 나가는 제도이다. 따라서 국민전체의 지지와 동의를 요하는 국가적 위기사황에 대처하는 능력이 저하될 수밖에 없다. 본래 지방자치는 민주주의 원리를 근간으로 하고 있기 때문에 민주주의가 갖는 약점을 벗어날 수 없다. 민주사회에서의 국민적 의사결정은 다수의 상반된 이해관계자들이 참여하여 장기간에 걸친 대화와 토론을 통하여 많은 갈등이 조정·조화된 이후에 이루어지는 것이다. 이렇게 볼 때 지방자치의 철저한 시행은 필연적으로 의사결정의 지연을 초래하여 시간적으로 촉박한 위기에 대처하는 능력이 떨어지게 된다. 그리하여 국가의 위기시에 전국적인 인적·물적 자원의 동원능력도 떨어지게 되는 것이다.

2) 전국규모정책의 효과적 수행 곤란

지방자치의 실시는 국가발전을 위한 각종 개발계획이나 전국규모의 경제사회적 발전을 위한 정책 및 법률 등의 집행을 어렵게 한다. 지방자치는 지역적으로 균분(均分)된 지방자치단체들이 중앙정부와는 상대적으로 독립하여 독자적인 정책과 계획을 개발, 시행하게 한다. 또한 지방자치는 국민들로 하여금 전국적 차원의 국가발전계획보다는 자기주변의 문제에 더욱 더 관심을 갖게 한다. 따라서 지방자치단체에 대한 중앙정부의 지휘, 감독기능이 약화됨으로써 강력하고 일관된 정책수립과 효과적인 행정집행을 어렵게 한다. 뿐만 아니라 중앙정부의 권한이 지방에 분산됨으로써 행정의 중복·혼란 현상이 야기될 수 있으며 그 결과 행정의 전국적 수준을 조정하거나 통일성을 확보하기가 어려워진다.

3) 지역주의 사고와 국론분열의 가능성

지방자치에 대한 교조적 신앙과 비민주적 운영으로 자칫 잘못하면 지방색이 지나치게 부각되어 지역감정 내지 지역주의 사고방식이 고개를 들 수 있다. 지역적 피해 의식이나 이와는 상반되는 지역적 우월주의는 결국 지역주의 사고를 조장시켜 궁극적으로는 국론분열의 사태로 까지 진전될 가능성이 있는 것이다. 지정학적 요인 등으로 주민들로서는 어쩔 수 없는 경제적 빈부격차라든가, 기후와 지형적 차이 등이 지역차별을 가져와 국민단합이나 국민적 일체감형성에 지장을 초래할 수가 있다. 지역개발과 관련 님비와 핌피현상 등 지역이기주의의 발생 우려도 높다.

4) 행정의 전문화 및 능률화 확보곤란

지방자치는 지역적인 특수한 실정에 적합한 행정수행을 근간으로 함으로써 전국적 차원에서 볼 때 행정의 중복과 낭비가 심하며 보편적으로 적용될 수 있는 행정기술의 개발과 적용을 어렵게 한다. 따라서 행정의 개별·특수화에는 기여하나 행정의 전문화를 어렵게 한다. 즉 전국적 차원에서 산업별, 분야별, 업무별로 중앙정부나 특정한 기관이 그들을 전담할 때 개발될 수 있는 행정의 기법이나 전문화를 곤란케 한다. 그리하여 결과적으로는 행정의 능률도 확보할 수 없게 된다. 물론 지방자치제도는 그 근본이념이 지역사회의 민주화에 있기 때문에 능률이라는 척도로 그것을 평가할 수는 없으나 오늘날 전 세계적인 추세로 볼 때 민주화를 촉진하는 능률행정의 구현이 요청되고 있는 바, 기계적·맹목적 능률이 아니라고 하더라도 확실히 지방자치에 충실하다 보면 행정능률은 저하되기 마련인 것이다.

제 2 절 지방자치학의 연구대상과 범위 및 방법

지방자치연구 내지 지방자치학의 연구는 한 국가의 지방자치법령과 관련된 제도를 설명하고 분석하며, 나아가 그 나라의 자치행정 및 자치에 관한 정치행정현장의 다양한 공공현상들을 분석하고 설명하며, 많은 경우 제도와 현상의 문제점을 찾아내어 그 개선방안을 제시하려고 노력한다. 특히 근래 지방자치에 관한 제반 연구내용들이 하나의 독립된 학문이 갖추어야 할 충분한 대상의 특수성을 가지므로 독자적 학문영역으로 발전되어야 한다고 주장되고 있다.[3] 특히 지역과 지역주민의 공공생활을 개별성과 특수성의 관점에서 다양하고 체계적이며 종합적으로 연구한다는 점에서 학문적 독자성은 강조되고 있다. 따라서 아래에서는 지방자치학을 그 연구대상의 특수성과 연구방법의 다양성이라는 관점에서 간략하게 검토해 보기로 한다.

1. 지방자치학연구의 특수성

1) 분석대상의 특수성

지방자치학의 연구대상인 지방자치는 정치학이나 행정학의 연구대상인 국가와 권력, 정부와 국민 등의 일반적이고 전체적인 점과는 사뭇 다른 특수성을 지니고 있다. 첫째 주요연구의 대상이 지방정부라는 점, 둘째 지방자치업무의 성격이 비권력적이고 주민의 일상생활과 관련된 것이라는 점이다. 셋째 지방자치는 지방에서의 정치와 행정을 모두 연구대상으로 한다는 점이고, 넷째 지역과 주민을 개별적이고 특수성의 관점에서 연구한다는 점이다.

(1) 지방정부를 중심적 연구대상으로 한다는 점

지방자치제도는 일정한 지역에 공법인인 지방자치단체를 설치하고 그 기관으로 하여금 당해 지역의 지방자치업무를 담당하도록 하고 있다. 여기서 지방자치단체의 기관이란 의결기관과 집행기관을 말하고 이는 곧 지방정부를 의미한다. 그리하여 이 지방정부를 중심으로 전개되는 중앙정부와의 관계, 지역주민과의 관계, 그리고 지방정부의 각종 정책기능 등을 연구대상으로 한다. 이처럼 지방정부를 주요연구대상으로 한다는 점이 타 학문에서 찾아볼 수 없는 특수성이라고 할 수 있다.

(2) 연구대상인 지방자치업무가 비권력적·급부적인 성격이 강하다는 점

지방자치학의 연구대상은 주로 주민들의 일상생활과 관련된 업무나 비권력적 분야가 그 중심이 된다는 점에서 그 특수성을 갖는다. 즉 국정관리의 경우 국가의 존립유지 및 전국적 기준의 통일과 조정에 관한 업무, 그리고 권력적·통제적 업무와 국민전체적 이해

---

3) 정세욱, 전게서 p. 69 이하, 최창호, 「지방자치학」(서울: 삼영사, 2002), p. 41 이하 등.

관계업무를 그 대상으로 한다. 그러나 지방자치학의 경우 예컨대 상하수도, 쓰레기수거와 처리, 시장관리, 주택 및 도로·교통, 보건·위생 등의 주민생활에 직결된 분야나 사회복지, 공적부조, 공공서비스 등을 주요 연구대상으로 한다.

(3) 지방의 정치와 행정을 동시에 분석대상으로 한다는 점

지방자치학은 지역사회에서 전개되는 모든 정치행정현상을 그 연구대상으로 한다는 점에서 일반 정치학이나 행정학과는 다르다는 점이다. 지방자치는 지방정부를 중심으로 정치적 작용과 행정적 작용이 밀접히 연관되어 있으므로 정치적 영역과 행정적 영역을 동시에 연구대상으로 한다는 점에서도 그 특수성을 지적할 수 있다. 즉 지방정부의 집행기관을 대상으로 하는 정책기능과 조직, 인사, 재무 등의 행정관리 그리고 주민참여와 통제 등 행정학분야의 연구내용은 물론 의결기관을 중심으로 하는 의회, 선거, 정당, 투표 등의 정치학적 연구대상도 포함한다는 점에서 그 특수성을 들 수 있다.

(4) 지역과 주민을 개별성과 특수성의 관점에서 분석하고 인식한다는 점

토지와 사람을 일반행정은 국토와 국민의 입장에 따라 전국적 규모에서 획일적·통일적으로 파악하고 국지적·개별특수적 이익보다는 전체적 일반이익의 추구를 그 목표로 한다. 그러나 지방자치학에서는 지역과 주민의 입장에서 이들을 개별성과 특수성의 기초위에서 파악하고 국지적 특수이익과 지역의 발전을 도모함을 그 이상으로 한다.(정세욱, 2003: 74). 요컨대 지방자치는 특정한 지역이 지니고 있는 역사적, 문화적, 자연적, 지형적, 인적 등 다양한 특성을 개발하고 발전시킴으로써 그 지역발전의 견인차로 삼고자 하는 것이다.

2) 연구방법의 특수성

지방자치연구는 그 연구방법에도 여러 가지 특수성을 가진다. 첫째 지방자치연구는 사회과학적 연구방법과 자연과학적 연구방법을 동시에 이용할 수 있다는 점, 둘째 규범적 접근방법과 사실적 접근방법을 동시에 이용한다는 점, 셋째 관리학적 접근방법과 정책학적 접근방법을 동시에 사용한다는 점, 넷째 정치학적 접근방법과 행정학적 접근방법을 동시에 시용한다는 점 등이다(최창호, 2002, 45-46).

(1) 다양한 연구방법과 종합과학적 접근방법을 이용

지방자치학은 자연과학과 사회과학을 횡단하는 종합과학적인 접근방법을 사용한다. 즉 지방자치학의 연구대상인 일정한 지역으로서의 도시와 농촌은 자연이라는 실체 위에서 사람들이 살아가는 사회적 실체이다. 따라서 이들은 자연적 존재임과 동시에 사회적 실체이기 때문에 그것을 대상으로 하는 연구방법도 자연과학적 방법이나 사회과학적 방법의 어느 하나만으로는 불충분하며 양자를 동시에 사용해야 하는 것이다.

(2) 규범적 접근방법과 사실적 접근방법을 동시에 이용

지방자치학의 연구방법은 규범적 접근방법과 사실적 접근방법을 동시에 사용한다. 그것은 지방자치연구가 자치제도라는 규범과 그것의 운영이라는 사실이 불가분의 관계를 가지고 있기 때문이다. 지방자치제도의 내용인 기관구성, 선거형태, 계층구조, 자치권 등을 어떻게 규정하느냐에 따라 이들의 실제운영과정에서 나타나는 사실변화는 엄청난 차이가 나타날 수 있다. 지방자치학은 이처럼 제도와 현실을 밀접한 연관관계 속에서 연구한다는 점에 그 특성이 있다.

(3) 관리학적 접근방법과 정책학적 접근방법을 동시에 사용

지방자치학의 연구는 관리학적 접근방법과 정책학적 접근방법을 동시에 사용한다는 점에서 그 특수성이 인정된다. 즉 지방자치는 현실을 유지·관리·보존하는 관리적 연구와 지역사회의 개발·개혁·창조를 위한 정책을 동시에 연구하는 것이다. 그것은 지방정부의 행정은 언제나 절약과 능률이라는 관리적 목표와 개혁과 발전이라는 정책적 목표를 동시에 추구하고 있기 때문이다.

(4) 정치학적 접근방법과 행정학적 접근방법을 동시에 시용

이미 분석대상의 특수성에서도 언급한 바와 같이 지방자치학은 지방의 정치현상과 행정현상을 동시에 연구함으로써 연구방법도 이들 두 가지 영역의 방법을 동시에 사용한다는 점이 특이하다. 지방자치의 제도와 현장에는 언제나 정치적 현상으로서 지방선거와 정당참여, 주민간 갈등과 타협, 참여와 통제 등은 물론 행정적 현상으로서의 정책과 기획, 관리와 통제, 능률과 생산성 등의 문제가 공존하기 때문에 그 연구방법 역시 이들 두 영역의 연구방법을 동시에 사용하지 않을 수 없다는 것이다.

2. 지방자치학의 연구대상과 범위

지방자치학은 국가(중앙정부)에 대한 지방자치단체(지방정부), 중앙에 대한 지방, 전체에 대한 부분이라는 관점에서 볼 때 지방자치단체, 지방, 부분 등을 중심적 연구대상으로 한다. 그리하여 이들 스스로의 목표와 실적관리, 구조와 기능 등 자체연구는 물론, 이들을 중심으로 국가와 중앙 및 전체와의 상호 관계를 연구한다. 이렇게 볼 때 지방자치학의 연구대상은 지방자치에 관한 이론부분을 포함하여 지방자치단체를 운영하는 기관으로서 지방정부를 중심으로, 지방정부의 대내적 분야와 대외적 분야로 나누어 볼 수 있다. 지방자치에 관한 이론부분을 제외한 지방자치학의 연구대상을 정리하면 다음과 같다.

첫째, 지방정부의 대내적 분야로는 i) 지방정부의 구조와 권한에 관한 분야, ii) 지방의회와 집행기관 및 이들 간의 관계에 관한 분야, iii) 집행기관의 내부관리분야로 나눌 수 있다.

둘째, 지방정부의 대외적 분야로는 i) 중앙정부와 지방정부와의 관계 ii) 지방정부와 지역주민과의 관계, iii) 지방정부와 타지방정부, 즉 지방정부의 외교영역을 들 수 있으며, iv) 지방정부를 둘러싸고 지방정부에 영향을 주고받는 자연적 · 사회적 환경영역 등을 그 연구대상으로 들 수 있다.

1) 지방정부의 구조와 권한에 관한 분야

여기서는 지방자치단체의 의의와 종류, 구성요소, 계층구조, 기관구성형태 등을 검토함으로써 지방정부의 성격을 규정하고 있는 지방자치제도의 기본 틀을 연구대상으로 검토한다. 특히 지방정부를 의미하는 지방자치단체의 성격과 기관 및 그 구성형태 등을 외국제도와 비교 · 연구한다.

2) 의결기관과 집행기관 및 이들 간의 관계에 관한 분야

여기서는 지방정부의 양대기관인 의결기관과 집행기관의 각각에 대한 제도를 연구한다. 첫째 의결기관의 지위와 권한, 조직과 운영, 지방의원의 지위와 임기, 지방의회의 권한과 기능, 선거제도와 선거구 지방선거와 정당관여 등을 연구한다. 둘째 집행기관의 조직과 선임방법, 집행기관의 지위와 권한, 보조기관의 종류와 기능, 경찰, 학예 등 특별집행기관 및 각종 위원회 등에 관해 연구한다. 셋째 의결기관과 집행기관의 관계에 관해서는 양기관간의 관계유형검토, 기관간 권력관계 등을 연구한다.

3) 집행기관의 내부관리분야

여기서는 집행기관의 내부조직관리에 관한 분야를 연구한다. 첫째 지방정부의 목표설정과 전략적 성과관리 등에 관한 정책관리분야로서 지방정부의 목표관리, 의사결정, 리더십, 커뮤니케이션, 전략적 관리, 관리통제 등을 연구한다. 둘째 집행기관의 조직관리분야로서 조직의 편성과 관리, 조직개편, 구조개혁 , 정부혁신 등을 연구하고 셋째 집행기관의 인사관리분야로 지방공무원제도, 지방공무원의 채용과 능력발전, 사기진작방안 등을 연구하며, 넷째 지방재정관리분야로 지방예산관리업무와 지방세입과 세출, 지방회계 및 지방구매 등에 관해 연구한다. 다섯째 지방정부의 사무관리분야로서 지방행정의 전산화, 정보화, 사무자동화 등에관한 분야를 연구한다.

4) 중앙정부와의 관계분야

지방정부와 중앙정부의 관계분야에서 연구해야 할 대상으로는 중앙정부의 지방정부에 대한 권한배분과 관련한 중앙집권과 지방분권, 신지방분권과 신중앙집권 그리고 기능배분, 중앙통제 등이다.

첫째, 중앙집권과 지방분권의 경우, 의의, 필요성, 비교, 방향, 방식 그리고 양자간의 조정과 조화 등을 연구하고 둘째, 신지방분권과 신중앙집권에서는 의의와 대두배경, 성격, 문제점, 촉진요인, 구체적인 형태, 한계 등을 연구한다. 셋째, 기능배분에서는 이론, 원칙과 기준, 변수, 실태와 문제점, 합리화 방안 등을, 넷째, 중앙통제에서는 의의, 필요성, 목적, 방식과 현대적 경향, 대상기관, 한국의 실태와 개선방향 등을 연구한다.

5) 지역주민과의 관계분야

지방정부와 지역주민간의 관계에 관한 연구분야로는 크게 주민의 정치행정참여분야와 주민통제와 행정책임, 주민에 대한 행정정보공개, 주민에 대한 행정서비스의 제공, 지방선거 등에 대한 분야를 연구대상으로 한다. 첫째, 주민의 지방정부에 대한 정치행정참여는 주민참여의 역사적 배경, 주민의 의의와 지위, 주민의 권리의무, 주민의 정치참여, 주민의 자치행정참여, 한국의 주민참여제도, 주민참여제약요인과 활성화 방안 등을 연구한다.

둘째, 주민통제와 행정책임분야에서는 의의와 중요성, 필요성과 기준, 효율화를 위한 요건, 주민통제의 방법, 실태와 대책, 효율화방안 등을 연구한다. 셋째, 주민에 대한 지방행정정보공개에서는 정보공개의 개념과 기능, 이념, 필요성과 촉진요인, 내용과 특성, 과정과 방법, 제약요인, 한국의 문제점과 전망, 외국제도 등을 연구한다. 넷째, 주민에 대한 행정서비스 분야에서는 지방행정서비스의 의의와 성격, 특징과 기본원칙, 유형, 영역, 공급방법, 서비스의 질 향상 등을 연구한다. 다섯째, 주민의 정치참여분야인 지방선거를 따로 독립시켜 검토한다. 지방선거의 중요성, 의의, 원리와 이념, 지방선거의 유형, 지방선거제도의 내용, 선거권과 피선거권, 선거구와 선거기간, 선거운동과 선거비용, 지방선거와 정당참여 등을 연구한다.

6) 지방정부의 외교분야

이 분야는 우리나라의 지방정부들이 비교적 소극적이었던 분야였다. 그러나 세계화현상이 지배하는 지구촌 사회에서 언제까지나 중앙정부만 바라보고 있을 수는 없는 실정이다. 따라서 앞으로는 지방정부도 국내외의 타 지방정부와 외교채널을 강화함으로써 스스로의 활동영역을 넓혀가야 할 필요가 있다. 이 분야에서는 지방정부의 국제교류와 해외시장개척 등을 연구한다.

7) 지방정부의 환경분야

지방정부는 자신에 대한 정확한 파악을 위해서는 물론 지방정부의 과제와 목표를 설정하기 위해서도 자신이 처해 있는 환경을 정확하게 인식해야 할 필요가 있다. 그리하여 자기 자치단체의 과거로부터 내려오는 유산으로서의 역사적 문화적 환경, 지방자치제도의 이념적 기초로서 민주정치조건 등의 정치·이념적 환경, 경제발전에 따른 경제적 환경, 주민의 의식수준과 가치관의 분화, 사회적 다원성 정도 등의 사회적 환경, 그리고 기후, 지형, 강수량, 지정학적 위치 등의 자연환경 등을 연구한다.

그러나 본서에서는 지방정부의 환경부분은 생략하기로 한다. 그것은 지방자치단체마다 각기 다른 환경을 가지고 있어 지방자치일반론인 본서와는 그 방향이 맞지 않기 때문이다. 그러나 앞으로 지방자치연구분야에서 나올 것으로 예상되는 예컨대 서울시정부론, 경기도정부론, 제주도정부론 등의 경우 반드시 당해 지방정부의 환경을 검토해야 할 것이다.

3. 지방자치학의 연구방법

이미 앞에서 기술한 바와 같이 지방자치에 관한 연구는 연구대상의 특수성으로 인해 연구방법 또한 특수성을 지닌다고 하였다. 그리하여 종합사회과학으로서의 성격을 가지고 있는 지방자치연구는 필요에 따라서 기존 사회과학의 연구에서 사용하고 있는 다양한 연구방법을 모두 이용가능하다고 할 수 있다.

예컨대 시회과학 특히 정치·행정학 등에서 주로 사용해 온 연구방법인 역사적 연구방법, 법률·제도적 연구방법, 생태론적 연구방법, 행태론적 연구방법, 체제론적 연구방법, 비교연구방법, 사례연구방법, 현상학적 연구방법 신제도론적 연구방법 등을 모두 이용할 수 있다. 물론 지방자치학 연구에서는 이들 중 어느 하나의 방법이나 두 개 이상의 방법을 동시에 사용할 수도 있을 것이다.

이러한 연구방법들은 이미 정치학, 행정학, 경제학, 사회학 등 여러 학문분야의 교재에서 이미 모두 잘 설명하고 있어 본서에서 다시 이들에 관해 자세히 설명할 필요성을 느끼지 않는다. 특히 지방자치분야를 연구하는 학도들은 이미 어느 분야에서건 간에 이들 연구방법에 대해서는 적어도 한 두 번의 설명을 듣거나 독서를 한 경험을 가지고 있을 것이라고 믿기 때문이다.

제 2 편

국가와 지방자치단체의 관계

제1장 중앙집권론과 지방분권론
제2장 중앙정부와 지방정부간의 기능배분
제3장 중앙정부의 지방정부 통제(중앙통제론)

01
Chapter

중앙집권론과 지방분권론

제 1 절 중앙집권과 지방분권의 의의와 성격

Ⅰ. 의의와 성격

1. 의 의

현대국가는 대체적으로 광활한 영토와 방대한 인구를 가지고 있을 뿐만 아니라 수행하고 있는 기능도 매우 복잡·다양하다. 따라서 중앙정부가 전국을 효과적으로 통치한다는 것은 사실상 어려운 일이기 때문에, 국가의 사무처리는 중앙정부와 지방정부에 의하여 분담처리 되고 있는 것이 보통이다. 이렇듯 오늘날 대부분의 국가에서는 국가의 권한과 사무가 중앙과 지방에 분담되고 있으므로 현대국가의 정치행정에 있어서 중앙집권과 지방분권은 대단히 중요한 의미를 지니고 있다.[1] 정치적 측면에서 중앙집권은 중앙의 정치권

1) 중앙집권과 지방분권을 측정하기 위한 지표로는 여러 가지가 있을 수 있으나 최창호 교수의 견해는 다음과 같다. i) 특별지방행정기관의 종류와 수, ii) 지방자치단체 중요직위의 선임방식, iii) 국가공무원과 지방공무원의 대비, iv) 국가재정과 지방재정 규모의 대비, v) 국세와 지방세 수입의 대비, vi) 중앙정부의 지방예산 통제정도, vii) 지방자치단체의 사무구성비율 viii) 민원사무의 배분비율, ix) 감사 및 보고의 횟수 등으로 판단할 수 있다. 최창호, 「지방자치제도론」(서울: 삼영사, 1988), pp. 43-44.

력이 강하고 지방의 자주성과 독립성이 약한 것을 의미하는데 비하여, 지방분권은 중앙집권에 비하여 지방의 자주성과 독립성이 강한 것을 의미하고 있다. 그러나 중앙집권과 지방분권은 상호 상대적·보완적 관계에 있다고 할 수 있다. 중앙과 지방간의 기능배분은 특정한 시대와 그 시대의 사회적 여건에 따라 통치권을 중앙정부와 지방정부가 적절히 나누어 가지게 되는 것을 의미한다. 그것은 국가마다 역사적 전통이 다르고 그 국가가 지향하는 목표가 다르며, 정치지도자의 가치관과 국민의 정치적 요구가 다르기 때문이다.

따라서 현대행정국가에서는 절대적 중앙집권체제를 채택하는 국가나 절대적 지방분권체제를 채택하는 국가는 없다. 왜냐하면 국가기능이 방대하고 복잡해짐에 따라 이를 효율적으로 수행하기 위하여 한편으로 이를 기능적으로 수평분화하고 지역적으로 분할·분담할 필요성이 커지는 한편, 또 다른 한편으로는 복잡다기한 기능을 국가차원의 전체적·종합적 목적을 위해 통합하고 조정할 필요성이 대두하고 있기 때문이다.

2. 중앙집권과 지방분권의 개념

중앙집권(centralization)은 지방분권(decentralization)에 대응되는 개념이기는 하지만 그 내용에 있어서는 여러 갈래로 해석할 수 있으므로 많은 논쟁의 대상이 되고 있다. 중앙집권이란 국가의 여러 기능과 활동이 체제의 중심부에서 집중적으로 이루어지는 것을 말하고, 지방분권이란 이와 반대로 여러 기능과 활동이 원심적으로 이루어지는 것을 말한다.

한편 집권과 분권은 단순한 통치기술상의 문제가 아니고 하나의 정치원리이기는 하지만 다 같이 일국의 정치적 통일을 무시할 수 없는 한, 중앙과 지방의 관계는 필연적으로 상대적 관계에 있다고 보아야 할 것이다. 그러나 비록 중앙과 지방의 관계가 상호 밀접불가분의 관계가 있다고 하더라도 중앙정부에 의한 지방의 권한을 부정하고 지방의 고유권한을 강조하는 입장도 있다(礒村英一·星野光男, 1982: 4). 후자의 입장은 지방분권은 중앙집권에 대칭되는 개념으로 사용되고 있지만 본래 중앙정부가 가지고 있는 권한을 지방에 나누어줌으로써 성립된 것이 아니라 지방이 본래부터 가지고 있는 권한을 확인한다는 것이다. 이러한 주장은 프랑스의 뚜레(Thouret) 등에 의해 강조되었던 이른바 지방권사상(地方權思想: Pouvoir Municipal)에 그 뿌리를 두고 있다.[2]

2) 이 문제에 대한 논의는 김보현·김용래, 전게서, pp. 77-79.

3. 중앙집권과 지방분권의 성격

1) 정치적 권력게임의 속성

중앙집권과 지방분권은 중앙과 지방의 정치적 영향력의 크기에 의해 좌우된다는 정치적 권력게임의 속성을 지니고 있다. 즉 중앙과 지방, 집권적 세력과 분권적 세력 간의 영향력 크기에 의해 그 수준이 결정되며, 이 두 세력의 크기는 언제나 상대적으로 변화하는 속성을 가지고 있다. 그러나 중앙집권과 지방분권의 논리는 단순히 중앙정부의 권한과 기능을 지방정부로 이양하거나, 반대로 지방정부의 그것을 중앙으로 이전하는 세력경쟁의 차원을 극복함으로써, 중앙과 지방간 역할재배분을 통하여 기능의 효율성을 회복하고 증진한다는 관점에서 접근되어야 할 것이다. 때문에 이러한 분권화추진과정과 역할 재배분 과정에서는 소위 보충성의 원리[3]가 엄격히 적용되어야 한다.

2) 지역발전을 위한 수단가치적 성격

지방분권은 그 자체가 목적가치가 아니라 그것을 통해 궁극적으로 어떤 목적을 추구하고자 하는 수단가치에 지나지 않음을 유의해야 한다. 중앙집권이 그것을 통해 구현하려는 궁극적 가치를 국가발전목표에 두는 것처럼, 지방분권 역시 분권을 통한 지방자치의 발전과 민주주의의 창달을 그 궁극적 목표로 하고 있다. 따라서 지방분권 그 자체보다는 분권을 통해 실현하려는 궁극적 목적달성을 더 진지하게 고려할 필요가 있다. 지방분권은 지방자치의 발전을 위한 전제조건이며 성공의 관건이다. 지방분권 없는 지방자치란 알맹이 없는 형식적 자치에 지나지 않기 때문이다. 따라서 지방분권을 통한 지방자치발전을 위해서 필요한 것들이 무엇인가를 보다 신중하게 검토해야 할 것이다.

3) 상호 보완적 성격

중앙집권과 지방분권은 대립적 가치, 이분법적 시각에서 탈피하여 상호보완적 가치, 균

---

3) 보충성의 원칙이란 사회의 활동은 보완성을 가지기 때문에 작은 하위구성단위가 스스로 어떤 업무를 잘 수행할 수 없는 경우에만 상위의 공동체가 개입할 수 있다는 원칙이며, 상위구성단위의 활동은 하위단위의 활동을 충분히 지원해야하고, 하위단위의 활동을 대체하거나 인수해서는 안된다는 것이다. 즉 첫째 지방에서 처리되는 사무는 특별한 이유가 없는 한 지방의 사무로 보아야 하고, 둘째 만일 지방정부소관의 업무를 중앙정부의 업무로 이관하고자 할 경우, 중앙정부는 지방정부가 그 업무를 처리할 수 없다는 증명을 해야 하며, 셋째 중앙정부가 지방정부에 사무를 이양하는 경우에도 지방자치단체의 규모와 능력에 따라 차등적으로 배분해야 한다는 등의 원칙을 말한다.

형적 시각에서 파악·인식해야 정확하게 판단할 수 있다. 즉 지나친 집권이나 무한대의 분권은 주장되어서도 안될 뿐 아니라 어느 쪽도 바람직하지 않다. 중앙집권과 지방분권은 국가와 국민의 능력에 맞는 수준에서 적절하게 균형점을 찾아야 한다.

4. 분권과 분산의 차이

집권과 분권을 대칭적 개념으로 놓고 볼 때 지방에서 이루어지는 정치·행정은 두 가지로 나누어질 수 있는데 지방자치행정과 중앙관치행정이 그것이다. 중앙관치행정은 지방에서 행해지는 행정이지만 중앙정부에 의해 임명되고 중앙정부에 대해서만 책임을 지는 지방의 일선기관을 통해서 행하는 정치·행정을 가리킨다. 이것도 일종의 지방적 정치행정이기는 하지만 중앙집권화된 제도의 일부분에 불과하다.

그러나 지방자치행정은 자유로운 주민의 의사에 의해 세워진 지방정부가 수행하는 정치행정으로, 중앙정부의 주권에 대해서는 종속되지만, 지방정부의 자기결정에 대해서는 상급기관의 통제를 받지 않고 행사할 수 있는 권력과 자유재량 및 책임을 부여받고 있는 정치행정이다. 그리하여 중앙정부가 지방정부에게 권한을 위임하는 것을 자치적 분권(decentralization)[4]이라고 한다면, 중앙정부가 지방에 설치한 자신의 하급행정기관에 권한을 위임하는 것은 행정적 분산(deconcentration)[5]이라고 한다.[6]

5. 집권화와 분권화의 촉진요인

1) 집권화의 요인

정부나 조직을 막론하고 특정한 체제가 집권화 되는 것은 그 체제가 처한 상황의 특수성이나 체제 그 자체의 성격과 연관된다. 일반적인 집권화의 요인으로는 i) 조직의 역사가 짧거나 초창기인 경우 집권화의 필요성이 높아지고, ii) 체제의 규모가 작을수록 집권화가 용이해진다. 그리고 iii) 체제가 그의 환경에서 위기의식을 느끼면 집권화 되기 쉬우며, iv) 체제가 동원하고 배분하는 재정적 자원이 팽창할수록 집권화 된다. 물론 v) 과학기술의 발전으로 인해 통신·교통수단이 발달되면 그 만큼 집권화가 촉진된다. 또한 vi)

4) 대칭되는 개념은 집권(centralization)이다.
5) 대칭되는 개념은 집중(concentration)이다.
6) 지방자치제도가 실시되는 나라에서는 중앙정부의 권한을 지방정부에게 위임하는 자치적 분권을 실시하는 것이 바람직하며, 자신의 권한을 자기의 하급행정기관에 맡기는 행정적 분산은 피하는 것이 바람직하다. 이러한 중앙집권과 지방분권은 기술한 바와 같이 국가기능의 효율적 수행이라는 공동목적에 의거한 것이지만, 어느 선에서 양자의 균형을 취하느냐 하는 것은 개별 국가의 전통이나 통치이념과 체제의 특성에 따라 다르다.

특정한 활동에 대한 체제의 관심이 증가하면 집권화 되기 쉽고, vii) 체제활동의 통일성이 강조되면 집권화에 대한 요청이 높아진다. 뿐만 아니라 viii) 지도자나 상위계층이 강한 권력욕을 지니거나 그 성향이 고도의 능률성 추구에 기울어져 있는 경우 집권화를 심화시킨다. 그 외에도 ix) 그 체제가 처한 대내외적 상황의 특성이 위기상황일 경우 집권화 된다.

2) 분권화의 요인

분권화요인은 대부분 집권화요인의 반대되는 요인이 작용할 때 분권화가 촉진된다. 즉 i) 체제의 기능이나 규모가 확대됨에 따라 업무량이 늘어날 때 분권화에 대한 요구가 늘어나게 된다. 그리고 ii) 개별체제의 특성에 부합하는 행정을 하거나 신속하고 상황적응적인 행정을 해야 할 경우 분권화가 촉진된다.

또한 iii) 지방정부나 체제내 하위계층 구성원들의 자주적인 의사결정을 통해 책임감을 확보함은 물론 관리자로서의 능력을 배양시킬 필요성이 늘어나면 분권화가 요청된다. 그 외도 iv) 체제의 상황이 안정적이고, 체제구성원들이 민주화를 요구할 때, v) 축적된 부의 공정한 배분을 요구할 경우 분권화 되고, vi) 지역적 특수성을 강조하거나 개별적 다원성을 강조할 경우 분권화가 촉진된다.

Ⅱ. 지방분권의 시대적 특성과 향후방향

1. 지방분권화의 시대적 배경

중앙집권에 대한 지방분권의 주장은 초기에는 중앙의 왕권에 대항하는 지방의 시민권 운동으로 나타났고, 19세기 이후 20세기 후반에 이르기까지는 주로 개별국가의 지방자치제도와 관련 국내정치행정영역에 머물러 있었다. 그러나 20세기 후반 세계무역기구(WTO 체제)의 출범과 함께 정부혁신과 지방분권화문제는 국내문제에서 국제적 문제로 부각되기에 이르렀다. WTO는 각국의 국경의 장벽을 제거함으로써 상품과 재화와 사람의 이동을 자유롭게 할 수 있는 세계화라는 지구촌사회를 구축하고자 하였다. 그리고 이를 위해 중앙정부의 각종 정책을 규제하거나 통제하기에 이르렀다. 이러한 WTO의 정책에 대응하여 세계 각국 중앙정부들은 중앙정부의 권한과 기능을 지방정부에 위임함으로써 지방정부로 하여금 지역사회의 산업과 기술을 지원하도록 하였다. 즉 지방분권을 통한 자율적 지방경영이 더 강력한 국가발전의 동력이며 효율적인 전략수단으로 인정되었던 것이다.

2. 지방분권의 목적

지방분권사상은 민주주의와 지방자치를 뒷받침하는 정치사상이라는 점에서 그 가치를 찾을 수 있다. 국가를 운영하는 통치기관은 중앙정부이며, 국가의 지방통치제도는 중앙정부가 설치·변경·폐지할 수 있는 권한을 가지므로 지방자치단체의 구성과 기능에 관한 사항은 중앙정부가 결정한다.

그러나 중앙정부가 통치권의 일부를 지방자치단체에 귀속시키는 지방분권의 근본적인 목적은 정치와 행정을 보다 주민 가까운 곳에서 실시함으로써 그것이 더욱 민주적이고 효율적이 될 수 있도록 하려는 데 있다. 특히 현대사회와 같이 국가의 역할기능이 점차 확대·강화되는 시대에는 중앙정부와 지방정부가 업무를 상호 기능적으로 분담함으로써 효율적으로 관리할 것이 요구된다. 이러한 관점에서 리이만즈(A. F. Leemans)는 지방분권화의 목표를 국민형성, 민주주의 구현, 정치철학으로서의 자유보장, 행정능률제고, 사회경제적 개발 등을 들고 있다. 한편 지방분권화를 통한 지방자치제도의 바람직한 시행은 지방의 정치행정에 대한 주민참여를 촉진시킴으로써 민주주의 정치이념을 주민들의 생활 속에 뿌리 내리게 하고, 주민의 복지증진을 위한 사회경제적 발전을 이룩하겠다는 실질적 목적도 가지고 있는 것이다.

3. 근래 지방분권화 현상의 대두배경

1) WTO체제의 출범과 세계화 정책의 추진

세계무역기구는 국가간의 국경장벽을 철폐함으로써 인적 물적 자원이 지구촌 사회의 모든 곳을 자유롭게 유통할 수 있도록 할 것, 즉 세계화를 그 목표로 하고 있다. 그리고 세계화는 지구촌 국가들 간의 장벽 없는 자유경쟁상태의 실현을 그 목표로 하고 있다. 따라서 자유경쟁을 해치는 중앙정부에 의한 정책적 지원은 그 자체로 불공정경쟁으로서 WTO에 제소됨으로써 철저히 규제된다. 그러나 지방정부에 의한 정책지원은 그 규제를 벗어날 수 있다. 이처럼 세계화는 지방화를 전제로 하고 있고, 지방화는 지방분권의 기초 위에서 이루어질 수 있다. 작금의 중앙정부의 개혁이나 분권개혁운동의 힘도 세계화라는 시대의 흐름, 변화의 맥락 속에서 이해되어야 한다.

2) 지구촌 사회의 변화바람과 무한경쟁체제의 지배

WTO에 의한 세계화추진은 결국 지구촌 국가들 상호간에 무한경쟁상태를 야기시키고 있다. 다양한 기준과 근거, 소재와 기술, 자원과 정보 등으로 부단히 경쟁하는 환경 속에서 중앙정부의 독단적 결정과 통치는 이미 경쟁력을 상실하였다. 즉 소용돌이처럼 몰아치는 지구촌사회의 변화는 더 이상 중앙정부에 의한 전국의 획일적 통치를 용납하지 않는다. 이제는 전국의 모든 지방정부가 각자 스스로의 발전을 추진하고 그것이 성공할 때 국가전체의 발전이 가능하게 된 것이다. 이러한 현상이 자연스럽게 지방분권을 강조하고 분권운동을 발단시키게 되었다. 따라서 중앙정부는 스스로 권한과 기능을 지방으로 분권하고, 변화의 양상에 대한 대응방안을 강구해야 한다.

3) 중앙정부와 지방정부기능의 비능률 및 저효과의 치유와 개선

그 동안 국가발전의 논리로 집권화된 중앙정부는 권한과 기능이 과잉 비대하여 비능률과 무기력현상을 보이고 있고, 반면에 지방정부는 과소하고 빈약하여 빈사상태에 빠져있다. 그러나 무한경쟁상태의 지구촌 환경과 이러한 환경 속에서 국가발전을 추진해야 하는 중앙정부로서는 더 이상 이러한 상태를 방치해서는 안된다. 늦었지만 중앙정부의 정치권이 이러한 상황을 인식한 데서부터 지방분권추진은 출발했던 것이다.

4) 국민의 정치적 역량향상과 영향력 증대

경제발전을 위한 개발년대의 국민과 오늘의 국민은 현저히 다르다. 그동안 우리 국민들은 경제발전으로 인한 소득증대와 교육수준향상 등으로 정치적 영향력이 월등히 향상되었으며, 수차례의 반독재민주화운동으로 정권에 대한 통제능력도 향상되었다. 그리하여 어떠한 명분으로든 중앙정부가 더 이상 권력의 중앙집권을 고집할 수가 없게 되었다. 이러한 정치상황의 변화가 오늘날 지방분권화추진정책의 배경으로 작용하였다. 이처럼 국민들의 사회경제적 수준향상이 정치적 역량을 강화시키게 되었고, 정치적 역량강화는 국민들의 정치적 영향력을 증대시켰다.

4. 지방분권의 바람직한 방향

1) 중앙정부와 지방정부의 상호 기능회복과 합리적 기능조정

중앙정부의 업무과부하와 지방정부의 과소화 현상이라는 극심한 정부간 불균형현상을 개선하여 양 정부의 기능이 합리적으로 회복될 수 있도록 역할 및 기능재조정이 이루어져야 한다. 이를 위해서 크게는 국가관리시스템 전체의 틀을 재정비해야 할 필요가 있고, 작게는 소위 보충성의 원리를 엄격히 적용해 나갈 필요성이 있다.

2) 지방중심의 시각과 기준에 따른 분권화 추진

지금까지의 지방분권은 중앙정부의 관점에서 추진해왔으나 앞으로의 지방분권은 지방의 관점, 지방중심의 시각과 기준에서 추진되어야 한다. 현재 권한을 장악하고 있는 중앙정부의 공직자들은 스스로 자신들이 국가의 주인이며, 국민들은 단지 그들의 통치대상에 지나지 않는 것으로 착각하고 있다. 그리하여 지방의 분권요구에 대해 이들은 언제나 소극적이며 부정적이다. 그리고 언제나 그들의 관점과 시각에서 판단하고 반응할 뿐이었다. 그러나 이미 선진 각국의 공직자들은 이미 지방의 발전을 통한 국가발전으로 그 전략패턴을 바꾼지 오래되었음을 알아야 할 것이다.

3) 지역특성과 지방자치단체의 능력에 따른 신축성 있는 분권화의 추진

지방분권은 지방자치단체의 능력에 맞도록 신축성 있게 추진되어야 한다. 그러나 현재 우리나라의 지방자치법령은 자치단체의 규모나 능력 차이를 불문하고 획일적으로 권한과 기능을 부여하고 있다. 기초자치단체와 광역자치단체의 차이는 인정하고 있으나, 기초자치단체 상호간이나 광역자치단체 상호간의 차이는 인정하지 않는다. 물론 서울특별시와 인구 50만 이상의 도시에 관한 특례를 인정하여 극히 부분적 차이는 인정하고 있지만, 그것으로는 지방분권론이 추구하는 본질적인 가치를 충족시킬 수 없다. 따라서 향후의 지방분권은 자치단체의 능력에 맞고, 지역특성을 개발할 수 있도록 권한과 기능을 배분해야 할 것이다.

4) 부분적 · 개별적 분권이 아닌 권한과 기능의 포괄적 분권추진

권한과 기능의 포괄적 분권에 대한 요구 역시 지난 헌정사상 줄기차게 요구되어 왔지만 해결되지 못한 지방분권화 내용중의 하나다. 책임만 있고 권한은 없거나 개별적 사무나 일의 위임만 있고 전체기능의 위임은 없는 철저히 중앙정부 편의주의적 분권은 지양되어야 한다. 지방발전을 통한 국가발전을 추구한다는 전략 그 자체가 이미 지방의 정책기획을 위한 창조적 아이디어와 자율적 결정권을 강조하고 있기 때문이다. 요컨대 이제부터는 오히려 지방에게 국가발전의 동인(動因)을 제공하고 권한과 기능을 배분해야 한다.

5) 국회의 지방의회에 대한 자치입법권이양

근래 논의되는 지방분권화는 행정권의 분권화를 전제로 하고 있다. 그러나 지방분권을 통해 지역발전을 추진하기 위해서는 행정권뿐 아니라 입법권과 사법권까지도 포괄해야 하며, 그로 인한 지방정부의 포괄적 자율성이 보장되어야 한다. 그러나 국회는 입법권을 독식하고 법률제정을 통해 개별특수적 지역개발을 가로 막고 있다. 더구나 지방의회의 조례제정까지 법령의 범위 내에서만 가능하도록 통제하고 있다. 국회가 법률만이 아니라 지방의 조례까지 규제한다는 것은 국회가 시대변화에 역행하면서 입법을 독점하고 있다는 비난을 면하기 어렵다. 따라서 죄형법정주의와 조세법률주의 같은 시대착오적인 논리는 시급히 수정되어야 한다.

6) 의결기관과 집행기관의 기관간 권력의 균형적 분권화 추진

지방자치단체는 의결기관과 집행기관이라는 두 개의 기관으로 지방정부를 구성하고, 이들 두 기관은 견제와 균형 및 상호 협력을 통해 지방자치단체의 발전을 도모하도록 하고 있다. 그러나 현실적으로 지방정부의 권한은 이들 두 기관 중 집행기관에게 과도하게 집중되어 있어 지방정부의 행정능률을 저해하고 있다. 집행기관에게 집중된 권한은 지방의회의 권위나 기능을 사실상 와해시킴으로써 지방정부를 단체장 독주체제로 만들고 있다. 따라서 향후 지방분권은 중앙정부로부터 지방정부에게로 권한을 위임, 이양시키는 것 자체도 중요하지만 권한의 불균형이 심해 문제가 심각해지고 있는 지방정부의 기관간 권한의 균형배분문제도 함께 개선해 나가야 할 것이다.

Ⅲ. 지방분권의 방식

일반적으로 지방분권의 방법은 자치적 분권과 행정적 분권이라는 두 가지 형태가 있다. 그러나 학자에 따라서는 협력적 분권 혹은 또 다른 지방분권형태로 설명하기도 한다.

1. 자치적 분권

자치적 분권(autonomous decentralization)이란 지방적으로 집행을 요하는 행정기능과 통치권력을 일정한 범위 내에서 자치권을 인정받고 있는 지방자치단체에게 위양(委讓, devolution of powers)하며, 지방주민 또는 그 대표자의 의사·책임·권한하에 처리하도록 하는 분권형태를 뜻한다. 이러한 자치적 분권에 의한 권한의 지역적 배분은 다음과 같은 몇 가지 방식으로 나타나고 있다.

1) 포괄적 위임주의(universality principle)

이는 법률에 특별히 금지된 사항이나 또는 중앙정부의 전속적 관할에 속하는 사항을 제외하고는 지방자치단체로 하여금 그 주민의 일반적 이익을 위하여 어떤 사무든지 처리할 수 있는 권한을 일괄적으로 헌법 또는 법률로 규정하는 권한부여 방식을 말한다. 이러한 지방분권방식은 그 권한부여 방법이 간단하다는 점과, 또 각급 지방자치단체별로 각각의 특수한 행정수요와 행·재정능력에 적응하는 행정을 할 수 있도록 신축성을 부여하게 한다는 장점이 있다. 반면에 지방자치사무와 중앙정부사무 사이의 구분이 명확치 못하다는 점과, 지방자치단체의 권한으로 하여야 할 사항을 국회의 법률에 의하여 거의 국가사무로 관할함으로써 지방자치단체의 권한을 유명무실하게 할 위험성이 있다는 점이 단점이다. 이 방식은 유럽대륙의 여러 나라와 우리나라에서 채택하고 있는 제도이다.

2) 개별적 지정주의(enumeration principle)

이 방식은 지방자치단체가 처리할 수 있는 행정기능과 권한을 사무의 종류별·지방자치단체별로 그때그때 필요할 때마다 국회의 입법절차에 의하여 개별적으로 지정해 주는 제도를 말한다. 이 방식은 중앙정부와 지방정부 간 또는 광역자치단체와 기초자치단체 간 사무배분의 종류와 한계를 분명히 하고, 운영의 묘(妙)를 살린다면, 지방정부의 현실에 적합한 자치행정을 가능하게 한다는 장점을 가진다. 반면에 수많은 개별 법률에 의하여 행정권한을 획득한다는 것은 행정상 혼란을 일으키기 쉽고, 법률이 제정될 때마다 중앙정부와 지방정부간의 관계가 끊임없이 변동한다는 단점을 내포하고 있다. 이 제도는 영국형의 자치제도를 채택하고 있는 많은 나라에서 활용하고 있는 권한부여방식이다.

3) 절충주의(mixed system)

이 방식은 지방자치단체에게 부여할 수 있는 행정기능의 종류와 권한부여기준을 자치에 관한 기본법전에 포괄적으로 열거하고, 그 행정기능을 수행할 수 있는 수준에 도달한 지방자치단체에 대하여 대통령령 또는 부령에 의거하여 개별적으로 권한을 부여하는 제도를 말한다. 이 방식은 각 지방정부가 처리하고 있는 사무의 종류와 내용을 명백하게 한다는 점과, 각 지방자치단체의 행·재정적 능력이 향상됨에 따라 그의 능력에 상응하도록 권한을 부여할 수 있다는 점에서 그 장점이 인정된다. 반면에, 중앙정부가 그의 권한을 정치적으로 남용한다면 지방자치의 약화를 초래할 위험성이 있다는 점이 단점이다. 이 제도는 지방자치제도 발달의 초보적 단계에 있는 후진국에서 많이 채용하고 있다.

4) 계약주의(contract system)

국가와 지방자치단체의 관계를 상·하관계로 볼 때는 권한의 위임이나 위양방식이 위주가 되는 데 반해, 국가와 지방자치단체의 관계를 수평관계로 볼 때는 권한부여는 위임이나 위양이 아닌 계약관계가 성립하게 되는데, 계약주의에 의한 권한부여방식이란 바로 중앙정부와 지방정부간의 계약에 의하여 특정한 사무의 처리를 지방정부에 위탁하는 방식을 말한다. 계약의 내용은 사무의 종류 · 기준 · 감독방식 · 경비부담 · 기타의 조건 등에 관한 것들이고, 지방정부는 사무위탁에 수반하여 제공되는 재정적 원조 때문에 사무의 위탁을 받으려고 노력하게 되는 것이다. 이 방식은 지방자치단체의 자주성이나 개별성을 존중한다는 장점이 있는 반면에, 권한부여의 절차가 복잡하고, 여러 가지 어려운 문제가 부수된다는 단점이 있다. 그리고 이러한 계약형의 대표적인 것들로는 정부간 서비스계약, 공동서비스협정, 정부간의 서비스이양의 세 가지가 있다.[7)]

2. 행정적 분권

행정적 분권이란 지방에서 처리를 요하는 행정사무를 담당하기 위하여 중앙정부와 계급적 지휘 · 감독관계에 있는 지방행정기관을 설치하고, 그 기관에 행정기능과 통치권력을 위임하여 행사하게 하는 분권방식인데, 이러한 분권방식은 다음과 같은 두 가지 방식으로 형태로 나타난다.

1) 중앙정부의 하급기관에 대한 위임

이는 중앙정부가 지방에 그의 지방행정관서를 설치하고 지역적으로 처리를 요하는 행정사무를 그에게 위임하여 집행하는 방식이다. 이러한 방식도 다시 구분되어, 첫째 어느 특정한 중앙관청에 소속되어 있지 아니하고 당해 지역단위에서 집행되는 모든 행정사무를 종합적으로 담당 · 집행하는 기관을 설치하는 방식과, 둘째 어느 특정한 중앙관청에 소속하여 해당지역단위에서 처리되는 당해 중앙관청의 권한에 속하는 사무를 처리하는 특별지방행정기관(부 · 처의 일선기관)을 설치하는 두 가지 방식이 있다.

2) 지방자치단체의 집행기관에 대한 위임

이는 국가의 지방행정사무를 처리하기 위하여 별도로 국가의 지방행정관서를 설치하지 아니하고, 지방자치단체의 집행기관(지방자치단체장)에 위임하여 처리하게 하는 방식이다. 이 경우 지방자치단체의 집행기관은 중앙정부관계 부 · 처의 지휘 · 감독을 받는다.

---

7) 지방정부가 주로 체결하고 있는 서비스계약내용은 ① 공안과 교도 ② 토목 및 공익사업 ③ 보건 및 복지 ④ 공원과 레크레이션 ⑤ 교육 · 문화 ⑥ 교통 ⑦ 일반행정 및 재정의 7가지 카테고리에 속하는 것이다.[1)] 이 방식은 현재 우리나라를 비롯한 여러 나라에서 부분적으로 채택하고 있다. 정세욱, "미국의 지방자치제도," 「외국의 지방자치제도비교연구」,(서울: 한국지방행정연구원, 1986), p. 85.

그런데 중앙정부가 그의 하급기관을 설치하는 대신 지방자치단체의 집행기관에 사무처리를 위임하는 이유는 첫째 국가의 지방행정사무와 자치단체의 자치사무를 종합적으로 집행함으로써 일정한 지역적 단위에서 행정의 종합·조정을 이룩하자는 것과, 둘째 지방행정기관의 방만한 설치·운영에서 오는 행정경비팽창을 방지하고, 사무처리의 번잡을 제거하자는 것이다.

3. 협력적 분권

협력적 분권이란 공공단체가 아닌 사적단체나 법인에게 정부의 기능과 권한을 위임하여 행사하는 경우인데, 예를 들면 특허의 경우와 사법인(私法人)에 대한 보조금 지급의 경우가 여기에 해당한다.

제 2 절 중앙집권과 지방분권의 관계

I. 중앙집권과 지방분권의 속성

국가의 발전적 관리를 위한 정부의 기능화 과정에서 중앙집권론과 지방분권론은 그 관점을 확연히 달리하고 있다. 즉 중앙집권론은 지방에 대한 자율권보장이 민주발전의 차원에서는 바람직하다고 하더라도, 그것은 국정목표의 효율적 달성을 어렵게 한다는 가정에 입각해 있다. 반면에 지방분권론은 지방의 자율성이 증대되면 중앙집권에 의해 억제되었던 지방의 잠재력을 발현시킴으로써 국가발전목표달성에 긍정적으로 기능한다고 본다. 그리하여 중앙집권은 중앙과 지방간의 갈등을 국정의 통합성을 해치는 부정적 요인으로 간주하지만, 지방분권은 그것을 자율적 국정운영과정의 불가결한 요소 내지 협력실현과정으로 본다. 중앙집권과 지방분권은 시대와 상황의 변화에 따라 그리고 정부의 지도자와 체제성격에 따라 양자간에 현저한 차이가 나타날 수도 있지만 근본적으로 중앙집권론과 지방분권론은 어느 한 쪽만을 강조할 수 없는 상대적 속성을 가지고 있음을 유의해야 할 것이다.

Ⅱ. 중앙집권과 지방분권의 장 · 단점

1. 중앙집권의 장 · 단점

1) 중앙집권의 장점

(1) 행정의 전국적 통일성과 안정성확보

중앙집권은 행정의 전국적 통일성을 기할 수 있다. 국민사회의 정치적 통일성과 안정성을 확보하는 동시에 행정의 전국적 통일성을 유지하게 하는 장점을 가지고 있다. 즉 국민형성을 위한 정부정책의 추진이나 전국적 통일을 요하는 도량형, 면허자격, 근로기준 등의 유지관리에 유리하다.

(2) 전국적 광역적 규모의 사무처리에 유리

중앙집권은 부분의 이익을 전체의 이익에 소속시키는 수단으로서 작용함과 동시에 국민대중간의 모든 역량을 하나로 집결시킴으로써 대규모의 물질적, 정신적 대규모 사업을 수행할 수 있게 한다. 예컨대 고속도로건설, 철도사업, 우편사업이나 항공사업 등은 지방자치단체보다는 중앙정부나 그 하급기관이 처리하는 것이 보다 효율적이다.

(3) 행정능률 및 경제적 능률향상에 기여

중앙집권은 전국적인 통제행정 · 권력행정을 수행하기에 특히 유효하며 특정국가나 특수한 상황하에서는[8] 지방분권의 경우보다 행정능률을 향상시키는데 기여할 수 있다. 나아가 행정의 경제적 능률을 증진시킬 수 있다. 예컨대 각 지방자치단체에 의한 분산구매제도보다는 중앙정부에 의한 집중구매제도에 의할 때 예산의 절약과 능률을 도모할 수 있다.

(4) 국가적 위기대응능력의 제고

중앙집권은 국가가 어떠한 위기에 처하였을 때, 이에 신속하게 대처할 수 있다. 예컨대 외국의 침략을 받아 신속하게 예비군을 동원해야 할 긴박한 상황에 직면했을 경우, 예비군 동원권한을 지방정부가 가지고 있을 때보다 중앙정부가 가지고 있을 때 훨씬 효율적

8) 언제나 그런 것은 아니지만 특정국가의 정치 · 경제적 여건, 특히 저개발국가에서 이러한 경향이 강하다.

일 수 있다.

(5) 행정관리의 전문화에 기여

중앙집권은 행정관리의 전문화를 향상시키는 데 기여할 수 있다. 인사관리나 예산관리 기능을 중앙집권화하면 인사나 예산의 전문가를 중앙정부에 확보하여 활용할 수 있으므로 전문화를 촉진시킬 수 있게 된다. 그밖에 중앙집권은 소규모조직에 적합하고, 각 지방자치단체간의 행·재정력을 조정하여 균형을 유지하는데 도움을 주는 데서 장점을 찾을 수 있다.

(6) 기타 각종 장점

그 외에도 중앙집권은 분렬·분산의 경향을 억제할 수 있다.[9] 그리고 권력적 지배나 행정의 기계적 통일을 통해 최고관리자의 권한이나 위신을 확보할 수 있고, 개인적인 리더십도 쉽게 발휘할 수 있다. 뿐만 아니라 조직 내의 하부계층에서 일어나는 행동이 상부계층이 뜻한 바에서 크게 벗어나는 것을 극도로 줄일 수 있다. 요컨대 중앙집권은 국가형성이나 조직설립의 초기관리에 적합하고, 부분적 이익을 초월하여 전체적 이익을 도모하는 데 유리하다.

2) 중앙집권의 단점

첫째 행정수요의 지방적 특수성을 무시하고 획일행정의 폐단을 초래할 우려가 있으며, 지방행정단위의 구역을 기계적·인위적으로 획정·확대함으로써 공동체의식과 지방적 프라이드, 향토애 등과 같은 정의적 성향을 희박하게 할 소지가 많다.

둘째 중앙정부의 지휘명령권의 강화에 수반하여 지방자치단체의 창의성을 약화시키고 주민의 자력에 의한 지역개발의욕을 감퇴시킨다.

셋째 중앙정부의 각 부처에 의한 감독계통의 다원화에 의하여 지방행정의 종합적 처리를 저해하고 사무의 할거화(割據化)·번잡화(煩雜化)를 야기 시킬 소지가 많으며, 중앙정부의 행정적 부담의 과중에 따라 행정능률의 전체적인 저하를 초래할 우려 또한 크다고 할 수 있다.

넷째 그 밖에도 주민에 대한 정치훈련의 경험·기회를 박탈함으로써 민주주의의 발전에 장애가 된다는 점, 지방공기업 등의 설립·경영이 어려움으로 지방재정력을 약화시킨다는 점 등을 들 수 있다.

---

9) Leemans는 이 문제를 국민형성과 관련시켜 잘 설명하고 있다. A. F. Leemans, *Changing Patterns of Local Government*, 李聖德 譯, 「地方政府改革論」(서울: 법문사, 1978), pp. 16-18.

2. 지방분권의 장 · 단점

1) 지방분권의 장점

(1) 지역실정에 부합하는 정책추진 및 행정수행에 적합

지방분권은 지방의 특수성과 지역실정에 적합한 정책결정과 행정수행을 가능하게 함으로써 풀뿌리 민주주의를 구현할 수 있다. 즉 민의에 의한 정치를 철저히 하여 지역적 특성에 부흥하는 정치와 행정을 도모할 수 있다는 점이 큰 장점이다.

(2) 주민통제를 통한 책임행정구현에 기여

지방분권은 주민과 가까운 곳에서 정치와 행정을 수행함으로써 주민의 요구에 보다 적절하게 대응할 수 있고, 지방정치와 행정에 주민참여가 용이함으로써 지방의 정치 · 행정에 대한 주민통제를 강화하고, 행정책임확보를 통해 지방행정의 민주화를 실현할 수 있다.

(3) 주민참여와 지역개발의 촉진

지방분권은 정부의 정책결정과 행정수행과정에 주민을 참여시킴으로써 지방의 특수사정을 행정에 반영시키고 주민의 아이디어와 기술을 수렴할 수 있으며, 나아가 주민으로 하여금 자발적으로 그들의 노력과 자원을 동원하여 지역개발을 촉진하고 정부의 시책에 협조하게 할 수 있다.

(4) 지방공무원의 능력발전과 지방정부의 자치역량 제고

지방분권이 강화되면 그 만큼 지방공무원들의 권한과 기능이 확대 · 강화된다. 중앙집권체제하에서는 지방정부에 중요 결정권이 없으므로 지방공무원들이 의사결정을 담당할 기회가 부여되지 않는다. 그러나 지방분권체제하에서는 지방정부가 정책결정권을 가지므로 지방공무원들이 정책결정과 집행에 직접 관여하여 풍부한 경험을 갖게 된다. 이를 통해 지방공무원들은 넓은 시야와 고도의 판단력, 식견을 가진 능력 있는 관리자로 훈련 · 양성될 수 있다. 지방공무원들은 스스로 연구개발하지 않고서는 효율적인 정책개발과 공무수행이 불가능해 진다. 노력한 만큼 지방공무원의 능력이 제고되고 유능한 관리자로 성장할 수 있으며, 그 결과 지방정부의 자치역량도 제고된다.

(5) 지방공무원들의 사기진작과 책임의식제고에 기여

지방분권이 강화되면 지방공무원들의 사기를 고양시키고 창의력을 향상시킬 수 있다. 지방분권화를 통한 지방자치의 확대는 지방정부공직자들의 권한과 책임을 강화시켜 그들의 사기를 앙양하고, 주민들로 하여금 향토에 대한 애착심과 주인의식을 심어줌으로써 향토발전에 대한 창의적 아이디어를 개발시킬 수 있다. 나아가 지방정부의 권한이 확대됨에 따라 상대적으로 지방공무원들의 책임의식이 강화된다. 권한은 반드시 책임을 동반한다. 권한이 강화된다는 것은 그만큼 책임도 커진다는 것을 의미한다. 따라서 분권을 통한 지방정부의 권한확대는 그 만큼 지방공직자들의 공무수행에 대한 책임감을 강화시키게 된다.

(6) 행정업무처리의 신속성 제고

지방분권은 행정을 신속하게 처리할 수 있게 해준다. 지방분권을 통한 지역단위의 행정은 공간적 혹은 기능적 측면에서 중앙집권적 행정보다 그 처리과정이 짧고 속도는 빨라진다. 그렇기 때문에 짧은 시간안에 다양한 정책과 행정이 추진되고, 하위층에서 이루어지는 의사결정의 질을 개선할 수 있으며, 시행착오를 최소한으로 줄일 수 있다는 장점이 있다.

(7) 주민들의 정치적 욕구충족과 향토애 함양

지방분권을 통한 지방자치제도의 발전은 주민들의 정치·행정적 참여기회를 제고시킴으로써 정치적 욕구충족에 기여하고, 자기고장에 대한 긍지와 애착을 갖게 함으로써 향토애를 함양시킨다. 지방자치는 지역의 발전이 지역주민들의 노력여하에 좌우되므로 주민들 스스로가 지역발전을 위해 참여, 헌신, 창조하게 됨으로써 주민들의 의식혁신을 통한 사기진작에도 기여하게 된다.

2) 지방분권의 단점

첫째 국민전체의 복지향상을 위한 국가전체적 차원의 사회입법이 어려워진다.

둘째 행정수요는 급증하고 있으나 여기에 소요될 재원을 확보하기가 곤란하다.

셋째 중앙과 지방, 지방 상호간에 행정사무가 중복되기 쉽고 나아가 행정의 전문화가 곤란하게 된다.

넷째 거시적 차원에서의 행정능률의 저하와 전국적인 정치적 통일성을 저해할 우려가 크다는 점을 들 수 있을 것이다.

Ⅲ. 중앙집권과 지방분권의 조정과 조화

1. 집권과 분권, 통합과 분리의 관점필요

집권과 분권의 개념을 제도상의 권한문제 뿐만 아니라 사실상의 권능, 그리고 실제 영향력까지를 포함한 정치·행정권력의 지역적 분포 내지는 기능적 협력의 문제로 파악[10] 해야만 기존의 중앙과 지방간의 관계를 재정립할 수 있는 시각을 가질 수 있다. 또한 중앙과 지방간의 관계는 '집권'과 '분권'이라는 양분법 뿐만 아니라 「통합」과 「분리」라는 시각에서도 보아야 한다. 여기서 「통합」은 중앙정부의 기능이라도 지방자치단체의 구역 내에서 행해지는 것이라면 자치단체가 그 고유의 행정기능과 아울러 이를 분담해야 한다는 것이며, 「분리」는 지방자치단체의 구역 내에서 행정이 행해지더라도 중앙정부의 기능은 중앙정부의 기관이 독자적으로 분담해야 한다는 것이다.[11] 이와 같은 논리는 앞으로의 중앙과 지방간의 관계에서 시사적인 의미를 주고 있다. 또한 지방자치의 실시와 더불어 중앙과 지방간의 관계변화도 중앙정부는 직접관리자의 역할에서 간접관리자와 자율의 이해자로서, 지방자치단체는 자율의 실천자로서 그 역할을 수행해야 한다. 이는 중앙정부의 중앙집권적·권력적 관여가 지방분권적·비권력적 관여로 전환되는 것을 의미하며, 지방자치단체는 지방분권을 수행하는 주체로서의 역할을 수행해야 된다는 것을 의미하는 것이다.

2. 공동이해관계 및 자율적 협조체제로서의 인식증진

최근의 사무형태는 중앙업무든 지방업무든 간에 중앙과 지방의 양자가 상호 관련된 공동사무 또는 공동관리가 필요한 사무가 증대되는 경향이 있다. 따라서 각 행정주체간의 병립적 협력관계를 전제로 한 기능분담이 대두되고 있는 바, 중앙과 지방간의 관계는 유연하고 동태적이며, 협력을 바탕으로 존재하는 공동체 관계로 받아들여야 하며, 중앙집권과 지방분권의 적절한 조화가 모색되어야 한다. 따라서 지방행정을 국가행정의 한 '주체자'로 인정하면서 자발적 협조관계가 가능해지도록 중앙과 지방에 대한 수직적 사고를 과감하게 수정해야 한다.[12] 또한 중앙집권과 지방분권의 문제는 대립적 혹은 보완적이라는

10) 서원우, "국가·지방자치단체론의 재검토." 「지방행정연구」, 제5권 2호(1990), p. 12.
11) 이달곤, "지방자치실시와 행정관리방식의 대안개발." 「행정논총」제26집 1호(서울대학교 행정대학원, 1988), pp. 264-272.

기존의 사고에 벗어나 국가라는 공동체 질서가 유지되는 가운데 상호 자율적인 관계에서 끊임없이 변화하는 상황에 적응해야 하는 자율적 협조체제[13]라는 관점에서 해석해야 한다.

3. 집권과 분권의 조화와 균형요청

우리나라는 역사적으로 강력한 중앙집권체제를 유지하여 왔으며, 이러한 체제는 아직도 계속되어 지방에서의 정치적 민주성 제고에는 미흡한 점이 많다. 그리고 이러한 현상으로 인하여 많은 문제점을 안고 있는 것도 현실이다. 그러나 이러한 현상에 대해 어느 한 가지만을 부각시켜 맹목적으로 부정하는 것도 옳지 않다. 때문에 집권과 분권의 문제는 직무의 성질, 전문화의 정도, 지리적인 거리감, 국정과 통제상 등 여러 요인을 감안하여 결정하여야 한다. 그러나 전술하였듯이 지나치게 집권화가 됨으로써 많은 문제점이 야기되고 있는 우리의 현 실정에서 보면 분권화가 좀더 강조되어야 하며 집권과 분권의 조화와 균형이 절실히 요구된다.

제 3 절 신중앙집권론과 신지방분권론

1. 신중앙집권의 내용과 한계

1) 의 의

18세기의 절대군주체제 하에서는 강력한 중앙집권적 행정이 강조되었고, 19세기에는 자유방임사상과 민주행정사상에 따라 지방분권적 행정이 강조되었다. 그 후 20세기 초엽부터 세계의 주요 각국들은 다시금 중앙집권화 경향을 나타내게 되었는바, 이를 소위 신중앙집권화(New Centralization) 현상으로 표현하고 있다. 이처럼 신중앙집권화 현상이란 전통적으로 지방자치가 잘 발전되어 온 나라들에서 행정능률향상, 복지국가의 실현, 현대적 지방자치제도개편 등에 따라 중앙정부의 역할과 권한이 점차 증대되어가는 현상을 의미한다. 오늘날 세계 각국에서 거의 공통적 현상으로 나타나는 신중앙집권화 현상은 18세기와 같이 지방행정에 대한 권력적 통제나 중앙정부의 절대권한의 확대강화를 의미하는

12) 상게논문, pp. 21-22
13) Peter J. Katzenstein, Small States in World Markets(Cornell Univ. Press, 1985).

것은 아니다. 이것은 중앙과 지방간 권력재조정을 통한 새로운 협력체제의 구축으로 이해되어야 한다. 신중앙집권화의 대표적 현상으로 파악할 수 있는 내용은 중앙정부의 지방정부에 대한 지식적 관여이다. 지방정부에 대한 중앙정부의 지식적 관여는 중앙과 지방의 유대를 촉진하고 지방행정의 수준을 향상시키는 데 그 의미가 있다. 이런 점에서 신중앙집권화 현상은 중앙과 지방의 지식과 정보 및 기술상의 관계로서 상호 협력과 지원관계로 이해되어야 한다.

그리하여 신중앙집권은 i) 지방분권과 지방자치를 부정하거나 위축시키는 것이 아니라 중앙과 지방간 권력의 재조정 내지 재편성을 의미하며, ii) 중앙과 지방간의 새로운 협력관계의 구축이나 행정의 민주화와 능률화를 적절히 조화시키고 조정시키고, iii) 권력적·관료적·지배적인 집권이 아니라, 지식적·비권력적·기술적 집권을 의미한다. 오늘날 국가발전을 위한 중앙정부의 사회변동기능이 강화됨에 따라 신중앙집권화 현상은 점차 증대하고 있다.

2) 신중앙집권의 촉진요인

신중앙집권의 촉진요인은 다음과 같다. 첫째, 행정의 변화대응기능제고와 국가목표의 효율적 달성이다. 즉 적극적 행정이라는 시대적 요청에 부응하기 위해서 이러한 행정에 대한 국가적 통제와 조정이 필요하게 되었고, 그 결과 신중앙집권화현상이 부각된 것이다. 둘째, 경제사회개발에 대한 국가적 수요증대가 신중앙집권화 현상을 촉진시키고 있다. 셋째, 지방재정의 취약성(중앙재정에의 의존)으로 인해 지방행정은 중앙의 재정적·행정적 통제를 받음으로써 더욱 중앙정부에 대한 의존이 불가피하게 된다는 것이다. 넷째, 현대의 정보사회화 현상으로 인해 정보원의 중앙집중과 정보에 의한 의사결정은 중앙집권화의 경향을 강화시켰다. 다섯째, 국제정세의 불안정과 긴장고조(국가안보적 이유)에 신속히 대처하기 위해 중앙정부의 권한이 강화되어야 하는 것이다. 여섯째, 지방사무와 중앙(국가)사무의 연관성으로 인해 밀접한 사무가 증가하며 광역적 행정수요의 증가는 지방고유의 사무영역을 축소시키고 있다. 일곱째, 국민적 최저수준의 확보면에서 그 요인을 찾을 수 있으며, 복지국가의 실현이라는 차원에서 국민들이 어디에 살든지 최소한의 국민적 서비스(National Minimum Level Service)를 받을 수 있도록 하기 위한 노력이 신중앙집권화를 초래하게 되었다. 여덟째, 행정통제는 입법·사법통제에 비해 탄력성과 신축성을 띠고 있다. 행정통제는 국가발전목표달성을 위한 합목적적 통제까지도 가능하며, 행정규제와 규제완화 및 규제철폐를 비교적 신축성 있게 운용할 수 있다. 아홉째, 교통통신과 과학기술의 발달은 중앙정부의 지방정부 통제능력을 향상시킴으로써 신중앙집권화현상을 촉진시키는 요인으로 작용하였다.

3) 신중앙집권의 구체적 형태

(1) 지방정부기능(사무)의 중앙흡수

원래는 지방자치단체의 사무였던 것을 국가사무로 흡수하는 것은 신중앙집권화의 본질적 형태인데, 그것은 지방자치단체의 행·재정능력의 부족과 더불어 현대행정국가에서 행정기능의 다양화·기계화 등의 요인으로 중앙정부와 지방정부간에 사무의 재분배가 필요하게 되었다는 사실에서 나타나게 된 것들이다. 이러한 사무재분배의 대상으로는 i) 국가적 이해관계가 있는 사무, ii) 중앙이관에 의해 보다 효율적으로 수행될 수 있는 사무, iii) 지방사무이면서도 전국적인 통일성이 요구되는 사무, iv) 중앙의 일점에서 관장해야 할 사무, v) 계획·통제·감독·인허가·기준설정 등과 같은 막료기능적 사무, vi) 지방사무이면서도 그 행정결과가 국가 전체에 미치는 사무 등이 중앙정부에 이관됨으로써, 신중앙집권화의 경향을 촉진시키는 경우 등을 들 수 있다.

(2) 기초자치단체사무의 광역자치단체로의 이관

현대행정에서는 광역적 처리 및 서비스의 균질화를 요하는 행정수요가 증가하기 때문에 관할구역의 규모가 정해져 있는 지방자치단체로서는 기술화·전문화·다양화된 행정기능을 모두 능률적·현실적으로 다룰 수 없는 경우가 많다. 따라서 이러한 행정수요에 대처하는 방법의 하나로 지방자치구역을 그 기능에 적응할 수 있도록 개편·확대하는 것이다. 최근에 와서 지방자치구역의 재편성이 강조되는 이유의 하나도 바로 여기에 있다.

그러나 현실은 자치구역의 변경·통폐합·확대 등은 주민들의 이해관계 등으로 그 실현에는 난관이 많다. 이를 극복하기 위하여 광역처리를 요하는 행정기능을 광역단위로 이관함으로써 해결하려고 한다. 즉 지방자치구역을 개편하지 않는 대신, 기존의 자치구역으로는 효율적인 행정과 서비스의 광역화가 불가능하므로, 상급의 광역자치단위에 업무를 이관하여 처리케 함으로써 사무처리의 능률화, 행정수준의 향상, 서비스의 균질화 등을 도모하기 위한 것이다.

(3) 지방행정에 대한 중앙정부의 감독·통제 강화

신중앙집권화의 또 다른 형태는 중앙정부에 의한 지방사무의 흡수나 상급단체에 대한 이관·처리와는 달리 중앙정부가 지방정부의 사무에 대하여 감독·통제권을 행사함으로써 지방행정에 직접적으로 관여하는 형태인 바, 그 방식은 여러 가지가 있다. 예컨대 i) 보고와 정보의 요구, ii) 재정적 통제, iii) 인사통제, iv) 인허가사무의 설정, v) 행정규칙의 제정 및 행정명령의 하달, vi) 행정대집행 등이 그것이다.

(4) 지방특별행정기관 또는 특수법인의 설치

지방에서 처리해야 할 사무에 대하여 이를 지방자치단체에 위임하거나 이양하는 것이 아니라 지방에다 중앙정부의 특별행정기관을 설치하거나 또는 국가의 외곽단체의 성격을 갖는 특수법인을 설치하는 것이다. 그렇게 함으로써 분권이 아니라 분산을, 단체위임이 아니라 기관위임의 형태를 취해나가는 현상이 늘어가는 것이다.

4) 신중앙집권론의 한계

오늘날 선・후진국을 막론하고 중앙집권화의 경향이 나타나고 있지만, 이러한 중앙집권은 지방자치를 도외시하는 절대군주국가에서의 중앙집권과는 그 성질이 근본적으로 다름은 전술한 바와 같다. 따라서 중앙집권화는 불가피하더라도 여기에 민주주의의 요구를 조화시켜야 한다는 의미에서 신중앙집권에서는 다음과 같은 내재적 한계가 있음을 유의하여야 할 것이다.[14]

첫째, 신중앙집권이 아무리 강조된다고 하더라도 그것 때문에 지방자치를 배제하거나 거부해서는 안된다. 근본적으로 신중앙집권은 지역균형발전과 지방자치정부를 지원하고 협력하는 과정에서 대두된 현상이기 때문이다.

둘째, 지방에 대한 중앙의 통제가 강압적・권력적이어서는 안된다는 것이다. 신중앙집권은 국가전체적 발전의 전제로서 지역의 균형발전을 도모하기 위한 과정에서 나타난 현상이기 때문이다.

셋째, 지방에서의 정치행정은 전국적 통일성과 지역적 자주성이 조화되는 차원에서 수행되어야 한다. 과학기술과 정보통신의 발달로 인간의 활동범위가 넓어졌다고는 하지만 지역적 특성을 해치거나 지방자치발전에 역행해서는 안된다.

넷째, 지방자치단체의 구역을 기계적・인위적으로 무제한 확대해서는 안된다. 아무리 교통통신과 과학기술이 발달하고 인간의 생활범위가 확대된다고 하더라도 주민들이 공동체의식을 가질 수 있는 지역적 범위는 한정되어 있기 때문이다.

다섯째, 중앙정부의 무능한 관료를 지방정부에 전보해서는 안된다. 무능하거나 부정한 중앙정부의 공무원들을 징계하는 수단으로 좌천이라는 형식을 통해 지방으로 발령하는 것은 지방정부와 지역주민들을 모독하는 처사이다. 우리 정부의 이러한 관행이 지방주민들의 감정을 극도로 자극하고 있다는 사실을 유의해야 할 것이다.

여섯째, 중앙정부의 공무원을 국가공무원(중앙공무원이 타당)이라고 하고 지방자치단체의 공무원을 지방공무원이라고 분류함으로써 공무원간의 관계를 차별화 시키는 제도를

---

14) 정세욱, 「지방행정학」(서울: 법문사, 1998), p. 99. 김종표, 「지방자치론」(서울: 법문사, 1996), p. 206

폐지하고 지방공무원의 창의성을 존중하여야 한다. 아울러 자칫 잘못하면 중앙정부에 의한 지방자치의 침해, 상·하의 계층적 관계로의 전락, 일선기관과 지방정부간의 갈등 증대 등의 문제점이 노정될 수 있다는 것을 항상 유의해야 할 것이다.

2. 신지방분권론의 의의와 내용

1) 신지방분권론의 의의

앞에서 설명한바와 같이 신중앙집권화현상이 진행되는 가운데 한편으로는 그것이 드러내는 문제점과 한계가 노정되기 시작하였다. 그리고 이러한 문제점과 폐해를 개선하기 위한 노력도 함께 진행되어 왔다. 즉 신중앙집권화라는 경향을 악용하여 과잉집권을 자행하고 있는 중앙정부를 견제하고, 권력적·악의적 중앙집권화라는 과거의 잘못된 역사를 되풀이 하지 않기 위한 다양한 노력들이 세계 도처에서 지속적으로 추진되어 왔다. 이러한 노력들을 신지방분권화(new decentralization) 현상이라고 한다. 21세기 지구촌 사회의 지방분권운동은 바로 이러한 신지방분권운동으로 이어질 것으로 예상된다.

2) 신지방분권론의 대두배경

(1) 프랑스·독일 등의 지속적인 지방분권화 정책추진

1970년대 이후 미국을 비롯한 프랑스, 독일, 소련 등의 모든 국가들이 분권화정책을 가속화시켜왔다. 각국의 지방정부는 중앙정부의 분권정책에 따른 자율성의 강화와 함께 행정수요의 증대로 인해 업무부담이 늘어나는 새로운 현실에 직면하게 되었다. 이에 따라 중앙정부와 지방정부가 협력하여 중앙과 지방이 기능을 재조정하고 재분담한다는 새로운 관점에서 신지방분권주의가 대두하게 되었다.

(2) 행정국가화 현상에 대한 피해증대

국가기능의 대부분이 행정에 의해 추진되고 행정에 의한 국가발전이 주도됨에 따라 행정국가화 현상이 나타나게 되고 이에 따른 여러 가지 피해가 증대됨으로써 신지방분권화의 요청이 제기되었다. 또한 행정국가화 현상은 국가행정의 관료화를 심화시켰다. 즉 중앙집권화에 의한 행정국가화 현상으로 3권분립제도의 본질이 훼손되고, 대의민주제도가 왜곡되는 등 자유민주주의가 손상됨으로써 이를 개선하기 위한 노력으로 새로운 지방분권이 추진되었다.

(3) 국가사무의 지방적 이해관계 증대

행정기능(사무) 중에는 전국적 이해관계를 가지면서도 동시에 지방적 이해관계를 갖는 사무가 크게 증대하였다는 점이다. 지방자치는 지역특성에 따른 개별적 지역행정의 효율적 처리에 그 존립가치와 중요성을 두고 있다. '가장 지방적인 것이 가장 세계적인 것'이라고 하듯이 신중앙집권화가 진행되는 과정에서도 지방의 특성을 개발하거나 살리는 지역적 특수행정의 중요성은 결코 간과되어서는 안된다. 이러한 관점에서 신지방분권화는 지속적으로 추진될 필요성이 있는 것이다. 요컨대 지방사무 내지 지역의 중요성에 대한 인식이 제고됨에 따라 신지방분권화 현상이 대두되었다.

(4) 다양화, 특수화, 전문화를 추구하는 시대적 배경

현대사회는 이미 20세기 후반부터 대대적인 변화의 소용돌이에 휘말리고 있다. 이러한 다양한 변화들 중에서도 과거에 대한 반작용 내지 역작용으로서의 변화를 들 수 있다. 즉 20세기현상으로서의 대량화, 표준화, 획일화, 집중화 등에 대해 현대는 개별화와 전문화, 다양화, 특수화, 분권화 등이 중시되는 시대로 이행하고 있다. 이러한 시대적 배경이 신지방분권화를 촉진하는 요인으로 작용하게 되었다.

3) 신지방분권론의 촉진요인

첫째, 중간사무의 현저한 증대이다. 이러한 단체위임사무가 실효를 거두기 위해서는 지방정부가 중앙정부와 각각 대등한 입장에서 기능을 분담하면서 협동적으로 처리하지 않을 수 없게 되었다. 둘째, 지방정부의 행정능력의 향상이다. 즉 지방정부는 전문인력과 기술 및 정보를 확보를 통해 다양화되고 고도화되어가는 복잡한 행정수요에 신속하고 효과적으로 대응할 수 있는 역량을 상당한 수준 갖추게 되었다. 셋째, 행정수요의 지역별 다양성이다. 지역문제해결은 지역특성에 맞도록 각 지방정부가 직접적 정책을 수립하고 집행할 필요성이 증대하게 되었다. 넷째, 참여민주주의에 대한 인식의 증대이다. 공공영역의 능률저하, 행정체제의 집권적 권위주의적 폐단에 대해 시민적 통제의 필요성이 강화되었으며, 대의민주주의에 대한 새로운 인식과 가치가 부각됨으로써 신지방분권의 필요성이 강조되기에 이르렀다. 다섯째, 중앙집권의 폐해는 국민 각자가 인간다운 삶을 영위하기 위한 삶의 질 제고와는 역행하는 방향으로 나아감으로써 이러한 피해를 제거하기 위하여 새로운 지방분권화운동을 추진하게 되었다. 여섯째, 세계화현상의 지배로 중앙정부에 의한 각종 정책은 더 이상 효과를 나타낼 수가 없게 되었다. 결국 세계화 현상은 중앙의 권한을 지방으로 이전시키지 않을 수 없도록 하는 지구촌 사회의 대변화를 야기시킴으로써 신지방분권을 정당화하고 강화시키게 되었다. 일곱째, 정보통신기술의 고도화와 정보화

시대의 도래는 초창기에 신중앙집권화를 촉진시키는 요인으로 작용하지만, 점차 기술이 고도화됨에 따라 오히려 신지방분권화를 촉진시키는 요인으로 작용하게 되었다. 이러한 현상은 곧 사람과 기업들이 지방에서도 충분히 자기의 일을 충실히 수행할 수 있음을 의미하며, 그 결과 신지방분권화를 촉진시키는 요인으로 기능하게 되었다.

4) 신지방분권의 구체적 형태

(1) 주요 국가정책의 중앙 · 지방공동결정

중앙정부에 결정권한이 있는 국가정책을 결정하는 경우에라도 그 정책이 지방자치단체와 직접 이해관계가 있는 경우에는 그 정책의 결정과정에 당해 자치단체를 참여시키도록 해야 한다. 그리하여 정책결정과정의 초기부터 당해 자치단체를 참여시켜 그 자치단체의 의사를 청취하고, 상호 이해관계를 조정함으로써 중앙과 지방의 공동정책결정이 되도록 해야 할 것이다.

(2) 중앙과 지방간 기능분담의 합리적 조정 · 재정비

신지방분권은 신중앙집권과는 달리 기존 중앙정부의 정책형성 및 집행권한을 지방정부로 환원하여 신중앙집권으로 인한 폐해를 시정 또는 미리 예방하자는 것이다. 그러므로 주요 계획업무 및 평가업무 등 매우 전문적인 일을 제외하고는 지방정부에 이양하도록 해야 한다. 기능분담의 방법으로 중앙정부는 전국적 입장에서 기본정책이나 기준을 설정하고 지방정부는 중앙정부가 제시한 정책이나 기준의 범위 내에서 지방의 실정에 맞게 창의적으로 집행하도록 해야 할 것이다.

(3) 지방정부에 대한 중앙정부의 지원과 협력강화

중앙정부가 지방정부의 각종 정책이나 행정서비스시행과정 등에 관여하는 경우에도 반드시 권력적인 통제방법은 배제하고 협력적 · 지원적 관여를 해야 한다는 것이다. 지방정부가 아무리 자율적인 지방행정을 수행한다고 하더라도 중앙정부로부터의 협력과 지원은 불가피하다. 즉 전국적 기준이나 수준의 통일을 위해서나 지방의 능력으로서는 해결하기 어려운 까다로운 행정수요해결을 위해 중앙정부의 정보제공과 기술지원, 조언과 권고 그리고 재정지원 등 각종의 지원과 협력을 받아야 한다. 이런 경우에도 중앙정부는 그것을 이유로 지방을 권력적으로 통제해서는 안된다는 것이다.

(4) 자치단체의 중앙정부에 대한 참정권 등 권한강화

진정한 지방분권은 지역사회가 스스로 자신의 권한과 능력범위 내에서 자신의 의지에 기초하여 지역사회를 발전시키고 주민의 복지증진에 기여할 수 있어야 한다. 그러기 위해서 중앙정부는 국정에 대한 지방정부의 참정권을 강화시키고 자치능력을 보강할 수 있도록 제도개혁과 행·재정적 지원을 아끼지 말아야 한다. 그러기 위해서는 자치단체의 대외협력과 외교능력을 강화시킬 수 있는 제도구축에 필요한 조치를 적극 지원해 주어야 할 필요가 있다. 그리한 중앙정부는 지방자치단체간 차관제도를 도입하고, 자치단체간 업무 및 홍보대사를 교류하도록 하며, 자치단체상호간 연합체를 구성·운영할 수 있도록 하는 등 다양한 권한을 부여해야 할 것이다.

(5) 지방정부의 자율혁신과 자치역량제고

중앙정부와 지방정부는 이상과 같은 다양한 방법으로 신지방분권화를 성공적으로 추진해 나가도록 노력해야 한다. 그러나 이에 앞서 무엇보다 더 중요한 것은 지방정부 스스로의 자율개혁과 능력발전이 선행되어야 할 것이다. 즉 지방정부 스스로가 구조개혁과 기능혁신을 추진하고, 창의적 프로그램을 개발실시하여 공무원의 능력을 발전시킴으로써 신지방분권화시대에 부응하는 선진지방정부로 거듭나야 할 것이다.

02
Chapter

중앙정부와 지방정부간의 기능배분

제 1 절 의 의

중앙정부와 지방정부의 기능배분 문제는 우리나라의 과잉 중앙집권체제가 지니고 있는 시급한 개혁과제이다. 우리나라는 1991년 지방의회의 구성으로 지방자치시대가 열렸다고 일컬어지고 있지만, 중앙집권적 법제와 관행은 시정되지 않고 있다. 과거 1986년 말 국무총리 산하 지방자치제 실시연구위원회는 정부간 기능배분의 합리화에 관심을 보였다. 1989년에 대통령 직속의 행정개혁위원회는 지방에 이양할 사무를 선정한 바 있다. 그리고 1991년부터 정부간 기능재배분의 소관부처가 된 총무처와 정부개편이후의 행정자치부가 주관하여 중앙과 지방의 정부간 기능재배분이 추진 되어왔다. 그러나 그 동안의 성과는 지방자치의 활성화라는 관점에서 볼 때 보잘 것 없는 것이었다. 1999년 7월 1일부터 「중앙행정기관의 지방이양촉진등에 관한 법률」이 시행됨으로써 명실상부한 지방정부의 기능확립에 대한 기대가 높았다. 그러나 이것 역시 성공하지 못했다. 2003년 노무현 정부가 들어선 이후 획기적인 정부혁신 및 지방분권정책이 추진되었지만 결국 절반의 성공도 거두지 못하고 말았다.

제 2 절 기능배분에 관한 이론의 검토

Ⅰ. 기능배분의 의의

1. 의 의

우리나라 중앙정부와 지방정부간의 업무배분은 기능배분 아니라 사무배분으로 이루어지고 있다. 지방자치법상의 용어도 기능배분이 아니라 사무배분으로 하고 있다. 물론 동법 제1장 제3절은 "지방자치단체의 기능과 사무"로 되어있지만 그 내용은 모두 사무로 구성되어있다. 사무란 기능을 수행하기 위한 여러 가지 하위적 업무(일)를 의미한다. 따라서 양 개념은 분명 차이가 있지만 본서에서는 혼용하거나 사무라는 용어를 사용하기로 한다.

지방자치단체에 배분된 사무의 종류와 범위는 그 나라의 정치·행정의 역사와 문화의 산물이다. 지방자치의 경험이 일천하고, 집권적 전통이 강한 나라에서는 지방자치단체의 사무의 종류와 범위는 중앙정부의 힘과 태도에 의하여 수동적·반사적으로 정해진다. 지방자치단체에 배분된 사무를 보면 고유사무보다는 위임사무의 비중이 월등하게 높다. 우리나라의 경우 전통적으로 중앙정부에 사무의 대부분이 집중되어 있고, 지방자치단체는 중앙정부의 위임사무처리에 급급한 실정이다. 그러나 중앙과 지방과의 사무배분은 국민을 위한 행정이라는 견지에서 상호 배타적으로 이루어질 것이 아니라 상호 협력적 관점에서 이루어져야 할 것이다.

2. 중앙정부와 지방정부의 기능실태

1) 중앙정부기능의 구별과 그 범위

지방자치법은 지방정부의 기능과 중앙정부의 기능을 구분하여, 지방정부가 중앙정부의 기능을 수행하지 못하도록 지방자치단체의 사무와 구별되는 국가사무를 규정하고 있다. 첫째 국가의 존립에 필요한 사무(외교, 국방, 사법, 국세 등), 둘째 전국적으로 통일적 처리를 요하는 사무(물가, 금융, 수출·입정책 등), 셋째 전국적 규모 또는 이와 비슷한 규모의 사무(국가종합경제개발계획, 국가하천, 국유림, 국토종합개발계획, 지정항만, 고속국도, 일반국도, 국립공원 등), 넷째 전국적 기준의 설정에 관한 사무(근로기준, 측량단위 등), 다섯째 고도의 기술·재정능력을 요하여 지방자치단체의 기술 및 재정능력으로 감당하기 어려운 사무(각종 검사, 시험, 연구, 기상행정, 원자력개발, 항공관리 등) 등이 그 것이다.

2) 지방정부의 지방자치사무

현행 제도상 지방정부의 사무를 그 법적 성격에 따라 구분하면 자치사무, 위임사무로 나눌 수 있고, 위임사무는 다시 기관위임사무와 단체위임사무로 나눌 수 있다. 그리하여 결국 자치사무, 단체위임사무, 기관위임사무의 3가지로 나뉘어 진다.

(1) 자치(고유)사무

지방정부의 자치사무, 즉 고유사무란 지방자치단체의 존립목적에 속하는 사무로서 당해 자치단체의 공공사무를 말한다. 지방자치법에는 고유사무를 예시적으로 명시하고 있다. 고유사무는 지방자치단체가 자기의 책임과 부담으로 주민의 복지증진을 위하여 처리하는 포괄적 의미의 사무이다. 그리고 사무처리의 경비는 당해 지방자치단체가 부담하는 것이 원칙이다. 그리고 자치사무에 대해서는 원칙적으로 상급기관의 감독이 배제되며, 합법성 감독이나 사후감독에 그친다. 그러나 자치사무는 당연히 지방의회의 의결, 동의, 사무감독, 회계감독 등의 간여를 받게 된다.

(2) 단체위임사무

단체위임사무란 국가 또는 다른 지방자치단체로부터 당해 자치단체에 그 처리가 위임된 사무를 말한다. 즉 법령에 의하여 지방자치단체에 속하는 사무가 이에 해당된다. 법령상 단체위임사무에 대한 중앙정부나 상급자치단체의 지도감독은 자치사무에 비해 광범위하다. 그 사무에 대해서는 소극적 감독뿐만 아니라 적극적 감독도 가능하다. 그리고 필요한 경비의 부담은 원칙적으로 위임기관이 경비를 부담하는 것이 원칙이다. 단 위임한 기관과 당해 자치단체가 공동으로 처리해야 사무의 성질이 강할 경우에는 당해 자치단체도 그 경비의 일부를 부담하게 된다. 단체위임사무에 대한 지방의회의 관여는 자치사무의 경우와 같다.

(3) 기관위임사무

법령 또는 통첩에 의하여 국가 또는 광역자치단체로부터 자치단체장에게 처리를 위임한 사무를 말한다.[1] 기관위임사무는 지방적 이해관계가 없는 국가적 사무이며, 기관위임사무를 위임받아 처리하는 자치단체장의 지위는 국가 또는 광역자치단체의 직속기관(하부행정기관의 지위)에 해당된다. 그리고 기관위임사무의 법령상 경비부담은 소요경비에 대한 전액보조로서 의무적 위탁금 또는 교부금의 성격을 갖게 된다. 또한 기관위임 사무에 대해 지방의회는 의결, 동의, 회계감사 등에 간여할 수 없다.

Ⅱ. 기능배분의 원칙과 기준 및 변수

1. 중앙과 지방간 기능배분의 필요성

행정 · 재정의 과도한 중앙집권적 구조, 지방행정기관의 상대적 무기력 등은 위의 행정수요에 대한 요구들을 중앙에 집중시키는 결과를 초래했다. 따라서 지방자치단체는 위임업무의 과중한 부담에 눌려 그 존립 목적과 직결된 고유사무의 처리가 날로 위축됨으로서 지방자치발전의 중대한 장애요인이 되고 있다. 그리고 능률성의 제고라는 미명하에 질적 서비스가 무시되고 지방행정의 자율성도 침해받고 있다.

그리하여 중앙과 지방간 기능배분의 필요성은 첫째, 국민생활의 질적 향상을 도모하고 공공복리와 주민편익증진이라는 지방자치의 목적달성을 위해서 반드시 해결해야 할 과제다. 즉 중앙과 지방간 기능 내지 사무배분은 i) 국가차원의 행정은 행정의 편의와 획일성을 낳고 민주생활의 향상을 고려하지 않기 쉬우며, ii) 주민생활은 행정의 결과 뿐 아니라 행정의 과정을 통해서도 영향을 받고, iii) 중앙행정의 경우 그 획일성으로 인하여 지역적 비효율성이 높다. 또한 iv) 자유민주주의 확충을 위한 시민민주주의의 구현을 위해서도 필요성이 높다.

둘째, 중앙과 지방의 기능배분은 다음과 같은 실익 때문에도 그 필요성이 높다. 즉 i) 자치사무는 자치단체의 자치사무이므로 비용의 자기부담은 당연하고, 위임사무는 위임기관이 부담해야 한다는 경비부담의 명확화. ii) 자치사무에 대한 감독은 합법적 · 사후적 감독을 원칙으로 하지만 위임사무는 위임기관이 감독권을 갖게 되며, 이에 대한 감독은 사전감독과 예방감독까지 할 수 있다는 점에서 감독관계의 차별화. iii) 자치사무와 단체위임사무에 대해서는 일반적으로 의회의 관여가 인정되고 있지만, 기관위임사무에 대해서는 원칙적으로 관여할 수 없다는 지방의회의 관여방법의 차이. iv) 자치사무처리에 있어 필요적 사무를 제외하고는 자치단체의 재량에 속하지만 기관위임사무는 처리의 재량권이

---

1) 지방자치법에서는 국가사무를 자치단체장에게 위임할 수 있으며, 지방자치단체장의 권한에 속하는 사무의 일부를 소속행정기관에 위임할 수 있다고 규정하여 기관위임사무에 대한 법적 근거를 마련하고 있다.

없다는 사무처리와 배상책임문제의 차이, 즉 배상책임에 있어서도 자치사무의 경우는 지방자치단체가 원칙적으로 그 손해를 배상하여야 하지만 위임사무처리로 인한 손해배상은 위임자가 배상책임을 갖는 것이 원칙이라는 것 등이다.

2. 기능배분의 원칙

1) 현지성의 원칙

자율적이고 민주적인 지방행정을 위해서는 주민참여와 주민통제가 용의하고 실제 업무가 이루어지는 현장인 기초자치단체에 가능한 많은 사무를 배분해야 한다는 원칙이다. 특히 주민편의의 관점에서 지역주민의 생활에 밀착된 사무는 그 신변에 가까운 자치단체에 배분해야 한다는 것이다.

2) 경제성의 원칙

행정사무는 각 단체의 규모, 행·재정적 능력, 인구 등을 고려하여 행정기관의 최소의 처리경비로 국민의 최대효과를 도모할 수 있도록 현지 행정계층에 배분하여야 한다는 것이다.

3) 자주성의 원칙

자주성의 원칙이라 함은 자기원칙을 가지고 자기의 책임 하에 사무를 수행함으로써 그 결과인 효과를 자기가 받아야 한다는 것을 말한다. 여기에는 자기결정성, 자기책임성, 자주재원성, 자기수행성을 내포한다. 이는 자신의 일은 자신이 처리한다는 당연한 원칙이며 효율성과 자율성을 내포하고 있다.

4) 책임명확화의 원칙

행정기능은 가능한 중앙정부, 광역자치단체, 기초자치단체의 각 계층별로 기능을 명백히 구분하여야 한다는 것이다. 그렇게 함으로써 수행기능에 대한 책임성 확보 및 수행기관의 명료화로 인해서 본래의 행정목적달성에 이바지할 수 있다는 것이다.

5) 종합성의 원칙

종합성의 원칙이라 함은 국가를 상위체제로 하여 효율성과 공평성을 확보하기 위하여 분업과 조정의 협력체제를 갖추어야 한다는 원칙을 말한다. 이러한 종합성의 원칙도 자율성의 원칙에서 밝히고 있는 기본 입장과 결코 유리된 것이 아니라 부분의 효율을 위해서는 전체 체제 속에서 살펴보아야 할 것이다. 그리고 전체 효율성과 함께 전체 체제 속에서 각 분야의 공평성이 문제된다. 종합성의 원칙에서 행정사무는 행정의 종합능력을 발휘할 수 있도록 가능한 특별시·광역시·도, 시·군·구 등과 같은 지역종합행정기관에 배분되어야 한다는 것이다. 이런 점에서 국가의 일선기관은 지방정부의 기능영역인 일선기능을 담당해서는 안되며 국가와 시·군·구간의 연락조정사무는 시·도에 배분해야 한다.

3. 기능배분의 기준

1) 효과의 범위

기능배분의 결정에 있어 우선적으로 고려되어야 할 것이 효과의 범위이다. 즉 일정한 업무의 수행효과로 산출되는 효과를 누가 받느냐에 따라서 분담주체가 결정되어야 한다. 이러한 기준은 실제적용에서 효과의 정도문제와 효과범위의 문제를 야기시킨다.

2) 기초자치단체의 우선의 원칙

효과의 범위에 따라 분담주체를 결정한다 하여도 업무의 효과를 일정한 관할구역 내에 한정시켜 수행시키는 경우, 분담주체는 기초자치단체가 우선적으로 고려되어야 한다. 이는 지방자치의 의의와 관련된다. 물론 모든 업무를 기초자치단체에서 수행하여야 한다는 것은 아니다. 가능하면 기초자치단체에서 많은 업무가 수행되도록 하여야 한다.

3) 규모의 경제성

국가전체의 종합적인 효율성을 제고하기 위해서는 기능분담주체의 관할구역에 따른 규모의 경제성이 고려되어야 한다. 기능배분에도 규모의 경제는 매우 중요한 변수로 인식되어야 한다.

4) 재정자립능력

일정한 업무를 수행하는데 소요되는 경비를 고려하여 분담주체를 결정하여야 한다. 즉 경비를 지출할 수 있는 재정능력을 가진 계층에서 업무를 분담하여야 한다. 그러나 이는 효과의 범위와 동시에 고려되어야 한다.

5) 행정수행능력

행정수행능력이라 함은 관리능력과 기술수준 및 인사상의 능력을 말한다. 효과의 범위에 따라 결정하되, 담당주체가 행정능력이 없다면 상위계층으로 업무담당 주체를 변경하거나 상위계층의 지원이 요청되는데, 이는 부족한 행정능력의 정도에 따라 결정되어질 문제이다.

6) 지역적 특수성의 고려

이는 업무를 수행하는데 적합한 지역의 담당주체가 업무를 담당해야 한다는 것이다. 이것도 효과의 범위와 관련하여 판단하여야 한다. 즉 효과의 범위가 해당지역을 넘어서 광범위하면, 첫째로 상위계층에서 처리할 수 있고, 둘째로 상위계층은 재정적 지원만하고 업무수행은 담당주체가 자율적으로 수행하는 경우가 있으며, 셋째로 해당지역의 주체가 업무를 수행하고 상위계층은 재정적 지원과 효과에 대한 통제만 할 수도 있다.

4. 기능배분의 변수

중앙정부와 지방정부간의 기능배분에 영향을 미치는 요인, 즉 기능배분의 변수로는 무엇보다도 정치권력의 속성, 통치자의 리더십특성 등 직접적인 요소들이 작용하겠지만, 여기서는 제도적 요인, 경험적 요인, 국민사회의 실태적 요인 등으로 중심으로 고찰해 보기로 한다. 이들 중 중요한 변수들로는 지방자치제도, 자치행정의 경험, 민주화와 능률화의 요구정도, 자치행정의 환경, 과학·기술과 교통·통신의 발달정도 등을 들 수 있다.

1) 법률·제도적 변수

지방자치를 실시하지 않는 국가에 있어서는 원칙적으로 법인격을 가진 지방단체조차도 존재하지 않으므로 중앙과 지방간의 기능배분의 문제는 처음부터 제기되지 않는다. 그러나 지방자치제도를 실시하고 있다고 하더라도 법률과 제도가 어떠한 유형의 자치제도를 택하고 있느냐에 따라 기능배분의 정도가 달라진다. 예컨대 주민자치와 단체자치 중 어느 것에 유사한 자치제도를 채택하느냐에 따라 중앙정부와 지방정부간의 기능배분이 달라진다. 주민자치는 민주주의 이상에 따라 모든 국가적 사무와 지방적 사무를 주민이 자치적으로 처리한다고 하는 정치적 이념의 표시이기 때문에, 어느 사무가 국가적 사무이고 어느 사무가 지방적 사무인가를 굳이 구별하려 하지 않는다. 그러나 단체자치는 법인격을 가진 지방자치단체의 행정이라는 법률적 이념의 표시이기 때문에 지방자치단체가 처리하는 행정사무를 일반적으로 국가적 사무와 지방적 사무로 엄격히 구별하여 전자를 위임사무, 후자를 자치사무로 규정한다.

2) 역사적 · 경험적 변수

일반적으로 지방자치의 오랜 전통과 경험을 가진 나라일수록 지방자치가 정착되어 있으므로 중앙정부보다는 지방자치단체에 많은 기능이 배분되어 있는데 반하여, 지방자치의 역사가 짧고 경험이 부족한 나라일수록 지방자치에 관한 법령이나 중앙과 지방단체간이 기능배분에 관한 실정법의 내용 여하에 불구하고 실제로 행정기능이 중앙정부에 과도하게 배분되어 있다. 그러나 경험만 가졌다고 해서 언제나 중앙정부 보다 지방정부에 권한이나 기능이 더 많이 배분되어 있는 것은 아니다. 경험을 가지고 있다고 하더라도 그 경험이 국민사회에 긍정적인 경험으로 남아있는가 아니면 부정적인 경험으로 남아있는가에 따라 다르다.

3) 민주와 능률의 요구수준

국가와 지방자치단체 즉 중앙정부와 지방정부간의 기능배분은 국민들의 정치행정적 민주화와 능률화에 대한 요구정도에 따라 좌우된다. 즉 민주주의의 요구가 강할수록 지방정부에 많은 기능이 배분되는데 비하여 능률화에 대한 요구가 강할수록 중앙정부의 집권화가 촉진된다. 즉 정치지도자를 중심으로 국가경제개발정책 등을 강력히 추진해 나갈 경우에는 중앙집권이 강화되고, 능률을 통해 축적된 부를 국민사회에 배분하기 위한 민주복지정책이 추진될 경우에는 지방정부에 권한과 기능이 많이 배분된다

4) 사회환경적 변수

국가와 지방자치단체가 처하고 있는 정치경제적, 사회문화적 환경의 성격이 여하한가에 따라서도 중앙정부와 지방정부간 기능배분은 달라진다. 첫째 정치적 환경의 경우, 개발도상국이나 독재자가 출현한 때나, 국내외적으로 위기에 처하거나 중대한 사태변화에 직면할 때에는 중앙정부에 기능이 편중되는 반면, 중앙정부에 대한 민중통제가 강한 나라일수록 중앙정부보다는 지방정부에 많은 기능이 배분된다.

둘째 경제적 환경의 경우, 지방재정의 자주성이 어느 정도 확보되어 있느냐에 따라 중앙정부와 지방정부간의 기능배분이 달라진다. 즉 지방재정이 풍부하여 지방정부가 모든 개발사업과 지방적 복리사업에까지 투자할 수 있을 때는 지방정부에 많은 기능이 배분되지만, 지방재정이 궁핍할 때에는 설령 법령이 지방정부에 많은 기능을 배분한다 할지라도 이를 자주적으로 처리하지 못하게 된다.

셋째 사회·문화적 환경의 경우, 특히 국민의 의식수준과 가치관이 기능배분에 많은 영향을 미치게 된다. 일반적으로 국민의 의식수준이 낮거나, 전통지향적·수구적 가치관이 지배하는 국가일수록 지방자치는 효율적으로 실시되지 못하며 기능이 중앙정부에 편중배분되는 반면, 국민들의 의식수준이 높고 합리적이며 근대화된 가치관이 보편화된 국가일수록 기능이 지방정부에 많이 배분되어 있다.

5) 과학기술 및 교통통신의 발달수준

과학의 발달, 기술의 혁신 및 정보혁명이 진전됨에 따라 행정부문의 시야가 전국적인 규모로 확대됨으로써 행정기능이 자치단체에서 중앙정부로 이관되게 되고 또한 교통·통신수단이 발달함에 따라 거리감이 해소되어 즉각적인 지휘와 감독을 할 수 있게 됨으로써 중앙정부의 권한이 강화되고 있다. 물론 지방자치단체의 발전수준이 높아짐으로써 중앙과 지방간의 격차가 줄어들 경우 그 내용이 변화될 수도 있다. 즉 지방자치단체의 과학기술과 교통통신이 발달할수록 지방으로 그 기능이 더욱 배분될 수 있다는 것이다.

제 3 절 한국의 정부간 기능배분실태와 문제점

Ⅰ. 기능배분의 실태

1. 일반적 실태

국가의 사무를 처리하는 중앙정부의 기능과 지방자치단체의 사무를 처리하는 지방정부의 기능이 현실적으로 어떻게 배분되어 처리되고 있는가를 파악함으로써 민주화의 실태와 지방자치발전의 정도를 파악할 수 있다. 앞에서 우리는 지방자치단체의 사무를 자치사무·단체위임사무·기관위임사무로 구분하고 있다는 것을 살펴보았다. 이러한 분류기준에 따라 지방정부가 처리하고 있는 사무를 유형별로 분류하면 〈표 3-1〉과 같다. 〈표 3-1〉에서 보는 바와 같이 평균적으로 볼 때 광역자치단체인 시에 있어서는 자치사무 46.1%, 단체위임사무 6.8%, 기관위임사무 47.1%, 도에 있어서는 자치사무 40.6%, 단체위임사무 6.8%, 기관위임사무가 52.6%로 나타나고 있다. 한편 기초자치단체인 시에서는 자치사무가 44.3%, 단체위임사무 7.5%, 기관위임사무가 34.6%로 나타나고 있으며 군에서

〈표 2-1〉 지방자치단체별 사무성격별 분류

기능성격	광역시	도	시	군
단위 업무수	100%	100%	100%	100%
자치사무	46.1%	40.6%	44.3%	43.4%
단체위임사무	6.8%	6.8%	7.5%	5.2%
기관위임사무	47.1%	52.6%	34.6%	29.2%
시도위임사무			13.6%	22.2%

는 자치사무가 43.4%, 단체위임사무 5.2%, 기관위임사무가 29.2%를 점하고 있다. 아래의 표에서 볼 수 있는 바와 같이 광역·기초 자치단체가 공히 자치사무가 50% 미만을 차지해 위임사무가 자치사무보다 비율이 높게 나타나고 있다. 이는 지방자치단체의 자치사무 및 비국가 사무마저도 위임사무화 되어있다는 것을 입증하는 것이라고 볼 수 있다. 특히 위임사무 중에서도 기관위임사무의 비율이 압도적이어서 지방자치기반을 위약하게 하고 있음을 알 수 있다.

2. 제도적 실태

과거에는 국가와 지방자치단체간의 기능배분이 명확하지 않았고, 도와 시·군의 성격과 기능을 명백히 하는 기준이 존재하지 않았다. 현행 지방자치법상의 기능배분실태를 보면 아래와 같다.

1) 지방자치단체사무의 예시주의

지방자치법은 지방자치단체가 처리하는 사무 즉 자치단체에 배분된 사무의 범위를 예시하고 있다. 즉 "지방자치단체는 그 관할구역의 자치사무와 법령에 의하여 지방자치단체에 속하는 사무를 처리한다."고 규정하고 있다. 동시에 자치사무가 국가사무화 하여 자치사무의 영역이 계속 축소되는 폐단을 막기 위하여 지방자치단체의 사무로서 i) 지방자치단체의 구역, 조직 및 행정관리 등에 관한 사무 11가지와,[2] ii) 주민의 복지증진에 관한

2) 이러한 사무의 구체적 내용으로 지방자치법 제8조2항1호에는 ① 관할 구역 안 행정구역의 명칭·위치 및 구역의 조정, ② 조례·규칙의 제정·개정·폐지 및 그 운영·관리, ③ 산하 행정기관의 조직관리, ④ 산하 행정기관 및 단체의 지도·감독, ⑤ 소속 공무원의 인사·후생복지 및 교육, ⑥ 지방세 및 지방세 외 수입의 부과 및 징수, ⑦ 예산의 편성·집행 및 회계감사와 재산관리, ⑧ 행정장비관리, 행정전산화 및 행정관리개선, ⑨ 공유재산관리, ⑩ 가족관계등록 및 주민등록 관리 ⑪ 지방자치단체에 필요한 각종 조사 및 통계의 작성 등을 규정하고 있다.

사무 10가지,[3] iii) 농림, 상공업 등 산업진흥에 관한 사무 14가지,[4] iv) 지역개발 및 주민의 생활시설의 설치·관리에 관한 사무 15가지,[5] v) 교육·체육·문화·예술의 진흥에 관한 사무 5가지,[6] vi) 지역민방위 및 소방에 관한 사무 2가지[7] 등 총 57가지의 사무를 비교적 구체적으로 예시하고 있다.

2) 광역자치단체와 기초자치단체간의 기능배분에 관한 기준의 제시

지방자치법은 광역자치단체인 특별시·광역시·도와 기초자치단체인 시·군·자치구간의 기능배분의 기준을 정하였다. 즉 지방자치단체의 예시된 사무들 중에서 지방자치단체의 구역, 조직 및 행정관리 등에 관한 사무 11가지는 광역자치단체와 기초자치단체의 공통사무로 하였다. 그리고 특별시·광역시·도의 사무는 i) 행정처리결과가 2개 이상의 시·군 및 자치구에 미치는 광역적 사무, ii) 시·도 단위로 동일한 기준에 따라 처리되어

---

3) 이러한 사무의 구체적 내용으로 지방자치법 제8조2항2호에는 ① 주민복지에 관한 사업, ② 사회복지시설의 설치·운영 및 관리, ③ 생활이 곤궁한 자의 보호 및 지원, ④ 노인·아동·심신장애인·청소년 및 여성의 보호와 복지증진, ⑤ 보건진료기관의 설치·운영, ⑥ 감염병과 그 밖의 질병의 예방과 방역, ⑦ 묘지·화장장 및 납골당의 운영·관리, ⑧ 공중접객업소의 위생을 개선하기 위한 지도, ⑨ 청소, 오물의 수거 및 처리, ⑩ 지방공기업의 설치 및 운영 등을 규정하고 있다.

4) 이러한 사무의 구체적 내용으로 지방자치법 제8조2항3호에는 ① 소류지(小溜池)·보(洑) 등 농업용수시설의 설치 및 관리, ② 농산물·임산물·축산물·수산물의 생산 및 유통지원, ③ 농업자재의 관리, ④ 복합영농의 운영·지도, ⑤ 농업 외 소득사업의 육성·지도, ⑥ 농가 부업의 장려, ⑦ 공유림 관리, ⑧ 소규모 축산 개발사업 및 낙농 진흥사업, ⑨ 가축전염병 예방, ⑩ 지역산업의 육성·지원, ⑪ 소비자 보호 및 저축 장려, ⑫ 중소기업의 육성, ⑬ 지역특화산업의 개발과 육성·지원, ⑭ 우수토산품 개발과 관광민예품 개발 등을 규정하고 있다.

5) 이러한 사무의 구체적 내용으로 지방자치법 제8조2항4호에는 ① 지역개발사업, ② 지방 토목·건설사업의 시행, ③ 도시계획사업의 시행, ④ 지방도, 시군도의 신설·개수 및 유지, ⑤ 주거생활환경 개선의 장려 및 지원, ⑥ 농촌주택 개량 및 취락구조 개선, ⑦ 자연보호활동, ⑧ 지방하천 및 소하천의 관리, ⑨ 상수도·하수도의 설치 및 관리, ⑩ 간이급수시설의 설치 및 관리, ⑪ 도립공원·군립공원 및 도시공원, 녹지 등 관광·휴양시설의 설치 및 관리, ⑫ 지방 궤도사업의 경영, ⑬ 주차장·교통표지 등 교통편의시설의 설치 및 관리, ⑭ 재해대책의 수립 및 집행, ⑮ 지역경제의 육성 및 지원 등을 규정하고 있다.

6) 이러한 사무의 구체적 내용으로 지방자치법 제8조2항5호에는 ① 유아원·유치원·초등학교·중학교·고등학교 및 이에 준하는 각종 학교의 설치·운영·지도, ② 도서관·운동장·광장·체육관·박물관·공연장·미술관·음악당 등 공공교육·체육·문화시설의 설치 및 관리, ③ 지방문화재의 지정·보존 및 관리, ④ 지방문화·예술의 진흥, ⑤ 지방문화·예술단체의 육성 등을 규정하고 있다.

7) 이러한 사무의 구체적 내용으로 지방자치법 제8조2항6호에는 ① 지역 및 직장 민방위조직(의용소방대를 포함한다)의 편성과 운영 및 지도·감독, ② 지역의 화재예방·경계·진압·조사 및 구조·구급 등을 규정하고 있다.

야 할 성질의 사무, iii) 지역적 특성을 살리면서 시 · 도 단위로 통일성을 유지할 필요가 있는 사무, iv) 국가와 시 · 군 및 자치구간의 연락 · 조정사무, v) 시 · 군 · 자치구가 독자적으로 처리하기에 부적당한 사무, vi) 2개 이상의 시 · 군 및 자치구가 공동으로 설치하는 것이 적당하다고 인정되는 규모의 시설설치 및 관리에 관한 사무 등을 예시하였다. 그리고 그 외의 사무는 시 · 군 · 자치구에서 처리하도록 하였다. 다만 인구 50만 이상의 시에 대해서는 도가 처리하는 사무의 일부를 직접 처리하게 할 수 있도록 하는 특례를 인정하고 있다.

3) 경합피지(競合避止)의 원칙과 기초자치단체우선의 원칙 도입

지방자치법은 시 · 도와 시 · 군 · 자치구는 사무를 처리함에 있어 서로 경합되지 않도록 해야 하며, 만약 서로 경합하는 경우에는 기초자치단체인 시 · 군 · 자치구에서 우선적으로 처리하도록 하고 있다(제10조 제3항). 그리하여 시 · 군 · 자치구 즉 기초자치단체에 대한 권한배분의 우선권을 부여하고 있다. 이 규정은 법규정을 엄격하게 해석하여 사무처리에 관한 규정으로 좁게 이해할 수 있는 여지도 있다. 그러나 사무처리는 궁극적으로 사무배분을 전제로 하고 있기 때문에 사무배분기준으로 볼 수 있는 것이다.

4) 기능배분의 2가지 특례인정

지방자치법은 광역자치단체인 특별시 · 광역시 · 도와 기초자치단체인 시 · 군 그리고 자치구간의 기능배분에 관하여 두 가지 특례를 인정하고 있다. 첫째, 특별시 · 광역시와 자치구간의 권한배분의 특례를 인정하고 있다(동법 제2조 제2항). 즉 자치구는 특별시 · 광역시의 일부로서 자연적으로 구역이 분할되어 있는 것이 아니고 인위적인 구분에 불과하기 때문에 그 성질상 시 전체로서 처리되어야 할 행정기능을 시 · 군과는 달리 구에서 처리하지 않고 특별시 · 광역시에서 처리하도록 하고 있다.[8)]

둘째로, 인구 50만 이상의 시에 대한 특례이다(동법 제10조 제2항). 즉 인구 50만이상의 도시가 되면 시의 지위는 그대로 유지하면서 도의 사무 중 일부를 시로 하여금 직접 처리하게 하고 있다. 이러한 제도는 인구 50만 이상의 대도시에 배분하는 권한을 중소도시나 군과 같이 획일적으로 규정하는 것은 불합리하므로 대도시에 보다 많은 권한을 부

---

8) 이러한 사무의 구체적 내용으로 지방자치법시행령 별표2에는 ① 지방자치단체의 인사 및 교육(2개 사무), ② 지방재정(2개 사무), ③ 매장 및 묘지(1개 사무), ④ 청소 및 오물 (2개 사무), ⑤ 지방토목, 주택건설(4개 사무), ⑥ 도시계획(8개 사무), ⑦ 도로의 개설과 유지 · 관리(1개 사무), ⑧ 상수도 사업(4개 사무), ⑨ 공공하수도(3개 사무), ⑩ 공원 등 관광 · 휴양시설의 설치 · 관리(5개 사무), ⑪ 지방궤도사업(3개 사무), ⑫ 대중교통행정(3개 사무), ⑬ 지역경제 육성(4개 사무), ⑭ 교통신호기, 안전표시 등을 규정하고 있다.

여하려는 데에 이 규정의 취지가 있다. 이러한 사무에 해당되는 것은 지방자치법시행령 별표 3에 자세히 규정하고 있다.[9)]

Ⅱ. 기능배분의 문제점과 합리화 방안

1. 기능배분의 문제점

1) 중앙정부 편중적 기능배분

우리나라 기능배분의 문제점은 지나치게 중앙정부에 편중적으로 기능을 배분하고 있다는 점이다. 그 구체적인 근거는 다음의 두 가지로 충분히 비판이 가능할 것이다. 첫째, 사무의 성질상 당연히 지방자치단체(지방정부)에 배분해야 할 기능까지 중앙정부에 배분하고 있는 현실이 이를 증명하고 있다. 예컨대 광역계획, 도시기본계획, 경찰, 해운항만 등이 그것이다. 특히 항만의 계획과 관리를 당해 지방자치단체가 아닌 중앙정부가 관리하고 있다는 점이 이를 여실히 증명하고 있다. 둘째, 지방자치법 제9조 2항 단서의 규정을 통하여 지방의 사무를 언제든지 중앙정부의 사무로 이관할 수 있도록 제도적 장치를 마련하고 있다는 점이다. 즉 동 조항에 지방자치단체의 사무를 예시해 놓고, 단서에 "다만 법률에 이와 다른 규정이 있는 경우에는 그러하지 아니하다"라고 규정하고 있기 때문이다.

2) 기초자치단체와 광역자치단체에 중복적 기능배분

현행 법령에는 광역자치단체의 기능과 기초자치단체의 기능을 명확하게 구분하지 않고 있으며, 설상가상으로 기능을 광역과 기초에 중복적으로 배분하고 있어 문제점을 야기하고 있다. 첫째 사무를 배분함에 있어 시·도나 시·군·자치구 중 어느 한 계층에 배분하지 않고, 두 계층에 함께 배분함으로써 문제점을 야기시키고 있다.[10)] 둘째 하나의 단위사무처리를 하나의 자치계층에 총체적으로 배분하지 않고 이를 분할하여 광역자치단체와

---

9) 지방자치법시행령 별표3은 다음과 같이 규정하고 있다. ① 보건의료, ② 지방공기업(지방공사, 지방공단), ③ 주택건설, ④ 토지구획정리사업, ⑤ 도시계획, ⑥ 도시재개발사업, ⑦ 환경보전, ⑧ 건설기계관리, ⑨ 자동차 운송, ⑩ 지방공무원 인사 및 정원관리, ⑪ 지적, ⑫ 열 사용 기자재, ⑬ 식품제조업, ⑭ 묘지, 화장장 및 납골당의 운영관리, ⑮ 사회복지시설, ⑯ 고압가스, ⑰ 도시가스, ⑱ 지방채 발행 승인 신청 등에 관한 사무.

10) 예컨대 지방자치법시행령 별표 1에 의하면, 사회복지시설의 설치운영, 생활보호기금의 적립 및 운용관리, 노인복지시설의 설치, 운영 및 지원, 문화예술진흥사업경비의 지원, 등등은 광역자치단체와 기초자치단체에 똑같이 배분하고 있어 업무처리 및 그 책임소재의 판단에 혼란을 가중시키고 있다

기초자치단체에 나누어 주고 있음으로써 업무의 범위와 책임의 한계를 밝힐 수 없을 정도로 애매모호한 것들이 적지 않다.[11] 특히 노인복지사업계획의 수립과 소비자보호시책의 수립 등은 광역자치단체와 기초자치단체에 중복적으로 배분하고 있다. 이러한 예는 비단 예시한 것 이외에도 다수가 있다는 데 그 심각성이 크다는 점을 유의해야 할 것이다.

3) 법률이 아닌 위임명령에 의한 기능배분

현행 지방자치법은 광역자치단체와 기초자치단체간의 기능배분에 관해 그 기준만을 정해 놓고 있을 뿐, 구체적인 기능배분은 대통령령인 지방자치법 시행령에 위임하고 있다. 따라서 국민에 대해 아무런 책임을 지지 않는 주무부장관이 기초와 광역간의 권한배분에 결정적 영향력을 행사할 수 있도록 하였다. 지방자치단체에 대한 권한과 기능배분은 중앙정부가 국가의 통치권의 일부를 지방자치단체에 배분하는 중대사이므로 국민적 책임을 지는 국회의 법률로 규정함이 마땅할 것이다. 구미제국에서는 헌법, 법률, 헌장 등에 의하여 기능을 배분하고 있다. 현재까지는 우리나라만이 법률이 아닌 명령으로 기초자치단체와 광역자치단체간에 기능을 배분하고 있는 것으로 알려지고 있다(정세욱, 2003: 239).

4) 기관위임사무의 과다(過多)

중앙정부가 지방자치단체에 대해 기능을 배분함에 있어 그 기능을 자치사무로 배분하는 것이 아니라 기관위임사무로 배분하고 있어 실질적인 기능배분으로 볼 수 없는 경우가 많다. 특히 업무의 성질상 당연히 자치사무에 속하는 것이라고 하더라도 중앙정부가 법률을 제정하여 국가사무화한 다음 이를 기관위임사무로 배분하고 있다. 그리하여 자치사무가 점차 국가사무로 전환되고, 이것이 다시 기관위임사무로 위임되고 있어 지방자치의 범위가 점차 축소되고 있는 실정이다. 이처럼 자치사무가 줄어들고 기관위임사무가 증가 한다는 것은 궁극적으로는 지방자치단체의 장이 중앙정부의 하급행정기관으로 전락하는 결과를 초래하게 되고, 사무처리결과에 대해서는 책임의 소재를 따지기가 곤란하게 됨으로써 책임소재의 불명확화를 증대시키게 된다. 요컨대 기관위임사무의 증대는 지방자치를 형식화하고 명목적인 것으로 만들게 될 위험이 크다. 즉 지방정부와 주민들은 자기의 일이 아닌 다른 기관이 시켜서 하는 일에 대해서는 관심과 애착을 가질 수 없기 때문이다.

---

11) 예컨대 노인복지사업계획의 수립과 조정기능은 광역자치단체에, 노인복지사업계획 수립과 시행기능은 기초자치단체에 주고 있다. 그리고 소비자보호시책수립은 광역자치단체에, 소비자보호시책과 시행은 기초자치단체에 주고 있다.

2. 기능배분의 합리화방안

1) 정부의 기능에 관한 기본적 관점의 재정립

중앙정부와 지방정부가 통치기능을 어떻게 분담하느냐 하는 것은 기본적으로 그 국가의 통치이념과 체제에 따라 달라진다. 따라서 중앙과 지방의 기능배분은 중앙정부의 역할과 지방정부의 역할에 관한 기본적 관점 및 체제에 대한 시각이 우선적으로 정립되어야 한다. 특히 현대사회와 같이 환경의 변화가 극심하고 국제사회의 관계가 급변할 때는 더욱 정부의 역할과 민간의 역할, 중앙정부의 역할과 지방정부의 역할 등에 대한 관점과 시각을 명확히 하고 그 기준을 재정립할 필요가 있다. 그리하여 정부와 국민간에 이러한 관점과 시각의 변화에 대한 합의가 전제되어야 한다. 공공부문과 민간부문의 역할분담에 관한 논의가 소위 행정의 수비범위의 문제이고, 중앙정부와 지방정부간의 역할분담이 정부간 관계정립의 문제이다.

(1) 공공부문과 민간부문간의 합리적 역할분담(행정수비범위 설정)

전통적 사고와 방식으로 21세기 국가를 경영하기에는 많은 한계가 불가피하다. 급변하는 사회와 그에 따른 인간관계 및 가치체계의 변화는 국가경영을 위한 공공영역과 민간영역의 역할분담을 재정립하지 않을 수 없도록 하였다. 그리하여 어떤 영역의 어떤 기능을 국가가 담당하고, 또 다른 어떤 영역의 어떤 기능을 민간이 담당할 것인지 새로운 시대, 새로운 가치기준에 따라 공공부문과 민간부문의 역할분담을 새롭게 해야 할 것이다.[12)]

(2) 중앙과 지방의 정부간관계의 재정립

이상과 같이 공공부문과 민간부문의 역할분담이 이루어지고 나면, 그 다음은 중앙정부와 지방정부간의 역할분담이 재조정되어야 한다. 이것은 다음과 같은 두 가지 기본적 관점에 따라 이루어져야 한다. 하나는 21세기 지구촌 사회의 변화를 전제로 바람직한 정부

12) 예컨대 i) 국가의 존립유지에 필요한 국방, 외교, 안보, 국민경제 등의 기능과 ii) 민생치안, 구제, 보호 등 국민의 권리보호를 내용으로 하는 기능, iii) 마약단속, 범인체포, 경제규제 등 성격상 공권력의 발동을 필요로 하는 기능, 그리고 iv) 규모나 기술 재정능력 등에서 민간이 감당하기가 어려운 기능 등은 공공부문이 담당하도록 해야 할 것이다. 한편 i) 공급자 상호간의 경쟁을 통하여 경제적 효율을 높일 수 있는 기능이나, ii) 고객에게 보다 많은 선택의 기회를 제공할 필요가 있는 기능, iii) 고객의 요구에 대한 대응성을 제고해야 할 기능, iv) 비용에 대한 효과나 편익성을 높일 필요가 있는 기능 등은 민간부문의 기능으로 돌려야 할 것이다(하미승, 1994: 85).

간 관계에 관한 기본적 시각이 정립되어야 하고, 다른 하나는 지방화 시대에 부응하여 진정한 지방자치발전을 위한 길이 무엇인가에 대한 인식이 먼저 정립되어야 한다.

첫째 바람직한 정부간 관계에 관한 기본시각의 정립이란, 국가와 지방자치단체간의 관계는 서로 독립적이면서도 전체와 부분의 관계에 있다는 점, 서로 대등하면서도 포괄·종속관계에 있다는 점, 따라서 양자는 서로 독자적이면서도 긴밀하게 협력하지 않으면 안되는 공동운명체적 관계에 있음을 인식할 필요가 있다.

둘째 세계화와 함께 도래한 지방화시대에 부응하여, 진정한 의미의 지방화란 무엇을 의미하는 것인지에 대한 기본적 인식이 전제되어야 한다. 진정한 지방화란 바로 지방자치의 바람직한 정착을 의미하고 지방자치란 지방이 각자 고유한 특색과 스스로에 대한 자부심을 토대로 지방의 문화와 산업을 발전시켜 나가는 것이라는 점에 대해 기본적 인식을 같이 해야 한다. 그리하여 지방자치발전을 통해 국내적으로는 다양하고 다원적인 사회를 형성하고 국제적으로는 세계시장 속에서 국가경쟁력을 향상시켜 나가는 것이므로 지방은 스스로 혁신과 창조를 위해 진력해야 하고, 중앙은 이를 적극 지원해야 한다. 요컨대 국가발전은 아래로부터의 발전 즉 지방의 발전을 통해 이루어진다는 공동인식이 전제되어야 하는 것이다.

2) 합리적 원칙정립과 기능재배분

(1) 자치사무형식으로의 기능배분

중앙정부가 지방정부에 위임하는 사무나 기능은 가능한 자치사무로 위임하도록 해야 한다. 즉 현재와 같이 대부분 기관위임사무로 이루어져 있는 것을 가능하면 단체위임사무 내지 자치사무로 바꾸어 위임하도록 해야 하고, 현재 단체위임사무는 자치사무로 전환시키도록 해야 할 것이다. 다시 말해 지방에서 이루어지는 사무는 원칙적으로 모두 지방의회의 의결범위 내에 들 수 있도록 해야 할 것이다. 그렇게 함으로써 지방정부의 자주성과 자율성을 제고시킬 수 있기 때문이다. 기관위임사무는 그것을 처리하는 과정에서 볼 때 지방자치를 형식화 시키고 주민직선의 대표들로 하여금 중앙정부의 하급행정기관 내지 일선관료로 전락시키는 결과를 가져옴으로써 자치발전을 저해하는 요인으로 작용한다.

(2) 기초자치단체로의 기능배분

지방자치법은 정부간 기능배분 및 처리에 있어 기초자치단체에게 우선권을 주도록 하고 있다. 이처럼 바람직한 기능배분을 통해 지방자치의 내실을 기하기 위해서는 주민참여와 주민통제가 용이한 기초자치단체에 가능한 많은 기능을 배분해야 한다. 특히 지방자치단체의 실질적인 발전을 촉진시키기 위해서는 지역경제발전과 주민들의 편의를 제공할 수 있는 기능을 많이 배분하도록 해야 한다.

(3) 차등적 · 신축적 기능배분

기능배분은 이상과 같은 원칙과 기준에 따라 기능을 배분한다고 하더라도 모든 지방자치단체에 대하여 균일하게 획일적으로 배분할 것이 아니라 자치단체의 규모나 능력에 따라 차등적으로 신축성 있게 배분해야 한다. 영국의 개별적 수권방식이나 미국의 헌장제도와 같이 각 자치단체의 능력과 규모 및 특성에 따라 차등적으로 배분하는 것이 가장 바람직하다. 그러나 이러한 단계에 이르기까지 우선은 각 자치단체를 일정한 기준과 틀로 분류하여 몇 개의 그룹으로라도 나누어 차등적으로 배분하는 것도 바람직할 것이다. 특히 광역자치단체라고 하더라도 도와 특 · 광역시간에 기능배분에 차이를 둘 필요가 있고, 지역특성에 따른 도시와 농촌간의 차이도 고려해야 한다.

3) 지방자치관련 법령 등 제도개선

이상과 같이 중앙과 지방정부간 기능배분에 관한 기본적 관점정립과 원칙 · 기준의 설정을 통해 바람직한 방향을 세우고 나면 이에 따라 기능배분에 관한 각종 제도와 절차 등을 합리적으로 고쳐나가야 한다. 합리적 기능배분을 위해 개선해야 할 법령과 제도 등은 여러 측면에서 다양하게 논의할 수 있을 것이다. 그러나 여기서는 아래와 같은 몇 가지만 한정해서 간략하게 제시해 보기로 한다.

(1) 법률로 중앙정부와 지방정부간 기능배분에 관한 기본 원칙과 방향을 설정 · 제시하고, 지방정부의 기능과 사무에 대해서는 가능한 구체적으로 명시하도록 해야 할 것이다. 법률이 아닌 대통령령에 의해 행정자치부가 임의로 조정하는 일은 극히 예외적인 경우에 한정하도록 해야 할 것이다. 그리고 지방정부의 사무는 위임사무와 자치사무로 분명히 구분하고 자치사무에 대해서는 그 범위를 명확하게 규정하도록 해야 할 것이다.

(2) 중앙과 지방정부간의 기능배분기준과 함께 지방자치단체 중에서도 광역정부와 기초정부의 기능배분원칙과 기준도 분명히 밝혀야 한다. 도와 시 · 군 간의 기능배분과 특 · 광역시와 자치구간의 기능배분도 분명하게 명시해야 한다. 특히 도의 경우 향후 자치단체의 지위를 계속 유지하도록 할 것인지 국가기관화 할 것인지에 관해 논란이 많기 때문에 여기에 대해서도 대비할 필요가 있다.

03
Chapter

중앙정부의 지방정부 통제 (중앙통제론)

제 1 절 중앙통제의 의의와 필요성

Ⅰ. 제도의 변천

지방자치는 민주주의를 실현시킬 수 있는 기본적인 정치형태이며, 통치권력을 중앙에서 지방으로 분권화함으로써 정치안정의 기틀을 제공하고, 지역적 특성에 맞는 행정을 구현할 수 있다. 그러나 우리나라에서는 그 동안 국가안보와 경제발전을 국가정책의 최우선과제로 함으로써 경제적 능률이 정치적 민주를 지배하는 최고이념으로 신봉되어 왔다. 이에 따라 강력한 중앙집권적 행정국가의 경향을 지속해 왔으며, 중앙정부의 지도·감독이라는 명목으로 중앙정부는 지방정부의 자치사무에까지 대대적인 통제를 가해왔다. 그 결과 지방정부는 자율성이나 독자성이 없는 중앙정부의 일선기관에 지나지 않는 존재로 전락하였던 것이다.

오늘날 진정한 지방자치제도의 성패를 가름하는 가장 중요한 요소는 바로 중앙정부가 지방정부를 어느 정도로 간섭하고 통제하는 것이 가장 바람직한가 하는 문제이다. 물론 지방자치의 모범적 선진국에서도 여러 가지 방법으로 중앙통제를 하고 있으며, 신중앙집권화의 경향에 따라 영·미에서는 오히려 중앙통제가 더욱 강화되고 있다. 근래 중앙통제는 국민적 최저수준(national minimum level)의 확보와 행정의 광역화에 따른 협력과 국가적 통일성의 유지를 위해서도 필요하다.

그러나 이러한 중앙통제의 필요성에도 불구하고 우리나라의 경우 지방자치의 역사가 미흡하고, 지방정부에 대한 중앙통제가 너무 강력했기 때문에, 과연 지방정부가 어느 정도의 자율성을 가지고 지역특성에 부합하는 행정을 수행할 수 있을까하는 의문이 제기된다. 따라서 지방자치를 발전시키고 주민참여와 주민통제를 통한 지방행정의 민주화를 도모하기 위해서는 중앙통제의 범위를 축소하여 지방행정의 자율성과 창의성이 발휘되도록 해야 한다. 그러기 위해서는 현재의 규제와 지시위주의 권력적 통제방식은 지도와 지원위주의 비권력적 통제방식으로 전환되어야 한다.

Ⅱ. 중앙통제의 필요성과 한계

1. 중앙통제의 개념

중앙통제란 국가와 지방자치단체와의 관계에서 일반적으로 지방정부에 대한 중앙정부의 통제를 의미하는데, 보다 넓은 의미로는 광역자치단체에 의한 기초자치단체의 통제도 포함하는 것으로 본다. 현대의 지방자치제도는 지방자치단체의 자율과 책임에 입각한 독자성을 그 본질로 하지만 지방정부의 행정이 일정한 수준의 국가적 통일성을 확보하기 위해서는 중앙통제가 불가피하다. 여기에서의 '통제'는 중앙정부에서 행사하는 권력적 지휘·감독뿐만 아니라, 중앙정부와 지방정부와의 관계에서 양자가 여러 가지 방법으로 접촉, 교섭, 지도, 원조, 지원, 협력하는 모든 관여의 과정을 총괄하는 의미이다.

중앙통제는 행정서비스의 질을 높이고 일정 수준의 전국적인 균형화를 위해 필요하다. 중앙통제는 중앙정부가 지방정부를 지휘·감독한다는 의미를 강조하기 보다는 국가발전목표를 달성하기 위해 각 지방의 개별·특수적 능력과 기능을 조정하고 지원한다는 데 더 큰 의미를 두어야 한다. 그리하여 특별히 낙후된 지역이 없도록 국민적 최저수준을 실현하는 방향으로 발전되어 나가는 데 중앙통제의 가치를 두어야 할 것이다.

2. 중앙통제의 필요성

1) 행정기능의 양적 확대

오늘날 자본주의가 고도로 발달함에 따라 빈부의 격차·노사간의 대립, 사회의 복잡화, 이질화, 실업 등의 사회문제가 제기되었으며, 산업화, 도시화가 진전됨에 따라 도시를 중심으로 하여 주택, 상·하수도, 교통, 공해 등의 문제가 심각해졌다. 이러한 현상은 필연적으로 중앙정부와 지방정부의 기능영역을 확대시켰으며, 그 중에서도 입법·사법보다 행정이 더 중요한 기능을 수행하게 되었다. 그러나 지방정부는 중앙정부와 비교할 때 주민들의 생활환경의 정비·개선, 복지증진과 같은 기능의 양이 급격히 늘어나고 있는 반면, 이러한 행정수요의 팽창에 능동적으로 대처해 나갈 행·재정능력은 매우 부족한 실정이다. 따라서 중앙정부의 법적·제도적 뒷받침이나 재정적 협조가 절실히 필요하게 되었다.

2) 행정기능의 질적 복잡화고도화

1930년대 이후 경제공황과 제2차 대전을 겪으면서 국가기능은 적극적으로 구빈정책, 실업정책, 노사간의 조정, 사회보장 등 사회·경제정책을 수립·집행하는 데까지 확대되었는데, 이러한 복잡화·고도화된 국가기능을 수행하기 위하여 전문지식과 기술을 필요로 하게 되었다. 특히 이를 수행함에 있어서는 입법이나 사법보다 이러한 전문지식과 기술을 가지고 있는 행정이 그 기능을 담당하게 되었다. 그러나 지방정부는 이러한 행정기능을 수행하는 데 요청되는 고도의 지식·기술과 능력을 갖추고 있지 못하다. 따라서 중앙정부의 지식적·기술적 협조와 지도, 권고, 조언, 정보제공, 사전승인 등을 받게 되었다.

3) 지방사무의 전국적 이해관계화

특히 산업화는 교통·통신수단을 발달시켰고 경제권과 주민의 생활권을 확대시켜 놓았다. 따라서 지방적 사무로 인정되었던 것이 국가적 사무로 변질됨과 동시에 새로이 지방적 사무로 인정되는 것에 대해서도 지방정부의 자주성에만 일임하고 국가적 관심을 갖지 않아도 괜찮다고 할 수는 없게 되었다. 그리하여 국가는 보다 광역적인 관점에서 자치단체의 기능수행을 조정해야 할 필요성이 대두된 것이다. 다만 중앙정부의 통제는 지방정부 자치권 내지 독자성을 가능한 한 존중하면서 국가전체의 균형을 확보하는 이른바 분권과 집권의 공존 및 조화를 지향하려는 데에 그 특질이 있다. 그것은 지방행정의 기준과 방향을 제시하고 자치단체 상호간의 능력상의 차이를 보충·조정하면서 전체로서의 행정체계가 실현해야 할 이념을 추진하려는 것이다.

4) 국민적 최저수준의 설정

지방정부는 국민에게 아주 중요한 많은 서비스를 공급·관리하는데, 중앙정부로서는 이러한 서비스에 대하여 국민적 최저수준(national minimum level)을 설정할 필요성을 느끼지 않을 수 없다. 즉 지방정부의 복지수준·교육수준·보건위생수준 등은 비록 이것들이 지방정부의 기능영역에 속하는 사항이라고 하더라도 지방정부로부터 서비스를 제공받는 주민들은 다 같은 국민이라는 점에서 국가로서도 결코 방임할 수 없는 사항인 것이다. 이러한 까닭에 지방세 부담을 줄이려고 하거나 시범적 사업을 실시하려는 지방정부의 노력은 평등성과 통일성을 희구하는 중앙정부의 정당한 소망과 갈등을 빚기도 한다.

5) 광역행정의 대두

선진제국에서는 일찍부터 산업 및 교통의 발달, 기술의 진보, 그리고 주민생활권의 확대 등에 따라 행정광역화의 현상이 나타났으며, 오늘날 발전도상국의 여러 나라에서도 이러한 사회적 · 경제적 변화를 초래하여 행정에 있어 광역화현상이 나타나고 있다. 이러한 광역행정의 대두는 필연적으로 지방행정의 자치성에 대한 최소한의 양보와 행정의 능률성 제고가 전제되어 있으며 이것은 또한 지방정부에 대한 중앙 및 상급자치단체의 통제를 불가피하게 하였다.

3. 중앙통제의 한계

1) 행정전반에 관한 통제의 한계

중앙정부는 지방정부로부터 받는 보고의 수를 가급적 줄임으로써 보고서 작성에 따르는 과중한 업무량을 감소시켜야 한다. 특히 수시보고는 꼭 필요한 때에 한해서만 요구해야 할 것이며, 중앙정부의 인가 · 승인은 그 사무의 성질상 중앙정부가 관여하지 않을 수 없는 부득이한 것에 국한해야 할 것이다. 자치행정에 대한 사후심사는 사전적 인가 · 승인과는 달리 자치행정에 대한 중앙통제의 이상적 방식이므로 가능한 한 인가 · 승인을 지양하고 사후심사로 전환해야 할 것이다. 또한 지방정부의 직무태만에 대한 시정도 기관위임사무에 한정해야 한다.

2) 인사통제의 한계

지방자치를 실시하면서 지방정부의 고위직은 물론 관리직까지 국가공무원으로 보하는 것은 바람직하지 않다. 따라서 자치단체의 모든 직위를 지방공무원으로 보하게 하여 자치단체의 자주적인 인사의 폭을 넓히고 지방공무원에게 고위직까지 승진할 수 있는 기회를 부여해야 한다. 따라서 중앙정부는 부득이한 경우를 제외하고는 자치단체의 지방공무원에 대한 인사행정에는 관여하지 말아야 한다.

3) 재정통제의 한계

중앙정부가 자치단체에 보조금을 교부하더라도 그에 따르는 중앙통제는 자치단체의 자주성을 해하지 않는 범위 내에 국한시켜야 한다. 즉 국고보조금은 주민의 생활보호, 사회복지의 증진과 같이 그 실시에 국가가 중대한 이해관계를 가지는 행정에 대한 전국적 일정수준을 확보하고 국가의 종합계획이나 시책을 실시하며, 새로운 행정기능을 보급·장려하기 위하여 지급하는 것이므로 중앙통제는 이러한 보조금제도의 취지에 부합되는 한도 내에 그쳐야 한다. 또한 중앙정부가 자치단체의 예산과정에 간여할 경우 자치단체의 재정적 자주성이 매우 위축되므로 그 통제의 범위를 필요한 최소한도에 그치도록 해야 한다.

제 2 절 중앙통제방식의 유형과 대상

Ⅰ. 중앙통제 방식의 유형

1. 일반적 중앙통제의 방식(내부통제)

1) 입법통제

입법통제라 함은 국가가 자치단체의 권한을 제한하는 법률을 제정함으로써 자치단체의 권한행사에 간섭하고 국가의 의도를 지방행정에 주입시키는 방법이다. 우리나라의 중앙통제도 기본적으로는 법률의 형식으로 행사된다. 즉 「지방자치단체의 조직과 운영에 관한 사항은 법률로 정한다.(헌법 제118조 제2항)」는 헌법의 규정이 바로 입법통제의 근거가 되고 있다. 입법통제는 법률의 제정에 의한 것이므로 일반적·개괄적 성질을 가진다. 입법통제와 관련하여 스웨덴을 그 발상지로 하는 옴부즈만(Ombudsman)제도를 들 수 있다. 이 제도는 19세기 초 스웨덴에서 발달된 제도로서 옴부즈만이란 대리자·대표자를 의미하며, 호민관이라고도 일컬어진다. 이것은 의회에 의하여 임명된 수호자로 하여금 국민의 권리를 보호하게 하려는 제도적 장치로 이해되고 있다. 오늘날 주민의 권리침해에 대한 각종의 구제제도가 마련되어 있지만 실제로 개인의 권리보호가 만족스럽지 못한 경우가 있기 때문에 국민의 대표기관인 의회를 통하여 진정한 권리보호를 실현시키려는 의도에서 나온 것이다.

2) 사법통제

사법통제라 함은 입법적 통제를 전제로 하는 것으로써 자치단체가 법률에 위반하는 위법행위를 하였을 때에는 국가가 사법권을 발동시켜 제재를 가하는 방법이다. 이는 사법기관(법원)이 행하는 통제로서 구체적인 법률상 쟁송이 있는 경우에 당사자로부터의 쟁송제기를 전제로 하여 무엇이 법(法)인가를 판단·선언함으로써 구현된다. 지방자치단체가 법률에 의하여 부여된 권한을 유월(踰越)하는 행위를 한 때에는 법원이 이를 무효로 하거나 취소 또는 정지시킴으로써 법질서의 유지를 실현하게 된다.

우리나라는 「명령·규칙·처분이 헌법이나 법률에 위반되는 여부가 재판의 전제가 될 경우에는 대법원이 이를 최종적으로 심사할 권한을 가진다.」(헌법 제108조 제2항)는 규정이 바로 이러한 사법통제의 근거가 된다고 보아야 할 것이다.

그러나 사법통제는 지방정부 및 지방공무원의 위법한 행정행위와 자의적인 정책결정·집행을 가능하게 할 수 있다는 이점에도 불구하고 여러 가지 비판론이 제기되고 있다.[1] 사법통제의 이러한 단점 때문에 오늘날 각국에서 사법통제는 행정통제에 비하여 점차 약화되는 추세를 보이고 있다.

3) 행정통제

행정통제라 함은 자치단체의 일반적 권한만을 법률로 정하고 그 밖의 모든 통제는 중앙정부와 지방정부 간의 유기적인 협력과 설득에 의해서 달성해 가는 방법이다. 오늘날 중앙통제 가운데 행정통제가 가장 광범하고 중요한 방식이 되었다. 행정통제의 장점은 다음과 같다. ① 지방행정을 수행하는데 요구되는 지식과 기술을 자치단체에게 보충해 준다. ② 지방행정과정에서 예상되는 과오를 미연에 방지하거나 교정할 수 있게 한다. ③ 자치단체간의 행정수준의 차이를 완화하여 국민생활의 균형을 유지하는데 도움을 준다. ④ 자치단체가 치안·위생·보건 등 중요한 행정사무를 소홀히 다루지 못하도록 한다. ⑤ 자치단체의 기능확대에 따른 부족재원을 지원받을 수 있게 한다.

그러나 이러한 행정통제는 다음과 같은 단점을 지니고 있다. 즉 ① 행정통제가 지나치

---

1) 첫째 사법적 통제는 사후적·소극적인 통제이며 사후구제에 불과하다. 둘째 사법통제는 절차가 복잡하며 당사자에게 과중한 경비부담을 안겨 준다. 셋째 사법통제는 구제에 장시일을 요한다. 넷째 사법통제는 지방정부의 행정처분을 무효로 하거나 취소·정지시킬 수 있을 뿐 적극적으로 행정행위를 하도록 요구할 수는 없다. 다섯째 사법통제는 고도의 전문지식과 기술을 요하는 지방행정을 그 분야에 정통하지 않은 법관이 판단하게 함으로써 오류를 범할 우려가 있다.

게 강화되면 지방자치의 본질을 해치게 된다. ② 자치단체의 사소한 행정사무처리에도 통제를 가하게 됨으로써 지방정부의 사기를 저해하고 행정능률을 저하시킨다. ③ 지방의 특수성과 실정에 맞는 행정이 곤란해진다. ④ 지방행정기능의 자기결정성과 자기책임성이라는 지방주민들의 욕구를 충족시키기 곤란하다.

2. 중앙행정기관에 의한 통제방식

중앙행정기관에 의한 지방정부의 통제의 방식은 지방정부에 대한 중앙행정기관의 일방적 지배·억압에 그 목적이 있는 것이 아니라, 자치단체를 보호·육성한다는 의미를 함축하고 있어야 한다. 따라서 중앙정부는 우월한 위치에 있고 지방정부는 복종하는 지위에 있다는 그릇된 인식은 잘못된 것이며, 오히려 양자가 공통의 이익을 증진하기 위한 협조관계에 있다고 파악해야 할 것이다.

1) 전반적 통제

(1) 보고(報告) 및 자료제출요구

중앙정부는 지방정부에 대하여 광역정부는 기초정부에 대하여 각종 보고·통계자료의 제출을 요청 할 수 있으며, 예산·결산과 조례·규칙 등을 보고하게 할 수 있다. 보고는 중앙정부가 지방행정의 실적 및 현황을 파악하기 위한 기본적인 통제방식이다. 그러나 중앙정부가 정기보고 이외에 수시로 보고나 자료제출을 요구할 경우 지방정부는 보고서 작성과 자료정리에 많은 시간과 경비를 소모하게 됨으로써 다른 업무에 지장을 초래할 수 있다.

(2) 조언·정보제공 및 지원

중앙정부는 자치단체에 대하여 정책결정과 집행을 추진하는 데 필요한 정보와 자료를 제공하고, 기술적 조언·권고 내지 지도를 할 수 있다. 이것은 중앙정부가 지방정부에 비하여 이해력과 지식이 우월한데서 오는 당연한 통제방식이라 할 수 있다.[2] 중앙정부 혹은 광역자치단체는 지방정부 혹은 기초자치단체의 사무처리에 필요하다고 인정 될 경우 재정이나 기술 등을 지원할 수도 있다.

---

2) 밀(J. S. Mill)의 이른바 「권력의 분권, 지식의 집권」도 바로 이러한 맥락에서 이해된다. 영·미의 행정통제에는 조언과 정보제공이 두드러지나 프랑스 등 유럽은 이것이 매우 약한 편이다.

(3) 인가(認可) · 승인(承認) · 동의(同意)

인가란 지방정부의 법률적 행위를 보충하여 그 법률상 효력을 완성시키는 중앙정부의 행정행위를 말한다. 즉 지방정부의 법률행위는 그것이 완성되기 위해서는 중앙정부의 인가를 받아야 한다고 법령에 규정되어 있을 경우, 이에 동의함으로써 지방정부의 행위를 유효하게 완성시키는 중앙정부의 동의행위이다. 따라서 인가는 지방정부가 행한 행정처분의 효력발생요건이며, 인가를 받지 아니하고 행한 지방정부의 행위는 원칙적으로 무효이다. 그러므로 중앙정부의 인가를 받도록 요구하는 것은 비권력적 통제방법 중에서는 가장 강한 통제방법이다. 인가는 실정법상으로는 승인 · 허가 등의 용어로 사용되지만 사회통념상으로는 동의라고 표현되기도 한다.

(4) 심사와 명령을 통한 규제

심사는 지방정부의 행위가 취해진 후에 지방정부의 행위에 대한 내용에 대해 중앙정부 또는 상급기관이 행하는 통제방식이다. 전술한 인가 · 승인 · 동의가 사전적 통제방식인데 비하여 심사는 사후적 통제방식이라는 점에서 양자는 구별된다. 그리고 중앙정부는 대통령령, 부령 등을 통하여 지방정부의 행정을 규제하기도 한다. 이들 명령은 다른 통제방식에 비하여 획일적인 성격을 띤다. 따라서 지방정부의 특성이 소홀히 취급될 우려가 있다.

(5) 취소와 정지 및 직무이행명령을 통한 통제

지방정부는 행정처리에 관한 단체장의 명령이나 처분이 법령에 위반되거나 현저히 부당하여 공익을 해한다고 인정될 때에는 주무부장관이 서면으로 시정을 명령하고 이행하지 않을 경우 취소하거나 정지시킬 수 있다. 또한 자치단체장이 법령의 규정에 의하여 그 의무에 속하는 국가 또는 광역정부의 위임사무에 대한 관리집행을 명백히 해태(게을리)하고 있다고 인정되는 때에는 주무부장관은 광역정부(시 · 도)에 대하여 기간을 정하여 서면으로 이행을 명령할 수 있도록 하였다.

(6) 재의(再議)와 제소(提訴)를 통한 통제

현행 지방자치법은 "지방의회의 의결에 대해서도 그것이 법령에 위반되거나 공익을 현저히 해한다고 판단될 때에는 시 도에 대해서는 행정자치부장관이, 시 · 군 및 자치구에 대해서는 시도지사가 재의를 요구하게 할 수 있다"고 규정함으로써 지방정부를 통제하고 있다.

특히 자치단체의 장은 재의요구한 사항이 지방의회에서 재의결되었음에도 그것이 법령에 위반된다고 판단될 경우 20일 이내에 대법원에 소를 제기할 수 있도록 하였다. 그러나 위법한 것으로 판단됨에도 불구하고 자치단체장이 소를 제기하지 않을 경우 행정자치부장관이나 시도지사는 당해 자치단체장에게 소의 제기를 지시하거나 직접 제소할 수 있도록 통제권을 부여하였다.

2) 인사통제

현재까지 중앙정부가 지방정부의 인사에 전혀 개입하지 않는 것은 아니지만 과거에 비하면 매우 약해졌다. 그러나 과거에는 중앙정부가 지방정부 공무원의 승진이나 인사기준의 설정, 공무원의 채용이나 계약 및 아웃소싱 등에 관여하는 경우가 많았다. 현재까지도 중앙정부가 지방정부에 대한 각종 인사규제가 남아있지만 2007년부터 시행될 예정인 총액인건비제도가 실시되면 인사통제는 상당한 정도로 약화될 것으로 예상된다. 즉 동 제도가 실시될 경우 중앙정부는 각 지방정부의 총액인건비를 통제하는 것으로 지방정부의 조직과 인사를 통제하게 될 것이다.

그러나 나라에 따라서는 아직도 중앙정부가 지방공무원의 임면이나 승진에 관여하거나 인사시행에 직접 관여하기도 하며, 각종 인사에 관한 기준을 설정하여 지키게 함으로써 지방을 통제하기도 한다.

3) 재정통제

중앙정부는 지방정부에 대해 국고보조금의 지급이나 특별교부세의 교부, 기타 각종 재정지원을 통해 지방정부를 통제한다. 첫째 중앙정부는 지방정부가 행정을 수행하는데 필요한 경비를 충당하도록 하기 위하여 비용의 용도를 지정하여 지방정부 보조금을 지급할 수 있다. 둘째 우리나라와 같이 지방교부세 중 특별교부를 교부하면서도 지방정부를 통제하기도 하며, 셋째 지방정부의 기채(起債)와 채무부담행위에 대한 승인을 통해서도 지방정부를 통제한다. 즉 지방정부가 지방채를 발행하거나 채무부담행위를 할 때에는 미리 중앙정부의 관련부처로부터 승인을 얻도록 함으로써 통제하는 것이다.

넷째 중앙정부는 지방정부의 예산과정에 관여함으로서도 지방정부를 통제한다. 우리나라도 2004년까지 행정자치부는 지방정부의 예산편성지침을 시달하여 지방예산편성과정에 관여했으나 2005년부터 이를 폐지하였다.

4) 감사통제

중앙정부는 지방정부의 회계검사와 행정감사 등을 통해 지방정부를 통제한다. 우선 중앙정부는 지방정부의 회계기록, 재정활동 및 그 수입 · 지출의 결과를 확인 · 검증하고 회계내용의 적합성을 판단하기 위하여 장부, 기타의 기록을 체계적으로 검사할 수 있다. 회계검사는 중앙의 행정부로부터 독립성을 가진 기관 또는 의회의 소속하에 있는 회계검사 기관이 담당하고, 회계검사에 대한 최종적인 권한과 책임은 이들 기관에 있다. 그러나 중앙정부의 각 부처도 지방정부에 보조금을 지급하였거나 또는 그 관할사항에 관해서는 지방정부의 지출이나 재정활동에 대한 회계검사를 할 수 있다. 미국에서는 일부의 주정부가 지방정부의 정기적 회계검사에 대한 감독권을 가지고 있고, 프랑스에서는 지방정부의 회계검사는 그 지방정부를 관할하는 지역회계검사원에 의하여 실시된다. 둘째 중앙정부는 지방정부의 활동이 적법하고 타당하게 수행되었는가를 확인 · 검증하며, 행정의 합법성을 확보하기 위하여 공무원에 관한 비위 · 부정행위의 유무를 조사하여 규찰할 수 있다. 영국의 중앙관계부성은 학교 · 도로 · 소방 등에 관하여 정기적으로 감사를 실시하고 있으며, 미국의 주정부도 지방정부의 행정전반에 대한 감사를 행하고 있다.

3. 중앙통제의 현대적 경향

1) 행정적 통제의 대폭적 제한

최근에는 행정부에 의한 통제를 대폭 제한하거나 감소시키고 사법부에 의한 합법성의 통제를 강화하는 추세를 보이고 있어서 주목을 끈다. 이러한 새로운 경향은 특히 신지방분권화의 추세를 보이고 있는 프랑스를 비롯한 서유럽제국에서 두드러지게 나타나고 있다. 예컨대 프랑스에서는 지방자치단체에 대한 행정부(주무부장관)의 통제는 원칙적으로 인정되지 않는다. 따라서 지방자치단체의 행위 · 결정은 물론 예산도 지방의회에서 의결되면 당연히 집행될 수 있으며 그에 대한 행정부의 승인 등의 감독은 없다. 다만 예산의 사후적 통제는 이미 위에서 제시한 4가지의 경우와 같이 법에 엄격히 규정된 다음의 경우에 한하여서만 행사될 수 있다.

2) 사법적 통제의 강화

오늘날 지방자치단체의 자치기능을 최대한 보장하기 위하여 중앙통제에 있어서도 합목적성 · 공익성의 통제를 인정하지 않고 오로지 합법성의 통제만을 인정하고 있다. 그리고 이러한 적법성 통제의 여부를 중앙정부(주무부장관 및 행정기관)의 판단에 맡길 때에도 자의적인 해석을 할 개연성이 많고 정치적으로 악용될 소지가 크므로 사법부 또는 행정재판소의 판단에 맡기는 것이 보편적인 추세이다. 그러므로 지방자치단체의 결정 · 집행 또는 처분이 설령 법률에 명백히 위반되더라도 중앙정부는 이를 이유로 무효로 하거나 취소할 수 없으며, 법원 또는 행정재판소에 당해 결정 또는 처분의 무효 또는 취소를 구하는 소를 제기할 수 있을 뿐이다.[3]

Ⅱ. 중앙통제의 대상기관

지방자치단체에 대한 국가의 통제는 실제 현장에서는 지방정부에 대한 중앙정부의 통제로 나타난다. 그리고 중앙정부의 통제대상은 법률상 지방자치단체의 기관인 지방정부의 두 축, 즉 의결기관인 지방의회와 집행기관인 자치단체장이다.

1. 지방의회에 대한 통제

중앙정부는 자치권을 가진 지방의회가 그 권한범위 내에서 수행하는 의결·결정 등에 대하여 일정한 명분과 방법으로 통제를 가할 수 있다. 우리나라 지방자치법은 지방의회의 의결이 위법한 경우는 물론 현저히 공익을 해한다고 판단될 때에도 행정자치부장관에게 재의를 요구할 수 있는 권한을 부여하고 있다. 지방의회가 의결한 예산에 대하여도 중앙통제는 원칙적으로 허용되지 않지만 법에 엄격히 규정된 다음의 경우에는 사후적 통제를 인정하고 있다. 즉 ① 지방의회가 정당한 사유 없이 적자예산을 심의·의결한 경우, ② 예산보고서에 적자가 포함된 경우, ③ 예산에 의무적 경비가 책정되지 않은 경우, ④ 법정기한 내에 예산이 의결되지 않은 경우, ⑤ 집행할 수 없는 예산이 의결된 경우 등이다.

2. 지방자치단체장에 대한 통제

중앙정부의 지방자치단체장에 대한 통제는 자치단체의 장이 국가사무를 위임받아 국가기관으로서 처리하는 경우와 자치사무를 처리하는 경우로 나누어 생각할 수 있다.

첫째 자치단체의 장이 중앙정부의 하급행정기관으로서의 지위를 가질 때, 자치단체장에 대한 국가의 감독과 통제는 원칙적으로 아무런 제한을 받지 않는다. 그것은 직접 국가의 이해에 관계되는 사무는 자치단체장이 국가의 뜻에 따라 처리해야 하므로, 이를 보장하기 위하여 주무부장관에게 단체장의 지휘·감독권과 처분권을 취소·정지시킬 수 있는

---

3) 그 대표적인 예가 프랑스인데, 이 나라에서는 전술한 바와 같이 지방자치단체에 대한 적법성의 통제, 즉 결정 또는 처분의 무효확인 또는 취소는 오로지 행정재판소의 판결로서만 가능하다. 스페인에서는 국가의 배타적 권한에 속하는 사항과 함께 지방자치단체인 자치공동체의 권한에 속하는 사항까지도 헌법(제148조)에 상세히 예시적으로 열거하고 있으며, 이들 사항에 대하여는 원칙적으로 행정부가 어떤 방식으로도 관여하지 못하도록 하고 있다. 스페인에서는 지방의회에 의한 입법을 관회에 의한 입법과 구별하지 않고 모두 법률로 平稱하고 있다. 그러나 여기서는 이를 전자를 조례라고 한다.

권한을 부여하여야 하기 때문이다. 우리나라 지방자치법은 지방자치단체 또는 그 장이 위임받아 처리하는 국가사무에 관하여는 주무장관의 지도·감독을 받도록 하였다.

둘째 당해 지방자치단체의 집행기관으로서의 지위를 가질 때, 자치단체장에 대한 감독은 원칙적으로 허용되지 않으며, 다만 다음과 같은 세 가지 경우에만 최소한의 통제를 인정하고 있다. 즉 i) 지방자치단체장의 결정·처분 등 사무의 처리·집행이 위법하다고 인정될 때, ii) 지방자치단체장이 확보해야 할 수입을 확보하지 않거나, 부당하게 경비를 지출하거나, 재산을 처분하는 등 현저히 사무를 해태하거나 적정하게 집행하지 않을 때, iii) 지방자치단체의 조직과 운영의 합리화를 위하여 기술적 조언이나 권고가 필요하다고 인정될 때 등이다.[4]

제 3 절 한국 중앙통제의 실태와 개선방향

Ⅰ. 한국중앙통제의 실태

1. 중앙통제의 특징

우리나라는 그 발전정도에 비해서는 물론 제도 자체만으로도 선진 외국에 비해 중앙통제가 매우 강력한 것이 특징이다. 그 이유는 우리나라는 지방자치의 경험이 일천하고 전통적으로 중앙집권적인 관료주의적 국가였으며, 국가와 자치단체와의 관계가 수평적·다원적인 협력관계가 아니라 수직적·일원적인 명령복종관계였기 때문이다. 한국의 중앙통제는 지방정부에 대한 중앙정부 의사의 일방적 전달, 타율적 강제, 권력적 통제를 그 주요 내용으로 하고 있다. 그 결과 중앙통제제도가 지방자치단체의 자주성과 책임을 존중하고 그 능력을 최대한 발휘할 수 있도록 지식과 기술의 지원, 각종 협력과 조언, 정보의 제공 등을 위한 수단으로는 활용되지 못하고 있다.

4) 그러나 우리나라 지방자치법은 지방자치단체의 사무에 관한 장의 명령·처분이 위법하거나 현저히 부당하다고 인정될 때에 주무부장관에게 바로 그 명령·처분 자체를 취소·정지할 수 있는 권한까지 부여하고 있는데, 이는 지방자치를 침해하는 조항이며 그 어느 나라에서도 유례를 찾을 수 없다.

2. 중앙통제의 실태

1) 행정전반에 대한 통제

우리나라는 중앙정부가 지방정부에 대해 가하는 통제를 지방자치단체의 사무에 대한 국가의 지도·감독이라는 관점에서 제도화 하고 있다. 지방자치법 제9장의 규정들이 바로 그것이다. 즉 중앙행정기관의 장은 지방자치단체의 사무에 관하여 조언 또는 권고하거나 지도할 수 있으며, 이를 위하여 필요한 때에는 자료의 제출을 요구할 수 있다. 그 외도 감사원법은 감사원의 감사를 통해서도 지방정부를 통제할 수 있도록 제도화 해 놓고 있다.[5] 이러한 일반적인 중앙통제장치 이외에도 특히 지방자치법은 행정자치부장관에게 지방정부를 통제할 수 있는 강력하고 다양한 제도를 마련해 놓았다.[6]

이처럼 한국의 법령은 주민에 대해 하등의 책임을 지지 않는 중앙정부의 장관에게 주민직선에 의해 선출된 지방정부를 임의적으로 통제할 수 있도록 함으로써, 법률제정원리에도 어긋나고 시대변화에도 부합하지 않는 잘못된 규정들을 귀중품처럼 간직하고 있다.

2) 조직 및 인사에 대한 통제

(1) 조직통제

지방정부의 조직에 관하여 현행법은 "지방자치단체의 행정사무를 분장하기 위하여 필요한 행정기구와 공무원을 둔다. 행정기구의 설치와 지방공무원의 정원은 인건비 등 대통령령으로 정하는 기준에 따라 그 지방자치단체의 조례로 정한다"고 규정함으로써 지방정부의 조직의 수와 규모, 기능 등을 일괄적으로 통제하고 있다.

더구나 지방자치법에서는 특별시·광역시·도 등 각각 다른 특성을 가지고 있는 광역자치단체들에 대해 각각의 특수성을 무시한 채 획일적으로 규정하고 있으며, 행정기구인 국·실·과(局室課)의 수(數)와 그 소관사항까지 개괄적으로 열거함으로써 지방정부조직의 획일화를 통해 지방통제를 강화하고 있다. 비록 2007년부터 총액인건비제도를 실시하여 지방정부의 정원과 조직에 자율권을 인정한 것처럼 보이지만 사실 그 내용을 보면

---

5) 감사원은 감사상 필요한 계산서 증거서류 조서 증명서 변명서 기타의 서류나 물품 등을 제출시키거나 봉인하거나 일정한 자의 출석을 요구할 수 있다(감사원법 제27조)"는 규정이 그것이다.

6) i) 국가사무의 처리에 대한 지도와 감독(동법 167조), ii) 지방자치단체장에 대한 직무이행명령권 및 대집행권(동법 170조), iii) 행정자치부장관의 지방자치단체 자치사무에 대한 감사(동법 제171조), iv) 자치단체장의 명령이나 처분에 대한 시정명령권 및 취소·정지권(동법 제169조), v) 지방의회의 의결에 대한 재의요구건과 제소권(동법 제172조) 등이 그것이다.

중앙정부와의 사전협의나 승인을 요구하고 있어 실질적인 중앙통제의 내용은 변하지 않고 있다.

(2) 인사통제

지방정부에 대한 중앙정부의 인사통제 역시 아직도 상당히 강력한 편이다. 특별시, 광역시 그리고 도 등의 광역자치단체의 부단체장의 선임은 정무직 또는 일반직 국가공무원으로 보하며, 그 정수와 직급은 대통령령으로 정한다. 그리고 시·도의 부시장과 부지사를 2인 이상 둘 때에는 1인은 정무직 또는 별정직으로 보하도록 하였다. 특히 정무직 또는 일반직 국가공무원으로 보하는 부시장과 부지사는 시도지사의 제청으로 행정자치부장관을 거쳐 대통령이 임명하도록 하고 있다. 그리고 지방자치단체에는 법률이 정하는 바에 의하여 국가공무원을 둘 수 있도록 하였고, 이 경우 5급 이상의 국가공무원은 대통령이 임명하고, 6급 이하의 국가공무원은 소속장관이 임명한다고 규정하고 있다. 이와 같이 중앙정부는 지방정부 공무원의 정원책정, 직급결정, 공무원에 대한 인사권 등의 집권화를 통해 지방정부에 대한 통제를 용이하게 제도화 시켜놓았다.

3) 재정에 대한 통제

우리나라 지방자치단체들은 대부분 재정수입부족에 시달리고 있으며, 지방재정수입의 많은 부분을 중앙정부의 지원으로 충당해 나가고 있다. 이러한 현상은 한정되어 있는 국가의 총재원을 국세와 지방세가 8대 2의 비율로 나누어 갖고 있기 때문이다. 국민전체의 삶을 관리하고 있는 지방자치단체들은 중앙정부의 1/4에 지나지 않는 재정수입으로 운영되고 있다는 엄청난 재정불균형만 보아도 우리나라의 중앙정부가 얼마나 강력하게 지방정부를 통제하고 있는가를 알 수 있다. 이러한 재정수입배분의 통제 이외에도 지방재정에 대한 중앙정부의 재정지원제도(지방교부세와 국고보조금)를 통해 각종 부대조건을 요구함으로써 지방정부를 통제하고 있다. 중앙정부가 재정을 통해 지방정부를 통제해 나가는 현상은 이미 선진외국에서는 보편화된 일이지만, 우리나라의 경우 그 정도가 지나쳐 지역발전에 역행하고 있다. 그럼에도 불구하고 중앙정부는 재원배분이나 재정지원을 통해 지속적으로 지방정부를 통제해 나가게 될 것이며, 따라서 지방정부에 대한 재정통제는 점차 강화되고 다양화되어 나갈 것이다.

4) 감사에 의한 통제

(1) 감사원의 감사에 의한 통제

우리나라 감사원은 회계검사를 통하여 지방자치단체의 세입·세출의 결산을 확인한다.

감사원은 지방자치단체의 회계와 지방자치단체가 자본금의 2분의 1이상을 출자한 법인의 회계(이를 필요적 검사사항이라 함)를 검사하며, 감사원이 필요하다고 인정한 때 또는 국무총리의 요구가 있는 때에는 지방정부를 감사할 수 있다.[7] 감사원은 회계검사결과를 통해 회계관계공무원의 책임을 묻는 징계처분 등의 규찰적 기능을 수행하지만 감사원이 해당공무원에 대한 직접적 징계처분권을 갖는 것이 아니라, 해당 기관에 징계를 요구할 수 있는 권한만 가질 뿐이다.[8] 감사원은 지방자치단체 및 그 소속공무원의 직무를 감찰하여 행정의 개선·향상을 도모한다. 그러나 중앙정부가 자신의 감사기간을 동원하여 지방자치단체의 사무처리를 직접 감사하는 나라는 많지 않다. 많은 나라에서는 당해 지방자치단체 내에 설치되어 있는 독립적인 지방회계검사기관을 통해 회계검사만 실시하고 있다.

(2) 중앙행정기관장 및 시·도지사의 감사에 의한 통제

우리나라는 외국의 예에서는 거의 찾아 볼 수 없는 "중앙행정기관장의 지방정부감사" 제도를 도입하고 있다. 즉 행정자치부장관으로 하여금 시·도의 자치사무에 대해 감사할 수 있도록 하고 있으며, 시·도지사는 시·군·자치구의 자치사무에 대해 감사할 수 있도록 하고 있다. 행정자치부장관 또는 시·도지사는 지방자치단체의 자치사무에 관하여 보고를 받거나 서류·장부 또는 회계를 감사할 수 있다. 이 경우 감사는 법령위반 사항에 한하여 실시한다. 그러나 사실 중앙정부가 자치권을 부여한 지방자치단체에 대해 그 자치사무의 처리결과를 놓고 다시 감사하는 곳은 그 어느 나라에도 없다(정세욱, 2003: 273).

5) 기타 행정관리상의 통제

기타 행정관리상의 통제에는 다음과 같은 것들이 있다. 첫째 기획통제., 둘째 사무관리통제., 셋째 보고 등을 통한 통제, 넷째 사전승인제도 등이 있다.

---

7) ① 국가기관 이외의 자가 자치단체를 위하여 취급하는 자치단체의 현금·물품 또는 유가증권의 수불, ② 자치단체가 보조금·장려금·조성금 등을 교부하거나 재정원조를 공여한 자의 회계, ③ 자치단체가 자본금의 일부를 출자한 자의 회계, ④ 자치단체가 채무를 보증한 자의 회계(선택적 검사사항이라 함).

8) 즉 감사원은 첫째로 자치단체의 회계관계공무원 등에 대한 변상책임을 판정하고, 둘째로 징계·문책처분·해임 등을 요구할 수 있으며, 셋째로 감사의 결과 회계관계공무원 등에 범죄의 혐의가 있다고 인정될 때에는 수사기관에 고발하게 되어 있고, 넷째로 지방자치단체의 처분 기타 행위에 관하여 이해관계가 있는 자가 감사원에 그 심사청구를 한 때에는 이를 심사하여 시정을 요한다고 인정할 때에는 그 결정을 자치단체의 장에게 통지한다. 이러한 통지를 받은 자치단체의 장은 그 결정에 따른 조치를 취해야 한다.

3. 중앙통제의 문제점

1) 강력한 중앙집권적 통제

우리나라의 중앙과 지방의 관계는 이미 여러 곳에서 검토한 바와 같이 강력한 중앙집권적 체제를 유지하고 있다. 지방자치법의 집권적 구조는 두 말할 나위도 없고, 중앙정부의 3부가 나타내고 있는 행태는 비굴하기까지 하다. 우선 입법부는 지방의회에 자신의 권한을 조금도 이양하지 않고 있고, 사법부 역시 사법권은 지방분권의 대상도 되지 않는 것으로 착각하고 있으며, 행정부는 권한이양을 방어하기 위한 온갖 수단과 방법을 동원하고 있다. 지방자치제도를 실시하면서도 중앙정부가 지방정부를 이중 삼중 감시감독하고 있고, 지방정부에 중앙정부의 고위공무원을 배치하고 있으며, 지방에 이양해야 할 권한과 기능들까지 각종 특별지방행정관청을 설치하여 중앙정부가 직접 관리하고 있다.

2) 통제의 광범성 및 획일성

우리나라에 있어서 지방자치단체에 대한 통제는 그 범위에 있어 지나치게 광범위하다. 이미 위에서 검토한 바와 같이 중앙정부는 지방정부의 조직・인사・재정・기획 및 사무관리 등 법적・제도적・행정기능적 차원의 전반에 걸쳐 광범하고 획일적인 통제를 가하고 있다. 그러나 이러한 현상은 지역주민 및 지역개발의 특수성을 고려하지 않음으로써 결과적으로 균형적인 국가발전을 저해하고 있다.

3) 합법성 위주의 경직적 통제

우리나라 중앙통제의 문제점이 갖는 또 다른 특징은 지방정부에 대한 통제기준이 주로 합법성에 치우쳐 있어 지역적 특수성이나 변화에의 대응성과 같은 신축성 있는 기준이 되지 못한다는 점이다. 중앙정부가 지방정부에 대해 사전승인이나 사후보고, 특히 감사를 행하는 경우 궁극적인 문제해결 중심이 아닌 법령이나 기타 지시・명령에의 위배여부를 그 기준으로 삼고 있어 행정목표달성이나 행정의 효율화를 실현하는데 큰 저해요인이 되고 있다.

4) 통제주체의 난립

지방정부의 입장에서 볼 때 통제를 행하는 중앙정부의 각 기관이 지나치게 많은 것도 커다란 특징 중의 하나이다. 지방자치사무에 비해 중앙의 위임사무비중이 높은 우리나라의 지방정부는 사실 중앙정부기능을 포괄적으로 위임받아 처리하는 국가기관에 가깝다. 그 결과 감사원이나 행정자치부뿐 아니라 사무를 위임하고 있는 모든 중앙행정관청이 모두 지방정부를 통제하고 있다. 입법부와 사법부는 물론이고 행정부의 중앙행정관청 모두가 지방정부를 통제하는 통제주체가 되어 있어 지나치게 많은 통제주체들이 난립하고 있는 실정이다.

5) 권력적 후견적 통제

우리나라의 중앙통제에 있어서 가장 심각한 문제 중의 하나는 권력적 후견적 통제현상이라는 것이다. 우리나라의 중앙과 지방의 관계에 있어 권한부여방식은 포괄적 수권형을 취하고 있지만 이 권한위임방식의 장점은 살리지 못하고 단점만을 안고 있어 문제점을 나타내고 있다. 즉 포괄적 수권형의 단점은 첫째 중앙정부와 지방정부간 사무처리기준이 불분명 하고, 둘째 그 결과 지방정부의 권한으로 규정해야 할 사항을 중앙정부의 권한으로 규정함으로써 지방정부의 권한을 침해할 우려가 높다는 것이다. 그 결과 현대 행정국가의 중앙통제제도가 지향하는 이른바 지방정부에 대한 지도·육성이라는 바람직한 통제방향으로 가지 못하고, 오히려 권력적 후견적 통제행태를 보이고 있다. 그러나 이러한 현상은 지방정부의 의욕을 저하시키고 활동영역을 좁히며 지방적 특수이익을 소홀히 함으로써 결국 지방자치행정의 민주화와 능률화를 저해하고 지방발전을 역행시킬 우려가 있다.

Ⅱ. 행정환경변화와 중앙통제제도의 개선방향

21세기 지방정부가 주력하여야 할 과제는 지역주민의 복지증진을 통한 삶의 질 향상이다. 그렇다고 질서유지나 지역개발 그리고 경제발전문제 등 기본적인 과제를 등한시해도 좋다는 것은 아니다. 다만 행정기능의 중점이 경제적 능률을 강조하던 것에서 '복지'와 '삶의 질' 쪽으로 그 강조점이 옮겨가야 한다. 따라서 중앙정부와 지방정부는 환경변화에 대응하면서 지방행정의 과제를 효율적으로 실현할 수 있도록 행정체제의 혁신과 변화를 지속적으로 추진해 나가야 할 것이다. 그리고 중앙정부에 의한 지나친 간섭이나 통제는 주민의 자치의욕을 침해함으로써 지방행정의 민주화·능률화를 약화시키는 결과를 가져오게 되므로 가급적 권력적·후견적 감독을 억제하고, 지식·기술적 방식과 재정적 지원 등 비권력적 감독을 원칙으로 하여야 할 것이다.

지방정부에 대한 중앙통제는 사후적 통제성격을 지니는 입법적 방법과 사법적 방법이 선행되어야 할 것이며, 행정적 통제방법은 비권력적 방식으로 점차 전환되어야 할 것이다. 이러한 관점에서 바람직한 중앙통제의 방향을 제시해 보면 다음과 같다(정세욱, 2003; 275-277).

1) 중앙과 지방간 바람직한 분업체제의 확립

중앙정부와 지방정부는 공히 국가발전을 위한 공공업무를 수행하는 기관이다. 따라서 국가발전이라는 과업을 수행하는 과정에서 중앙정부의 업무와 지방정부의 업무는 분명히 구분되어야 한다. 다시 말해 중앙정부와 지방정부 간에는 명백한 업무분담체계가 확립되어야 한다. 일반적으로 중앙정부는 목표설정과 정책수립 그리고 법률제정 등을 담당하고 지방정부는 집행계획의 작성 서비스제공기준의 설정 그리고 법률집행 등을 담당하는 것이 이상적이다. 그리하여 중앙통제는 지방정부의 집행결과에 대해 평가와 시정조치를 취한다는 의미에서 이루어지는 것이 가장 바람직하다.

2) 국민적 최저수준의 확보를 위한 재정적 지원

중앙정부는 모든 국민의 기본적 욕구를 충족시키는 이른바 국민적 최저수준을 확보하기 위하여 모든 지방자치단체가 달성해야 할 행정의 최저수준을 설정하는 동시에, 이 기준에 달할 수 없는 재정능력이 부족한 지방자치단체에는 재정적 지원을 확대해야 한다. 지방정부차원에서 추구해 나가야 할 행정의 최저수준이란 예컨대 급수, 생활보건, 아동복지, 공공복지시설, 도로, 학교설치, 교육과정, 공공의료시설, 예산편성, 직종별 지방공무원의 최저기준 등을 들 수 있다. 중앙정부는 지방교부세와 국가보조금 등의 수단을 통하여 지방자치단체간의 재정력의 격차를 보완해야 하며, 이러한 재정적 지원은 권력적 후견적 감독을 수반하여서는 안될 것이다.

3) 지방정부의 행정수준향상을 위한 권한배분 및 지식 · 기술지원

중앙에서 계획하고 추진하는 사업의 경우, 지역의 실정에 맞지 않는 중앙정부 중심의 지침을 하달할 가능성이 많다. 따라서 가능한 이러한 현상을 피하기 위해서 중앙정부는 자신이 추진하는 전국적 규모의 사업계획을 추진하는 과정에서도 시 · 도와 시 · 군 · 자치구 등 지방자치단체에 세부적인 계획수립을 위임할 필요가 있다. 그렇게 함으로써 특정지역에서 추진되는 중앙정부의 정책을 지역실정에 맞도록 조정할 수 있고, 세부적인 지침작성도 가능하게 된다. 그러나 그러한 것이 가능해 지려면 중앙정부가 지방정부에 대해 적절한 권한을 위임하고, 지식과 기술 및 관련 정보까지 지방공무원들에게 제공해야 한다. 그렇게 함으로써 지방정부의 자치역량을 제고하고 행정수준을 향상시켜 중앙통제의 여지를 줄여나가도록 해야 할 것이다.

4) 지방정부의 자율성과 책임성 증대 및 강화

지방정부의 사무처리에 대한 효율성과 적정성을 확보하기 위해 중앙정부의 사무감사와 회계감사는 적발과 처벌위주에서 지도와 계몽위주의 방향으로 전환되어야 한다. 그리고 가능한 중앙정부의 감사는 지양하고 지방자치단체의 자체감사를 원칙으로 하여 자치단체에 자율성과 책임성을 향상시켜 나가도록 해야 할 것이다.[9]

5) 사무종류(성격)에 따른 통제방식의 다양화

지방자치단체가 처리하는 사무의 종류에 따라서 통제방법이 달라야 한다. 즉 그 사무가 중앙정부로부터 위임된 사무의 경우는 위임자로서 적합한 통제를 행할 수 있으나, 그 사무가 자치사무일 때는 전체적 균형화 내지 국가적 중요 정책화를 위하여 필요한 경우 이외에는 통제를 행사하지 않아야 한다.

또한 위임사무의 경우에도 기관위임사무인 경우에는 위임기관으로서 수임기관에 대하여 철저한 통제를 행할 수 있으나, 단체위임사무인 경우에는 일단 독립된 의사주체인 지방자치단체에 위임한 이상 필요한 경우를 제외하고는 자치단체의 자율에 맡겨야 한다.

6) 지방정부의 민주통제, 자율통제의 강화

지방정부에 대한 통제는 중앙정부에 의하기보다는 지방의회와 지방주민에 의한 자기통제가 이루어 질 때 가장 바람직하다. 따라서 이들에 의한 지방행정의 민주성・자주성・책임성・창의성이 제고되도록 하여야 한다. 주민통제의 관점에서 볼 때 오늘날 그 기능이 점차 확대되고 있는 지방언론의 역할이 특히 강조될 필요가 있다. 지방언론이 지방정부에 대한 통제역할을 충실히 이행하기 위해서는 지방정부의 의결기관은 물론 집행기관의 행정에 대해서도 보다 전문적이고 정확한 문제점 발견과 대안제시가 가능해야 할 것이다. 특히 지방언론이 유의해야 할 것은 보도나 편집에 있어서 중앙언론의 모방에서 벗어나 지역사회의 발전이라는 독창적이고 지역적 시각을 갖도록 해야 한다는 점이다.

본래 중앙통제제도는 중앙정부가 지방자치단체 상호간의 능력상의 차이를 조정・보완하여 국가전체의 균형발전을 도보하는데 그 본질이 있다. 그러나 지나친 중앙통제는 지역주민의 자주성과 참여를 배제시켜 지역주민의 불만과 자치의식의 결여를 가져오게 되고, 민주주의 발전을 침해한다. 그러므로 향후 지방정부에 대한 통제는 중앙통제보다는 지방의회와 지역주민 그리고 지방언론 등에 의한 민주통제, 자율통제가 이루어져 지방행정의 민주성과 창의성을 높여 나가도록 해야 할 것이다.

---

9) 행정조사연구소, 「지방행정체제의 계층구조 및 관리구역에 관한 연구보고서」(서울대 행정대학원,1980), pp. 15-26

제3편

지방자치단체론

제1장 지방자치단체의 일반이론
제2장 지방자치단체의 권한(지방자치권)
제3장 지방자치단체의 기관(지방정부)
제4장 지방자치단체의 주민과 구역
제5장 지방자치단체의 재정
제6장 지방자치단체의 기능과 자치역량의 제고

01
Chapter

지방자치단체의 일반이론

제 1 절 지방자치단체의 의의와 구성요소

Ⅰ. 지방자치단체의 개념과 성격

1. 지방자치단체의 개념

지방자치단체란 "국토의 일부인 일정한 지역을 관할구역으로 하여, 그 지역주민들에 의해 선출된 기관(지방정부)이 그 지역의 공공사무를 자주적으로 처리할 수 있는 권리능력(법인격)을 가진 공공단체"를 말한다. 즉 이것은 일정한 지역의 사회경제적 생활권을 함께하는 주민들에게, 그 지역의 공공사무를 중앙정부로부터 상대적으로 독립하여, 주민들 스스로의 의사와 책임 하에 자율적으로 처리할 수 있도록 법률로 그 지역의 통치권한을 부여한 공공단체라 할 수 있다. 그리하여 지방자치단체는 국토공간의 일정한 지역인 자치구역을 기본적 요소로 하며, 그 구역 내에서 살아가고 있는 지역주민, 지방자치단체를 실제로 경영하는 기관(지방정부) 그리고 그러한 자치기능을 수행할 수 있도록 중앙정부로부터 수여받은 자치권(지방자치권) 등을 불가결의 요소로 한다.

우리나라 현행 지방자치법에서 사용하고 있는 지방자치단체라는 용어는, 현실에서는 자치단체, 지방공공단체, 지방단체, 공공단체 등 다양하게 불리고 있으나 정확하게는 법률용어인 지방자치단체가 바른 용어이다. 그러나 일상적으로는 대부분 지방이라는 말을 생략하고 그냥 자치단체라고 사용하고 있다. 그리고 지방자치단체라고 하면 엄격히 말해 보통지방자치단체와 특별지방자치단체를 내포하는 용어지만 일상에서 지방자치단체라고 하면 특별자치단체를 제외한 보통지방자치단체만을 의미한다.[1)]

2. 지방자치단체의 성격

지방자치단체는 국가를 통치하는 중앙정부가 통치의 편의상, 일정한 지역의 통치를 위임하여 처리할 목적으로, 헌법에 근거를 두고 제정한 법률에 의해 창설된 지역통치단체이다. 그리하여 지방자치단체는 법인격 있는 단체 즉 법인(法人)이며, 법인 중에서도 공법인(公法人)이다. 그리고 일정한 지역의 공공사무를 자주적으로 수행할 수 있는 자치권을 가지는 단체이며, 이를 통해 그 지역을 통치할 수 있는 지역단체, 즉 지역의 통치단체이다. 아래에서는 이들 각각에 대해 간략히 검토해 보기로 한다.

1) 법인(法人)

우선 지방자치단체는 법인격(法人格) 있는 단체, 즉 법인이다. 우리나라 지방자치법은 지방자치단체가 법인임을 명문으로 규정하고 있다. 이것은 지방자치단체가 국가와는 별개의 독자적 권리의무의 주체임을 의미한다. 법인으로서 지방자치단체는 고유한 명칭을 가지며, 스스로 재산을 취득 관리하고, 사업을 경영하며, 행・재정적 독립성을 향유할 뿐 아니라 소송의 당사자능력을 가진다. 따라서 자치단체는 법률이 명시한 바에 따라 특별히 금지된 경우가 아닌 한, 자신의 책임 하에 어떠한 결정과 집행도 가능하다고 보아야 할 것이다.

2) 공법인(公法人: 공공단체)

지방자치단체는 법인 중에서도 공법인이다. 즉 지방자치단체는 그 지역의 공공사무를 처리함을 그 목적으로 하는 공법인이라는 점에서 사법인(사단법인, 재단법인)과 구별된다. 따라서 사법인에게는 인정될 수 없는 다음과 같은 특성을 가진다. 첫째, 지방자치단체는 일정한 지역과 그 지역 내 주민들에 대해 통치권 또는 지배권을 가진다. 둘째, 지방자

1) 흔히 지방자치단체와 지방정부라는 용어를 구별하지 못하는 경우가 많은 데, 지방정부란 지방자치단체의 공공사무를 처리하는 기관, 즉 의결기관과 집행기관을 의미한다. 지방자치단체는 법률상 용어지만 지방정부는 법적 용어가 아닌 학문적 용어 내지 일반용어로 보아야 할 것이다.

치단체의 행위는 본질적으로 정치성을 내포한다. 그리하여 주민, 지방의회, 정당, 지역 이익단체 등으로부터 비판·통제 및 감독을 받게 된다. 셋째, 지방자치단체의 행위는 엄격한 법적 규제를 받는다. 조직개편의 경우 관련법령과 당해 자치단체의 조례에 의해 규제받고, 지방공무원의 채용이나 승진 및 전보·전직의 경우 지방공무원법 등의 통제를 받는다. 넷째 지방자치단체에게는 권력수단이 부여되고 있다. 예컨대 지역주민이 지방자치단체에 대해서 지방세납부의무를 이행하지 않을 경우, 지방자치단체는 지방세체납처분절차에 따라 주민의 재산을 압류·처분할 수 있다.

3) 자치권(自治權)을 가진 통치단체

지방자치단체는 당해 자치구역 내의 공공문제에 대해 자율적으로 처리할 수 있는 자치권을 가진 통치단체라는 점에 그 특징이 있다. 즉 지방자치단체는 헌법에 의해 국가로부터 통치권의 일부를 부여 받아 그 구역 내에서 포괄적인 지배권을 행사한다. 즉 다른 공공단체들이 특정한 목적에 따라 설치되고, 그 목적달성에 필요한 범위 내에서 행정권만을 부여받는 데 비하여, 지방자치단체는 자치구역 내의 주민들과 공공사무에 대하여 통치권을 행사하는 단체인 것이다. 이처럼 지방자치단체는 통치단체이기 때문에 국가나 외부단체의 간섭이나 통제를 받지 아니하고, 자주적으로 권한을 행사할 수 있는 자치권을 가진다. 그리고 권한의 행사에 대하여는 공공에 대하여 책임을 진다.

4) 지역단체(地域團體)

지방자치단체는 일정한 지역을 그 존립의 기초로 하는 지역단체이다. 일정한 지역 즉 자치구역을 존립의 기초로 한다는 점에서 그렇지 않는 다른 공공단체(공공조합 및 영조물법인)와 구별된다. 즉 공공조합의 경우(농협이나 농지개량조합 등) 일정한 조합원의 결합을 기초로 설치되며, 영조물법인(주택공사, 도로공사, 토지개발공사, 조폐공사 등)의 경우 공공목적에 제공되는 인적·물적 종합시설이라는 점이다. 물론 공공조합도 일정한 지역을 단위로 설립되지만, 이 때의 지역은 공공조합의 구성요소가 되는 것이 아니고 그 조합원의 자격을 정하는 기준에 불과하다.

3. 중앙정부의 지방특별행정기관과의 차이

지방자치단체는 일정한 지역의 통치를 담당하는 종합적 통치행정기관이다. 따라서 중앙정부의 각 부처가 일정한 지역에 설치하여 그들의 업무를 수행토록 설치한 특별지방행정기관(특별관서, 일선기관)과 구별된다. 일정한 지역에 종합행정기관인 지방자치단체가 설치되어 있음에도 불구하고 중앙정부가 다시 특별행정기관을 별도로 설치하는 이유는, 현대행정의 특징상 전문분야의 행정을 보다 효율적으로 처리하기 위함이다. 즉 중앙정부 각 부처의 지방특별행정기관은 그 사무의 전문성이나 관할구역의 특수성으로 인하여 특히 필요한 경우에 한하여 설치되는 일종의 예외적인 기관이다. 예컨대 지방국세청, 지방보훈청, 지방병무청, 지방노동청, 지방관세청, 지방조달청, 지방환경청, 지방중소기업청, 지방검철청, 지방경찰청 등이 그것이다.

그러나 우리나라의 경우, 사무의 전문성이나 관할구역의 불일치보다는 중앙 각 부처의 할거주의 내지 직할주의로 인하여 설치되는 경우가 적지 않다. 이러한 지방특별행정기관이 난립될 경우 지방행정의 종합성과 민주성이 저해될 우려가 크다. 그러므로 지방행정은 지역종합적이고 민주통제적인 지방자치단체의 행정이 중심이 되고, 지방특별행정기관은 어디까지나 그 보완적인 것이 되어야 한다. 특히 지방분권이 세계적 추세로 보편화되고, 지방자치발전을 통한 국가균형발전이 정부의 기본전략이 되고 있는 현대사회에서는 가급적 지방특별행정기관의 설치는 억제되어야 할 것이다. 뿐만 아니라 현재 지나치게 난립되어 있는 특별지방행정기관을 통폐합하고, 그 기능을 지방자치단체로 넘겨야 할 것이다.

Ⅱ. 지방자치단체의 구성요소

1. 주민(住民)

주민이란 지방자치단체의 존립요건이 되는 기본적 구성요소이다. 지방자치단체의 주민은 "당해 자치단체의 구역 안에 주소를 가진자"를 말하며, 당해 자치단체의 주권자로서 스스로 또는 대표자를 선출하여 자치단체의 기관 즉 지방정부를 구성하고 운영하는 지방자치의 주체이다. 주민은 당해 자치단체의 구역 안에 주소를 가지는 것만으로 법률상 당연히 주민의 자격을 가지며, 본인의 주거의사나 기타 행정상 요식행위(공증 혹은 등록 등)를 필요로 하지 않는다. 이처럼 지방자치단체의 주민은 당해 자치단체의 인적 구성요소로서 지방자치권의 주체이며, 자치단체의 기관을 선임하는 최고기관으로서의 지위를 갖는다. 뿐만 아니라 주민은 지방자치단체에 대해 주민으로서의 권리를 향유하고 의무를 이행해야 할 권리의 주체, 의무의 대상으로서의 지위를 갖는다.

2. 자치구역(自治區域)

지방자치구역이란 지방자치단체의 지역적 구성요소로서 자치단체의 자치권이 미치는 지역적 범위를 말한다. 따라서 지방자치단체의 구역은 단순한 행정구역과는 달리 자치단체구성의 기초가 되는 지역이며, 적극적으로는 그 지역 내에 주소를 가진 자를 당연히 단체의 구성원으로 하고, 그 지역과 일정한 장소적 관계를 가진 국민을 그 단체의 권능(權能)에 복종시키는 동시에 그 자치단체의 권능을 지역적으로 한정시킨다. 우리나라에서는 지방자치단체의 구역과 명칭(名稱)을 변경하거나 분합하고자 할 때에는 법률로서 사전에 관계 지방의회나 주민의 의사를 청취하여 처리하도록 하고 있다.

전통적인 지방자치구역은 자연부락이나 일정한 지역의 공동체사회를 중심으로 설정된 것이 대부분이며, 행정구역은 국가가 행정수행에 편의를 고려하여 산맥이나 하천 호수 등 자연적 조건에 따라 획정한 것이다. 자치구역은 지방자치단체의 자치권이 미치는 지역적 범위로서 주민의 자치의식 내지 공동체의식을 중요시 하고, 행정구역은 국가의 목표달성을 위하여 행정의 합리성과 능률성에 중점을 둔다.

우리나라의 자치구역은 지방자치제도를 실시하지 않았던 시기에는 자치구역이 아닌 행정구역에 지나지 않았다. 그러나 현재의 지방자치법은 과거의 행정구역을 그대로 자치구역으로 삼았다. 따라서 그 명칭도 더 이상 행정구역이 아니고 자치구역인 것이다. 그리고 현재까지는 특별히 자치구역과 다른 행정구역을 법제화 하지도 않은 상태이다.

3. 자치권(自治權)

자치권이란 지방자치권을 의미하며 지방자치권이란 지방자치단체가 그 존립목적을 실현하기 위하여 가지는 일정한 범위의 권리능력을 말한다. 즉 지방자치권은 "헌법과 법률이 인정한 일정한 범위내의 독자적 권리이며, 법인격을 가진 지역통지단체로서 스스로의 창의와 책임하에 그 구역과 주민을 지배하고, 그 관할 사무를 처리할 수 있는 법적인 권리능력"을 말한다. 자치권의 핵심적 요소는 '국법이 인정한 범위'라는 한계성과 '독자적 권리'라는 자주성이라고 볼 수 있다. 즉 자치권이란 국가의 헌법적 제도에 의하여 창설되고 부여된 권능이며, 일반적인 국가의 지방행정기관과는 달리 헌법에 제도적으로 보장된 독자적 또는 자율적 통치권능이다. 이런 의미에서 자치권은 지방자치단체의 주요 구성요소인 일정한 구역, 주민, 기관과 함께 지방자치단체의 주요 구성요소에 해당된다. 자치권은 자치입법권, 자치행정권, 자치조직권 그리고 자치재정권으로 구분된다.

4. 기관(機關: 지방정부)

지방자치단체의 기관은 단체의사를 결정하는 의결기관(議決機關)과 결정된 단체의사를 집행하는 집행기관(執行機關)으로 구성되어 있는 예가 많다. 의결기관으로는 지방의회가 있고, 집행기관으로는 일반집행기관과 교육·학예집행기관이 있으며, 일반집행기관은 다시 지방자치단체의 장과 그 보조기관, 소속기관, 하부행정기관 등으로 구분된다. 바람직한 지방자치를 통해 국가발전에 기여하기 위해서 지방자치단체는 많은 기관을 필요로 하는바, 자유민주제도 하에서는 이들 지방자치단체의 기관이야말로 바로 자치단체 구역 내의 질서유지자, 자치단체의사의 실현자인 동시에 주민복지의 증진자로 기능한다.

이처럼 국가를 경영하는 기관들(예, 입법기관, 행정기관, 사법기관)을 중앙정부라고 한다면, 지방자치단체를 경영하는 기관(의결기관과 집행기관)을 지방정부라고 할 수 있을 것이다. 따라서 국가의 통치기관을 중앙정부라고 하고, 지방자치단체의 통치기관을 지방정부라고 부르는 것은 지극히 당연함에도 불구하고 지방정부라는 개념에 대해 아직도 정확하게 이해하지 못하는 학자들이 적지 않다.

제 2 절 지방자치단체의 종류

우리나라의 지방자치단체는 크게 두 가지 즉 일반지방자치단체와 특별지방자치단체로 나눌 수 있다. 여기서 일반지방자치단체란 흔히 우리가 보통지방자치단체라고 하는 특별시·광역시·도와 시·군·자치구를 말하며, 특별자치단체란 국가정책상 특정한 목적달성을 위하여 필요한 경우에 설치하는 공공단체로서 그 조직과 권능이 특수한 단체이다.

1. 보통지방자치단체(일반지방자치단체)

일반지방자치단체란 흔히 보통지방자치단체라고도 불리며, 그 존립의 목적과 조직 및 권능이 일반적 성격을 가진 자치단체를 말한다. 일반지방자치단체는 계층을 기준으로 상급(혹은 광역)자치단체와 하급(혹은 기초)자치단체로 나눈다. 우리나라의 특별시·광역시·도와 시·군·자치구 등이 그것이다.

1) 광역자치단체(상급자치단체, 중간자치단체)

광역자치단체란 국가와 기초자치단체의 중간에 위치하고 있는 자치단체로서 상급자치단체라고도 한다. 광역자치단체는 두 개 이상의 기초자치단체가 관련된 광역적 사무, 일정한 지역적 단위에서 통일적 처리를 요하는 사무, 기초자치단체 상호간의 연락 및 조정에 관한 사무, 그리고 기초자치단체가 독자적으로 처리하는 것이 부적당하다고 판단되는 사무 등을 처리한다. 우리나라의 광역자치단체에는 특별시, 광역시, 도(제주특별자치도 포함)로 구성되어 있다.

(1) 특별시(特別市)

특별시란 수도행정의 특수성을 고려하여 그 지위나 조직 및 운영상에 특례를 인정하고 있는 도시로서 서울시가 유일하다. 서울시의 법적 지위와 위상은 정부변천과 관련 법령의 개정 및 그 적용여부에 따라 변화해왔다. 즉 현재의 서울특별시는 조선시대에는 중앙정부 직할하의 한성부였고, 한일합방이후에는 경성부로 개칭됨과 함께 일반부(현재의 시)와 함께 경기도 관할에 소속되었다. 해방 후 미군정시대에는 경기도에서 분리하여 동와 동격한 지위로 승격시키고 정부직할에 두면서 서울특별시로 개칭하였다.

그러나 1962년 "서울특별시 행정에 관한 특별조치법"에 의하여 국무총리 관할 하에 놓임으로써 다른 광역자치단체와 구별되는 특별한 위상을 지니게 되었다. 그 후 1991년 서울시의회의 구성과 함께 특별조치법이 폐지되고 "서울특별시의 지위, 조직, 운영에 있어서는 수도로서의 특수성을 고려하여 특례를 둘 수 있다는 규정"에 의하여 "서울특별시 행정특례에 관한 법률"이 제정됨에 따라 현재 서울시는 행정자치부관할 하에 놓이게 되었으며 수도로서의 법적 지위도 상당히 위축되었다.

(2) 광역시(廣域市)

광역시란 대도시 중에서 법률에 의하여 도(道)로부터 분리되어 도와 동등한 지위를 부여받은 자치단체를 말한다. 광역시제도는 인구가 100만을 초과하는 대도시를 농촌중심의 도로부터 분리하여 도와 동등의 자격을 부여함으로써 대도시문제의 특수성을 효율적으로 처리하도록 한 것이었다. 즉 1949년 한국최초의 지방자치법에서는 부산시가 경상남도의 일반시로 소속되어 있었으나 1963년 "부산시정부직할에 관한 법률"의 제정과 시행으로 부산시를 경남에서 분리하여 정부직할(부산직할시)에 두었다. 그리고 1981년에는 "대구직할시 및 인천직할시 설치에 관한 법률"의 제정과 실시로 대구시와 인천시가 각각 경상북도와 경기도에서 분리되었다. 그 후 1986년에는 광주시가 전남으로부터 분리 · 승격되었고(광주직할시), 1989년에는 대전시가 충청남도로부터(대전직할시), 1997년에는 울산시가 경상남도로부터 각각 분리 · 승격되었다(울산광역시).

이처럼 초기에는 직할시라는 명칭을 가지고 있었으나 지방자치제도가 실시되고 있는 상황에서 정부직할시라는 용어가 맞지 않아 1995년 1월 1일부터는 광역시(metropolitan city)로 개칭하였다. 그런데 현행 법률에서는 일반시가 광역시로 승격될 수 있는 요건을 규정하고 있지 않기 때문에 특정한 시를 광역시로 승격시킬 것인가 아닌가의 문제는 다분히 정치적 판단에 좌우되고 있다.

(3) 도(道: 일반도와 제주특별자치도)

도(province)는 중앙정부와 기초자치단체(시, 군, 자치구) 사이에 위치한 중간적 자치단위로서 가장 전통적인 광역자치단체이다. 도는 우리나라 지방자치단체 중에서 가장 광범한 구역을 가진 자치단체이다. 우리나라의 도는 고려 현종시대에 전국을 경기와 5도 양계로 구분한 것으로부터 비롯되었다. 지금의 도는 조선 태종시대의 8도제에서 출발하였으며, 갑오경장을 거쳐 1896년에는 전국을 13도로 분할하였다.

해방 후 미군정시대에는 제주도가 전남으로부터 분리・승격되어 14도가 되었지만 남북분단으로 정부수립 당시 남한의 도는 9개였다. 이처럼 우리나라의 도는 역사적으로 볼 때 지방자치단체의 기본요건인 주민의 생활권을 중심으로 형성된 것이 아니고, 국가의 행정적 편의에 따라 설치된 것이었다. 즉 도는 원래 국가의 단순한 행정구역이었으나 일제하의 지방자치제도였던 1933년 도제의 실시로 공법인의 지위를 인정받았으며, 1949년 우리나라 최초의 지방자치법에 의해 완전한 자치단체가 되었다. 현재는 전국에서 제주특별자치도를 포함하여 모두 9개가 있다. 그러나 도는 그 성격상 지방자치의 효율적 실시에는 별로 기여하지는 못했다. 그리하여 아직도 도를 지방자치단체로 둘 것인가? 하는 점에 대해서는 논의가 분분하다.

제주특별자치도는 2006년 2월에 제정된 "제주특별자치도설치 및 국제자유도시조성을 위한 특별법"에 의해 동년 7월 1일부터 일반도에서 분리하여 새롭게 출발하였다. 일반도로서의 제주도는 1개의 광역자치단체와 4개의 기초자치단체(제주시, 서귀포시, 북제주군, 남제주군)로 구성되어 있었으나 특별자치도로 변경됨에 따라 기초자치단체 4곳을 제주시(제주시와 북제주군)와 서귀포시(서귀포시와 남제주군)의 2개 행정시로 개편하였다. 이러한 제주특별자치도의 설치는 그 개편과정에서 많은 논란이 있었으나 주민투표[2]에 의해 최종 결정되었다. 제주특별자치도는 일반도에 비해 제도나 정책면에서 다양한 특징과 특례를 인정하고 있다.

2) 기초자치단체(하급자치단체)

기초자치단체란 주민과 가장 가까운 곳에 있는 자치단체로서 주민자치의 기반을 형성하며, 지역주민들의 생활과 복리에 관한 일상적인 사무를 처리한다. 우리나라는 일반 시와 군 그리고 자치구(특별시와 광역시의 구)가 기초자치단체이다.

(1) 시(市)

시는 그 대부분이 도시의 형태를 갖추고 인구가 5만 이상인 지역으로 군지역의 읍에서

2) 2005년 7월 27일에 실시되었으며, 투표 후에는 낮은 주민투표율로 시비가 많았다.

승격한다. 즉 시는 인구가 조밀하고 주민의 대부분이 2차 3차 산업에 종사하며, 사회경제적 생활양식이 농촌과는 현저히 다른 일정한 지역에 대하여 행정수요의 특성에 부합하는 행정을 수행할 수 있도록 군에서 분리하여 별도의 자치단체로 하고 있다. 그리하여 군의 하부행정기관에 불과하던 읍이 시로 승격된다는 것은 읍이 군과 동등한 자치단체로 승격된다는 것을 의미하므로 시로 승격되는 읍과는 달리, 시로 승격되고 남은 잔여 군에 대해서는 여러 가지 문제점을 야기시키고 있다. 이러한 시는 일제시대에 법인격을 부여받아 자치적 기능을 수행하였던 1914년의 부제(府制)로부터 비롯된다. 즉 이 부가 1949년 지방자치법에서 시로 개칭되었던 것이다. 이처럼 도시적 특성을 가진 지역을 시라는 별도의 자치단체로 승격시키면서도 실제 기능상으로 볼 때 시와 군 간에 특별한 차이점을 발견할 수 없다는 점이 특징이다.

(2) 군(郡)

군은 원래 도 관할구역 내의 농촌지역에 설치된 기초자치단체이다. 즉 군은 1949년 지방자치법에서는 도의 관할 하에 있는 지방행정구역이었다. 그리하여 제1·2공화국의 지방자치제도하에서는 자치단체가 아닌 행정구역에 불과하였다. 그러나 1961년 5.16군사정변 이후 지방자치제도를 중단시키고 제정했던 「지방자치에 관한 임시조치법」에 의하여 읍·면 자치제가 폐지되면서 최초로 법인격을 부여받아 기초자치단체가 되었다. 원래 우리나라의 군은 통일신라시대의 주·군·현제에서 출발하였다. 그 후 고려 성종시대에는 행정구역을 개편하여 도 밑에 주(州), 부(府), 군(郡), 현(縣)을 설치하였고, 조선왕조 후기 갑오경장시기에 지방제도가 개편된 이후 8도제가 폐지되고 부제를 실시하는 동시에 전국을 군으로 통일하였다. 그러나 이듬 해인 1896년에는 부제를 폐지하고 13도제를 채택하면서 그 하부행정구역으로 부, 목, 군을 두었다. 그 후 도제 부제 등을 실시한 일제시대를 거치면서도 군은 자치단체가 아닌 행정구역으로 내려왔다. 해방 이후 1947년 11월, 1년이라는 한시법으로 제정되었던 지방행정에 관한 임시조치법이 공포되었을 당시 지방행정계층은 도(道), 부(府), 군(郡), 도(島) 로 되어있었다. 1949년의 지방자치법은 도제(島制)를 폐지하고 군을 도의 하부행정구역으로 두었다.

(3) 자치구(自治區)

자치구는 대도시지역의 특수성과 특별시 광역시의 자치구조가 단층제임을 고려하여 1988년 제7차 지방자치법 개정에서 그 전까지만 해도 행정구역에 지나지 않았던 특별시와 광역시의 구(區)에 법인격을 부여함으로써 기초자치단체가 되었다. 자치구는 원래 대도시행정을 효율적으로 수행하기 위해 인위적으로 획정해 놓은 구역이다. 따라서 시나 군처럼 지역적 전통이나 주민의 동질성 같은 지방자치의 기본적 요소를 충분히 갖추지 못한 곳이 많다. 때문에 구를 자치단체로 하는 것이 바람직한가에 대해 많은 논란이 야기되고 있다.[3] 이러한 점을 감안하여 현재 우리나라의 자치구에 대해서는 기초자치단체인 시나 군과는 다른 별도의 제도적 장치를 마련하고 있다. 즉 i)자치권의 범위를 법령이 정하는 바에 의하여 시 · 군과 다르게 할 수 있으며(예: 지방자치법 시행령 별표 2), ii)특별시장 및 광역시장으로 하여금 시(市)의 세수입(稅收入) 중 일정액을 확보하여 조례가 정하는 바에 따라 당해 관할구역 안에 있는 자치구 상호간의 재원을 조정하도록 하였다. 그리하여 우리나라의 자치구는 형식적으로는 자치구이지만 실제는 시, 군과는 현격히 차이가 나는 준자치단체적 성격을 지니고 있다.

2. 특별지방자치단체

1) 의 의

특별지방자치단체란 자치행정을 수행하는 과정에서 특정한 목적을 수행하거나 특정한 사무처리 혹은 사무의 공동처리를 위하여 정책적 필요에 의해 설치되는 지방자치단체를 말한다. 따라서 그 목적이나 기능 그리고 구역이나 권한 및 조직 등이 특수하여 특별지방자치단체의 설치와 운영은 예외적이고 특별한 경우가 보통이다.

2) 필요성과 한계

특별지방자치단체는 일반지방자치단체만으로서는 주민들의 행정수요를 효율적으로 수행할 수 없을 경우 예외적으로 설치 · 운영하게 된다. 그리하여 첫째 특정한 공공사무를 처리함에 있어 주민의 편의와 업무수행의 효율성을 동시에 충족시키기 위해 적절한 관할구역이 필요함으로써 특별지방자치단체를 설치 · 운영할 필요성이 있거나, 둘째 주민들에게 행정서비스를 제공함에 있어 규모의 경제를 실현하기 위해 필요하며, 셋째 헌법이나 법령에 의해 가해진 법적 · 재정적 제약이나 채무한계로부터 벗어나기 위해 필요하고, 넷째 지방정치의 영역으로부터 분리하여 정치적 중립성을 유지할 필요가 있을 때 필요하다. 다섯째 기타 일반지방자치단체로서는 그 사무를 처리하기에 구역과 인구규모가 영세하고, 인적 물적 자원이 부족할 뿐만 아니라 행정의 기술성과 전문성이 부족할 경우 이를 보완하기 위해 별도의 특별지방자치단체를 설치 · 운영할 필요성이 생긴다.

특별지방자치단체의 설치는 첫째 지방자치단체의 난립을 초래하여 지방자치제도의 복잡성과 혼란을 제고시킬 우려가 있고, 둘째 특수행정기능들이 독자적으로 난립함으로써

---

3) 그리하여 대도시의 구를 특별자치단체로 인정하는 나라(일본의 동경도 23개 구)는 있지만 대부분의 나라들은 자치단체로 인정하지 않는 것이 일반적인 현상이다.

지방단위에서 행정기능간의 종합조정을 곤란하게 하고 할거주의를 조장시킬 우려가 있으며, 셋째 사무처리결과에 대한 책임소재 및 책임확보가 어려워 주민들의 관심과 통제력을 약화시킬 우려가 크다. 넷째 지방자치행정이 특수기능중심의 정책으로 수행됨으로써 그 분야의 전문가들이나 이해당사자들의 이해관계에 따라 좌우될 우려가 있다.

3) 특별지방자치단체의 유형

첫째, 행정사무단체와 기업경영단체가 있다. 행정사무단체는 공공사무처리를 위하여 설치되는 데 비하여 기업경영단체는 공기업의 경영을 위하여 설립된다. 미국의 상수도구, 병원구, 공원 및 레크리에이션구, 묘지구, 도서관구 등 대부분의 특별구와 일본의 재산구, 지방개발사업단이 기업경영단체에 속한다. 우리나라도 이러한 기업경영적인 특별지방자치단체의 설립을 허용하고 있다(지방공기업법 제44-45조).

둘째, 특수사무단체와 광역사무단체가 있다. 특수사무단체는 특수전문분야의 사무를 처리하고자 지역주민을 구성원으로 하여 처음부터 독자적인 행정주체로 설립된 것이다. 이에 반하여 광역사무단체는 광역적 협력사무를 수행하기 위하여 기존 일반지방자치단체 기능의 일부 또는 전부를 승계하여 설립된 것으로 일반지방자치단체를 구성원으로 한다.

특수사무단체의 예로는 미국의 특별구(학교구, 상수도구), 일본의 재산구, 스위스의 각종 특별지방자치단체 등이 있고, 광역사무단체의 예로는 프랑스의 꼼뮨(commune)조합, 특별구 및 도시공동체, 독일의 목적조합, 게마인데(Gemeinde)연합 및 광역연합, 일본의 지방개발사업단, 우리나라의 지방자치단체조합 등이 있다.

4) 한국의 특별지방자치단체

우리나라는 특별지방자치단체로 지방자치단체조합을 설립할 수 있도록 하고 있다. 우리나라의 특별지방자치단체로서 지방자치단체조합은 1949년 최초의 지방자치법에 설치된 제도로서 당시에는 시·읍·면조합으로 출발하였다. 그 후 1961년 군사정부의 「지방자치에 관한 임시조치법」에 의해 시·군조합으로 개편되었다가 「지방자치에 관한 임시조치법」의 제4차 개정으로 지방자치단체조합으로 그 범위가 확대되었다.

우리나라의 지방자치단체조합은 1970년 경기도 내의 시·군간 전용행정통신망조합이 설립된 경험있고, 1991년 서울특별시, 인천광역시, 경기도가 공동 설립한 수도권매립지운영관리조합은 2000년도에 폐지되어 지방공사로 전환되었다. 현재는 아래 표에서 볼 수 있는 것처럼 자치정보화조합, 부산·진해 경제자유구역청, 광양만권 경제자유구역청, 부산·거제간 연결도로건설조합, 부산·김해경량전철조합 등이 설치·운영되고 있다. 근래 수도권광역교통조합의 설립이 추진되고 있어 지방자치단체조합의 설치가 증가될 조짐을

〈표 1-1〉 지방자치단체조합의 설치운영현황

조합명칭	구성원	목적	승인일자
자치정보화조합	15시도 (서울제외)	지방자치단체 정보화지원	'03. 01.21
부산-거제간 연결도로건설조합	부산시 경남도	부산 · 거제간 연결도로민간투자사업총괄	'03. 06.04
부산 · 진해 경제자유구역청	부산시 경남도	부산 · 진해경제자유구역내 각종 인허가 사무처리, 외자유치 등	'04. 01.20.
광양만권 경제자유구역청	전남도 경남도	광양만권 경제자유구역내 각종 인허가 사무처리 및 외자유치	'04. 01.20
부산 · 김해 경량전철조합	부산시 김해시	부산 · 김해간 경량전철 건설운영총괄	'04. 02.16
수도권 교통조합	서울특별시 인천광역시 경기도	수도권 광역교통시설의 설치와 운영총괄	'05. 02.04

* 자료: 행정자치부(2007 :312), 강용기(2008 :152).

보이고 있다.

제 3 절 지방자치단체의 계층구조

I. 계층구조의 의의

지방자치단체는 일정한 구역과 주민을 그 구성요소로 하며, 그 목적이나 사무처리의 범위가 제한되어 있지 않은 일반적 단체임을 그 특질로 하는 까닭에 이론상 그것은 일정한 구역에 1개만 설치되어 있으면 된다. 이를 단층제(single-tier system)라고 한다. 그러나 실제적으로는 일반지방자치단체가 그 구역의 일부를 구성요소로 하는 다른 일반지방자치단체를 가지고 있어서 자치단체가 중첩되는 경우가 많다. 이를 다층제(multi-tier system)라고 한다. 다층제에 있어서는 주민들과 직접 접촉하는 가장 소구역을 기초로 하는 자치단체를 기초적 자치단체 또는 제1차적 자치단체라고 하며, 중앙정부와 기초자치단체의 중간에 위치하는 넓은 구역의 자치단체를 중간자치단체, 광역자치단체, 제2차적

자치단체, 보완적 자치단체라고 한다. 다만 다층제의 경우 구체적으로는 국가에 따라 많은 차이가 있다. 왜냐하면 지방자치단체의 계층구조란 그 나라의 면적, 자연적 조건, 정치적 이데올로기, 인구, 교통・통신의 발달정도 및 역사적 특수성에 따라 각각 다르기 때문이다. 그러나 대체로 단층제와 2층제를 채택하는 나라가 가장 많으며, 3층제 이상을 채택하는 나라[4)]도 있다.

Ⅱ. 단층제와 중층제의 장・단점

1. 단층제의 장・단점

1) 단층제의 장점(중층제의 단점)

(1) 중복행정의 폐단방지와 행정의 신속성 확보

단층제는 중층제에 비하여 이중행정과 이중감독의 폐단을 방지하고 신속한 행정(특히 기관위임사무의 처리)을 도모할 수 있다. 중층제를 채택하는 나라에서 기초자치단체와 광역자치단체간의 사무배분이 명확하게 이루어지지 않을 경우에는 동일한 행정기능을 2개의 자치단체가 관장하는 이른바 2중행정의 폐해를 낳게 되며, 특히 위임사무를 처리하는 경우에는 경유기관 또는 감독기관이 하나 더 늘어나 행정이 지연되게 된다.

(2) 행정낭비제거와 능률증진

단층제의 경우 중층제에 비하여 여러 면에서 능률성을 확보할 수 있다. 즉 이중행정을 수행함에 따른 불가피한 낭비를 제거함으로써 상대적인 능률을 증진시킨다. 행정계층이 많을수록 사무처리가 지연될 뿐만 아니라 행정비용이 그만큼 증가하는 것은 당연한 이치이다.

(3) 행정책임의 확보

단층제는 중층제에 비하여 업무에 대한 행정책임을 명확하게 한다. 단층제 하에서는 중앙정부와 지방정부간에 행정기능이 적절히 배분되며 쉽게 조정될 수 있기 때문에 중층제에 있어서와 같은 행정책임의 불명확이나 책임전가, 행정의 사각지대의 발생과 같은 문

---

4) 3층제를 채택하고 있는 국가로는 프랑스, 이탈리아, 그리스, 레바논, 튀니지, 수단, 에콰도르, 이란, 태국 등이 있고 4층제를 채택하는 국가로는 포르투갈, 인도, 미얀마, 터키, 페루 등이 있으며, 5층제를 채택하는 국가로는 콜롬비아와 이디오피아 등이 있다. 손재식, 「현대지방행정론」(박영사, 1981), p. 70.

제가 제기될 훨씬 줄어들게 된다.

(4) 지역특수성과 개별성 존중

단층제는 중층제에 비하여 각 기초자치단체의 자치권이나 지역의 특수성과 개별성을 더욱 존중할 수 있다. 중층제를 채택하는 경우 광역자치단체는 그 구역 내의 모든 행정기능을 획일적으로 수행하기 쉬우며, 따라서 도시행정이나 농촌행정 중의 하나가 경시되는 폐단을 낳을 우려가 있다.

(5) 중앙정부와 주민간 의사전달의 정확성·신속성 확보

단층제는 지방정부가 중앙정부의 위임사무를 처리하는 경우 그 사무에 관한 주민의 의사와 여론을 중앙정부에 신속히 전달할 수 있고, 중앙정부의 정책이나 계획을 주민에게 신속·정확하게 주지시킬 수 있다. 중층제에 있어서는 경유기관이 추가되므로 중앙정부와 주민간의 의사소통이 지체되고 왜곡되며, 또한 누수현상이 생길 가능성이 많다.

2) 단층제의 단점(중층제의 장점)

첫째, 국토가 광활하고 인구가 많은 나라에서는 채택하기 곤란하다. 그 이유는 소구역을 그 기초로 하는 제1차적 자치단체와 전국을 관할하는 중앙정부를 직결시킬 수 없기 때문이다. 예컨대 통일 이전의 서독을 보면 지방자치단체 구역개편으로 게마인데(Gemeinde)의 수가 약 8,500개로 감소되었지만 이것을 바로 주정부에 직결시킬 수는 없었다. 프랑스에도 약 36,400개의 시·읍·면이 있는데 이를 단층제로 하여 바로 중앙정부와 연결시킬 수는 없는 것이다.

둘째, 중앙정부의 직접적인 지시와 감독으로부터 자치단체를 보호하기 곤란하며 자칫 중앙집권화할 우려가 있다. 그것은 단층제를 채택하면 광역자치단체가 없으므로 기초자치단체의 능력으로 처리할 수 없는 사무를 바로 중앙정부가 처리하게 되어 중앙집권화의 문호를 개방하는 결과가 되기 때문이다. 또한 기초자치단체를 보호할 여과장치가 없어 지방자치의 기반이 공고하지 않은 나라에서는 자칫 지방자치가 허구화할 우려가 있다.

셋째, 치산(治山)·치수(治水), 지방도로, 운수(運輸), 관광개발, 광역개발계획 등 광역적 행정이나 개발에 관한 사무의 처리에 부적합하다. 그 이유는 소구역을 기초로 하는 자치단체만으로 단층제를 채택할 때에는 사실상 대규모사업이나 광역행정을 수행할 수 없기 때문이다.

2. 중층제의 장 · 단점

1) 중층제의 장점(단층제의 단점)

(1) 행정기능의 분업적 수행가능

중층제는 기초자치단체와 광역자치단체 간에 행정기능을 분업적으로 수행할 수 있다. 즉 행정기능이 양적으로 팽창되고 질적으로 복잡화 · 고도화한 오늘날에 있어 일정한 구역 내의 모든 사무를 1개의 자치단체가 종합적으로 처리하기에는 매우 곤란하며 또한 비능률적이다. 그러므로 주민들의 일상생활과 직결되는 기능, 주민에 대한 원조(assistance) 및 직접서비스(direct service) 기능은 주민 가까이에 있는 소구역의 자치단체가 담당하지만, 전술한 대규모 사업인 광역적 행정사무는 보다 넓은 구역의 광역자치단체가 담당하는 이른바 수직적 분업체계의 확립이 요청된다. 중층제가 특히 바람직한 이유는 바로 여기에 있다.

(2) 기초단체의 부족한 기능을 광역단체가 보완가능

중층제는 기초자치단체가 그 본연의 기능을 제대로 수행하지 못할 경우 광역자치단체가 이를 보완할 수 있다는 장점을 가진다. 즉 기초자치단체의 능력으로 적절히 처리할 수 없거나 처리하기 곤란한 사무, 또는 처리가 비경제적이거나 행정의 질을 저하시킬 우려가 있는 사무에 대하여는 광역자치단체가 그 능력과 기능을 보충하여 이를 처리할 수 있다. 광역자치단체를 보완적 자치단체라고도 하는 이유는 바로 여기에 있다.[5)]

(3) 중앙정부의 감독기능 유지 · 확보

또한 중층제는 지방정부에 대한 중앙정부의 감독기능을 유지할 수 있게 한다. 중앙정부는 모든 기초자치단체를 직접 감독할 수 없으므로 일정한 지역단위의 감독기관을 필요로 한다. 오늘날 영 · 미에서는 신중앙집권화의 경향이 더욱 현저해짐에 따라 이러한 지역단위 감독기관의 필요성은 더욱 커지고 있다. 대부분의 국가에서는 광역자치단체에게 이 감독권을 부여하여 국가기관의 지위에서 기초자치단체를 감독하도록 하고 있다.

(4) 중앙정부의 지방통치사 보전과 민주발전의 지표

광역자치단체는 본래 인간의 생활과 밀접한 관련을 가지는 소구역의 지역사회를 토대

---

5) 이러한 보완적 자치단체로서의 기능을 효율적으로 수행하는 한 예로서 독일의 군(Kreis)을 들 수 있다. Kreis는 본래 기초적 자치단체인 Gemeinde의 연합체로서 Gemeinde에 대한 보완적 성격을 가지고 있으므로 그 한도 내에서 제한적 자치권을 가지고 있다.

로 형성된 것은 아니었다. 다만 당시에는 교통·통신이 발달하지 않았던 관계로 중앙정부가 전국을 직접 통치할 수 없었기 때문에 이를 적절히 구분하여 중앙의 관리로 하여금 통치권을 행사하게 했던 것이다. 그 후 민주주의가 발달함에 따라 국가의 이 통치구역이 광역자치단체로 바뀌었다. 즉 국가통치제도로서의 민주주의 발전은 지역의 통치제도로서 지방자치제도라는 민주주의 제도를 실시하게 하였다. 이에 따라 그동안 주민의 근린생활구역에 불과하였던 동·리나 촌락 등은 자기지역을 주민들의 자율의사로 통치할 수 있게 되었고, 그리하여 이들 지역을 기초자치단체로 발전시키게 된 것이다. 이렇게 볼 때 광역자치단체의 보전은 중앙정부의 지방통치사를, 기초자치단체의 발전은 민주주의 발전사를 의미한다고 할 수 있다.

2) 중층제의 단점(단층제의 장점)

첫째, 기초자치단체와 광역자치단체는 동일한 주민과 구역을 대상으로 하고 있으므로 두 단체 간에 명확한 기능배분이 이루어지지 않는 한 행정기능의 중첩현상 내지 2중행정의 폐단이 생긴다. 또한 기초자치단체는 중앙정부와 광역자치단체로부터 이중감독을 받게 되며, 따라서 구체적인 지시·감독내용이 서로 다를 때에는 기초자치단체에서 혼란을 초래하게 할 우려가 있다.

둘째, 광역자치단체와 기초자치단체간의 기능배분이 명확하지 않을 때에는 행정책임이 모호해진다. 따라서 권한사항에 대하여는 서로 자기소관이라고 주장하는 반면 책임사항에 대하여는 자기소관이 아니라고 회피·전가하는 폐단이 생기게 되며, 그 와중에서 주민들은 많은 불편을 겪거나 불의의 손해를 입게 된다.

셋째, 행정의 지체와 낭비·비능률을 초래한다. 특히 위임사무를 처리함에 있어서는 중앙정부의 사전적·적극적 감독(인가 등)을 받아야 하므로, 계층의 수가 많을수록 경유기관이 많아지는 까닭에 그만큼 행정은 지연되며 그에 따르는 경비도 증가하게 된다.

넷째, 광역자치단체는 대체로 그 구역 내에 이질적인 도시자치단체(urban municipality)와 농촌자치단체(rural district)를 포함하고 있으므로 각 지역의 특성이 도외시되거나 경시되기 쉽다. 그 이유는 광역자치단체는 모든 행정기능을 획일적으로 처리하기가 쉽기 때문이다. 예컨대, 우리나라 광역자치단체인 도에는 대체로 농촌자치단체인 군의 수가 많으므로 농촌위주의 행정을 수행하게 되어 자연히 도시행정의 특성을 소홀히 다루기 쉽다.[6)]

다섯째, 중앙정부에 대한 주민의사의 전달과 주민에 대한 중앙정부행정의 침투가 느리

---

6) 예컨대, 전라남도에는 17개 군과 5개 시가 있으며 충청남도에는 9개 군과 6개 시가 있다. 그러므로 도의 행정기능은 소수인 시의 특수성·개별성을 고려하기보다는 다수인 군을 위주로 수행될 개연성이 있으며, 도시행정의 특성은 군의 특성에 비하여 경시되기 쉽다.

고 의사전달이 왜곡되기 쉽다. 그러므로 민주주의가 발달한 선진국일수록 행정계층을 통한 중앙정부와 주민간의 의사소통을 신속·원활히 할 수 있도록 계층의 수를 적게 하고 있다.

Ⅲ. 지방자치단체의 계층구조

1. 외국 지방자치단체의 계층구조

1) 영국 지방자치단체의 계층구조

영국은 잉글랜드와 웨일즈, 스코트랜드와 북아일랜드(Northern Ireland)가 각각 다른 지방자치제도를 채택하고 있으므로 자치단체의 계층구조도 일률적으로 설명할 수 없다. 잉글랜드와 웨일즈를 보면 과거에는 도시지역과 농촌지역으로 나누어 도시지역에는 구의 단층제를, 농촌지역에는 도와 시·군의 2층제를 채택하였으나, 1972년의 지방제도개혁 이후 이러한 구별을 없애고 대도시권역과 농촌지역을 막론하고 카운티와 디스트릭트(county & district)의 2층제로 일원화하였다. 런던시는 대런던의회와 구 및 런던시 등의 2층제를 채택하였다.[7)]

2) 프랑스 지방자치단체의 계층구조

프랑스는 권역자치단체(레지옹), 도(데빠트망)와 시·읍·면(꼼뮨)의 3층제로 되어 있다. 도와 시·읍·면 사이에 군 또는 파리시의 구에 해당하는 아롱디스망(arrondissement)과 깡똥(canton)이 있으나, 아롱디스망은 법인격 없는 단순한 행정구역에 불과하며 깡똥은 도의회의원 선거구일 뿐이다. 파리시는 단층제로 되어 있다. 파리시의 법적 성격에 관하여 1975년에 제정된 법률은 과거의 제도와 1964년에 채택된 제도에 비하여 새로운 방법으로 도의 요소와 시·읍·면의 요소의 배합을 기도하고 있다. 파리시는 시·읍·면인 동시에 도의 2중적 지위를 가진다 그리하여 시로서는 시·읍·면행정법의 적용을 받으며, 도로서는 1871년의 법률과 '파리도 및 시에 부여하는 권한에 관한 법률'의 규정에 의하여 도의 권한을 행사한다.

---

7) 대런던시는 1986년 3월말에 대런던의회(GLC)와 6개의 광역시의회를 폐지함으로써 대도시지역은 단층제가 되었으나, 2000년 5월 4일에 대런던시의 새로운 시장과 의회의원선거가 실시되어 런던시는 다시 2층제로 환원하게 되었다.

3) 독일 지방자치단체의 계층구조

독일의 계층구조는 원칙적으로 군(Kreis)과 읍・면(Gemeinde)의 2층제로 되어 있다. 다만 시(Kreisfrei Stadt)는 군과 동등한 지위를 가지는데 단층제로 되어 있다. 시는 군의 기능과 읍・면의 기능을 전부 수행하고 있다. 독일은 연방국가이므로 지방자치에 관한 사항은 연방정부가 아니라 주(Land)의 관장사항으로 되어 있다. 따라서 연방정부에는 지방자치법이 없으며 지방자치부도 없다.

4) 미국 지방자치단체의 계층구조

미국은 주헌법과 주법률로써 지방자치제도를 규정하고 있으므로 계층구조도 주에 따라 각각 다르다. 그러나 일반적으로는 카운티(county)-시・읍・면의 2층제로 구성되어 있다. 특히 대도시 중에는 카운티관할 하의 기초자치단체로 되어 있는 것이 상당히 많다. 또한 농촌지역을 보면 20개 이상의 주에는 자치단체가 아닌 카운티가 설치되어 있다. 카운티의 성격과 기능은 주에 따라 각각 다르나 기초자치단체가 클수록 그 기능은 그 만큼 협소해진다. 따라서 대도시가 기초자치단체인 주에서는 광역자치단체로서의 카운티의 기능이 미약하므로 사실상 단층제의 성격을 나타내고 있다. 그러나 오늘날 카운티의 중요성은 점차 증대되는 추세를 보이고 있다. 한편 일부 주에서는 대도시가 카운티로부터 분리・승격되어 카운티와 동등한 지위를 가지고 있으며 그 계층구조는 단층제로 되어 있다

5) 일본 지방자치단체의 계층구조

일본의 자치단체계층구조는 도·도·부·현(都・道・府・縣)과 시·정·촌(市・町・村)의 2층제로 되어 있다. 이들 지방자치단체는 원칙적으로 동등한 법적 지위와 구조를 가지며, 자치단체간의 기능배분도 명확히 되어 있는 편이다. 동경도(都)는 지방자치법에 의한 부・현인 동시에 수도라는 특성이 있으므로 특별한 제도가 마련되어 있다. 동경도에는 특별지방자치단체인 특별구가 설치되어 있다. 1950년대에는 시・정・촌합병이 적극 추진되었으며, 1960년대에는 시・정・촌합병추진과 더불어 도주제(道洲制)론 및 부・현통합론이 대두되는 등 부・현개혁을 위한 연구도 활발히 진행되었다. 도주제론은 부・현과 시・정・촌의 2층구조의 의미를 재검토하여 부・현을 폐지하고 새로이 '도'나 '주'라는 광역자치단체를 설치하여 시・정・촌 중심으로 전환하자는 내용이므로, 그것은 2층제를 단층제로 변경할 가능성도 내포하고 있다. 이러한 논의는 오늘날까지도 끊이지 않고 있다.

2. 한국 지방자치단체의 계층구조

1) 지방자치단체 계층구조의 변천과정

우리나라는 1949년 7월에 지방자치법(법률 제32호)이 공포됨에 따라 자치단체의 계층구조를 서울특별시에는 단층제로, 기타 도시지역에는 도-시의 2층제로, 농촌지역에는 도-읍·면의 2층제로 하였다. 따라서 우리나라 자치단체의 계층구조는 선진제국의 그것과 같이 2층제를 원칙으로 하고, 다만 서울특별시에만 대도시인 동시에 수도라는 특수성을 고려하여 단층제로 하였다.

그러나 농촌지역에는 국가의 보통지방행정기관으로서의 지위와 도의 하급행정기관으로서의 지위라는 2중적 지위를 가지는 군이 도와 읍·면 사이에 설치되어 있었으므로 실제로는 3층제의 구조를 가지고 있었다. 군수는 주민이 선출하지 않고 국가공무원으로 임명하였으므로 3층제라고 할지라도 모든 자치단체의 기관을 민선에 의하도록 하는 순수한 의미의 3층제에 비하여 관치적 색채가 농후하였다. 또한 기초자치단체인 시·읍·면과 광역자치단체인 도간의 권한과 기능의 차이를 전혀 인정하지 않았고, 도시지역 자치단체(시)와 농촌지역 자치단체(읍·면)간의 기능상의 구별도 하지 않았다.[8)]

이와 같이 중앙정부-도-시·군-읍·면간의 기능배분이 매우 불분명하였기 때문에 2층제의 단점에서 설명한 바와 같은 2중·3중의 행정과 감독이 이루어지게 되었다. 그 뿐 아니라 국가사무 중에서 자치단체에 위임되는 사무의 경비도 국가가 부담하지 않고 자치단체에게 전가하였고, 지방의회의 권한행사에 혼란과 모순을 야기하는 등 지방자치의 원활한 운영을 크게 저해하였다. 1961년 5·16혁명 이후 군사혁명정부는 그 해 9월에 「지방자치에 관한 임시조치법」을 공포하여 읍·면자치제를 폐지하고 읍·면을 군의 하부행정조직으로 전환하는 대신 군을 기초자치단체로 창설함으로써 계층구는 도-시·군의 2층제가 되었다.

그러나 1988년 4월에 전문 개정된 지방자치법은 특별시와 광역시의 구를 지방자치단체로 함으로써 지방자치계층구조는 대도시지역과 농촌지역을 막론하고 특별시·광역시·도와 자치구·시·군의 2층제로 되었다(그림 1-1 참조). 그러나 읍·면·동은 시·군·자치구의 행정구역으로서, 그 행정기구는 시·군·자치구의 하급행정기관으로 계속 존치되고 있으므로, 읍·면이 법인격이 상실되고 그 대신 군에 법인격이 부여되었을 따름이지

---

8) 구지방자치법은 다만 '지방자치단체는 지방의 공공사무와 법령에 의하여 그 단체에 소속된 사무'(제3조 ③항) 및 '시·읍·면장에게 위임된 사무'(제102조)를 처리한다고 일괄적으로 규정하였을 뿐 자치단체간의 권한과 기능을 전혀 구별하지 않았다.

[그림 1-1] 한국의 자치단계 계층구조

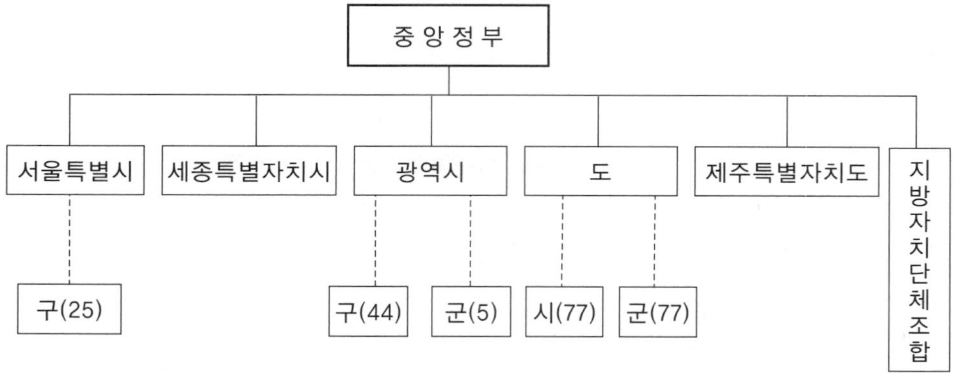

( )안의 숫자는 지방자치단체의 수.

중앙정부-특별시 · 광역시 · 도-시 · 군 · 자치구-읍 · 면 · 동의 행정계층구조에는 아무 것도 달라진 바가 없다.

2) 계층구조의 실태와 개선과제

우리나라는 계층구조의 실태는 종래까지만 하더라도 지방자치계층이 도-시 · 군-동 · 읍 · 면 또는 특별시 · 광역시-구 · 군-동 · 읍 · 면의 3-4계층제로 되어 있으므로 경유기관이 많아 자치계층을 통한 중앙정부와 주민간의 의사소통이 신속하지 못하고, 그 내용이 왜곡되는 경우도 적지 않았다. 또한 각 계층별로 하급기관에 지시를 하고 보고를 받으므로 읍 · 면 · 동에서 주민을 위하여 실제로 봉사하는데 소요되는 시간과 노력에 비하여 상급기관에 제출할 보고서작성에 소요되는 시간과 노력이 너무 많이 소요된다는 비판이 가해졌다. 그러나 최근 읍 · 면 · 동을 주민센터로 고치고 대부분의 행정업무는 시 · 군 · 구청으로 이관함으로써 사실상 한 개의 계층이 축소되어 행정계층구조에서 나타나는 문제는 거의 해소되었다고 해도 과언이 아니다. 특히 컴퓨터 소프트웨어기술이 발달하여 자치계층이나 자치단체의 수가 행정업무에 큰 불이익을 주던 시대는 지났다.

그러나 고질적인 문제는 행정계층간의 권한배분과 책임이 불명확하여 하급기관에 대한 지시와 감독이 중첩되는 현상을 나타내고 있다. 또한 상급기관은 하급기관에 대하여 권한을 이양하지 않고 책임만을 지우려는 경향마저 보이고 있다. 시장, 군수, 구청장의 책임 하에서 자주적으로 처리토록 해도 좋을 경미한 사항에 대해서도 상급기관이 보고하도록 지시하는 경우가 적지 않다. 실제로는 필요치 않으나 여러 상급기관의 확인 · 감사에 대비하기 위하여 따로 서류를 작성 · 비치하는 사례도 적지 않다.

Ⅳ. 기초자치단체와 광역자치단체간의 관계

기초자치단체와 광역자치단체는 다 같이 법인격을 가지고 있으며 또한 독자적인 기능을 담당하므로 양자간의 관계는 기본적으로 법인 대 법인의 관계, 즉 독립적인 대등한 관계를 가진다. 다만, 법령의 특별한 규정에 의하여 위임사무를 처리할 때에는 예외적으로 부대등(不對等)관계, 즉 지도감독관계에 놓이게 된다. 따라서 양자간에는 대등한 협력관계에 놓일 때도 있고 부대등한 지도감독관계에 놓일 경우도 있다.

1. 대등한 협력관계

1) 법령상 대등한 협력관계

앞에서도 지적한 바와 같이 지방자치법상 기초자치단체와 광역자치단체는 상호 독립적인 대등관계에 있다. 미국이나 유럽 등에서는 양자 간의 기능분담을 명확히 함으로써 이러한 관계를 구축해 왔다. 그러나 근래 자치단체 상호간의 관계에는 새로운 경향이 나타나고 있는 데, 규모가 작은 자치단체들이 상호 연합을 하거나 기초자치단체의 기능이 광역자치단체의 기능으로 이관되고 있는 현상들이 그것이다.

2) 한국의 시 · 군과 도, 자치구와 특별시 · 광역시와의 관계

우리나라의 자치구 · 시 · 군과 시 · 도는 이론상 서로 상 · 하 관계에 있지 않으며, 다 같이 자주적인 공법인으로서 양자는 대등한 관계를 가지는 것이 원칙이다. 기초자치단체인 시 · 군 · 자치구의 구역이 시 · 도의 관할구역 안에 위치하지만, 그것이 곧 광역자치단체인 시 · 도의 지휘 · 감독을 받는 상 · 하 관계에 있음을 의미하는 것은 아니다. 단지 시 · 군 · 자치구와 시 · 도는 동일한 지역과 주민을 그 구성요소로 하고 있고, 자치행정기능의 목적달성을 위하여 양자가 기능분담과 유기적인 협력관계를 가지는 것뿐이다.

그러나 그동안 우리나라에서는 시 · 도와 시 · 군 · 자치구간의 관계가 원칙적으로 독립적인 대등관계를 가진다는 인식이 부족하였으며, 오히려 계층적인 상 · 하급기관으로 인식되어 왔다. 그것은 첫째 지방자치가 중단되었던 1961년 이후 30년이 넘도록 근대적 지방자치제도가 실시되지 않았고, 시 · 도지사가 시장 · 군수 · 구청장에 대한 인사권을 행사했으므로, 시장 · 군수 · 구청장이 시 · 도지사를 대등한 관계로 인식할 수 없었기 때문이었다. 둘째 기초와 광역의 자치단체 상호간에 기능배분이 명확하지 않았으므로 처음부터 양자가 대등한 지위에서 이상적 협력관계를 이룩할 수 없었다. 따라서 이러한 문제점들을 해결함으로써 시·도와 시·군·자치구가 원칙적으로 대등한 지위에서 기능적 보완 및 협력관계를 갖도록 해야 할 것이다.

2. 상·하의 감독관계

1) 예외적 감독관계

법령상 대등한 협력관계에 놓여 있지만 기초자치단체와 광역자치단체 간에는 예외적으로 지도·감독관계에 놓일 수 있다. 이러한 관계는 기초자치단체가 국가 또는 광역자치단체로부터 일정한 사무를 위임받아 처리하는 경우에 한정되어 있다. 다만 이러한 감독관계는 모든 국가에서 똑같이 있는 것은 아니며, 중앙-지방을 통한 통치유형에 따라 상이함을 유의할 필요가 있다.

2) 한국의 상하감독관계

우리나라의 경우 중앙과 지방간 통치유형은 계층제형에 속한다. 따라서 시·도와 시·군·자치구간에는 다음과 같은 상하의 감독관계가 형성되어 있다. 첫째, 시·군 및 자치구의 조례나 시장·군수·자치구청장이 제정하는 규칙은 시·도의 조례나 시·도지사가 제정하는 규칙에 위반할 수 없다. 둘째, 시·도지사는 조례가 정하는 바에 의하여 그 권한에 속하는 사무의 일부를 그 관할구역 내에 있는 지방자치단체나 그 장에게 위임할 수 있다. 이것은 기초자치단체에서 광역자치단체로 권한이 이행하는 영·미 자치제도의 경향과는 반대되는 것이다. 셋째, 자치구가 아닌 구와 읍·면·동에 필요한 행정기구를 설치하려면 시·도지사의 승인을 얻어 당해 시·군·구의 규칙으로 정한다. 넷째, 시·군·자치구의 행정사무를 분장하기 위하여 필요한 행정기구를 두되, 시·도지사의 승인을 얻어 당해 시·군·자치구의 조례로 정하게 되어 있다. 다섯째, 시·도지사와 시장·군수·자치구청장은 자치사무를 집행하는 동시에 중앙정부의 국가사무를 시행하므로, 국가사무의 수행 시에는 시장·군수·자치구청장은 시·도지사의 감독을 받아야 한다.

제 4 절 지방자치단체의 기관구성 형태

Ⅰ. 의 의

국가가 자신의 통치기관으로 중앙정부를 갖는 것처럼 지방자치단체도 그 배분된 권한과 기능을 수행하기 위해 자신의 기관을 필요로 한다. 즉 국가나 지방자치단체는 국민과 주민을 그 구성요소로 하는 통치단체이기 때문에 통치에 필요한 정치행정행위를 수행하기 위해서는 반드시 자신의 통치기관을 가져야 한다. 그리하여 국가는 입법부, 행정부, 사법부라는 중앙정부를 가지며, 지방자치단체는 의결기관과 집행기관이라는 지방정부를 가지는 것이다.

오늘날 지방자치단체의 기관은 자치단체의 의사를 결정하는 의결기관과 결정된 자치단체의 의사를 집행하는 집행기관으로 구성되어 있는 예가 많다. 의결기관으로는 지방의회가 있고, 집행기관으로는 자치단체장을 정점으로 하는 i) 일반집행기관과 ii) 교육·학예·체육집행기관 및 iii) 경찰집행기관 등이 있다.

일반집행기관은 다시 지방자치단체장과 소속행정기관,[9] 하부행정기관[10] 및 그 보조기관[11]으로 구분된다. 그리고 교육·학예·체육집행기관으로서는 시·도의 교육감이 있다. 그러나 경찰집행기관은 아직도 그 권한이 중앙정부에서 지방으로 분권되지 않아 국가경찰체제하에 있기 때문에 지방자치단체의 집행기관으로 볼 수 없다. 이와 같이 주민의사에 입각하여 효율적인 지방자치사무를 처리하기 위해서 지방자치단체는 많은 기관을 필요로 하는바, 이들 지방자치단체의 기관들은 곧 자치단체 구역 내의 질서유지자, 자치단체의사의 실현자인 동시에 주민복지의 증진자로 기능한다.

이러한 지방자치단체의 기관을 구성하는 형태는 각국의 역사적 전통과 지방의 문화적 특성에 따라 다양하다. 그러나 대체로 지방의사의 결정기능과 집행기능을 단일기관에 귀속시키느냐, 아니면 각각 다른 기관에 분담시키느냐에 따라 기관통합형과 기관분리형으로 대별되며, 이에 두 가지 형을 혼합한 절충형이 있다. 아래에서는 이들 각각에 대해 간략히 검토해 보기로 한다.

---

9) 직속기관, 사업소, 출장소, 합의제행정기관 등.
10) 자치구가 아닌 구의 구청장과 동장, 읍·면장.
11) 부단체장, 국, 실, 과 등.

Ⅱ. 기관통합형(機關統合型)

1. 기관통합형의 개념

기관통합형이란 지방자치단체의 의결기능과 집행기능을 모두 단일기관, 즉 지방의회에 귀속시키는 제도로서 지방의회는 의결기관인 동시에 집행기관이기 때문에 의회제 기관통합형 또는 권력통합형이라고도 한다. 대표적인 예로서는 영국의 지방의회형과 미국의 위원회형, 러시아의 지방의회형, 그리고 최근 프랑스의 의회-의장형 등이 있다. 이러한 유형들은 권력구조에 있어서 중앙정부의 의원내각제와 유사하며, 의회의 의장이 지방정부의 장의 지위를 겸하고 있으나 이것은 어디까지나 상징적 존재로서 지방정부를 대외적으로 대표할 뿐 실질적인 집행권은 의회에 통합되어 있다. 따라서 지방선거는 주민에 의한 지방의원선거만으로 끝난다.

2. 기관통합형의 유형

1) 영국의 의회형

기관통합형의 가장 대표적인 예로는 영국의 의회를 들 수 있다. 즉 영국의 지방의회는 의결기관인 동시에 집행기관이기 때문에 지방의회와 대립되는 집행기관이 별도로 없다. 따라서 광역자치단체(county)와 기초자치단체(district)에는 그 자치단체를 대표하는 장(長)이 없으며, 다만 도시권지역과 런던 등 일부 자치단체에만 시장이 있을 뿐이다. 그러나 그 지위는 시정을 통괄하는 실질적인 장이 아니고 다만 그 지방자치단체를 의례적으로 대표하는 상징적인 존재에 불과하며, 실질적인 행정권은 지방의회의 각 분과위원회가 관장하고 있다. 지방의회의 전체회의에서는 당해 자치단체의 정책사항을 결정하고 그 집행은 수석집행관(chief executive)이 담당한다.[12] 행정사무를 실제로 처리하는 의회의 부국(部局)은 위원회조직에 일치되도록 편성되어 있으며, 의회 부국의 중간관리층은 분야별 전문가로 충원되어 있다. 이러한 의회형은 영국과 영국의 영향을 받은 캐나다, 호주, 뉴질랜드, 인도, 남아프리카연방 등 영연방 제국에서 채택되고 있다(정세욱, 2003; 480).

---

12) 다만 기초자치단체 의회(district council) 중에는 위원회를 별도로 설치하지 않고 지방의회가 직접 집행을 담당하는 것도 있다.

2) 미국의 위원회형

미국의 많은 지방자치단체들은 의회가 아니라 위원회형태로 지방정부를 구성·운영하고 있다. 위원회형이란 주민에 의해 선출된 위원을 중심으로 공공정책을 의결하고 시행하는 지방정부의 유형을 말한다. 위원회형은 이 지방정부형태가 처음으로 채택된 택사스주 갈베스톤의 지명을 붙여서 갈베스톤형(Galveston Plan)이라고도 일컬어진다.[13] 위원회형의 일반적 특징은 i) 보통 5명-7명으로 구성된 위원회가 지방정부에 대한 모든 기능을 행사하고 통제를 가한다. ii) 이들 중 한사람은 장으로 지명되고 다른 사람들은 그 자치단체의 행정부서를 지휘·감독한다. iii) 위원들은 정책을 집행할 뿐 아니라 결정하기도 한다. iv) 위원은 정당에 가입하지 않은 선출된 공무원이다. v) 위원은 각자의 선거구를 대표하는 것이 아니라 자치단체 전체를 대표한다. vi) 통치는 집단적으로 행하여지며 지방정부에는 1인의 장이 없다.

3) 프랑스의 의회-의장형

이 유형은 1982년 프랑스의 지방분권법에 의하여 채택된 것으로서 지방의회의 의장이 집행기관의 장으로서 지위를 겸하고, 그 의장 아래에 집행조직을 두고 있는 기관구성형태이다. 이러한 기관구성형태를 취하고 있는 것은 중간자치단체인 데빠르뜨망(department)과 광역자치단체인 레죵(region)에서 채택하고 있다. 1982년 이전에는 데빠르뜨망에는 단체장인 지사가 있어 자치단체장의 직무와 국가의 지역대표적 직무를 동시에 수행하였다. 그러나 1982년 지방자치제도를 개혁하면서 지사제도를 폐지하고 그가 관장하던 자치단체장의 직무를 지방의회의장에게 넘겼다. 그리고 과거 지사가 관장하던 국가의 지역대표로서의 직무는 중앙정부에서 파견된 지방장관이 담당하게 되었다. 이러한 규정은 광역자치단체인 레죵에도 그대로 적용된다(김동훈, 1989; 54-55).

13) 이 명칭은 이 제도의 기원인 Texas 주 Galveston에서 붙여진 것이다. 1901년에 Galveston은 해일과 홍수로 폐허화 되었다. 당시 Galveston 시는 약시장-의회형의 정부에 의하여 다스려지고 있었는데 파괴된 도시재건이란 막중한 과제를 감당할 수 없다는 사실이 입증됨에 따라 결국 붕괴되고 말았다. Texas 주지사는 5명의 지역 내 기업인을 임명하여 시행정을 맡기게 되었는데 그들이 개발한 통치방식이 위원회형이 되었다.

Ⅲ. 기관분리형(機關分離型)

1. 기관분리형의 개념

이 유형은 지방자치단체의 의결기능과 집행기능을 서로 다른 기관에 부여하여 기관 상호간에 견제와 균형을 통하여 업무를 수행하도록 하는 기관구성형태이다. 즉 권력분립 및 기능분담의 자유주의사상에 근거하여 의결기관과 집행기관을 각각 분리하여 설치하고, 양 기관이 상호 견제와 균형에 의하여 지방정부를 운영하는 유형으로 권력분립주의에 입각한 제도이며, 중앙정부권력구조에 있어 대통령책임제와 유사한 제도이다. 그런데 이 유형은 집행기관선임형태에 따라 선거형과 임명형으로 나눌 수 있고 또한 선거형은 주민직선형과 의회에 의한 간선형으로 나누어진다. 주민에 의한 직선형이 전형적인 유형이나, 지방의회에 의해 간선할 경우도 있다. 그러나 이 경우는 결국 지방의회가 집행기관을 구성하게 되는 것이다.

2. 기관분리형의 유형

1) 집행기관 직선형(直選型)

집행기관직선형이란 자치단체의 장 즉 집행기관을 주민이 직접 선출하는 유형을 말한다. 여기에는 시장 - 의회형과 시장 - 행정관형의 두 가지 제도가 있다.

(1) 시장-의회형

시장-의회형(mayor-council form)은 가장 오래된 시정부형태로서 아직도 미국의 대부분의 시가 이 유형을 택하고 있다. 이 유형의 특징은 집행기관인 시장과 의결기관인 지방의회를 분립시키고 이들을 주민이 직접 선거하는데 있다. 지방의회는 양원제인 경우도 있으며 의원은 보통 소선거구에서 선출된다. 이 유형은 의결기관과 집행기관의 구성방법, 상호관계 및 권한 등에 따라 약시장-의회형과 강시장-의회형의 두 가지로 나뉘어 진다. 첫째, 약시장-의회형은 시장의 권한이 의회에 비해 상대적으로 취약하여 의회가 행정의 많은 부분을 수행하는 형이다. 약시장은 시공무원을 임명할 수 없으며 극히 일부의 지방공무원만 임명할 수 있지만 그나마 시의회의 동의를 요하는 경우가 많다. 둘째, 강시장-의회형은 시장에게 폭넓은 공무원의 임명에 관한 실권을 부여하고 정책안 발의(policy initiatives)를 할 수 있는 제도화된 기회를 부여함으로써 시장의 권한을 강화하는 지방정부의 한 유형을 의미한다.

(2) 시장-행정관리관형(강시장-총괄관리관형)

시장-행정관리관형(또는 강시장-총괄관리관형)이란 시장이 집행부의 장이면서 시정부의 행정을 지휘·감독하는 총괄관리관 또는 수석행정관의 임면권을 가지고 있는 지방정부의 한 유형이다. 총괄관리관 또는 수석행정관은 감독직공무원을 임명하고 시의 인사제도의 운영을 감독하며, 예산을 관리하고, 시행정기관의 기능을 조정하며, 시장에 대한 행정적 권고를 한다. 시장은 의회에 정책건의를 하며 시의 계획에 대한 시민의 지지를 획득하는 데 전념할 수 있다. 시장은 정치적 기능과 행정적 기능을 동시에 담당해야 하는 바, 정치적 리더십과 행정적 능력을 겸비한 인물을 시장으로 선출하기가 어려우므로 시장의 과중한 업무의 부담을 경감시켜 주기 위하여 이 유형이 채택되었다.

2) 집행기관 간선형(間選型)

집행기관 간선형이란 지방정부의 집행기관을 지방의회에서 간접 선거하여 선출하는 형태를 말한다. 프랑스의 시·읍·면을 비롯하여 서독의 일부 시·읍·면에서 채택하고 있는 이 유형은 의결기관인 의회에서 집행기관인 수장(首長)을 선출하는 제도이다. 따라서 의원 가운데서 선출되는 시·읍·면장은 지방의원의 임기 동안은 의원으로서의 신분과 지위를 계속 유지하게 되며, 나아가 지방의회의 의장을 겸임한다.

3) 집행기관 임명형(任命型)

(1) 지방의회 임명형 : 의회-관리관형

이는 지방의회에서 행정을 관리할 시정관리관(city manager)을 임명하는 유형으로, 행정에 풍부한 경험을 가진 시정관리관이 시의 사무에 대한 일체의 지휘·감독책임을 맡는 지방정부의 형태를 의미한다. 시정관리관은 시의회에 의하여 임명되고 시의회에 대하여 책임을 지며 시의회의 재량에 따라 그 직위를 유지한다. 그러나 관리관은 행정적 사항에 관해서만 최종적 권한을 가지며, 의회는 이에 관여하지 않는다. 관리관의 지위는 비정치적인 것이지만 그는 시의 행정관리에 관한 한 직업전문가이기 때문에 지방의회에서 정책사항을 토의할 때 영향을 미치며, 지방의회에 대한 관리관의 권고는 큰 비중을 차지하게 된다.

(2) 중앙정부 임명형: 국가공무원인 자치단체장의 임명

이 유형은 의결기관과 집행기관을 분리시키되, 지방의회의의원은 주민이 직접 선출하고 집행기관의 장(지방자치단체의 장)은 중앙정부가 임명하는 제도로서 지방행정에 있어서 민주성보다는 능률성을 더 중시한 제도이다. 그러므로 지방자치단체의 장은 자치단체의 대표자인 동시에, 국가의 지방행정구역의 중앙정부의 대표자라는 양면성을 가지고 광범위한 권한을 행사하게 된다. 반면 의회의 권한은 의회의 의안제출권 및 단체장에 대한 불신임결의권이 인정되지 않는 등 집행기관에 비하여 열악한 지위에 있게 된다.

Ⅳ. 절충형(의회-위원회형)

1. 개 념

절충형 내지 의회-집행위원회형이란 의결기관과 집행기간을 따로 분립시키되 상호 대립보다는 유기적 관계가 형성되도록 하는 기관구성형태이다. 두 개의 기관을 둔다는 점에서는 다른 기관분리형과 유사하나 다른 유형과 구분되는 점은 집행부의 구성에 있어서 합의제적 요소를 도입하고 있다는 것이다.

형식적인 측면에서 의결기관과 집행기관은 분리되어 있기 때문에 기관분리형과 비슷하지만, 다른 한편으로 집행부의 선출이 지방의회에 의해 이루어진다는 점에서 보면 기관통합형과 유사하다. 따라서 양자의 주요 특징들을 절충한 형태라고 할 수 있다. 이 유형은 집행부의 구성이 의회에서 이루어지고, 그 구성과 운영이 합의제의 원리에 따라 이루어지도록 하고 있기 때문에 각기 상이한 정치세력들이 집행부의 권한을 분담하고, 그에 따른 책임도 동시에 공동으로 지게 된다. 이 유형에서 자치단체장은 집행책임자인 경우도 있고, 의례적 존재인 경우도 있다.

2. 유 형

이처럼 주민직선을 통해 지방의원을 선출하면 이들이 지방의회라는 의결기관을 구성하고, 지방의회에서 집행위원회라는 합의제형태의 집행기관을 선출하는 의회-위원회 형에는 i) 스웨덴 · 덴마크의 집행위원회, ii) 오스트리아의 집행위원회, iii) 이탈리아의 집행위원회, iv) 캐나다의 집행위원회 등이 있다.

02
Chapter

지방자치단체의 권한 (지방자치권)

현대국가의 국정관리에 관한 시대적 조류는 민주화된 국가일수록 중앙정부 권한은 축소되고, 지방정부의 권한을 확대·강화시키고 있다. 이것은 지방화를 통해 세계화를 추구하려는 지구촌사회 대변화의 한 조류이다. 때문에 이에 대응하기 위해서라도 지방분권의 확충은 불가피하며, 그것은 바로 지방자치권의 확대강화를 의미한다. 지방자치권의 강화를 위해서는 중앙정부의 권한을 지방정부로 이양하는 것도 중요하지만, 무엇보다도 중앙정부가 지방자치제도의 민주적 가치와 실체적 의미를 인식함으로써 21세기 국가의 민주적 통치제도로서의 뿌리를 내리게 하는 것이다.

제 1 절 지방자치권의 본질

Ⅰ. 지방자치권의 의의와 성격

1. 지방자치권의 개념

지방자치권이란 지방자치단체가 자치사무를 자율적으로 처리할 수 있는 포괄적 권리와 능력을 의미한다. 한나라의 행정사무는 국가와 지방자치단체가 분담하여 처리하고 있다. 국가의 존립 및 유지에 관한 사무나 전국적 이해관계에 관한 사무는 국가가 직접 자신의 기관(중앙정부 및 지방특별행정관청)으로 처리하고, 지방주민의 복리에 관한 사무나 지역적 이해관계에 관한 사무는 지방자치단체(지방정부)가 처리하게 되는 것이다. 이렇게 국가와는 별개의 법인격이 부여되고 그 독자적 사무가 인정되는 지방자치단체가 그 사무를 처리하고 존립하기 위해 가지는 권한을 지방자치권 혹은 자치권이라 한다.

즉 자치권이란 지방자치사무에 대해서는 그 지방자치단체가 개별적인 법률의 수권 없이도 자주적으로 규율하고 처리할 수 있는 권한이다. 법인격을 가진 통치단체로서의 지방자치단체가 그 지역과 주민을 통치하고 자치사무를 스스로의 창의와 책임 하에 처리할 수 있는 법적인 능력을 말한다.

2. 지방자치권의 성격

지방자치권은 헌법에 의해 국가가 부여한 권리지만(수권성) 일단 권한을 부여받으면 중앙정부에 상대적으로 독립하여(자주성 혹은 독자성) 자신의 권한을 행사한다. 또한 자치권은 그 영향력의 범위가 당해 자치구역의 전역에 미치며(일반성), 권능행사의 자기책임성과 함께 궁극적으로는 국가전체적 발전의 틀 안에서 중앙정부의 정책에 의해 제약받지 않을 수 없다는(예속성) 특성을 지니고 있다.

1) 일반성(포괄성)

지방자치단체는 원칙적으로 지방적 성격의 사무를 종합적·전반적으로 처리하기 때문에 그 자치권은 당해 자치단체의 전 구역에 걸쳐 영향력을 미치며, 주민뿐만 아니라 그 관할구역 안에 주소를 갖거나 또는 일시 체류하는 자, 그리고 재화·물류 및 기타 재산을 소유하거나 영업소를 가진 자에게도 포괄적 영향을 미친다.

2) 예속성(수권성)

지방자치단체의 자치권은 국가권력으로부터 수여된 권능이므로 국가주권에 종속됨을 그 특징으로 한다. 그러므로 자치권과 자치사무의 범위는 국가에 의해서 정해지며 국법에 따라 국가의 감독을 받게 된다. 그런데 자치권이 지방자치단체에게 창설·수여되는 것인가(수권설), 또는 이미 존재하는 자치권이 다만 확인·선언되는데 지나지 않는 것인가(고유권설)에 관하여 이론이 대립되고 있다. 그러나 자치단체의 법인격과 자치권은 국법에 의하여 비로소 창조되고 발생하는 것이기 때문에 이를 자치권의 창설적 규정으로 보아야 할 것이다.

3) 자주성(독자성)

지방자치단체의 자치권은 일정한 범위 내에서 입법·조직·재정 및 행정상의 자주성을 제도적으로 보장받은 독자적인 권리이다. 즉 국가로부터 부여된 것이어서 국가의 주권적 통제에서 완전히 자유로울 수는 없으나 부여된 권한의 범위 내에서는 자주적인 권한을 행사할 수 있는 독자적 권리이다. 이러한 독자적인 권리로 인해 지방자치단체의 기관과 중앙정부의 하급기관이 구별되는 것이다.

4) 제도적 보장성

자치권은 헌법에 지방자치에 관한 규정을 두어 이를 제도적으로 보장함으로써 인정된 권능이다. 즉 지방자치를 정당제도, 교육제도, 선거제도, 공무원제도 등과 같이 국가의 통치제도의 일환으로 헌법에 보장함으로써 인정된 권능이다. 다음에 검토할 자치권의 본질에 관한 학설도 제도적 보장설이 다수설로 인정되고 있어 자치권은 확실히 헌법에 보장되었기 때문에 인정된 권리로서 제도적 보장성을 지닌다고 할 것이다.

Ⅱ. 자치권의 본질에 관한 학설

지방자치권이란 과연 누구로부터, 어디에서 생겨난 것인가? 하는 문제와 관련하여 고유권설, 전래권설(국권설), 제도적 보장설 등이 주장되고 있다. 그러나 오늘날에는 지방자치의 제도적 장, 즉 헌법에 지방자치의 규정을 둠으로써 지방자치제도를 보장한다는 제도적 보장설이 다수설 내지 통설로 인정받고 있다. 이러한 몇 가지 주장의 내용은 다음과 같다.

1. 고유권설(지방권설)

고유권설은 지방자치단체를 국가의 성립 이전부터 주민의 공동이익을 실현하기 위하여 자연발생적으로 성립한 것으로 보고, 이는 국가권력에 대항하여 시민의 자유를 지키는 기능을 수행하였기 때문에, 자치권을 지방자치단체가 본래 향유하는 국가 이전의 고유한 기본적 권리로서 인정하고 있다. 즉 비록 지방자치단체가 국가의 영토 내에 속한다고 할지라도 지방자치권은 지방자치단체에 고유한 것이라고 보는 이론이다. 이러한 입장에서는 지방자치의 실현은 동시에 민주주의의 쟁취로 이해되고 있으며, 지방자치권을 3권분립과 같은 제4차원의 권리로 파악한다(박수혁, 1998: 8).

이것은 지방권설이라고도 하며, 이러한 지방권사상은 1789년 프랑스의 뚜레(Thouret)[1]

1) 국가와 지방자치단체의 관계에 대하여 뚜레는 모든 국가의 시초는 소집합체로서 이루어지

가 제창한 이래 확립된 이론으로서 자연법사상에 근거하고 있다. 자연법사상에서는 마치 개인이 자연법적 권리를 가지는 것처럼 지방자치단체도 법인격체로서 고유하게 지방자치권을 가진다는 것이다. 다시 말해, 지방자치권은 국가를 초월하는 권리이기 때문에 국가는 이것을 확인하고 보호하는 권한만을 갖는다는 것이다.

이처럼 고유권설은 중앙집권적인 유럽제국에서 발달한 것이며, 오히려 지방자치의 기초를 갖고 있는 영미제국에서는 발달하지 못했다. 자유의 후진국으로 간주되는 독일과 프랑스에서 고유권설이 주창된 것은 뿌리깊은 중앙집권적 경향과 전통적인 관료지배에 대한 방어적 이념의 산물이라고 할 수 있다. 이러한 고유권설의 입장에서는 국가와 지방자치단체와의 관계는 대항관계로 파악되고 있다(구병삭, 1987: 461).

2. 전래권설(국권설 혹은 수탁권설)

이 학설은 자치단체의 자치권은 국법에 근거를 두고 있으며, 국가의 승인 또는 위임에 의하여 비로소 발생하는 권력이라고 본다. 즉 근대국가에 있어서 주권은 오로지 국가에만 있으며, 지방자치단체는 어디까지나 국가통치를 위해 법률에 의하여 창조되는 것이므로 지방자치권이란 지방의 고유한 권력이 아니라 당연히 국가의 통치권으로부터 전래되고 구체적으로 법률에 의하여 수탁된 것이라고 보는 입장이다. 이러한 관점에서 자치권은 국법에 근거를 두고 있으며, 따라서 자치단체는 국가의 창조물(creature of state)이고 자치권은 국가로부터 수여된 권력이라고 파악한다. 또한 자치권을 국가의 통치권에서 전래되고 국가에 의하여 승인된 것으로서, 그것은 국가에서 부여된 한도 내에서만 행사할 수 있다고 본다. 다만 자치권은 국가에 의하여 수여된 전래적 권력이지만 자치단체는 독립한 법인격을 가진 단체로서 자기이익을 위하여 자기권리로써 이 지배권을 행사한다는 것이 대체로 공통된 견해이다.

그러나 현대 국가에서는 지방자치단체가 국가의 창조물이기는 하지만, 자치권이란 언제든지 국가 마음대로 회수할 수 있는 성질의 권리냐 하는 문제가 제기되고 있다. 여기에 대해서는 지방정부는 국가가 대두하기 이전부터 존재해 온 역사적 실체로서의 의미도 있고, 국가 전체의 이익면에서 보더라도 권력의 국가독점은 바람직하지 않다는 견해도 강력하게 제기되고 있다(김영기, 1997; 99).

며, 이들이 국가를 구성할 때는 각 소집합체가 그 본래 가지고 있는 권력중에서 중앙정부를 구성하기 위하여 공동으로 필요한 부분을 떼어 낸 나머지 부분 즉 개인의 고유의 인권과 같이 지방단체도 고유의 자치권이 있다고 하였다. 구병삭, "헌법상 지방자치권의 원리", 「현대법학의 제과제」, (송산출판사, 1987), p. 533.

3. 제도적 보장설(制度的 保障說)

제도적 보장설은 지방자치권을 국가의 통치권에 의하여 위임된 권력이라고 보는 점에서는 전례설과 입장을 같이 한다. 그러나 헌법에 지방자치의 규정을 둠으로써 지방자치제도가 보장된다고 하는 학설이다. 즉 지방자치권은 헌법에 의하여 승인되고 보장된 것으로서 입법자에 의해 그 내용의 제한이 가능하기는 하나, 헌법상 제도로서 규정되어 있는 이상 입법자가 이를 법률로써 폐지할 수는 없고, 또한 제한을 하더라도 그 본질적 내용을 침해할 수는 없다고 본다. 제도적 보장설은 독일의 공법학자 칼 슈미트(Carl Schmitt)[2]에 의하여 확립 되었으며, 그 요점은 전래권설과 다를 바 없지만 역사적・전통적으로 형성된 일정한 공법상의 제도를 헌법에 보장함으로써 입법에 의하여 변경하지 못하도록 옹호한다는데 그 특징이 있다. 이 학설은 오늘날의 다수설 내지 통설이다.

각 국가의 헌법에는 지방자치에 대하여 어떻게 규정하고 있는가? 미국이나 스위스에서는 헌법에 아예 지방자치규정을 두지 않고 있다. 이렇게 지방자치의 규정을 헌법에 두고 있지 않은 것은 반드시 지방자치를 전면적으로 부정하는 취지가 아니다. 미국은 물론이고 성문헌법을 갖지 않은 영국도 지방자치의 보장은 확고하다. 본래 지방자치제도는 헌법의 규정을 불문하고 민주국가의 본질적 통치기반이라는 점에서 인정하고 있다.

Ⅲ. 자치권의 보장과 제한

1. 자치권의 보장

우리나라 헌법 제117조의 규정은 헌법상 보장되고 있는 지방자치제도는 자의적인 입법권행사로 인하여 그 제도 자체가 완전히 폐지되거나 형해화(形骸化)되어서는 안된다는 데에 그 핵심이 있다. 이러한 점에서 제도적 보장은 입법권에 대한 제한을 의미한다. 그러나 지방자치제도의 핵심적 영역 또는 본질적 내용을 침해하지 않는 한도 내에서의 입법에 의한 자치권의 제한은 허용된다고 보아야 할 것이다. 그러므로 법률은 지방자치에 관련되는 한 지방자치의 본질적 내용을 침해할 수는 없다고 보아야 할 것이다.

---

2) 칼 슈미트는 바이마르헌법의 해석과 관련하여 기본권과 제도적 보장을 구별하여, 기본권은 국법에 의하여 부여되는 것이 아니라 국가 이전에 이미 존재하는 것으로 보호되어야 하는 것인 데 대하여, 헌법상의 일정 제도들은 헌법적 규정에 의하여 비로소 특별한 보호를 받는 것이다. 그러나 이러한 제도적 보장의 대상들도 일반 입법에 의하여 폐지될 수는 없는 것으로, 이 점에 제도적 보장의 의의가 있다.

2. 자치권의 제한

헌법은 지방자치단체에게 주민의 복리에 관한 모든 사무를 국가의 간섭없이 자기책임으로 처리할 수 있는 권한을 보장해 주고 있다. 그러나 헌법상 보장되는 자치권은 무한하게 인정되는 것이 아니라 '법령의 범위안에서'만 인정된다. 이로써 헌법은 한편으로는 자치권을 제도적으로 보장하면서도, 다른 한편으로는 법령을 통한 자치권의 제한을 원칙적으로 인정하고 있다. 이러한 법률유보(法律留保)는 통설에 따르면 지방자치단체의 전권한성(全權限性)과 자기책임성 모두에 관련된다. 즉 입법권자는 법률을 통하여 지방자치단체가 처리해야 할 사무의 범위를 정함으로써 자치단체의 전권한성을 제한하거나 또는 지방자치단체의 업무수행의 종류나 방법 등에 관한 규정을 둠으로써 자치단체의 자기책임성을 제한할 수 있다.

제 2 절 지방자치권의 유형과 내용

Ⅰ. 자치입법권(自治立法權)

1. 자치입법권의 개념

헌법은 제117조 제1항에 "지방자치단체는 국민의 복리에 관한 사무를 처리하고 재산을 관리하며, 법령의 범위 안에서 자치에 관한 규정을 제정할 수 있다."고 규정하여 지방자치단체의 자치입법권을 보장하고 있다. 이와 같은 자치입법권의 내용에 대하여 지방자치법은 지방의회의 조례제정권과 지방자치단체장의 규칙제정권을 인정하고 있다. 자치입법권은 자치에 관하여 일반·추상적인 규정을 제정하는 권한 또는 지방자치단체가 지방자치에 필요한 법규를 스스로 정립하는 권능을 뜻한다. 이는 국가의 입법권에 대응하는 표현으로서 이 기능에 의하여 정립된 법을 자주법이라고 한다. 그리고 대내적으로 주민들은 지방자치단체가 스스로 정립한 자치법규를 통하여, 주민들 스스로 수립한 삶의 원리나 질서임을 확신하고 그러한 질서에 따르게 하는 중요한 의미가 있다.

2. 자치입법권의 범위

자치입법권은 지방의회의 조례제정권과 자치단체장의 규칙제정권으로 구별되며, 조례와 규칙을 자치법규라고 한다. 자치법규는 지방자치권의 작용에 의하여 당해 자치구역을 규율하는 자주법이긴 하지만 전체적인 국법체계의 일환으로서 법률우위 및 법률유보의 원칙이 적용되고 있다. 우리나라의 관계법령에 의하면 자치입법권의 범위는 매우 협소하다. 헌법은 "법령의 범위 안에서 자치에 관한 규정을 제정할 수 있다"고 함으로써 자치입법권을 헌법적으로 보장하고 있고, 이에 따라 조례와 규칙의 두 가지를 인정하고 있으므로 자치권의 범위가 상당히 넓은 것처럼 보인다. 그러나 실제는 조례의 규율대상이 되는 자치사무의 범위가 한정[3]되어 있고, 중요성이 낮은 사무에 대해서만 조례·규칙으로 정하도록 하고 있다.

3. 자치입법권의 유형

1) 조례(條例)

(1) 조례의 개념

조례는 지방자치단체가 지방의회의 의결로써 제정하는 법규이다. 조례로써 규정할 수 있는 사항은 법령의 범위 안에서 지방자치단체의 권한에 속하는 모든 사무[4]에 미친다. 그러나 조례로 주민의 권리제한 또는 의무부과에 관한 사항이나 벌칙을 정할 때에는 법률의 위임이 있어야 하고, 시·군 및 자치구의 조례는 시·도의 조례 또는 규칙에 위반하여서는 안된다. 조례는 법규의 성질을 가지는 것이 원칙이나[5] 지방자치단체의 내부조직, 관리에 관한 사항을 규정하는 행정규칙의 성질을 가지는 것도 있다.

(2) 조례의 법적 특성

조례는 지방자치단체가 자기책임 하에 임무를 수행하기 위한 전형적인 수단으로서 일반적·추상적인 법규범이지만, 규율내용의 일반성이 필수적인 특징이라고 볼 수는 없으며 구체적인 사항을 규정할 수도 있다. 헌법이 지방적 의미를 갖는 법규범의 정립권한을 의결기관인 지방의회에 부여한 것은 지역사회의 규범을 정립하는 사람과 그것을 수용하

---

3) 지방자치법은 헌법에 의한 자치권의 제도적 보장이란 본래의 입법취지와는 달리 "주민의 의무와 권리제한에 관한 사항"은 개별적인 법률의 위임이 있어야 한다고 규정하고 있다.
4) 지방자치법 제9조 제2항에 의한 자치사무 및 단체위임사무, 단 기관위임사무는 제외한다.
5) 조례는 모두 그 지방자치단체 주민전체에 효력을 미치는 일반적이고, 추상적인 법적 규범이다.

는 사람들 간의 간격을 줄임으로써 지역사회의 힘을 활성화하고, 지역특성을 반영하는 탄력적인 규율의 제정을 가능케 함으로써 국회의 입법부담을 경감하려는데 그 목적이 있다.

이러한 조례는 첫째 지방자치단체가 제정하는 자주적 법규범의 성격을 지니며, 둘째 지방의회의 의결로 제정되고 그 효력은 당해 지방자치단체의 구역에 한정되므로 국가법에 대한 지역법의 의미를 가지고, 셋째 헌법과 법률에 따라 지방의회에서 제정되며, 넷째 지방정부의 정책을 입법화한 것이다. 근래 세계적 추세에 따라 우리나라에서도 조례의 정책적 역할은 매우 확대되고 있다.

(3) 조례의 종류

조례에는 우선 자치조례와 위임조례가 있다. 자치조례는 지방자치단체의 자치사무에 관하여 정하는 조례를 말하며, 국가의 행정기관이 제정하는 행정입법과 그 성질이 다르다. 위임조례는 법률의 각 개별조항에서 국가의 지방적 행정에 관한 일정한 사항의 규율을 조례에 위임하고 있는 경우에 그러한 위임에 따라 제정되는 조례를 말하며, 국가의 지방적 사무에 관하여 정하는 국법의 일부라고 할 수 있다. 또한 조례는 효력에 따라 주민의 권리·의무에 관한 조례와 내부조직운영에 관한 조례, 제정권의 근거에 따라 위임조례와 직권조례, 제정의 강제성 여부에 따라 필수조례와 임의조례, 규정대상사무에 따라 반드시 조례로만 규정해야 하는 사무에 관한 조례, 조례나 규칙 어느 쪽으로 규정해도 되는 사무에 관한 조례 등으로 나눈다.

(4) 조례제정권에 대한 제약

헌법과 지방자치법은 "법령의 범위 안에서" 조례를 제정할 수 있다고 규정하고 있다. 이 규정의 해석을 어떻게 하느냐에 따라 조례제정권의 한계가 영향을 받으며, 현실적으로는 법령우위의 한계와 법률유보의 한계, 죄형법정주의와 조세법률주의가 그 한계로 설정되어 있다.

① 법령우위(法令優位)의 원칙

지방자치단체의 자치입법은 법률 및 그것을 시행하기 위한 명령에 위반할 수 없다. 또한 법령이 정한 이상으로 주민에게 불리한 내용을 담아서도 안된다. 따라서 법령에 위반되는 조례는 무효이다. 이것은 법률이 이미 규정하고 있는 사항은 자치입법의 대상에서 제외되며, 법령이 일정한 사항에 대하여 규정하고 있는 경우에 조례로써 보다 엄격하게 규정하는 것은 허용되지 않는다는 것을 말한다. 또한 기초자치단체의 조례는 광역자치단체의 조례나 규칙을 위반해서는 안된다. 지방자치법은 "시·군·자치구의 조례나 규칙은 시·도의 조례나 규칙을 위반하여서는 아니 된다"라고 규정하고 있기 때문이다.

② 법률유보(法律留保)의 원칙

법률에 의해 권한이 부여된 사항에 관해서만 조례를 제정할 수 있다는 법률유보의 원칙에 의해서도 조례의 제정이 제약된다. 그리고 지방자치법은 "주민의 권리제한 또는 의무부과에 관한 사항이나 벌칙을 정할 때에는 법률의 위임이 있어야 한다"라고 규정하고 있다.

③ 죄형법정주의(罪刑法定主義)

죄형법정주의란 어떠한 행위가 범죄가 되고 또 그 범죄에 대해 어떠한 형벌을 가하느냐를 미리 성문의 법률로서 규정해두어야 한다는 형사법의 대원칙이며, 일반적으로는 "법률이 없으면 범죄도 없고 형벌도 없다"는 표어로 표시된다. 즉 죄와 형벌은 법률에 정해져 있는 경우에만 처벌할 수 있다는 원칙을 의미한다. 따라서 죄형법정주의에 의하면 법률이 아닌 조례로는 벌칙을 정할 수 없다는 결론이 나온다.

④ 조세법률주의(租稅法律主義)

조세법률주의란 국가의 모든 조세는 반드시 국민의 대표기관인 의회(국회)가 제정하는 법률에 의해서만 부과·징수할 수 있다는 원칙을 의미한다. 따라서 조세법률주의에 의하면 법률이 아닌 조례로는 조세를 부과·징수할 수 없다는 결론에 이른다. 따라서 조세법률주의 역시 지방의회의 조례제정권을 제약하고 있다. 그러나 근래 조세법률주의를 재해석하든지 아니면 완화해야 한다는 주장이 제기되고 있으며, 이에 따라 법정외 지방세세목을 신설의 문제 즉 조례세제도의 인정문제가 논란되고 있다.

(5) 조례의 제정절차

① 조례안의 제안: 조례안을 제안할 수 있는 사람은 자치단체의 장과 지방의원, 교육감 등이다. 즉 조례안은 자치단체장이나 재적의원 1/5이상 또는 의원 10인 이상의 연서로 발의하며, 위원회는 그 소관에 속하는 사항에 관하여 조례안을 제출할 수 있다. 그리고 교육·학예사무에 관한 조례안은 시도교육위원회의 심의·의결을 거쳐 교육감이 당해 시도의회에 제출하도록 하고 있다.

② 조례안의 심의·의결: 의회사무처(국, 과)에 접수되고, 의장에게 보고된 조례안은 인쇄하여 지방의원들에게 배부하고 본회의에 보고한다. 이 경우 상임위원회가 있는 지방의회는 소관상임위원회(또는 특별위원회)에 회부 → 위원회는 심사보고서를 본회의에 제출 → 본회의는 의사일정을 작성한 뒤 조례안을 상정 → 위원장의 심사보고 또는 제안자의 취지설명과 청취 → 질의와 응답 → 자치단체장의 의견청취 → 토론과 표결의 절차를 밟게 된다.

③ 조례의 이송 및 공포: 조례는 지방의회에서 의결된 날로부터 5일 이내에 자치단체장에게 이송하여야 한다. 자치단체장이 조례를 이송 받은 후 이의가 없을 경우 20일 이내

에 이를 공포하여야 한다. 그러나 이의가 있을 때는 20일 이내에 이유를 붙여 지방의회로 환부하고 재의를 요구할 수 있다.[6] 그러나 이 때 조례안의 일부에 대해서나 조례안을 수정하여 재의를 요구할 수 없다. 이러한 재의요구에 대해 지방의회는 그 안을 재의에 붙여 재적의원 과반수의 출석과 출석의원 2/3이상의 찬성을 얻어 의결하면 그 조례안은 조례로 확정된다. 그러나 2/3이상을 얻지 못하면 그 조례안은 폐기된다. 자치단체장은 재의결·확정된 조례와 이송 받은 후 20일 이내에 공포나 재의요구를 하지 아니하여 확정된 조례는 이를 지체 없이 공포하여야 한다. 자치단체장이 공포하지 아니할 때에는 지방의회 의장이 이를 공포한다.

④ **효력발생 :** 조례는 특별한 규정이 없는 한 공포한 날로부터 20일이 경과함으로써 효력을 발생한다. 그러나 조례에 그 시행기일이 특별히 정해져 있는 경우에는 그에 따라 효력을 발생한다. 자치단체장이 이송받은 조례안을 20일 이내에 공포하지도 않고, 재의요구도 하지 않아 확정된 조례에 대해서는 그 효력에 대해 논란이 있을 수 있다. 물론 이러한 경우에도 원칙적으로는 공포기일 20일과 효력발생기일 20일이 경과하면 당연히 그 조례는 효력을 발생한다. 그렇지만 주민의 권리의무 또는 이해관계에 관한 조례는 공포되어야만 효력을 발생할 수 있으므로 자치단체장이 공포하지 않으면 지방의회의장의 공포로 효력을 발생한다.

2) 규칙(規則)

(1) 개념과 유형

규칙은 지방자치단체의 장이 법령 또는 조례가 위임한 범위 안에서 그 권한에 속하는 사무에 관하여 제정하는 자치법규로, 법규적 성질을 가진 것과 행정규칙적 성질을 가진 것이 있다. 즉 규칙은 i) 효력을 기준으로 법규적 규칙과 행정규칙, ii) 제정근거를 기준으로 위임규칙과 직권규칙, iii) 제정의무여부를 기준으로 필수규칙과 임의규칙, iv) 규정대상에 따라 규칙으로만 정할 수 있는 규칙과 조례로 규정이 가능한 규칙, v)사무종류에 따라 단체의 사무에 관한 규칙과 기관의 사무에 관한 규칙 등으로 분류할 수 있다(최창호, 1988: 268).

(2) 규칙의 규정사항

규칙은 교육·학예에 관한 사무를 제외하고는 지방자치단체의 장의 권한에 속하는 모든 사무에 관한 사항이나, 자치사무·단체위임사무·기관위임사무를 모두 포함한다. 또

6) 자치단체장의 재의요구는 지방의회가 폐회중이라도 가능하며, 이회의 폐회 중에 제출된 재의안건은 회기계속의 원칙에 따라 차기의회에 계속된다(지방자치법 제59조).

한 규칙은 조례와는 달리 규칙으로는 벌칙을 정할 수 없다. 그리고 규칙은 법령과 조례에 위반할 수 없으며, 시 · 군 및 자치구의 규칙은 특별시 · 광역시와 도의 조례나 규칙에 위반할 수 없다.

(3) 규칙제정권과 효력

규칙은 자치단체장이 그 권한에 속하는 사무에 관해서만 제정할 수 있다. 그러므로 자치사무, 단체위임사무는 물론 기관위임사무에 관해서도 규칙을 제정할 수 있다. 규칙은 법령이나 조례의 위임이 있는 사항에 관해서만 제정할 수 있다. 즉 규칙은 이들로부터 개별적 구체적 위임이 있어야 한다는 점이 조례와 다르다. 또한 규칙은 상위법령이나 상급자치단체의 조례와 규칙을 위반해서는 안된다. 규칙은 개별적인 위임이 없는 한 주민의 권리제한 의무부과를 규정할 수 없으며 벌칙도 규정할 수 없다.

(4) 규칙의 제정절차

자치단체의 규칙은 주관부서에서 규칙안을 기초 · 제안하고, 법제담당부서의 심사와 조례규칙심의회의 심의를 거쳐 자치단체장이 서명한다. 그리고 규칙을 공포하기 20일전에 시도지사는 행정자치부장관에게, 시 · 군 · 구의 장은 시 · 도지사에게 전문을 첨부하여 보고하고, 공포한 후 20일이 지나면 효력을 발생한다.

(5) 교육규칙

교육규칙은 교육감이 법령 또는 조례의 범위 안에서 그 권한에 속하는 교육 · 학예에 관한 사무에 관하여 제정하는 법을 말한다. 그 성질, 규정사항, 제정절차, 공포 및 효력발생 등은 일반 규칙의 경우와 같다. 교육감은 교육규칙을 제정 또는 개폐하는 경우 공포예정 15일 전에 교육관련 중앙행정기관장에게 그 전문을 첨부하여 보고하여야 한다. 교육감이 구 · 출장소 또는 읍 · 면 · 동의 장에게 사무를 위임하는 때에는 교육규칙으로 정하여야 한다.

3) 조례와 규칙의 관계

조례와 규칙은 자치입법을 할 수 있는 대상을 구분하고 있으며, 따라서 조례와 규칙 사이에는 일반적 의미에서 그 효력의 우열이 없고 대등하다고 보아야 한다. 따라서 자치입법의 대상을 원칙적으로 조례로써 규정할 사항과 규칙으로써 규정할 사항으로 구분하고 있으며, 만약 조례로 정할 사항을 규칙으로 정한다거나 규칙으로 정할 사항을 조례로 정하는 경우에는 무효가 된다.

그러나 규정대상이 명확하지 않은 경우에는 어느 쪽으로 규정하여도 좋으나 서로 저촉되는 경우는 조례가 우선하며, 조례의 위임을 받아서 제정한 규칙과 해당 조례간에는 조례가 우선한다. 그리고 조례나 규칙은 모두 공간상으로는 원칙적으로 자치구역에 한정되며, 시간상으로는 폐지될 때까지 효력을 발생한다.

Ⅱ. 자치조직권(自治組織權)

1. 자치조직권의 의의

자치조직권이란 지방자치단체가 자신에게 배분된 기능을 수행하기 위해 자기의 조직을 자주적으로 정하는 권능을 말한다. 그것은 자치행정을 실시하기 위한 행정조직을 국가의 관여로부터 벗어나 스스로 결정하는 권한으로서 자치권의 당연한 요소로 간주되고 있다. 그 이유는 이러한 자치조직이 제도적으로 보장되지 않을 때에는 지방자치단체는 자기의 기구를 신설하거나 개선함에 있어 국가의 통제와 감독을 받게 되며, 따라서 자치행정을 효과적으로 실시할 수 없을 것이기 때문이다.

2. 자치조직권의 범위

우리나라 자치조직권의 범위는 아직까지는 매우 협소하다. 물론 점진적으로 제도가 바뀌어가고 있으므로 자치조직권의 범위도 조만간 확장될 가능성이 보이고 있다. 바로 총액인건비제도의 실시가 그 중요한 고비가 될 것으로 예상되기 때문이다. 자치조직권의 범위는 보통 지방자치권의 범위와 비례하지만 구체적인 범위는 나라마다 각기 다르다.

1) 우리나라의 자치조직권

우리나라의 지방자치법은 헌법에 따라 지방의회의 조직·권한·의장·위원회, 집행기관의 장의 선거·행정기관, 지방자치단체의 조직의 대강을 규정하고 있다. 그 밖의 구체적인 조직사항에 관하여는 각 지방자치단체로 하여금 일정한 범위 안에서 자치입법·의결 등의 형식으로 스스로 조직할 수 있는 권능을 부여하였다. 이렇게 지방자치법은 헌법에서는 지방자치단체의 기본적인 사항만을 정하고 그 나머지에 관한 것은 일정한 범위 안에서 당해 자치단체에 맡김으로써, 그 자치권을 인정하고 있다. 그러나 지방자치단체의 부단체장, 행정기구, 공무원, 소속행정기관 등에 관한 사항은 대통령령으로 정하게 되어 있으므로 자치조직권의 폭은 매우 좁다. 더구나 자치구·시·군의 행정기구는 시·도지사의 승인을 얻어 조례로 정하도록 하고 있어 기초자치단체의 자치조직권을 더욱 제약하고 있다.

2) 외국의 자치조직권

첫째, 영국의 경우 지방자치단체는 대개 법률에 의하여 일정한 조직형태나 절차를 지니게 되나, 자치단체 내의 위원회 수, 규모, 구성과 권한 등은 기본적으로 지방의회가 결정하고 의사규칙에 규정한다.

둘째, 미국의 경우는 영국보다도 자치조직권이 더 폭넓게 부여되고 있다. 그것은 자치권의 부여방식의 차이에서 비롯된다. 즉 미국의 경우 자치단체에 대한 권한은 연방헌법에 의하여 주정부의 전속적 관할사항으로 되어 있으므로 그 권한은 헌장이라는 형식으로 주정부의 법률로 부여되어 있다. 주정부가 각 지방자치단체에게 부여하는 헌장제도에는 5개의 종류가 있다(정세욱, 2003: 162).

〈표 2-1〉 미국 지방자치단체에 대한 주의 헌장제도

특별법헌장 (special act charter)	주의회가 법률에 의하여 각 시에 특별한 헌장을 제정하여 줌으로써 시정부의 조직과 활동을 정하는 방식
일반법헌장 (general law charter)	주의회가 모든 지방단체에 일률적으로 적용되는 동일한 헌장을 제정하는 방식
분류헌장 (classified charter)	도시를 공통적 특성에 따라 몇 개의 유형으로 분류하고 주의회가 이러한 유형에 따라 표준헌장을 제정해 주는 방식
선택헌장 (optional form charter)	주의회가 미리 법률로 여러 개의 표준헌장을 마련해 두고 각 지방자치단체로 하여금 주민투표에 의하여 그 중에서 한 가지를 선택하게 하는 방식
자치헌장 (home rule charter)	주 헌법에 의하여 지방정부로 하여금 순수 지방적 사항에 관하여 자주적인 헌장을 제정토록 하는 방식

이 중에 특히 자치헌장의 경우는 주 법률의 범위를 지키기는 하지만, 정부형태와 주민대표의 형태, 정당제 여부, 공무원 수와 그들의 선임방법 등을 주민 스스로 결정한다는 점에서 가장 폭넓은 자치권을 행사하게 된다.

Ⅲ. 자치행정권(自治行政權)

1. 자치행정권의 의의

자치행정권이란 지방자치단체가 자신에게 배분된 기능을 원칙적으로 국가의 감독이나 간여를 받지 않고 자주적으로 처리할 수 있는 권리능력을 의미한다. 즉 자치단체가 자신의 고유사무인 자치사무를 자주적으로 처리할 수 있는 권능을 뜻하며, 자치사무란 지방자치단체의 존립목적인 지역적 복리사무를 말한다. 현행법상 지방자치단체가 처리하는 사무는 별로 많지 않고 그 사무의 내용도 주로 지역주민의 공공복리를 증진하기 위한 것이 대부분이다. 예컨대 공기업 경영, 사경제적 사업의 경영, 공공시설의 설치・관리, 행정목적 달성 또는 공익상 필요에 의한 재산의 보유, 자산의 적립, 기금의 설치 등 비권력적 관리행정이다. 그러나 복리사업을 위하여 부수적으로 권력의 행사를 필요로 하는 경우가 많은 바, 그 범위 내에서는 권력작용을 담당하는 "권력단체・통치단체"이다. 권력적 행정에는 소방권[7], 공용부담특권, 조세권, 기타 공과금의 징수권 등이 있다.

2. 자치행정권의 범위

자치행정권을 인정하는 범위도 자치조직권과 같이 국가에 따라 각각 다르다. 일반적으로 영・미에서 지방자치단체가 처리하는 사무는 상급자치단체의 사무나 기초자치단체의 사무를 막론하고 원칙적으로 그 전부를 자치사무로 하고 있으며, 특히 예외적으로 국가사무를 위임받아 처리할 뿐이다. 따라서 자치행정권의 범위가 매우 넓다고 하겠다. 아래에서는 우리나라를 중심으로 영미와 비교・검토해 보기로 하자.

1) 우리나라의 자치행정권

우리나라는 헌법에 의하여 지방자치단체가 '주민의 복리에 관한 사무를 처리'할 수 있는 기능을 부여받았다. 그러나 우리나라의 경우는 중앙관치적 지방관리방식 때문에 자치행정권이라고 하는 것이 거의 없거나 또 의미가 크지 않았다. 즉 지방행정기관이 중앙정부의 일선기관이라는 지위에서 많은 사무를 기관위임사무로써 처리하였으며, 비록 자치사무라 할지라도 오랜 기간 동안 중앙행정기관의 장과 시・도 지사가 의결기관의 역할을

7) 소방사무는 본래 국가사무였으나, 서울특별시와 광역시에서는 1976년 1월 1일부터, 도에서는 1992년 1월 1일부터 당해 시・도의 자치사무로 이관되었다.

하였고, 또 중앙정부가 임명한 국가공무원인 지방자치단체장이 집행기능을 담당하면서 국가사무와 지방사무구별도 어렵게 했고, 기능 또는 사무의 상향적 흡수나 이관을 통하여 지방자치사무의 범위도 매우 좁혀 놓았다.

2) 외국의 자치행정권

첫째, 영국의 경우 자치행정권의 범위는 자치단체의 종류에 따라 다르다. 예컨대 기초자치단체인 잉글랜드와 웨일즈 시·군은 자치행정권의 범위가 비교적 협소한데 반하여, 북아일랜드의 시·군은 모든 지방적 사무에 대한 자치행정권을 가지고 있으므로 그 범위가 넓다.8) 그러나 일반적으로 영국 지방자치단체의 자치행정권은 월권금지(越權禁止: Ultra Vires Rule)의 원칙에 의하여 설정된다. 즉 의회가 제정한 법률의 테두리 안에서 지방자치단체는 합법적인 행정권의 행사가 이루어져야 한다는 것이다. 그럼에도 불구하고 영국은 오랜 지방민주주의의 전통을 가진 나라로서 기본적으로 지방자치단체의 소관사무 범위가 광범위하여 요람에서 무덤까지 주민생활의 모든 영역에 관한 사무를 수행한다고 해도 과언이 아니다.

둘째, 미국의 자치행정권의 범위는 그 지방자치단체가 소속한 주가 어느 헌장제도를 채택하느냐에 따라 다르지만, 전체적으로 볼 때 매우 넓은 편에 속한다. 그러나 미국의 경우 기본적으로는 딜런의 원칙(Dillon's Rule)이 주와 지방정부의 관계를 규정하고 있다고 보아야 할 것이다. 딜런의 원칙이란 "미국에 있어서 지방정부의 권력은 주정부로부터 나온다"는 것으로 1868년 미국 아이오와주 법원의 딜런판사에 의해 주장되었다.

3) 한국자치행정권의 통제실태와 문제점

우리나라의 경우 자치행정권을 저해하는 문제점으로는 다음과 같은 점을 지적할 수 있다. 첫째, 자치단체장의 명령이나 처분에 대한 상급기관의 취소·정지권 문제이다. 즉 지방자치법은 "지방자치단체의 사무에 관한 자치단체장의 명령이나 처분이 위법하거나 부당하여 공익을 해한다고 인정할 때에는 상급기관의 장이 기간을 정하여 서면으로 시정을 명령하고 그 기간 내에 이행하지 않을 때는 이를 취소·정지할 수 있다" 고 규정하고 있다. 이 규정은 위법·부당함을 주장하는 자가 그 시정을 요구하는 소를 법원에 제기하도록 해야 마땅함에도 불구하고, 직접 취소·정지시킬 수 있도록 함으로써 자치행정권을 심히 통제하고 있다.

둘째, 자치단체장에 대해 직무이행명령권을 발동할 수 있도록 한 문제점이다. 즉 지방

---

8) Central Office of Information, *Local Government in Britain*(London: Government of United Kingdom, 1975), p.1.

자치법은 "지방자치단체장이 법령에 의하여 그 의무에 속하는 국가위임사무 또는 시도위임사무의 관리집행을 명백히 게을리 하고 있다고 인정될 때에는 상급기관장이 기간을 정하여 서면으로 그 이행할 사항을 명령할 수 있다"고 규정하고 있다. 이 규정 또한 앞의 규정과 같이 자치단체장의 의무불이행이 명백히 게을리한 것인지의 여부를 판단하는 소송을 제기하기 보다는 바로 직무이행명령권을 부여하였다는 점에서 지방자치권 전체를 침해하고 있다.

셋째, 단체장의 의무불이행에 대한 대집행권(代執行權) 문제이다. 즉 지방자치법은 직무이행을 게을리 한 자치단체장에게 직무이행을 명령했음에도 불구하고 정해진 기간 내에 법령상 의무에 속하는 사무의 관리와 집행을 이행하지 않았을 경우, 상급기관장은 당해 자치단체의 비용으로 대집행할 수 있다고 규정하고 있다. 이것은 직무이행의 불이행에 대한 위법성판단을 법원에 맡기지 않고, 상급기관장에게 부여한 문제점에다 설상가상으로 대집행권까지 주고 있어 자치권을 침해하고 있다. 나아가 위임사무의 처리비용을 당해 자치단체의 비용으로 집행하게 함으로써 벌칙까지 부여하였다는 점에서 중앙정부의 지방에 대한 폭행을 정당화하고 있는 규정이라고 해야 할 것이다.

넷째, 자치사무에 대한 중앙정부의 감사권의 문제이다. 지방자치법은 "행정자치부장관 또는 시도지사는 지방자치단체의 자치사무에 관하여 서류, 장부 또는 회계를 감사할 수 있다"고 하고 있다. 이 때 감사는 법령위반사항에 한하여 실시한다고 규정하고 있다. 이것은 당해 자치단체의 감사기관을 무시하고 중앙정부의 감사권을 인정하여 자치권을 침해하고 있고, 선진제국에서도 중앙정부가 지방자치단체를 감사하는 경우는 극히 예외적인 경우가 아니면 그 예를 볼 수 없다.

다섯째, 자치단체의 각종 행정행위에 대해 중앙정부로부터의 사전승인을 요구한 제도이다. 특정한 규정과 법령의 근거 없이 각종 행정규칙을 제정하여 자치단체를 통제하는 것 등이 자치행정권을 심각하게 침해하고 있다.

Ⅳ. 자치재정권(自治財政權)

1. 의 의

자치재정권이란 지방자치단체가 자신에게 배분된 사무를 처리하는 데 필요한 경비를 충당하기 위하여 중앙정부로부터 상대적으로 독립하여 자주적으로 그 재원을 조달·관리하는 권리능력을 의미한다. 이러한 자치재정권은 자치단체가 필요한 재원을 스스로 확보하고 자유로운 판단과 결정에 의하여 사용할 수 있는 권한으로 지방자치의 실질을 보장하기위한 핵심적 요건으로 간주되고 있다. 사실 아무리 자치제도가 완벽하게 보장되어 있다 할지라도 재정적 자주성이 확보되지 않으면 지방자치는 한낱 허구에 불과하다. 이러한 의미에서 자치재정권은 바로 지방자치단체가 독립적 경제주체로서의 지위와 권능을 가지고 있음을 의미하는 것이다.

2. 자치재정권의 내용

자치재정권은 그 성질에 따라 재정권력적 작용과 재정관리적 작용으로 구분된다. 우선 재정권력적 작용은 지방자치단체가 독립적 행정주체로서의 권한과 의무를 수행할 수 있도록 하는 재력을 획득하기 위하여 자치권에 의거하여 주민에게 명령·강제하는 권력적 기능을 말하며, 이는 자치단체가 필요로 하는 경비를 원칙적으로 주민의 부담에 의하여 조달할 수 있도록 하는 것을 의미한다. 이러한 재정권력작용에는 지방세의 부과징수권, 사용료와 수수료 등의 징수결정권, 기타 재정하명(財政下命)과 강제처분, 재정벌 등이 있다. 이에 반해 재정관리적 작용은 지방자치단체가 예산을 편성·집행하고 재산 및 수입·지출을 회계하는 관리적 기능을 말하며, 자치단체가 비권력적수단으로 재산의 관리와 수입·지출의 관리를 담당해야 함을 의미한다. 이러한 재정관리적 작용에는 지방자치단체의 독자적 예산편성권, 지방세조례에 의한 자주적 과세권과 자주적 기채권(起債權), 지방자치단체의 재산관리운영권 등이 포함된다.

3. 재정적 자주성

우리나라 지방자치단체의 세입구조는 자주재원과 의존재원으로 구성된다. 재정적 자주성이 높다는 것은 지방자치단체의 총재정규모 중에서 자주재원의 비율이 높은 것을 의미한다. 자주재원에는 지방세와 세외수입, 그리고 시·군의 경우 재정보전금, 자치구의 경우 재정조정교부금이 있고, 의존재원에는 지방교부세와 국고보조금, 국가균형발전 특별회계로 구성되어 있다. 우리나라는 중앙정부가 국세로 중요한 세원을 독식함으로써 서울시를 비롯한 몇몇 광역시를 제외한 대부분의 지방자치단체는 자주재원이 빈약하여 의존재원의 비율이 늘어나고 있는 실정이다.

현행 지방자치법은 지방재정에 대한 기본원칙을 정하고 있고, 지방자치단체의 기준재정수요액과 기준재정수입액의 차액을 국가예산에 계산하여 일정한 기준에 따라 교부함으로써 재정사정이 다른 지방자치단체간의 재정조정을 행하도록 하고 있다. 그러나 국가재정에 대한 지방재정의 규모는 여전히 80대 20의 비율을 벗어나지 못하고 있어 지방자치단체의 재정적 자주성이 현저히 떨어지고 있다. 따라서 차제에 지방재정력 향상을 위한 중앙정부의 획기적 정책변화가 요청된다. 이를 위해서는 첫째 지방세의 비율을 높여야 하고, 둘째 교부세 배분의 기초가 되는 기준재정수요액의 산정방법은 구체적 타당성을 기하도록 하여야 한다. 셋째 국고보조금은 최대한 지역실정을 고려하여 당해 자치단체의 신청에 의하여 계상하도록(신청주의) 해야 할 것이다. 그러나 무엇보다도 중요한 것은 지방자치단체별로 산재(散在)하는 조세원(租稅源)을 포착하여 지방의회의 조례로 지방세를 징수할 수 있도록 하는 조례세제도(법정외세제도)의 도입이 시급하다.

03
Chapter

지방자치단체의 기관 (지방정부)

지방정부란 법적 용어가 아닌 학술적 용어로서 지방자치단체를 경영하고 관리하는 지방자치단체의 기관(의결기관과 집행기관)을 의미한다. 지방자치단체의 기관은 앞에서 검토한 바와 같이 나라마다 지역마다 그 구성형태를 달리하는 경우가 많다. 그러나 우리나라의 지방자치단체는 의결기관과 집행기관이라는 두 개의 기관으로 지방정부를 구성토록 하고, 이 두 기관을 분리시켜 상호 견제와 균형을 유지토록 함으로써 기관분리형의 정부를 취하고 있다. 그리하여 중앙정부는 입법부, 행정부, 사법부의 3부로 구성되어 있지만, 지방정부는 의결기관과 집행기관의 설치만 인정하고 있으며 사법기관의 설치권은 부여하지 않고 있다.

제 1 절 지방의회(의결기관)

Ⅰ. 의 의

지방의회란 지방자치단체의 최고의사결정기관으로서 주민에 의해 선출된 지방의원을 그 구성원으로 하는 합의제 의결기관이다. 지방의회는 그 권한의 범위 내에서 공공사무에 관한 지방자치단체의 의사를 결정한다. 지방의회는 지방선거에 의해 선출된 주민대표로서의 지방의원들로 구성되며, 이들은 주민 전체에 대한 정치적 대표로서의 지위를 갖는다. 지방의회는 주민대표들이 모여 '다수결의 원리'에 의해 지방자치에 관한 중요 의사(議

事)를 결정하며, 그것은 자치단체의 공식적 의사로서 구속력을 갖는다.

현대의 대의민주정치 하에서 지방의회는 지방자치구조의 필수불가결한 기관으로 인정되며, 그 역할의 중요성은 아무리 강조해도 지나치지 않는다. 원래 지방자치는 지방의 유권자인 주민전체가 모인 주민총회에서 지방자치단체의 의사를 결정하고 그 결정에 따라 행정이 이루어지는 것을 이상형으로 하고 있다. 그러나 오늘날과 같이 광범한 지역과 방대한 주민을 그 구성요소로 하고 있는 지방자치제도 하에서는 그것은 하나의 이상에 지나지 않으며, 현실적으로는 주민들의 대표에 의해 구성된 지방의회가 주민의 총회를 대신하지 않을 수 없다.

Ⅱ. 지방의회의 개념과 지위

1. 지방의회의 개념

지방의회란 원칙적으로 주민에 의하여 선출된 의원을 그 구성원으로 하여 성립하는 합의제 의결기관을 말한다. 지방의회는 오늘날의 이른바 간접민주정치제도 하에서는 지방의 필수적인 통치기관이다. 원래 지방자치는 법적으로 평등한 주민들의 총의(總意)에 의하여 지방자치단체의 의사가 결정·집행되는 이른바 직접민주제가 이상적이겠지만, 오늘날의 지방자치에 있어서는 그 지역의 면적과 주민의 수(數) 등에 비추어 실제 기술상 그것이 불가능하기 때문에 주민총의를 대신할 수 있는 지방의회를 구성하여 주민의 의사를 자치행정에 간접적으로 반영하는 이른바 간접민주제(대의제)가 보편화되고 있다.

2. 지방의회의 지위

1) 주민대표기관으로서의 지위

지방의회는 주민이 선출한 주민의 정치적 대표인 지방의원으로 구성되며, 이들에 의해 자치단체의 의사를 심의·결정함으로써 주민대표기관으로서의 지위를 지닌다. 오늘날 중앙정부는 물론 지방정부도 대의민주제도가 일반화되어 있고, 이러한 제도 하에서 주민대표들로 구성되는 대의기관인 지방의회는 지방자치의 필수적이고 핵심적 기관으로 기능하고 있다.

2) 의결기관으로서의 지위

지방의회는 지방자치단체의 정책이나 사업, 조례, 기타 지방자치단체의 조직과 운영에 관한 제반 사항을 심의·의결하는 의결기관으로서 지위를 가진다. 이처럼 지방의회는 지방자치단체의 최종적인 의사를 확정하는 권한을 가지므로, 지방자치단체의 중요 업무에 관하여 단순한 의견을 제시하는데 그치는 자문기관과도 다르다. 그러나 지방의회는 결정하는 것으로 그치고 집행은 집행기관이 담당한다.

3) 지방정부의 입법기관으로서의 지위

지방의회는 지방자치단체의 자치법규 중에서도 가장 근간이 되는 조례를 제정할 수 있는 권한을 가지므로 입법기관으로서의 지위를 지닌다. 중앙정부의 국회가 법률제정권을 가지며, 대통령이 명령을 발할 수 있는 것처럼 지방의회는 조례제정권을 가지며, 지방자치단체의 장은 규칙제정권을 갖는다. 이렇게 볼 때 지방자치단체의 입법권과 집행권의 분립체제 아래서 지방의회는 입법권의 행사를 그 본질적인 업무로 하는 입법기관으로서의 지위를 지니는 것이다.

4) 집행기관에 대한 견제기관으로서의 지위

지방의회는 자신의 결정사항이나 이상적인 행정업무가 집행기관에 의해 성실히 수행되고 있는지를 지시·감독·확인할 수 있는 권한을 가지므로 집행기간에 대한 통제기관으로서의 지위를 지닌다. 이러한 집행기관에 대한 통제기능을 수행할 수 있도록 지방자치법은 지방의회의 '행정사무감사권 및 조사권'을 부여함으로써 의회의 집행기관에 대한 감독과 감시 등의 견제권을 부여하고 있다.

Ⅲ. 지방의회의 조직

1. 지방의회의 구성(構成)

지방의회는 지역주민들의 대표기관이므로 주민들이 직접 선출한 지방의원으로 구성한다. 그러나 나라에 따라서는 일부 의원을 간선하거나 일부 의원을 임명하기도 하고, 일정수의 직능대표를 의원으로 선출하는 나라도 있다. 이처럼 나라에 따라서는 각국의 역사나 경험, 주민의식 등에 따라 그리고 현대행정의 전문화현상에 대비하기 위해 간선제, 임명제, 직능대표제, 비례대표제 등의 방법을 병행해서 지방의회를 구성하고 있다. 그럼에도 불구하고 대부분의 현대 민주국가에서는 의원수의 많고 적음을 불문하고 주민들이 직접 선출한 지방의원들로 지방의회를 구성하고 있다.[1)]

2. 의원정수(議員定數)

지방의회의 의원정수를 규정하는 완전한 원칙이란 있을 수 없겠지만 일반적으로는 다음과 같은 3가지 방식이 그 기준으로 활용되고 있다. 첫째 지방자치에 관한 기본법전(지방자치법)에 자치단체의 계층별·인구별 의원정수를 일률적으로 규정하고, 지방자치단체에게는 재량권을 부여하지 않는 방식, 둘째 지방자치법에 일정한 의원정수 결정기준만을 규정하고 자치단체별 실제 의원정수는 각 자치단체가 재정력·업무량 등 자신의 특수여건을 감안하여 조례로 의원정수를 증감할 수 있도록 하는 방식, 셋째 각 지방자치단체가 자주적으로 의원정수를 결정하도록 하는 방식 등이 있다. 이들 중 우리나라는 첫번째 방식을 채택하고 있으나 진정한 지방자치발전을 위해서는 두 번째 방식을 채택하는 것이 바람직할 것이다. 사실 현재의 의원정수는 서울의 경우 너무 과다하며, 군단위의 경우 지나치게 과소하여 양자 모두 업무의 능률성을 저해하고 있다.

3. 지방의회의 규모(規模)

지방의회의 규모는 나라마다 다르며 동일 국가 내에서도 지역마다 다르다. 지방의회의 규모(지방의회의 의원정수)는 이를 크게하여 대의회제도를 취하고 있는 나라도 있고, 그것을 작게하여 소의회제도를 취하고 있는 나라도 있다. 대체적으로 영국, 프랑스, 캐나다, 일본 등은 대의회형을 채택하고 있으며, 미국에서는 소의회형을 채택하고 있다. 이와 같이 대의회와 소의회를 규정하는 일정한 기준이 있는 것은 아니지만 대체로 광역자치단체의 경우 50인 이상 150인 이하, 기초자치단체의 경우 30인 이상 50인 내외의 규모를 가지면 이를 대의회형으로 볼 수 있다. 반면에 소의회형의 경우 대체로 10인 내외의 의원으로 구성되는 예가 많다.

---

1) 지방의회의 구성은 단원제로 할 수도 있고 양원제로 할 수도 있다. 일본의 경우 양원제를 채택하고 있으나 우리나라나 대부분의 국가들은 단원제를 택하고 있다.

4. 지방의회의 내부조직

1) 의장단

지방의회에는 의장과 부의장으로 구성되는 의장단을 두고 있다. 의장은 지방의회를 대표하고 의사를 정리·주재하며, 회의장의 질서를 유지하고 의회의 사무를 감독한다. 의장은 위원회에 출석하여 발언할 수 있으며, 의결에 있어 표결권을 가진다. 그러나 가부동수(可否同數)인 경우에는 부결된 것으로 본다.

(1) 의장의 권한

의장은 지방의회의 대표로서의 지위와 의회의 회의주재자로서의 지위에서 각각 다음과 같은 권한이 있다. 첫째 지방의회대표의 지위에서 다음과 같은 권한을 갖는다. i) 의회대표권, ii) 사무감독권, iii) 위원회에의 출석발언권, iv) 폐회중의 의원사직허가권 등이 그것이다. 둘째 회의주재권자로서의 지위에서는 다음과 같은 권한을 가진다. i) 회의소집권, ii) 회의장 질서유지권, iii) 의사정리권(議事整理權) 등이 그것이다.

(2) 의장단의 선거와 임기

지방의회의 의장단은 지방의원 중에서 무기명투표로 선거하며, 시·도의회의 경우 의장 1인과 부의장 2인을 선출하고, 시·군·구의회의 경우 의장 및 부의장 각 1인을 선출한다. 의장단의 임기는 지방의원의 임기와 동일하게 하는 방법과 의원임기의 1/2 혹은 1/4 등으로 짧게하는 방법이 있으나 우리나라는 2년으로 규정하고 있다.

(3) 의장단의 사임(辭任)과 불신임(不信任)

먼저 사임의 경우, 첫째 의장 및 부의장의 직(職) 뿐만 아니라 의원직(議員職)까지도 사임하고자 할 때와 둘째 의장과 부의장의 직만을 사임하고자 하는 두 가지 경우가 있다. 전자의 경우 지방의원의 사직서를 제출하여 이것이 허가되면 의장, 부의장의 직도 당연히 상실된다. 후자의 경우 의장은 폐회 중에는 사임할 수 없으며 반드시 개회 중에 의회의 동의를 얻어 사임할 수 있다. 그러나 부의장은 폐회 중에는 의장의 허가만 얻으면 되지만 개회 중에는 의회의 동의를 얻어 의장의 허가를 받아야만 한다. 불신임의 경우, 의장과 부의장이 법령을 위반하거나 정당한 이유없이 직무를 수행하지 아니한 때에는 의회는 불신임을 의결할 수 있다. 이 불신임안은 재적 1/4 이상의 의원이 발의할 수 있으며 재적 과반수의원의 찬성이 있어야 가결되고, 가결되면 의장과 부의장은 그 직에서 해임된다.

(4) 임시의장

임시의장이란 의장과 부의장에게 모두 사고가 있을 때 의장의 직무를 대행하는 의원을 말한다. 여기서 '모두 사고가 있을 때'란 '모두 궐위된 때'를 포함하지 않는다. 모두 궐위된 때에는 보궐선거를 곧 실시하여 의장, 부의장을 뽑아야 하며 이 선거의 직무는 연장자가 대행한다. 임시의장의 선거는 의장, 부의장의 선거에 준한다.

2) 위원회(委員會)

(1) 의의 및 설치목적

지방의회는 법령에 따라 조례가 정하는 바에 의하여 위원회를 설치·운영할 수 있다. 여기서 위원회란 지방의회의 일부의원으로 구성되는 합의제기관을 말한다. 지방의회 내에 위원회를 설치하는 목적은 지방의회의 기능을 위원회별로 분장함으로써 본회의의 부담을 경감시킬 수 있고, 위원회에서의 토론과 심의가 보다 활발하고 정확할 수 있으며, 행정의 전문화에 대응한 의회의 전문성을 제고할 수 있다는 데에 있다.

(2) 위원회제도의 필요성

지방의회의 위원회제도는 의회운영의 능률향상을 위하여 없어서는 안 될 제도이다. 의안의 심사를 본회의에서만 해야 한다면 수많은 의안과 질의자와 토론자의 수가 늘어남으로써 엄청난 시간이 소요된다. 또한 날로 증가되는 안건의 처리를 짧은 회기 내에 본회의에서 하나하나 심의하여 처리한다는 것은 극히 어려운 일이다. 뿐만 아니라 근래에는 의안의 성격이 전문성과 기술성을 요구하고 있기 때문에 그 분야의 전문적 지식을 가진 의원을 중심으로 보다 심도 있는 심의를 하지 않으면 심의의 성과를 높일 수 없다. 따라서 본회의의 어려움을 덜어주고 의회운영의 효율성을 높이기 위하여 이상과 같은 제반문제를 모두 해결해 줄 수 있는 위원회제도가 필요하게 되는 것이다.

(3) 위원회의 종류

① 상임위원회

상임위원회는 지방의회의 통상적인 안건을 심의하기 위하여 의회 내에 상설되는 위원회로서 계속성을 가진다. 지방의회의 의결사항을 사전에 분장(分掌), 심사하며, 청원·진정, 기타 관계되는 사항을 심사·처리한다. 이러한 상임위원회는 보통 집행기관의 각 부서에 맞춰 설치된다. 모든 의원은 하나의 상임위원이 되어야 하는데 상임위원은 의장이 추천하여 본회의의 의결로 선임된다. 상임위원회에는 위원장 1인을 두며, 상임위원 중의 한 사람을 본회의에서 선출하고, 위원장과 위원의 임기는 2년이다. 상임위원회는 그 소관에 속하는 의안과 청원 등을 심사한다.

② **특별위원회**

지방의회는 '특정한 안건을 심사하기 위하여' 필요한 때에 의회의 의결로 특별위원회를 설치할 수 있다. 대표적인 것으로 징계자격특별위원회와 예산결산특별위원회를 둘 수 있다. 상임위원회의 종류와 그 직무권한은 '당해 자치단체의 조례'에 의하여 정해지지만, 특별위원회의 설치와 그 직무권한은 '의회의 의결'로 정해진다. 특별위원회의 위원은 의장이 추천하여 본회의의 의결로 선임한다. 특별위원회의 위원장은 위원회에서 호선하고 본회의에 보고한다.

③ **소위원회**

위원회의 심사는 위원 전원에 의하여 이루어지는 것이 원칙이다. 그러나 보다 효율적인 의안심사를 위하여 필요할 경우 소수의 위원으로 구성되는 소위원회를 둘 수 있다. 이러한 소위원회는 의안청원 등의 예비심사나 위원회보고서의 기초, 특정사안의 심사 등을 수행함으로써 전원위원회를 통한 심사보다 효율성을 제고할 수 있다. 소위원회의 설치는 그것을 설치하고자 하는 위원회의 의결로 가능하며, 구성, 권한, 폐지 등 모든 것은 위원회의 의사에 따라 결정된다. 소위원회는 위원회 속의 특별위원회라고 할 수 있으며, 상임위원회든 특별위원회든 필요할 경우 그 설치·운영이 가능하다.

(4) 위원의 선임과 개회

한편 위원회는 지방의원이 위원으로 선임되는 것이 일반적이지만 기관통합형 의회에서는 본래의 위원회에 전문적인 지식과 경험을 가진 특별위원을 두어 의사결정에 참여시키기도 한다. 위원회는 회기 중 위원장이 필요하다고 인정하거나 재적위원 1/3이상의 요구가 있는 때에 개회한다. 다만 폐회 중에는 i) 지방의회 본회의의 의결이 있거나 ii) 의장이 필요하다고 인정할 때, iii) 재적위원 1/3이상의 요구 또는 iv) 지방자치단체의 장의 요구가 있는 때에 한하여 개회할 수 있다.

(5) 위원회의 권한과 위원회에서의 방청(傍聽)

위원회의 권한은 본회의의 예비적 심사권만을 가지는 경우와 독자적인 결정권을 가지는 경우로 나눌 수 있으며, 우리나라는 위원회의 권한을 심사권에만 한정하고 있다. 이는 의결권을 부여할 경우에 발생가능한 의안의 졸속처리, 집행기관과의 유착, 의안심의의 소홀 등을 방지하려는 데 그 목적이 있다. 그리고 위원회의 위원이 아닌 사람이 위원회의 방청을 원할 경우 위원장의 허가를 얻어야 하며, 위원장은 질서유지를 위하여 필요한 때에는 방청인의 퇴장을 명할 수 있다.

3) 사무조직(사무처, 사무국, 사무과)

(1) 조직구조

지방의회는 자신의 사무와 활동을 원만하게 수행하기 위해 의회 내에 사무기구와 직원을 두고 있다. 지방의회의 사무조직은 그 설치를 필수사항으로 하는 경우와 임의사항으로 하는 경우, 그리고 그 직원을 자치단체장이 임명하도록 하는 경우와 의회의장이 임명하도록 하는 경우 등 다양하다. 우리나라의 지방의회 사무조직은 그 설치가 임의사항으로 되어 있으며, 그 직원은 의회의장의 추천에 의하여 자치단체의 장이 임명하도록 하고 있다.[2] 지방의회에 두는 사무직원의 정수는 조례로 정하도록 하였으며, 사무조직의 장과 사무직원은 의장의 명을 받아 의회의 사무를 처리한다. 사무직원의 임용, 보수, 복무, 신분보장, 징계 등에 관해서는 지방자치법의 규정을 제외하면 지방공무원법을 적용하도록 하였다. 또한 지방의원의 의정활동을 보좌하고, 상임위원회의 의안을 심사하며, 의사진행을 보좌하기 위해 일정수의 전문위원을 두도록 하였다.

(2) 전문위원

지방의회의 위원회에는 위원장과 위원의 자치입법활동을 지원하기 위하여 지방의원이 아닌 전문지식을 가진 전문위원을 두도록 하였다. 전문위원은 위원회에서의 의안과 청원 등의 심사, 행정사무감사 및 조사, 그 밖의 소관사항과 관련하여 검토・보고, 관련 자료의 수집・조사・연구 등을 수행한다. 위원회에 두는 이들 전문위원의 직급과 정수에 관하여 필요한 사항은 대통령령으로 정한다고 규정함으로써 사무직원에 이어 전문위원까지 중앙정부와 집행기관이 통제하게 함으로써 지방의회의 자율권을 침해하고 있다.

(3) 조직과 운영의 특성

우리나라의 지방의회 사무조직은 지방의회의 결의에 따라 지방의회가 독자적으로 구성・운영하지 못하고 집행기관에 의존하고 있다. 즉 집행기관이 임명하는 행정공무원들로 사무기구가 구성・운영되고 있어 지방의회가 집행기관에 더부살이하고 있는 실정이다. 특히 지나친 것은 지방의원의 의정활동을 보좌하고 의사진행을 돕는 전문위원까지 지방자치단체장이 자신의 부하직원으로 임명하고 있다. 그리하여 지방의원들은 사면팔방으로 집행기관의 공무원들에 휩싸여 자치단체장에게 불리한 결정이나 공무원들의 의사에 반하는 결정을 한다는 것은 거의 불가능하도록 만들어 놓았다.

---

2) 1950년대의 경우 우리의 지방의회는 그 자체 내에 별도의 사무기구를 가지지 못했다. 도의회만 해도 집행기관내의 행정계나 예산계 등에서 담당하고 있었다. 의회계라는 전담계가 생기기도 하였으나 이 역시 집행기관의 한 부분으로 지방의회 내에 설치된 별도의 기구는 아니었다. 도의회가 이 정도였으니 시의회나 읍면의회의 상황이라 하여 더 나을 것이 없었다.

Ⅳ. 지방의회의 권한과 기능

1. 지방의회의 권한정도를 좌우하는 요인

지방의회의 권한은 어느 나라를 막론하고 동일하지 않다. 즉 지방의회의 권한은 첫째 지방자치권의 범위가 넓을수록 커지고, 둘째 지방자치단체의 계층구조가 단층제일 경우 의회의 권한이 커지며, 셋째 지방정부의 형태가 기관통합형일 경우 가장 권한이 커진다. 그러나 기관분리형에 있어서도 의회우위형을 채택할 경우에는 지방의회의 권한이 넓다. 넷째 집행기관의 선임방식을 지방의회에 의한 임명제나 지명제로 할 경우 지방의회의 권한이 커진다.

2. 지방의회의 권한

1) 의결권(議決權)

지방의회의 의결권이란 지방자치단체의 의사형성행위로서 협의의 의결권과 결의권 내지 결정권을 포함한다. 협의의 의결권이란 지방의회의 의결사항과 기타 지방자치법의 각 조항에 규정되어 있는 지방의회의 의결사항으로 반드시 지방의회의 의결을 거쳐야 하는 필수적 의결사항에 대한 의결권을 말한다.[3] 지방의회의 의결권의 범위는 광범위한 권한을 부여하는 방식과 제한적으로 부여하는 방식의 두 가지로 나눌 수 있다. 우리나라는 제한적 열거주의를 취함으로써 그 범위를 줄이고 있다.

지방의회의 의결권을 확대할 경우, 지역주민의 권리보장을 충실히 하고 정치의 민주성과 지방행정의 책임성을 보장할 수 있으나, 행정의 신속성이나 능률을 저해할 우려가 있으며 경우에 따라서는 자치단체의 능력부족으로 지방행정의 효율성이 저해될 수도 있다. 반면에 의결권의 범위를 축소할 경우, 중앙정부의 중요 정책사업을 효과적으로 추진할 수 있고 지방행정의 신속성을 높이며 지방정치의 과열화와 그로인한 행정마비를 막을 수 있으나, 민의를 반영할 수 있는 기회가 제약되고 중앙정부의 영향력과 집행기관의 재량권이 확대됨으로써 지방자치를 형식화시킬 위험이 있다.

---

3) 지방자치법상의 의결권 이외에도 지방의회는 각종의 법령에 의한 의결권과 당해 자치단체의 조례가 정하는 바에 따라 의결권을 가진다.

2) 행정사무감사 및 조사권(行政事務監査 및 調査權)

지방의회는 집행기관의 행정사무에 대하여 감사 및 조사권을 갖는다. 이것은 지방의회의 결정을 집행기관이 얼마나 충실하게 반영하였는가를 감시·통제하는 것이다. 우리나라는 지방의회로 하여금 당해 지방자치단체의 사무를 감사하거나 그 사무 중 특정사안에 관하여 지방의회의 의결로 조사할 수 있도록 하였으며, 감사 또는 조사를 위하여 필요한 때에는 현지확인을 하거나 서류의 제출과, 지방자치단체의 장 또는 그 보조기관의 출석·증언이나 의견진술을 요구할 수 있게 하였다. 지방의회에 행정사무 감사권을 부여하는 것은 지방의회가 지역주민의 대표기관이라는 점에서 볼 때 당연한 것이며, 집행기관의 독주를 견제할 수 있다는 장점이 있다.

3) 선거권(選擧權)

지방의회는 법령이나 조례가 정하는 바에 의하여 일정한 기관 혹은 기관구성원의 선거권을 가진다. 지방의회의 선거권은 의회의 의사를 형성하는 행위이며, 다수결의 원리에 따라 이루어진다. 그러나 방법상에 있어 토론을 거치지 않는다거나, 결정의 대상이 사람이라는 점, 결정의 효력은 피결정자의 수락행위를 필요로 한다는 점 등 보통의결권과는 다른 특성이 있다. 일반적으로 지방의회의 선거권은 의회의 내부조직에 관한 것과, 자치단체의 집행기관에 관한 것으로 나누어 볼 수 있다. 전자의 경우, 지방의회의 의장 및 부의장 선출, 임시의장의 선출, 의회 내 각 분과위원회의 위원장 및 위원선임, 결산을 위한 검사위원의 선임 등이 있다. 그리고 후자의 경우, 집행기관 간선제하의 지방자치단체장 및 부단체장의 선거 등이 있다.

4) 청원의 수리(受理) 및 심사·처리권

지방의회는 주민들이 지방의원을 소개를 얻어 지방의회에 제출한 청원을 수리하고 이를 심사·처리할 수 있는 권한을 가진다. 지방의회에 청원을 하고자 하는 자는 지방의원의 소개를 얻어 청원서를 제출하여야 한다. 청원이란 지역주민이 지방자치단체에 대하여 불만 또는 희망을 진술하고 그것에 대한 시정 또는 해결을 요구하는 것을 말한다. 청원의 수리 및 심사·처리권은 이를 통하여 지역주민들의 권리를 보호하고 집행기관을 통제할 수 있는 제도적인 장치라는 점에서 앞으로 이것은 점차 보강·확대시켜 나가야 할 것이다.

5) 출석답변요구권(出席答辯要求權)

지방의회는 지방자치단체의 장 또는 관계공무원을 의회에 출석시켜 질문에 답변케 할 수 있다. 이 질문·답변요구권은 집행기관에 대한 지방의회의 행정사무감사 및 조사권을 충실하게 행사할 수 있도록 한 하나의 수단적 권한으로 볼 수도 있지만, 반드시 거기에만 한정되지 않으며, 어떤 문제가 발생했을 경우 평소에도 집행기관에 대해 질문과 답변을 요구할 수 있도록 한 것이라고 보아야 할 것이다. 그리하여 지방자치법은 "지방자치단체의 장 또는 관계공무원은 지방의회나 그 위원회의 요구가 있을 때에는 출석·답변하여야 한다."고 규정함으로써 이러한 권한을 법적으로 보장하고 있는 것이다.

6) 의견제출권(意見提出權)

지방의회는 지역사회 주민의 대표기관으로서 지방자치단체의 집행기관이나 외부에 대하여 지방의회의 의견을 제시할 수 있다. 여기에는 집행기관에 대한 의견제출권과 지방정부 외부에 대한 의견제출권이 있다. 첫째 집행기관에 대한 의견제출권이란 지방의회가 자치사무와 단체위임사무에 대하여 자치단체의 장 또는 그 보조기관으로부터 설명을 구하고 그것에 대해 의결하거나 의견을 제시할 수 있는 권한을 말한다.[4] 둘째 외부에 대한 의견제출권이란 지방의회가 당해 자치단체의 공익에 관한 사업 등과 관련되는 기관이나 행정관청에 대해 자신의 의견서를 제출할 수 있는 권한을 말한다.

7) 지방의회 자율권(自律權)

지방의회의 자율권이란 지방의회가 자신의 직무를 수행함에 있어, 의사와 조직 및 운영사항 등에 관해 집행기관, 유권자 등 외부세력의 간섭을 받지 않고 독자적으로의 결정·처리할 수 있는 권한을 말한다.

(1) 내부조직권(內部組織權)

지방의회는 그 직무를 수행하는 데 필요한 내부조직을 자율적으로 결정할 수 있는 권한을 가진다. 즉 지방의회는 의장단을 구성하고, 각종의 분과위원회를 설치하며, 사무처리에 필요한 사무조직을 설치할 수 있는 권한을 가진다. 그리하여 지방의회는 첫째 의장, 부의장, 임시의장을 선거하며, 일정한 사유가 있을 때에는 의장단에 대한 불신임의결을 할 수 있다. 둘째 지방의회는 그 권한의 범위 내에서 의회운영에 필요한 위원회를 설치·운영할 수 있다. 위원회의 설치는 조례로 규정하도록 하고 있으며, 그 위원은 의회에서 선임한다. 셋째 지방의회는 조례로서 그 직무수행에 필요한 사무조직을 설치할 수 있다.

---

4) 지방자치단체의 장에게 위임된 사무인 기관위임사무에 대해서도 설명을 요구하고 의견을 제출할 수 있다(동법 제41조 제3항).

(2) 의사자율권(議事自律權)

지방의회는 회의 및 의사진행을 자율적으로 할 수 있으며 이에 필요한 회의규칙을 정할 수 있다. 뿐만 아니라 지방의회는 개회, 폐회, 휴회 및 회기를 자주적으로 결정할 수 있다. 그리고 연간 회의 총일수와 정례회 및 임시회의 회기는 해당 지방자치단체의 조례로 정한다. 지방의회의 회의는 공개하는 것이 원칙이나 필요한 경우 자율적인 결정에 의해 이를 공개하지 않을 수도 있다. 즉 의원 3인 이상의 발의로 출석의원 2/3이상의 찬성이 있거나 의장이 사회의 안녕과 질서유지를 위해 필요하다고 인정하는 경우에는 회의를 공개하지 아니할 수 있다.

(3) 의원신분사정권(議員身分査定權)

지방의회는 자신의 구성원인 의원에 대하여 그 신분을 심의·결정할 수 있는 권한을 가진다. 첫째 의원의 사직을 허가할 수 있고(단 의회가 폐회중일 때에는 의장이 그 허가권을 행사), 둘째 의원의 자격을 심의·결정할 수 있다. 재적의원 1/4이상의 연서로 의장에게 자격심사를 청구할 수 있고, 재적의원 2/3이상의 찬성이 있으면 자격상실의결이 가능하다. 셋째 지방의회는 의원에 대하여 의결로서 징계할 수 있다. 지방의원이 본회의 또는 위원회에서 타인을 모욕하거나 타인의 사생활에 대한 발언을 했을 경우나 기타 지방자치법 또는 회의규칙에 위반되는 행위를 했을 경우 의결로서 이를 징계할 수 있다.

(4) 원내경찰권(院內警察權)

지방의회는 원내의 질서와 안녕을 유지하기 위하여 필요할 경우 적절한 조치를 취할 수 있는 데 이를 원내경찰권이라고 한다. 지방의회의 이러한 경찰권은 의장을 통하여 행사된다. 즉 의원이 회의 중에 지방자치법 또는 회의규칙에 위반하여 회의장의 질서를 문란하게 할 경우 의장은 이에 대해 경고, 제지 또는 발언취소를 명할 수 있으며, 그 명령에 따르지 않을 때에는 당일의 회의에서 발언을 금지하거나 퇴장시킬 수 있고, 회의장이 소란하여 질서를 유지하기 곤란할 때는 회의를 중지하거나 산회를 선포할 수 있다.

(5) 회의규칙제정권(會議規則制定權)

지방의회는 회의의 운영을 효율적이고 합리적으로 운영하기 위하여 지방자치법령에 규정된 사항 이외에 필요한 사항은 회의규칙으로 정할 수 있다. 뿐만 아니라 의원을 징계함에 있어 지방자치법에 규정된 사항 이외에 필요한 사항은 회의규칙으로 정할 수 있다.

3. 지방의회의 기능

1) 의결기능

지방의회의 의결기능이란 지방의회의 권한에 따라 이루어지는 심의·의결활동을 의미한다. 지방의회는 지방자치단체의 운영에 필요한 제반활동과 지방의 공공사무 등 주민의 부담에 관한 사항 등을 심의·의결함을 그 주요임무로 한다. 이처럼 지방의회의 의결기능은 지방의회의 가장 대표적 기능이며 그 범위도 가장 광범하다. 지방의회의 의결기능은 의회의 존립근거라고 할 수 있는 지방자치법의 관련조항과 관련법률에 근거한 자치단체의 의사형성에 필요한 제반활동을 수행하는 기능을 의미한다.

2) 정책기능

지방의회의 정책기능이란 전술한 의결기능의 일부에 해당되는 기능으로서 지역발전을 위해 "장차 지방정부가 행하기로 하거나 행하지 않기로 결정한 방침 혹은 지침"을 수립하는 기능을 의미한다. 예컨대 택지조성, 주택건설, 도시개발계획수립, 소득증대사업의 계획 등이 여기에 포함된다. 중앙정부에 비해 지방정부가 갖는 권한이나 자원이 지나치게 빈약하여 지방의회의 정책기능에는 한계가 불가피하다. 그럼에도 불구하고 가능한 범위 내에서 의회의 정책기능을 강화시킬 필요가 있다.

3) 입법기능(條例制·改定·廢止)

지방의회의 입법기능이란 지방의회가 당해 지역의 조례를 제정·개정·폐지할 수 있는 기능을 의미한다. 동 기능 역시 광의의 의결기능에 해당되지만 그 성격상 따로 검토할 가치가 크기 때문에 독립시켰다. 30년간 지방자치제도가 중단되었던 시절에 우리나라의 지역사회는 권위적인 중앙정부가 일방적으로 제정한 법률에 의해 강제되어 왔으며, 따라서 지역사회의 주민현실과 법률과의 괴리현상이 현격하였다. 그러나 동 기능으로 이러한 현실은 많이 완화되었다.

4) 견제감시기능

지방의회의 견제감시기능이란 의결기관으로서의 지방의회가 자신의 의결사항을 집행하는 집행기관에 대해 행하는 감시 및 통제활동을 의미한다. 예컨대 지방의회가 집행기관에 대해 행정사무감사 및 조사권, 출석답변요구권, 자료제출요구권, 그리고 의견제시권 등의 권한을 행사하는 활동과 관련된 제반기능을 의미한다. 지방자치단체의 기관을 의결기관과 집행기관으로 분리한 근본취지도, 의결기관으로 하여금 집행기관을 견제감시하면서 동시에 양기관간에 협력과 협조를 통해 지역발전을 추진하도록 그 책임을 부여했다고 볼 수 있다.

5) 대의(代議)기능

지방의회는 지역사회 내 주민의 정치적 대표인 지방의원을 그 구성원으로 한다. 그리하여 지방의회는 주민을 대신하여 당해지역의 공공사무를 의결하고 처리할 수 있는 권한을 가진다. 따라서 지방의회는 항상 주민사회의 여론과 지역주민들의 정치적 의사를 수렴하고 이를 기초로 의정활동을 수행해 나가야 한다. 지방의회의 대의기능이란 이처럼 지방의회가 의정활동을 수행함에 있어 주민의 의사를 수렴하여 그것을 의정에 반영하는 민의의 대변기능을 의미한다.

6) 갈등조정 및 조화기능

갈등의 조정과 조화기능이란 지방의회가 지역사회내의 개인 및 집단간에 야기되는 각종 갈등과 반목을 해결하고 화합과 단결로 이끌어 나가는 제반 기능을 의미한다. 즉 지방의회는 지역사회 내의 각종 갈등과 대립, 불화와 반목을 파악하고 지역발전적 차원에서 이를 조정하고 해결할 수 있어야 한다. 광역의회의 경우 기초자치단체 상호 간의 갈등이나 광역자치단체와 기초자치단체 간의 갈등을 조정할 수 있어야 하고, 기초의회의 경우 지역 내 개인간, 집단간, 계층간, 지역간의 갈등과 대립을 중재·조정할 수 있어야 한다.

7) 협력봉사기능(타 의회 및 집행기관과의 협력, 대민봉사)

지방의회는 지역발전과 주민의 복지증진을 위하여 타 자치단체나 의회와는 물론 당해 자치단체의 집행기관과도 협력하고 공동으로 노력해야 한다. 광역행정수요가 폭발하고 있는 현대행정현실을 감안할 때, 자치단체상호간의 협력과 협조나 지방의회의 협력과 도움 없이는 이를 원만히 처리할 수 없다. 많은 사람들이 집행기관에 대한 견제기능만을 지나치게 강조함으로써 진실로 중요한 양기관간의 협력·협조기능을 소홀히 하고 있는 것이 현실이다.

8) 자율운영 및 발전관리기능

지방의회의 자율운영기능이란 지방의회가 스스로의 힘으로 자신의 내부조직을 구성하고 회의 및 의사를 진행하며, 의원 스스로의 신분을 사정하고 효율적인 의회운영을 위해 자율적으로 원내질서를 유지하는 등의 기능을 의미한다. 그리고 발전관리기능이란 지방의회가 의회운영의 효율화를 위하여 의원 자신들이 스스로 연구하고 문제점을 찾아내어 이를 시정하려는 활동을 의미한다. 의원들의 해외연수나 교육참가나 각종 세미나 개최, 자치제도개선을 위한 활동 등이 이들 기능에 해당된다.

V. 지방의회의 운영

1. 지방의회의 소집 및 회기

1) 의회소집과 회의종류

지방의회는 의원정수의 과반수가 재적함으로써 성립되며, 일정한 소집절차에 따른 소집권자의 소집에 의해 집회된다. 우리나라 지방의회의 회의소집은 의장이 하되, 매년 2회 정례회를 개최하도록 하였다. 단지 선거 이후 최초로 소집되는 임시회에 한하여, 지방의회의 사무기구의 장(처장 · 국장 · 과장)이 지방의회의원 임기개시일 부터 25일 이내에 소집한다. 지방의회 회의의 종류는 정례회와 임시회가 있으며, 정례회는 상반기와 하반기의 연 2회 개최하고, 임시회는 임시회 개회요건이 갖추어졌을 때 개회하지만 그 횟수는 규제하지 않고 있다.[5] 임시회의 소집은 총선 후 최초로 집회되는 것을 제외하고 자치단체의 장이나 재적의원 1/3이상의 요구가 있을 때에는 그 요구가 있은 날로부터 15일 이내에 집회하도록 하였다.

2) 지방의회의 회기

일정한 소집요건과 소집절차에 따라 소집권자에 의해 소집된 지방의회의 회의는 개회로서 그 활동을 시작하고, 휴회로서 일시 중지하며, 폐회로서 종료된다. 지방의회의 회기란 이처럼 지방의회가 소집된 이후 개회에서부터 폐회에 이르기까지의 기간을 의미한다.[6] 이와 같은 지방의회 회기의 장 · 단은 지방의회의 총회의일수와 함께 지방의회의 운

5) 그것은 지방의회의 연간 총회의일수가 정해져 있고, 그 중에서 연 2회에 걸쳐 개회되는 정례회기기간을 제외한 회기일수 범위 내에서 한 번에 15일 이내에 한해서 임시회를 개회할 수 있기 때문이다.

6) 지방자치법상에는 개회, 휴회, 폐회만을 규정하고 있으나 일반적으로 실제회의에서는 흔히 유회(流會), 정회(停會), 산회(散會)라는 용어들이 사용된다. 여기서 유회란 의사정족수(재적의원수의 1/3 이상의 출석)의 미달로 당일의 회의를 개회하지 못하는 것을 의미하며, 정회란 회의의 진행을 중지하는 것으로서 일시 휴식하는 것을 의미한다. 그리고 산회란 의사일정에 상정된 의사가 끝남으로써 당일의 회의를 종료하는 것을 뜻한다.

영과 기능을 좌우하는 중요한 변수로 작용한다. 즉 지방의회의 총회일수가 많고 회기가 길 경우, 지방의 정치행정에 지역주민들의 민의를 충분히 반영할 수 있고 집행기관에 대한 견제기능을 강화할 수 있다는 장점이 있다. 그러나 회의총일수가 적거나 회기가 짧을 경우, 이러한 장점을 발휘할 수 없다. 우리나라의 경우 지방의회의 개회·휴회·폐회와 회기는 지방의회의 의결로 정하도록 하고 있고, 연간 총회일수와 임시회 및 정례회의 최장회기일수도 당해 지방의회의 조례로 정하도록 하였다.

2. 지방의회의 회의와 운영

1) 의안의 발의와 발의권

의안(議案)이라 함은 자치단체의 장이나 일정수의 지방의원이 지방의회에 대하여 의회의 의결을 요구하며 문서로 제출하는 안건으로서 의회의결의 대상이 된다. 그리고 발의(發議)라 함은 의회에 대하여 의안을 제출하는 것을 의미한다. 지방의회에서 심의할 의안의 제출권은 일반적으로는 지방의원과 집행기관에 공히 인정하고 있다. 그러나 예산안의 제출이나 각종의 임명동의안 등은 집행기관에게만 인정되고, 의회의 내부조직 및 내부규칙에 관한 의안 등은 지방의원에게만 그 권한이 전속된다. 의안을 발의하는 데 요구되는 지방의원의 수는 지방마다 다르다. 우리나라의 경우 의안의 발의는 자치단체의 장이나 재적의원 1/5이상 또는 의원 10인 이상의 연서로 발의할 수 있도록 규정하고 있다.

2) 회의의 진행과 정족수(定足數)

지방의회의 회의의 진행은 일반적으로 의사일정(議事日程)에 따라 이루어진다. 여기서 의사일정이란 회의의 개의일시, 부의안건과 그 순서 등을 기재한 당일의 의사를 진행하기 위한 예정서를 의미한다.

지방의회의 회의는 의사정족수(議事定足數)에 의해 개의되고 의결정족수(議決定足數)에 의해 의결된다. 여기서 의사정족수라고 함은 회의가 개회될 수 있는 최소한의 출석의원의 수를 의미하며 현행법상으로는 재적의원 1/3 이상의 출석을 그 요건으로 하고 있다. 그리고 의결정족수라함은 의안의 의결에 요구되는 찬성의원의 수를 의미하며 현행법상으로는 재적의원 과반수의 출석과 출석의원 과반수의 찬성을 그 요건으로 하고 있다. 의결에 있어서 의장은 표결권을 가지며, 찬성과 반대가 같으면 부결된 것으로 본다.

3. 지방의회의 회의원칙

1) 개회의 원칙

지방의회의 회의는 일정한 법적 요건과 절차에 따라 개회되어야 의사를 진행할 수 있다. 지방의회의 회의가 개회되기 위해서는 일정한 수의 의원의 출석을 요구하고 있는 데 이를 의사정족수라고 하며, 이 의사정족수를 충족했을 경우에만 회의는 성립된다. 우리나라는 의사정족수를 재적의원 1/3이상의 출석으로 규정하고 있다. 비록 의사정족수를 충족하여 회의가 성립・개회되었다고 하더라도 회의 중 의원들이 이탈하여 의사정족수가 미달되었을 경우 의장은 회의의 중지 또는 산회를 선포하여야 한다. 그러나 의원들이 회의 중 일시 자리를 이석(離席)한 것을 의사정족수 미달로 보아서는 안될 것이다.

〈표 3-1〉 사안별 정족수의 내용과 기준

안건	발의정족수	의결정족수
일반 안건	재적의원 1/5 이상이나 10인 이상의 연서	재적의원 과반수의 출석과 출석과 의원 과반수의 찬성
의장불신임안	재적의원 1/4 이상	재적의원 과반수의 찬성
조례안의 재의요구	자치단체장의 요구	재적의원 과반수의 출석과 출석의원 2/3 이상의 찬성
행정사무감사 및 조사실시	재적의원 1/3 이상	재적의원 과반수의 출석과 출석의원 과반수의 찬성
지방의원의 자격심사	재적의원 1/4 이상	자격상실의결: 재적의원 2/3 이상의 찬성
의원의 징계	회의규칙에 규정(재적의원1/5 이상)	제명의결: 재적의원 2/3 이상의 찬성
임시회 소집요구	재적의원 1/3 이상의 요구 혹은 단체장의 요구	요구가 있으면 소집해야 함 (15일 이내)
회의의 비공개	의원 3인 이상	출석의원 2/3 이상의 찬성
회기 중 위원회개회 요구	재적의원 1/3 이상의 요구 혹은 의장의 필요시 및 단체장의 요구시	요구가 있으면 개회해야 한다
폐회중 위원회개회 요구	재적의원 1/3 이상 요구시, 본회의의 의결, 의장의 필요인정시, 단체장의 요구가 있을 때	요구가 있으면 개회할 수 있다
위원회 폐기안건의 본회의 부의	재적의원 1/3 이상의 요구 혹은 의장의 요구	요구가 있으면 본회의에 부의해야 한다

2) 회의공개의 원칙

지방의회의 회의는 공개함을 원칙으로 한다. 그러나 의원 3인 이상의 발의로 출석의원 2/3이상의 찬성이 있거나 의장이 사회의 안녕질서를 위하여 필요하다고 인정하는 경우에는 공개하지 아니할 수 있다. 비공개회의라도 회의의 내용은 기록되어야 하기 때문에 회의록 원본에는 회의내용을 기록하여야 한다. 그러나 공개적으로 배포되는 회의록에는 게재하지 아니하여야 한다. 물론 비공개회의의 내용을 누설해서도 안된다.

3) 회기계속의 원칙

회기계속의 원칙이란 지방의회에 제출된 의안은 회기 중에 의결되지 못했다는 이유로 폐기되지 않는다는 원칙이다. 즉 이번 회기에서는 의안으로 상정되었으나 의결되지 못했다면 다음 회기에 그것을 의결할 수 있음을 의미한다. 그러나 지방의원의 임기가 만료되는 회기에서는 그러하지 않다. 즉 이번 회기가 끝나면 지방의원들의 임기가 만료되어 다시 지방의원을 선거해야 한다면, 이번 회기 중에 의결되지 못한 의안들은 자동적으로 폐기된다.

4) 일사부재의(一事不再議)의 원칙

일사부재의의 원칙이란 한 회기 중에 부결된 의안은 동일회기 중에 다시 발의할 수 없다는 원칙을 말한다. 지방자치법도 "지방의회에서 부결된 의안은 같은 회기 중에 다시 발의 또는 제출할 수 없다"고 규정함으로써 일사부재의의 원칙을 인정하고 있다.

5) 제척(除斥)의 원칙

이것은 지방의회의 의장이나 의원은 본인 또는 직계존·비속과 직접 이해관계가 있는 안건에 관하여는 그 의사에 참여할 수 없다는 원칙이다. 그러나 만일 지방의회의 동의가 있는 경우에는 의회에 출석하여 발언할 수 있도록 하고 있다.

6) 기록유지의 원칙

지방의회는 회의에 관한 증거를 보존하기 위해 회의록을 작성하고 이를 첨부하여 회의의 결과를 자치단체장에게 통보하여야 한다. 비밀을 요한다고 의장이 인정하거나 지방의회에서 별도의 의결이 있는 경우를 제외하고는 의원들에게도 배부하여야 한다. 지방자치법은 이러한 회의록의 작성을 규정하고 있고, 이어 그 시행령에서도 회의내용을 속기 또는 녹음으로 기록·보존할 것과 자치단체장에게 통보가 20일 이내에 이루어져야 할 것을 규정하고 있다. 회의록에는 회의의 진행내용 및 결과와 출석의원의 성명이 기재되며 의장과 의회에서 선출한 의원 2인 이상의 서명이 있어야 한다.

7) 비폭력의 원칙

지방의회는 회의의 원만한 진행을 위하여 폭력과 폭언의 사용을 금지하고 있다. 규제 또는 금지대상의 행위에는 지방자치법과 회의규칙에 위배되는 발언 또는 행위를 하여 회의장의 질서를 문란하게 하는 행위, 타인을 모욕하는 행위, 타인의 사생활에 대한 발언, 회의 중에 폭력을 행사하거나 소란한 행위를 하여 타인의 발언을 방해하는 행위, 의장 또는 위원장의 허가 없이 연단이나 단상에 등단하는 행위 등이 포함되고 있다. 또 방청인 역시 소란한 행위를 하여서는 안되며 이러한 행위가 일어나는 경우 의장은 방청인의 일부 또는 전부를 퇴장시킬 수 있다.

8) 기타 원칙

지방의회는 그 회의의 효율적 운영을 위하여 지방자치법 및 의회의 회의규칙 등에서 의사진행에 관련되는 여러 가지 원칙들을 규정하고 있다. 이러한 원칙들은 비록 명문규정으로 '~의 원칙'이라는 형식으로 규정되어 있지는 않지만 그 내용상 의회의 회의운영 원칙으로 보아야 할 것이다. 이러한 원칙들로는 '의원평등의 원칙' '과반수 또는 다수결의 원칙' 등을 들 수 있다.

4. 위원회의 운영

1) 위원회의 기능과 권한

대부분의 지방의회의 활동은 위원회에서 진행된다. 지방의회에 제출된 대부분의 의안은 소관위원회에서 처음으로 토의되며, 따라서 위원회는 의안을 소관별, 부문별로 예비심사하는 기능을 담당한다. 즉 지방의회의 위원회는 "그 소관에 속하는 의안과 청원 또는 지방의회가 위임한 특정한 안건을 심사"하는 권한을 가지고 있다. 위원회의 기능은 나라마다 같지 아니하다. 그럼에도 불구하고 위원회는 대체로 단순한 예비심사기관이 아니라 의안에 대한 일차적 심의기관인 동시에 발의기관이라고 할 수 있다. 특히 관례적으로 볼 때 위원회의 심의보고서가 본회의에서 별다른 수정 없이 통과되는 경우 위원회의 의안심의는 매우 중요한 기능을 한다.

2) 위원회의 개회와 운영

위원회의 개회에 관해서는 첫째 위원회를 본회의의 회기 중에 한하여 개회토록 할 것인가, 둘째 회기 중에 개회함을 원칙으로 하되 예외적으로 폐회 중에도 개회할 수 있도록 할 것인가라는 문제가 제기될 수 있다. 현행법상으로는 회기 중에는 i) 위원장이 필요하다고 인정하거나 ii) 재적위원 1/3이상의 요구가 있을 때 개회를 원칙으로 하되, 폐회 중에는 i) 본회의의 의결이 있을 때, ii) 의장이 필요하다고 인정할 때, iii) 재적위원 1/3 이상의 요구가 있을 때, iv) 자치단체장의 요구가 있을 경우 예외적으로 위원회의 개회를 가능토록 하고 있다. 위원회에서는 당해 의회의원이 아닌 자는 위원장의 허가를 얻어 방청할 수 있으며, 위원장은 질서유지를 위해 필요할 경우 방청인의 퇴장을 명할 수 있다.

3) 위원회의 공개여부

본회의와는 달리 위원회의 회의를 공개할 것인가 비공개할 것인가에 대해서는 찬반논란이 거세다. 위원회를 공개하여 방청 및 보도활동의 자유를 보장하면 위원회의 회의장 모습을 생생하게 볼 수 있어 의안처리에 대한 주민의 비판과 감시가 용이해지는 데 반하여, 공개하지 않으면 위원들이 주위에 구애됨이 없이 발언이나 토론 등 기타의 의정활동을 자유롭게 할 수 있게 된다. 이처럼 위원회의 공개와 비공개는 각각 장단점을 가지고 있다.[7] 우리나라 현행법은 여기에 관해 아무런 규정을 두지 않고 의회규칙으로 정하도록 하고 있다. 공개와 비공개간의 이해득실, 주민의 정치역량의 수준, 선진국들의 일반적 추세 등을 감안하여 신중하게 운영할 필요가 있다.

5. 회의록의 작성과 보관

지방의회는 회의록을 작성하고 회의의 진행내용 및 결과와 출석의원의 성명을 기재하여야 한다. 회의록에는 의장과 의회에서 선출한 의원 2인 이상이 서명하여야 한다. 또한 의장은 회의록의 사본을 첨부하여 회의의 결과를 자치단체장에게 통고하여야 한다. 회의록은 의원에게 배부하여야 한다. 단 비밀을 요한다고 의장이 인정하거나 지방의회에서 공개하지 않기로 의결한 사항은 공개하지 아니한다.

회의록을 작성하는 목적은 의회활동을 기록·보관함으로써 필요시 언제라도 회의공개의 목적을 달성할 수 있고, 주민들의 열람을 통해 의회활동을 소개하고 자료로 제공하며 주민의 참여기회를 높이고자 하는 데 있다. 회의록에 출석의원의 성명을 기재하고 의장 및 의원 2인 이상의 서명을 받도록 한 것은 지방의원들로 하여금 성실하고 책임있는 의

7) 그러나 선진국들은 공개하는 추세로 나가고 있다(예: L.A시의회, 몬트리올도시공동체의회 등).

정활동을 수행케 하려는 데 그 목적이 있다.

Ⅵ. 지방의원의 권리와 의무

1. 지방의원의 지위

1) 주민의 대표자로서의 지위

지방의원은 당해 자치단체 주민의 보통, 평등, 직접, 비밀선거에 의해 선출된 합법적인 주민대표로서의 지위를 갖는다. 그리고 그러한 지위로 인해 지방의원은 당연히 지방자치단체의 최고의결기관인 의회의 구성원이 된다. 지방의회의원은 법률이 보장한 임기동안 당연히 주민을 대표하며, 대표의 범위는 지방자치권이 인정하는 공공영역의 주민생활에 관련된 모든 부분을 포함하는 공공의 대표이다.

2) 지역정책결정권자로서의 지위

지방의원은 지역개발과 주민복지증진을 위하여 스스로 혹은 주민들의 요구와 지지를 받아 지역개발정책을 결정하고 이의 효율적인 집행을 감시・감독해야 한다. 사회간접자본시설이나 공원, 시장, 주차장, 택지개발 등의 다양한 정책을 결정하여 집행함으로써 지역 전체의 발전을 주도해 나가는 사업 등을 그 대상으로 할 수 있을 것이다.

3) 지역사회 입법주도자로서의 지위

지방의회의원은 지방의회를 통해 지역 내 제반 사회영역에 실질적인 영향력을 발휘하는 지역정치의 핵심멤버들이다. 그리고 이들은 주로 지방의회를 통한 자치입법을 주도함으로써 그들의 영향력을 발휘하게 된다. 여기서 자치입법이란 지방자치법에 따라 지방의회가 제정하는 조례를 의미한다.

4) 집행기관에 대한 통제자로서의 지위

지방의회는 지역주민의 대표기관으로서 지방정부의 행정을 감시하고 비판・견제하는 역할을 수행한다. 즉 지방자치법은 지방의회에 입법권, 예산심의 및 결산승인권, 집행기관에 대한 질문권, 행정사무에 대한 조사 및 감사권, 교육위원선출권 등을 부여함으로써 지방의회로 하여금 지방행정에 대한 통제기능을 수행토록 하고 있다.

2. 지방의원의 신분

1) 지방의원의 임기

지방의원의 임기란 지방의원이 지방주민의 대표로서의 지위와 권한을 향유할 수 있는 합법적인 기간을 뜻한다. 지방의원의 임기 역시 나라마다 다르며 짧게는 1년인 나라(미국의 일부 도시와 스위스의 시 · 읍 · 면)에서부터 길게는 6년인 나라(프랑스, 스페인)도 있다. 우리나라는 제2차 지방자치법 개정 시에 4년인 임기를 3년으로 개정했던 경험을 제외하고는 줄곧 4년으로 해 왔으며, 현행법도 4년으로 규정하고 있고 세계 각국의 예도 4년으로 하는 나라가 대부분이다.

2) 지방의원의 보수(報酬)

지방의원의 보수는 크게 명예직과 유급직으로 나누어 고찰할 수 있다. 일반적으로 대의회제도를 채택하고 있는 나라는 명예직으로 하고 있는데 비하여, 소의회형을 채택하고 있는 나라는 유급직으로 하고 있다. 미국, 캐나다, 필리핀, 일본, 우리나라 등은 유급제도를 취하고 있으며 영국, 프랑스, 서독, 대만 등은 명예직 제도를 채택하고 있다. 그러나 우리나라는 지방의원을 정무직 공무원으로 규정하면서도 다른 정무직과는 달리 보수를 지급하지 않고, 수당(지방자치법상 수당지급)을 지급하고 있다. 선거를 통해 취임한 모든 공직자들을 정무직으로 하여 연봉을 지급하고 있으면서도 유독 지방의원들에게만은 수당을 지급하고 있는 현행 제도(지방자치법 제33조와 34조)는 헌법상 평등의 원칙을 위배함으로써 헌법소원의 대상이 될 수 있다.

3) 지방의원신분의 취득과 상실

지방의원의 의원신분은 그 임기 개시일부터 취득되며 임기만료일에 신분을 상실한다. 따라서 지방의원의 신분은 의원선거 이후 당선인의 공고가 있는 날로부터 발생하며, 선거 또는 당선의 효력에 관한 소송제기가 있다고 하더라도 그 확정판결이 있기까지는 의원의 신분을 상실하지 않는다. 지방의원은 주민들의 직접선거에 의해 선출된 주민의 대표이므로 가능한 그 신분을 보호하고 있으며, 다음과 같은 신분상실사유가 발생하지 않는 한 그 신분을 보유한다. 첫째 지방의원이 당연 퇴직사유에 해당되는 하나의 직에 취임했을 때[8)]

8) ① 지방의회 의원이 겸직할 수 없는 직에 취임했을 때, 즉 지방의원은 지방자치법에서 규정하고 있는 겸직금지에 해당되는 직에 취임했을 경우 당연히 그 신분이 상실된다. ② 지방의회 의원이 피선거권을 상실하면 의원직도 자동 상실하게 된다. ③ 지방의원이 징계에 의하

둘째 지방의원 본인의 사직에 의해서, 셋째 지방의원의 의원자격심사에 의해 자격이 없는 것으로 자격상실의결을 받았을 때, 넷째 그 외에도 지방의원은 당해 자치단체가 소멸된 때, 그리고 본인이 사망한 경우, 선거무효나 당선무효의 확정판결을 받음으로써 그 신분을 상실하게 된다.

3. 지방의원의 권리

1) 발의권(의안제출권)

지방의회의원은 재적의원 1/5이상이나 의원 10인 이상의 연서로 지방의회에서 의결할 의안을 발의할 수 있는 권리를 가진다. 즉 지방의원은 당해 자치단체의 조례안이나 지방의회의 의결이 필요하다고 판단되는 기타 결의안을 발의할 수 있으며, 이 경우 의안을 작성하여 의장에게 제출토록 하고 있다. 그리고 지방의회에 제출된 의안은 회기 중에 의결되지 못했다는 이유로 폐기되지 않으며, 다음 회기에 자동 계속된다(회기계속의 원칙). 그러나 지방의원의 임기가 만료된 경우에는 그러하지 않다.

2) 임시회 및 위원회 소집요구권

지방의원은 지방의회의 임시회와 위원회의 소집을 요구할 수 있다. 지방의원은 재적의원 1/3이상의 찬성으로 임시회의 소집을 요구할 수 있으며, 재적의원 1/3이상의 요구로 위원회소집을 요구할 수 있다. 의장은 재적의원 1/3이상이 임시회의 소집을 요구하면 15일 이내에 임시회를 소집해야 하며, 임시회를 소집할 경우 시・도에 있어서는 집회일 7일 전에, 시・군・자치구에 있어서는 집회일 5일 전에 이를 공고해야 한다. 단지 긴급을 요할 때는 예외로 할 수 있다.

3) 표결권(결정참여권)

지방의회의원은 지방의회의 구성원으로서 의회의 권한과 의무를 수행하기 위한 제반 의결과정에 참여함으로써 표결권을 행사할 수 있는 권리를 가진다. 즉 지방의원은 정기회의 및 임시회의의 본회의나 위원회 등에서 각종의 결정에 참여하여 표결할 수 있는 권리를 갖는다.

여 의회 내에서 제명결의를 받았을 때에도 지방의원의 신분은 상실된다.

4) 질문권과 질의권

지방의원은 지방의회의 이름으로 혹은 그 위원회의 명의로 자치단체장 및 그 보조기관의 출석답변을 요구한 경우, 여기에 참석하여 이들에 대해 질문할 수 있는 권리를 가진다. 이 때 질문은 출석답변을 요구할 때 미리 제출된 질문요지서에 의해 질문을 하게 되나 답변을 받고 다시 즉석에서 질문할 수도 있다. 지방의원은 현재 의제로 되어 있는 의안에 대하여 발의자, 의장, 위원장 등에 대해 그 의의를 물을 수가 있는 데 이를 질의라고 하며, 구두로 할 수 있다. 질의는 요식행위를 갖추어야 하는 질문과 비교할 때, 자유성이 많고 실제 많이 사용될 수 있어서 그 정치적 효과는 질문보다 크다.

5) 토론권

토론이라 함은 표결을 요하는 의제에 대하여 의견을 발표하는 것을 말한다. 지방의원은 의결의 대상으로 의제에 오른 안건에 대하여 찬성 혹은 반대의 입장을 밝히는 토론을 할 수 있다. 본회의에서 토론에 나서고자 하는 의원은 사전에 찬성 또는 반대의 의사를 의장에게 통지하도록 하여야 한다. 위원회 등에서 질의할 때에는 찬부의견을 발표할 수 있으므로 질의와 토론이 잘 구별되지 않을 때가 많다. 지방의원의 질문권이나 토론권의 행사방법과 절차에 관해서 보통은 지방의회의 회의규칙에 규정하고 있으므로 구체적인 내용은 자치단체에 따라 동일하지 않을 수도 있다.

6) 청원의 소개권

지방자치법은 "지방의회에 청원을 하고자 하는 자는 지방의회의원의 소개를 얻어 청원서를 제출하여야 한다". 그리고 "청원을 소개한 의원은 소관위원회 또는 본회의의 요구가 있을 때에는 청원의 취지를 설명해야 한다"고 규정함으로써 헌법 제26조에 규정된 국민의 청구권적 기본권의 하나인 청원권을 국회법(제116-119조)과 더불어 지방자치법에도 규정하고 있다.

7) 의정활동비 등의 청구권

지방의원은 의정활동비와 공무여행중의 여비, 회기 중에 지급하는 회의수당 등을 지급받을 수 있다. 또한 회기 중 직무로 인하여 신체에 상해를 입거나 사망한 때와 그 상해 또는 직무로 인한 질병으로 사망한 때에는 보상금을 지급 받을 수 있다. 그러나 국회의원에게 인정되는 불체포특권과 면책특권은 인정되지 아니하며, 단지 체포 또는 구금된 지방의회의원이 있을 때에는 관계 수사기관의 장은 지체없이 의장에게 영장의 사본을 첨부하여 이를 통지하여야 한다.

8) 기타의 권한과 지방의회의장의 권한

지방의회의원은 이상과 같은 권리 이외에도 지방의회의 출석권, 발언권, 의원자격심사청구권, 의원의 징계요구권, 회의개최요구권 등을 가지며 기타 지방의회의 구성원으로서 지방의회의 권한을 수행하는 과정에서 의회의 권한을 자신들의 권리로 하여 기능할 경우도 있으며, 지방의회의 의장으로 선출됨으로써 지방의회의 의장으로서의 권리도 가질 수 있다.[9]

4. 지방의원의 의무

1) 공익우선(公益優先)의무와 성실의무

지방자치법은 "지방의회의원은 공공의 이익을 우선하여 양심에 따라 그 직무를 성실히 수행해야 한다"고 규정함으로써 지방의회의원이 그 직무수행과정에서 공익을 우선하도록 하는 의무를 부과하고 있다. 지방의원은 법률이나 의원 자신의 양심에 따라 행동해야 하며 외부로부터의 부당한 지시나 명령에 굴복해서는 안된다. 또한 지방의원은 맡은 역할을 충실히 수행해 나가야 하는 성실의무도 지고 있다.

2) 청렴의무 및 품위유지의무

지방의회의원은 청렴의 의무를 지며, 의원으로서의 품위를 유지해야 한다. 즉 지방의원은 직무와 관련하여 직접적으로나 간접적으로 사례, 증여, 또는 향응을 받아서는 안되며, 관련 의원이나 공무원에게 증여를 해서도 안되며 받아서도 안된다. 지방의원의 청렴의무란 공직자로서 직무와 관련한 일체의 재산상 혹은 신분상의 이익공여나 접수행위를 할 수 없음을 뜻한다. 그리고 지방의원은 직무의 내외를 불문하고 그 품위를 손상하는 행위를 해서는 안된다. 품위유지란 직무수행과 관련해서는 물론 개인으로서의 사회생활에서도 지방의원의 신분에 합당한 품격과 위신을 유지해야 함을 의미한다.

---

9) 지방의회의원이 의장이 되었을 경우 갖게 되는 지방의회 의장의 권한으로는, ①지방의회의 대표권 및 의회사무감독권, ② 정기회 및 임시회의 소집공고권, ③ 원내질서유지특권, ④ 위원회 출석발언권, ⑤ 조례의 이송권, ⑥ 확정된 조례의 예외적 공포권, ⑦ 폐회중의 의원사표처리권 등을 갖는다.

3) 지위남용금지의무와 이권불개입의무

지방의원은 그 지위를 남용하여 지방자치단체, 공공단체 또는 기업체와의 계약이나 그 처분에 의하여 재산상의 권리·이익 또는 직위를 취득하거나 타인을 위하여 그 취득을 알선해서는 아니 된다. 이것은 지방의원이 자기에게 부여된 지위나 특권을 남용하여 각종의 이권에 개입하거나 뇌물을 주고받지 못하도록 한 것으로 이러한 의무에 위반하였을 경우 의원징계의 대상이 될 수 있다.

4) 겸직금지의무

지방의원은 법률에서 정하는 일정한 직을 겸할 수 없도록 하고 있다. 즉 지방자치법은 "지방의회의원은 다음 각 호의 하나에 해당하는 직을 겸할 수 없다"고 규정함으로써 겸직금지의 범위를 비교적 확대하고 있다. 일반적으로 지방의원을 유급직으로 할 때에는 겸직의 범위를 확대하고, 명예직으로 할 경우 겸직의 범위를 완화하고 있는 경향에 비추어 볼 때, 명예직으로 하면서도 겸직제한의 범위를 확대하고 있는 우리나라의 현행법은 개선해야 할 여지가 많다고 보아야 할 것이다.

5) 겸업금지의무(영리업무금지의무)

지방의회 의원은 당해 지방자치단체와 거래를 하거나, 거래를 하는 법인의 임원이 될 수 없다. 이를 지방의원의 겸업금지의무 혹은 영리업무금지의무라고 하며, 이것은 지방의원이 영리업무에 종사하면 공정한 직무집행을 저해할 수 있고, 공익에 상반되는 불미스러운 피해를 초래할 우려가 있기 때문에 이를 미연에 방지하고자 하는 데 그 의의가 있다. 지방자치법에서는 "지방의회의원은 당해 지방자치단체 및 공공단체와 영리를 목적으로 하는 거래를 할 수 없으며 이와 관련된 시설 또는 재산의 양수인 또는 관리인이 될 수 없다"고 규정함으로서 이를 규정하고 있다.

6) 의사진행에 관한 의무

(1) 회의장의 질서유지의무

지방의원이 본회의 또는 위원회의 회의장에서 지방자치법 또는 회의규칙에 위배되는 발언이나 행위를 하여 회의장의 질서를 문란하게 한 때는 의장 또는 위원장은 이를 경고 또는 제지하거나 그 발언의 취소를 명할 수 있다. 이러한 명에 응하지 않는 의원이 있을 경우, 의장 또는 위원장은 그 의원에 대하여 당일의 회의에서 발언을 금지시키거나 퇴장시킬 수 있다. 그럼에도 불구하고 회의장이 소란하여 질서유지가 곤란한 경우에는 의장 또는 위원장은 회의를 중지하거나 산회(散會)를 선포할 수 있다.

(2) 모욕 등 발언의 금지의무

지방의회 의원은 본회의 또는 위원회에서 타인을 모욕하거나 타인의 사생활에 대한 발언을 하여서는 아니 된다. 본 회의 또는 위원회에서 모욕을 당한 의원은 모욕을 가한 의원에 대하여 지방의회에 그 징계를 요구할 수 있다.

(3) 발언방해금지의무

지방의회 의원은 회의 중에 폭력을 행사하거나 소란한 행위를 하여 타인의 발언을 방해할 수 없으며, 의장 또는 위원장의 허가 없이 연단이나 단상에 등단하여서는 아니 된다. 그러나 이러한 의무를 무시하고 고의적인 발언방해행위를 하였을 경우 별도의 규정은 없으나 이것 역시 전술한 '모욕 등 발언금지의무'에서와 같이 의원징계의 사유에 해당된다고 보아야 할 것이다.

7) 본회의 및 위원회 출석의무

지방의원은 그 직무를 수행하기 위하여 본회의 및 위원회에 출석하여야 한다. 의원이 사고로 인하여 의회에 출석하지 못할 때에는 그 이유와 기간을 기재한 청가서를 미리 의장에게 제출해야 한다. 의원의 청가는 5일 이내의 것은 의장이 이를 허가하고, 5일을 초과하는 것은 의회에서 이를 허가한다. 의원이 사고로 인하여 의회에 출석하지 못한 때에는 그 이유와 기간을 개재한 결석계를 의장에게 제출하여야 한다. 의원이 정당한 이유 없이 본회의 및 위원회에 계속하여 2일 이상 결석하였을 때에는 의장 또는 위원장은 해당의원의 출석을 요구해야 한다. 출석요구는 문서로 하되 긴급을 요할 경우 구두로도 가능하다.[10)]

8) 윤리적 · 도덕적 의무

지방의원의 윤리적 · 도덕적 의무란 지방의원이 지역주민의 대표자로서 그리고 지역사회의 고위공직자로서 마땅히 지녀야 할 자세, 행해야 할 행동규범, 추구해야 할 가치 등 지방의원이 수행해야 하는 규범적 의무이다. 이 윤리적 · 도덕적 의무를 위반했을 경우 법적인 제재조치나 불이익처분을 받지는 않지만 주민들로부터 비난을 받게 된다. 이러한 윤리적 · 도덕적 의무의 구체적 내용은 시간과 지역사회의 특징에 따라 일정하지 않으나 대

10) 그러나 이러한 지방의원의 회의출석의무는 지방자치법상의 의무가 아니고, 각급 지방의회의 회의규칙에 규정되어 있는 의무이지만 지방자치가 지방의회를 본질적 구성요소로 하고 있는 관점에서 본다면 지방의원들의 의회출석의무는 오히려 법률 규정사항이 되어야 마땅할 것이다.

부분은 지역주민의 대표로서의 의원들이 마땅히 행해야 할 역할 등이 그 근간을 이룬다.

9) 전문성 확보의무

지방의원들은 그들의 직무수행에 필요한 전문성을 확보하기 위해 노력해야 한다. 지방자치법은 지난 2006년 개정 시에 지방의회의 의무 중의 하나로 이 지방의원의 전문성확보의무를 규정하였다. 그동안 "의정활동을 효과적으로 수행하기에는 전문성이 너무 떨어지는 의원들이 많고, 이들로 인해서 지방의회의 기능이 전반적으로 저조하다"는 여론을 반영한 규정이라고 할 수 있다.

제 2 절 지방자치단체의 장(집행기관)

우리나라의 지방정부의 집행기관은 자치단체장을 중심으로 하는 일반집행기관, 교육·학예집행기관, 경찰집행기관 등의 특별집행기관으로 나누어진다. 그러나 아직도 교육·학예집행기관은 지방자치단체장의 관할범위에서 벗어나 있고, 경찰집행기관은 국가경찰의 체제 속에서 운영되고 있다.

Ⅰ. 일반집행기관

지방정부의 일반집행기관이란 지방정부의 행정사무를 총괄적으로 관리하고 집행하는 지방자치단체장과 자치단체장을 보조하거나 지원하는 기관들을 총칭한다. 그리하여 지방자치단체장, 보조기관, 소속행정기관 그리고 하부행정기관 등이 모두 일반집행기관에 속한다. 그리고 이들 보조기관, 소속행정기관, 하부행정기관 등은 자치단체장의 행정을 보조하거나 협력하는 기관들로서 이들을 모두 합하여 흔히 자치단체장으로 총칭하기도 한다.

1. 지방자치단체의 장

1) 자치단체장의 지위

(1) 지방자치단체의 수장(首長)으로서의 지위

첫째 지방자치단체를 대표하는 지위를 갖는다. 즉 지방자치단체의 장은 외부에 대하여 그 자치단체를 대표하는 지위에 있다. 둘째 지방자치단체의 행정수반으로서의 지위를 갖는다. 지방자치단체의 장은 그 자치단체의 자치사무 및 단체위임사무를 집행하는 최고책임자로서 교육, 학예, 체육사무를 제외한 자치단체의 일반행정사무를 통할하며, 교육, 학예, 체육사무에 대해서도 종합행정의 구현을 위해 일정한 조정행위를 할 수 있다.

(2) 중앙정부의 일선기관으로서의 지위

우리나라 지방자치단체는 자신의 자치사무와 중앙정부의 위임사무를 동시에 수행하고 있기 때문에 지방자치단체장은 자치단체의 대표와 집행기관장의 지위와 함께 중앙정부의 일선기관장으로서의 지위도 지니게 된다. 지방자치단체가 수행하는 국가사무는 대부분 기관위임사무의 형식으로 수행되는데, 기관위임사무를 처리하는 자치단체는 지방자치단체라기보다는 국가의 하급행정기관으로서의 성격을 지니게 되고, 이 때 자치단체장 역시 자치단체의 대표라기보다는 중앙정부의 일선기관장으로서의 지위를 지니게 된다.

(3) 종합행정기관으로서의 지위

지방자치단체의 장은 그 구역 내의 종합행정책임자로서의 지위를 가진다. 즉 지방정부는 특정한 지역 내의 종합행정기관이다. 중앙정부의 각 부처는 기능적으로 나뉘어져 각각 자신의 고유기능만 담당하는데 반해 중앙정부의 각 부처가 지방에서 실시하는 사무는 그 지역 지방정부를 통하여 실시된다. 따라서 지방정부는 중앙정부의 각 부처 업무가 종합되는 종합행정기관으로 기능한다.

(4) 지역정치지도자로서의 지위

위와 같은 지위에 더해서 자치단체장은 다시 정치지도자로서의 지위를 지닌다. 정당의 추천이 행해지는 경우 단체장은 정당의 중앙당과 지구당 또는 독자적인 정치조직의 중요한 보직자가 될 수 있으며, 정당이 관여하지 않는 경우에도 어쩔 수 없이 지방정치 지도자로서의 지위를 지니게 된다.

2) 자치단체장의 신분 : 선출과 임기

(1) 자치단체장의 주민직선제

지방자치단체의 장은 피선거권이 있는 자 중에서 보통, 평등, 직접, 비밀선거로 주민이 선출한다. 지방자치단체장의 선출방법은 주민직선에 의하는 방법, 지방의회에서 간선하는 방법, 중앙정부에서 임명하는 방법 등의 여러 가지 방법이 있으나 현행 지방자치법에서는 "주민이 --- 선출한다"고 규정하여 직선제를 명백히 하고 있다.

(2) 자치단체장의 임기

현행 지방자치법은 "지방자치단체의 장의 임기는 4년으로 하며, 지방자치단체의 장의 계속 재임은 3기에 한한다"고 규정하고 있다. 지방자치단체장의 임기는 전임자의 임기만료일의 다음날로부터 개시된다. 자치단체장의 임기는 국가에 따라서 다르다. 임기를 4년으로 하는 예가 가장 많으며, 2년(미국의 달라스 시 등), 3년(미국의 택사스 주 등), 5년, 6년(프랑스의 꼼뮨) 등이 있다.

(3) 겸직 및 영리행위금지

지방자치단체의 장은 국회의원 또는 지방의회의원과 기타 대통령령으로 정하는 직을 겸임할 수 없으며, 재임 중 당해 지방자치단체와 영리를 목적으로 하는 거래를 하거나 당해 지방자치단체와 관계있는 영리사업에 종사할 수 없다. 이것은 자치단체장이 주민의 대표자로서 공정한 직무를 수행하도록 하기 위한 것이다.

(4) 자치단체장의 사임

지방자치단체의 장이 그 직을 사임하고자 할 때에는 당해 지방의회의 의장에게 미리 서면으로 통지하여야 한다. 일본의 지방자치법은 도, 부, 현 지사는 30일전에 그리고 시, 정, 촌장은 20일 전에 당해 지방자치단체의 의회 의장에게 신청하도록 하고 있다. 그러나 우리의 경우는 미리 서면으로 통지하여야 한다고만 규정하고 있으므로 법시행령에서 '미리'의 시간적 범위를 규정하여야 할 것으로 생각된다.

(5) 자치단체장의 보궐선거

지방자치단체의 장이 사망, 면직, 사임 등의 사유로 궐위된 때에는 2월 이내에 보궐선거를 실시하고, 새로 당선된 자의 임기는 전임자의 잔임기간으로 한다. 다만 잔임기간이 1년 미만인 경우에는 보궐선거를 실시할 실익이 없으므로 이를 실시하지 아니하고 상급 지방자치단체의 장 또는 행정자치부장관이 그 직무대행자를 지정한다.

3) 지방자치단체장의 권한

(1) 지방자치단체의 대표권

지방자치단체의 장은 당해 지방자치단체를 대표하는 권한을 가진다. 이 경우 지방자치단체장은 지방자치단체를 법률적으로 대표하는데 그치지 않고 정치적으로도 대표하는 것으로 볼 수 있다. 법률적으로 대표한다는 것은 지방자치단체장이 행한 행위 그 차체가 법률상 바로 당해 지방자치단체의 행위가 되는 것을 의미하며, 이러한 지위에서 지방자치단체장은 지방자치단체를 대표하여 대외적으로 공법상 행위를 하거나 사법상의 행위를 행하며 소송상의 행위에 있어서 지방자치단체를 대표한다.

(2) 자치단체장의 행정에 관한 권한

① 사무의 관리집행권

지방자치단체장은 당해 지방자치단체의 사무와 법령에 의하여 그 자치단체에게 위임된 사무를 관리하고 집행한다. 여기서 당해 지방자치단체의 사무란, 그 관할 구역의 자치사무와 법령에 의하여 지방자치단체에 속하는 일체의 사무를 포함한다.

② 하부행정기관에 대한 지도 · 감독권

서울특별시와 광역시의 경우 구청장은 동장에 대해, 도의 경우 시장 · 군수는 읍 · 면장에 대해, 일반시의 시장은 동장에 대한 지휘감독권을 가지고 있다. 그러나 지방자치단체인 시, 군, 자치구의 경우 각각의 단체장이 독자적으로 그 의사를 표시할 권한을 가지고 주민에 대하여 자치단체를 대표하는 지위에 있으므로, 광역자치단체인 서울특별시, 광역시 · 도가 주어진 권한의 범위 내에서 지도 · 감독을 한다고 하더라도 기초자치단체의 본래의 권한을 침해하지 않도록 엄격하게 한정되어야 한다.

③ 소속직원에 대한 지휘감독 · 인사권

자치단체장은 소속직원을 지휘감독하고 법령 및 조례 · 규칙이 정하는 바에 의하여 그 임면(任免) · 교육훈련 · 복무 · 징계 등에 관한 사항을 처리한다. 또한 자치단체장은 그의 소관사무중 직접 집행하기 곤란한 사무의 일부를 분장시키기 위하여 필요한 기관을 설치할 수 있는 권한이 있다. 지방자치법에는 지방자치단체가 법령 또는 조례에 의해 직속기관 · 사업소 · 출장소 · 합의제 행정기관 등을 설치할 수 있도록 하였다. 따라서 이들 기관과 그 직원들에 대해서도 지휘감독 및 인사권을 갖는다.

④ 국가기관으로서의 감독권

지방자치법에는 "시 · 도와 시 · 군 · 자치구에서 행하는 국가사무는 법령에 다른 규정이 없는 한 시 · 도지사와 시장 · 군수 · 자치구청장에게 위임하여 행한다" 고 함으로써 지방자치단체에 대한 국가사무의 위임은 당연히 지도감독을 수반하게 된다. 한편 행정자치부장관, 시・도지사는 지방자치단체의 자치사무에 관하여 보고를 받거나 서류, 장부, 회계를 감사할 수 있는 감사권이 주어지고 있다. 그러나 이러한 감사권은 국가위임사무에 대한 적극적이고 포괄적인 지도감독에 비해 꼭 필요한 경우 최소한에 그치는 소극적인 감독으로 보아야 할 것이다.

⑤ 권한의 대행・대리・위임・위탁・재위임

자치단체의 장은 결원 또는 사고로 인해 그 직무를 수행할 수 없을 경우, 법률에 미리 규정되어 있는 시・도의 부시장・부지사, 시의 부시장・군의 부군수・구의 부구청장이 당연히 그 직무를 대리한다. 자치단체의 장은 조례가 정하는 바에 의하여 그 권한에 속하는 사무의 일부를 보조기관・소속행정기관 또는 하부행정기관에게 위임할 수 있으며 또한 조례가 정하는 바에 의하여 그 권한에 속하는 사무의 일부를 관할 자치단체나 공공단체 또는 그 기관(사무소・출장소 포함)에 위임 또는 위탁할 수 있다.

⑥ 예산 및 재정에 관한 권한

지방자치단체의 장은 회계연도마다 예산을 편성하여 의회에 제출하여야 하며, 그 밖에 계속비, 추가경정예산, 예산 불성립시의 예산집행, 지방의회에서의 재정부담을 수반하는 조례나 안건의결에 대한 협의권 및 결산보고의무 등에 관해 재정상의 권한과 의무를 가진다.

(3) 자치단체장의 입법에 관한 권한

① 조례의 공포 및 조례안에 대한 재의요구권

지방의회에서 의결된 조례안이 이송되어 오면 지방자치단체의 장은 그날로부터 20일 이내에 공포하여야 한다. 조례안의 이의가 있을 때에는 이유를 붙여 환부하고 그 재의를 요구 할 수 있다. 지방의회의 의결에 대한 장의 재의요구권은 다음 두 가지 경우를 그 내용으로 한다. 첫째 자치단체장은 의회의 의결이 월권 또는 법령에 위반된다고 인정되는 때에는 의결을 이송받은 날로부터 15일 이내에 이유를 붙여 재의를 요구할 수 있다. 둘째 자치단체장은 의회의 의결이 예산상 집행할 수 없는 경비를 포함하거나, 법령에 의한 의무적 경비삭감, 비상재해로 인한 시설의 응급복구를 위하여 필요한 경비삭감 등의 경우에도 그 이유를 붙여 재의를 요구할 수 있다

② 규칙제정권

지방자치단체의 장은 법령 또는 조례가 위임한 범위 안에서 그 권한에 속하는 사무에 관하여 규칙을 제정할 수 있다. 지방자치단체가 분합하여 새로운 지방자치단체가 설치되거나 지방자치단체의 격이 변경된 때에는 지방자치단체의 장은 필요한 사항에 관하여 새로운 조례 또는 규칙이 제정・시행될 때까지 종래 그 지역에 시행되던 조례・규칙을 계속 시행할 수 있다.

(4) 자치단체장과 지방의회의 관계에 관한 권한

① 의회에의 출석 및 진술권

지방자치단체의 장은 지방의회나 위원회에 출석하여 행정사무의 처리상황을 보고하거나 의견을 진술하고 질문에 응답할 수 있다.

② 지방의회의 의결에 대한 재의요구권

재의요구는 지방의회의 조례제정·개정이나 예산에 관한 의결에 대하여 인정되는 지방자치단체장의 일반적 거부권이라 할 수 있다. 한편 지방의회의 의결이 법령에 위반되거나 공익을 현저히 해한다고 판단될 때에는 시·도에 대해서는 행정자치부 장관이, 시·도 및 자치구에 대해서는 시·도지사가 재의를 요구할 수 있고, 재의의 요구를 받은 지방자치단체의 장은 지방의회에 이유를 붙여 재의를 요구하여야 한다.

③ 지방자치단체의 장의 선결처분(先決處分)권

지방의회에서 의결·결정하여야 할 사항 중 주민의 생명과 재산보호에 긴급하게 필요한 결정이 이루어지지 않은 때에 보충적 수단으로서 장에게 선결처분권을 인정하고 있다. 이것은 집행기관과 의결기관과의 조정을 도모하려는 데 그 취지가 있다. 선결처분권은 다음 세 가지 경우에 한하여 인정된다. 첫째 지방의회가 성립하지 아니한 때이다. 둘째 지방의회를 소집할 시간적 여유가 없는 때이다. 셋째 지방의회에서 의결이 지체되어 의결되지 아니한 때이다. 이 세 가지 경우 자치단체장은 의회의 의결없이 선결 처분할 수 있다. 단체장은 선결처분에 대하여 다음 회기의 의회에 보고하여 승인을 얻어야 한다.

(5) 지방자치단체장의 권한행사에 대한 제약요인

이러한 자치단체장의 권한은 아무런 제약 없이 행사될 수 있는 것은 물론 아니다. 실제 그 행사에 있어서는 여러 가지의 제약이 따르게 되며 그러한 제약 중 일부는 자치단체장의 권능을 크게 제약할 수도 있다. 지방의회의 감시와 통제가 있는 것은 물론이고, 민선단체장인 경우에는 지역사회의 정치지도자로서 가지게 되는 제약과 한계가 따르게 된다. 그러나 가장 큰 제약은 역시 중앙정부와의 관계를 규정하고 있는 법률과 열악한 재정, 그리고 중앙정치권으로부터 오는 압력이라 할 수 있다. 여기에서는 이러한 법률적 제약과 재정적 제약, 그리고 중앙정치권으로부터 오는 제약을 간략히 정리하기로 한다.

① 법률적 제약

앞서 우리는 자치단체장이 지니는 관리·집행권과 임면권, 그리고 지휘·감독권 등을 검토하였다. 보기에 따라서 상당히 강한 것이라 인식될 수도 있다. 그러나 실제에 있어서는 적지 않은 법률적 제약이 따른다. 첫째 이러한 권한의 행사와 관련하여 중앙정부 또는 상급자치단체의 강력한 통제가 뒤따른다는 것이다. 둘째 행사할 수 있는 권한의 폭이 제한되어 있다는 것이다. 셋째 이러한 제약 위에 중앙정부는 다시 이행명령제도와 행정대집행(代執行)제도를 도입하고 있다.

② **재정적 제약**

자치단체장의 권한행사는 자치단체 자체의 재정상황에 의하여 다시 제약을 받는다. 중앙정부의 지원에 의존하는 성향이 크면 클수록 중앙정부의 의사나 정책방향을 존중할 수 밖에 없기 때문이다. 거의 기계적으로 배분되는 지방교부세 형태의 지원은 큰 영향을 미치지 않을 수 있다. 배분 그 자체가 중앙정부의 일시적 기준이나 선호에 의해 이루어질 가능성이 적다. 그러나 보조금의 경우는 중앙정부의 일시적 기준이나 선호가 배분에 상당한 영향을 미칠 수 있기 때문이다.

③ **정치적 제약**

현행 공직선거법은 모든 지방선거가 정당공천제로 운영되도록 규정하고 있다. 이와 같이 정당의 역할이 강조되는 경우 자치단체장은 한사람의 정치인 내지는 정당인으로서 다시 중앙정치권의 통제를 받게 된다. 정당이 분권화 되지 못하고 중앙당이 추천에 있어 결정적인 역할을 하는 상황에서는 더욱 그러할 것이다. 중앙당의 지지를 확보하기 위해서 중앙당의 정치적 의지 및 정책방향을 존중할 수 밖에 없게 되는 것이다. 여당에 소속된 경우 결국 중앙정부의 의사와 정책방향을 최대한 존중할 수 밖에 없는 상황이 일어날 수도 있다.

4) 지방자치단체장의 역할

(1) 정책문제의 발견 · 제안자로서의 역할

자치단체장은 단순히 주어진 문제를 해결하는 것을 넘어 지역사회와 주민을 위한 새로운 정책문제를 찾아내어 이를 성공적으로 제안하는 역할이 요구된다. 우리 사회에는 중앙정부와 지방의회 모두에 의해 간과되고 있는 문제들이 무수히 많을 수 있다. 중앙정부는 중앙정부적 시각과 그 운영역학에 의해, 또 지방의회는 좁은 선거구를 대표하는 의원들로 구성된다는 그 나름대로의 역학구조에 의해 지역사회 전체를 위한 많은 중요한 문제를 간과할 수 있다. 이와 같이 중앙정부와 지방의회 모두에 의해 간과되고 있는 문제를 찾아내어 성공적으로 제안하는 것이 자치단체장의 역할 중 하나가 된다.

(2) 지역발전정책 추진자로서의 역할

자치단체장이 제안한 문제 중 자치단체장의 독자적 권한으로 처리할 수 있는 것은 자치단체장 스스로 정책으로 채택하여 처리하면 될 것이다. 그러나 조례와 법률의 제정, 그리고 재정투자 등 지방의회와 중앙정부 또는 민간부문의 관여가 필요한 경우 이들을 설득하여 일련의 정책적 행위 및 협력행위를 취해줄 것을 요청하게 된다. 이를 위해 단체장은 자신이 가지고 있는 모든 형태의 자원을 동원하게 되며, 때로는 여론과 자신의 정치적 영향력을 동원하기도 한다.

(3) 지방의회에 대한 견제자로서의 역할

자치단체장은 또한 지방의회에 대한 견제자세로서의 역할을 수행한다. 부분의 합이 전체와 같은 것이 아닌 것처럼, 부분의 이해관계가 크게 반영될 수 있는 지방의회의 결정이 지역사회전체의 이익을 항상 제고시키는 것은 아니다. 또 기관분립형 제도하의 지방의회는 직접적인 집행기관이 아니기 때문에 자치단체의 행·재정상태 등 실질적인 집행능력을 제대로 감안하지 않은 상태에서 의결을 할 수도 있다. 따라서 자치단체장은 지역사회 전체의 이익을 옹호한다는 입장에서 지방의회에 대해 적절한 견제역할을 수행하여야 한다. 재의요구권은 바로 이와 같은 일을 위해서 주어져 있다.

(4) 관리 · 집행자로서의 역할

자치단체장은 주어진 소관사무를 효과적으로, 관리·집행하는 역할을 수행한다. 이러한 역할의 수행을 위해 사무에 대한 관리·집행권과 보조기관 및 행정기관 그리고 그 직원에 대한 지휘·감독권이 부여되고 있다. 이러한 관리·집행자로서의 역할은 자치단체장의 역할 중 가장 전통적이며 중요한 것이라 할 수 있다. 앞으로의 자치단체장은 민주화와 분권화, 그리고 정보화와 국제화 등의 시대적 조류를 흡수하여 현행의 체제를 근본적으로 개혁해야 하는 역할을 수행해야 한다. 새로운 관리기법을 도입하고 공직과 업무에 대한 공무원의 관념을 변화시키는 등의 역할이 요구되고 있다.

(5) 자치경영자로서의 역할

자치단체장은 또한 지역의 경제를 활성화시키고 자치단체의 재정기반을 강화시킬 수 있는 각종의 사업을 기획하고 집행할 것이 기대된다. 일종의 사업기획가로서의 역할이라고 할 수 있으며, 이러한 역할은 지방자치의 발전과 함께 계속적으로 확대되어 갈 것으로 보인다. 그것은 지역경제 활성화에 대한 주민들의 욕구가 큰데다 자치단체장들은 이러한 욕구에 대해 경쟁적으로 대응할 것이기 때문이다.

(6) 이해관계 조정자로서의 역할

자치단체장은 지역사회 내에서 일어나는 각종의 분쟁과 이해관계를 조정하는 조정자로서의 역할을 수행할 것이 기대된다. 이러한 역할수행은 지역사회에서 일어나는 각종의 분쟁이 자치단체의 부담으로 전가된다는 점에서 불가피하게 맡게 되는 역할이라 하겠다.

(7) 중앙정부와의 연계역할 및 합리적 분권운동가로서의 역할

위에서 검토한 바와 같이 자치단체장은 자치단체의 대표이기도 하지만 국가의 일선행정기관으로서의 지위를 지닌다. 따라서 자치단체의 입장을 중앙정부에 전달하고 중앙정부의 입장을 자치단체에 전달하는 중요한 위치에 서게 된다. 이러한 중요한 위치에서 중앙적 이해관계와 지방적 이해관계를 적절히 조화시킬 수 있도록 노력해야 할 것이다.

2. 보조기관(지방자치단체장의 보조기관)

지방자치법은 자치단체장의 집행업무를 보조하기 위하여 지방자치단체장 아래에 보조기관으로 부지사, 부시장, 부군수, 부구청장 등의 부자치단체장 및 행정기구와 공무원을 두도록 하고, 이들의 역할과 권한에 대해 규정하고 있다. 아래에서는 이들 각각에 대하여 간략하게 검토하기로 한다.

1) 부단체장(副團體長)

(1) 정수와 신분

현행 지방자치법은 지방자치단체에 부단체장을 두도록 하고 있다. 광역자치단체인 시・도에는 정무직 1인과 일반직 국가공무원 1인 등, 2명의 부시장・부지사를 두고 있고, 기초자치단체인 시・군 및 자치구에는 일반직 지방공무원으로 보하는 1인의 부시장・부군수 및 부구청장을 두도록 되어 있다.

이들 부단체장은 첫째 자치단체의 장을 보좌하여 사무를 총괄하고, 둘째 소속직원을 지휘・감독하며, 셋째 자치단체장이 사고가 있는 경우 그 직무를 대리하게 된다. 부단체장의 임명은 "당해 시・도지사의 제청으로 행정자치부장관을 거쳐 대통령이 임명"하도록 하고 있다. 그리고 그 직급은 대통령령으로, 그리고 그 자격기준은 조례로 정하도록 되어 있다. 시・군 및 자치구의 부단체장은 자치단체장이 바로 임명하도록 되어 있는데 그 직급은 역시 대통령령으로 정하게 되어 있다.

(2) 권한

부단체장은 자치단체장을 보좌하여 사무를 총괄하고, 소속직원을 지휘・감독한다. i) 자치단체장이 궐위되거나 ii) 공소제기 후 구금상태에 있을 경우, 그리고 iii) 의료기관에 60일 이상 계속하여 입원한 경우와 iv) 당해 자치단체의 장 선거에 입후보 한 경우(후보자등록일로부터 선거일까지)에는 부단체장이 자치단체장의 권한을 대행한다. 또한 자치단체장이 출장, 휴가 등 일시적 사유로 직무를 수행할 수 없는 경우에는 부단체장이 그 직무를 대리한다. 부단체장이 2인 이상인 시·도에 있어서는 대통령령이 정하는 순서에 따라 권한을 대행하거나 직무를 대리하며, 부단체장이 부득이한 사유로 권한대행이나 직무대리를 수행할 수 없을 경우, 당해 자치단체의 규칙에 정해진 직제순위에 따라 그 다음 순위의 공직자가 이를 수행한다.

2) 행정기구

자치단체는 그 행정사무를 분장하기 위하여 필요한 행정기구를 두게 되는데, 시·도의 행정기구는 대통령령이 정하는 범위 안에서 당해 자치단체의 조례로 정하고, 시·군 및 자치구의 그것은 시·도지사의 승인을 얻어 당해 자치단체의 조례로 정하게 되어 있다. 우리나라 지방자치단체의 대부분은 실, 국, 과, 팀 등의 명칭으로 행정기구를 설치·운영하고 있다. 그러나 2007년부터 실시하고 있는 총액인건비제도에 따라 모든 지방자치단체의 행정기구와 공무원 정수는 지방자치단체의 자율에 맡겨지게 되었다.

3) 소속공무원

지방자치단체는 자신의 경비로써 부담하는 지방공무원을 둘 수 있다. 그러나 그 정원은 대통령령이 정한 기준에 따라 해당 자치단체의 조례로 정한다. 지방자치단체는 지방공무원의 정원관리에 있어서 그 규모의 적정화와 운영의 합리화를 도모하여야 한다. 지방공무원의 임용과 시험·자격·보수·복무·신분보장·징계·교육훈련 등에 관하여는 따로 지방공무원법이 정하는 바에 따른다. 지방자치단체에는 이러한 지방공무원 외에 법률 및 대통령령이 정하는 바에 의하여 국가공무원을 둘 수 있는데, 현재는 자치단체의 부단체장을 비롯하여 자치단체의 중요·고위직에 국가공무원을 배치하고 있다.

3. 소속행정기관(所屬行政機關)

지방자치법은 일반집행기관인 지방자치단체장의 업무집행을 지원할 수 있는 소속행정기관을 둘 수 있도록 규정하고 있다. 즉 자치단체장의 소속행정기관으로 직속기관, 사업소, 출장소, 합의제행정기관 등을 설치·운영할 수 있도록 하였다.

1) 직속기관(直屬機關)

지방자치단체는 그 소관사무의 범위 안에서 필요하면 대통령령이나 대통령령으로 정하는 바에 따라 지방자치단체의 조례로 자치경찰기관(제주특별자치도에 한한다), 소방기관, 교육훈련기관, 보건진료기관, 시험연구기관 및 중소기업지도기관 등을 직속기관으로 설치할 수 있다.

직속기관을 설치함에 있어서는 대통령령과 조례가 정하는 바에 의하도록 하고 있는데 조례에 의하는 경우는 행정자치부장관의 승인을 받도록 하고 있다. 대통령령에 의해서도 설치할 수 있게 한 것은 지방의회의 의결과 관계없이 중앙정부의 의사에 의해서도 직속기관을 설치할 수 있도록 하기 위한 것이라고 볼 수 있다.

2) 사업소 · 출장소

자치단체는 상수도와 같이 별도의 기관에서 업무를 수행하는 것이 효율적일 것이라고 판단되는 특정업무의 수행을 위해 필요한 때에는 대통령령이 정하는 바에 의하여 조례로 사업소를 설치할 수 있도록 하였다. 또 원격지 주민의 편의를 위해 소관사무를 분장 수행할 필요가 있거나 특정지역의 개발을 촉진할 필요가 있을 때는 대통령령에 의하여 당해 지방자치단체의 조례로 출장소를 설치 · 운영할 수도 있도록 하였다.

3) 합의제 행정기관

그리고 소관사무의 일부를 독립하여 수행할 필요가 있는 때에는 법령 또는 조례가 정하는 바에 의하여 합의제행정기관도 설치할 수 있도록 하고 있다. 출장소나 합의제 행정기관을 설치할 경우 행정자치부장관의 승인을 받아야 한다. 지방정부의 합의제행정기관의 예로는 선거관리위원회, 인사위원회, 지방공무원소청심사위원회 등이 있다. 이들은 독자적인 업무를 독립하여 집행하고 있다.

(1) 선거관리위원회

지방선거인 지방자치단체장선거와 지방의회의원의 선거사무를 관리 · 집행하기 위하여 서울특별시, 광역시, 도와 자치구, 시, 군에 선거관리위원회를 두게 되어 있다.[11] 그리하여 선거관리위원회는 크게 시 · 도 선거관리위원회와 구 · 시 · 군 선거관리위원회로 나눌 수 있다. 시 · 도 선거관리위원회(위원정수 9명)는 시 · 도지사선거, 시 · 도의회의원선거, 시 · 도선거구비례대표선거 등의 업무를 수행하고, 구 · 시 · 군 선거관리위원회(위원정수 9명)는 구청장, 시장, 군수선거와 구 · 시 · 군 의회의원선거, 구 · 시 · 군선거구비례대표선거 등의 업무를 담당한다. 투표사무는 투표구선거관리위원회(위원정수 7명)가 각각 행한다. 선거관리위원회는 본래 자치단체장에 속하는 선거사무의 관리, 집행에 관한 권한을 자치단체장의 주민직선제의 실시에 따라 자치단체장으로부터 독립시켜 공정하게 집행하기 위하여 설치된 것이다.

---

11) 공직선거 및 선거부정방지법 제13조, 제14조 및 선거관리위원회법 제2조 참조.

(2) 인사위원회

인사위원회란 지방공무원의 임용과 승진 및 각종 인사에 관한 사항을 심의・의결・집행하기 위하여 각 지방자치단체에 설치하고 있는 합의제행정기관이다. 즉 인사위원회는 지방공무원의 충원계획의 사전심의, 임용 및 승진시험의 실시, 임용권자의 요구에 의한 보직관리 및 승진・전보임용의 기준의결, 지방공무원의 징계의결 등을 수행하기 위하여 각 지방자치단체에 인사위원회[12]를 설치한다.

인사위원회는 앞에서 설명한 각종 사안에 대한 사전심의와 의결, 공무원시험의 실시와 징계의결 이외에도 법령에 의하여 그 관장에 속하는 사항[13]을 처리하는 권한을 가진다. 이러한 기능을 수행하기 위하여 인사위원회는 독립성을 가진 상설・합의제 의결기관으로 준 사법적 기관으로서의 성격을 가진다. 인사위원회의 위원장은 시・도의 부시장, 부지사, 부교육감(국가공무원), 부시장, 부군수, 부구청장이 된다. 인사위원회의 회의는 위원장이 필요하다고 인정할 때 이를 소집하고, 회의에서의 의결은 재적위원 2/3 이상의 출석과 출석위원 과반수의 찬성으로 한다.

(3) 지방공무원소청심사위원회

공무원의 징계 기타 그 의사에 반하는 불이익처분에 대한 소청을 심사・결정하기 위하여 서울특별시, 광역시 및 도에 임용권자별로 지방공무원 소청(訴請)심사위원회 및 교육소청심사위원회를 둔다. 소청심사위원회는 7인의 위원으로 구성하며, 위원은 일정한 자격을 갖춘자[14]들 중에서 서울특별시장・광역시장・도지사 또는 교육감이 임명 또는 위촉한다. 외부에서 위촉하는 위원수가 4인 이상이 되도록 해야 하며, 인사위원회위원과 소청심사위원회위원의 겸직이 금지되어 있다. 그리고 정당법에 의한 당원이나 지방의회의원은 위원이 될 수 없다. 동위원회는 심사를 함에 있어서는 소청인 또는 그 대리인에게 진술의 기회를 부여해야 하며, 위원은 그 친족의 소청사건에 관여하지 못한다. 위원회에서의 결정은 처분행정청을 기속한다.

---

12) 인사위원회는 인사행정에 관한 학식과 경험이 풍부한 i) 당해지방자치단체의 공무원(국가공무원포함), ii) 법관, 검사, 또는 변호사의 자격이 있는 자, iii) 대학에서 법률학, 행정학 또는 교육학을 담당하는 부교수 이상, iv) 초등학교, 중・고등학교 교장, v) 공무원으로서 20년 이상 근속하고 퇴직한 자 중에서 지방자치단체의 장이 임명 또는 위촉하는 위원 5인 이상 7인 이하로 구성된다.

13) 인사위원회의 관장에 속하는 시험의 종류로는 ① 7급 및 9급 공무원의 신규임용 및 승진시험, ② 기능직 공무원의 임용시험, ③ 6급-9급 공무원의 전직시험, ④ 기능직공무원의 전직시험 등이 있다.

14) i) 법관・검사・변호사의 직에 있는 자, ii) 대학에서 법률학을 강의하는 부교수 이상의 직에 있는, iii) 소속국장급 이상의 공무원

4. 하부행정기관(下部行政機關)

하부행정기관이란 지방자치단체의 행정사무를 지역적으로 분담·처리함으로써 보조기관과는 달리 대외적으로 지방자치단체의 의사를 표시하고 그에 따른 법적 효과를 발생시키는 행정청을 말한다. 하부행정기관으로는 자치구가 아닌 구의 구청장, 읍의 읍장, 면의 면장, 동의 동장 등이 있으며, 이들은 일반직공무원 중에서 당해 지방자치단체의 장(시장, 군수, 자치구청장)이 임명한다. 이들은 지방자치단체장의 지휘감독을 받아 소관 국가사무와 지방자치단체의 사무를 처리하고, 소속직원을 지휘·감독한다. 이들 하부행정기관은 소관행정사무를 분장하기 위하여 다시 필요한 하부행정기구를 둘 수 있다. 그러나 이들의 설치는 시·도지사의 승인을 얻어 당해 자치단체의 규칙으로 정한다.

Ⅱ. 교육·학예집행기관

1. 자치교육제도와 교육담당기관

자치교육이란 일정한 지역에서의 교육은 교육의 특수성을 고려함으로써 일반지방자치제도와 분리하여 결정하고 집행하고자 하는 제도이다. 즉 교육행정의 지방분권을 통하여 주민의 참여의식을 높이고, 각 지역실정에 맞는 교육정책을 강구함으로써 교육의 자주성, 전문성, 정치적 중립성을 확보할 수 있도록 하는 제도이다. 그리하여 교육에 의결기관과 집행기관을 따로 두는 경우가 보통이다. 따라서 자치교육제도는 일정한 지역의 총체적 지방자치의 틀 속에는 포함되나 일반행정과는 분리시켜 독자적 정책결정과 집행을 허용하는 지방교육자치제를 의미한다.

2. 우리나라 자치교육제도의 기본구조

우리나라 지방자치법은 "지방자치단체의 교육·과학 및 체육에 관한 사무를 분장하기 위하여 별도의 기관을 두되, 기관의 조직과 운영에 관하여 필요한 사항은 따로 법률로 정한다"고 규정하고 있다. 이에 따라 지방교육의 발전에 이바지함을 목적으로 '지방교육자치에 관한 법률'이 제정(1991. 3. 8)되어 교육의 자주성 및 전문성과 지방교육의 특수성을 살리고 있다. 1991년부터 실시되고 있는 현행 교육자치제는 지방자치단체의 교육·학예에 관한 사무를 특별시·광역시 및 도의 관장사무로 하고 있으며, 심의·의결기관으로는 교육위원회, 집행기관으로는 교육감을 설치하고 있다. 그러나 동법률은 2006년 12월 개정되어 교육위원회를 교육사무의 의결기관이자 시·도의회의 상임위원회로 대치하였으며 교육의원과 교육감을 주민직선으로 선출하도록 하였다. 그러나 2010년 이후에는 교육위원도 따로 선출하지 않고 일반 광역의원들이 교육위원회의 위원이 되도록 하였다.

3. 광역의회의 교육위원회(教育委員會)

교육위원회는 당해 시·도의 교육·학예에 관한 다음의 사항을 심사·의결한다. i) 조례안. ii) 예산안 및 결산. iii) 특별부과금·사용료·수수료·분담금 및 가입금의 부과와 징수에 관한 사항. iv) 기채안(起債案). v) 기금의 설치·운용에 관한 사항. vi) 대통령령으로 정하는 중요재산의 취득·처분에 관한 사항. vii) 대통령령으로 정하는 공공시설의 설치·관리 및 처분에 관한 사항. viii) 법령과 조례에 규정된 것을 제외한 예산 외의 의무부담이나 권리의 포기에 관한 사항. ix) 청원의 수리와 처리. x) 외국 지방자치단체와의 교류·협력에 관한 사항. xi) 그 밖에 법령과 시·도 조례에 따라 그 권한에 속하는 사항 등이다. 이들에 대하여 행한 교육위원회의 의결은 시·도의회 본회의의 의결로 본다. 그리고 교육위원회 위원장은 교육위원회가 다음 각 호의 어느 하나에 해당하는 의안을 의결할 때에는 의결하기 전에 미리 특별시장·광역시장·도지사의 의견을 들어야 한다.

1. 주민의 재정적 부담이나 의무부과에 관한 조례안
2. 지방자치단체의 일반회계와 관련되는 사항

4. 교육감(教育監): 교육·체육·학예집행기관

1) 교육감의 자격 및 임기

교육감은 학식과 덕망이 높고 당해 시·도지사의 피선거권이 있는 자로서 후보자등록신청개시일부터 과거 2년 동안 정당의 당원이 아니어야 한다. 그리고 후보자등록신청개시일을 기준으로 교육경력 또는 교육공무원으로서의 교육행정경력이 5년 이상 있거나 양 경력을 합하여 5년 이상인 자이어야 한다. 교육감의 임기는 4년으로 하되 1차에 한하여 중임할 수 있다. 임기는 전임자의 임기가 만료된 다음 날부터 개시되는 것이 원칙이나 부득이한 사정으로 전임자의 임기가 만료된 후 선출된 경우에는 그 선출된 날부터 개시한다.

2) 교육감의 선출

교육감은 주민의 보통·평등·직접·비밀선거에 따라 선출한다. 정당은 교육감선거에 후보자를 추천할 수 없으며, 교육감후보자는 「공직선거법」에 따른 선거권자의 추천을 받아 선거일 전 15일부터 2일간 시·도선거관리위원회에 서면으로 등록신청을 하되, 그 추천 및 등록은 무소속후보자의 추천 및 등록에 관한 규정을 준용한다. 교육감선거에 관하여 이 법에 정한 것을 제외하고는 그 성질에 반하지 않는 범위 안에서 「공직선거법」의 시·도지사선거에 관한 규정을 준용한다.

3) 교육감의 신분

교육감은 첫째 국회의원·지방의회의원 또는 교육의원을 겸할 수 없다. 둘째 「국가공무원법」 제2조에 규정된 국가공무원과 「지방공무원법」 제2조에 규정된 지방공무원 및 「사립학교법」 제2조의 규정에 따른 사립학교의 교원을 겸할 수 없다. 셋째 사립학교경영자 또는 사립학교를 설치·경영하는 법인의 임·직원을 겸할 수 없다. 교육감이 당선 전부터 겸직이 금지된 직을 가진 경우에는 임기개시일 전일에 그 직에서 당연 퇴직된다.

4) 교육감의 권한

교육감의 권한으로는 사무집행권, 교육규칙제정권, 교육에 관한 당해 시·도의 대표권, 사무위임·위탁권, 소속공무원의 지휘감독권, 시·도의회의 의결이나 시·도교육위원회의 의결에 대한 재의요구권(再議要求權), 재의결에 대한 제소권(提訴權), 선결처분권(先決處分權) 등을 가진다.

5) 교육감의 소속기관 및 하급교육행정기관

(1) 보조기관

교육감의 보조기관에는 부교육감(1인 혹은 2인)과 일반직공무원 그리고 장학관 등이 있다. 부교육감은 당해 시·도교육감이 추천한 자를 교육과학기술부장관의 제청으로 국무총리를 거쳐 대통령이 임명한다. 부교육감은 교육감을 보좌하여 사무를 처리하며, 교육감이 사고가 있을 때에는 그 직무를 대리한다. 교육감 밑에 기타 필요한 보조기관을 두되, 그 설치·운영 등에 관하여 필요한 사항은 대통령령이 정한 범위 내에서 시·도 조례로 정한다.

(2) 소속교육기관

교육감은 그 소관사무의 범위 안에서 필요한 때에는 대통령령 또는 당해 시·도의 조례가 정하는 바에 의하여 교육기관을 설치할 수 있다. 교육감의 보조기관과 교육기관 및 하급교육행정기관에는 당해 시·도의 교육비특별회계가 부담하는 경비로써 지방공무원을 두되, 대통령령이 정하는 바에 의하여 국가공무원을 둘 수 있다. 지방공무원의 정원은 법령이 정한 기준에 의하여 시·도의 조례로 정한다.

(3) 하급교육행정기관

시·도의 교육·학예에 관한 사무를 분장하게 하기 위하여 1개 또는 2개 이상의 시·군 및 자치구를 관할구역으로 하는 하급교육행정기관인 교육청을 설치한다. 교육청에는 장학관으로 보하는 교육장을 둔다. 교육장은 시·도의 교육·학예에 관한 사무 중 i) 공·사립의 초등학교·중학교·기술학교·공민학교·고등공민학교 및 유치원과 이에 준하는 각종 학교의 운영·관리에 관한 지도·감독, ii) 기타 시·도의 조례로 정하는 사무를 위임받아 분장한다.

Ⅲ. 경찰집행기관

1. 경찰제도의 유형 : 국가경찰제와 자치경찰제

경찰행정기능을 국가경찰체제로 일원화할 것인가 아니면 국가경찰체제와 지방경찰체제로 이원화할 것인가는 나라마다 다르다. 국가경찰은 국가가 설치하고 관리하며 그 권한과 책임이 국가에 귀속되는 경찰제도를 말한다. 즉 국가경찰은 경찰조직권, 경찰인사권, 경찰경비부담권을 국가가 가지는 경찰제도이다. 이에 반해 자치경찰은 지방자치단체가 설치·관리하고 그 권한과 책임이 지방자치단체에 귀속되는 경찰제도를 말한다. 자치경찰제도는 치안을 지방의 고유사무로 인정하고 경찰권을 행사하는 조직의 설치·운영의 권한과 책임을 자치단체가 가지고 있는 제도이다.

각국 경찰체제의 기능을 보면 대체로 영·미법계의 경찰개념을 채택하는 국가에서는 일반집행기관이 자치권의 일환으로 경찰기능까지 담당하는 자치경찰제도를 실시하는데 반하여, 대륙법계의 경찰개념을 채택하는 대부분의 국가에서는 경찰기능을 국가기능만으로 인식해 국가경찰제도를 실시하고 있다. 즉 이들 국가의 경우, 설령 자치단체의 장이 경찰행정기능을 담당하더라도 그것은 국가의 하급행정기관의 지위에서 국가의 위임사무를 집행하는 것에 지나지 않는다. 이처럼 지방자치단체의 집행기관으로 하여금 경찰행정기능도 관장하게 할 것인가, 아니면 경찰기능은 국가의 하급기관이 관장토록 할 것인가 하는 것은 매우 중요한 문제이다. 그것은 지역주민의 신체・생명과 재산의 침해를 방지・보호하고 사회의 안녕과 질서를 유지하기 위한 경찰행정기능은 국가사무적 성격과 자치사무적 성격을 아울러 가지고 있기 때문이다. 개인생활의 침해와 사회질서의 위협으로부터 국민을 보호하는 경찰기능은 서비스행정이면서도 권력적 작용이므로, 그 기능의 현실적 실현형태에 따라서는 개인의 안전을 보호도 하지만 침해할 위험성도 내포하고 있다. 따라서 경찰행정기능은 주민들이 가장 가까운 곳에서 언제나 통제가능한 위치에 두는 것이 바람직하다.

2. 경찰제도의 모델

1) 집권형 체제

집권형 체제는 경찰조직이 중앙정부의 직접적인 통제하에서 관리되는 조직구조로 경찰권의 발동에 대한 책임은 궁극적으로 중앙정부에 귀속된다. 집권형 체제(centralized system)는 중앙집권적인 권력구조 형태를 취하면서 개개 국민의 생명・신체 및 재산에 대한 보호보다 공공의 안녕・질서 유지를 더 중시하는 제도이다. 집권형 체제를 선택하고 있는 국가는 한국, 프랑스, 이탈리아, 이스라엘, 핀란드, 덴마크, 대만 등이다.

2) 분권형 체제

분권형(fragmented system)은 경찰조직이 중앙정부의 통제를 받는 것이 아니라 지역적으로 구분되어 있는 지방정부의 통제를 받는 것을 의미한다. 분권형은 전국적으로 일원화된 경찰구조는 없고, 지역적으로 분권화된 지방경찰이 경찰권을 행사하고, 경찰권 행사에 대한 책임은 지방정부나 지역경찰이 진다. 분권형을 채택하고 있는 국가는 미국, 캐나다, 벨기에, 스위스 등이다.

3) 절충형 체제

절충형(integrated system)은 경찰조직에 대해 중앙정부와 지방정부가 통제권한을 공유하고 있는 형태를 의미한다. 절충형은 경찰권 발동에 대한 지방통제가 이루어지고 있는 한편, 국가적인 기준을 채택함으로써 민주성과 효율성을 달성할 수 있다. 절충형은 영국, 호주, 일본, 독일 등에서 채택하고 있는 제도이다.

3. 한국의 경찰집행기관

우리나라의 경찰은 국가경찰제로 일원화되어 있으며 지방자치단체의 경찰이나 지방경찰은 인정하지 않고 있다. 다만 제주특별자치도에는 법률 제7849호에 의거 2006년 7월 자치경찰이 출범되었고, 이후 2007년 2월 자치경찰 발대식을 시작으로 자치경찰의 역할을 수행하고 있다. 이러한 제주자치경찰단은 관광치안 확보, 치안서비스 강화, 민생사법경찰활동, 교통환경 조성 등을 주요 임무로 하고 있다. 현재 통합 자치경찰단의 출범으로 1단 4과 1지역대, 1센터, 11담당으로 조직되어 있다.

현재 우리나라의 경찰기관은 중앙경찰관청인 행정자치부장관-경찰청장을 정점으로 하여 전국적인 계층제 구조를 형성하고 있다. 경찰법은 행정자치부에 경찰위원회를 설치하고 있다. 경찰위원회는 위원장 1인을 포함한 7인의 위원으로 구성하되, 위원장 및 5인의 위원은 비상임, 1인의 위원은 상임위원이다. 위원의 임기는 3년으로 연임할 수 없으며, 위원 중 2인은 법관의 자격이 있는 자이어야 한다(「경찰법」 제5조).

그러나 경찰위원회는 합의제 심의・의결기관 형태로 설치되어 있으나 행정자치부장관이 위원회의 의결내용이 부적절하다고 판단될 때에 의결한 날로부터 10일 이내에 재의요구권을 행사할 수 있으며 경찰위원회의 선임이 행정자치부장관의 제청으로 국무총리를 거쳐 대통령이 임명하게 되어 있어 경찰의 정치적 중립성 확보 및 정책결정과 집행의 민주성과 공정성을 유지하는 데 한계가 있다.

최근 지방자치가 성숙단계로 진입함에 따라 자치경찰제도의 도입 추진이 현안으로 떠오르고 있다. 즉 지방자치의 발전으로 인해 행정, 교육 및 치안의 연계성 확보를 통한 지방자치권 강화를 위해 원칙적으로 자치경찰제가 도입되어야 한다는 것이다.

자치경찰제는 세계 22개 국가에서 현재 시행중이며 생활안전 문제 해결은 지방경찰이 국가경찰에 비해 훨씬 더 효과적이다. 결국 국가의 치안질서유지 기능은 현형대로 국가경찰이 담당하되 지역생활안전, 경비, 교통, 특별사법경찰사무는 자치경찰이 담당하는 것이 바람직하다는 것이다. 이에 따라 대통령소속 지방자치발전위원회는 자치경찰제 도입 등을 담은 지방자치발전종합계획의 시행계획을 밝히고 있어 향후 자치경찰제의 전면적 시행이 예상된다.

제 3 절 지방의회와 자치단체장의 관계

Ⅰ. 의 의

민주주의를 국민의, 국민에 의한, 국민을 위한 국가의 통치이념이라고 한다면, 지방자치제도는 주민의, 주민에 의한, 주민을 위한 지방의 통치제도라고 할 수 있다. 이러한 민주주의나 지방자치는 사람들이 지금까지 만들고 경험해온 이념과 제도 중에서 가장 우수한 것으로 인정받고 있다. 그러나 민주주의든 지방자치든 간에 그것이 아무리 장점이 많고 훌륭한 제도라고 하더라도 그것을 운용하는 사람들이 그 참뜻을 이해하지 못하거나 잘못 운용한다면 그 이념과 제도는 결코 바람직한 이념이나 제도로 평가받을 수가 없을 것이다.

우리나라는 지방자치제도가 실시된 이후 여러 가지 문제점에도 불구하고 그동안 착실하게 지방자치를 발전시켜 왔다. 그러나 자치발전을 위한 지방정부의 노력에도 불구하고 개선의 여지가 보이지 않으며, 자칫 지방자치제도의 본질마저 왜곡시켜 버릴 수 있는 일부 심각한 문제들이 제기되고 있다. 바로 지방의회와 자치단체장의 관계에 관한 문제가 그것이며, 이는 지방정부의 기관구성을 의결기관과 집행기관으로 분리시키는 기관분리형을 택하고 있는 데서 야기되는 불가피한 문제다.

기관분리형을 택하고 있는 제도 하에서 지방의회와 자치단체장의 관계를 어떻게 정립할 것인가의 문제는 제도 그 자체의 성패를 좌우할 만큼 중요하고 어려운 문제이다. 따라서 양 기관의 관계를 원활히 할 수 있는 각종의 장치를 마련해야 하고, 불가피하게 야기되는 양 기관의 갈등과 대립을 조정·해결할 수 있는 효율적인 장치도 마련해 두어야 한다. 그러나 현재 우리나라의 제도는 그렇지 못하며 그렇기 때문에 벌써부터 여기저기서 심각한 문제들이 야기되고 있다.

Ⅱ. 지방의회와 자치단체장의 관계

1. 두 기관간의 관계를 좌우하는 요인들

지방의회와 자치단체장간의 관계는 동일한 기관분리형제도를 취하고 있다고 하더라도 나라마다 다르고 지역마다 다르다. 이처럼 양자 간의 관계가 다양하게 나타나는 것은 '각국의 역사적 배경', '정치행정문화', '자치여건', '중앙과 지방의 관계', '지방정부의 자치역량', 그리고 '지방선거에 대한 정당의 영향력' 등이 서로 다르기 때문이다.[15] 양 기관간의 관계는 특히 자치단체의 내부기관을 어떻게 구성하느냐에 따라서 현저히 달라질 수 있다. 기관분리형의 경우, 집행기관인 자치단체장을 임명하느냐 선임하느냐에 따라 달라질 수 있다. 임명하는 경우, 중앙정부가 임명하는가, 지방의회가 임명하는가에 따라 다르며, 선거하는 경우, '주민이 직접선거'하는가, '의회에서 간접선거'하는가에 따라 다르다. 따라서 여기서는 우리나라 지방의회의 기관구성형태를 중심으로 양자간의 관계를 검토하고 양자간의 갈등의 원인을 찾아 그 대응방안을 탐색코자 한다.

2. 자치단체장에 대한 지방의회의 권한

1) 의결권 및 재의결권

지방의회는 지방자치법 및 기타 관련 법률에서 위임하고 있는 다양한 의결권을 통하여 자치단체장의 권한과 의무에 영향을 미친다. 한편 지방의회는 이러한 의결권에 따라 의결한 내용에 대해 자치단체장이 재의를 요구해 올 경우, 재적의원 과반수의 출석과 출석의원 2/3이상의 찬성으로 재의결함으로써 재의의 대상이 된 안건을 확정할 수 있는 권한을 가진다. 이러한 재의결에 대해 자치단체장은 20일 이내에 대법원에 소를 제기할 수 있는 방법이외에는 다른 대항수단이 주어지지 않고 있다.

2) 조례의 제정 및 개 · 폐권

지방의회는 지방자치단체의 조례를 제정 · 개정 · 폐지할 수 있는 권한을 가진다. 그 외

---

15) 이와 유사한 관점으로는 F. A. Leemans의 '역사적 배경', '정치문화', '통치구조', '재정적 여건', '구역과 인구', '지방행정조직' 등과 같은 지방자치의 환경적 조건을 그 예로 들 수 있다.

도 지방의회는 지방자치법의 각 조항에서 규정하거나 법령이 위임한 범위 내에서 조례를 제정·개정·폐지할 수 있다. 따라서 지방의회는 이러한 조례를 통하여 자치단체장에게 업무를 부과하거나 규제·통제할 수 있다. 조례안에 대한 자치단체장의 재의요구도 역시 재적의원 과반수의 출석과 출석의원 2/3 이상의 찬성으로 재의결할 수 있고, 재의결됨으로써 그것은 조례로 확정된다.

3) 예산의 심의·확정 및 결산승인권

지방의회는 집행기관의 활동에 필수 불가결한 지방자치단체의 예산과 결산에 대한 심의·확정·승인권을 가짐으로써 자치단체장을 규제·통제할 수 있다. 지방자치법은 지방자치단체의 예산과 결산에 관한 내용을 규정하고 있으며, 이 모든 것들은 지방의회의 의결사항에 속하도록 하고 있다. 지방의회는 바로 이 예산과 결산에 관한 의결권행사를 통하여 자치단체장을 견제·감시하거나 간섭할 수 있다.

4) 행정사무감사권 및 행정사무조사권

지방의회는 매년 정례회 기간 중에 행정사무감사를 통하여, 그리고 필요시에는 행정사무조사권을 발동함으로써 자치단체 혹은 장의 업무수행을 감사 혹은 조사할 수 있다. 이러한 행정사무감사 및 조사권은 지방의회가 자치단체장을 견제·감시할 수 있는 가장 강력한 수단중의 하나이다. 행정사무조사권은 재적의원 1/3 이상의 연서로 이유를 명시한 서면으로 필요시 언제든지 발의할 수 있다.

5) 의회출석답변요구권

지방자치단체의 장 또는 관계공무원은 행정사무처리상황의 보고와 질문응답을 함에 있어 지방의회나 동 위원회의 요구가 있을 경우 의회나 위원회에 출석·답변하여야 한다. 자치단체장은 관계공무원으로 하여금 출석·답변케 할 수 있으며, 이 때 지방의회나 위원회에 출석·답변할 수 있는 공무원은 조례로 규정토록 했다. 지방의회는 이러한 권한을 통해서 평소에도 집행기관이나 자치단체의 장을 실질적으로 견제·감시할 수 있다.

6) 의견제시권

지방의회의 의견제시권의 구체적 내용이 무엇을 의미하는가에 대해서는 별도의 규정이 없기 때문에 양 기관간의 갈등의 요인으로 작용하고 있다. 즉 지방의회의 의견제시권은 지역주민의 대표기관으로서 대내외적으로 주민의 의사를 결집하여 의회의 이름으로

의견을 표시할 수 있는 권한을 의미한다. 특히 이러한 것은 중앙과 지방, 혹은 지방자치단체 상호간에 갈등이 발생하였을 경우 지방의회의 의견을 제시하는 경우가 많다.

7) 선결처분에 대한 사후승인권

지방의회는 비상시 자치단체장의 권한인 선결처분권의 행사에 대해서 사후보고를 듣고 승인할 수 있는 권한을 가진다. 비록 긴급을 요하는 사태가 발생하여 지방의회의 의결을 기다릴 시간적 여유가 없었기 때문에 행사한 권한이라고는 하지만, 그러한 사태가 해제된 이후에는 지방의회에 보고하고 그 승인을 받도록 함으로써 자치단체장의 권한행사를 견제할 수 있도록 한 것이다. 만일 선결처분에 대한 지방의회의 승인을 얻지 못한 경우에는 그 선결처분은 그 때부터 효력을 상실한다.

8) 자치단체장에 대한 불신임의결권(현행법은 불인정)

지방의회는 자치단체장을 불신임의결함으로써 그 직에서 물러나게 할 수 있는 권한을 가지는 경우가 있다. 이 제도[16]는 지방의회가 자치단체장을 결정적으로 통제・규제・감독할 수 있는 권한이다. 지방의회의 이러한 권한에 대해 자치단체장은 의회해산권을 발동함으로써 대응할 수 있지만 현실적으로 자치단체장이 가장 두려워 할 수 있는 의회의 통제수단이다. 그러나 이러한 권한의 행사는 양 기관이 대립・갈등을 야기하여 해결의 여지가 없는 비상시나 최악의 상태에서 발동 가능한 권한이다. 현재 우리나라는 이 제도를 인정하지 않는다.

3. 지방의회에 대한 자치단체장의 권한

1) 의안제출권(발의권)

지방자치단체의 장이 지방의회에 대해 갖는 권한으로 우선 '의안 발의권'을 들 수 있다. 즉 지방자치법은 「지방의회에서 의결할 의안은 지방자치단체의 장이나 의원 1/5 이상 또는 의원 10인 이상의 연서로 발의한다」고 규정함으로써 자치단체의 장에게 발의권을 부여함으로써 지방의회에 업무를 부과하고 이를 통해 양 기관은 관계를 갖게 되는 것이다. 그러나 지방의회의 전속적 권한에 해당되는 사항에 대해서는 자치단체장에게 발의권이 주어지지 않는다.

---

16) 우리나라 최초의 지방자치법과 제4차 개정(1958년 12월)된 지방자치법에서 인정하였고, 현재 일본지방자치법이 인정하고 있다.

2) 임시회 소집요구권 및 폐회 중 상임위원회 개회요구권

자치단체장은 지방의회의 임시회소집을 요구할 수 있다. 뿐만 아니라 자치단체의 장은 본회의 폐회 중에도 상임위원회를 소집할 수 있는 권한도 가진다. 현행법상 지방의회 의장에게는 임시회 소집요구권을 주지 않았지만 자치단체장에게는 임시회 소집요구권을 부여하였다. 다시 말해 자치단체의 장은 필요시에는 언제든지 지방의회에 의안을 제출할 수도 있고, 임시회소집이나 상임위원회의 소집을 요구하여 언제든지 의원들을 불러 모을 수 있도록 함으로써 지방의회에 비해 상대적으로 강력한 권한을 부여하고 있다.

3) 재의요구권(再議要求權 : 단체장의 거부권)

"지방자치단체의 장은 지방의회의 의결이 월권 또는 법령에 위반된다고 인정되는 때에는 그 의결사항을 이송 받은 날로부터 20일 이내에 이유를 붙여 재의를 요구할 수 있다" 고 규정함으로써 자치단체장에게 재의요구권을 부여하고 있는 데, 이는 외국의 거부권에 해당되는 것으로 볼 수 있다.[17] 이와 같은 재의요구권의 종류에는 첫째 조례안에 대한 재의요구권, 둘째 일반의결에 대한 재의요구권, 셋째 예산상 집행불가능한 의결에 대한 재의요구권, 넷째 재의요구지시에 따른 재의요구권 등이 있다.[18]

4) 선결처분권(先決處分權)

자치단체의 장은 지방의회의 의결사항 중 주민의 생명과 재산보호를 위하여 긴급하게 필요한 사항[19]으로서 첫째 지방의회가 성립되지 아니한 때, 둘째 지방의회를 소집할 시간적 여유가 없는 때, 셋째 지방의회에서 의결이 지체되어 의결되지 아니한 때에는 선결처분을 할 수 있는 권한을 가진다. 이와 같은 요건을 갖추었을 경우 자치단체장은 의회의 의결을 거치지 않고 그 긴급 사항을 처분할 수 있으며, 그 사항에 관한 한 의회의 의결을 거쳐 행한 것과 같이 적법하고 유효한 것으로 간주된다.

---

17) 미국 Whashington D. C., New York, 일본에서는 장의 거부권(veto power)으로 불림.

18) 단체장의 거부권으로 불리는 일본에서도 지방자치법에서(제176조-177조) 이러한 재의를 인정하고 있는 데 그 유형은 다음의 다섯 가지로 요약할 수 있다. ① 조례의 제정・개폐 또는 예산의 의결에 대한 재의, ② 월권・위법한 의결, 선거에 대한 재의, ③ 수입・지출에 관련된 의결에 대한 일반적 재의, ④ 의무비의 삭제・감액에 대한 재의, ⑤ 비상 재해비, 전염병 예방비 등 긴급중요경비를 삭제・감액하는 경우의 재의 등이 그것이다.

19) 여기서 긴급하게 필요한 사항이란 ① 천재지변이나 대형화재로 인한 피해의 복구 및 구호, ② 중요한 군사안보상의 지원, ③ 급성전염병에 대한 예방조치, ④ 기타 긴급하게 조치하지 아니하면 주민의 생명과 재산에 대하여 중대한 피해가 발생할 우려가 있는 사항 등을 의미한다고 규정하고 있다

5) 재의결에 대한 제소권(提訴權)

행정자치부장관이나 시・도지사의 요구를 받아 지방의회에 재의요구를 한 자치단체의 장은 만일 그것이 재의결되었을 경우,[20] 그리고 그것이 여전히 법령에 위반된다고 판단될 때는 행정자치부장관 및 시・도지사의 승인을 받아 재의결된 날로부터 20일 이내에 대법원에 소(訴)를 제기할 수 있다. 이 경우 필요하다고 인정되는 때에는 그 의결의 집행을 정지하게 하는 집행정지결정을 신청할 수 있다. 이 권한은 자치단체장의 권한이라기보다는 자치단체장이 중앙정부 및 상급자치단체장의 요구를 수용해야 한다는 의무를 규정한 조항이라고 할 수 있다.

6) 의회사무직원 및 전문위원의 임명권

지방의회의 사무조직에 두는 사무직원의 정수 등은 조례로 정하도록 하였지만, 사무직원의 임명은 지방의회의장의 추천에 의하여 당해 자치단체의 장이 임명하도록 하고 있다. 따라서 자치단체장은 지방의회의 사무직원은 물론 전문위원까지 임명할 수 있는 권한을 가지고 있다. 지방의회의 의사와 의원들에 대한 자문과 정보・자료 등을 제공하고 있는 의회의 중요 요원들을 자치단체장이 임명함으로써 기관분립형의 의미를 무색하게 하고 있으며, 지방의회의 기능을 무력하게 할 우려가 있다.

7) 의회출석답변권

자치단체장 또는 관계공무원은 지방의회나 그 위원회에 출석하여 행정사무의 처리상황을 보고하거나 의견을 진술하고 질문에 응답할 수 있다. 자치단체장은 이러한 권리를 통하여 집행기관에 대한 지방의회의 의문이나 오해에 적절히 대처할 수 있고, 어려움이나 애로사항을 설명함으로써 의회의 협력과 도움을 받을 수 있다.

8) 의회해산권(議會解散權: 현행법은 불인정)

현행법은 인정하지 않지만 우리나라 최초의 지방자치법에서 인정했던 경험이 있으며, 일본에서 인정하고 있는 제도이다. 즉 이것은 의회에다 집행기관의 불신임의결권을 부여하는 경우, 이에 상응하는 권한을 자치단체장에게도 부여하는 것으로서 의회의 불신임의결권에 대응하는 권리이다.

---

20) 재의요구에 대해 지방의회는 재적의원과반수의 출석과 출석의원 2/3 이상의 찬성으로 재의결함으로써 그 의결사항을 확정할 수 있다.

4. 두 기관의 관계유형

1) 비상적 관계(특수적 관계)

여기서 비상적 관계란 지방의회와 자치단체장의 관계가 서로 대립·반목하여 갈등과 마찰, 알력과 대립을 불러일으킴으로써 지방자치단체의 운영이 난관에 봉착하게 되는 경우를 의미한다. 그리고 이러한 때를 대비하여 중앙정부의 감독권 발동 없이 자치단체 내부에서 자율적으로 문제를 해결하도록 하는 비상적 수단이 강구될 필요가 있는 데, 이를 위한 수단이 바로 비상적 관계유형인 것이다. 이러한 관계유형의 내용으로는 자치단체장에게 재의요구권 및 제소권, 선결(전결)처분권, 의회 해산권을 부여하고, 지방의회에게는 자치단체장의 불신임의결권, 행정사무조사 및 감사권을 부여하고 있는 것을 의미한다. 나라에 따라서는 이 경우, 주민들에게 자치단체장 및 지방의원에 대한 「해직청구권」을 인정하기도 하고 '의회해산청구권'을 인정하기도 한다.[21]

2) 평상적 관계(일반적 관계)

지방의회와 자치단체장은 평상시 상호 '견제와 균형', '협력과 지원'이라는 기본적 관계에 놓여 있다. 즉 양 기관은 중앙정부로부터 위임받은 자치권의 범위 내에서 지방자치단체의 공공사무를 효율적으로 처리하고, 지역발전과 주민의 복지증진을 위해 서로 견제·협력하는 관계를 지니는 것이다. 이러한 평상적 관계를 유지·관리하기 위하여 지방의회에게는 의결권 및 재의결권, 조례제정권, 예산심의 및 결산승인권, 행정사무조사 및 감사권, 출석답변요구권, 의견제시권, 선결처분에 대한 사후승인권 등을 부여하고 있다. 그리고 자치단체장에게는 의안제출권, 임시회 소집요구권 및 본회의 폐회 중 상임위원회 개회요구권, 의회사무직원 및 전문위원임명권, 의회출석답변권, 예결산안의 편성·제출권, 조례의 공포권, 지방의회의원의 선거일공고권 등을 부여하고 있다.

---

21) 久世公堯, 「地方自治制度」 (東京, 第一法規,1976), p. 35.

Ⅲ. 지방의회와 지방자치단체장의 갈등

1. 갈등요인의 분석

1) 정치적 입장의 차이와 정당 및 정파 등의 이해관계

지방의회의 다수당과 자치단체장의 소속정당이 다를 때, 양 기관 간에는 갈등이 야기되기 쉽다. 지방의회의원 후보자와 단체장 후보 모두가 정당공천제로 되어 있어 갈등이 야기되었거나 야기될 가능성을 안고 있다. 특히 지방의회의 다수당과 자치단체장의 출신정당이 서로 다를 경우, 그 갈등과 대립의 양상은 자못 심각해질 수 있다.

2) 법령의 미정비와 부재

과거 경험에 의하면 의결기관과 집행기관과의 갈등을 겪은 주된 원인이 법령정비가 부진하다거나 관계법령이 없다는 점이었다. 지방의회에 조례제정권이 주어져 있으나 실제 조례를 제정하거나 개·폐하려면 대부분이 상위법에 저촉되거나 상위법이 없다는 이유로 지방의회의 의결이 불가능하거나 월권으로 간주되었다. 특히 지방자치법은 중앙정부가 지나치게 지방의 자율과 자치를 통제하도록 허용하고 있고, 지방의회의 권한으로 부여된 각종의 권한들은 다분히 선언적인 규정으로 되어있다.

3) 사무종류의 구분과 불확실한 권한위임

지방자치단체의 사무는 자치사무와 위임사무로 나뉘고, 위임사무는 다시 단체위임사무와 기관위임사무로 구분된다. 그리고 기관위임사무에 대해서는 지방의회의 간섭을 배제해 놓고 있다. 그러나 현실적으로는 무엇이 기관위임사무이며 무엇이 단체위임사무인지 그 구분이 분명하지 않다. 또한 많은 경우 사무만 위임하고 권한은 중앙정부가 가지고 있는 가하면, 구체적으로 어느 선까지 권한이 위임되었는지 권한위임 그 자체가 불확실하여 양 기관의 갈등을 조장하고 있다.

4) 지방의원과 자치단체장 및 지방공무원의 자질·역할인지 부족

지방의원들과 자치단체장 및 지방공무원들은 각자의 역할인지가 부족하고 시대에 맞는 자질을 구비하지 못해 갈등이 야기된다. 즉 많은 지방의원들은 자신들에 대한 공무원들의 예우문제나 지방의회에 대한 공무원들의 태도 등에 대해 불만을 갖게 된다. 자치단체장의 경우 당선만 되고나면 지방의회와 의원을 소홀히 대하거나 스스로 권위적이 됨으로써 의회와 갈등을 야기시킨다.

5) 중앙정부의 지방자치단체 불신 내지 경시

중앙정부는 지방의회는 물론 자치단체장까지 불신하거나 경시하고 있다. 지방자치제도는 실시해 놓았으나 외형만 지방자치로 하고 있을 뿐, 실제 행정관행과 절차 등은 아직도 거의 중앙정부가 좌지우지하고 있다. 이처럼 중앙정부가 지방자치단체를 신뢰하지 못하고, 자치단체장은 지방의회를 경시하는 데서 갈등이 야기된다. 중앙정부는 지방의회의 의결이나 자치단체장의 행정처분에 대해 총체적 통제를 가함으로써 갈등을 유발시키고 있다.

2. 갈등해소방안의 탐색

1) 지방자치의 이념적 가치와 기관분리형제도에 대한 재인식

중앙정부는 물론 지방자치단체도 "지방자치제도의 궁극적인 이념과 가치가 무엇이며, 우리나라가 지방자치제도를 실시한 궁극적 목적이 무엇인가"에 관한 기본적인 인식을 새롭게 할 필요가 있다. 따라서 중앙정부와 지방정부, 자치단체장과 지방의원들은 차제에 지방자치제도에 대한 자신들의 역할을 재정립할 필요가 있다. 또한 지방자치단체의 기관을 의결기관과 집행기관으로 분리시키고 상호 견제와 균형토록 한 현재의 제도는 언제나 어느 정도의 갈등과 마찰을 전제로 하고 있는 제도라고 보아야 하며, 때문에 양 기관간 갈등과 마찰을 맹목적으로 부정하는 현재의 시각도 개선해야 한다.

2) 권한위임의 명확화와 법령의 정비·보완

그동안 발생했던 양 기관간 갈등의 주요 요인은 법령이 정비되지 않았거나, 당연히 지방에 위임되어야 할 권한들을 중앙정부가 장악하고 있는 데서 야기된 것들이었다. 따라서 갈등해결의 가장 시급하고 주요한 처방은 권한의 지방이양과 법령의 정비·보완이다. 지방자치제도를 실시하면서도 권한위임은 커녕 지방통제에만 관심을 보여 온 중앙정부의 태도나, 잘못된 법령의 개선·개정요구보다는 법령의 문구에만 집착하여 자신의 권한만을 고집해온 집행기관의 행태도 주요 갈등의 요인이었음을 부정할 수 없다.

3) 지방정부에 대한 중앙정부의 간섭 및 통제완화

법령을 통해서나 행정관행을 통해서 중앙정부는 아직도 지방자치단체를 자신의 통제에서 놓지 않고 있다. 지방의회의 모든 운영절차와 과정이 중앙정부에 의해 간섭받고 있고, 지방의회의 의결이나 결정사항도 자치단체장을 통해 무력화시키고 있다. 따라서 무엇보다도 중앙정부가 지방의 자치와 자율을 존중해야 하고, 지방공무원들은 불필요한 간섭에 대해 이를 거부할 수 있어야 할 것이다. 따지고 보면 지금까지 양 기관의 갈등을 야기한 사례의 대부분은 지방의 문제에서보다는 중앙정부에서 그 원인을 제공하고 있다고 보아야 할 것이다.

4) 지방의회의 권한강화와 자치단체장의 의회인식개선

지방의회의 권한을 강화한다는 것은 지방분권을 통해 자치단체의 권한을 강화한다는 것을 의미한다. 따라서 중앙정부는 물론 자치단체장도 지방의회의 실질적인 권한을 강화시켜 나가도록 해야 할 것이다. 현행법은 지방의회의 권한이 지나치게 취약하고 단체장의 권한이 필요이상으로 강화되어 있다. 지방정부의 두 기관을 수레의 두 바퀴에 비유한다면 지방의회는 지나치게 작고 단체장은 지나치게 커서 언제나 지방자치가 제자리를 맴돌고 있어 발전이 침체되고 있다.

5) 지방선거과정에서 정당참여의 제한 혹은 배제

공직선거법은 지방선거에 정당공천제도를 도입함으로써 지방선거를 중앙정치의 제물로 삼고 있다. 만에 하나 지방자치가 지방정치의 활성화와 민주화를 위해 정당참여의 필요가 인정된다고 하더라도 지방정당이 전무하고 중앙정당의 독선적 간섭이 노골적인 현실을 감안 할 때 아직은 지방선거에 대한 정당참여는 제한될 필요가 있다. 특히 기초자치단체에 대해서는 더욱 그렇다.

6) 지방의원 및 단체장의 민주의식과 윤리의식 제고

민주주의제도는 민주적인 양식과 소양을 가진 사람들이 더욱 잘 운영할 수 있다. 나아가 의원이나 단체장 그리고 공무원들까지 모두가 전문적 식견을 가지고 있을 때 상호간의 대립이 줄어들 수 있다. 이렇게 될 때 양자 간의 대립・마찰이 최소화 될 수 있을 것이다. 특히 자치단체장과 지방의원들이 민주적 지도자의 자질로 요구되는 겸손과 양보정신, 협상과 타협능력, 민주의식과 시민정신 등을 기본적으로 구비하고 있을 때 갈등은 훨씬 줄어들 수 있을 것이다.

7) 양 기관간에 의정협의회 혹은 의정조정위원회 등의 설치 · 운영

지방의원과 집행기관의 간부들로 구성되는 가칭 '의정협의회' 내지 '의정조정위원회' 등의 상설기구를 지방정부 내에 설치 · 운영함으로써 양자간의 대립 · 갈등의 소지를 미연에 방지하는 방안을 강구할 필요가 있다. 이러한 양 기관간의 협의 · 조정기구를 통해 사전에 어떤 일에 대한 상호 이해와 협조를 확보함으로써 양 기관간의 대립과 갈등은 상당수 해소될 수 있을 것이다.

04
Chapter

지방자치단체의 주민과 구역

제 1 절 지방자치단체의 주민

Ⅰ. 주민의 개념과 지위

1. 주민의 개념

주민이란 “당해 자치단체의 구역 안에 주소를 가진자”를 말한다. 시·군·자치구의 구역 내에 주소를 가진 자는 그 시·군·자치구의 주민이 되는 동시에 그 시·군·자치구를 포함하고 있는 특별시, 광역시 도의 주민이 된다. 주민은 지방자치단체의 인적 구성요소로서 당해 자치단체의 대표자를 선출하여 지방정부를 구성하는 주권자 내지 주인을 의미한다. 주민은 당해 자치단체의 구역 안에 주소를 가지는 것만으로 법률상 당연히 주민의 자격을 가지며, 본인의 주거의사나 기타 행정상 요식행위를 필요로 하지 않는다.

그러므로 주민은 공민(公民)과는 다르다. 공민이란 주민 중에서 미성년의 주민과 법인이나 외국인 등은 제외되며, 법률상 공민권이 박탈된 자[1]도 제외된다. 공민이란 선거를 통하여 지방자치단체의 기관 즉 지방정부를 구성할 수 있는 유권자로서의 주민을 의미한

1) 금치산선고를 받은 자, 금고이상의 형의 선고를 받고 그 집행이 종료되지 아니한 자나 그 집행을 받지 않기로 확정되지 아니한 자 등을 의미한다.

다. 주민의 자격요건인 주소는 당해 주민의 생활의 근거가 되는 곳을 의미하며, 한 사람의 주민에게는 한 개의 주소를 원칙으로 한다.[2)]

한편 주민과 시민의 개념구분이다. 주민은 어느 지역에 '거주하는 사람'이라는 의미로 제도적 · 법적인 개념이며, 시민이란 엄격히 따지면 '도시의 주민'을 의미하는 용어이다. 그러나 시민이라는 용어는 서구에서 왕권을 억제하고 시민들이 정치권력의 주체자가 되는 과정에서 나타난 정치적 의미를 담고 있는 용어이기도 하다. 그러나 지방자치분야에서는 주민과 시민을 동의어로 사용하고 있다.

2. 주민의 지위

1) 지방자치권의 주체적 지위

주민은 지방자치권의 주체로서 지방자치단체의 기관구성에 직접 참여할 수 있는 권리를 가지는 지역의 주권자이다. 이러한 주체적 지위에서 주민들은 선거권과 피선거권, 청구권과 청원권, 소청권 등 각종의 권한을 행사함으로써 지방의 정치 · 행정과정에 직 · 간접적으로 참여하고 민주적 통제를 가한다.

2) 최고선임기관적 지위

유권자로서의 주민은 지방자치단체의 기관을 선임하는 최고의 상위기관적 지위를 가진다. 즉 주민은 선거를 통하여 지방자치단체의 기관을 선임하는 등 정치질서를 창설하는 최고기관으로서의 지위를 지닌다. 그리하여 주민이 지방선거에 참가하는 것은 개인의 자격으로서가 아니라 최고선임기관의 구성원으로 참가하는 것임을 유의해야 한다. 지방선거가 주민의 권리이자 의무라고 하는 것은 바로 이러한 이유 때문이다.

3) 수익자(受益者)적 지위

주민은 지방자치단체의 구성원으로서 지방정부가 제공하는 각종의 서비스를 받을 수 있는 수혜자적 지위를 가진다. 즉 주민들은 지방자치단체의 재산 및 공공시설을 이용하거나 각종의 행정서비스를 향유할 수 있는 지위를 가진다.

---

2) 자연인의 경우 생활의 근거가 되는 곳을 주소로 보며, 법인의 경우 주된 사무소의 소재지 (민법 第36조) 또는 본점의 소재지를 주소로 본다.

4) 의무부담자(義務負擔者)적 지위

주민은 지방자치단체의 구성원으로서 지방정부가 수행하는 자치행정의 소요비용을 분담하고 자치법규를 준수해야 하며, 불의의 재해가 발생하였을 경우 자치단체장의 명령에 따라야 할 의무 등을 부담하는 지위에 있다. 각종지방세의 납부는 그 대표적인 예이다.

5) 피통치자(被統治者)적 지위

주민은 한편으로는 자치권의 주체이지만 다른 한편으로는 자치권의 객체이기도 하다. 따라서 주민들은 지방자치단체의 통치대상으로서 자치단체의 자치법규에 복종해야 하고, 지방정부의 필요시 취해지는 강제조치에 복종해야하는 피통치자로서의 지위에 있다.

Ⅱ. 주민의 권리와 의무

지방자치단체의 주민은 법령과 자치법규(조례 및 규칙)가 정하는 바에 따라 소속 지방자치단체에 대하여 여러 가지 권리와 의무를 지닌다. 예컨대 주민은 지방자치단체의 재산과 공공시설을 이용할 수 있는 권리, 지방의원 및 단체장 선거권, 주민투표권, 조례제정 및 개폐청구권, 감사청구권 등의 권리와 자치단체의 비용을 분담할 의무를 규정하고 있다.

1. 주민의 권리

1) 참정권(參政權)

주민의 참정권이란 주민들이 지방자치정부의 정치・행정에 참여할 수 있는 다양한 권리를 의미한다.

(1) 선거권과 피선거권

선거권이란 19세 이상의 국민으로서 선거인명부작성 기준일 현재 당해 지방자치단체의 구역 안에 주민등록이 되어있는 자가 지방선거에서 선거할 수 있는 권한을 뜻하며, 피선거권이란 25세 이상의 국민으로서 선거일 현재 계속하여 60일 이상 당해 지방자치단체의 구역 안에 주민등록이 되어 있는 자에 대해서 지방의원선거와 자치단체장선거에 입후보할 수 있는 권한을 말한다.

(2) 주민투표권

주민투표권이란 주민들이 지방정부의 중요 결정사항에 대하여 자치단체장이 붙이는 주민투표에 투표할 수 있는 권리를 의미하며, 우리나라는 2003년 12월 국회에서 주민투표법이 제정되었고, 2004년 1월에 공포하여 동년 7월 30일부터 시행되었다.

(3) 청원권

청원권이란 주민들로 하여금 당해 자치단체의 조례나 규칙의 개폐, 공공시책의 개선 등 모든 사무에 대하여 지방의원의 소개를 얻어 지방의회에 청원할 수 있도록 한 권리를 의미한다. 그러나 진행중인 재판에 간섭하거나 법령에 위배되는 내용의 청원은 허용되지 않는다.

(4) 공무담임권

공무담임권이란 주민들은 자신이 거주하는 지방자치단체에 당해 자치단체의 비용부담으로 근무하는 공무원이 될 수 있는 권리를 의미한다. 이것은 주민자치의 당연한 귀결이며 지방자치권의 주체로서 주민이 갖는 가장 기본적 권리라 할 것이다.

(5) 선거소청권

선거소청권이란 주민은 지방선거 또는 당선의 효력에 관하여 이의가 있을 때, 선거에 관하여는 선거일로부터, 당선에 관하여는 당선인 결정의 공고일로부터 각각 14일 이내에 관할 선거관리위원회의 직근 상급선거관리위원회에 소청을 제기할 수 있다.

(6) 조례제정 및 개폐청구권

조례제정 및 개폐청구권이란 20세 이상의 주민들에게 주민총수의 1/20 범위 안에서 대통령이 정하는 주민수 이상의 연서로 당해 자치단체의 장에게 조례제정 및 개・폐를 청구할 수 있는 권리를 의미한다.

(7) 주민감사청구권

주민감사청구권이란 20세 이상의 주민들에게 주민총수의 1/50의 범위 안에서 조례가 정하는 주민 수 이상의 연서로 당해 지방자치단체와 그 장의 권한에 속하는 사무의 처리가 법령에 위반되거나 현저히 공익을 해한다고 인정되는 경우 감독기관에 감사를 청구할 수 있는 권리를 말한다.

(8) 주민소송권

주민소송권이란 자치단체의 권한확대, 특히 재정규모와 재정운용상의 재량확대 이후 가장 우려되는 문제 중 하나가 지방재정의 부실과 지방공무원의 도덕적 해이를 극복하여 재정건전성을 확보하는 문제이다. 주민소송은 공무원의 공금낭비와 횡령, 뇌물수수 등으로 인한 부당이득이나 주민생활의 안전에 위협을 가하는 부실공사를 하는 기업들의 부당이득을 반환시키고, 그리고 이 행위들로부터 자치단체에 발생한 손해를 배상하도록 하기 위해 인정하고 있는 주민주도의 소송이다.

2) 수익권(受益權)

지방자치단체의 주인으로서 주민들이 향수(享受)할 수 있는 수익권으로는 지방자치단체의 재산 및 공공시설이용권과 지방정부에서 제공하는 각종의 서비스를 수혜할 수 있는 권리가 있다.

(1) 재산 및 공공시설이용권

여기서 우선 재산 및 공공시설이용권이란 주민들에게 법령이 정하는 바에 따라 당해 지방자치단체의 재산과 공공시설을 이용할 수 있도록 한 권리를 의미한다. 따라서 주민이외의 자에 대해서는 주민과는 다른 이용에 차등을 둘 수 있다. 그러나 이러한 공공시설의 이용권은 그 목적이나 위험 및 파손방지 또는 수용능력 등과 같은 물리적 한계에 의해 제약을 받는다.

(2) 행정서비스 향수(享受)권

행정서비스 향수권이란 주민들이 소속 지방정부가 제공하는 각종의 행정서비스를 균등하게 받을 수 있는 권리를 말한다. 주민들은 지방정부가 제공하는 각종 서비스를 성별, 종교, 사회적 신분 여하를 불문하고 균등하게 향수할 수 있는 권리를 가진다. 이러한 권리는 원칙적으로 주민에게만 부여되지만 주민 이외의 자도 제한된 범위 안에서 서비스를 향수할 수 있다.

3) 이의신청권(異議申請權) 및 쟁송권(爭訟權)

주민들은 당해 지방정부의 행정행위에 대하여 불복권인 이의신청권과 쟁송권인 손해배상 및 손실보상청구권을 가진다. 여기서 주민의 이의신청권이란 지방정부의 사용료, 수수료, 분담금의 부과징수에 대하여 이의가 있는 자가 그 처분통지를 받은 날로부터 60일 이내에 지방자치단체의 장을 상대로 이의를 신청할 수 있는 권리를 말한다. 그리고 쟁송권이란 이의신철결과에 불복하여 행정소송을 제기하고자 할 경우, 이의신청에 대한 결정의 통지를 받은 날로부터 90일 이내에 처분기관을 당사자로 하여 소송을 제기할 수 있는 권리를 의미한다. 만일 결정기간 내에 결정통지를 받지 못하는 경우 그 기간이 경과한 날로부터 90일 이내에 소를 제기할 수 있다.

그리고 손해배상청구권이란 당해 지방정부의 위법·부당한 행정행위로 인하여 주민들이 피해를 입었을 경우 이의 구제를 청구할 수 있는 권리를 의미하며, 손실보상청구권이란 지방정부의 행정행위가 위법·부당하지는 않았음에도 불구하고 주민들이 피해를 받았을 경우 그 피해나 손실의 보상을 청구할 수 있는 권리를 말한다. 즉 손실보상은 지방정부의 무과실에 대해서도 책임을 묻는 제도이다.

2. 주민의 의무

1) 비용분담의무

지방자치법은 "주민은 법령이 정하는 바에 의하여 그 소속 지방자치단체의 비용을 분담하는 의무를 진다"고 규정하고 있다. 지방자치제도가 실시되는 곳의 주민은 당해 자치단체의 존립과 유지 및 자치행정의 수행에 필요한 경비를 각자 능력에 따라 부담해야 한다. 예컨대 주민에게 부과되는 각종의 지방세, 사용료, 수수료, 수익자부담금 등이 여기에 해당되며, 이러한 비용분담의무를 불이행할 경우 행정상의 강제집행이 행해진다.

2) 공공시설이용 강제의무

주민들은 각종 법령이나 자치법규에 의해 당해 지방자치단체가 설치·경영하는 공공시설의 이용을 강제받는 경우가 있다. 예컨대 전염병예방법에 의한 강제이용 뿐 아니라 상하수도시설, 청소사업, 가스사업 등도 주민이용이 사실상 강제되어 있다.

3) 명예직무 수락의무

주민은 특별한 이유가 없는 한 당해 지방자치단체가 위촉하는 명예직(예컨대 선거감시위원이나 공공봉사활동위원 등) 직무의 담당요청을 수락해야 한다. 그리고 그 직무수행을 위해 활동해야 한다.

4) 긴급재해시 명령복종의무

주민은 당해 지방자치단체의 구역 안에서 불의의 재해가 발생하였거나 발생할 우려가 있을 경우, 관계법령에 따라 지방자치단체장의 명령에 복종하고 필요한 노력과 물품을 제공하여야 한다.

5) 자치법규 준수의무

주민은 지방자치단체의 구성원으로서 자신들이 선출·구성한 자치단체의 기관(의결기관과 집행기관)이 만든 자치법규, 즉 조례와 규칙을 준수해야 한다.

제 2 절 지방자치에의 주민참여

Ⅰ. 주민참여의 의의와 배경

1. 주민참여의 의의

지방자치단체의 주민은 당해 자치단체의 주권자로서 스스로 또는 대표자를 선출하여 자치단체의 기관(의결기관과 집행기관)인 지방정부를 구성하고 운영하는 지방자치의 주체이다. 따라서 지방자치에의 주민참여란 한편으로는 지역사회주민들이 지방정부의 기관을 구성하기 위한 공직자의 선출과정에 참여하는 것이며, 다른 한편으로는 공무원들의 정책·계획의 결정 및 집행과정에 영향력을 행사하려는 의도로 참여하는 활동을 의미한다. 일반적으로 전자를 정치참여라 하고 후자를 행정참여라고 하며 지방자치에의 주민참여란 이 양자를 모두 포함한다. 주민참여는 지역사회에서 민주주의를 주민생활 속에 정착시키는 가장 효과적인 방법일 뿐만 아니라 풀뿌리 민주주의를 확립하는 필수요건이다.

이처럼 지방자치에 대한 주민참여는 첫째 지방자치제도의 기본이념을 구현하는 수단이고, 둘째 대의민주주의와 정당제도의 한계와 민주주의에 대한 역작용을 보완할 필요성 때문이고, 셋째 주민들의 지적 수준이 제고되고 정치행정에 대한 참여욕구가 증대함에 따라 점차 직접적인 참여방식을 요구하게 되었기 때문이다. 요컨대 지방자치에의 주민참여는 지방의 정치행정을 보다 직접민주주의제도로 접근시키며, 거대화·전문화된 관료집단에 대한 주민들의 불신을 제거하여 지역주민들 상호간의 협력과 화합을 가져오는 데 기여할 수 있는 매우 의미있는 제도이다.

2. 주민참여제도의 발달배경

1) 대의민주주의의 한계극복

주민참여는 이미 18세기에 루소(J. Rousseau)나 밀(J. S. Mill) 등에 의해 민주주의의 기본 원리로 주장되었으나, 현대적 의미의 주민참여는 대의제적 민주주의의 한계를 경험한 후에 1960년대에 들어와 주로 미국의 정치학자 및 사회학자들에 의해 참여민주주의의 기본원리로 다시 강조되었다. 그리하여 주민참여는 민주주의 사회에서 모든 개인은 자신의 의사를 표현하고 이를 추구할 수 있는 자유와 권리를 가진다는 기본적 전제위에 발전된 제도이다.

그러나 20세기 대중민주주의에서의 현실은 전통적인 대의제의 원리와 적지 않은 괴리현상을 드러내게 되었다. 주민참여제도는 이와 같은 전통적 대의민주주의의 한계를 극복하고 주민들의 요구와 기대가 지방정부의 각종 정책결정과정에 충분히 반영될 수 있도록 하기위한 참여민주주의를 지향하는 것이다.

2) 행정국가화 현상의 문제점 극복

20세기에 들어와 산업사회의 발달에 따라 노사문제와 도시화 현상과 같은 각종 사회적·경제적 문제가 빈번하게 발생하게 되었다. 그러나 전통적인 시민민주주의 하의 입법국가체제로는 이러한 문제들을 해결하기가 곤란하게 되었다. 이처럼 산업사회의 경제발전을 통한 국가전체의 발전을 추진하는 과정에서 많은 국가들이 불가피하게 정부기능이 확대·강화된 행정국가로 변질하게 되었다. 이러한 행정국가화 경향에 따라 양적인 측면에서 행정의 규모·권한·기능 등이 확대되었을 뿐만 아니라, 질적인 측면에서도 행정의 전문화와 기술화가 이루어지게 되어 행정부에 대한 전통적인 입법통제와 사법통제가 무력화 되었다. 주민참여제도는 바로 이와 같은 현대행정의 변화로 인한 민주주의의 위기에서 적절하게 행정을 통제하고 행정의 책임성과 대응성의 확보를 통해 민주주의를 수호하기 위해 강조되고 있다.

Ⅱ. 주민의 지방정치참여(참정)

1. 의 의

주지하는 바와 같이 지방자치제도는 일정한 지역의 주민들에게 그 지역의 공공사무처리를 자율적으로 처리하도록 하는 제도이다. 이 때 공공사무처리는 주민들 스스로가 직접 처리할 수도 있고(직접참정제), 대표자를 선출하여 그들에게 맡길 수도 있다(간접참정제). 따라서 주민들이 지역의 공공사무를 직접 처리하든 대표자를 선출함으로써 기관을 구성하여 처리하든 주민들의 주도적 정치참여는 불가피하다.

그러나 현대사회와 같이 대규모의 인구와 다원화·복잡화된 고도정보사회에서는 주민들의 직접참정제도는 현실적으로 불가능하다. 그리하여 오늘날 대부분의 국가에서 지방자치는 주민들의 대표자를 선출하여 그들로 하여금 지방의 공공사무를 처리하도록 하는 간접참정제를 근간으로 하고 여기에다 직접참정제의 몇몇 제도[3]들을 보완적으로 실시하고 있다. 물론 현실사회에서 나타나는 주민들의 정치참여는 위에서 제시한 지방자치단체의 기관구성을 위한 지방선거참여에만 국한되지는 않는다. 정당활동에 참여하거나 시민단체에 가입하여 그 일원으로 활동하기도 하고, 집단행동을 통해 지방정부의 정책에 대해 지지 혹은 반대하기도 한다. 그리하여 오늘날 주민들은 다양한 정치활동에 참여하고 있다. 그럼에도 불구하고 지방자치제도하에서 주민의 정치참여의 핵심은 지방자치단체의 기관구성을 위한 선거참여가 가장 주요한 참정활동이라 할 수 있다.

2. 주민의 지방정치참여 필요성

1) 주민대표기관의 구성

이미 앞에서 설명한 바와 같이 주민의 정치참여의 핵심은 자치단체장과 지방의원선거를 통해 지방자치단체의 집행기관(자치단체장)과 의결기관(지방의회)을 선임함으로써 지방정부를 구성하는 데 있다. 이처럼 지방자치단체의 기관인 의결기관과 집행기관은 바로 주민들이 선거를 통하여 자신들의 대표를 선출함으로써 구성하는 주민대표기관인 것이다. 따라서 지방자치제도하에서 주민참정의 가장 첫째 이유는 바로 주민대표기관을 구성하는 데 있다.

2) 대의제도(代議制度)의 불완전성

지방의회가 주민의 대표기관으로서 의결권과 집행기관에 대한 통제기능을 수행하지만 지방의회가 수렴하는 주민의 관심사는 일부에 지나지 아니하고 지방의회에 의한 집행기관에 대한 통제도 매우 불완전하다. 이에 주민들은 지방의회로 하여금 주민의 대표자로서의 기능을 충분히 수행하도록 동기를 부여하고 자극하기 위하여 주민의 참여가 필요하게

---

3) 이러한 주민의 직접참정제도로는 주민총회, 직접청구제도, 주민소환, 주민발안, 주민투표, 주민소송제도 등 다양한 제도가 있다.

된다. 임기기간 동안에 주민의 의사는 수시로 변화하므로 지방자치단체기관의 결정은 주민의 의사와 다른 경우도 적지 아니하다. 지방자치단체의 의사결정의 정당성은 단순히 형식적인 민주적인 정당성의 요건만을 갖추면 족한 것이 아니고 내용적인 적합성을 갖추어야 한다.

3) 행정에 대한 사법통제의 불완전성

지방정부가 위법한 행정을 수행했을 경우, 이에 대한 통제는 원칙적으로 법원이 수행하도록 하고 있으나 법원의 통제를 통해 행정의 잘못을 바로 잡기란 그렇게 간단하지가 않다. 우선 법원에 의한 통제는 비록 행정기관이 위법한 행정처분을 했다고 하더라도 법률상 보호받는 이익을 침해받은 주민이 존재하지 않을 때는 위법한 행정에 대한 법원의 통제가 불가능해 진다. 또한 법률상 보호받는 이익을 침해받은 자라고 할지라도 여러 가지 이유에서 소송제기를 포기할 경우에도 법원의 통제는 실현되지 않게 된다. 특히 소송은 시간을 요하며 과도한 비용과 노력을 요하므로 심리적인 부담을 느끼게 되고 결과적으로 소송을 기피하는 경우가 많다. 때문에 법원을 통한 행정통제를 보완하여 법치행정의 원리를 실현하기 위하여도 법원 이외의 경로를 통한 주민참여가 필요하다.

4) 행정기능의 변천

오늘날 행정기능은 과거의 질서유지적 보호행정으로부터 복지국가적인 서비스행정으로 중점적 기능이 변화되고 있다. 이에 따라 입법이나 사법기능에 비해 행정기능이 현저하게 증대되었고, 결과적으로 시민의 행정의존성이 증가되었다. 이에 따라 행정을 규율하는 법규는 현저히 증가하고 이를 관할하는 행정기관을 시민으로서는 쉽게 파악하기 어렵기 때문에 행정에 대하여 무력감을 느끼게 된다. 이러한 상황에서 행정은 독자적인 개인으로서의 주민을 파악하지 못하고 대체 가능한 서비스의 수령자로 전락시킨다. 따라서 행정기관에 의하여 획일화되고 일방적으로 주어지는 행정서비스는 주민참여를 통해 주민의 필요에 상응하는 서비스로 바뀌어야 한다.

3. 주민의 정치참여 유형

1) 직접참정제도

(1) 주민총회

주민총회란 당해 지방자치단체의 유권자 전원으로 구성되는 합의제기관으로서 그 지방의 공동이해관계 사항에 대한 모든 결정권을 가지고 있다. 주민총회에 참가하는 주민의 직접적인 제안과 토의를 거쳐 당해 지역의 정치·행정에 관한 의사결정을 행하는 직접참정제도이다. 예컨대 스위스의 기초자치단체의 약 90%는 유권자 전원으로 구성되는 최고의결기관으로서의 주민총회가 있어서 시·읍·면의 조례, 예산 및 결산, 기채, 집행기관 구성원의 지명 등에 관한 사항을 결정하고 있다. 그러나 스위스를 제외한 다른 나라의 경우 지방자치단체의 규모가 커지고 주민총수가 증가함으로써 주민총회가 불가능해지고 있다. 특히 우리나라는 기초자치단체의 규모가 세계에서 가장 큰 나라(평균주민수 22만명)로 주민총회는 처음부터 상상도 할 수 없는 제도이다.

(2) 주민발안(Initiative)

주민발안은 일정한 수의 유권자의 서명에 의해서 자치단체의 헌장이나 조례의 제정, 개폐 등에 관하여 직접 발안하는 제도로서 미국의 다수 도시와 일본의 자치단체에서 채택하고 있다. 이것은 지방의회 또는 지방의원의 부작위(不作爲)에 대하여 간접적으로 책임을 추궁하는 제도이기도 하다. 주민발안은 헌법의 제정은 물론 일반법률의 최종적인 채택여부를 국민의 일반투표에 부치는 국민투표제도에서 발전된 것이다. 여기에는 법이 정하는 수의 유권자들의 서명에 의해 법률이나 조례의 제정 및 개폐에 관한 주민의 발안이 있으며 반드시 주민투표에 회부하는 직접적 주민발안과 일정수의 주민에 의한 발안이 있으면 일단 지방의회가 심의를 거쳐서 가부를 결정하는 간접적 주민발안제도가 있다.[4)]

(3) 주민투표(Referendum)

주민투표제도는 주민발안, 주민소환 등과 함께 3대 직접민주제도의 하나이다. 주민투표제도는 지방자치단체의 중요사항(예 주민소환 등)이나 지방의회에서 의결된 입법 또는 중요한 안건을 다시 주민투표에 부쳐 그 채택여부에 대한 최종결정권을 주민에게 유보하는 것이다. 즉 직접민주제의 한 방식으로서 주민의 의사를 물어, 제안되어 있거나 현존하는 자치법규를 투표에 회부하여 이를 승인하거나 거부하는 행위이다. 주민투표는 지방자치단체 수준에서 지역현안을 지역주민들의 의견을 물어 결정한다는 점에서 국가전체가 시행하는 국민투표와는 다르다. 주민투표제도는 지방자치단체의 중요사항에 대하여 또는 주민들의 주민투표청구에 의하여 시행되는 제도로서 정당성 부여기능, 견제기능, 불만해소와 소수자 이익보호기능 등을 수행한다.[5)]

---

4) 간접적 주민발안 주민들의 청구에 따라 의회의 의결에 붙여 의회가 이를 승인하게 되면 주민투표에 붙이지 않고 발안이 성립하는 것과, 의회가 승인을 하지 않아야 비로소 주민투표에 회부하는 제도 등으로 구성된다.

5) 첫째 주민투표의 결과에 따라 지방정부의 정책결정에 민주적인 정당성을 부여하며, 둘째 중

(4) 주민소환(Recall)

주민소환이란 선거에 의해 공직에 취임한 자에 대해 그 해직을 요구하는 일정 수 이상의 유권자가 서명하여 청구하면, 해직여부를 주민투표에 부쳐 과반수의 찬성으로 해직시킬 수 있도록 하는 제도이다.[6] 주민소환은 주민투표, 주민발안과 더불어 직접참정제도의 3대 지주라고도 한다. 주민투표와 주민발안은 '정책'을 통제대상으로 하는 반면, 주민소환은 '대표' 즉 사람을 그 대상으로 한다.

(5) 감사청구

감사청구는 주민이 지방정부의 행정에 이상이 있다고 판단하는 경우에 감사를 청구하는 제도이다. 감사청구는 시 · 도에 대한 것은 주무부장관에게, 시 · 군 및 자치구에 대한 것은 시 · 도지사에게 청구하며, 감사청구요건은 당해 지방자치단체와 그 장의 권한에 속하는 사무의 처리가 법령에 위반되거나 공익을 현저히 해한다고 인정되는 경우이다. 감사청구의 대상에는 지방자치단체의 사무뿐 아니라 기관위임사무도 포함된다. 주민감사청구제도는 주민 한 사람이라도 지방자치단체의 집행기관 또는 직원에게 위법 · 부당함이 있다고 판단하는 경우에 그것을 증명하는 서류를 첨부하여 감사위원에게 감사를 청구할 수 있도록 한 제도이다.

(6) 주민청원

주민청원은 주민이 지방자치단체에 대하여 불만이나 희망을 진술하고 시정이나 구현을 요구하는 제도이다. 주민은 피해규제, 비위공무원 처벌, 공공시설 운영, 조례 · 규칙의 개폐, 기타 지방자치단체의 권한에 속하는 사항에 관하여 의원의 소개를 얻어 청원할 수 있다. 다만, 재판에 간섭하거나 법령에 위배되는 내용은 청원대상에서 제외된다. 청원을 수리한 의회는 이를 위원회 또는 본회의에 회부하여 심사하고 처리결과를 청원인에게 통지하여야 한다. 수리한 청원이 지방자치단체장이 처리하는 것이 적당하다고 인정할 때에는 의회의 의견서를 첨부하여 이를 지방자치단체장에게 이송한다. 이 경우 자치단체장은

앙 및 지방정부에 대한 시민통제적 기능을 수행하고 중앙정부에 대한 지방정부의 견제기능을 수행한다, 셋째 주민에 대한 정치교육적 기능을 수행하며, 넷째 선출된 대표들 간의 갈등을 중재 · 조정하는 기능을 수행한다. 다섯째 지방정부의 정책에 불만을 가진 집단들에게 반대와 저항의 기회를 제공함으로써 정치 · 사회적 갈등을 조정 · 해결하는 기능을 하고, 여섯째 때로는 선거에 의해 선출된 공직자들에 대한 신임투표기능도 수행한다.

6) 주민소환은 "정해진 임기가 끝나기 전에 해당 공직자를 유권자의 고발이나 청원, 투표로써 해임하는 절차" 또는 "유권자가 공직자를 해임하고 교체하는 민주적 장치", 그리고 "지역의 유권자가 지방공직자를 임기 중에 청원과 투표로써 해임하는 정치적 절차" 등으로 정의되고 있다.

그 청원의 처리결과를 지체없이 의회에 보고하여야 한다.

(7) 주민소송제도

지방자치단체장 등의 위법한 재무상 행위에 대해 주민이 소송을 제기할 수 있도록 한 주민소송제도는 미국의 납세자 소송을 모델로 한 것이다. 현행 지방자치법은 "감사를 청구한 주민은 그 감사청구한 사항과 관련있는 위법한 행위나 해태한 사실에 대하여 당해 지방자치단체의 장을 상대방으로 소송을 제기할 수 있다"고 규정함으로써 주민소송제도를 도입하였다. 주민소송제도는 1명의 주민이라도 제기할 수 있다는 점에서 다수의 서명을 요건으로 하는 주민소환(해직청구)이나 주민발안과는 구분된다. 주민소송제도의 도입필요성은 예산낭비를 막기 위해 납세자에게 권리를 부여하자는 측면에서도 강조될 수 있지만, 다른 한편으로는 주민에게 권리를 부여함으로써 지방정부의 행정의 적법성을 담보하려는 것이라는 점에서 참여민주주의의 관점에서도 그 의미가 크다.

2) 간접참정제도

현실 사회에서는 직접참여보다는 간접적인 참여가 훨씬 많다. 특히 현대의 대의민주주의 정치제도 하에서는 대부분의 주민들이 직접 참여하지 않고, 대표자를 통해 간접적으로 참여하고 있기 때문이다.

지방자치에 대한 주민들의 간접참여는 지방선거를 통해 이루어지며, 지방선거는 지방자치에 대한 주민참여의 가장 핵심부문에 해당된다. 즉 지방자치는 일정한 지역의 주민들에게 당해 지역의 공공사무를 주민들의 자율적인 의사와 책임 하에 처리하도록 하는 제도이며, 이 때 주민들은 자신들이 직접 처리하지 않고 자신들의 대표인 지방의원과 자치단체장을 선출하여 지방정부를 구성하고 이들에게 그 처리를 맡기고 있다. 지방선거란 바로 지방주민들이 지방의 공공사무를 처리하기 위한 기관구성을 위하여 그 대표를 선출하는 간접참정제도이다.

Ⅲ. 주민의 자치행정에의 참여

1. 자치행정에 대한 주민참여의 개념

지방자치에의 주민참여는 정치적 참여를 의미하는 참정과 행정적 참여를 의미하는 참여가 동시에 내포되어 있는 개념이라는 것은 이미 앞에서 검토하였다. 지방자치행정에 대한 주민참여란 "지방자치정부의 정책결정과 집행 등 그 지역사회의 구성원들에게 영향을 미치는 사항에 대하여 일반주민들이 참여하여 일정한 영향력을 행사하는 것"이라고 할 수 있다. 그리하여 주민의 자치행정참여는 지방정부의 행정으로 나타나는 각종 시책 등의 결정이나 집행과정 등 일련의 정책과정에 참여하는 것으로 볼 수 있다.[7] 요컨대 지방자치행정에 대한 주민참여란 "공식적 권한을 가지고 지방정부의 정책결정과 집행을 관리하는 공무원들에게 지역사회의 일반주민들이 영향력을 미칠 의도로 정책과정에 참여하는 것"이라고 정의할 수 있다.

2. 지방자치행정에 대한 주민참여의 필요성

오늘날 지방행정의 기능은 점차로 확대 · 다원화 · 전문화되는 반면 가용재원은 한정되어 있어 그 수행을 위한 절차와 방법도 복잡해지고 있다. 따라서 행정수요와 자원배분의 결정과정에 주민을 참여시킴으로써 그들의 협조와 지지를 받아 지방자치행정의 효율적 수행을 도모할 필요성이 있다. 이처럼 지방자치제도 하에서 주민참여의 필요성은 다음과 같이 제기되고 있다.

1) 대의민주주의의 결점 및 불완전성 보완

지방의회가 주민의 대표기관으로서 의결권과 집행기관에 대한 통제기능을 수행하지만 지방의회가 수렴하는 주민의 관심사는 일부에 지나지 아니하고 지방의회의 집행기관에 대한 통제도 매우 불완전하다. 이에 주민들은 지방의회로 하여금 주민의 대표자로서의 기능을 충분히 수행하도록 동기를 부여하고 자극하기 위하여 주민참여가 필요하게 된다. 요컨대 지방자치단체의 기관의사를 곧 주민의 의사로 간주하는 대의민주적인 의사결정은 주민다수의 실제의사와 괴리되는 결함을 갖게 된다. 이와 같은 대의제도의 결함을 보완하기 위하여 주민참여의 필요성이 대두된다.

2) 주민들의 이견(異見)조정과 책임의식 증진

국가사회의 전반적인 발전과 함께 주민들의 교육수준과 소득수준이 높아지고, 산업화, 도시화, 정보화 현상이 지배함에 따라 사회구조의 변화와 함께 주민들의 의식구조와 행태에도 다양한 변화가 야기되었다. 그리하여 주민들의 요구와 기대는 더욱 증대되고 다양

---

7) 이미 이와 유사한 관점에서 주민참여의 개념을 구성한 학자들도 적지 않다. 예컨대 버바(Sidney Verba)는 주민참여를 "공권력이 부여되지 않은 일반시민들이 공적 권한이 부여된 사람들의 행위에 영향력을 미칠 의도로 정책결정과정에 참여하는 것"이라고 정의하였다[1]. 또한 헌팅턴(Samuel Huntington)은 "정부의 정책결정에 영향을 미치려고 의도하는 일반주민의 행위"라고 정의하였다.

화 · 다원화 되고 있지만 그에 따르는 책임과 의무는 인식하지 못함으로써 지방정부가 받아야 하는 중압감은 점차 커지게 되었다. 이에 따라 지방정부의 정치행정에 주민을 참여시킴으로써 그들의 요구와 기대에 따르는 책임과 의무를 인식시키고 주민들의 협력과 지지를 구할 필요성이 증대되었기 때문이다.

3) 관리사회화와 그에 따른 정보왜곡 방지

자치행정에 대한 주민참여는 관리사회화 현상, 관료제의 비대화 현상, 행정권력의 확대강화 현상 등과 관련하여 그 중요성과 필요성이 점차 증대되고 있다. 즉 사회경제적 발전과 함께 사회 속의 조직 또한 점차 전문화되고 대규모화 된다. 그리고 그 내부에서는 엘리트를 중심으로 지배권력의 소수집중화 현상이 나타나게 되어 사회가 전문성과 권력을 가진 소수에 의해 관리되는 관리사회로 변질되어 간다. 이러한 관리사회에서는 자칫 모든 정보가 전문가나 정부 내의 권력을 가진 관료들에게 독점됨으로써 이들에 의한 지배현상이 야기된다. 이 경우 지배세력과 평범한 주민들의 의사와는 괴리가 생기게 되므로 전문가와 관료지배를 억제하여 정책결정 및 집행과정에서 주민의사를 투입 · 반영하기 위하여 주민참여는 절실히 요청된다.

4) 주민들의 이해 · 협력 증진과 영향력 행사

미래는 거버넌스시대와 네트워크 사회로 바뀌어 나갈 것이다. 이러한 사회에서는 비록 지방정부가 주민들의 정치참여에 의해 선거로 선출된 기관이라고 하더라도 자신들의 힘만으로 모든 공공사무를 처리할 수는 없게 된다. 이미 각종 사회간접자본의 설치나 환경문제 등으로 중앙이든 지방이든 간에 정부의 일방적 정책추진만으로는 그 해결이 불가능하게 되었다. 즉 각종 공공문제의 해결에는 이해관계 있는 주민들을 직접 참여시킴으로써 이들의 이해와 협력 및 지원을 받고, 경우에 따라서는 압력단체의 역할을 하게 할 필요성이 있는 것이다.

5) 효율적인 지역개발과 이해당사자의 참여

지방자치정부는 효율적인 지역개발정책을 추진함으로써 지역주민들에게 경제적 사회적 복지증진을 위해 노력해야 한다. 그러나 이러한 지역개발에는 자칫 다수의 이익증진이라는 명목으로 소수가 희생당할 우려가 적지 않다. 따라서 각종 지역개발정책에는 이해관계를 가진 주민들을 참여시킴으로써 수혜자들로 하여금 피해자들의 입장을 이해하게 하고, 수혜자들의 이익의 일부를 피해자들에게 나누어 줌으로써 소수주민들의 피해를 최소화 해 나가야 한다. 이러한 과정을 통해 소수의 피해자들이 지역개발에 스스로 협력하도록 해 나가야 하기 때문에 주민참여가 필요한 것이다.

3. 자치행정에 대한 주민참여의 기능

지방자치에 대한 주민의 참여는 정치적으로나 사회적으로 다양한 기능을 수행한다. 그리고 이러한 기능들은 그 자체 장점적 순기능도 하지만 단점적 역기능도 하고 있다. 그리고 주민참여가 지방자치의 모든 것을 해결할 수 있는 만병통치약은 아니며 주민참여도 그 자체 한계가 있음을 유의해야 할 것이다.

1) 주민의식의 향상과 주민교육 및 갈등방지기능

주민참여는 스스로의 사회적 영향력에 소외감을 가지고 있던 일반시민에게 시민으로서의 자부심과 사명감을 고취시키며, 동시에 공동체정신과 협력 및 유대의식을 향상시킨다. 가난한 자와 무능력자의 경우, 주민참여는 무능력이 극복되고 자조와 지도성이 향상될 수 있으므로, 장기적으로는 지역사회로의 통합과 교육 및 훈련과정으로 연결되어 주민으로서의 지위상승도 기대할 수 있게 된다.

또한 주민참여는 주민들이 지방정부의 역할과 정책·계획을 이해하며, 정책 및 계획과정에 필요한 충분한 정보를 주고받음으로써 상호 오해로 인한 갈등을 방지하고 다양한 의견을 수렴하여 지역사회의 이해관계와 정책·계획을 연결시키는데 기여한다.

2) 간접민주제도의 보완기능

주민참여는 직접민주제의 특성을 지니고 있다. 그런데 주민참여제도가 주민의 직접민주제 혹은 직접참정제와 다른 점은 주민참여는 그 어느 때라도 실현할 수 있는 제도라는 데 있다. 그러나 주민참여는 대의민주제도가 그 기능을 제대로 수행하지 못한다 하더라도 이를 대체할 수 있는 제도가 아니다. 주민참여제도는 다만 대의민주제의 결함을 보완·시정함으로써 대의민주제의 기능을 효율적으로 수행할 수 있도록 하는 데 그 의미가 있다.

3) 행정책임확보기능

주민참여는 주민들이 지방행정기관의 행정서비스에 대하여 만족하는 정도를 측정·평가하고 다른 의견의 제시나 요구가 있을 때 그 약속과 이행결과 사이에 일치하지 않는 점이 있는가를 확인하려는 것이다. 이러한 행정책임을 보장하기 위한 제도적 장치는 정책계획과 그 운용이 지역사회 전체에 미치는 영향을 측정하고 평가하는 수단을 구비하도록 해야 한다. 또한 행정책임의 기능은 주민참여의 필요성을 인식시키기도 한다. 즉 주민참여의 요구가 주민들로부터 제기되지 않는 경우에도 법적으로 이를 요건화 하거나 지방자치단체가 규범적으로 강조함으로써 주민참여를 촉진시킬 수 있다.

4) 지방행정의 독선화 방지기능

주민참여는 행정의 전문화가 촉진됨에 따라 지방행정의 독선화 내지 반주민의사화 경향이 심화되는데 대한 억제기능을 의미한다. 즉 주민참여를 통해서 전문적인 지식·기술을 갖지 않은 주민이 행정을 이해할 수 있는 능력을 가지게 되고, 고도의 전문지식이나 이론까지 터득할 가능성이 있기 때문이다. 또한 주민운동을 보면 주민들은 그 요구가 자기에게 절실해 질수록 행정담당자보다 더 많은 지식을 갖게 되는 경우가 많다.

5) 정보확산 및 수집기능

정보전달은 지방정부의 정책·계획수립과정에 주민들이 그들의 의사와 요구를 관철시킬 수 있는 기회를 갖게 하며, 지방정부의 예정된 정책 및 계획과정을 주민에게 홍보할 수 있게 하고, 이러한 정보에 접한 주민들은 다양한 의견과 요구를 제시하게 된다. 정보확산을 위한 주민참여방법은 공청회, 시정보고회, 대중전달매체 등의 이용을 들 수 있다. 정보수집은 주민의 여론을 파악하고 그에 따라 정책이나 계획을 수립하게 할 수 있게 하는 중요한 기능을 한다. 정보는 대체로 주민의 반응과 태도, 요망사항, 불편 등을 조사하는 가운데 수집되며 그 외도 여론조사, 자문회의, 각종위원회, 공청회, 현지조사 등 다양한 방법을 통해 수집된다.

6) 주민에의 접근기능

주민에의 접근기능은 지방정부가 좀 더 개별적인 주민과 주민조직에 접근할 수 있는 가능성을 말한다. 지방정부의 대민접촉활동 증대는 주민들이 공무원들과 접촉할 경우 봉착할 수 있는 물리적, 사회적, 심리적인 장애요인을 제거하는 데 도움을 주며, 주민과 지방정부 간에 이루어지는 상호작용의 빈도, 규칙성, 행정서비스의 질 등을 향상시킬 수 있는 기회를 제공한다. 이러한 주민에의 접근기능을 촉진하기 위해서는 지방정부와 주민이 상호 협력하고, 주민은 정책에 대한 비용부담자인 동시에 수혜자로서 지방정부의 정책이나 계획에 대해 항상 깊은 관심과 비판을 게을리 하지 말아야 한다.

7) 주민사회의 이해·이견(利害·異見)의 조정기능

최근의 주민참여는 주민들 간의 이해관계나 이견을 조정하는데 활발하게 이용되고 있다. 지방정부는 주민참여를 통해서 조정의 장을 제공함으로써 각자의 의견을 서로 토로하게 하며, 주민 상호간이나 이해당사자간에 접촉을 통해서 상호 이해를 증진하고 쟁점을 올바르게 파악함으로써 전체이익이나 공익을 실현할 수 있게 한다.

8) 아이디어개발 및 결정에의 관여기능

주민참여는 지방정부의 각종 정책이나 계획에 관한 주민들의 아이디어를 개발하게 하고 이를 결정과정에 반영시키는 기능을 한다. 주민은 지역사회의 주인으로서 일반관료들보다 공적 요구에 더 민감할 수 있으므로 주민들의 의사나 주장은 정책결정에 중요한 자료가 되고, 정책결정상황의 문제점들을 명확하게 파악하는데 큰 도움이 될 수 있다. 그리고 주민들의 요구와 기대, 참신한 아이디어 등을 정책과정에 반영시킴으로써 결과적으로 주민들은 지방정부의 정책 · 계획과정에 관여하게 된다.

9) 주민과 공무원들 간의 협력증진기능

주민참여는 행정과 주민과의 거리감을 좁히는 기능을 한다. 즉 주민참여를 통해서 주민은 공익우선의 정신과 공공심을 함양하게 되고, 행정기관은 주민들이 원하는 바가 무엇인지를 알게 되어, 지방자치행정의 목표설정과 그 달성을 위한 수단선택과정에서 서로 협력하게 된다.

10) 정책 및 계획의 효율성 제고기능

주민참여는 지방정부의 정책 및 계획에 대한 효율성을 높이는 기능을 한다. 즉 주민들은 자기가 참여하여 의견을 반영한 정책이나 프로그램에 대해서는 그것이 집행될 경우 다른 어느 것 보다도 진지하게 협조하게 된다. 때문에 주민참여를 통해서 이루어진 정책이나 프로그램은 그렇지 않을 때 보다 그만큼 효율성을 제고할 수 있게 된다.

4. 주민참여의 장단점(순기능과 역기능)

1) 주민참여의 장점(순기능)

지방자치에의 주민참여는 지방정부의 입장에서는 물론 주민들 자신의 입장에서도 여러 가지 바람직한 기능을 한다. 우선 주민의 입장에서 볼 때 주민참여는 다음과 같은 기능을 수행한다.

첫째 오늘날의 주민들은 거대하고 복잡해진 사회의 구성원으로서 스스로 소외감과 무력감을 가지고 살아가고 있다. 그러나 주민참여는 지방정부라는 공공영역에 이들을 끌어들임으로써 소외되고 무력해진 주민들의 심리적 욕구를 충족시키고 지방정부에 대한 주인의식을 회복시킨다. 둘째 이들의 참여는 지방정부의 정책·계획을 결정·집행하는 과정에서 주민들의 권리나 재산상의 침해를 방지하거나 극소화 시킬 수 있다. 셋째 주민참여는 주민들로 하여금 지방정부의 행정실태를 파악하게 함으로써 행정에 대한 주민들의 이해를 증진시킨다. 그 결과 주민들과 공무원들이 상호 협력과 협동의 분위기가 조성되고, 주민들로서는 공익우선의 정신과 공공심을 함양하게 된다. 넷째 주민참여는 주민들의 의식을 성숙하게 하고, 정치적 사회적 능력을 향상시킬 수 있게 한다. 주민참여를 통한 각종 공공영역에의 활동을 통해 주민들은 자신도 모르는 사이에 지적능력이 제고되고 인간관계도 성숙해지게 된다. 그렇게 됨으로써 주민들의 사회적 자신감과 사기진작에도 기여하게 된다.

다음으로 주민참여는 지방정부의 입장에서도 다음과 같은 바람직한 기능을 수행한다. 첫째 주민참여는 주민들에게 자치행정의 실태를 파악하게 함으로써 지방정부의 정책이나 계획의 수립 및 집행과정에 주민들의 지지와 협력을 받을 수 있다. 둘째 주민참여를 통해 지방정부와 주민들 간의 거리를 단축시킬 수 있고, 민·관간의 협력관계가 강화됨으로써 정책이나 계획의 결정 및 집행에 대한 책임분담이 가능해 진다. 셋째 지방정부의 공무원들에게는 진정으로 주민들이 원하는 바가 무엇인가를 정확하게 파악할 수 있게 함으로써 행정수요파악과 정책계획의 우선순위결정에 상당한 도움을 받을 수 있다.

2) 주민참여의 단점(역기능)

지방자치에의 주민참여는 이상과 같은 여러 가지 장점에도 불구하고 단점도 적지 않다. 첫째, 주민참여는 많은 시간과 비용 및 노력을 요구하기 때문에 지방정부의 정책계획의 결정·집행에 지체를 초래할 우려가 있고, 둘째, 외국의 경험에 의하면 가난하고 무지한 자의 참여는 그들에게 지나친 기대를 갖게 하면서 동시에 실망을 안겨준다. 그리고 각종 업무의 결정과 집행에 비능률과 낭비요인을 제공한다. 셋째, 주민참여는 이론상 지방정부에의 협력 내지 저항이라는 양면성을 가지고 있다. 따라서 참여한 주민들이 지방정부의 정책에 흡수·포섭됨으로써 주민참여의 가치는 상실되고 지방정부에 의한 민중조작의 위험성이 드러날 수 있다. 넷째, 그리고 경우에 따라서는 지방정부와 밀착된 소수의 적극참여자 내지 특수집단을 과잉 대표시킴으로써 행정의 공공성과 공익성을 침해할 우려가 있고, 참여한 주민들을 핑계로 공무원들이 소극적이 되거나 혁신성과 책임성이 저하될 우려가 있다.

5. 자치행정에 대한 주민참여의 변수

주민참여에 영향을 미치는 중요한 요인은 국내외를 막론하고 이미 많은 학자들이 다양한 시각에서 논의하고 있다. 여기서는 주민참여를 활성화 시키는 데 영향을 미치는 주요 요인을 지방정부의 공무원, 지방정부의 행정구조와 기능, 지역주민, 그리고 지방정부의 환경 등으로 나누어 간략히 검토해 보기로 한다(정세욱, 2003: 374-384).

1) 지방정부의 공무원(자치단체장 포함)

(1) 주민참여에 대한 인지 · 필요성의 인식정도

지방자치단체에 근무하는 공무원의 주민참여에 대한 인지(認知)가 왜곡되거나 그 필요성의 인지정도가 낮을수록 주민참여는 미온적이 되는데 비하여, 인지가 정확하거나 필요성의 인식정도가 높을수록 주민참여는 활발해진다.

(2) 교육수준 · 성향 · 가치관 · 성격

공무원의 교육수준이 낮을수록, 권위형 가치관과 폐쇄적 성격을 가진 공무원일수록, 주민참여에 대한 거부감을 가지게 되고, 공무원들이 민주형 가치관과 개방적 성격을 가질수록 가능한 한 주민참여를 확대하려는 성향이 강하다는 것이 사실로 나타나고 있다.

(3) 리더십 · 조직화능력 및 성취동기

리더십과 조직화능력이 부족하고 성취동기가 낮은 공직자일수록 주민참여를 기피하려는 성향이 있는데 비하여, 리더십과 조직화능력이 풍부하고 성취동기가 높은 공직자일수록 주민참여를 적극화하려는 성향이 있다.

(4) 사기(士氣)

공무원의 사기가 낮을수록 근무의욕이 그만큼 감퇴되므로 주민참여에 소극적이 되는 반면, 사기가 높을수록 근무의욕이 그만큼 제고되므로 주민참여를 적극화하게 될 것이다.

2) 지방정부의 행정구조와 기능

(1) 지방행정의 공개정도

지방행정을 비밀리에 수행할수록 주민참여는 그만큼 제약되며, 공개할수록 주민참여는 활발해진다. 그것은 참여기회가 아무리 많을지라도 정보를 접할 수 없으면 참여는 불가능하기 때문이다. 따라서 정보의 질과 양은 바로 주민참여의 효과를 좌우하는 요인으로 간주되고 있다.

(2) 참여자의 범위

지방정부가 참여자의 범위를 제한할수록 주민참여의 실효성은 낮아지며, 참여자의 범위를 확대할수록 주민참여의 실효성은 제고된다. 그러므로 지방정부는 주민참여조직을 장악하고 있는 지방의 유력자나 일부계층의 의견만을 들어서는 안되며, 무력감 · 소외감에 빠져 있는 일반주민과 소극적 참여 · 방관적 자세를 가진 주민들까지 폭넓게 참여시켜야 된다.

(3) 참여가능한 행정과정과 분야

주민이 참여할 수 있는 행정과정과 분야가 제한되어 있을수록 주민참여의 실효성은 낮아지는데 비하여, 그것이 넓을수록 그 실효성은 그만큼 높아진다. 따라서 자치단체는 정책이나 계획의 준비단계로부터 대안의 선택, 사업의 결정 및 시행에 이르기까지 모든 행정과정에 주민이 참여할 수 있도록 제도화함이 바람직하다.

(4) 주민들의 참여경로

지방정부가 주민들의 참여경로를 제한할수록 주민참여는 미온적이 되며, 반대로 이를 확대할수록 주민참여는 그만큼 활발해진다.

(5) 계획 · 정책의 난이도

지방정부가 추진하는 정책이나 계획이 난해할수록 주민참여는 제약되거나 허구화하는데 비하여, 평이할수록 주민참여는 활성화되거나 실효를 거두게 된다.

(6) 조직내의 행정풍토

지방정부 내에 주민의사를 무시하는 풍토가 강할수록 주민참여는 위축되고, 주민의사를 존중하는 풍토가 강할수록 주민참여는 활성화 된다. 즉 권위주의 · 무사안일주위 · 행정편의주의 풍토가 강하면 주민참여는 미온적일 수밖에 없으며, 반대로 평등주의 · 합리주의 · 주민편의주의 등의 풍토가 확립되어 있으면 주민참여는 촉진된다.

3) 지역주민

(1) 주민들의 지식 · 이해력 · 능력 · 상황인지도

주민들의 지식 · 이해력 · 능력이 부족하고 상황인지의 정도가 낮을수록 주민참여는 미온적이 되며, 그것이 풍부하고 높을수록 활성화된다.

(2) 주민들의 관심·태도 및 참여의사·의욕

지방정부의 공공사무처리에 관한 지역주민들의 관심과 태도가 부족하며, 참여의사나 의욕이 낮고 타율적으로 행동할수록 주민참여는 위축되지만, 반대로 관심이 높고 태도가 열성적·적극적이며 참여의욕이 높아 자율적으로 행동할수록 주민참여는 활발해진다.

(3) 주민의 조직력

주민들의 조직력이 약할수록 주민참여는 미온적이며 조직력이 강할수록 참여는 활성화된다. 조직응집력은 주민에 따라, 지역에 따라 각각 상이하다. 전통적으로 잘 보존된 지역의 주민들이 그렇지 못한 지역주민들 보다 조직응집력이 강하며, 고소득층 주민들의 조직응집력이 저소득층의 그것보다 강하다.

(4) 주민의 리더십과 영향력

주민의 리더십 수준과 참여활동에 대한 영향력의 정도에 따라 주민참여 또한 달라진다. 주민의 리더십은 지역마다 다르지만 협력적, 참여적, 창의적일수록 주민참여의 정도와 그 효과성은 높아진다. 그리고 자치행정에 대한 주민들의 참여활동이 영향력을 발휘할수록 주민참여는 증대된다. 일반적으로는 정치적 영향력이 크거나, 교육수준이 높은 사람, 그리고 재력이 클수록 지역사회에서의 영향력도 강하다고 본다.

(5) 주민조직의 특성

주민조직의 구성원간에 이해관계가 크게 상충되거나 의견대립이 심할수록 이를 조정하기 위하여 주민참여의 필요성은 더욱 증대되지만 그 실효성은 도리어 감소되며, 구성원들이 각자의 이해관계에 집착하기에 앞서 굳게 결속할수록 적극적인 참여가 가능해진다.

(6) 주민들의 의식수준과 가치관

주민들의 의식수준이 낮고 자치의식이 희박하며 부정적 가치관을 가지고 있을수록 주민참여는 미온적인 데 반하여, 의식수준과 자치의식이 높고 긍정적 가치관을 가지고 있을수록 주민참여는 활성화된다. 전자의 경우에는 주민들이 지방행정에 냉담하게 되며, 막상 참여를 하지는 않으면서 뒤에서 비판만 하는 성향을 나타내지만, 후자의 경우에는 지방행정에 적극 참여하는 성향을 가지는 것이다.

4) 지방정부의 환경

(1) 중앙정부로부터의 자주성 정도

중앙정부에 대한 지방정부의 자주성이 약할수록 주민참여는 위축되며, 자주성이 높을수록 주민참여가 활발해지게 된다. 지방정부가 중앙정부에 대한 자주성이 높아 자치권과 자치사무를 처리하는 비중이 높을수록 주민참여는 활발해지게 된다.

(2) 지역개발의 수준

사회경제적 발전수준이 낮고 자치구역내 지역개발이 답보상태에 있을 경우 주민참여는 소극적이 되고, 반대로 지역사회의 발전수준이 높고 지역개발이 활발하게 추진될 경우 주민참여는 활발해진다. 지역개발에는 방대한 자원과 다양한 주민들의 이해관계가 얽혀 있고, 수혜자와 피해자가 이해관계를 놓고 첨예하게 대립될 수 있기 때문이다.

(3) 민주이념과 정치문화의 형태

주민참여는 그 국가와 사회를 지배하고 있는 정치문화에 의해서도 많은 영향을 받는다. 민주주의에 대한 이념과 가치가 지역주민들의 의식 속에 뿌리내려 민주주의가 생활화되고 있을 경우, 주민참여는 자연스럽고 적극적으로 이루어진다. 그러나 민주주의가 주민생활 속에 자리잡지 못했을 경우, 주민참여는 형식적이고 명목적인 것으로 변하게 된다.

(4) 지방행정문화의 유형

주민참여는 지방정부의 행정구조와 기능을 지배하고 있는 행정문화의 성격특성에 따라서도 영향을 받는다. 행정문화가 권위주의, 운명주의, 관료주의 등이 지배할 경우 주민참여는 형식화되고, 평등주의, 민주주의, 개척주의, 민주적 공복관 등이 지배하면 주민참여는 자발성을 띠고 활발하게 이루어진다.

(5) 지역경제발전의 정도

지역사회의 경제발전수준에 따라 주민참여에 대한 주민들의 태도도 달라진다. 즉 지역경제가 어느 정도 발전하여 주민들의 욕구충족이 일정한 수준에 도달하면 주민참여는 활성화 된다. 반면에 지역경제수준이 저급하여 대부분의 주민들이 생계유지활동에 종사하는 데 열중하게 되면 주민참여에는 소극적이 되고 그만큼 위축된다.

(6) 매스컴의 발달정도

주민참여는 매스컴의 발달정도에 따라서도 많은 영향을 받는다. 즉 지역사회 내에 다양한 매스컴이 활발하게 활동할 경우 이를 통해 많은 정보와 지식을 전달받게 되고 결과적으로 주민들은 지역사회의 공공문제처리에 적극적으로 관심을 갖고 활발하게 참여하게 된다. 반면에 매스컴이 발달하지 못해 지식과 정보 및 자료 등을 갖지 못할 경우, 참여 그 자체의 존재에 대해서까지 관심을 가질 수가 없게 된다. 그리하여 주민참여는 소극적이 된다.

(7) 컴퓨터 · 통신 및 정보처리능력

지역사회 내에 컴퓨터와 각종 통신기술이 발달되어 주민들의 정보전달 및 처리능력이 발달되어 있으면 주민참여는 활성화되지만 그렇지 못할 경우 주민참여는 침체된다. 21세기는 컴퓨터의 발달로 통신기술 및 정보처리능력이 가속화 되는 고도정보사회로 발달할 것이다. 그리하여 디지털시대, 사이버시대, 네트워크시대를 열어나갈 것이고 정치사회는 참여민주주의로 변해 나갈 것이다.

6. 주민참여의 유형과 방법

1) 주민참여의 유형

(1) 제도적 참여와 비제도적 참여

제도적인 참여라 함은 국가 또는 지방자치단체의 법규에 의해 공식적으로 인정되어 있는 참여행위를 의미한다. 여기에는 주민회의에의 참석, 의견의 개진, 주민제안, 각종 민원의 제기, 합법적인 시위 및 집회에의 참여, 자원봉사 활동 등이 있을 수 있다. 비제도적 참여는 제도적 참여 이외의 참여를 말한다. 법규에 의해 공식적으로 인정되어 있지 않는 참여행위를 의미한다. 예컨대 비폭력 시위나 주민불복종 등이 그 예가 된다.

(2) 통제적 참여와 협력적 참여

주민참여의 목적이 통치기관에 대한 견제와 감시를 목적으로 하는가 아니면 서비스의 생산과 공급에 관한 동반자 내지 협력자로서의 참여를 목적으로 하는가에 따라 통제적 참여와 협력적 참여로 분류할 수 있다. 따라서 통제적 참여란 감시적 참여라고도 하며, 권위적인 정부의 권력적 통치방식을 견제하기 위한 주민참여방식이며, 협력적 참여란 지방정부와 주민들이 협력하여 품질 좋은 행정서비스를 공동으로 생산하기 위하여 공동생산에 참여하는 것을 의미한다. 전자는 지방정부의 기능이 비민주적이고 권위적일 경우에 주로 이루어지는 참여이며, 후자는 민주화되고 시장기능이 강화되는 작은 정부시대의 참여방식이라고 볼 수 있다(강용기, 2008: 205).

(3) 직접적 참여와 간접적 참여

직접적인 참여유형으로는 주민총회를 들 수 있다. 주민총회는 유권자 전원으로 구성되는 합의제기관으로서 그 지방의 공동이해관계사항에 대한 모든 결정권을 가지고 있다. 스위스 기초자치단체의 약 90%는 주민들의 직접참여가 가능할 정도로 주민총수가 적다.

그러나 우리나라와 같이 유권자가 수 만명이 넘는 곳에서는 주민총회 등의 직접참여는 사실상 실행이 어렵기 때문에 주로 간접적 참여방식을 이용하게 된다. 간접적 참여방법으로는 첫째 자문위원회로 참여하는 방법, 둘째 압력단체로 참여하는 방법, 셋째 지방선거에 참여하는 방법, 넷째 지방정부의 고위관료와 접촉하는 방법 등 다양한 방법을 들 수 있다.

(4) 개별적 참여와 집단적 참여

지역주민들은 지방정부의 정책결정 및 집행과정에 개인자격을 가지고 개별적으로 참여하는 경우도 있고, 집단구성원의 자격을 가지고 집단적으로 참여하는 경우가 있다. 개별적 참여는 참여자가 참여과정에서 자신의 입장을 구체적으로 주장할 수 있지만 참여자 자신이 가진 지식, 정보, 기술 등의 한계로 체계적인 주장을 전개할 수 없기 때문에 일반적으로 그 효과성은 별로 높지 못하다. 그러나 집단적 참여는 이익집단의 형태로 참여하는 경우가 많기 때문에 개별적 참여의 한계를 상당 수준 보완할 수 있다.

2) 주민참여의 방법

지역개발에 있어서 주민참여의 유형은 앞서 고찰한 바와 같이 여러 가지가 있지만 이러한 주민참여의 형태가 구체적으로 실천에 옮겨지자면 다양한 수단을 통하여야 한다. 주민참여의 수단으로 들 수 있는 것은 우선 종래의 전통적인 방법에는 행정에 대한 외부통제의 방법에 속하는 여론에 호소하는 방법과 정당·이익집단 등에 참여하는 방법, 그리고 각종 전시회에 참여하는 방법, 정부기관이 주최하는 공청회나 워크숍(workshop)에 참여하여 주장을 전개하는 방법 등 다양하다. 그 외도 정보제공·설문조사·매스미디어를 통한 홍보 등의 방법이 있다.

뿐만 아니라 운동·교섭·청원·건의·진정·문의·자치 등을 비롯하여 주민집회, 시정간담회, 각종위원회, 심의회, 선거, 주민투표, 주민발안 등을 통해서도 직·간접적으로 참여할 수 있다. 그 외에도 아이디어창안, 요인접촉, 우편 등이 있고 새로운 시도로서 델파이방법, 명목집단방법, 게임-시뮬레이션 방법 등이 활용되고 있다. 특히 2002년부터 도입된 주민자치센터를 통한 풀뿌리 주민자치참여는 꾸준히 발전하고 있다.

이처럼 주민참여에는 다양한 방법들이 있지만 실제로 적극적이고 광범한 주민참여는 그렇게 잘 이루어지지 않고 있다. 특히 지방정부의 정책결정에 대한 주민참여는 다수의 일반대중보다는 특정한 이익집단의 요구 · 이익이 투입될 가능성이 높다. 따라서 어떻게 하면 광범위한 지역의 '조용한 다수'(silent majority)의 의사를 파악 · 반영시킬 것인가 하는 문제는 주민참여의 중대한 과제로 남는다.

Ⅳ. 한국의 주민참여제도

1. 제도화된 주민참여방식

1) 다양한 행정위원회

지방자치단체의 각종 행정위원회는 오늘날 많은 나라에서 자치행정에 대한 주민참여의 중요한 수단으로서 활용되고 있다. 우리나라의 지방자치단체에도 지방인사위원회, 지방공무원소청심사위원회, 도시계획위원회, 토지수용위원회 등의 여러 가지 행정위원회가 설치되어 있다. 이러한 행정위원회는 일정한 행정분야에 대해 자치단체장으로부터 독립하여, 특정한 정파나 정당으로부터의 영향도 받지 않고, 공정하고 중립적으로 업무를 수행하거나, 합리적인 재정(裁定)이나 중재 등의 심판적 기능을 수행한다. 행정위원회는 지방자치단체의 집행기관의 일부로서 정책결정 및 집행의 권한을 행사하는 것이므로, 주민이 그 위원회에 위원으로 참여하는 것은 직접 정책결정 및 집행을 행하는 것이 되어, 최고의 주민참여를 실현하는 결과가 된다. 그러나 위원은 전문적 지식과 경험의 소지자이어야 하므로 일반주민은 사실상 참여에 제약을 받고 있다.

2) 공청회

현행 도시계획법에서는 도시기본계획을 수립할 때 공청회를 개최하도록 규정하고 있다. 이 경우 해당 지방자치단체는 일간지에 공청회의 개최일자를 2주전에 공고하고 주민이 공청회에 참석하려면 사전에 자기의 소견서를 제출하여 해당 단체로부터 사전허가를 받아야만 참석이 허용된다.

그러나 이 제도는 공청회의 개최공고와 참가신청 사이의 기간이 2주일밖에 안되므로 이 기간 동안 사실상 지역주민들이 의견을 집약하여 그 대표자로 하여금 의견을 진술한다고 하는 것이 거의 불가능하다. 또한 자칫하면 행정당국의 비위에 맞는 의견만 발표되어질 우려가 있고, 공청회의 개최요건 등이 극히 제약되어 있어 주민들이 충분히 검토 · 이해할 수 있는 자료와 시간이 없기 때문에 공청회를 통한 주민의견반영에는 그만큼 한계가 있다. 설사 충분히 준비하여 다양한 의견을 진술하고 변경을 요구한다고 하더라도 수정되는 경우가 거의 없어 사실상 공청회는 형식적인 요식행위에 지나지 않는다.

3) 각종 자문위원회

지방자치단체에는 자치행정에 대하여 의견을 제시하고 시책의 방향을 건의하는 자문위원회를 설치하는 것이 일반적이다. 위원은 전문적인 지식·경험의 소지자로서가 아니라 평범한 주민의 입장에서 참여한다. 이러한 자문위원회는 거의 모든 나라에 설치되어 있다.[8] 자문위원회는 해당 지역의 주민 가운데서 주민이 선출하거나 또는 당국이 임명하는 위원들로 구성된다. 대부분의 위원회와 위원들은 행정기관의 주요 시책수립에 적극 참여하기보다는 행정당국의 소집에 의해 참석하고, 행정당국으로부터 사업계획이나 업무보고를 받고 이에 대한 협조를 요청받는 것이 보통이다. 자문위원회가 적절히 운영되는 경우에는 주민의 불만을 해소하고, 당국과 주민의 협조를 통한 행정의 적실화와 능률화를 기하는 등 순기능을 발휘할 수 있다.

4) 주민자치센터

주민자치센터란 그동안 읍·면·동이 수행하던 행정사무 중심적 기능을 주민복지문화서비스 기능으로 전환하여 그 인력과 시설을 주민에 대한 서비스 향상에 제공하는 복지문화센터를 말한다. 즉 종래의 읍·면·동의 기능을 주민생활에 꼭 필요한 업무(민원발급, 사회복지, 민방위, 재난관리 등 민원업무)는 계속 수행하되, 나머지는 시청과 구청으로 그 업무를 이관함으로써 남는 여유시설과 공간을 주민을 위한 문화, 복지, 편익시설과 프로그램 등을 위해 꾸며 놓은 곳이다. 주민자치센터를 통해 주민을 위한 문화, 복지, 편익시설과 프로그램 운영을 하여 주민의 삶의 질을 높일 뿐만 아니라 지역주민의 참여로 주민자치의식과 공동체의식을 향상시키는 구심체 역할을 수행하도록 하자는 것이었다. 특히 2008년부터는 동사무소의 명칭을 주민센터로 개칭함으로써 주민들에게는 주민자치센터와 주민센터가 혼돈스럽게 되었다.

5) 청원과 개인민원

지역주민이 지방정부의 정책결정 및 집행에 관한 어떤 문제에 대하여 지방의회에 청원함으로써 자치행정에 참여하기도 한다. 그리고 정책결정 및 집행에 대하여 해당기관에 민

---

8) 자문위원회의 설치목적은 i) 주민의 요구와 기대 그리고 실정의 파악, ii) 주민의사의 정부시책에의 반영, iii) 시책에 대한 주민의 관심과 이해의 촉진, iv) 계획과 실시에 있어서의 주민협력의 확보, v) 주민들 사이의 분쟁의 조정과 해소 등에 있다.

원으로 진정, 건의 혹은 독창적인 아이디어를 제출함으로써 행정에 참여하기도 한다. 이러한 진정, 건의, 창안을 촉진하기위하여 신문고제도나 민원함을 설치하기도 한다. 이처럼 주민이 지방정부에 대해 갖는 개인민원 중 특히 고충민원을 처리하기 위하여 각국에서는 옴부즈만(Ombudsman)제도[9]를 두는 경우가 있다. 이 제도는 19세기에 스웨덴에서 처음 실시된 후 차츰 세계 각국의 국가와 지방자치단체에 보급되었다. 우리나라의 경우 국가에 국민고충처리위원회[10]가 설치되어 있고, 공정거래위원회나 소비자보호원등 특별위원회도 있는바, 이들이 바로 이러한 옴부즈만에 해당한다고 할 수 있으며, 지방자치단체의 경우 전북의 행정불만처리위원회 등이 그 예다.

6) 불복신청 · 제소

주민은 자치행정기관의 위법 또는 부당한 행정처분으로 권익의 침해를 당하였을 때에 이의를 제기(이의신청, 심사청구, 소원, 재심청구)하여 다툴 수 있고, 그 이의에 대한 행정기관의 결정에 대하여도 이의가 있을 때에는 옴부즈만이나 법원에 제소하여 다툴 수 있는바, 이러한 다툼을 통하여 주민이 자치행정에 참여하게 된다.

2. 비제도화된 주민참여방식

1) 기관장과의 대화 · 간담회

대화를 통한 주민참여는 지방자치단체의 기관장이 직접 주민의 의사와 요구를 듣고 이를 행정에 반영할 수 있다는 데 그 의의가 있다. 그러나 대화 · 간담회를 통한 주민참여의 문제점은 i) 대화의 대상자가 지역의 유력자나 행정에 동조하는 일부 주민에 한정될 우려가 있고, ii) 행정기관이 정보를 공개하지 않음으로써 주민은 대화과정에서 그의 의견을 개진하기보다는 행정기관의 의견을 일방적으로 듣기만 할 가능성이 있으며, iii) 대화과정에서 주민의 자유스러운 의사가 표현되도록 유도하기가 현실적으로 어렵다는 점 등 을 들 수 있다.

2) 설문지조사

도시 및 지역개발의 기본계획을 수립할 때 종종 설문지조사 방법을 통하여 주민의사와 기대치를 파악하여 부분적으로 기본계획에 반영하고 있다. 설문지조사는 다수인의 태도,

---

9) 옴부즈만이란 국민의 행정에 관한 구충(불평, 불만, 요망 등)등 접수하여 중립적인 입장에서 조사하여 관계기관에 시정을 권고하고 행정개선을 도모하는 사람(기관)을 말한다.
10) 행정규제 및 민원사무기본법 제4장.

의견, 욕구 및 행태를 파악하기 위한 수단으로 이 방식은 i) 전문성이 없는 행정기관이 조사함으로써 설문지의 항목작성뿐 아니라 표본추출 및 선정과 관련하여 대표성, 신뢰성에서 많은 문제점이 있을 수 있고, ii) 설문지회수 후의 통계적 처리·분석이 미흡한 점 등의 문제점을 지니고 있다.

3) 집단민원과 주민운동

(1) 집단민원의 의의

행정현장에서 지방행정기관의 정책결정이나 집행에 큰 영향을 미치는 것은 집단민원이다. 집단민원은 본래 개인민원과 같은 주민의 청구행위지만 다수인의 공동이해를 기초로 집단행동으로 발전함으로써 사회에 큰 파급효과를 미치므로 비상적인 해결책을 강구하지 않으면 안 되는 중대사항이다. 결국 집단민원은 민원과 주민운동이 결합되어 나타나는 현상이라고 할 수 있다.

(2) 집단민원의 특징

집단민원은 민원의 내용이나 성질에 따라 다양한 특성을 보이지만 대체로 다음과 같은 특징을 가진다(박호숙, 1993: 148-149). 첫째 개인민원에 비하여 피해의 구제를 요구하는 경우가 더 많다. 둘째 시위 등 과격한 집단행동으로 발전하는 경우가 많다. 셋째 다수의 힘을 빌려 집단이기주의적인 욕구를 충족시키려는 경우가 많다. 넷째 과격행동으로 지역사회 안정을 해치고, 사회적 비용을 증대시키는 경우가 많다. 다섯째 사회적 파급효과가 크기 때문에 정치적 해결을 할 수밖에 없는 경우도 있다. 여섯째 성장논리에서 분배논리로 전환하는 사회발전단계에서 특히 더 발생한다.

(3) 집단민원의 발생배경

집단민원의 발생요인은 이를 환경, 행정, 주민의 세 측면에서 각각 파악할 수 있다. 첫째 환경적 요인으로는 i) 도시화 산업화에 따른 다원적 이해관계의 심화, ii) 불균형 성장에 따른 지역간 산업간 개인간 격차, iii) 생활수준향상에 따른 주민의 기대수준의 상승 등을 들 수 있다. 둘째 행정적 요인으로는 i) 주민의견수렴 부족, ii) 행정에 대한 불신, iii) 정보공개의 부족, iv) 이해관계의 무시 v) 민원의 예방·관리의 미흡, vi) 남발되는 선거공약 등을 들 수 있다. 셋째로 주민적 요인으로는 i) 주민들의 집단적 고충, ii) 지역이기주의, iii) 일단 집단행동으로 사회문제화하여 유리한 해결을 유도하려는 전략 등을 들 수 있다.

(4) 집단민원에 대한 대응

집단민원에 대한 행정기관의 대응방법 역시 집단민원의 특징이나 상황에 따라 다양한 방법이 동원될 수 있지만 대체로 아래와 같은 방법을 생각할 수 있다(박호숙, 153-164).

첫째 대응방법으로는 크게 합의적 방법과 강요적 방법 및 심리적 방법으로 나눌 수 있다. i) 합의적 방법은 상호간의 대화와 이해 및 협조를 통한 방법으로서, 설득(persuasion), 협상(negotiation), 타협(compromise), 보상(rewards), 상호교환(exchange) 등을 행한다. ii) 강제적 방법은 지방정부의 일방적 강제력을 동원하는 방법으로서, 조사(investigation), 제재(sanction), 처벌(punishment), 명단공개(list up) 등이 사용된다. iii) 심리적 방법은 상징조작을 통해서 상대방의 감정에 호소하는 방법으로서 이때에 존경, 칭찬, 회유, 달램 등이 행해진다.

둘째 처리방법은 민원의 발생원인별로 문제해결 방법을 달리하되, 시간의 완급을 고려하여 시급한 대처방법과 장기적 대처방법을 구분하여 강구하며, 해당 지방정부가 직접 처리할 수 있는 것은 직접 처리하고, 상급 정부에 건의하여 처리할 수 있는 것과 유관기관과 협조하여 처리할 수 있는 것에 대하여는 그러한 절차를 밟아서 처리한다. 그러나 법령이 미비하거나 예산이 부족하거나 요구가 과도한 부분 등은 주민을 충분히 설득하는 수밖에 없는 것이다.

V. 주민참여의 제약요인과 활성화 방안

1. 주민참여의 제약요인

1) 정보공개의 미흡과 행정에의 접근성 곤란

우리나라는 지방행정이 정보를 공개하고 주민과 상호의견을 교환하는 통로가 성숙되어 있지 못하다. 특히 지역개발계획을 수립하는 과정에서 부수적으로 발생하는 문제들을 지나치게 의식하는 나머지 계획을 비밀리에 입안하고 집행하는 사례가 적지 않았다. 그 결과 참여행정의 기초인 공청기능이 취약성을 들어내게 되었으며 주민은 참여가 제약되고 지역개발에 대해 무관심하고 비협조적인 반응을 보이게 되었다.

2) 지방분권화 및 지방자치제도의 미흡

주민참여는 지방자치단체의 자주성이 높으면 높을수록 활발해지고 실효를 거두는 반면에 자주성이 약할수록 소극화되어 효과가 크지 못하다. 자치단체의 자주성결여는 주민들이 자발적이고 적극적인 참여를 유도하기 어렵게 하는 요인이 되고 있다. 지방자치단체가 지역개발사업에 대해 주민들이 제시한 의견이나 요구를 독자적으로 수용할 수 있는 권한을 가지지 못했을 경우 주민들이 참여한다고 하더라도 소기의 성과를 거둘 수가 없다. 더욱이 지방정부의 기관위임사무는 주민참여의 대상에서 제외되기 때문에 지역개발행정에 대한 주민참여의 의의를 반감시키고 있다.

3) 권위주의적인 행정관행 및 공무원태도

주민참여는 공무원들의 참여에 대한 인지도가 높고 민주적인 평가관을 가질 때 활성화될 수 있다. 그러나 공무원들은 아직도 참여에 대한 인식부족 뿐만 아니라 권위주의와 관존민비적인 사고방식을 가지고 있어 대민관계에 있어서 주민들을 지도・지원한다는 자세보다 지시・종용한다는 태도를 보이는 경향이 있다. 또한 대민행정을 수립함에 있어서 전문가의 의견을 듣거나 주민의사를 수렴하여 창의적 방법을 모색하려고 하기보다는 주로 선례와 법규에 따르는 전통적 처리방법을 선호하고 있으며 사무에 대한 태도도 기계적 능률관에 입각하고 있다.

4) 전근대적 비민주적 주민의식

공식적인 주민참여의 길이 제한되어 있는 우리 현실에서 주민의 높은 의식수준이야말로 참여를 확보하는데 있어서 무엇보다도 중요한 요건이다. 그런데 우리의 경우 주민들은 능동적이고 창의적인 방법으로 시민권을 실현할 기회를 거의 경험하지 못하였고, 주민들의 의식수준도 낮기 때문에 주민참여제도에 대한 태도가 소극적・타율적이며 관심 또한 높지 못한 실정이다. 또한 자주적인 주민조직이 주민참여의 중요한 요건이 되고 있는데, 우리의 경우 주민조직은 자치단체별로 적지 않으나 주민들의 자발적인 의사에 따라 조직된 것이라기보다는 행정명령 또는 행정지시에 의하여 타율적, 하향적으로 조직된 것들이 대부분이다. 이들 조직은 주민의사의 하의상달보다는 행정의사의 상의하달을 주요기능으로 하고 있기 때문에 효과적 주민참여를 위한 통로가 되지 못하고 있다.

5) 지방자치제도의 취약성

현행 지방자치제도에서는 주민의 직접참정제도인 주민소환제, 주민투표제도와 주민발안제도 등을 도입하고는 있지만 각종 요건을 까다롭게 하여 그 활용을 어렵게 하고 있다. 특히 지방정부의 의결권이 매우 취약하여, 주민참여를 통한 지방정부차원의 자율결정대상이 되는 자치영역이나 공공사무가 많지 않다.

6) 비공식적 비제도적 참여방식의 선호

주민들은 공식적 · 제도적 참여수단보다는 비공식적 · 비제도적인 참여수단들을 활용하고 있다. 공식적 · 제도적 참여수단들의 기능은 미약하거나 이들 수단들에 대한 주민의 불신으로 주민운동과 같은 비공식적 · 비제도적인 참여수단들이 주로 활용되고 있다는 것이 문제가 된다.

7) 정책 · 계획결정과정참여에 대한 부정적 인식

주민과 공무원은 계획의 수립 · 집행 · 평가과정에 대한 주민참여에 대해서는 공무원보다는 주민이 더 부정적인 태도를 보이고 있다. 그러나 주민과 공무원 모두가 평가과정에 대한 참여는 가장 부진하다고 인식하고 있다.

2. 주민참여의 활성화방안

1) 민주적 행정사상의 고양

행정이 국민에 대해 우월한 존재로 군림하거나 배타성과 폐쇄성을 가질 때에 주민참여는 존립할 수 없다. 따라서 주민참여의 활성화를 위해서는 이러한 권위주의적 행정의식에서 탈피하고, 행정은 정부의 전유물이 아님을 인식해야 한다. 그리고 국민이 정부와 공동주체가 되어서 국민의 일을 국민을 위하여 처리하는 것으로 그 인식을 전환할 필요가 있다. 우리나라의 경우 공직자의 민주적 의식정립이 시급한 과제다.

2) 지방분권화와 지방자치의 확대강화

지방자치제가 정지되어 있을 때처럼 중앙에서 거의 모든 권력과 기능을 수행하게 되면, 주민참여가 이루어질 여지는 원천적으로 봉쇄된다. 왜냐하면 권한의 대부분이 중앙에 집중되어 있으면 지방정부가 지역주민의 요구에 기민하게 반응할 수 없기 때문이다. 따라서 주민참여의 본래의 목적이 주민의 의사를 행정에 반영하는 데 있다면, 행정의 분권화와 자율화가 주민참여의 당연한 전제조건이 되는 것이다. 주민참여가 실효성 있게 전개되기 위해서는 한 나라의 통치상 또는 행정상의 권한이 중앙에서 지방으로, 지방에 있어서도 광역에서 기초로, 단체장에서 보조기관으로, 그리고 각 기관의 내부에서는 상층에서 하층으로의 적절한 분권이 이루어져야 한다.

3) 정보접근성의 향상

지방행정에 대한 주민참여의 양과 질은 주민들에게 제공되는 정보의 내용에 따라 달라진다. 따라서 주민참여를 활발하게 하기 위해서는 주민들이 충분하고도 필요한 정보에 쉽게 접근할 수 있어야 한다. 그것은 주민적 자치의식의 함양을 위해서 뿐만 아니라, 지방행정에 대한 주민들의 관심을 지속적인 것으로 만들어 주는 원천이 되기 때문이다.

4) 공무원들의 인식전환

주민참여에 대한 공무원들의 인식내용은 주민참여의 성·패를 가름하는 매우 중요한 관건이 된다. 따라서 주민참여의 활성화를 위해서 공무원들은 주민참여가 하나의 형식적인 요식행위에 불과하다는 기존의 소극적 인식에서 벗어나, 지역사회의 문제해결을 위하여 불가결한 것으로 생각함으로써 주민참여에 대한 인식을 전환할 필요가 있다. 그리고 이러한 인식 위에서, 공무원들은 주민참여의 효과를 극대화시킬 수 있는 제반 노력을 경주해야 할 것이다.

5) 참여방법의 개선

주민참여의 효과를 극대화시키기 위해서는 적절한 참여방법의 강구되어야 한다. 우리나라의 경우 공청회나 각종 위원회 등이 참여수단의 대종을 이루고 있으나, 대부분 형식적인 참여에 그치고 있다. 따라서 참여의 실효성을 거둘 수 있기 위해서는 좀더 쇄신적이고 현대적인 장치의 개발과 운용의 적극성이 필요하다.

6) 민원행정의 단순화와 정책민원의 확대

첫째 민원행정의 개선은 창구민원의 범주를 넘어 정책민원의 단계로 발전해 나가야 한다. 민원행정의 개선은 단순히 대민접촉의 일선창구에서 주민 개개인의 사소한 불만이나 불편을 경감시켜 주고 또 일부 말단 공무원들의 비리의 소지를 줄인다는 정도로 과소평가되어서는 안된다. 둘째 민원행정사무가 과도하게 중앙행정기관이나 상급기관에 집중되어 있어서 신속하고 능률적인 민원처리가 곤란하거나 민원인에게 불편을 주고 있는 사무는 가급적 하급기관에 위임하여야 한다. 처리기간이 장시간을 요하거나 중복되는 구비서류를 요하는 경우, 불합리한 처리기간을 단축·조정하여 그 처리절차를 간소화하도록 하고 민원창구를 일원화하도록 하여야 한다.

7) 위원회제도 및 공청회의 활성화

위원회의 위원구성이 유력인사중심으로 구성이 되어 있고 운영에 있어서도 관주도로 되는 등 문제점을 안고 있으나, 지방행정에 대한 주민참여수단으로서 그 효과가 크다. 따라서 위원회의 구성과 운영의 내실화를 기함으로써 그 효과를 고양토록 해야 할 것이다. 첫째 유명무실한 위원회는 과감히 정리하여 진정한 주민요구 투입경로로 발전되어야 하고, 둘째 위원의 구성을 지역주민중심으로 해야 하며, 셋째 위원의 중복위촉이 지양되어야 한다. 그리고 공청회가 주민참여의 효과적인 수단이 되기 위해서는 첫째 주민 및 관계 전문가를 폭넓게 참여시켜야 하고, 둘째 공청회의 개최목적, 예정일시, 장소 등을 공고하여 참여자로 하여금 미리 충분한 준비를 하도록 해야 하며, 셋째 공청회에 출석하여 진술코자 하는 요지를 서면이나 구두로 제출하여 동일내용의 것은 미리 발표할 대표자를 선정하는 등 효율적인 회의의 운영이 되도록 해야 한다. 공청회의 개최결과 집약된 의견이 타당하다고 인정될 때에는 이를 행정에 적극 반영되도록 해야 한다.

Ⅵ. 로컬 거버넌스

1. 거버넌스(Governance)의 의의와 체제

거버넌스(governance) 혹은 로컬 거버넌스(local governance)란 말은 아직도 정확한 정의가 되어 있지 않고, 쓰는 사람마다 다양한 의미로 활용되고 있다. 거버넌스에 대한 영어 번역도 관점에 따라 다양하게 표현되고 있다. 주로 정치학의 영역에서는 지배구조, 통치구조, 협력적 통치, 공동 통치, 네트워크 통치 등의 개념으로 이해되고, 행정학에서는 국정관리, 신공공관리, 공동생산 등의 개념으로 이해되고 있다.

이러한 다양한 의미에도 불구하고 정치와 행정영역에서의 의미는 대체로 협치(민·관 협력통치)라는 뜻으로 정리되어가고 있다. 즉 거버넌스는 정부 또는 통치를 의미하는 거버먼트(government)라는 용어가 정부와 공공부문이 민간부분이나 시민사회에 대한 우위적 지위에서, 민에 대한 관의 통제와 지배의 의미를 짙게 풍기고 있었기 때문에 그러한 의미의 통치체제를 변화시키고 차별화시키기 위해 사용된 용어이다.

거버넌스는 국정이나 자치행정의 중요한 의사결정에 있어서 정부와 기업(경제영역) 및 시민(전문가, 시민단체)의 3자가 그 권한을 공유하고 협력하여 이를 공동으로 처리하는 일련의 제도 및 행태를 의미한다. 이는 종래의 권위적이고 독선적인 정부를 부인하고 사회의 중요한 행위자로서 정부와 기업, 그리고 그 중간에 위치한 시민의 수평적인 협조관계의 형성을 촉구하는 것으로서, 단순한 시민참여의 수준을 넘어 관과 민이 공동노력으로 국정이나 자치행정을 처리해 나가는 것을 의미한다.

거버넌스는 특히 권위적인 정부를 부인하는 데 그 초점을 두고, 이른바 '정부 없는 거버넌스' (governance without government)와 정부 · 기업 · 시민의 3자 혹은 그 이상의 공동처리에 초점을 두는 '정부와 함께하는 거버넌스'(governance with government)의 두 개념으로 구분하기도 한다. 그러나 어느 것이든 종래의 공공부문과 민간 · 사회부문의 엄격했던 경계가 무너지면서 공사부문간의 새로운 관계형성을 모색한다는 공통적 요소를 안고 있다. 그리하여 거버넌스는 관련 주체들 간의 네트워크 시스템을 구축함으로써 가장 바람직하게 구성되고 기능할 수 있다. 즉 어떤 문제해결이나 업무처리를 위해 관련되는 정부, 기업, 대학, 시민단체 등이 네트워크시스템을 구축하여 상호 자기들의 역할을 수행하면서도 공동협력할 수 있도록 하는 것이다.

2. 거버넌스의 대두배경

거버넌스라는 개념은 대의민주주의가 그 기능을 상실해 감에 따라 나타나게 된 참여민주주의와 함께 대두되었다. 즉 정부기능의 강화와 역할범위의 확대, 정부기능의 민간화, 정부규제의 완화 등의 움직임에 따라 대두된 개념이다. 특히 거버넌스는 최근의 세계화와 정보화, 그리고 대의민주제의 고장 내지 실패 등과 함께 급격히 부상되었다.

첫째 이러한 거버넌스는 대의민주제의 비능률성과 비투명성에 대한 비판과 반성이 거세지면서, 그러한 대의민주제에 대한 치유와 보완을 위하여, 나아가서 그것을 대체하려는 취지에서 대두되었다.

둘째 세계화현상과 이에 따라 나타난 개방화, 분권화, 지방화 등 지구촌 사회는 무한경쟁의 장으로 바뀌게 되었고, 그 결과 경쟁주체와 시스템이 국가중심에서 지방중심으로, 정부중심에서 민간중심으로 변화되어갔다. 이러한 상황에서 경쟁력 강화라는 목표를 달성하기 위해서 각국은 중앙과 지방의 정부개혁을 추진하게 되었고, 이러한 과정에서 정부기능의 한계를 인식하고 이를 보완하기 위해 시장과 시민사회의 역할확대를 도모하는 거버넌스가 대두되었다.

셋째 기술발전에 따른 정보사회의 급진전으로 정보의 정부독점이 불가능해지고 민간부문과 시민사회의 능력과 기능, 참여와 영향력이 확대되어 민간부문과 시민사회와 정부가 함께하는 공동의 거버넌스가 대두되었다.

3. 거버넌스의 유형

1) 거버넌스 개념의 다양성: 로드스의 일곱 가지 분류

로드스(Rhodes)는 거버넌스의 개념이 다양하게 적용되고 있음을 지적하면서 일곱 가지 거버넌스 개념을 정리하고 있다. 즉 기업적 거버넌스(corporate governance), 신공공관리(new public management), 건전한 국정관리(good governance)국제적 상호의존성(international interdependence), 사회적 인공지능체계(socio-cybernetic system), 신정치경제학(new political economy), 자기조직화 네트워크(self-organizing network)가 그것이다(Rhodes, 2000: 54-63)

기업 거버넌스는 대주주, 소액 주주 등에 의해 형성되는 기업의 지배구조를 의미하고, 신공공관리는 공공 서비스 공급에 민간과 시장의 참여를 의미한다. 건전한 국정관리는 국가의 합리적 통치구조를, 국제적 상호의존성은 국제 단위간의 상호협력과 참여관계를, 사회적 인공지능체계는 사회적 의사결정의 구조와 관리체계를, 신정치경제학에서는 거래비용이론을 토대로 한 사회적 선택과정을, 자기조직화 네트워크는 사회적 의사결정 단위간의 관계망을 의미하는 것으로 이해한다.

2) 고전적 거버넌스와 새로운 거버넌스

피에르(Pierre)는 거버넌스를 사회 체제의 조정이라는 관점에서 파악하고 이를 다시 고전적 거버넌스(old governance)와 새로운 거버넌스로 구분했다. 고전적 거버넌스는 국가가 사회의 방향을 제시하고 민간 부문을 어떻게 참여시킬 것인가 하는 것으로 전통적 국가중심의 통치를 의미하며, 새로운 거버넌스(new governance)는 공공과 민간의 상호작용, 공식 비공식 부문의 상호 작용을 중심으로 이루어지는 네트워크와 동반자정신(partnership)을 강조하는 사회 중심의 통치를 의미한다고 보았다(Pierre, 2000:3-5).

3) 정부와 함께하는 거버넌스와 정부 없는 거버넌스

정부와 함께 하는 거버넌스(governance with government)는 정부의 독자적 행위 영역을 인정하고 정부와 시장, 정부와 민간부문의 협력을 강조하는 개념이다. 이는 공공부문과 민간부문이 공동 참여하는 민관의 협력적 동반자 관계라는 공동관계를 강조한다. 즉 정부의 역할을 부정하지 않고 거버넌스의 부분 당사자로 인정하며, 공동생산, 협력, 조정, 협동 등이 강조된다.

정부 없는 거버넌스(governance without government)는 정부를 특별히 인식해야 할 의사결정 단위로 보지 않는 시각이다. 이는 사회문제가 시장의 '보이지 않는 손'에 의해 자율적으로 해결될 수 있음을 강조한다. 다양한 구성원과 의사결정자들의 자유로운 참여 네트워크가 구성되고 시장의 힘에 의해 자율적으로 문제를 해결해 나가는 자율적 사회관리 체제로서의 거버넌스를 의미하며, 자기조직화, 자기통치, 자기규제 등이 강조된다.

4. 로컬 거버넌스의 실태

거버넌스를 이상과 같이 여러 가지 유형으로 나눌 수 있지만, 이들은 각각 별개로 존재하는 것이 아니라 상호 연결되어 있어 긴밀한 연계 속에서 상호 보완적으로 운영될 수 있으며, 또한 그렇게 될 때에 보다 더 큰 효과를 거둘 수가 있다. 이들 중에서도 지방자치와 관련해서 볼 때, 로컬 거버넌스가 특히 더 그 의미가 크다. 로컬 거버넌스는 시민생활에 관련된 보다 많은 영역에서 거버넌스를 적용할 수 있고, 거버넌스의 정신을 일상적으로 실현함으로써 보다 진정한 거버넌스를 실현시킬 수 있어, 거버넌스 형성의 출발점이 될 수 있다. 이 로컬 거버넌스는 단순히 국가적 거버넌스의 지역적 적용의 의미를 넘어서 진정한 직접민주주의를 보다 가시적이고도 구체적으로 실현하는 것이므로, 거버넌스의 본질에 가장 충실한 것이라고 할 수 있다. 때문에 우리나라에서는 로컬 거버넌스의 형성이 아직까지 그 연구의 시작단계에 있지만 외국에서는 자치행정에 있어서 해당업무를 추진하고 있는 지방정부, 해당 사항에 이해관계를 가지고 있는 업자, 그리고 중립적인 시민들이 함께 모여 지혜를 짜내고 서로 양보・타협하고 적극 협력하여 현안의 문제를 가장 효과적이고 원만하게 해결하는 수단으로 발전하고 있다.

제 3 절 주민의 지방정부통제와 행정책임의 확보

Ⅰ. 주민통제의 의의와 중요성

1. 주민통제와 지방행정책임의 확보

주민통제(citizen control)란 지역주민들이 지방정부의 기관이나 그곳에서 근무하는 공무원들로 하여금 주민들에 대한 행정책임을 성실히 이행하도록 하기 위한 제반 조치와 그 과정을 의미한다. 이러한 주민통제의 문제는 이론적으로 지방정부가 주민에 대해 어떠한 형태로든 행정책임이 있다는 것을 전제로 한다. 따라서 주민통제는 행정책임의 확보를 전제로 성립하며, 행정책임을 확보하기 위해서는 주민통제가 필수 불가결하다는 논리에 근거하고 있는 것이다. 그러므로 주민통제와 행정책임은 동전의 양면과 같이 불가분의 관계에 있다. 주민통제는 지방정부의 자치행정에 대한 합법성의 요구와 주민의 기대에 부응해야 할 책임을 보장하려는 데 그 목적이 있으며, 정치적 통제로서의 성격을 가진다.

그러나 이러한 주민통제는 주민들이 지방정부의 정치행정에 대해 관심을 가지고 직접 간접적으로 참여할 것을 전제로 한다. 따라서 주민참여가 활발하지 못한 곳에서 주민통제는 처음부터 기대하기 어렵다. 그러므로 주민통제는 주민참여를 통해 나타나는 바람직한 결과로 이해할 수도 있다. 주민참여제도를 지방자치의 주요 요건으로 인식하고 있는 이유도 바로 여기에 있다. 따라서 지방정부의 행정책임확보를 위해서는 주민통제가 불가결하고, 효율적인 주민통제를 가능케 하기 위해서는 활발한 주민참여가 가능해야 할 것이다.

2. 주민통제의 필요성과 중요성 증대

국 · 내외적 변화가 일상화되고 있는 현대사회에서는 국가행정에 대한 국민적 통제의 필요성에 못지않게 자치행정에 대한 주민통제의 중요성이 부각되고 있다. 개방화와 지방화, 그리고 정보화와 세계화의 현상이 심화될수록 지방정부의 권한과 기능은 확대 · 강화되고, 자치행정의 내용도 전문화되고 복잡화될 수밖에 없다. 이러한 현상은 행정의 재량권증대현상을 초래하고, 행정권의 권한남용에 대한 가능성을 높이게 되며, 그 결과 다양한 부정과 부패를 야기시키고 자원의 낭비를 초래하게 된다. 이처럼 지방정부의 자치행정에 대한 권한남용은 증대되고 있으나, 현실적으로 이를 통제하는 수단은 가장 소극적이고 비효율적인 행정내부적 통제나 전통적인 입법통제나 사법통제에 한정되고 있다.

바로 이러한 점에서 주민통제는 지방정부의 권한남용을 억제하고 행정책임을 확보하기 위한 주요 수단으로 강조되고 있다. 주민들이 직접 자치행정에 참여하여 자치행정에 주민의 요구와 기대를 투입하고, 그 수행과정을 통제함으로써 공무원들로 하여금 주민에게 책임을 지는 행정을 수행하도록 하는 것이다. 요컨대 자치권의 범위가 확대될수록, 자치행정의 재량권이 증대될수록, 행정권의 남용가능성이 높아지게 된다. 그러나 기존의 제도적 통제로서는 이러한 권한남용을 효율적으로 통제할 수 없다는 인식이 주민통제의 중요성을 강조시키게 된 것이다.

우리나라의 경우 지방자치제도를 실시한 이후에도 중앙정부는 지방자치행정에 대한 감시 · 감독을 지속하고 있다. 그러나 이것은 지방자치를 지원하고 협력하는 것이 아니라, 간섭하고 방해함으로써 주민통제의 싹을 짓밟는 것이다. 지방정부의 정치행정은 지방주민의 손에 맡겨야 한다는 주장은 바로 주민에 의한 지방정부의 통제를 가능케 해야 함을 의미한다.

Ⅱ. 지방행정책임의 확보와 주민통제의 방법

1. 지방행정책임의 의의와 유형

지방자치정부는 지역주민들에게 봉사하고 주민들의 이익증진을 위하여 행정을 수행한다. 이처럼 지방행정이 실질적으로 공익을 증진하고 주민에게 봉사하려면 일정한 행위기준(공익, 법령, 주민의 기대 등)에 따라 행동해야 할 의무를 지고 있는데, 이 의무를 지방행정책임이라고 한다. 지방정부에 대한 주민통제는 바로 지방공무원들의 행정수행결과에 대해 이러한 책임을 물음으로써 행정의 민주성을 확보하는 데 궁극적인 목적이 있다. 이러한 지방행정책임의 종류는 기준에 따라 주관적 책임과 객관적 책임으로 분류할 수도 있고, 법적 책임과 재량적 책임, 도의적 책임 등으로 분류할 수도 있으며, 내재적 책임과 외재적 책임, 정치적 책임과 직업적 책임 등 다양하게 분류할 수 있다.[11)]

2. 행정책임확보의 필요성과 기준

1) 지방행정책임확보의 필요성

모든 행정권의 행사에는 그것에 상응하는 책임이 수반되어야 한다. 따라서 행정권의 남용을 방지하여 주민에게 책임을 지는 행정을 확보하는 일은 매우 중요한 과제이다.

첫째 중앙정부의 권한·기능이양에 따른 지방정부의 권한·기능의 확대·강화현상 때문이다. 국가권력의 민주화와 지방자치제도의 단계적 발전과정에 따라 중앙정부의 권한과 기능이 점차 지방정부로 위임·이양됨으로써 지방정부의 권한이 점차 강화되고 있다.

---

11) 첫째 객관적 책임이란 외부로부터 주어진 행동기준을 따라야할 책임이며, 주관적 책임이란 충성심, 양심, 일체감 등 개인의 내면적 정신적 욕구와 관련되며, 가치관이나 윤리적 기준에 충실해야 할 책임을 의미한다. 둘째 법적(합법성) 책임이란 법령에 위반하지 않아야 할 책임을 의미한다. 재량적 책임이란 공익을 확보·증진하고 공익에 위배하지 않아야 할 책임을 의미한다. 도의적 책임이란 주민의 수임자 내지 공복으로서의 광범한 책임을 의미하며, 도덕적, 윤리적 기준에 위배되지 않아야 할 책임을 의미한다. 셋째 내재적 책임이란 공식적 조직의 상급자나 감독자에 대한 책임을 의미하며, 외재적 책임이란 행정기관의 외부, 즉 입법부, 사법부 그리고 국민에 대하여 지는 책임을 의미한다. 넷째 정치적 책임이란 행정기관이나 행정공무원들이 주민의 의사에 충실하게 대응하였는가에 대한 고도의 가치판단적 차원에서의 책임을 의미하며, 직업적 책임이란 전문직업인으로서의 직업윤리와 전문적, 기술적 기준에 충실했는가에 대한 책임이다.

그리고 그만큼 지방정부의 권한남용에 대한 가능성도 증대한다. 따라서 확대·강화되고 있는 지방정부의 행정에 대한 주민통제의 필요성은 그만큼 증대되고 있다.

둘째 지방행정의 전문화와 재량권 확대경향 때문이다. 지방행정기능의 변화에 따른 고도의 전문화현상으로 일반주민들로서는 행정결정의 내용을 정확하게 파악할 수 없게 되었다. 특히 새로운 행정수요의 증대로 인하여 공무원의 재량권이 확대됨으로써 권력남용의 가능성이 높아지고 있다. 이러한 문제점들이 주민통제의 필요성을 더욱 가중시킨다.

셋째 지방정부, 특히 집행기관주도의 지역발전정책추진과 자원배분권의 행사가 점차 증대되고 있기 때문이다. 지방의회의 정책기능이 현저히 낮아 지역발전정책의 대부분을 집행기관이 주도하고 있다. 그리고 이렇게 결정되는 정책의 방향과 내용에 따라 각종의 자원배분이 인위적으로 이루어지고 있다.

이처럼 지방정부의 집행기관이 주도하여 추진해온 대부분의 정책이나 시책 등은 주민의 통제를 받지 않음으로써 정책방향이나 자원배분의 왜곡을 초래할 우려가 높고, 공무원의 재량권 남용으로 인한 공직사회의 부정부패를 초래할 가능성을 증대시키고 있다. 따라서 주민통제를 통해 이러한 문제점을 시정할 필요성이 더욱 시급해지고 있다.

2) 지방행정책임 판단의 기준

주민통제를 통하여 행정책임을 확보하기 위해서는 책임을 평가하고 측정할 수 있는 명확한 기준이 있어야 한다. 일반적으로 이러한 기준으로는 법령, 조례와 규칙, 공익, 조직목표, 직업윤리, 수익자(고객)의 요구 등을 들 수 있다.

첫째 법령이다. 즉 공무원의 행정에 대한 책임을 측정·판단할 수 있는 기준이 법령에 명백하게 규정되어 있을 경우에는 그 규정을 책임판단의 기준으로 삼아야 한다. 그러나 이 경우에도 단순히 형식적인 법리에 맞춘다거나 법령의 구체적인 절차만을 준수하는 것으로는 만족할 수 없다.

둘째 지방정부의 조례와 규칙도 중앙정부의 법령과 같이 지방공무원에 대한 행정책임 판단의 중요기준이 된다.

셋째 조직목표와 정책 및 사업계획이다. 지방공무원의 행정책임은 그가 속한 행정조직의 목표와 정책이나 사업계획에 의하여 가장 구체적으로 평가할 수 있다.[12]

넷째 행정책임판단의 기준이 법령이나 조례·규칙에 명시되어 있지 않을 경우에는 공익이나, 직업윤리, 수혜(피해)집단의 요구 등을 행정책임의 판단기준으로 삼을 수 있다. 이 경우를 좀더 구체적으로 검토하면 다음과 같다.

---

12) 그러나 이 경우에는 i) 목표의 불명확성과 다원성, ii) 평가설계의 곤란, iii) 계량화의 곤란, iv)정보자료의 한계, v)공무원의 저항 등이 문제점으로 제기될 수 있다.

(1) 공익(public interest)

공익이란 행정책임을 판단하는 규범적 기준으로서 일반적으로 "불특정 다수인의 이익"을 의미한다. 즉 공무원의 행정행위가 공익에 적합하게 수행되었느냐를 측정 평가함으로써 행정책임을 묻는 기준을 의미한다. 그러나 무엇이 공익이냐 즉 공익개념의 불확실성 문제로 인하여 공익의 해석을 둘러싸고 갈등이 야기될 수 있으며, 공무원이나 행정기관이 자기행위를 정당화시키는 도구로 이용하기 쉽다는 문제점이 있다.

(2) 직업윤리와 기술

직업윤리와 기술적 기준이란 공무원의 행정행위가 공직자로서의 직업윤리와 기술적 수준에 따라 적합하게 수행되었는가 라는 책임을 묻는 기준을 의미한다. 즉 지방공무원은 전문직업인으로서 행정을 수행함에 있어 자신이 알고 있거나 동원할 수 있는 가능한 최선의 지식과 기술을 통해 행정을 수행해야 할 의무를 지고 있다. 따라서 이러한 기준에 따라 행정을 수행하였는가를 판단함으로써 행정책임을 물을 수 있다. 그러나 이러한 직업윤리성과 기술성의 문제는 전문직업인 만이 판단할 수 있을 뿐, 일반주민들이 이해하기 어렵기 때문에 자칫 잘못하면 관료적 독선주의를 심화시킬 우려가 있다.

(3) 수혜자집단(client group)의 요구

수혜자집단·고객집단의 요구란 공무원의 행정이 이들 집단의 요구에 따르고 권익을 향상시킬 수 있도록 수행되었는가 하는 것이다. 지방행정은 수혜자집단이나 고객의 권익을 보호·향상시킬 의무가 있기 때문이다. 특히 지방행정기관이 수혜자집단별로 조직되어 있을 때 더욱 그러하다(예 중소기업과, 부녀복지과 등). 그러나 이러한 기준은 행정기관이 지나치게 이들 집단의 이익에 편중될 우려가 높으며, 대립적인 이익갈등의 상충(예, 기업주와 근로자)으로 인하여 공익이나 사회정의를 해칠 우려가 크다.

(4) 행정관행

이상과 같은 여러 가지 판단기준들이 모두 불분명할 경우 보통의 일반 행정기관 등에서 관례로 이루어지는 행정행태, 즉 조리나 행정관행을 기준으로 책임판단의 기준으로 삼을 수도 있다.

3. 주민통제의 방법

1) 지방선거를 통한 간접통제

주민은 선거권을 행사함으로써 지방정부를 간접적으로 통제할 수 있다. 선거에 의해 선출된 지방의원이나 자치단체장은 차기선거에서도 주민들의 지지를 받아 선거에 당선되어야 하기 때문이다. 이들은 만일 자신들이 법령을 위반하거나, 직권을 남용하거나, 주민들의 기대를 저버리는 등 그 책임을 다하지 못하면 다음선거에서는 지지표를 받지 못할 것이라는 심리적 압박감을 갖게 된다. 주민들은 바로 이러한 심리적 압박감을 갖게 함으로써 간접적인 통제기능을 수행한다. 이런 의미에서 투표권을 올바르게 행사하기만 한다면 선거야말로 조직화되어 있지 않은 주민이 가지고 있는 통제방법 중에서 가장 강력한 것이라고 할 수 있다.

2) 주민소환제를 통한 통제

주민소환제도는 일명 해직청구라고도 하며, 선거에 의해 선출된 공직자가 소환요건에 해당되는 행위를 한 경우, 주민들의 청구에 의해 주민투표에 부치고, 여기에서 유권자의 1/3이상의 투표와 투표자의 과반수가 찬성하면 공직에서 물러나게 하는 제도이다. 자치단체장과 지방의원을 대상으로 하는 제도이기 때문에 일반공무원에 대해서는 통제효과가 간접적이다. 따라서 그 효과가 직접적인 다른 통제방법보다는 그 영향력이 약하다. 그러나 실제 행정현장에서는 자치단체장이 공무원들에 대한 인사권을 가지고 있기 때문에 결코 그 영향력이 낮다고 볼 수도 없다.

3) 감사청구제(監査請求制)에 의한 통제

지방자치단체와 그 장의 권한에 속하는 사무의 처리가 위법 · 부당하다고 인정되는 때에는 당해 자치단체의 20세 이상인 주민은 주무부장관 혹은 시 · 도지사에게 감사를 청구할 수 있다.[13] 주무부장관 또는 시 · 도지사는 감사청구를 받은 날로부터 60일 이내에 청구된 사항에 대하여 감사를 마쳐야 하며, 감사결과를 관계자에게 통지, 공표해야 한다. 그러나 의회나 독립된 감사기관을 이용한 감사가 아니라 주무부장관 또는 시 · 도지사에게 감사청구를 하게 함으로써 오히려 지방자치를 침해하는 결과를 초래할 수도 있다.

4) 주민소송제도에 의한 통제

지방공무원들의 재무행정상의 행위로 지방정부에 현저한 손해를 발생시켰을 경우, 주민들이 당해 공무원을 상대로 그 손해에 대한 배상을 청구할 수 있게 한 제도를 둠으로써 평소 공무원들의 행위를 통제하게 되는 것이다.

---

13) 20세 이상 주민총수의 1/50의 범위 안에서 당해 지방자치단체가 조례로 정하는 주민수 이상의 연서로써 청구해야 한다.

5) 정당을 통한 통제

일반적으로 정당과 이익집단은 자유민주주의국가에 있어서는 국민과 정부를 매개하는 가장 중요한 초헌법적인 정책도관(policy pipeline)으로 이해되고 있다. 따라서 주민은 정당을 통하여 간접적으로 자치행정기관을 통제할 수도 있고, 정당에 가입함으로써 직접 또는 간접으로 통제할 수도 있다. 다만 정당을 통한 통제가 얼마나 효과적이냐 하는 것이다. 그러나 정보통신의 발달은 기존정당을 사이버공간을 중심으로 하는 사이버정당으로 변화시킬 전망이 높다. 그렇게 될 경우 주민들은 지금보다 더욱 강력하게 정당을 통제할 수 있게 될 것이다. 사이버공간에서 정치활동이 활성화되면 정당의 민의 수렴은 주로 사이버공간을 통한 국민들의 참여에 의해 이루어지며, 국민들은 정당의 정강정책을 살펴보고 지지정당을 판단하게 될 것이다. 정당의 정강정책이 네티즌들을 사로잡을 수 있으면 새로운 정치세력으로 등장할 수 있는 길이 열릴 것이다.

6) 이익집단을 통한 통제

오늘날 자본주의가 고도로 발달하고 사회가 이질화 · 다양화 함에 따라 중산층, 노동계층, 농어민계층, 기업가계층 등 여러 사회계층이 생기게 되며, 이들은 각각 특수이익을 증진시키기 위해 이익집단을 형성하게 된다. 이익집단은 지방정치와 행정에도 영향력을 행사하며 의회적 민주주의 제도를 보완하는 기능을 한다. 그 이유는 기존의 민주정치기구나 대의제 하에서는 이 특수이익을 충분히 옹호할 수 없기 때문이다. 그러나 선진국에서는 이익집단의 영향력이 크기 때문에 모든 주민의 이익을 실현하지 못하고 지나치게 특수이익에 기울어진다는 비판도 있다.[14]

7) 지역사회의 시민단체(NGO)에 의한 통제

지역사회의 시민단체란 지방정부와 기업 이외의 민간조직을 총칭하는 개념이다. 그것은 시민단체, 민간단체, 비영리조직, 비정부조직 등에 이르기까지 지역에서 활동하는 모든 민간조직을 가리킨다. 지역NGO는 시민의 자발적 참여와 지원에 의해 구성되며 사회적 과제인 공공의 이익을 증진하기 위해 자율적으로 활동하는 비권력적 단체라는 특성을 가진다. 이들은 정부의 정책이나 사업 등 기능수행과 관련하여 시민사회의 권익을 보호하기 위하여 자신들의 의사를 표시하고 필요한 시민운동을 전개함으로써 정부부문에 영향력을 행사하는 시민압력단체들이다. 이들은 경우에 따라서는 대기업 등 민간부분에 대해

---

14) 지방정부는 이익집단 · 기업의 이익에 협조함으로써 일반주민을 소외시킬 우려가 있다고 주장한다.

서도 영향력과 통제를 가함으로써 공익을 구현하려는 제3영역, 혹은 제3부문이라고도 일컬어진다.

8) 여론에 의한 통제

지방자치는 그 권능의 근원이 주민에게 있으므로 지역사회의 여론(public opinion)이야말로 지방자치의 중요한 영향요인으로 간주되고 있다. 따라서 지방정부는 지역사회의 여론을 수렴하여 정치와 행정과정에 반영함으로써 주민의 이해 · 동의와 협조의 기초 위에서 자치행정을 실시해야 한다. 이를 통해 지방정부는 끊임없는 자기반성과 자기교정의 계기를 가져야 한다. 이러한 여론형성에는 매스컴과 인터넷이 가장 중요한 역할을 수행하고 있다. 그리고 그 통제와 비판기능에 의하여 그릇된 정책방향을 수정하게 하거나 불합리한 행정을 바로 잡게 한다.

9) 청원(請願)과 진정(眞情)에 의한 통제

주민은 헌법에 보장된 국민의 청원권행사에 관한 절차에 따라 i) 피해의 구제, ii) 공무원의 비위의 시정 또는 공무원에 대한 징계나 처벌의 요구, iii) 조례 · 규칙 · 명령의 제정 · 개폐, iv) 공공의 제도 또는 시설의 운영, v) 기타 공공기관의 권한에 속하는 사항에 관하여 청원할 수 있다.[15] 한편 자치행정에 있어서의 진정이란 자치행정기관에 대하여 주민의 억울함이나 소망을 문서로 진술하는 행위로서 형식적으로는 청원과 다르나 실질적으로는 별로 다를 바가 없다.

10) 심의회 · 평가회 · 공청회 등에 의한 통제

심의회란 행정기관이 일정한 정책적 사항을 검토 · 심의하기 위하여 설치하는 합의제 자문기관으로서 그 존재형식은 심의회 · 협의회 · 자문회의 등으로 되어 있다. 심의회에는 학자 · 전문가 · 경험있는 인사 등을 가능한 한 많이 참여시키는데, 그 목적은 정책결정 또는 행정에 대한 통제과정에 전문지식 · 기술 및 경험을 반영하여 자치행정의 독선화를 방지하고 다원화된 이해의 대립을 조정하여 공정한 자치행정을 도모하려는데 있다.

---

15) 상급관서가 청원서를 접수한 때에는 이를 직접 처분관서에 이송해야 한다. 처분관서가 청원서를 수리하거나 이송 받은 때에는 10일 이내에 필요한 보고서 기타의 참고문서를 첨부하여 제1차 상급관서에 제출해야 한다.

Ⅲ. 주민통제의 실태와 효율화 방안

1. 지방정부의 주민통제실태

우리나라의 현실은 중앙정부에 대한 국민통제는 물론 지방정부에 대한 주민통제도 매우 취약한 실정이다. 특히 그 정도에 있어서는 중앙에 비해 지방이 더욱 취약한 실정이다. 이러한 현상이 나타나는 데에는 다양한 이유가 있겠지만 한 마디로 요약하면 아직도 우리나라의 국민들이 전통적 정치행정문화의 탈을 벗어나지 못하고 있으며, 정치의식수준이 낮고 민주시민적 가치관이 제대로 형성되지 못했기 때문이라고 할 수 있다. 지방정부 관료집단의 권한 역시 강력하고 광범한 데 비하여 주민들은 전통적 사상의 영향으로 민주시민적 의식이 부족하고 지방정부의 행정행위에 추종하는 경향이 강하다.

교육기회의 증대로 사회체제가 발달하고 NGO라는 이름으로 수많은 시민단체들이 활동하고 있으나 이것 역시 아직은 정부의 영향력에 의해 좌우되고 있는 실정이다. 그나마 이들도 중앙정부 차원의 문제이며, 지방정부차원에서 볼 때 경제체제나 사회체제는 정치행정체제의 독주를 견제할 수 있는 영향력을 갖지 못하고 있다. 이러한 상황 속에서 행정체제에 대한 주민사회의 통제를 기대하기는 어려우며, 더구나 관료집단에 대한 주민의 감시, 고발, 통제는 상당히 취약하다.

다행히 근래에 와서는 지방에서도 점차 시민단체들이 늘어나고 그 활동도 강화되고 있어 우리나라도 주민통제의 싹을 키울 수 있다는 가능성을 보여주고 있다. 지방에서도 시민단체들을 중심으로 의정활동, 공해문제, 자연보호 등과 관련 지방정부의 정치행정을 통제하고 있고, 행정정보공개 등을 평가함으로써 지방행정의 민주화를 촉진시키고 있다.

2. 주민통제의 취약원인과 대책

1) 주민통제의 취약원인

우리나라의 지방사회에 주민통제가 취약한 데에는 여러 가지 원인이 있다. 크게는 역사적·문화적 요인을 들 수 있고, 작게는 중앙집권적 행정구조를 들 수도 있다. 한국의 전통적인 정치문화 그 자체가 민주주의와는 거리가 먼 것이었고, 비록 해방 이후 민주제도를 도입·실시했지만 아직은 주민들의 의식 속에 온전하게 자리 잡지 못한 것이 주민에 의한 지방정부의 통제를 어렵게 하는 가장 근본적인 원인이라고 할 수 있다.

그러나 지방이라는 하나의 사회를 대상으로 그 범위를 좁혀 원인을 파악해 보면 첫째 지방공무원의 사고방식과 공직관이 비민주적이고 권위주의적이라는 점, 둘째 주민의 요구와 통제를 수용할 수 있는 행정기관의 풍토가 조성되어있지 못한 점, 셋째 시민정신, 민주적 주민의식 등이 제대로 형성되지 못한 점 등을 들 수 있다. 물론 가장 근본적인 원인은 중앙정부가 법령이나 제도를 통해 주민참여와 주민통제를 활성화시키는 조치를 취하지 않았기 때문이라고 할 수 있다.

2) 취약성에 대한 대책

지방자치를 발전시켜 나가기 위해서는 주민통제를 가능케 하는 각종 제도를 정비한다거나 행정풍토를 개혁하고 민주적인 시민의식을 제고하는 등 주민에 의한 지방정부의 행정책임을 확보할 수 있도록 제도와 환경을 조성해 나가야 한다. 그러기 위해서는 앞에서 검토한 주민통제의 방법을 각 지방정부의 실정에 맞도록 제도화시켜 주민들이 활용할 수 있도록 만들어 나갈 필요가 있다. 특히 현실적 과제로는 중앙정부와 지방정부의 적극적인 노력을 통한 법령과 조례 및 규칙의 제·개정, 행정절차와 관행의 개혁을 통한 주민참여와 의견수렴장치의 개발, 주민에 대한 정보공개 등이 선행되어야 한다.

3. 주민통제(행정책임확보)의 효율화방안

1) 행정체제의 혁신과 행정인의 민주적 태도함양

주민통제를 통하여 지방행정에 대한 책임을 효율적으로 확보하기 위해서는 기존의 행정체제에 대한 일대 혁신이 있어야 한다. 주민통제는 통제를 수용하고자 하는 행정체제의 노력과 행정의 책임을 확보하고자 하는 주민사회의 노력이 동시에 이루어질 때 비로소 바람직한 통제가 이루어질 수 있기 때문이다. 특히 우리나라와 같이 행정체제의 집권성이 강하고 주민사회의 소극적 태도가 보편화되어 있는 곳에서는 더욱 그러하다.

(1) 지방정부의 제도 및 체제개혁

① 지방정부의 정책사업 및 행정공개제도의 확대

주민통제가 용이하기 위해서는 지방정부에서 수행하고 있는 행정의 내용과 절차를 일반주민들이 어려움 없이 알 수 있어야 한다. 따라서 지방정부에서 수행하고 있는 정책사업이나 시책 그리고 일반행정의 내용을 주민들에게 공개하는 제도와 절차를 만들어야 한다. 뿐만 아니라 행정기관별, 부서별로도 언제나 주민의 공개요구에 응할 수 있는 자료를 준비해야 한다. 따라서 이제부터는 주민의 알 권리를 차단하고 행정편의주의적 행정기관

중심으로 추진해온 구시대적 행정관행을 적극적으로 개혁해 나가야 한다.

② 지방행정평가제도의 확대실시

행정책임은 일정기간 수행해 온 당해 지방정부의 정책사업이나 시책 등에 대해 그 목표달성의 정도를 검토・판단하는 행정평가를 통하여 밝힐 수 있다. 우리나라는 중앙정부는 물론 지방정부에 있어서도 막대한 자원을 동원하여 실시한 정부의 정책사업들이 그 성패에 대한 명확한 평가 없이 종결・중단되고 있다. 최근 정책실명제 등을 통하여 일부 그 문제점을 보완하고는 있어나, 정책실패나 자원낭비에 대한 근본적인 문제해결은 되지 못하고 있다. 따라서 일상적으로 수행되는 업무를 제외한 모든 업무에 대해서는 반드시 그 결과에 대한 평가를 받도록 하는 행정평가제도를 확대해 나가야 한다. 주민통제는 이러한 평가과정을 통해서도 상당한 기능을 발휘할 수 있기 때문이다.

③ 지방감사기구의 독립

지방정부의 행정에 대한 연례적인 행정감사는 중앙정부가 수행할 것이 아니라, 중앙정부가 지정한 지방의 감사전문기관이 수행해야 한다. 지방자치행정은 지방자치단체의 공공사무를 수행하는 것이며, 중앙정부의 업무를 수행하는 것이 아니다. 따라서 중앙정부가 지방자치행정을 감사한다는 것은 지방자치의 원리에 배치되는 행위다. 이것은 분명 중앙정부의 월권행위이며 중앙집권적 관치행정의 잔재에 지나지 않는다. 따라서 지방정부의 감사는 지방감사기관을 따로 독립시켜 이들로 하여금 실시토록 해야 할 것이다. 지방정부에 대한 감사는 지방정부 가까운 곳에서 평소 지방정부의 행정을 직접 체험할 수 있는 기관이 수행하는 것이 훨씬 정확하게 평가할 수 있다. 주민통제는 바로 이러한 지방의 독립된 감사기관을 통해서도 이루어질 수 있기 때문이다.

④ 통제수용적 행정시스템으로의 기능개편

주민들이 지방행정에 대하여 공직자들에게 책임을 물을 수 있는 행정체제로의 개편과 주민들의 요구에 적절히 부응할 수 있는 체제기능의 개혁을 단행할 필요가 있다. 즉 주민들이 지방행정의 비민주성과 비능률성 즉 자원낭비나 생활침해행정에 대한 문제를 제기하고 이의 시정을 요구하려 할 때, 이를 해당 행정기관에 직접 투입할 수 있는 행정체제를 확립하고 그러한 투입에 대해 효과적으로 대응할 수 있는 체제기능을 강화시켜 나가는 것이 바람직하다.

(2) 지방공무원의 주민중심적 사고와 민주의식제고

지방행정에 대한 주민통제의 관건은 행정의 과정과 결과를 주민들에게 공개하고 주민들로부터 그것에 대한 평가를 받으려는 공무원의 자세가 우선되어야 한다. 지방행정이 주민들의 수요를 어느 정도 반영하는가는 주민들에 의해 평가되어야 하기 때문이다. 그러나 자치제도가 실시된 지 오랜시간이 지났지만 아직도 현실은 비공개적 행정풍토와 방어적 행정관행 등이 좀처럼 근절되지 않고 있다. 특히 주민참여를 요체로 하는 자치행정에도 불구하고 행정실무에서의 주민참여는 과거와 별로 달라진 것이 없고, 주민들의 요구와 주장을 지역이기주의 내지 집단이기주의로만 간주하는 공무원들이 적지 않다. 물론 과거에 비해 공무원들의 의식과 행동이 상당부분 민주적으로 변화된 것만은 사실이다. 그러나 이러한 변화가 공무원들의 편의주의에 따른 부분적 변화가 아닌 근본적이고 본질적인 변화가 되어야 한다.

2) 주민의식의 선진화와 시민단체(NGO)의 역할증대

(1) 주민의식개혁과 민주시민의식의 함양

주민통제는 행정체제혁신과 공무원들의 의식개혁을 기반으로 하고, 여기에 주민들의 행정에 대한 적극적인 관심과 평가가 가능해야 한다. 우리나라는 공무원들의 의식개혁도 주민들의 민주시민의식도 모두 부족한 실정이다. 무엇보다 효과적인 주민통제가 가능하기 위해서는 주민들이 지역사회의 주인으로서 지방정부에 대한 민주적 시민정신과 자세를 가다듬어야 한다. 그리하여 지방선거를 통한 대표자의 지지와 반대, 행정기관에 대한 청원과 진정 그리고 직접 행정기관을 방문하여 요구와 지지, 긍정과 비판 등을 분명히 함으로써 지방정부의 지도자들과 행정기관의 공무원들에 대해 주민으로서의 통제역할수행에 적극적이어야 한다.

(2) 시민단체(NGO)의 역할증진

주민통제는 건전한 시민단체들의 활동이 증대할수록 그 효율성을 제고시킬 수 있다. 근래 한국사회에서도 NGO가 시민의 요구를 결집하고, 국가권력과 경제권력을 견제하여 시민의 정치력을 향상시키고 공공정책과정에 대한 참여기회를 증대하고 있다. NGO는 제도권 정당이 자기역할을 수행하지 못하고 있는 한국에서 더욱 빠른 속도로 정치적 영향력을 증대해 가고 있다. 주민통제는 지방정부를 대상으로 이러한 활동을 수행하는 지역사회의 NGO들이 활발하게 움직일 때 그 효과를 충분히 달성할 수 있다.

3) 직접민주주의 제도의 도입과 활용

간접민주정치의 제반 문제점을 치유하기 위해서는 직접민주제도의 필요한 부분을 도입·실시할 필요가 있다. 급변하는 정치상황과는 달리 한번 선출된 대표는 주어진 임기동안에는 그 직위를 변경시킬 수 없는 제도 때문에 대의제도 그 자체에 대한 근본적 문제점이 제기되고 있다. 더구나 이러한 제도가 지방자치제도의 실시와 함께 지방단위에까지 그대로 도입됨으로써 대의제도의 문제점들이 점차 주민들의 피부에 닿기 시작하였다.

직접민주주의의 내용을 이루는 주요 제도로서는 주민발안(주민조례제정청구제도와 주민감사청구제도), 주민소환(자치단체장과 지방의회의원), 주민투표제도, 주민소송제도 등이 있다. 우리나라의 지방자치제도에서는 이들 대부분의 직접민주주의제도를 도입하고 있다.

4) 언론기관 및 지역전문가집단의 협력과 지원

우리나라에서 가장 효과적인 주민통제수단의 하나는 바로 언론을 통한 정부통제였다. 그만큼 정부는 언론보도에 대해 많은 관심을 가지고 대응해왔기 때문이다. 현실적으로도 언론의 정부통제기능은 매우 강력하며, 무관의 제왕이라고 할 만큼 언론의 영향력은 강하다. 따라서 사회적 공기로서의 언론은 바르고 정확한 보도와 비판을 통해서 주민을 대신해 지방정부를 효율적으로 통제할 수 있다. 사실 지방정부에 대한 주민통제가 가능하기 위해서는 우선 지역주민들이 지방정부의 정책과 행정에 대한 자료나 지식·정보를 가져야 한다. 그러나 현실적으로 일반주민들로서는 지방정부의 행정내용을 정확하게 파악하기 어렵다. 따라서 주민들의 이해를 돕거나 그들에게 지식과 정보를 제공할 수 있는 학자와 전문가들이 언론의 협력을 얻어 일반시민들에게 정보를 제공하거나 지방정부를 통제할 수 있다.

5) 기타 주민통제제도의 효율성 확대강화

(1) 지방선거제도의 개혁

유권자인 지방주민들은 지방선거를 통하여 가장 강력하게 지방정부에 대한 통제가 가능하다. 즉 주민들은 지방선거를 통하여 자치단체장과 지방의회의원들이 임기 중에 수행한 업적을 평가하고 이러한 평가를 기초로 투표하게 된다. 따라서 자치단체장과 지방의원들은 주민들의 평가에 따라 재선 혹은 낙선된다. 비록 구체적 지방행정에 대한 직접적 통제방법이 아니라 전반적 평가를 통한 사후적 간접적 통제방법이긴 하지만, 일반주민들로서는 그들의 평가와 기대를 전체적으로 표시할 수 있다는 점에서 지방선거는 유용한 주민통제수단이 된다.

(2) 지방정당 및 이익집단의 활성화

지방정부에 대한 주민통제는 지방정당과 지방의 이익집단들을 통한 정치경제적 통제가 가능할 때 그 효과를 제고시킬 수 있다. 지방자치제도는 행정만 중앙정부로부터 상대적으로 독립하자는 것이 아니다. 오히려 정치를 일정부분 중앙정부로부터 독립시키자는 데에 지방자치의 더 큰 의미가 있다. 그리고 지역차원에서의 이익집단의 활동도 보다 활성화될 필요가 있다. 현재까지 지역의 이익단체들은 대부분 중앙의 지부형태를 취하고 중앙의 방침에 따라 활동하고 있다. 따라서 중앙의 지부가 아닌 지역의 고유한 이익단체들이 다수 결성되어 활동을 강화할 필요가 있다. 단체의 주요 관심영역이 중앙정부가 아니라 당해 지방자치단체인 그러한 이익단체들이 많을 때 주민통제의 채널이 다양화될 수 있기 때문이다.

제 4 절 지방자치단체의 구역

지방자치단체의 계층과 구역은 상대적인 관계에 있다. 그 이유는 계층의 수가 많으면 구역은 좁아질 수 있지만, 계층의 수가 적으면 구역은 넓어질 수밖에 없기 때문이다.

또한 계층은 자치단체 간의 기능 배분과도 불가분의 관계에 있다. 그 이유는 구역의 크기에 따라 계층의 수가 결정되고 계층에 따라 수행하기에 적합한 기능이 있을 수 있기 때문이다.

지방자치단체의 구역은 그 설정기준 여하에 따라서는 지방행정의 '능률화'에도 기여할 뿐 아니라 주민참여의 확대 등을 통하여 지방행정의 '민주화'에도 기여한다. 그리고 각급 지방자치단체의 규모와 기능배분의 관계를 통하여 중앙집권 및 지방분권과도 연관되고 있다. 그리하여 자치구역의 개편문제는 지방자치행정체제 전반과 연관되는 매우 중요한 문제이지만 근래 세계 각국의 자치단체 통·폐합경향 등과 관련하여 매우 민감한 문제이기도 하다.

현대의 지방행정에서는 이러한 지방자치단체의 구역을 넘어서 이루어지는 이른바 광역행정이 차지하는 비중이 점차 높아지고 있다. 선진국은 물론 다른 여러 나라들까지 교통·통신기술 발달에 따른 도시화의 영향으로 인해 도시와 농촌지역을 불문하고 지역문제의 해결방식으로 이러한 광역행정방식의 채택이 확산되고 있다. 그것은 특히 각국의 지방행정사무가 질적·양적 측면에서 개개의 자치단체만으로는 그 지역의 공공문제를 효율적으로 처리할 수 없을 정도로 광역적인 성격으로 변모하였기 때문이다. 이와 같이 변모된 행정수요를 효율적으로 처리하기 위해서는 전통적 기초자치단체인 시·군에 한정해서는 그 효과를 기대할 수 없기 때문에 기존의 시·군지역보다 넓은 광역권을 대상으로 새로운 구역설정을 요구하고 있다.

그러나 광역행정수요가 있다고 해서 반드시 기존의 자치구역을 개편하여 광역화 시켜야 한다는 것은 아니다. 특히 우리나라와 같이 기초자치단체의 자치구역이 세계에서 가장 넓은 곳에서는 자치구역의 확대 · 개편보다는 기존의 광역행정 처리방식을 활용토록 해야 할 것이다.

Ⅰ. 자치구역의 의의와 성격

1. 자치구역과 행정구역

1) 자치구역의 개념

자치구역이란 지리적 개념인 동시에 법적 개념이다. 지리적 개념으로서의 구역은 일정한 목적을 달성하기 위하여 일정한 기준에 따라 국토공간을 구분하여 놓은 지역적 범위라고 정의할 수 있고, 법제적 개념으로서의 구역은 일정한 공공기관 또는 단체의 관할권이 미치는 지역적 범위라고 정의할 수 있다. 이렇게 볼 때 결국 구역이란 「일정한 지역」을 의미하는 것인데 이 지역은 토지의 외형적 특질 등과 같은 자연적 · 지리적 조건에 기초하여 사람들이 사회적 · 경제적 활동을 수행할 때에 경계를 짓는 터전을 의미한다. 그러므로 지방자치단체의 구역, 즉 자치구역(area of self-government)이란 "지방자치단체의 통치권 또는 자치권이 미치는 지역적(공간적) 범위"를 의미한다. 「자치구역」은 자치단체 구성의 기초가 되고 대체로 공동사회를 토대로 구성된다. 따라서 중앙정부가 행정의 편의나 행정기능을 위해 설정한 인위적 공간인 「행정구역」과는 다르다. 이러한 자치구역은 자연적 공간, 역사 · 문화적 공간, 정치적 공간, 행정적 공간, 법적 공간으로서의 다양한 성격을 지닌다. 그리하여 자치구역에는 육지뿐만 아니라 하천 · 호소 등의 수면과 그 지역에 접속하는 해역도 육지의 연장으로 포함된다.

2) 자치구역과 행정구역

일정한 지역을 의미하는 구역은 그 법적 성격에 따라 자치구역과 행정구역으로 구분할 수 있다. 자치구역은 지방자치단체의 자치권이 일반적으로 미치는 지역적 범위를 말하며, 행정구역은 국가 또는 지방자치단체가 행정상 편의를 위하여 그 내부에 설정하여 놓은 지역적 단위를 말한다. 대체로 자치구역은 공동사회 단위를 토대로 하는 반면 행정구역은 인위적 성격이 강하다. 따라서 자치구역은 지방자치단체 구성의 기초가 되는 지역으로 적극적으로는 그 구역과 일정한 장소적 관계에 있는 주민을 지역적으로 한정시키는 효과가 있다. 우리나라의 경우 도 · 시 · 군 · 구 등 지방자치단체는 자치단체인 동시에 국가의 지방행정기관으로서의 지위도 겸하고 있기 때문에 자치구역은 행정구역으로서의 의미도 갖고 있다. 그러나 주민센터(동)·읍·면은 지방자치단체인 시와 군이 그 행정상 편의를 위하여 인위적으로 확정한 행정단위에 불과하기 때문에 그 구역은 행정구역으로의 의미만 가지고 있고 자치구역으로서의 의미는 없다. 지방자치를 학습하지 않은 대다수의 중앙정부의 공무원들이 아직도 자치구역을 행정구역이라고 부르고 있다. 지방자치제도가 실시되기 전까지는 우리나라의 모든 지방의 구역은 행정구역이라고 할 수 있었지만 지방자치제도가 실시된 이후 지방자치단체의 관할권이 미치는 지역은 자치구역으로 불러야 함을 유의해야 한다. 중앙정부의 공무원이 자치구역과 행정구역을 구분하지 못하고 있으니 언론과 국민들 대다수가 같은 실정이다. 이는 마치 지방자치단체와 지방정부를 구분하지 못하는 것과 같다.

2. 자치구역의 성격과 구역적정화

1) 자치구역의 성격

지방자치단체의 구역은 그 성격을 분명히 이해하지 않고서는 구역 그 자체를 정확하게 파악할 수 없고, 구역설정이나 개편과정에서도 성공하기 어려워진다. 일반적으로 지방자치단체의 구역 즉 자치구역은 다음과 같은 성격을 지닌다.

첫째 지방자치단체의 구역의 문제는 지방자치단체의 기능의 문제와 분리하여 생각될 수 없다. 1948년 영국의 지방자치경계위원회의 제2차 보고서에서 "구역의 문제는 기능의 재분배문제와 긴밀히 연결되어 있으며, 양자는 결코 분리하여 생각될 수 없다"고 지적한 것도 그 때문이다. 자치구역 내에서 수행되는 기능과 성격에 따라 자치구역도 신속히 적응·변화해 나가야 한다.

둘째 구역의 문제는 지방자치단체의 계층구조(tire system)와 밀접한 관련을 가진다. 지방자치는 지역사회의 주민과 가까운데서 주민의 일상생활에 관련된 공공업무를 처리하는 것이기 때문에 자연히 소규모적·기초적인 지방자치단체를 기본으로 한다. 그러나 대규모의 광역적인 공공업무처리를 위해서는 기초자치단체간에 상호 유기적인 협조가 필요하고 이를 위해서 광역자치단체와 기초자치단체간의 계층관계의 형성이 필요하다.

셋째 구역문제는 중앙집권과 지방분권의 문제와 밀접한 관련을 가진다. 즉 구역설정은 공동사회적 기초에 토대를 두어야 할 뿐 아니라 동시에 능률적 행정수행이 가능해야 한다. 공동사회적 기초는 지방행정의 민주화를 위한 요건이고, 능률적 행정수행은 경제적 능률화를 위한 요건이라 할 수 있다.

넷째 자치구역은 전통적이고 보수적인 속성을 지니고 있다. 자치구역은 주민들의 오랜 생활 터전이고 주민들의 강력한 공동체의식이 지배하는 단위이다. 일단 설정된 구역은 오랜 시일의 경과와 더불어 주민생활과 밀접한 관련을 가지게 되며, 주민의 애착의 대상이 되면서 점차 고정화 되어간다. 자치구역은 이와 같이 전통성과 보수성에 대한 충분한 연구를 기초로 개편하지 않으면 실패할 가능성이 높다.

2) 자치구역과 계층구조

지방행정에 있어서 구역의 문제는 지방자치단체의 계층구조와 밀접한 관련을 가지고 있다. 자치단체의 계층과 자치구역은 행정의 민주성과 능률성 뿐 아니라 국민생활의 편의성을 결정지어 주는 지방행정체제와 구조의 문제이기 때문이다. 구역의 광협과 계층구조의 다소는 서로 함수관계를 가지고 결정된다. 우선 계층의 수는 지방자치구역의 광협에 영향을 줄 수 있다. 지방자치가 갖는 본질적 취지와 정신은 지방자치단체로 하여금 지역주민과 가까운 위치에서 대화할 수 있고 주민의 의견을 받들어 그들의 일상생활과 관련된 행정업무를 처리하도록 하는 데 있다. 이렇게 본다면 지방자치단체의 구역은 소규모가 이상적이라고 할 수 있다.

그러나 행정업무 중에는 이와 같이 소규모적 자치단체의 능력으로서는 처리할 수 없는 것이 적지 않다. 이러한 광역행정업무를 처리하기 위하여 기초단체의 범위를 넘어서는 광역자치단체의 설립을 필요로 하며, 광역단체와 기초단체간의 유기적인 협조를 위해서 광역단체에게 기초단체에 대한 지도・원조・조정 등의 기능을 부여하게 된다. 이러한 관계를 통하여 광역단체와 기초단체간의 계층적 체계가 형성된다. 오늘날의 경향은 계층의 수는 줄어들고 기초적 자치구역은 넓어지고 있다. 계층이 줄어드는 것은 변화의 시대에 있어 행정의 신속을 확보하기 위함이고, 구역이 넓어지는 것은 교통통신의 발달로 관할이 용이해졌고 지역특수성의 극복과 지역간 연계성 증가에 따른 광역행정의 필요성이 커졌기 때문이다.

3) 자치구역의 규모와 기능

(1) 규모와 기능의 변천

구역은 무엇보다도 행정기능을 효율적으로 발휘할 수 있는 규모로 확정될 것이 요청된다. 특정한 행정기능은 특정한 넓이의 구역을 필요로 하나 그 필요로 하는 구역의 넓이는 행정기능에 따라서 각양각색일 수 있다. 가령 상수도 서비스가 요구하는 적정구역, 의료서비스가 필요로 하는 구역, 배수 또는 하수서비스에 필요한 구역, 학교교육에 적합한 구역, 민원사무에 적합한 구역 등은 결코 같을 수 없다.

구역과 기능은 이와 같이 각종 기능이 다양한 특성을 지니고 있기 때문에 서로 합치되기가 어렵고, 또 실제로 다양한 기능에 따라 일일이 상이한 구역을 합리적으로 설정하기도 어려운 것이 현실이다. 다시 말하면 그 나라 지방자치단체의 계층수와 구역의 크기를 고려하여 다양한 행정사무를 기초자치단체 또는 광역자치단체 중의 어디에 배정하는 것이 합리적인가 하는 문제가 논의되어야 한다. 이 때 고려되어야 할 문제는 두 가지다. 첫째는 각 사무의 기능적 성격이 소구역과 맞는 것인지 광역적 성격과 맞는 것인지를 판단하해야 하고, 둘째는 지방행정의 환경변화에 따른 계층과 구역을 고려해야 한다.

사회변화에 따라 행정기능은 끊임없이 변모되고 있지만 지방자치단체의 구역은 즉시 변경할 수 없는 정태적 성격을 지니고 있다. 산업화와 지역개발 등으로 지역의 특성이 점차 바뀌게 됨으로써, 그리고 과학기술과 교통통신의 발달로 행정기능의 공간적 활동범위가 점차 확대됨으로써, 전통적인 자치구역은 현대적 변화에 부응할 수 있도록 지속적으로 개편되어야 하지만 현실은 그렇지 못함으로써 현실에서는 늘 갈등이 상존한다.

(2) 한국의 자치구역 실태적 문제점과 바람직한 방향

그럼에도 불구하고 여기서 반드시 논의해야 할 것은 기초자치단체의 규모와 인구 수에 관한 국제적 상황과 우리나라의 실정이다. 즉 지방자치는 지방의회의 구성여부에 의해 자치제도실시 여부를 판단할 만큼 지방의회의 구성이 자치제도실시의 관건이다. 마찬가지로 진정한 지방자치는 광역자치단체의 자치에 그 의미가 있는 것이 아니고 기초자치단체의 자치에 그 의미와 가치가 있다. 오늘날 광역자치는 경제적 능률을, 기초자치는 정치적 민주를 추구하는 것으로 진전됨으로써 더욱 그러하다.

따라서 기초자치단체의 구역과 인구수 등은 그 나라의 지방자치의 참 모습을 볼 수 있다. 유럽의 대부분 국가들은 기초자치단체의 수가 천 개가 넘어가고, 기초자치단체의 평균인구는 만 명을 넘는 곳을 찾기 어렵다. 미국(39,006), 이탈리아(8,104), 프랑스(36,763), 독일(14,805) 스위스(2,596) 등 기초자치단체의 수가 수천을 넘어 수만에 이르고 있다. 물론 기초자치단체의 수가 적은 영국(433개), 핀란드(455), 벨기에(589), 네델란드(647) 등과 같은 나라도 있지만 이들 국가들도 인구수에 비하면 기초자치단체의 수가 결코 적은 것이 아니다. 이웃나라 일본만 해도 1889년 지방자치실시 초기에는 12,000개 넘었던 자치단체를 수차례의 통폐합을 거쳐 지난 2010년에는 1,760여개로 축소·조정하였다.

총인구 5,000만명이 넘는 우리나라의 경우, 기초자치단체의 수는 226개이고 기초자치단체장 평균인구 수는 22만명을 초과한다. 세계 어느 나라에서도 볼 수 없는 거대한 기초자치단체를 만들어 결국 지방자치제도의 가치나 이상을 실현할 수 없도록 만들어 놓았다. 이와 더불어 중앙정부는 진정한 지방자치제도 보다는 지방을 자신들의 수중에 넣고 마음대로 통제할 수 있는 제도로 변질시키려고 골몰하고 있다. 이름만 자치를 붙일 뿐 내용은 강력한 중앙통제제도를 추구하고 있다. 아직도 지방자치단체를 통폐합하겠다는 강력한 의지를 가지고 있고, 대통령소속 위원회까지 만들어 추진하고 있다. 인구 60만 내지 100

만 이상의 기초자치단체를 만들어 무엇을 어떻게 하겠다는 이념과 목표도 없이 기초자치단체들을 맹목적으로 통폐합하려고만 하고 있다. 마산, 창원, 진해를 합쳐 인구 110만의 거대한 기초자치단체 창원시를 만들어 놓고는 아무런 지원도 없이 방치하면서도, 청주와 청원을 합쳐 조만간 인구 100만이 될 대도시를 만들어 놓았다. 이러한 중앙집권론자 내지 중앙정부 지상론자들에게는 처음부터 분권과 자치, 주민참여와 민주주의 실현은 안중에도 없었다.

전국을 60만에서 100만의 대도시로 만들고, 그 곳의 시장들은 모두 중앙정부에서 장차관이나 국회의원을 지낸 고위공직자출신들로 채우려고 하고 있는 것 같다. 선량한 지방자치제도를 행정부의 고위공직자들과 국회의원들 그리고 중앙정당들이 자신들을 위한 제도로 개악시켜가는 현재의 상황을 보면 이 나라의 장래가 심히 걱정된다. 그렇지 않아도 지금까지의 우리나라 광역자치단체장들은 대부분 3선 이상의 국회의원들이거나 장·차관 등 중앙정부의 고위공직자출신들이 그 자리를 다 차지해 왔다. 지방자치제도의 이상은 아래로부터 일반 국민들이 자치제도를 통해 위(지방에서 중앙)로 올라오도록 하는 제도이지만, 우리나라는 정당과 국회 그리고 중앙정부가 자치제도를 조작하고 왜곡시킴으로써 중앙정부에서 권세를 다 누리고 난 퇴물들이 지방으로 내려와 다시 권력과 명예를 연장시키는 나쁜 제도로 만들고 있다. 물론 이러한 나쁜 음모에 일부 사이비 학자와 언론이 그리고 무지한 다수 국민들이 포함되어 있음은 개탄할 일이다.

요컨대 오늘날 지방자치는 과거와 달리 민주와 능률을 동시에 추구하고 있다. 그리하여 기초자치단체는 전통적인 정치적 민주의 가치를 추구하고, 광역자치단체는 현대의 경제적 능률의 가치를 추구해 나감으로써 두 개의 가치를 조화시켜 나갈 수 있어야 한다. 따라서 기초자치단체는 규모가 적어 많은 주민들이 직접 자치에 참여할 수 있어야 하고, 광역자치단체는 규모가 크고 주민수가 많아 규모경제의 장점을 살릴 수 있어야 한다.

이러한 관점에서 볼 때 우리나라의 기초자치단체의 수는 더욱 늘려야 하고 광역자치단체의 수는 더욱 줄여야 한다. 21세기 글로벌 사회의 미래변화를 감안하더라도 기초자치단체의 인구규모는 5만이하가 바람직하고, 광역자치단체의 인구규모는 적어도 500만 이상이어야 할 것이다.

Ⅱ. 지방자치구역의 현대적 동향과 기준

1. 자치구역의 환경변화와 구역설정의 동향

1) 자치구역의 환경변화

현대 지방행정의 환경변화를 대변하고 있는 산업화·도시화와 함께 지식정보화, 개방화 등은 자치행정에 새로운 변화를 가져오고 있다. 자치구역에 대한 환경으로부터의 다양한 도전과 응전 중에서도 가장 현실적이고 시급하게 요구되고 있는 것이 바로 지방자치단체의 구역, 즉 자치구역을 조정토록 하는 것이라고 말할 수 있다. 자치구역에 대한 조정을 요구하는 환경요인으로 고려되고 있는 것들로는 i) 지역개발로 인한 자연적·지리적 조건의 변화, ii) 생활권의 확대로 인한 자치구역과의 불일치, iii) 도시화로 인한 자치구역의 유리, iv) 경제적 개발권의 요청, v) 지방자치행정의 전문화와 광역적 행정수요의 증가 등이라고 볼 수 있다.

(1) 지역개발과 자연적·지리적 조건의 변화

어느 나라든 간에 대소규모의 지역개발이 이루어지면 종래의 자연적·지리적 조건은 변화되고 극복되어 공간구조상 큰 변화가 일어나게 마련이다. 특히 우리나라의 경우 1960년대 이후의 고도산업화정책은 대소규모의 산업기지·고속도로·신도시 및 댐 건설과 관광지개발 그리고 간척공사 등 다양한 지역개발사업의 추진으로 엄청난 공간구조의 변화를 경험하고 있다. 그동안 우리나라의 자치구역은 부분적인 경계변경에 그쳤음을 상기할 때, 환경요인의 변화에 따르는 구역개편 요인은 점차 증가하고 있다.

(2) 생활권의 확대와 행정구역의 불일치

지방자치구역은 주민의 현실적인 생활권과 일치할 때 그의 기능수행이 가장 이상적으로 이루어질 수 있다. 즉 현대의 지방자치행정은 주민의 복지·후생의 증진과 향상을 그 주된 기능으로 하고 있어서 주민들의 경제·사회·문화적인 생활과 깊은 관계에 있기 때문에 자치구역을 생활권에 일치시켜 설정할 때에 그 기능을 보다 원활히 수행해 나갈 수 있다. 그러나 오늘날의 급속한 교통·통신수단의 발달과 경제활동권의 확대는 주민생활권을 가속적으로 확대시켜 나가고 있다. 그리하여 주민생활권과 행정구역과의 불일치 현상을 쉽게 예상할 수 있으며 이러한 현상은 구역개편을 요구하는 중요한 환경요인이라고 할 것이다.

(3) 도시화와 자치구역의 유리

도시화를 농촌지역에 대한 도시적 생활양식의 침투로 보든, 도시지역에 대한 인구집중현상으로 보든간에 이것은 구역개편에 중요한 환경요인으로 작용한다(Hart & Garner, 1983: 55). 한편 인구의 도시집중은 이른바 과밀과소현상을 초래하여 도시권의 범위확대를 가속화시킬 것이고 농촌지역은 침체와 낙후현상으로 구역개편과제에 당면하게 된다. 특히 도시지역에서는 구역의 경계선상에서 매우 복잡하고 어려운 과제에 당면하게 된다. 즉 대도시지역의 인구과잉집중은 그 주변지역으로의 무질서한 확산에 대처해야 하고, 도시의 주변지역은 그 중심지역과 매우 긴밀한 유대관계를 갖게 되어 주민들의 생활은 중심지역의 도시행정에 의하여 크게 영향을 받게 된다.

(4) 경제적 개발권의 요청

현대의 행정은 경제활동과 밀접한 관계를 가지고, 그것을 조정 · 통제하고 있으므로 자치구역이 경제권과 일치하는 경우에는 이러한 기능을 좀 더 원활하게 수행할 수 있다. 또한 오늘날의 지방행정은 지역의 개발에 중점을 두고 있기 때문에 자치구역과 개발권이 일치할 경우 효과적으로 개발계획을 수립 · 집행해 나갈 수가 있다. 특히 광역자치단체의 구역은 경제기능구역으로서 교통 · 산업입지 등을 감안하여 국토개발 · 지역개발의 효율적 추진이라는 관점에서 확정되어야 한다.

(5) 지방행정의 전문화와 광역권행정의 수요증가

행정의 전문성이 보다 고도화되고 광역적 행정수요가 증가되면 이것은 역시 중요한 구역개편의 요인으로 인식되고 있다. 왜냐하면 행정의 전문성에 대응하려면 거기에 맞는 행정적 · 재정적 능력을 확보할 수 있어야 하고, 광역적 행정수요를 수용하려면 구역의 광역화를 도모해야 하기 때문이다.

2) 자치구역설정(조정)의 현대적 동향

(1) 자치행정의 능률성 확보

지방자치가 목표로 하는 다양한 주민복지와 효율적인 지역개발을 촉진시키기 위해서 행정의 능률이 제고되어야 한다. 지방자치의 장점은 지역사회의 특수성에 부응하고, 주민 개개인의 필요에 신속하고 효율적으로 대응하는 데 있다. 이와 같은 임무수행을 위해서 지방자치단체는 최대한 행정능률을 제고시켜야 하는데, 이와 같은 행정의 능률은 재정자립도가 높아야 하고, 행정조직의 확충과 전문인력이 확보되어야만 한다.

(2) 생활권변화에의 적응

각종 첨단산업의 발전은 필연적으로 교통 · 통신의 발달을 촉진하게 되었고, 이러한 교통수단의 발전은 경제적 권역의 확대와 통합현상을 가져오게 되었다. 그 결과 종래의 소규모 지역사회를 기반으로 하는 지방자치단체의 구역은 점차 확대되어 갔다. 이처럼 사람들의 생활권과 경제권이 확대되는 다양한 변화가 일어나게 되자 이에 따라 주민생활에 필요한 서비스를 제공하고 그 지역주민의 경제활동을 조장하는 지방자치단체의 구역도 그에 합치하는 방향으로 조정되어야 했다.

(3) 지역개발에 따른 변화추세에의 부합

과거의 지방자치구역은 자연적인 지리적 형태에 따라 결정하는 것을 가장 합리적인 것으로 생각하였다. 그러나 오늘날에는 과학기술의 발달로 오히려 하천을 중심으로 그 주변이 하나의 생활권으로 뭉쳐지는 경우가 많으며, 각종 자연 · 지리적 장해물이나 차단물들을 극복할 수 있게 됨으로써 이들이 더 이상 구역획정의 기준이 되지는 못하게 되었다. 이와 같이 과거의 자연적 장해물들이 이제는 개발의 중심으로 부상하게 됨으로써 지방자치구역도 이에 맞추어 가는 경향을 보이고 있다.

(4) 광역행정의 추세에의 부합

지방자치행정은 자치단체간 상호 선의의 경쟁을 통한 발전을 추구하지만, 도시화의 확산과 생활권의 확대 등으로 두 개 이상의 지방자치단체가 공동으로 처리해야 할 문제들이 늘어나게 되었다. 이러한 현상과 관련하여 오늘날에는 도시지역 뿐만 아니라 농촌지역까지도 치안, 생활물품조달, 병원이용과 같은 대인적 서비스 제공으로부터 치산, 치수, 지역개발 등 토지와 자원을 중심으로 하는 광역적 행정수요로 그 중점이 전환되고 있음을 간과할 수가 없다. 이와 같은 현대적 행정수요에 대처하기 위해서는 많은 경비와 전문기술이 필요하기 때문에 자치구역의 규모가 점차 커지고 있다.

(5) 복지국가시대의 행정수요에 부합

현대사회는 중앙정부는 물론 지방정부까지도 국민과 주민의 복지증진과 구현을 가장 큰 목표로 하고 있다. 이러한 임무를 수행하기 위해 정부는 사회의 모든 영역에 개입하여 양적, 질적 또는 능력과 시간 그리고 책임 등 여러 면에서 효율적 행정을 수행하지 않을 수 없게 되었다. 그리고 이처럼 어려운 문제들을 효율적으로 처리하기 위해서는 지방정부의 구조와 기능이 신축적이고 전문화되지 않을 수 없게 되었다. 현대의 지방자치구역은 이러한 환경변화에 신축적으로 대응하고 효율적으로 문제를 해결할 수 있는 수준에서 적절하게 설정되고 있다.

(6) 원활한 주민참여의 실현

행정능률과 경제활동의 범위가 확대되는 추세만 쫓아서 지방자치구역을 무한정 광역화 할 수는 없다. 생활권의 확대추세에 맞추어 지역의 범위가 확대되어도 교통통신의 발달로 인해 주민참여에는 큰 지장이 없는 것이 현실이다. 그러나 생활권이 너무 광역적으로 확대되는 것은 지방자치구역으로서는 바람직하지 못하다. 따라서 생활권 및 경제권이 비현실적으로 확대되는 지역은 인위적으로 부중심권을 설정해서라고 주민참여가 원활하게 실현될 수 있도록 적정규모를 유지해야 할 것이다.

2. 자치구역설정의 기준

1) 기초자치단체의 구역설정기준

(1) 공동사회와 공동생활권의 조화

지방자치구역은 가능한 주민 상호간의 공동체의식이나 지역연대감을 토대로 하는 공동체사회에 일치되도록 구역을 설정함이 바람직하다. 그 이유는 이러한 공동사회야말로 오랜 기간에 걸쳐 생성된 역사적 산물이므로 이를 가급적 존중하는 것이 구역을 설정하는 취지에 부합되기 때문이다. 과거에는 공동사회가 편협하였기 때문에 자치단체의 구역도 소규모일 것이 요청되었으나, 오늘날에는 교통·통신수단이 발달하여 주민의 공동생활권이 확대 되었으므로 자치구역도 대규모화하는 추세에 있다. 또한 공동사회의 특질도 종래의 지연적 공동체의식이나 지역연대감을 토대로 한 생활권에서 사회적·경제적 생활권으로 변질되었다. 그리하여 유동적 사회 속에서 공동사회와 공동생활권의 확대라는 상반되는 요구를 조화하여 적정한 자치단체의 구역을 설정해야 하는 어려움이 증대되고 있다. 즉 농촌에는 공동사회의 요소를, 도시에는 공동생활권의 확대를 중시해야 하므로 구역설정 기준이 달라야 한다.

(2) 민주성과 능률성간의 요구조정

지방자치란 그 구역 내의 주민들이 그 지역의 공동사무를 그들 책임 하에 스스로 또는 대표자를 통하여 처리하는 지방행정이므로, 주민이 지방자치에 참여하는데 그 특징이 있다. 따라서 자치구역은 지방정치와 행정에 대한 주민참여와 주민통제가 효과적으로 보장되는 지역적 범위로 획정되어야 한다. 주민참여 및 통제를 위해서는 주민이 지방의원·공무원 등과 수시로 접촉할 수 있도록 그 구역을 좁혀야 한다. 구역이 지나치게 넓으면 공동체의식이 희박해져서 자치행정에 대한 주민의 관심이 낮아지고 주민의 지원을 받지 못하게 되며, 지방행정의 비민주화 요인이 되므로 결국 민주성의 요구에 배치된다. 그렇다고 구역을 너무 좁히면 단위당 경비가 증대되어 능률성의 요구에 어긋난다. 이와 같이 민주성과 능률성이란 상반되는 이념을 동시에 충족시킬수 있는 기초자치단체의 구역을 설정하는 것이 지방자치의 과제이다.

(3) 재정수요와 재원조달능력간의 조화

자치행정이란 그 지역내 사무를 주민의 비용으로 처리하는 행정이므로 자치단체가 지출해야 할 재정수요와 조달하는 재원 간에는 균형이 이루어져야 한다. 따라서 자치구역도 되도록 이를 충족시킬 수 있는 규모로 설정하는 것이 바람직하다. 일반적으로 자치구역이 좁으면 조달되는 재원에 비해 경비가 과다하게 지출되고 일인당 비용은 증가한다. 특히 농촌의 경우 소구역제로 할 경우 재원은 영세한데 경비지출은 증가하므로 재정적 불균형이 심화되어 지방재정의 취약성을 심화시킨다. 반대로 일정한 수준까지는 자치구역이 확대될수록 그에 비례하여 재정수요가 감소하므로 지방재정은 그만큼 균형을 유지할 수 있게 된다. 따라서 이 두 가지 요인을 적절히 조화시키는 선에서 구역을 설정해야 한다.

(4) 주민과 행정의 편의성 증대

자치행정이 주민의 생활행정이고 주민에게 편익을 제공하는 행정인 이상 행정구역도 주민의 편의를 극대화할 수 있도록 획정해야 한다. 이러한 의미에서 자치구역은 주민의 행정에 대한 접근성(accessibility)이 용이하도록 좁힐 것이 요청된다. 한편 자치행정을 포함하는 현대행정은 과학·기술의 발달로 인하여 전문지식·기술과 시설을 필요로 할 뿐 아니라 지역개발을 도모하고 토지이용의 극대화를 꾀하게 되었다. 그러므로 지역정책과 사업을 수행하는 경향에 맞추어 지방정부의 기능수행이 용이하도록 자치구역을 확대해야 한다. 따라서 주민과 행정의 편의를 적절히 조화하는 선에서 구역을 설정해야 할 것이다.

2) 광역자치단체의 구역설정기준

(1) 기초자치단체의 행정을 효과적으로 조정할 수 있는 지역적 범위

광역자치단체의 구역은 기초자치단체의 행정기능을 가장 효과적으로 조정할 수 있는 지역적 범위를 그 기준으로 정해야 한다. 기초자치단체는 지역적 특성에 적합한 행정기능을 수행하므로 이러한 특수성을 강조하는 과정에서 기초자치단체간에 갈등과 대립이 발생할 가능성이 있으며, 편협한 지방이익에 지나치게 집착한 나머지 보다 광역적인 관점에서 볼 때 바람직하지 않은 결과를 낳을 수 있다. 따라서 기초자치단체의 개별적 특수이익을 광역자치단체가 조정할 필요가 있다. 그러므로 광역자치단체의 구역은 이 조정기능을 가장 원활히 할 수 있는 규모에서 획정되어야 한다.

(2) 대규모 지역개발을 효과적으로 추진할 수 있는 지역적 범위

광역자치단체의 구역은 대규모 지역개발(regional development)을 효율적으로 추진 할 수 있는 지역적 범위에 접근할수록 좋다. 지역에는 시·군, 읍·면과 같은 구역을 단위로 하는 것과 개발권내지 경제권을 단위로 하는 것이 있는데, 경제권이란 자연적·지리적 여건에 따라 공통적인 경제적·사회적 제 문제를 내포하고 있는 권역을 말한다. 따라서 광역자치구역은 이러한 개발권 내지 경제권을 고려하여 설정함이 바람직하다. 다만 대규모 지역개발은 주로 20세기 중엽이후 대두되기 시작한 문제인데 비하여, 각국의 광역자치단체 또는 중간자치단체의 기존구역은 오랜 역사의 산물이므로 양자가 일치하는 경우란 그리 흔하지 않다.

(3) 도시행정과 농촌행정을 동시에 효율적으로 수행할 수 있는 규모

광역자치단체의 구역은 도시행정기능과 농촌행정기능을 동시에 효율적으로 수행할 수 있는 규모로 설정하는 것이 바람직하다. 광역자치단체의 구역 내에 기초자치단체인 도시의 수가 많으면 광역자치단체는 도시위주의 행정을 하게 되어 농촌행정을 소홀히 하기 쉽다. 반대로 광역자치단체에 농촌이 많으면 농촌위주의 행정을 하게 되어 도시발전을 저해하게 된다. 특히 그 구역 내에 대도시를 포괄하고 있으면 광역자치단체의 구역으로부터 분리해야 한다.[16]

(4) 기초자치단체의 기능을 적절히 보완할 수 있는 구역

광역자치단체의 구역은 기초자치단체의 행정기능을 보완하는데 가장 적절한 규모를 구역으로 획정해야 한다. 보완기능이란 기초자치단체의 능력으로 처리 할 수 없거나 처리가 곤란한 사무, 또는 기초자치단체가 처리하면 행정의 질이 저하될 우려가 있는 사무를 광역자치단체가 보완적으로 처리함을 의미한다. 따라서 이러한 보완기능을 수행하는데 적절한 지역적 범위를 자치구역으로 설정해야 한다.

---

16) 예컨대 부산시와 울산시를 경상남도 구역에서, 대구시를 경상북도 구역에서, 인천시를 경기도 구역에서, 광주시를 전라남도 구역에서, 대전시를 충청남도 구역에서 각각 분리하여 정부의 광역시로 승격시킨 것을 들 수 있다.

Ⅲ. 지방자치단체의 구역조정(구역개편)

1. 구역조정의 필요성과 목표

1) 구역조정의 의의

지방자치단체의 구역은 일반적으로 그 획정의 역사가 오래된 것들이 많다. 따라서 대부분의 자치구역들은 현대사회의 급격한 환경변화를 수용하지 못하고 있다. 그리하여 오늘날의 지방자치구역은 환경변화에 대응하고 자치행정의 능률화와 민주화를 충족시키기 위해서 필요한 경우 언제든지 조정 혹은 개편해 나가야 한다. 이러한 지방자치단체의 구역조정 혹은 구역개편이란 인접하는 자치단체 간에 구역경계를 변경하거나 두 개 이상의 자치단체가 폐치·분합함으로써 종래의 자치구역이 바뀌는 것을 말한다. 여기서 자치단체간 폐치·분합이란 지방자치단체를 신설하거나 폐지함으로써 이에 따라 종전의 구역이 새로 바뀌는 것을 의미한다. 구역조정은 흔히 구역개편이라는 용어로 사용되기도 한다. 구역조정은 이처럼 경계변경이나 폐치분합 이외에도 지방자치단체의 기능조정에 따른 구역적정화에 의해서도 이루어질 수 있다.

2) 구역조정의 필요성

(1) 사회경제적 환경변화에의 대응

자치구역의 조정은 도시화와 산업화 등에 따르는 사회경제적 여건변화에 적응하기 위하여 필요하다. 예컨대 우리나라의 대표적인 지방자치구역인 도와 시·군 등은 멀리는 고려시대로부터 가까이는 조선시대와 일제시대에 설정된 것이다. 즉 이들 자치구역은 근본적으로는 농업사회에 바탕을 두고 획정된 구역들이다. 그러나 우리는 1960년대 이후 급격한 산업혁명을 통하여 엄청난 발전과 변화를 이룩해 왔다. 특히 고속도로의 건설, 댐과 항만의 건설, 대규모 간척, 공단건설, 신도시 건설 등으로 국토공간의 구조와 지리적 여건이 과거와는 크게 바뀌었으며, 경제권과 생활권 역시 엄청나게 변화하였다. 그리하여 전통적인 구역은 변화하는 새로운 환경이나 조건에 맞추어 개편할 필요가 있다.

(2) 전통적 요구와 현대적 경향간의 조화

구역설정의 전통적 기준으로서 공동사회적 요건은 현대사회에 들어와 공동생활권의 확대현상으로 점차 그 중요성을 잃어가고 있다. 즉 현대사회에 들어와 경제권과 생활권의 확대로 구역조정이 불가피하게 되었다. 유럽이나 일본 등에서 일어나고 있는 기초단체 통폐합현상은 바로 지나치게 작은 자치단체들을 현대적 기준에 맞게 그 규모와 기능을 조정하는 것이라고 할 수 있다. 이처럼 전통적인 공동사회적 요청과 생활권 확대현상에 따른 현대적 요청을 적절히 조화시켜 자치행정의 능률성과 민주성을 제고시키기 위해 구역조정이 필요한 것이다.

(3) 현대적 구역설정기준에 부합되는 자치구역의 설정

전통적 농업사회적 구역설정기준과 현대적 산업사회적 구역설정기준은 그 내용과 성질상 많은 차이가 있다. 따라서 자치구역을 현대적 구역설정기준에 부합시키기 위해 구역조정이 필요한 것이다.[17] 특히 오늘날에는 도시화 현상의 진행에 따라 2개 이상의 자치단체들이 공동으로 사무를 처리해야 하는 광역행정에 대한 수요가 증대하고 있다. 따라서 이러한 현대적 구역설정기준에 부합하는 자치구역을 획정하기 위하여 구역조정이 필요하게 된 것이다.

(4) 자치단체간 구역(규모)격차의 시정

지방자치단체 간 구역규모의 격차는 궁극적으로 지방재정규모의 격차를 야기시킬 수 있다. 물론 구역이 넓다고 반드시 재정수입도 높은 것은 아니겠지만, 대부분은 규모에 비례하여 재정격차도 뒤따르게 마련이다. 이러한 재정규모의 격차는 다시 지역개발의 불균형을 초래하며, 지역의 불균형개발은 결국 국토의 불균형개발을 야기시키는 요인이 된다. 이처럼 자치단체의 행·재정적 능력의 격차를 시정하기 위해서도 자치단체의 구역은 적정화될 필요가 있다.

(5) 자치단체 계층구조의 축소조정

지방자치단체의 계층구조가 다층제일 경우에 야기되는 여러 가지 문제점을 개선하기 위하여 계층구조를 줄일 필요가 있다. 이러한 필요에 따라 자치구역의 조정이 이루어지게 된다. 즉 자치단체의 계층구조가 3층제(특·광역시-자치구-동) 내지 4층제(도-시·군-읍·면-동·리)로 되어 있으면 행정의 비능률은 물론 주민참여가 불편해지고 주민통제가 어려워진다. 따라서 구역을 조정하여 계층수를 줄일 필요가 제기된다.

---

17) 즉 농업사회에서는 강, 하천, 해안선 등이 구역설정의 주요 기준이었다. 그러나 현대사회에서는 생활권역, 경제권역, 개발권역, 행정권역 등 지역의 특성이나 규모 등을 고려하는 것이 주요 기준이 되었다

(6) 행정의 전문화와 지역사회의 행정수요변화대응

행정에 관한 지식과 기술의 발달로 과거에 비해 업무처리능력이 매우 향상되었다. 그리하여 비슷한 인력과 기구로도 과거보다는 몇 배의 업무를 처리할 수 있게 되었다. 따라서 과거보다는 대규모의 자치구역을 수용할 수 있게 되었고, 때마침 광역행정에 대한 수요도 증대됨에 따라 구역의 확대조정에 대한 필요성이 높아지고 있기 때문이다.

3) 구역조정의 목표

충분한 필요에 의해 지방자치구역을 조정하더라도 그 조정의 목표를 어디에 두느냐하는 문제를 우선적으로 고려해야 한다. 물론 자치단체의 입장이나 성격, 그리고 구역조정의 현실적 필요성 등에 따라 목표의 종류나 우선순위 등이 달라질 수 있다. 일반적인 구역조정의 목표로는 i) 지역개발의 촉진, ii) 주민편의의 제고, iii) 행정능률의 향상 등을 들 수 있다. 그것은 이들 3가지의 목표는 어떤 형식의 구역조정이든 반드시 달성해야 할 구역조정의 필수요건이기 때문이다. 문제는 이들 3가지 목표가 항상 같은 방향을 지향하는 것이 아니라 경우에 따라서는 상호 모순되거나 다른 방향을 지향 할 수 있다는 점이다. 때문에 구역조정의 목표를 설정하는 과정에서는 목표설정문제도 중요하지만 목표들 간의 우선순위 문제와 목표 상호간의 조정문제를 중시해야 할 것이다.

4) 구역조정의 준거기준(하위목표)

자치구역을 조정하는 목표, 즉 구역조정을 통해 달성하고 하는 목표가 설정되면 그 다음은 이들 목표달성을 위한 준거기준을 설정할 필요가 있다. 이러한 구역조정의 목표달성을 위한 준거기준으로도 다양한 기준을 제시할 수 있지만 일반적으로는 i) 생활권역의 연결성, ii) 행정의 동질성, iii) 정책적 의도성 등을 들 수 있다.

첫째 생활권역의 연결성이란 이질적인 지역단위들이 산재하고 있지만 이들이 하나의 어떤 지점을 중심으로 생산과 유통 등 여러 가치 측면에서 기능적으로 결합되어 있는 경우, 이들 지역을 하나의 구역으로 편성하는 것을 말한다. 둘째 행정의 동질성이란 지형, 지세, 역사적 전통, 사회구조와 문화적 속성, 경제활동의 양상, 주민의 풍습과 행태 등에 공통성이 많아 행정내용이 동질성을 지닌 지역단위를 하나의 구역으로 편성하는 것을 말한다. 셋째 정책적 의도성이란 일정한 지역을 특정한 방향으로 발전시키려는 의도적 노력에 따라서나 국가의 정책에 따라 구역을 편성하는 것을 말한다.

그러나 지방자치구역은 지역주민의 삶의 질 향상이라는 복합적 목표를 달성하기 위해 이상의 어느 하나만의 기준에 의해서만 구역을 편성할 수 없는 것이 현실이다. 뿐만 아니라 이상의 3가지 기준은 상호 각각 독자적인 이의와 기능을 가진 것으로서 서로 모순될 수 있다는 점이다. 따라서 이들 3가지 기준들은 상호 보완적으로 활용해야 할 것이다.

2. 구역조정의 방식과 유형

1) 구역조정의 일반적 방식

(1) 편입(흡수합병)방식

편입(編入) 내지 흡수합병(吸收合併)이란 한 자치단체를 폐지하고 그 구역을 다른 지방자치단체의 구역으로 합치는 것을 말한다. 예컨대 규모가 큰 지방자치단체가 인근 지방자치단체 구역의 일부 또는 전부를 자기의 구역 안으로 흡수하는 것이 편입이다. 편입은 중심지역이 도시적 성격을 가진 상황에서 주로 적용되는 데 주변지역에 대한 중심지역의 지배를 전제로 하고 있다. 편입은 지방자치의 전통이 없는 발전도상국가에서는 많이 이용되는 방법이나 지방자치의 역사가 길고 자치의식이 강한 선진국가에서는 그 이용도가 별로 높지 못하다. 그것은 편입이 주민의 저항을 유발시킬 뿐만 아니라 지방민주주의에도 역행하기 때문이다.

(2) 합체(合體)방식

합체 혹은 합동이란 두 개 이상의 자치단체를 합병하여 기존의 자치단체를 폐지하고 새로운 자치단체를 설립하는 것을 말한다. 따라서 합체됨으로써 폐지되는 기존의 자치구역의 경계가 신설되는 자치구역의 경계로 바뀌게 된다. 이러한 것은 주로 소규모의 행정구역에서 이루어지는데 그 이유는 이들 지역이 영세하기 때문에 재정적인 취약성을 면치 못하고, 다양한 현대적 행정서비스를 사용할 수 없을 뿐만 아니라 중앙정부의 보조금에 의해 지탱되고 있기 때문이다.

(3) 분립(分立)의 방식

이것은 한 자치단체의 구역을 부분적으로 떼어내어 거기에다 새로운 자치단체를 설립하는 것을 말한다. 이것은 자치단체의 구역 내에 어떤 특정지역이 다른 지역에 비해 특히 발전하여 그곳을 따로 독립시켜 하나의 자치단체로 만들 경우에 나타나게 디는 현상이다. 예컨대 우리나라의 경우 농촌지역의 군에 속해있던 읍이 도시적 요건을 갖출 경우 이를 시로 승격시켜왔는데 군의 읍지역이 시로 독립되어 나갈 경우 이것은 분립에 해당된다.

(4) 분할(分割)의 방식

분할이란 한 개의 지방자치단체를 폐지하고 그 구역을 나누어 두 개 이상의 자치단체를 설치하는 것을 말한다. 분할은 국가정책으로 대대적인 지방자치구역의 개편이 이루어지지 않는 이상 잘 나타나지 않는 현상이다.

(5) 경계변경(境界變更)

경계변경이란 지방자치단체의 존폐와 관계없이 단지 자치구역의 경계변경만 있는 구역조정을 말한다. 어떤 자치단체의 구역의 일부를 인접하는 다른 자치단체의 구역으로 이전시키는 것을 말한다. 일반적으로 구역변경이라고 할 때는 이 경계변경을 의미하며, 공동생활권의 확대, 생활중심지의 이전 등으로 흔히 볼 수 있는 구역조정방식이다.

(6) 구역의 적정화(適定化): (규모재편, 재구획)

구역의 적정화(適定化)란 지방자치단체의 기능을 충실하고 건강하게 하며 주민편의, 주민참여, 주민통제를 촉진시키기 위하여 필요한 경우 기존의 구역을 새로운 기준에 따라 재조정하는 것을 말한다. 규모재편 혹은 재구획이라는 방식이 여기에 해당된다. 즉 규모재편 혹은 기존구역의 재구획은 기존의 자치구역이 부적절하여 이를 시정하기 위한 것이다. 이것은 합리적인 기준에 의하여 구역을 전면적으로 다시 설정하는 것을 말한다. 자치단체의 구역을 전면적으로 재조정함으로써 그 전과는 완전히 다른 새로운 구역이 설정된다. 그러나 이 방법은 전면적인 개편을 요하므로 시간과 비용의 지출 뿐 아니라 자칫 커다란 손실을 가져올 수 있다. 따라서 이 방법을 사용하는 데는 보다 과감한 결단이 있어야 하며 손실을 감수할 수 있는 능력이 필요하다.

2) 도시(市)와 농촌(郡)의 통합과 분리방식

우리나라에서는 구역조정의 방식으로 일반적으로 도시지역과 농촌지역 혹은 시와 군을 분리독립시키는 도농분리방식과 이를 합치는 도농통합방식을 이용해 왔다. 예컨대 특정한 군지역의 어느 지역(읍)이 인구 5만이상이 되면 이를 시로 승격시킴으로써 그 지역은 군으로부터 떨어져 나와 새로운 자치단체가 되었다. 그리고 특정한 도시가 점차 발달하여 인구 100만이 넘어서면 이 도시를 광역시로 승격시켜 도(道)로부터 분리시켰다. 반대로 도시와 농촌을 정주체계의 관점에서 파악하여 도시와 농촌을 통합한 시군통합정책을 추진해 오기도 했다.

(1) 도농통합방식(都農統合方式)

하나의 농촌자치단체인 군 구역 내에 다른 하나의 도시가 공존하고 있을 경우, 도시지역이 확장되어 도시권이 군(county)의 대부분을 차지할 때는 양자를 통합하는 것이 보통이다. 그리고 도시지역과 농촌지역이 인접하여 있을 경우 농촌지역을 도시지역의 정주생활권으로 설정함으로써 양지역을 통합하는 경우도 여기에 해당된다.[18] 통합의 경우에도 도시의 구역이 군의 구역까지 확대되어 두 개의 정부단위가 하나로 융합되게 된다. 시의 사실상의 경계가 군의 경계와 대체로 비슷할 때, 시정부와 군정부를 별도로 존속시킬 필요가 없다.

(2) 도농분리방식(都農分離方式)

도농분리식 구역조정이란 지방자치단체의 구역조정을 하나의 농촌형 자치단체로부터 그 구역 내에 있는 도시형 지역을 독립시킴으로써 새로운 자치단체로 승격시키는 경우에 이루어지는 구역조정방식이다. 우리나라는 전통적으로 읍 승격, 시 승격, 광역시 승격 등으로 도시지역을 분리시키는 구역조정이 그 대종을 이루어왔다. 이러한 방식은 엄격히 말해 폐치분합방식의 분립형에 속한다.

그러나 이러한 방식은 첫째 특정 자치단체의 가장 발전된 부분을 도시자치단체로 독립승격시킴으로써 잔여지역의 행・재정적 역량문제 등 많은 문제를 야기시켜왔고, 둘째 그 전 자치단체의 청사까지 새로 독립된 자치단체가 안고 있음으로써 청사이전문제를 비롯해서 독립된 도시지역과 잔여부분인 농촌지역간에 갈등과 마찰이 잦았다.

3. 구역조정의 사후처리와 한국의 구역개편

1) 구역조정의 사후처리

우리나라의 구역변경 또는 폐치분합은 이를 법률로 정하되, 다만 시・군・자치구의 관할구역 경계변경은 대통령령으로 정하도록 하고 있다. 그리고 지방자치단체를 폐치분합하거나 구역변경을 할 때는 관계지방의회의 의견을 듣도록 하고 있다. 뿐만 아니라 자치구가 아닌 구, 읍, 면, 동의 구역을 변경하거나 폐치분합 할때는 행정자치부장관과의 협의를 거쳐 당해 지방자치단체의 조례로 정하도록 하고 있다. 이렇게 하여 구역조정이 이루어지면 그에 따른 사후문제를 처리해야 하는 문제가 남게 된다. 사무와 재산의 배분문제, 예산편성과 집행문제, 자치단체의 기관구성과 관련하여 자치단체장과 의원들의 신분유지문제와 선출문제, 그리고 종래의 조례나 규칙의 효력문제 등 복잡하고 미묘한 문제들을 명확하게 처리해야 한다.

---

18) 우리나라의 90년대 도농통합정책이 여기에 해당된다. 그리고 외국의 경우 1854년의 필라델피아市와 1874년의 뉴올리언즈市가 그 예이다.

(1) 사무와 재산의 승계(承繼)

폐치분합, 경계변경 등으로 자치단체가 소멸하거나 새로이 생겼을 경우, 혹은 기존 자치구역의 범위가 바뀌었을 경우 그에 따른 사무나 재산의 공정한 분배와 승계가 이루어져야 한다. 그리하여 구역조정으로 어떤 구역을 새로 관할하게 된 자치단체가 생겼을 경우, 그 지방자치단체가 해당지역의 사무와 재산을 승계하는 것이 원칙이다. 그러나 지역만으로 자치단체의 사무와 재산을 배분 혹은 승계하기가 곤란할 경우, 해당자치단체는 각각 자신의 상급기관장의 승인을 얻어 사무와 재산을 승계할 자치단체를 지정한다.

(2) 예산편성 및 집행

구역조정으로 우선 새로운 자치단체가 설치된 경우, 그 자치단체는 새로 예산을 편성해야 한다. 이 경우 예산이 성립될 때까지는 필요한 경상적 수입과 지출을 할 수 있다. 그리고 구역조정으로 자치단체가 소멸되었을 경우, 그 수입과 지출은 소멸한 날로부터 마감하고 소멸한 자치단체의 장이 이를 결산하여 새로 설치된 자치단체의 장에게 인계하여야 한다. 그러나 구역조정으로 자치구역의 일부가 타자치단체로 이관되었을 경우, 해당 자치단체는 축소된 구역을 기초로 하는 수입과 지출은 통제해야 한다.

(3) 자치단체의 기관구성

구역조정으로 자치단체가 새로 만들어지거나 소멸될 경우는 문제가 간단하다. 즉 새로운 자치단체의 경우 새로운 자치단체장과 지방의원을 선출하여 집행기관과 의결기관을 구성하면 된다. 반대로 구역조정으로 자치단체가 소멸해 버린 경우에는 종전의 자치단체장과 지방의원은 신분을 상실하게 됨으로써 기관자체의 구성은 처음부터 문제가 되지 않는다. 문제는 자치구역의 일부를 타 자치단체로 이전시키거나 타 자치단체로부터 이전 받았을 경우이다. 이 경우에도 사무와 재산 그리고 예산문제 등은 위의 설명대로 처리하면 큰 문제가 없다. 그러나 자치구역의 일부가 편입되어 오거나 혹은 기존 자치구역의 일부가 타 단체로 이전된 경우, 그 구역을 기초로 하는 주민대표선출을 통한 기관구성의 문제가 생기게 된다. 이 경우 관련 법령과 당해 자치단체의 조례에 따라 그 지역과 주민을 대표하는 새로운 지방의원을 선출하거나 기존의원의 자격을 상실시키면 된다.

(4) 조례와 규칙의 효력

구역조정으로 인해 야기될 수 있는 또 하나의 문제가 바로 조례와 규칙의 효력과 관련된 것이다. 이 경우도 구역조정으로 자치단체가 새로 만들어 지거나 소멸한 경우에는 조례와 규칙도 당연히 새로 제정하거나 소멸시키면 된다. 그러나 새로 조례와 규칙을 제정할 경우, 적지 않은 시간을 필요로 하기 때문에 새로운 조례와 규칙이 제정될 때까지는 종래 그 지역에서 시행되어 오던 조례와 규칙을 계속 시행할 수 있도록 하고 있다. 문제는 자치구역의 일부가 늘어나거나 줄어드는 구역조정의 경우, 그 지역에 시행되는 조례와 규칙의 효력문제이다. 이 경우 새로이 편입되는 자치단체의 조례와 규칙이 적용된다고 보아야 할 것이다.

(5) 자치단체 사무소의 소재지 변경

구역조정의 결과 자치단체의 사무소 소재지를 변경하거나 새로 설정하는 문제가 발생할 수 있다. 현행 지방자치법은 지방자치단체 사무소 소재지의 변경 또는 신설은 당해 자치단체의 조례로 정하되 특별시, 광역시와 도는 행정자치부장관과, 그리고 시·군·자치구는 시·도지사와의 협의를 거치도록 하였다. 특히 자치단체의 사무소 소재지 변경이나 새로운 설정은 중요한 사항이므로 이 조례는 지방의회 재적의원의 과반수의 찬성을 얻도록 하고 있다.

2) 자치구역의 적정규모와 한국의 구역개편

(1) 자치구역의 적정규모에 관한 문제

지방자치단체의 구역은 지나치게 넓어도 문제지만 너무 협소하여도 문제다. 따라서 지방자치구역은 어느 정도의 규모로 조정하는 것이 가장 바람직한가라는 의문을 갖지 않을 수 없다. 그것은 지방자치구역의 규모가 지방자치의 성패를 좌우하는 관건이 될 수 있기 때문이다.[19] 그러나 현재 우리나라 자치구역의 규모는 지방자치단체마다 상이하여 현대적 관점에서 볼 때 적정규모와는 상당한 거리가 있다. 그러나 21세기 국가역량향상과 선진국가로의 진입을 위해서는 현재 자치구역의 재검토를 통해 새로운 자치구역으로의 조정이 요구되고 있다. 특히 우리나라의 경우 인구규모나 구역면적을 기준으로 할 때, 기초자치단체의 규모가 지나치게 커서 고유한 의미의 지방자치제도를 실시하지 못하고 있다.

서구나 일본 등의 경우 기초자치단체의 규모가 너무 작아 이를 통폐합하는 운동이 일어나고 있지만 우리나라의 경우 오히려 지나치게 그 규모가 커서 주민참여나 주민통제 등이 거의 힘을 발하지 못하고 있다. 외국의 경우 주민수가 만 명도 되지 않는 자치단체가 많지만 우리나라의 경우 기초자치단체의 인구규모가 60만을 넘는 곳이 한 두 곳이 아니다. 물론 적정한 자치구역의 범위도 시(時)와 장(場)에 따라 일정하지 않기 때문에 나라와 지역에 따라 적정구역의 범위를 일률적으로 규정할 수는 없을 것이다. 따라서 적정구역을 설정하기 위해서는 우선 앞에서 검토한 구역개편의 기준이나 구역조정의 준거기

19) 즉 지방자치구역의 규모는 주민의 정치행정참여, 행정통제, 행정능률, 자치재원의 확보, 지역개발 등과 밀접히 연관되어 있기 때문이다.

준 등을 기초로 하고, 거기에다 그 나라와 그 정부의 행정역량을 감안하여 설정해 나가야 할 것이다. 무엇보다도 나라마다 국토면적이 다르고, 국민수가 같지 아니하며, 정부의 행정역량 또한 차이가 나고, 그 나라의 전통적 정치행정문화가 각기 특성을 가지고 있기 때문에 모두가 동의하는 적정한 자치구역의 범위를 설정한다는 것은 쉽지가 않다.

(2) 한국의 구역개편경험

우리나라의 자치구역은 행정구역으로 존재해 오던 것을 지방자치제도를 실시하면서도 구역개편 없이 그대로 자치구역으로 함으로써 행정구역과 자치구역이 따로 존재하지 않는다. 그러나 지방자치제도를 실시하는 현 시점에서 볼 때 정부가 특히 행정상 필요에 의하여 설정한 행정구역이 존재하지 않는 한 일반적으로 구역이라 함은 자치구역이라고 보아야할 것이다. 우리나라는 전통적으로 특별한 목적을 가지고 인위적으로 구역을 대대적으로 개편한 경험을 가지고 있지는 않다. 단지 도시지역과 농촌지역을 분리시키는 전통적인 도·농분리식 개편과 반대로 도시지역과 농촌지역을 통합시키는 근래의 도농통합식개편방식의 두 가지가 있을 뿐이다.

첫째 일정한 지역이 발전하여 인구가 늘어나고 도시적 형태를 갖추었을 경우 그 곳을 기존 자치단체로부터 분리하여 독립된 자치단체로 승격시킴으로써 그에 따라 야기되는 구역조정을 도·농분리식 구역개편이라 한다. 예컨대 농촌지역(군부)의 읍이나 면이 점차 발전하여 인구 5만 이상이 되고 그 지역 내의 구조가 도시적 형태를 갖추었을 경우 그 지역을 군부로부터 독립시켜 시로 승격시켜온 것이 그 예다. 물론 이와는 차이가 있지만 하나의 보통시가 발전하여 인구 백만 이상이 되고 도시적 요소가 고도화되었을 경우 정치적 판단에 따라 이를 광역시로 승격시킴으로써 도로부터 분리독립되는 방식도 크게는 도농분리방식에 해당된다.

둘째 도시화의 진전과 교통·통신기술의 발전, 그리고 행정능력의 향상 등으로 분리되었던 도시와 농촌을 다시 하나로 통합시킴으로써 자치구역을 넓혀서 도시적 행정수요와 농촌적 행정수요를 적절히 조화시키려는 목적으로 90년대 초반에 실시된 구역개편방식을 도농통합방식이라 한다. 예컨대 과거 군(郡)으로부터 독립되어 하나의 시로 승격된 도시지역과 잔여농촌지역을 다시 통합하여 도시자치단체로 만들었던 것을 의미한다.

그러나 이들 양자 어느 것이나 적잖은 문제점을 안고 있어 앞으로 구역개편에 관해서는 보다 사려 깊은 접근과 깊이 있는 연구가 요망된다.

05
Chapter

지방자치단체의 재정

제 1 절 지방재정의 이론적 기초

Ⅰ. 지방재정의 의의와 특징

1. 지방재정의 의의

재정이란 국가나 지방자치단체가 그 기능을 수행하기 위해 공권력에 의거하여 재원을 확보하고 이를 집행·관리하는 것을 말한다. 국가재정이란 국가를 운영하는 중앙정부의 재정을 의미하고[1] 지방재정이란 지방자치단체를 운영하는 기관인 지방정부의 재정을 의미한다. 따라서 지방재정(local public finance)이란 각급 지방정부가 자치재정권을 가지고 자신의 구역 내에서 지역주민의 공공욕구를 충족시키는 데 필요한 재화와 서비스를 공급하기 위해서 행하는 재원의 확보, 관리, 사용 등 일련의 공경제적 작용을 의미한다. 즉 지방재정은 지방자치단체의 수입·지출활동과 자산 및 부채를 관리·처분하는 활동을 말한다.

지방예산의 편성과 운영은 지방정부 재정활동의 구체적 표현으로 그 내용과 절차는 바

1) 그러나 국가재정이라고 하여 이를 중앙정부의 재정과 지방정부의 재정 두 부문을 총괄하여 의미하는 경우도 있다.

로 지방정부의 수준과 국가발전에의 기여도를 가늠할 수 있는 척도가 된다. 지방재정은 국가재정과는 달리 단일의 것이 아닌 시·도 및 시·군·구 등의 복수의 지방정부재정을 총칭한다. 따라서 지방재정을 움직이는 것은 다수의 지방정부로서 이 중에는 건전한 재정을 이루고 있는 곳도 있고, 재정적자로 어려움을 겪고 있는 곳도 있다.

이러한 지방재정과 지방행정은 표리의 관계에 있으며, 자치조직권, 자치입법권, 자치재정권 중 자치재정권은 주민에게 제공되는 공공서비스수준과 직결되는 요소이다. 자치재정권이 중요한 자치재정권이 지방자치의 핵심이고 지방자치단체의 재정자립도가 취약하면 지방정부운영에 소요되는 예산의 상당부분을 중앙정부에게 의존하여야 하고, 이는 결국 진정한 지방자치의 발전을 저해하기 때문이다.

2. 지방재정의 성격과 특징

1) 지방재정의 성격

재정이란 그 운용의 탄력성과 자주성이 높아야 한다. 그러나 현실적으로 이 두 가지는 언제나 여러 가지 제약으로 인해 그렇게 높지 않은 것이 현실이다. 특히 지방재정의 경우 그 탄력성과 자주성이 많이 제약되어 있다는 점이 그 특징이다. 지방정부의 행정활동은 본래 주민의 창의와 책임에 의해서 자주적으로 수행하는 것이므로, 지방재정제도 역시 탄력적·자주적일 것이 요청된다. 그러나 현실은 그렇지 못하다. 지방재정은 중앙재정으로부터 직간접적으로 통제받고 규제되기 때문이다.

2) 지방재정의 특징

첫째 다양성과 복수성이다. 지방재정은 전국의 다양한 지방자치단체들의 재정을 의미하고, 지역별로 재정운용도 다양하고 재정활동의 규모도 극심한 차이가 있다. 둘째 지방재정은 비탄력적이다. 지방재정은 세출면에서 경상적 경비가 많은 반면, 세입면에 있어서는 세수입이 점유하는 비율이 낮고 중앙정부의 의존재원이 상당한 부분을 차지하고 있다. 그리하여 재정수요에 효율적으로 부응할 수 없어 탄력성이 결핍되어 있다. 셋째 자율성과 타율성이 공존한다. 지방 행·재정은 본래, 지방자치의 이념에 준거하여 주민의 창의와 책임을 바탕으로 자주적으로 운영되어야 하며, 국가의 간섭·지배는 지양되어야 하는 것이다. 그러나 전국적인 최저수준의 유지와 지역격차의 해소가 필요하게 되었고, 지방의 행·재정 운영에 대해 중앙정부의 관여가 불가피하게 됨으로써 중앙정부가 최소한의 간섭·통제를 하게 되었다. 넷째 정치성과 경제성을 동시에 내포하고 있다. 원래 재정은 정치와 경제의 교량이라고 할 수 있다. 지방재정은 경제적 관점에서 생각해야 하지만, 정치로서의 지방자치의 이념을 생각하지 않을 수 없다. 지방자치는 정치적으로 민주주의의 원리를 구현할 뿐 아니라 행정의 효율성을 구현하기 위해서도 경제원리에 입각한 재정지출을 피할수 없다.

Ⅱ. 지방재정의 기능과 운영원칙

1. 지방재정의 기능

머스그레이브(R.A. Musgrave)는 재정의 3대 기능으로 자원배분, 소득재분배, 경제의 안정 기능을 들고 있다. 이러한 재정의 3대 기능은 전통적으로 중앙정부가 전국적 차원에서 수행해왔고 지방자치단체는 필요한 최소한의 공공재 공급만을 담당해왔다. 그러나 최근 지방자치단체의 역할이 커지고 이와 더불어 지방재정의 규모도 커지면서 지방재정의 기능을 적극적으로 인식해야 한다는 주장이 제기되고 있다.

1) 자원배분 기능

자원배분(resource allocation) 기능이란 지방재정이 세입과 세출을 통해 시장실패를 교정하고 사회적 최적생산과 소비수준이 이루어지도록 하는 것을 말한다. 즉 정부가 시장을 통해 공급될 수 없거나 또는 공급되는 것이 바람직하지 않은 행정서비스를 제공하여야 한다는 것이다. 특히 공공재는 외부효과가 크고 소비의 비경합성과 비배제성이라는 특성을 갖고 있기 때문에 정부가 재정을 통해 공급하지 않으면 안 된다. 국방, 외교, 국토개발과 같이 국가유지에 필요한 행정서비스는 국가재정에서 공급하고 상·하수도, 지방도로, 청소 등 지역주민이 소비하고 주민생활과 직결되는 지방행정서비스는 그 지역을 관할하는 지방자치단체가 공급하는 것이 바람직하다. 결국 지방재정의 주된 기능은 지방공공재 공급을 중심으로 한 자원배분기능이라 할 수 있다.

2) 소득재분배 기능

소득재분배(income redistribution) 기능은 지방재정을 통해 소득분포가 바람직한 방향으로 개선되도록 소득을 재분배하는 기능을 말한다. 이러한 기능은 전통적으로 전국적인 통일된 형태로 세입면에서 누진세율의 조세체계와 세출면에서는 저소득층에 대한 생활보도 등의 이전적 지출 등의 사회보장적 지출을 통하여 수행하는 것이 효과적이라고 주장되어왔다.

그러나 현재의 지방자치단체는 현물급부 중심으로 중앙정부와 역할을 분담해 해당 지역의 주민에게 최소한의 기본수요를 충족시키기 위하여 국고보조금 형태로 국가로부터 재정지원을 받아 주민의 기초생활을 보장하고 또한 원가 이하로 지방행정서비스를 제공하고 있어 제한적이나마 소득재분배 기능을 수행하고 있다.

3) 경제안정화 기능

경제안정화(economic stabilization) 기능은 거시경제의 운영에서 총수요를 조절함으로써 경기 조절적 기능을 수행하는 것을 말한다. 경제안정화를 위해 정부는 재정지출, 감·증세 등 재정정책과 이자율의 조정을 통한 금융정책, 임금·물가·환율정책 등 이용가능한 모든 정책수단을 동원하여 효과를 발휘할 수 있다.

지방정부의 경제안정화 기능은 지방정부가 재정금융정책을 통하여 완전고용을 달성하고 물가를 안정시키는 등의 노력으로 적정한 경제성장을 이룩하려는 지방정부의 정책적 역할을 의미한다. 그러나 지방재정은 중앙재정과 달리 경제안정화 기능이 미흡한 것이 현실이다. 하지만 지방자치단체는 지역경제를 안정시키기 위해 지방물가 안정대책을 추진하고 있으며, 지역경제를 활성화시키기 위하여 민간기업 유치 및 지역브랜드 육성, 기업과의 협력체제 구축을 강화하고 있다. 또한 정보산업(IT), 바이오산업(BT), 문화산업(CT) 등의 지역전략산업과 재래시장 기반확충사업 등도 추진하고 있다.

2. 지방재정운영의 원칙

지방재정은 다음과 같은 원칙하에 운영되어야 한다. 첫째 수지균형(收支均衡)의 원칙이다. 지방정부도 중요한 하나의 공공경제 주체이기 때문에 수입과 지출간의 균형을 유지해야 하는바, 수지균형은 건전재정운영의 가장 기본적이고 중요한 요건으로 간주되고 있다. 둘째 재정구조의 탄력성(彈力性) 확보원칙이다. 건전한 재정운영을 위해서 지방정부는 재정구조의 탄력성을 확보해 나가야 한다. 즉 지방정부의 재정이 경기변동, 행정수요의 변화 또는 지역사회의 여건변화에 언제든지 충분히 대응할 수 있는 체질을 가져야 함을 의미한다. 셋째 행정수준의 확보와 향상의 원칙이다. 지방자치단체 존립의 의의는 주민복지의 향상에 있으므로 아무리 재정수지가 균형을 유지하고 재정구조에 탄력성이 높다고 할지라도 적정한 행정수준이 확보되어 주민의 기대에 부응할 수 있는 행정서비스를 제공하지 못하면 전혀 무의미하다.

넷째 재정운영 효율화의 원칙이다. 지방정부의 수입은 궁극적으로 주민의 부담으로 이루어지는 것이므로 재정을 효율적으로 운영해야 한다. 이를 위해 지방정부는 최소의 경비로 최대의 효과를 가져올 수 있도록 행정해야 하며, 경비지출의 효율을 향상시켜야 한다. 다섯째 재정운영 공정성의 원칙이다. 이것은 지방정부가 행정과 재정을 운영함에 있어 그것을 공평하고 정확하게 관리·집행해야 함을 의미한다. 재정운영은 주민의 조세부담을 기초로 하여 고도의 공공성을 지향해야 하기 때문에 공금관리에 관해서는 특히 공정성이 요청된다. 여섯째 장기적 재정안정의 원칙이다. 즉 지방재원을 안정적으로 확보해 나가면서 지방재정운영의 건전성을 유지해 나가는 일은 어느 한 해에 국한되어서는 안되며 장기적 안목에서 체계적이고 지속적으로 이루어져야 한다는 것이다.

3. 지방재정의 여건변화

1) 행정수요의 증가

지방자치제의 실시 이후 중앙정부가 담당하고 있던 기능 중 상당부분이 지방자치단체로 이양되었으며 주민들은 종전보다 질적으로 향상되고 양적으로 증가된 서비스를 요구하고 있다. 따라서 이와 같이 증가하는 서비스 수요를 충족하기 위한 재정수요도 지속적으로 증가하고 있다. 특히 광역자치단체의 경우 기초자치단체가 투자하기를 꺼리는 광역시설의 건설 및 유지를 위한 재정수요가 증가하고 있다.

2) 조세저항의 증가

급격히 증가하는 행정수요에 상응하는 재원조달의 어려움이 가중되고 있다. 우리나라는 엄격한 조세법률주의의 시행으로 지방세의 소득탄력성이 낮기 때문에 지방자치단체의 자체적인 노력으로 세수를 증대시키는 데는 한계가 있다. 더구나 인위적 세수증대에는 납세자들의 조세저항이 만만치 않다.

3) 대증적(對症的) 재정운용

대중적 인기와 지지를 필요로 하는 지방정부의 지도자들은 흔히 대증적 재정운영으로 재정지출시기를 늦추려 할 가능성이 크다. 장기적인 투자효과분석에 기초한 예산운영보다는 단기적인 여론의 향배에 더 많은 신경을 쓰게 된다. 경상적 용도와 소모적 경비에 충당하기 위하여 과다한 지방채를 발행하거나 재정을 방만하게 운영하여 재정위기를 초래한 외국도시들의 사례를 타산지석으로 삼아야 할 것이다.

4) 정부간 재정관계의 변화

지방자치제의 정착은 중앙정부와 지방정부의 관계 및 지방정부 상호간의 관계에도 상당한 변화를 야기시킨다. 지방정부의 입장에서는 재원확대와 재정지출의 효율성을 높이기 위해 노력하겠지만 이와 같이 온건한 방법으로 필요한 재원을 조달할 수 없는 경우가 발생한다. 따라서 많은 지방정부들은 이웃자치단체에 부담전가를 시도하게 될 것이고, 이로 인한 지역간 갈등현상이 불가피하게 발생한다. 광역적 효과를 발생시키는 사업에 대한 투자를 꺼리는 한편 주변도시의 투자효과에 무임승차하려는 경향이 보이게 된다.

제 2 절 지방정부의 재정수입

Ⅰ. 지방재정수입의 특징과 분류

1. 지방재정수입의 개념

지방재정수입이란 지방자치단체가 그 경비의 재원으로 충당하기 위하여 확보하는 화폐적 수입을 말한다. 이 수입에는 기간의 관념이 없으나 수입을 회계연도별로 구분하는 경우, 한 회계연도에 있어서의 모든 수입을 '세입'이라고 부른다. 지방수입에는 i) 일시보관금과 같이 지방자치단체의 경비의 재원으로 충당되지 않는 것은 재정수입에 포함되지 않고, ii) 비록 부수적인 결과로 얻어진 수입이라고 할지라도 지방정부의 경비재원으로 충당되는 한 지방수입이 되며, iii) 경우에 따라 현물수입도 있을 수 있으나 예산과 결산에는 화폐적 수입으로 계산된다.

2. 지방재정수입의 특징

지방재정수입의 특성으로는 다원성(多元性), 불균형성, 의존성, 응익성(應益性) 등을 들 수 있다. 첫째 지방재정수입의 다원성이란 중앙정부의 재정수입에 비해 다원화된 재정구조로 되어 있다는 것을 의미 한다. 둘째 재정수입의 불균형성이란 각 지방자치단체는 자연적・역사적・경제적 조건을 달리할 뿐만 아니라 재정상 규모나 재정구조에서 다양성을 띠고 있어 지방재정수입의 불균형을 초래하고 있다. 셋째 재정수입의 의존성(依存性)이다. 지방재정수입은 중앙정부에 의해 결정되는 각종 조세정책과 관련 세법 등에 의해 영향을 받는다. 따라서 지방재정이 중앙재정에 의존하는 정도는 당연히 높아지게 된다. 넷째 재정수입의 응익성이다. 지방행정이 권력적인 것보다는 주민의 일상생활과 관련된 서비스의 제공과 아울러 이익제공적인 경우가 많기 때문에 결국 지방세 수입에도 응익성을 띠는 것이 많이 있다.

3. 지방재정수입의 성격분류

1) 자주재원과 의존재원

재정수입의 결정권에 따른 구분인데, 재정수입의 결정권이 지방자치단체에 있는 지방수입은 자주재원이고, 재정수입의 결정권이 국가나 상급자치단체에 있는 지방수입은 의존재원이 된다. 자주재원은 공권력에 입각하여 강제 징수되는 지방세와 행정서비스의 사용대가 또는 반대급부로서 수납하여 얻어지는 세외수입으로 구분된다. 의존재원은 국가가 일정한 기준에 따라 고정적으로 교부하는 지방교부세수입과 국가의 재량에 의해 교부되는 국고보조금 등의 보조금 수입으로 구분할 수 있다.

2) 일반재원과 특정재원

경비의 용도 즉 비도(費途)의 구속성 여부에 따라 일반재원과 특정재원으로 구분된다. 일반재원이란 지방자치단체가 어떤 경비에도 자유롭게 충당할 수 있는 수입을 말하고, 특정재원이란 그 성질에 따라 충당되는 경비가 특정되어 있는 수입을 말한다. 일반적으로 지방세, 세외수입 및 지방교부세를 일반재원으로 그리고 국고보조금은 특정재원으로 분류하고 있다.

Ⅱ. 지방정부의 자주적 재정수입(자주재원)

지방정부의 자주적 재정수입 즉 자주재원이란 지방정부가 스스로 조성하고 자율적으로 사용할 수 있는 재원이다. 이러한 자주재원에는 지방세수입, 세외수입 그리고 지방채(地方債)수입이 있다. 물론 기초자치단체의 경우, 그 이외에도 자체수입으로 간주되는 시·도보조금이 있다. 이러한 시·도보조금에는 대표적으로 재정보전금과 조정교부금 등이 있다.

1. 지방세(地方稅)

1) 의의와 특징

지방세란 지방자치단체가 공권력에 의하여 자치단체의 구성원으로부터 개별적인 보상관계 없이 강제적으로 징수하는 재화를 의미한다. 지방세는 지방자치단체가 그 존립목적을 달성하기 위하여 소요되는 재화획득의 기본수단이며, 자주재원의 주종을 이루고 있다. 지방세는 공권력에 의하여 강제적으로 징수한다는 의미에서 국세와 다를 바 없지만 자치정신에 입각하여 지역사회의 여러 욕구를 충족시키기 위하여 조달되는 자치단체의 독립적인 재원으로서, 자주・자립의 척도를 짐작할 수 있다는 점에서 그 의의가 크다. 지방세는 과세권의 주체가 지방자치단체라는 점에서 국세와 구별된다.

지방세는 다음과 같은 특징을 지닌다. 첫째 부과・징수의 강제성이다. 지방세는 지방자치단체가 과세권에 근거하여 부과・징수하는 것이 특징이다. 지방세는 강제성을 특징으로 하기 때문에 부과・징수에는 반드시 법률의 근거를 필요로 한다. 둘째 부과・징수의 일반성이다. 지방세는 특정한 이익을 얻는 특정한 자가 그에 대한 보수로서 지급하는 것이 아니라 일반인이 그 경제력에 상응해서 부담한다. 셋째 재정권에 의한 징수이다. 지방세는 지방자치단체의 일반적인 경비에 충당하기 위한 재정수입을 목적으로 그 재정권에 근거하여 징수한다. 넷째 금전에 의한 납부이다. 지방세에 대한 주민의 납세의무는 금전으로 표시되고 금전으로 납부하는 것이 원칙이다.

2) 지방세의 원칙

(1) 안정성의 원칙

안정성의 원칙은 지방자치단체의 재정을 안정적으로 유지할 수 있는 조세, 즉 지방세는 경기변동에 관계없이 세수가 안정적으로 확보될 수 있는 조세라야 한다는 것이다. 지방자치단체는 주민의 일상생활과 밀접히 관련된 정책을 수행하고 있어 이를 안정적이며 계속적으로 실시하지 않으면 안된다. 따라서 이를 뒷받침하는 지방자치단체의 수입은 안정적으로 확보될 필요가 있는 것이다.

(2) 보편성의 원칙

보편성의 원칙이란 지방세의 세목은 그 세원이 가능한 한 각 지방자치단체에 골고루 분포되어 있어야 하고, 특정지역에만 관계되어서는 안된다는 것을 말한다. 만일 특정지역에 편재한 세원을 지방세의 세목으로 설정할 경우, 이는 지역간의 편차를 제도적으로 심화시키는 요인이 된다. 따라서 모든 자치단체에서 일정한 세수입이 현실적으로 기대되는 것이어야 한다.

(3) 부담분임(負擔分任)의 원칙

부담분임의 원칙은 지방자치단체 구역 안에 거주하는 주민은 그 자치단체의 행정에 소요되는 경비를 두루 분담해야 한다는 원칙이다. 부담분임의 원칙은 지방자치단체의 구성원으로서 일반적인 수익에 대응하는 개념이고, 응익성의 원칙은 개별적인 수익에 대응하는 개념이다.

(4) 응익성(應益性)의 원칙

응익성의 원칙이란 지방세에서는 국세와 같은 자산능력에 상응한 부담보다는 공공서비스로부터 이익을 받은 정도에 상응한 부담이 더 필요하다는 원칙이다. 지방자치단체의 행정은 주민의 일상생활과 관련된 서비스행정이 많기 때문에 지방정부의 행정활동에 의해 더 많은 이익을 받는 사람은 더 많은 세를 부담하는 세제도가 바람직하다는 사상이다.

(5) 과세자주성(課稅自主性)의 원칙

과세자주성의 원칙이란 지방세는 지방자치단체의 자주재원이기 때문에 될 수 있는 한 지방자치단체의 세제는 자주권을 가져야 한다는 사상이다. 과세자주성이 보장되는 지방세제가 되기 위해서는 첫째 국가와 지방자치단체의 과세객체가 분리되어야 한다. 둘째 지방세의 부과·징수에 관한 사무도 독자적으로 행해야 한다. 셋째 세목, 비과세범위, 세율 등에 관하여 국책상 필요한 것 이외에는 가능한 한 지방자치단체의 자유로운 판단과 결정에 맡겨야 한다.

(6) 지역성의 원칙

지역성의 원칙은 지방세의 객체가 가능한 한 해당 지방자치단체의 관할구역 안에 정착하여 과세행정의 정확성이 보장되어야 한다는 원칙이다. 이를 국지성 또는 정착성의 원칙이라고 한다. 지방재정은 일정한 지역주민의 부담에 의해서 그 지역주민을 위한 공공서비스를 제공하는 것이기 때문에 지방세의 과세객체는 가능한 한 지방자치단체간의 이동이 적고, 그 자치단체의 관할 구역 내에 국지화·지역화 되어야 한다.

(7) 신장성(伸張性)의 원칙

지방재정의 수요는 경제발전이나 국민소득수준의 상승에 의하여 증가한다. 따라서 지방자치단체의 수입도 경제의 발전이나 국민소득수준의 상승에 따라 증가할 필요가 있다.

즉 지방세도 일정한 신장성이 요구된다는 것이다.

3) 지방세의 세목(稅目)

지방세란 말 그대로 지방정부가 그 자체에 속한 세원을 대상으로 거두어들이는 세금이다. 세금인 만큼 개별적 보상 없이 거두어들이게 되고, 강제성을 띠고 있다. 우리의 경우 지방정부는 헌법에 규정된 조세법률주의에 의해 이러한 지방세를 지방세법이 정하는 바에 의하여 부과 징수하게 되는데, 지방세법에 규정된 세목과 이들 세목의 자치단체별 배분은 [그림 5-1]과 같다.

[그림 5-1] 지방정부 유형별 지방세 세목

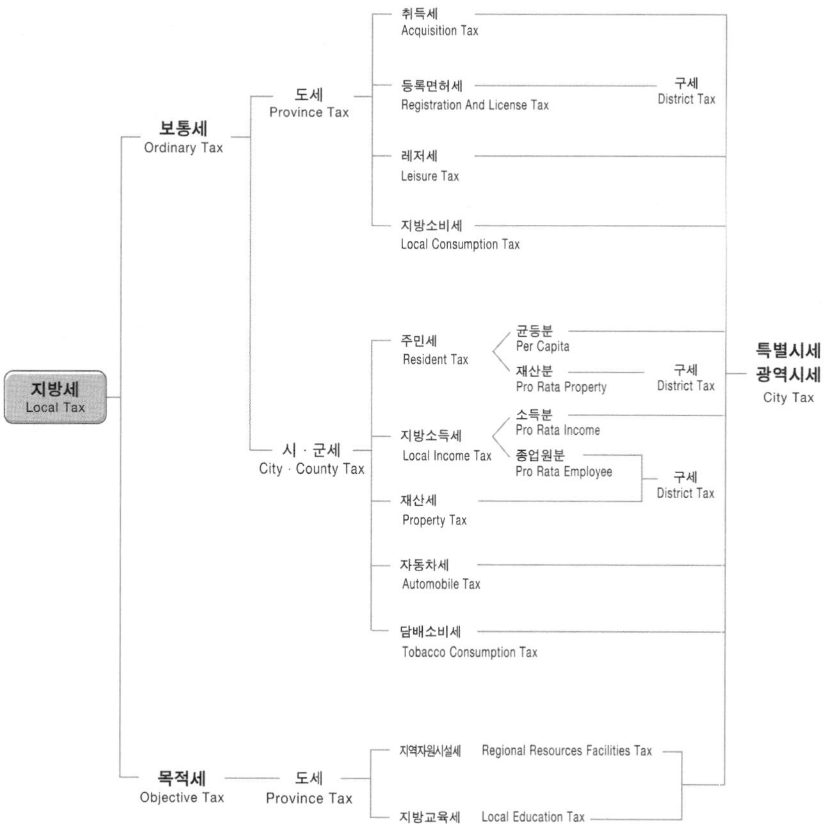

※ 광역시의 군지역은 도세와 시·군세로 세목 구분
※ 광역시의 구세는 주민세 재산분과 지방소득세 종업원분을 포함
※ 지방교육세가 부과되는 세목은 취득세, 등록면허세, 레저세, 주민세(균등분), 재산세, 자동차세, 담배소비세임
※ 농어촌특별세가 부과되는 세목은 취득세, 등록면허세(감면세액), 레저세임

(1) 취득세(Acquistion Tax)

취득세는 지방세의 세목 중 역사가 가장 긴 세목의 하나다. 2011년 이후의 취득세는 종래의 취득세에다 등록세(취득관련분)를 통합한 것으로 부동산, 차량, 기계장비, 항공기, 선박, 입목, 광업권, 어업권, 골프회원권, 승마회원권, 콘도미니엄회원권 또는 종합체육시설이용의 취득에 대하여 당해 취득물건 소재지의 도에서 부과한다. 취득세는 부동산, 차량, 중기, 항공기, 선박, 골프회원권, 콘도미니엄회원권 등 각종의 소유권이 이전되는 유통과정에서 그 취득자에게 과세하는 일종의 유통세이다.[2] 취득세는 특·광역시와 도 및 특별자치도의 지방세이다.

(2) 등록면허세(Registration And License Tax)

등록면허세는 2011년 1월부터 신설된 지방세로서 종전의 등록세(취득무관분)와 면허세가 통합된 것이며, 등록에 대한 등록면허세와 면허에 대한 등록면허세로 구성된다. 여기서 등록이란 재산권(부동산, 선박, 자동차 등)과 그밖의 권리(저작권, 출판권, 어업권, 특허권)의 설정(취득, 이전)·변경 또는 소멸에 관한 사항을 공부(公簿)에 등기하거나 등록하는 것을 뜻하며, 면허란 각종 법령에 규정된 면허·허가·인가·등록·지정·검사·검열·심사 등 특정한 영업설비 또는 행위에 대한 권리의 설정, 금지의 해제 또는 신고의 수리(受理) 등 행정청의 행위를 뜻한다(지방세법 제23조). 등록면허세의 납부의무자는 등록을 하거나 또는 면허를 받는 자이다. 2011년 현재 등록에 대한 등록면허세의 과세표준은 부동산, 선박, 항공기, 자동차 및 건설기계의 경우 등록 당시의 가액으로 하고, 그 표준세율은 등록대상에 따라 다양하며, 경우에 따라 정액세율체제를 띠는 것도 있다[3]. 등록면허세 역시 앞의 취득세와 같이 도와 특별자치도의 세이며 자치구의 지방세이다.

(3) 주민세(Resident Tax)

주민세는 지방자치단체의 구성원에게 자치단체경비의 일부를 의무적으로 부담케 하는 세로서, 당해 자치단체 내에 주소를 두고 있는 모든 주민들에게 부가한다. 2010년 1월 지방세법이 개정되기 이전에는 주민세는 균등할(均等割)과 소득할(所得割) 두 가지로 구성

---

2) 취득세 표준세율은 과세 대상에 따라 과세표준의 2%~4%이며, 경우에 따라서는 지방자치단체의 조례에 의거하여 표준세율의 50% 내외에서 가감할 수 있는 탄력세율도 적용가능하다. 특히 대통령령으로 정하는 별장, 골프장, 고급주택, 고급오락장, 고급선박 등에 대해서는 중과세가 적용된다. 부동산·기계장비·항공기 및 선박의 취득에 대한 취득세에는 지방교육세가 부과된다. 또한 취득세액의 10%에 대해서 국세인 농어촌특별세가 부과된다.

3) 등록에 관한 등록면허세는 표준세율 50% 범위 내외에서 가감할 수 있는 탄력세율이 적용될 수 있다. 또한 2011년 1월 현재 등록면허세에는 지방교육세가 부가되며, 지방세법에 의해 감면되는 등록면허세액에 국세인 농어촌 특별세가 20%의 세율로 부과된다.

되어 있다. 그러나 동법의 개정으로 2010년부터는 농업소득세와 사업소득세의 폐지·정리를 통해 지방소득세가 신설되면서 주민세는 균등분과 재산분으로 구분되었다.

(4) 레저세(Leisure Tax)

레저세는 1942년에 처음으로 신설된 마권세가 1994년에는 경주·마권세라는 이름을 거쳐 2001년 12월 지방세법 개정에 따라 오늘날과 같은 이름으로 불리게 되었다. 즉 1994년부터는 경마장의 승마투표행위 외에의 자전거경기인 경륜(競輪)과 요트경기인 경정(競艇)과 같은 경기에도 과세 근거를 마련함으로써 경주·마권세로 되었으나, 2001년 12월 의 법 개정에 의거하여 레저세로 바뀌어 현재에 이르고 있다. 2011년 1월 현재 레저세의 과세대상은 경륜·경정법에 따른 경륜 및 경정, 한국 마사회법에 따른 경마, 그 밖의 법률의 규정에 의하여 승자투표권·승마투표권 등을 팔고 투표적중자에게 환급금 등을 지급하는 행위로서 대통령령이 정하는 바에 의한다. 과세표준은 승자투표권·승마투표권 등의 발매총액이고, 그 세율은 10%이다.[4)]

(5) 담배소비세(Tobacco Consumption Tax)

담배소비세란 국내에서 제조한 담배와 외국에서 수입한 담배의 각각에 대하여 제조자와 수입업자에 대하여 부과 징수하는 조세이다. 즉 제조장으로부터 반출한 담배에 대하여는 담배제조자가 납부할 의무를 지며, 보세구역으로부터 반출한 담배에 대하여는 수입판매업자가 납부할 의무를 진다.

담배소비세는 지방자치 실시를 앞두고 지방재원의 확충을 위하여 특별시·광역시를 포함한 시·군의 독립세로서 1989년에 도입되었다. 담배소비세는 1985년부터 도입된 담배판매세가 확대·개편된 것이다. 담배판매세의 도입으로 기초지방정부인 시·군의 세원이 크게 확충되었으나, 그것이 담배소비세로 전환된 후에는 특별시·광역시의 매우 중요한 세원이 되었다. 2011년 1월 현재 담배소비세는 정액제이며 과세표준은 담배의 개비수 또는 중량이다[5)]. 담배소비세에도 지방교육세가 부가된다.

(6) 지방소비세(Local Consumption Tax)

지방소비세는 취약한 지방재원을 확충하기 위한 수단의 하나로 마련된 지방세목이다.

---

4) 레저세의 납세의무자는 전술한 과세대상에 해당하는 사업을 영위하는 자이지만 실질적 세부담은 투표권을 구매하는 자들이다. 레저세는 단순한 소비세가 아닌 소비와 소득세가 혼합된 조세로 간주되기도 한다. 한편 레저세에는 지방교육세가 부가되고, 국세인 농어촌특별세도 레저세액의 20%세율로 부과된다.

5) 지방세법 제52조는 담배의 유형에 따른 담배소비세의 표준세율을 규정하고 있지만, 대통령령으로 표준세율의 100분의 30 범위 안에서 조정할 수 있다.

즉 지방소비세가 탄생하기 까지에는 오랜 기간의 논의와 준비를 거쳐 2010년 1월부터 도입된 지방세이다. 지방소비세의 과세표준은 부가가치세법에 따른 부가가치세의 납부세액에서 부가가치세의 감면세액 및 공제세액을 제외하고 가산세를 더하여 계산한 금액이며, 그 세액은 전술한 과세표준에 5%를 적용한 금액이다. 지방소비세의 특별징수의무자는 부가가치세의 신고와 납세를 관할하는 세무서장 또는 부가가치세법 제23조 제3항에 의거, 재화의 수입에 따라 부가가치세를 징수하는 세관장이다.

(7) 지방소득세(Local Income Tax)

지방소득세는 위의 지방소비세와 함께 2010년 1월 지방세법의 개정으로 신설된 세목이다. 지방소득세는 소득분과 종업원분으로 구성된다. 소득분은 종전 주민세의 소득할을, 종업원분은 종전 사업소세의 종업원할을 기준으로 하고 있기 때문에 비록 지방소득세가 도입되어도 주민들에게 새로운 조세부담은 수반되지 않는다. 소득분의 경우 시장·군수는 표준세율의 100분의 50 범위 내에서 탄력세율을 적용할 수 있고, 종업원분의 경우도 시장·군수는 조례로 정하는 바에 따라 표준세율 이하로 정할 수 있다.

(8) 재산세(Property Tax)

재산세란 토지, 건축물, 중기, 선박, 항공기 등의 소유자에게 그 가액을 기준으로 부과하는 자산과세이다. 재산세는 보편성과 안정성 그리고 응익적인 성격을 가지고 있어 현재 지방세 세목 중에서 지방세적 요건을 가장 많이 구비하고 있으며, 따라서 재산세는 시, 군, 자치구세의 중요재원으로서의 역할을 하고 있다. 재산세에서의 '재산'에는 토지·건축물·주택·선박·항공기 등이 포함된다. 따라서 종래의 종합토지세는 폐지되어 토지에 대한 지방세는 재산세의 형태로 운영된다. 2011년 1월 현재 재산세의 과세표준은 토지·주택 및 건축물의 경우 지방세법 제4조의 규정에 의한 시가표준액에 부동산 시장의 동향과 지방재정 여건 등을 고려하여 ① 토지 및 건축물의 경우 시가표준액의 50%~90%, ② 주택의 경우 시가표준액의 40%~80%까지의 범위 내에서 대통령령으로 정하는 공정시장가액비율을 곱하여 산정한 금액으로 한다. 한편 선박 및 항공기의 경우는 지방세법 제4조 제2항에 따른 시가표준액으로 한다.

(9) 자동차세(Automobile Tax)

자동차세란 자동차를 보유하고 있다는 사실에 기초하여 과세하는 세이다. 특별시, 광역시, 시, 군내에 자동차를 소유하고 있는 자에게 부과하는 세로서 자동차가 가지는 재산가치, 수익성, 사치성 등에 대한 과세이며, 동시에 도로손상부담금으로서의 성격을 가지는 조세이다. 자동차세는 정액세율(定額稅率)체계로 되어 있으며, 차종의 용도(영업용 또는 비영업용)·배기량·화물적재정량·바퀴의 수 등에 따라 세액이 다르게 책정된다. 특히 특별시·광역시(군지역은 제외)의 시장은 조례가 정하는 바에 따라 배기량을 감안하여 의하여 표준세율의 50%까지 초과 징수할 수 있는 탄력세율제도를 활용할 수 있다. 비영업용 승용자동차에 대한 자동차세에는 지방교육세가 부가된다.

(10) 지역자원시설세(Regional Resources Facilities Tax)

지역자원시설세는 2011년 지방세법개정으로 탄생된 지방세목이다. 즉 종전의 지역개발세와 공동시설세를 통합·조정하여 시·도의 목적세로 신설된 지방세이다. 지역자원시설세는 지역의 균형개발 및 수질개선과 수자원보호 등에 드는 재원의 확보와 소방시설, 오물처리시설, 수리시설 및 그 밖의 공공시설에 필요한 비용의 충당을 목적으로 한다. 과세대상은 ① 발전용수, 지하수, 지하자원, 컨테이너를 취급하는 부두를 이용하는 컨테이너 및 원자력발전으로서 대통령령으로 정하는 것과 ② 소방시설, 오물처리시설, 수리시설, 그 밖의 공공시설로 인하여 이익을 받는 자의 건축물, 선박 및 토지이다.

지역자원시설세는 다른 지방세와는 달리 의무세가 아닌 임의세의 형태를 취하며, 과세대상과 세율만 지방세법에서 규정하고 구체적인 과세권의 행사는 각 지방정부의 조례에 위임된다. 지방자치단체의 장은 조례에 정하는 바에 따라 지역자원시설세의 표준세율에서 50%의 범위 안에서 탄력세율을 적용할 수 있다.

(11) 지방교육세(Local Education Tax)

지방교육세는 1991년부터 지방세에 부가되어온 국세인 교육세를 2001년도부터 광역자치단체의 목적세로서 이양함으로써 신설된 지방세이다. 지방교육세는 지방자치단체가 지방교육재정의 부담주체가 되도록 교육세의 법령체제를 정비하면서 설치한 세목이다.

현재 교육지방세는 ① 부동산, 기계장비, 항공기 및 선박의 취득에 대한 취득세, ② 등록에 대한 등록면허세, ③ 레저세, ④ 담배소비세, ⑤ 주민세 균등분, ⑥재산세, ⑦ 비영업용 승용자동차에 대한 자동차세의 일곱 개 지방세에 부가세 형식으로 운영된다. 지방자치단체의 장은 지방교육투자재원의 조달을 위하여 레저세를 제외한 다른 지방세에 부가되는 지방교육세의 경우 조례에 따라 표준세율의 100분의 50 범위 안에서 세율을 가감하여 조정할 수 있는 탄력세율제도를 활용할 수 있다.

4) 우리나라 지방세제도의 문제점

(1) 지방세원(稅源)의 부족

우선 세원의 배분에 있어 지방세가 차지하는 몫이 빈약하다는 점을 들 수 있다. 지방세원의 부족은 그만큼 중앙에 대한 지방의 의존도를 높이고 있음을 나타낸다. 물론 이러한 현상은 대부분의 중요하고 안정적인 세원을 국세로 규정한 중앙정부와 정치권에게 일차적 책임이 있다. 한 나라의 세원은 한정되어 있는데 규모가 크고 안정적 수입이 가능한 주요세원을 대부분 국세로 가져갔으니 지방재정이 빈약함은 자명한 이치다.

(2) 지방세수의 신장성 저조

지방정부가 재정자주성을 제고시켜 날로 늘어나는 지방행정수요에 효과적으로 대처하기 위해서는 지방수입의 근간이 되는 지방세수입을 신장시켜야 한다. 그러나 물가상승 등을 고려해 볼 때 지방세수입의 신장이 상대적으로 저조한 형편이다. 그 이유는 첫째 신장성이 낮은 재산과세 중심으로 되어있다는 점, 둘째 지방세목 중 많은 비중을 차지하고 있는 정액세[6]를 물가상승률에 따라 조정하지 못하여 실질적인 세수감소를 초래하고 있다는 점, 셋째 재산과세의 주된 과세객체인 부동산의 과세시가표준액을 물가에 연동시켜 조정하지 못하고 있다는 점, 넷째 각종 조세감면제도를 비효율적으로 운용함으로써 지방세 과세제도가 형평성을 잃고 있다는 점 등을 들 수 있다.

(3) 지방세원의 지역적 편재(偏在)

경제력의 지역간 격차는 지방자치단체 간에 세원의 편재현상을 가져오게 되었다. 세원이 편재되어 있는 경우에는 아무리 세제개편을 한다 하더라도 세원이 풍부한 지방자치단체와 빈약한 지방자치단체간의 세수의 격차를 해소할 수 없을 것이다. 도시와 농촌간의 세원편재는 물론 대도시와 중소도시, 특·광역시와 도간의 세원편재가 심각한 실정이다.

(4) 과세자주권의 결여

지방정부가 책임행정을 수행하고 창의성을 발휘하기 위해서는 지방의회가 세율이나 서비스에 대한 공과금을 자유롭게 선택할 수 있는 자주적 과세권이 널리 인정되어야 한다. 그런데 지방정부에 의한 법정외과세의 설정을 금지하고 있을 뿐만 아니라 세율이나 과세방법까지 중앙정부에 의해 획일적으로 규정·운영되고 있다.

(5) 비과세·감면제도의 문제점

비과세·감면제도(조세우대제도)의 문제점은 첫째 제도가 지니는 일반적인 문제점, 둘째 비과세제도의 문제점과 조세감면제도의 문제점으로 나누어 고찰할 수 있다. 동 제도는 정부가 특정한 정책목적을 달성하기 위하여 설치하는 정책수단이다. 그러나 이러한 제도는 그 특성상 특정한 개인이나 집단에게 특혜를 주게 되어 조세형평성을 저해한다. 더구

6) 면허세, 자동차세, 균등할 주민세, 등록세의 일부, 재산할 사업소세 등

나 법령에 의해 전국적 획일적으로 시행하게 되어 지방자치단체의 과세자율권을 침해하고, 조세수입의 감소를 초래하게 된다.

2. 세외수입(稅外收入)

1) 세외수입의 의의와 체계

세외수입이란 일반적으로 지방정부의 자주재원 중에서 지방세수입을 제외한 나머지 수입을 말한다. 근래 대부분의 지방자치단체들은 세금에 대한 주민들의 저항이 심해짐에 따라 주민들의 저항이 적은 세외수입을 증대하는 일에 관심을 돌리고 있다.

2) 세외수입의 특징

세외수입은 다음과 같은 여러 가지 특징을 지니고 있다. 첫째 지방정부의 독립적인 노력과 절차에 의한 수입이라는 점에서 의존수입인 지방교부세나 국고보조금과 다르다. 둘째 지방정부의 경제활동이나 행정급부에 대한 대가적인 성격의 수입이라는 점에서 일방적인 의사표시에 의하여 개별적인 급부의 제공 없이 강제적으로 징수하는 지방세와도 다르다. 셋째 그 종류와 수입근거, 형태 등이 매우 다양하다. 넷째 지방정부의 여건에 따라 불균형하며 회계연도에 따라서도 불규칙하고, 연도별 신장률 또한 불안정한 실정이다. 다섯째 징수방법은 현금으로 징수하는 경우도 있고 수입증지로 징수하는 경우도 있다. 여섯째 일반재원도 있고 특정재원도 있다.

3) 세외수입의 종류

(1) 사용료와 수수료

사용료란 지방자치단체의 공공시설을 사용함으로 얻은 이익에 대한 보상으로 징수하는 공과금을 말한다. 사용료에는 도서관열람료, 문화관입장료 등과 같은 교육적 공공시설 사용료와 창고사용료, 농기계사용료 등과 같은 경제적 공공시설 사용료, 그리고 병원의 사용료, 화장장사용료와 같은 보건적 공공시설 사용료와 기타 사용료가 있다

수수료란 지방자치단체의 사무처리에 의하여 서비스를 제공받은 특정인으로부터 그 서비스에 대한 보상으로서 징수하는 공과금을 의미한다. 수수료에는 자치사무에 대한 수수료와 위임사무에 대한 수수료, 일반수수료와 특별수수료, 지역간 동일 수수료와 차등수수료, 수입증지, 수입인지, 사법 및 행정 수수료와 문화 및 복지증대에 관한 수수료 등으로 구분할 수 있다.

(2) 분담금과 부담금

분담금이란 지방자치단체의 재산 또는 교육시설의 설치로 인하여 주민의 일부가 특히, 이익을 받은 경우에 그 이익을 얻은 자로부터 그 이익의 범위 안에서 징수하는 공과금을 의미한다. 부담금이란 i) 국가와 각급 지방자치단체 사이에 어느 한쪽이 상대방에게 이익을 주는 일을 하였을 때에 그 이익의 범위 안에서 그 일의 처리에 필요한 경비를 부담시켜 수납하는 것, ii) 관과 민이 합작하여 어떤 사업을 공동으로 추진할 때 각기 해당지분을 부담하는 것, iii) 어떤 개인이 자신의 사업운영으로 그 지역에 피해를 주었을 때 원인자 부담금을 징수하는 것 등이 있다. 부담금에는 수익자부담금, 원인자부담금, 손괴자부담금, 오염자부담금, 개발부담금, 지방자치단체의 부담금 등이 있다.

(3) 재산수입

세외수입으로서 재산수입이란 지방자치단체가 소유하는 재산 또는 이에 준하는 재산의 임대, 매각 등에 의한 수입을 말한다. 재산수입에는 재산임대수입과 재산매각수입이 있는데, 재산임대수입은 지방자치단체가 국・공유재산을 관리・운영함으로 발생하는 수입을 말한다. 그리고 재산매각수입은 지방자치단체의 재산매각계획에 따른 공유물건인 잡종재산을 매각하여 얻은 수입을 말한다. 전자는 경상적 수입이고 후자는 임시적 수입으로 분류된다.

(4) 기타 세외수입

그 외도 세외수입에는 사업장수입, 이자수입. 전입금, 이월금, 기부금,[7] 융자금(원리금), 과년도수입,[8] 불용품매각대금, 변상금, 위약금, 과태료와 과징금, 체납처분수입, 보상금수납금, 반환금, 기타 잡수입 등이 있다.

3. 지방채(地方債)

1) 지방채의 의의와 특징

지방채(local borrowing, local debt)란 지방자치단체가 재정수입의 부족액을 보충하기 위하여 정부 또는 민간부문으로부터 증서차입 또는 채권발행의 방법에 의하여 자금을 조달하는데 따르는 채무로서 그 상환이 1회계연도를 넘는 이른바 장기차입금을 의미한다.

---

7) 개인, 기업, 공공단체 기타 자치단체 이외의 자가 자발적인 의사에 따라 그 용도를 지정하거나 지정하지 않고 일정금액이 지방자치단체에 납입되는 것

8) 징수 결정된 수입금이 당해 연도의 출납폐쇄 기한이 만료도기까지 수납하지 않고 그 후에 수납되었을 때에는 그 납부된 날이 속하는 연도의 수입으로 하고 이를 과연도 수입으로 정리

지하철과 같은 대규모의 건설사업을 시행하거나 또는 돌발적인 재해복구사업을 수행할 때 경상수입만으로는 도저히 그 재원소요를 충당할 수 없는 경우가 발생한다.

지방채의 발행주체는 지방자치단체와 지방자치단체 조합이며 자치단체가 설립한 공사, 공단의 차입금은 지방채무가 아니라 동차입금을 자치단체가 채무 보증한 경우 채무의 상환기간이 도래하였으나 이를 변제하지 못한 경우 채무를 보증한 자치단체가 갚아야 하는 경우가 발생해 자치단체의 부담이 되고 있다.

지방채는 다음과 같은 특징이 있다. 첫째 지방채는 지방자치단체가 부담하는 장기적 채무이다. 둘째 지방채는 2년 이상에 걸쳐서 상환된다. 셋째 지방채는 증권발행 또는 증서차입의 형태를 취한다. 넷째 지방채의 재정상의 효용은 본질적으로 장기의 자금을 조달하는데 있다. 다섯째 지방채는 장래에 채무를 남기는 것이므로 기채를 함에 있어서는 장래의 재정운영에 미치는 영향을 신중히 고려해야 한다. 여섯째 지방채는 지방자치단체의 신용(과세권)을 그 실질적인 담보로 하므로 별도의 담보를 제공하지 않는다.

2) 지방채와 국채의 차이

첫째 국채는 정부가 경기조절적 기능을 수행할 목적으로 중앙은행의 인수를 통한 통화신용창조에 의하여 발행되므로 중앙은행의 신용팽창에 따르는 인플레를 유발할 우려가 있다. 그러나 지방채는 지방자치단체가 재정수입의 부족액을 보전하기 위하여 발행하되, 이미 축적되어 있는 자금으로 인수되고 대체로 시장유통성이 없는 증서차입의 형식으로 발행되므로 인플레와 문제가 직접적으로 발생하지 않는다.

둘째 국채(특히 내국채)는 재원의 재분배기능을 수행하지 못하지만 지방채는 국내 지역간에 자금의 유통기능을 수행할 수 있다.

셋째 중앙정부는 재정정책적 차원에서 국채의 발행여부, 발행액의 규모 등을 자율적으로 결정할 수 있지만, 지방채의 경우 그 발행여부와 발행규모 등을 행정안정부장관의 승인과 지방의회의 의결을 얻어야 하기 때문에 자유롭지 못하다.

3) 지방채의 종류

지방채는 일반회계채와 특별회계채(공기업채, 기타특별회계채), 건설지방채와 비건설지방채, 정부자금채와 민간자금채, 증권발행채와 증서차입채, 강제공채와 임의공채(소화방법), 단기채와 장기채(상환기간), 신규채와 차환(借換)채, 일괄상환채, 원리금균등상환채, 원금균등상환채, 영구공채(永久公債) 등이 있다.

4) 지방채의 기능

(1) 재원조달기능

지방자치단체가 단기간에 막대한 재정지출을 필요로 하는 경우에 지방채는 그 재원조달기능을 한다. 예컨대 첫째 지방자치단체가 투자사업(예: 지하철사업)을 위한 자본적 지출을 할 때, 둘째로 예기치 못한 재해가 발생하여 그 복구사업을 수행할 때 등이다.

(2) 자원배분기능

지방공기업은 그 사업에 필요한 재원을 차입금으로 충당하는 것이 조세수입에 의하는 것보다 합리적이다. 그 이유는 자치단체가 경영하는 공기업이 필요로 하는 경비를 조세수입으로 충당한다면 적정한 자원배분의 요청에 어긋나기 때문이다. 이러한 의미에서 지방채는 지방재정의 보전적 기능 뿐 아니라 국가자원의 효율적 배분기능도 수행하는 것이다.

(3) 부담공평화 기능

지방정부가 지방재정으로 각종 대규모 사회간접자본(지하철, 도로, 상하수도 등)에 공공투자를 하는 경우, 그 시설로부터 수혜를 받는 것은 현재의 거주자만이 아니라 향후 장기간에 걸쳐 살게 될 다음 세대들까지 수혜를 받게 된다. 그러나 공공사업에 투자하는 자금지출은 현재의 주민들이 모두 부담하게 된다. 이렇게 되면 비용부담과 편익수혜 간에 형평을 잃게 되므로 지방채를 통해 자금을 조성하고 그 상환은 장기간에 걸쳐 다음 세대들에게도 비용부담을 시키게 하는 제도이다. 그리하여 지방채는 세대간 부담을 비교적 공평하게 하고, 주민들 간의 부담도 공평하게 하는 기능을 한다.

(4) 적자재정의 보전기능

지방채는 재정적자로 인해 지방재정에 압박을 줄 때 이를 보전하기 위한 수단으로 이용되며, 지방채의 상환일정을 바꾸거나 낮은 이자율의 지방채로 차환하기 위해 발행되기도 한다.

Ⅲ. 지방정부의 의존적 재정수입(의존재원)

1. 지방교부세(地方交付稅)

1) 지방교부세의 의의 및 특성

(1) 지방교부세의 개념

지방교부세(local allocation tax)란 국가가 재정적 결함이 있는 지방자치단체에 교부하는 금액을 말하며, 지방자치단체의 행정 운영에 필요한 재원을 교부하여 그 재정을 조정함으로써 지방행정을 건전하게 발전시키도록 함을 목적으로 하고 있다(지방교부세법 제1조, 제2조). 지방교부세는 중앙정부가 내국세총액의 일정비율을 지방교부세로 확보하여 지방자치단체별로 지방교부세액을 산정함으로써 지방정부에 교부하는 재정자원이다. 지방자치를 통한 지역의 자치와 자율행정은 이러한 재정적 뒷받침이 절실히 요구된다. 그러나 현실적으로 지방정부의 재정은 중앙정부에 비하여 매우 취약하다. 때문에 지방정부의 열악한 재정상태를 지원함으로써 실질적인 지방자치와 지방발전을 유도·촉진하기 위해 중앙정부에 의한 지방재정조정제도가 필요한 것이다. 지방교부세는 바로 이러한 제도의 일환으로 추진되고 있는 중앙정부 조세정책의 하나이다.

(2) 지방교부세의 특징

이론상 지방교부세는 지방자치단체의 자주성의 보장이라는 견지에서 보조금과 구별되며 다음과 같은 특징이 있다. 첫째 지방교부세는 국가로부터의 단순한 교부금이 아니고 본래 지방자치단체의 공유적인 독립재원이다. 둘째 지방교부세는 지방정부로서는 그 용도에 제한이 없는 일반재원이다. 다만 지방교부세의 용도제한을 금지한다고 해서 결코 지방자치단체의 자의적인 재정집행을 허용하는 것은 아니다. 사용제한의 금지란 지방교부세에 대한 중앙정부의 부당한 간섭을 배제하려는 취지이므로 지방자치단체로서는 당연히 지방교부세를 꼭 필요한 경비에 충당해야 한다.

2) 지방교부세의 기능

첫째 지방교부세는 지방자치단체의 자주성을 제고하는 기능을 한다. 지방교부세가 의존재원이면서도 일반재원으로 분류되는 이유는 바로 여기에 있다. 둘째 지방교부세제도는 자치단체간의 재원을 조정하는 기능을 한다. 그리하여 지방정부간 재정의 균형화를 도모함을 그 목적으로 한다, 셋째 지방교부세제도는 비교적 지방정부에 대한 정교한 재원보장기능을 수행한다.

3) 지방교부세의 종류와 규모

지방교부세법은 지방교부세의 종류를 i) 보통교부세, ii) 특별교부세, iii) 부동산교부세, iv) 소방안전교부세[9]로 구분한다(지방교부세법 제3조).

지방교부세(부동산교부세 제외)의 재원은 당해 연도의 내국세(목적세 및 종합부동산세, 담배에 부과되는 개별소비세 총액의 100분의 20 및 다른 법률에 따라 특별회계의 재원으로 사용되는 세목의 해당 금액은 제외) 총액의 19.24%에 해당하는 액과 종합부동산세 총액, 담배에 부과되는 개별소비세 총액의 100분의 20에 해당하는 금액 및 각 예산액과 결산액의 차액에 의한 정산한 금액으로 한다. 보통교부세액은 지방교부세총액의 97/100으로 규정하였고, 특별교부세액은 교부세 총액의 3/100로 한다. 부동산교부세의 재원은 「종합부동산세법」에 의한 종합부동산세 금액과 지방교부세법 제4조 제2항의 규정에 의한 정산액으로 한다. 소방안전교부세의 재원은 「개별소비세법」에 의한 담배에 부과되는 개별소비세 총액의 100분의 20에 해당하는 금액과 지방교부세법 제4조 제2항의 규정에 의한 정산액으로 한다.

2. 국고보조금(國庫補助金)

1) 의 의

국고보조금(national subsidy)이란 지방자치단체가 그 행정기능을 수행하는 데 소요되는 경비의 일부 또는 전액을 지변하기 위하여 국가예산의 범위내에서 지방자치단체에 교부하는 것으로 부담금, 조성금, 장려금, 위탁금 등의 명칭으로도 사용된다.

국고보조금은 대부분 용도와 수행조건 등을 지정하는 조건이 붙게 되며 자금의 집행에 관하여 보조자의 행정감독과 재정적 통제를 받을 의무가 주어진다. 따라서 중앙정부가 지방정부의 특정한 경비에 대하여 교부한다는 의미에서 그 용도가 정해지지 않는 지방교부세와 본질적으로 구별된다. 국고보조금은 기본적으로 지방재정법 제21조와 제23조를 근거로 하고 있다. 국고보조금에 관한 기타 내용은 지방재정법과 보조금관리에 관한 법률에 규정되어 있다.

---

9) 지방교수세법 개정으로 2015년 1월부터 '소방안전교부세'가 신설되었다. 개정이유는 주요 화재 원인인 담배에 대하여 부과되는 개별소비세 총액의 20%를 재원으로 하는 '소방안전교부세'를 신설하여 지방자치단체의 소방 및 안전시설 확충, 안전관리 강화 등에 소요되는 재원을 보전하기 위해서이다.

2) 국고보조금의 특징

첫째 국고보조금은 특정재원이다. 국고보조금은 용도가 정해져 있는 특정재원임을 그 특질로 한다. 따라서 지방자치단체의 수입 중에서 지방세(목적세 제외)·지방교부세(특별교부세 제외)와 같이 그 용도에 여하한 제약도 없는 일반재원과 구별된다. 국고보조금은 특정한 사무나 사업의 집행의무를 지방자치단체에 부과하거나 장려하려고 할 때에 그 경비에 충당하는 것을 조건으로 교부하는 재원으로서 상당한 반대급부가 수반되지 않는 일방적인 급부이다. 둘째 국고보조금은 의존재원이다. 국고보조금은 국가로부터 교부되는 의존재원임을 그 특질로 한다. 따라서 지방세, 사용료, 수수료 등과 같이 지방자치단체 자신이 징수하는 이른바 자주재원과 구별된다. 셋째 국고보조금은 경상재원이다. 국고보조금은 매년 계속적으로 들어오는 경상재원으로 분류되고 있다. 국고보조금은 자치단체의 수입 중 재산매각수입·기부금·이월금과 같은 임시수입과는 다르다. 넷째 지방비의 부담이다. 국고보조율이 100%인 국고보조금은 거의 없고 어느 정도의 지방비와 자부담 등을 요구하고 있다. 따라서 지방비부담의무가 없는 지방교부세와는 구별된다.

3) 국고보조금의 종류

(1) 부담금(負擔金)

부담금이란 지방자치단체 또는 그 기관이 법령에 의하여 처리하여야 할 사무로서 국가와 지방자치단체 상호간에 이해관계가 있는 경우에 원활한 사무처리를 위하여 국가가 부담해야 할 경비를 국가가 그 전부 또는 일부를 부담하는 것을 말한다.

(2) 교부금(交付金)

교부금이란 본래 국가가 스스로 수행하여야 할 국가사무(국민투표, 대통령 또는 국회의원의 선거, 외국인 등록, 민방위교부금 등 기관위임사무)를 시행상 불가피하게 지방자치단체 또는 그 기관에 위임하여 수행하는 경우, 거기에 소요되는 경비의 전액을 충당시키기 위하여 국고에서 교부되는 보조금을 말한다.

(3) 협의의 보조금(補助金)

원래 보조금이란 국가적 입장에서 i) 지방에 대해 일정한 시책을 추진, 장려, 조장하거나 ii) 지방정부의 재정사정상 특히 필요하다고 인정될 경우에 중앙정부가 지방정부에게 교부하는 것이다. 전자를 장려적 보조금이라고 하고 후자를 지방재정보전금이라고 한다. 따라서 협의의 보조금이란 지방정부가 그 경비의 전액을 부담해야 할 사무에 대하여 국가가 시책상 필요하다고 인정하거나 지방정부의 재정형편상 지원이 필요한 경우에 교부한다.

〈표 5-1〉 우리나라 국고보조금의 용도와 종류

국고보조금의 용도	종류
국가위임사무(기관위임사무)	교부금
광역사무의처리(단체위원사무)	부담금
지방의 특수시설의 장려(고유사무)	협의의 보조금
지방의 특수행정수행의 장려(고유사무)	
지방행정수준의 향상(고유사무)	

4) 국고보조금의 문제점과 개선방안

(1) 국고보조금의 문제점

국고보조금은 이처럼 중앙정부가 국가사무를 대신 처리하는 지방정부와 관련 공공기관에게 사무처리경비를 보전하기 위해 지불하는 비용이다. 이러한 국고보조금이 안고 있는 문제점으로는 다음과 같은 점들을 지적할 수 있다. i) 국가사무를 처리하는 범위 내에서 지방정부의 행정이 중앙정부의 강력한 통제와 지배를 받게 되므로 지방자치가 그 만큼 저해내지 약화될 우려가 있다. ii) 획일적인 보조조건으로 인하여 지방자치단체는 국가가 제시하는 조건에 억지로 맞추게 되며, 꼭 필요하지 않거나 또는 우선순위가 낮은 사업을 어쩔 수 없이 수행하기도 한다. iii) 보조금 신청주의 하에서 자치단체는 자체재원으로 수행해야 할 사무나 사업에 대해서도 보조금을 신청하는 경향이 있다. iv) 재정자금이 효율적으로 그리고 역점사업별로 사용되지 못하는 예가 흔하다. v) 부유한 자치단체와 빈약한 자치단체간에는 지방비부담능력에 현격한 차이가 있으므로 일률적으로 보조율을 적용하면 부유한 자치단체일수록 국고보조금을 교부받는데 유리해지기 때문에 자치단체간의 재정적 격차가 더욱 심화된다. vi) 국고보조에 따르는 지방비부담액이 과중하고 그 증가율이 일반재원의 신장율을 상회하고 있어 지방재정의 압박요인이 되는 동시에 그 경직도가 높아진다.

(2) 개선방안

국고보조금제도는 주로 지방정부의 재원보충을 위하여 중앙정부가 일정한 자금을 지방정부에 지원해 주는 제도로서 자금의 용도를 지정하는 특별보조금과 자금의 용도를 지정하지 않는 특별보조금이 있다. 양자 중 전자가 많을 때 지방정부의 재정적 자율성이 증대되지만 실제는 후자가 대중을 이루고 있어 그만큼 지방정부의 재정적 자주성이 위축되고 있다. 따라서 국고보조금의 양만큼 지방정부의 자주적 자금사용이 제한되고, 중앙정부로부터 강력한 통제를 받게 된다. 이러한 국고보조금은 지방정부의 전형적인 의존수입으로 지방자치단체를 국가에 예속시키는 중요한 요인이 된다. 이 때문에 같은 의존수입이면서도 지방정부의 재정적 자주성을 저해하지 아니하는 지방교부세나 국가균형발전 특별회계의 재원으로 개편할 필요가 있다. 그러나 국고보조금제도가 완전히 폐지되면 국가재정과 지방재정의 연계성이 약화되고 국가의 지방에 대한 적극적인 지원의 길이 막히기 때문에 한계가 있다. 오히려 오늘날에는 어느 나라를 막론하고 지방자치단체에 대한 국고보조금의 지출을 확대해 가는 경향이 늘어나고 있다.

3. 광역 · 지역발전특별회계

1) 광역 · 지역발전 특별회계의 성격

광역 · 지역발전 특별회계(광특회계)는 국가균형발전특별법 제30조에 의해 설치되었다. 광특회계는 노무현 정부에서 국가균형발전특별회계라는 명칭으로 운영되던 특별회계를 이명박 정부 출범 후인 2009년 4월 국가균형발전특별법의 개정과 더불어 그 내용과 명칭을 변경한 것이다. 기본적 틀은 국가균형발전특별회계와 동일하다.

광역지역발전특별회계는 기존의 시 · 도의 경계를 넘어 지역간 연계 · 협력발전과 지역간 특화된 발전을 촉진할 수 있는 새로운 지역발전전략을 제도적으로 뒷받침하기 위한 광역단위의 발전추진기구와 체계를 마련하기 위해 종래의 국가균형발전특별법을 전면 개정한 것이다. 이 법의 개정에는 기초생활권 · 광역경제권 · 초광역개발권의 개념을 도입하였고, 낙후지역을 효과적으로 지원하기 위하여 성장촉진지역과 특수상황지역을 구분하여 정의하였다.

광역 · 지역발전 특별회계의 설치목적은 지역별 특성과 비교우위에 따른 지역의 특화발전을 지원하고 광역경제권의 경쟁력 향상을 위한 상럽을 효율적으로 추진하기 위함이며, 회계는 기획재정부장관이 관리 · 운용하고 있다. 광역 · 지역발전 특별회계는 그것을 통해 운영되는 사업의 대부분이 기본적으로 국고보조금사업의 성격을 띠므로 그 자체가 정부의 지원금제도(grant-in-aids)라기 보다도 특정 정부사업을 추진하는 데 필요한 예산을 안정적으로 관리하기 위한 일종의 재원확보장치라고 보아야 할 것이다.

2) 광역 · 지역발전특별회계의 구성내용

광역 · 지역발전특별회계는 종전까지 지역개발계정, 광역발전계정, 제주특별자치도계정으로 구분되었으나, 2015년부터 생활기반계정, 경제발전계정, 제주특별자치도계정 그리고 세종특별자치시계정으로 변경되었다. 첫째 생활기반계정은 주세법에 의한 주세의 100분의 40%, 과밀부담금, 일반회계나 다른 특별회계의 전입금 등을 포함한 12개의 재원으로 구성된다. 둘째 경제발전계정은 주세의 100분의 60, 일반회계나 다른 특별회계의 전입금 등을 포함한 12개의 재원으로 구성된다. 셋째 제주특별자치도회계는 일반회계나 다른 특별회계의 전입금 등을 포함한 5개의 재원으로 구성되고, 넷째 세종특별자치시계정은 일반회계나 다른 특별회계의 전입금 등 5가지의 재원으로 구성된다. 광역 · 지역발전특별회계는 2009년 4월 이명박 정부가 광역화, 효율화, 자율화를 기조로 하는 신지역발전정책을 효율적으로 추진하기 위해 당시의 국가균형발전특별법을 개정함으로써 탄생시켰지만, 2015년부터 다시 대폭 개정되어 계정이 늘어나게 되었다.

4. 시 · 군 조정교부금

1) 의 의

시 · 군 조정교부금이란 특별시를 제외한 광역시 · 도가 그 관할구역 내 자치구 · 시 · 군의 재정을 보전해주기 위하여 자치구 · 시 · 군에 배분하는 제도이다. 광역시 · 도는 자치구 · 시 · 군에서 징수하는 광역시세 · 도세 수입의 27%(인구 50만 이상의 시와 자치구가 아닌 구가 설치되어 있는 시의 경우에는 47퍼센트)에 해당하는 금액을 관할 시·군 간의 재정력 격차를 조정하기 위한 조정교부금의 재원으로 확보하여야 한다. 광역시와 도는 자치구 · 시 · 군에 대한 조정교부금 재원을 확보하여 인구수, 징수실적, 그 자치구 · 시 · 군의 재정사정 등을 기준으로 배분하게 되어 있다(지방재정법 제29조).

시 · 군 조정교부금은 종래의 재정보전금을 2014년 11월 법률개정으로 명칭만 변경하여 시행하게 되었다. 재정보전금제도는 1999년 말까지 시행된 시 · 도세징수교부금제도가 사실상 자치구 · 시 · 군에 대한 시도세의 징수비용보상적 의미와 부족재원의 보전이라는 재정조정적 의미를 아울러 가지고 있었던 것을 분리하여 2000년 1월부터 광역시 · 도와 자치구 · 시 · 군간의 재정조정기능을 제도화했다는 데 그 특징이 있다. 따라서 시 · 군 조정교부금제도는 재정력이 취약하면서도 격차가 큰 자치구 · 시 · 군의 재정을 안정적으로 보전하면서 재정력의 형평화에도 기여한다는 점에서 지방교부세 등에 의한 지방재정조정기능을 보완한다고 할 수 있다.

2) 재원(財源)

시 · 도지사(특별시장을 제외)가 자치구 · 시 · 군에 징수하는 광역시세 · 도세(공동시설세를 제외한다)의 27%(인구 50만 이상의 시와 자치구가 아닌 구가 설치되어 있는 시의 경우에는 47%)에 해당하는 금액을 자치구 · 시 · 군에 대한 시·군 조정교부금으로 확보하여 인구, 징수실적, 당해 자치구 · 시 · 군의 재정사정, 기타 대통령령이 정하는 기준에 따라, 당해 시 · 도의 관할구역 안의 자치구 · 시 · 군에 배분한다.

3) 종류 및 배분

재정보전금에는 일반조금교부금, 특별조정교부금이 있다. 일반조정교부금은 시・군의 행정운영에 필요한 재원을 보전하기 위해, 특별재정보전금은 보통교부세가 교부되지 아니하는 시・군에 대하여 그 재정적 결함을 보전하기 위하여 지급된다. 일반조정교부금과 특별조정교부금의 구체적인 배분기준・산정방법 및 배분시기 등에 관하여는 시・도 조례로 정한다.

5. 자치구 조정교부금(自治區 調整交付金)

1) 의의 및 재원

자치구 조정교부금이란 특별시・광역시와 그 관할구역 내의 자치구간의 재정조정을 하기 위한 제도이다. 이것은 특별시・광역시가 기준재정수입액이 기준재정수요액에 미달하는 자치구에 대하여 미달액을 기초로 일정한 교부율에 해당하는 금액을 지원해주는 제도를 말한다. 자치구 조정교부금의 재원은 특별시와 광역시가 부과하는 보통세 수입의 일정한 비율(조정률)을 곱하여 얻은 총금액이다.[10] 이 조정교부금은 모두 보통교부금의 성격을 갖는데 자치구의 독립된 재원으로서 용도는 특별한 제한이 없다(지방재정법 제29조의 2).

2) 조정교부금 산정

각 자치구에 교부되는 재정조정교부금은 시 본청 조례가 정하는 바에 따라 시 본청에서 산정하여 교부한다. 산정방법 및 기준은 일반적으로, [기준재정수요액－기준재정수입액＝재원부족액]으로 한다.

3) 조정교부금제도의 개선방향

현행 조정교부금제도에 관해서는 i) 조정교부율의 주기별 재조정필요, ii) 조정교부금 산정방식의 개선, iii) 광역시세와 자치구세간의 세원배분조정 등 부분적인 문제에서부터 근본적인 문제점 개선까지 향후 그 개선방향이 제시되고 있다.

---

10) 이 조정률은 특별시, 광역시의 조례로 규정하고 있다.

제 3 절 지방정부의 재정지출과 재정자립도

Ⅰ. 재정지출의 의의와 분류

1. 재정지출의 의의와 특징

1) 재정지출의 개념과 지방경비

지방자치단체는 스스로 행정목적을 달성하기 위해 여러 활동을 하는데 그 활동을 위하여 지출하는 일정한 재화를 지방정부의 지출 또는 지방경비(local public expenditure)라 한다. 지방경비는 화폐뿐만 아니라 양곡, 피복과 같이 현물로 지출될 수도 있으나 오늘날의 화폐경제시대에는 화폐로 환산되어 표시되는 것이 보통이다. 그리고 1회계년도 내의 지방경비의 지출을 지방세출이라고 한다. 지방정부의 지출은 그 자치단체에 배분된 기능을 수행하는데 필요한 경비이므로 지방정부가 지출한 것이라도 그 목적이 지방자치단체의 기능수행과 관련이 없으면 지방경비가 아니다. 또한 지방경비는 경비의 지출주체가 지방정부라는 점에서 중앙정부가 원칙적으로 지출의 주체가 되는 국가경비와 다르다.

2) 지방경비의 특징

첫째 다양성과 공통성이다. 지방정부의 지출이란 다수의 자치단체가 각 지역의 고유한 목적을 실현하기 위하여 필요한 비용을 지출하는 것이므로 그 종류가 다양하고 규모에서도 일정하지 않으며 또한 사회・경제적 여건도 상이하기 때문에 지방경비에서도 다양성을 띠게 된다. 둘째 지역성이다. 지방정부의 지출은 자치행정수요에 충당하기 위하여 지출되는 비용이므로 지방주민들과 이해관계가 있는 사항에 한정되며 원칙적으로 지방적 성질을 가진다. 셋째 분담성(分擔性)이다. 오늘날 많은 국가에서 지방자치단체의 경비의 일부를 중앙정부 또는 다른 자치단체가 분담하고 있다. 그것은 우선 자치단체의 재정력이 취약하기 때문에 중앙정부가 자치단체에 재정적 지원을 하기 때문이고, 나아가 지방자치단체와 중앙정부의 공통적인 관심사항을 처리하는 비용을 상호 분담하기 때문이다.

넷째 팽창성(膨脹性)이다. 지방자치행정은 사회경제적 발달에 따라 필연적으로 그 서비스의 양적 증대와 질적 고도화를 수반한다. 더구나 지방시대의 도래와 함께 자치단체에 대한 주민의 기대가 커짐에 따라 지방의 여건과 특성에 맞도록 지방정부가 처리해야 할 사무는 계속 증가추세를 보이고 있다. 다섯째 경직성이다. 지방경비가 경직성을 가지는 정도는 지방정부에 따라 다소의 차이가 있다. 문제는 이러한 경직성 경비가 점하는 비율이 높으며, 매년 증가추세를 나타내고 있다는 점이다. 여섯째 중앙정부의존성이다. 지방재정의 주체성(자주성)이라는 측면에서 볼 때 지방경비의 재원은 당해 지역에서 자급자족하여야 한다. 그러나 자치단체간의 재정력 격차와 행정서비스수준 유지, 중앙정부와 공동사업수행 등으로 대부분의 자치단체는 중앙정부(혹은 상급자치단체)로부터 지원되는 의존재원의 도움을 받고 있는 것이 현실이다.

2. 재정지출(경비)의 분류

지방자치단체 활동의 궁극적인 목적은 행정서비스수준을 향상시켜 주민복지를 증진시키는 데 있으며, 그것은 재정지출에 의해 달성되는 것이다. 따라서 지방정부가 지출하는 경비를 분류하고 분석함으로써 행정기능의 내용을 파악할 수 있다. 지방경비는 분류기준과 방법에 따라 여러 가지로 나누어진다. 그 중에서도 중요한 분류기준은 기능별(혹은 목적별), 성질별, 경제성질별 분류 등이라고 할 수 있다.

1) 목적별(기능별) 분류

지방자치단체가 어떠한 일을 어느 정도 하고 있는가를 파악하는 데 가장 효과적인 분류는 지방경비의 기능별 분류이다. 이를 지방경비의 목적별 분류라고도 한다. 이러한 목적별 분류는 지방경비를 단위 사업별로 정리·분류하는 것이기 때문에 자치단체의 중점시책을 파악할 수 있고, 사업의 성과측정, 재정계획과 예산의 연계, 사업별 우선순위 검토를 위한 기존사업과 신규사업에 대한 충분한 검토 등에 유용한 자료가 된다. 그리하여 우리나라 지방자치단체의 세출예산 및 결산에도 이 분류방법이 사용되고 있다.

(1) 일반행정비

일반행정비란 주민에게 직접 행정서비스를 공급하는 데 소요되는 비용이 아니고 자치행정조직을 관리·운영하는데 필요한 경비이다. 일반행정비에는 입법 및 선거, 청사관리, 지방행정전산 및 장비, 공무원 교육훈련, 서무, 인사, 세무, 기획, 공보 등 사무처리에 지출되는 경비가 포함된다.

(2) 사회복지비

사회복지비란 주로 저소득층, 소외계층, 신체장애자를 보호하기 위하여 지출하는 경비이다. 모든 국민은 인간다운 생활을 할 권리를 가지며, 국가와 지방자치단체는 사회보장・사회복지의 증진에 노력할 의무를 진다. 오늘날 국민의 보건관리, 생활환경개선을 위한 경비도 증가추세를 보이고 있다.

(3) 공익사업비

공익사업비에는 도로・교량의 건설・보수를 위한 도로・교량비, 하안・제방 등 하천관리시설에 관한 치수사업비, 토지구획정리사업비, 가로사업비, 공공하수도사업비, 도시공원사업비, 자연보호비, 공영주택의 건설 및 유지관리를 위한 주택사업비 등이 있다.

(4) 산업경제비

이것은 정부가 관할구역 내에서 산업을 육성하기 위해 소요되는 비용을 말한다. 여기에는 농수산업의 진흥과 식량의 안정적 공급을 위하여 농림산업이나 생산산업을 조성하며, 산림보호 및 육림사업 그리고 소방사업이 있다. 지역경제사업으로는 유통대책, 상업에 대한 기술개발 및 관리・보급 등의 시책을 실시한다. 그리고 지역상공업증진과 경영근대화 및 합리화를 도모하기 위하여 중소기업을 지도하고 육성하며 상공단지를 건설하거나 관광시설의 설치및 차량운행과 관련한 각종 교통관리사업도 수행한다.

(5) 지역개발비

지방자치단체의 지역개발비는 우선 도시개발사업으로 도시계획관리, 토지구획정리, 공단조성, 주택사업, 상하수도 관리사업 등과 둘째 도로치수사업으로써 도로와 하천의 정비 및 재해대책사업을 수행하고, 셋째 지역개발사업으로는 자연보호 및 각종 새마을사업과 주민숙원사업 등을 중심으로 한 기타 지역개발사업에 필요한 재정을 지출한다.

(6) 교육・문화・체육비

지방정부의 문화 및 교육활동에는 지방문화의 창달을 위하여 각종 문화행사를 지원하고 지방문화재를 관리하며, 지방의 체육단체를 지원하고 체육시설을 확장・정리한다. 교육문화체육비에는 교육시설비, 학교운영비, 문화재관리비, 도서관건립비, 문화진흥비, 체육진흥관리비, 청소년관련비 등이 포함된다.

(7) 민방위비

결산과목상 지방정부의 민방위활동은 첫째 민방위사업으로써 민방위관리, 병사관리,

비상대책, 반공계몽 등의 사무를 수행하며, 둘째로 방위사업으로써 화재로부터의 국민의 생명·신체 및 재산을 보호하고 이러한 재해방지와 피해의 경감을 위한 사무수행 등으로 파악할 수 있다.

(8) 지원 및 기타경비

지원 및 기타경비는 차입금, 지방채증권, 차관의 상환금, 국고 및 시·도비 반환금, 자치구에 대한 재무조달교부금, 예비비 등을 포함한다.

〈표 5-2〉 지방경비의 목적(기능)별 분류

목적(기능) 구분	지 출 대 상
회 의 비	지방의회의 운영에 필요한 모든 경비
일 반 행 정 비	지방자치단체의 조직을 유지·운영하기 위한 경비 서무·인사·재정·세무 등 일반사무비, 청사 등 시설운영비 시·군이 행하는 호적·병무·주민등록에 관한 경비
사 회 복 지 비	사회사업, 생활보호, 노동업무, 보건위생, 청소 등에 관한 경비
산 업 경 제 비	농업, 축산, 잠업, 수산, 임업, 농어촌진흥, 상공, 관광운수 등의 경비
지 역 개 발 비	도로, 교량, 치수사업, 도시계획사업, 공영주택, 자연보호 등의 경비
문 화 및 체 육 비	문화예술진흥, 관광, 국제교류, 체육진흥관리, 교육비 등의 경비
민 방 위 비	민방위유지 및 운영, 소방활동 등에 관한 경비
지원 기타 비	전출금, 지방채, 출연금, 예비비 등

2) 품목별(성질별) 분류

성질별 분류는 품목별 분류라고 하며, 지출대상에 의한 분류방법이다. 이것은 지방정부의 공공활동이 어떠한 형태로 민간경제에 유입하는가를 분석하는 데에 가장 효과적이다. 이를 더 명확히 표현한다면 그것은 곧 지방경비의 지출대상별 분류방법이라 할 수 있다. 이것은 최종지출단위를 기준으로 하여 이루어진 것이어서 세출예산편성의 기초가 될 뿐만 아니라 세출예산집행의 회계적 기초자료가 된다.

(1) 인건비

인건비는 지방정부의 행정활동에 필요한 직원의 고용에 소요되는 의무적 경비로써 현행 예산의 성질분류상의 인건비에는 기본급, 수당, 비정규직 보수로 나누어지고, 기본급은 봉급과 상여금, 수당은 초과근무수당, 정액수당, 기타수당이 있으며 비정규직 보수는 기타직 보수와 일용인부임으로 각각 세분된다. 인건비에서 고려하여야 할 것은 지방자치단체의 지방세수입으로 지방정부의 고용에 대한 인건비를 충당하지 못하는 자치단체가 상당수 있다는 심각한 문제를 안고 있다.

(2) 물건비

물건비는 지방정부의 행정사무에 필요한 원자재, 설비 등의 조달비 및 기타 활동비를 말한다. 지방정부의 물건비지출에는 여비, 일반수용비, 판공비, 공공요금, 제세, 이용료, 장비 및 시설유지비, 기타 물건, 이자 등의 항목이 있는데 이것은 행정서비스의 수단적 성격으로 말미암아 경비절감의 우선대상이 되기도 한다.

(3) 경상이전비

지방정부의 경상이전비는 지방정부로부터 국가 또는 다른 지방정부, 개별 가계 내지 기업에 지출되는 단순한 경상이전적 경비이며 자본적 이전경비를 포함하지 않는다. 결산 분류상으로 경상이전비는 크게 4가지로 구분하는데 그 첫째는 민간에 대한 경상이전비, 둘째는 지방정부에 대한 경상이전비, 셋째는 기타 국내 이전비, 끝으로 해외경상이전비가 있다.

(4) 자본지출비

지방정부의 자본지출비는 직·간접적인 자본의 형성과 관련된 경비로써 여기에는 시설비 및 지방정부 또는 민간에 대한 자본의 조달도 포함된다. 우리나라 지방정부의 자본지출비에는 자본형성비로 자산취득비, 시설비, 시설부대비, 대수선비, 토지매입비, 물품구입비, 무형고정자산 등이 있다. 그리고 민간에 대한 자본이전경비로 자원보조, 민간에 대한 대행행사비가 있다. 그 외에도 자치단체에 대한 자원보조, 자치단체의 대행행사비, 기업회계 등에 대한 자본이전, 해외자본이전, 국가 등에 대한 자존이전 등이 포함된다.

(5) 융자 및 출자금

융자 및 출자금은 지방자치단체가 민간이나 기업회계 및 양곡관리기금 조달 등 비금융공기업, 자치단체, 금융기관에 대한 융자 및 출자에 소요되는 경비를 말한다. 지방정부의 재정지출에서 융자와 출자금은 일반회계예산규모에서 1% 내외 정도의 구성비를 보여주고 있다.

(6) 보전재원비, 자치단체 내부거래비

보전재원비는 국내적인 차입상환금, 지방채상환, 유가증권매입 등이 있다. 그리고 기타 해외채권상환금으로 차관상환이 있으며 차기이월금으로 구성된다. 자치단체 내부거래비는 지방자치단체의 회계간·계정간 전출금 및 예탁금, 차입금, 예수금, 전대차관상환금, 이자 등으로 구성되는 지방정부의 재정지출비이다.

3) 경제성질별 분류

(1) 경상적 경비와 임시적 경비

경상적 경비란 지방정부가 매 회계연도마다 계속적·주기적으로 지출해야 하는 경비로서 지방자치단체의 행정활동에 반드시 필요한 일종의 고정적 경비를 말한다. 따라서 경상적 경비는 다소의 변동은 있을 수 있지만 대부분 일정하거나 대체적으로 예측할 수 있다. 이에 대해 임시적 경비란 매 회계연도마다 계속성·규칙성이 없이 일시적 또는 돌발적인 행정수요에 대처하기 위한 불규칙적인 경비이다.

(2) 의무적 경비와 임의적 경비

의무적 경비란 매 회계연도마다 그 지출이 지방자치단체의 의무로 되어 있는 경비를 말한다. 의무적 경비는 탄력성이 없는 경비로서 재정구조의 경직성을 나타내는 지표로 사용된다. 경상적 경비는 모두 의무적 경비의 범주에 속한다고 할 수 있다. 임의적 경비는 자치단체가 매 회계연도마다 필요한 때에 지출할 수도 있고, 지출하지 않을 수도 있는 경비로서 지출에 있어서 지방정부의 임의성이 있는 경비를 말한다.

(3) 소비적 경비와 투자적 경비

소비적 경비는 지출의 효과가 단기간에 그리고 한 번에 그치는 것이고, 투자적 경비는 지출의 효과가 장기성을 가지고 지속적으로 나타나는 경비라고 할 수 있다. 소비적 경비와 투자적 경비는 지출의 효과가 극히 단기간에 그치는가 또는 사회간접자본(SOC) 등에의 투자처럼 장래에까지 남는가를 기준으로 한 분류이다.[11)]

(4) 이전적 경비와 실질적 경비

이전적 경비란 지방정부의 지출이 다만 다른 지방정부 또는 기업·가계에 대한 소득 또는 재원의 재분배에 그치는 것을 말하고, 실질적 경비란 물건비·인건비와 같이 직접적인 재화와 서비스의 구입에 지출되는 것을 말한다.[12)] 이전적 경비와 실질적 경비의 구분

---

11) 소비적 경비에는 인건비, 물건비, 구호비, 경상적 보조금 등이 해당되고 투자적 경비에는 자산취득비, 시설비, 자본적 보조금 등이 속한다.

12) 이전적 경비의 예로는 다른 지방자치단체에 대한 보조금, 교부금, 민간에 대한 경상보조금, 보상금, 출연금, 배상금, 구호비 등이 있으며, 실질적 경비의 예로는 오·폐수시설비, 도시개발비, 문화재관리비, 인건비, 물건비 등이 있다.

은 소비적 경비와 투자적 경비의 분류와 같이 경제적 효과를 기준으로 하는 구분이다.

(5) 보조사업비와 단독사업비

보조사업비란 국고보조금이나 도보조금의 교부를 받아서 시행하는 사업비를 말하고, 단독사업비 또는 자체사업비는 보조금 없이 시행하는 사업의 경비를 말한다. 이 분류는 지방자치단체의 사업비에 대한 재원의 차이에 의한 구분이다.

(6) 생산적 경비와 비생산적 경비

생산적 경비는 지출의 결과가 직접 또는 간접으로 생산력 증가를 가져오는 경비이고, 비생산적 경비는 저축력 · 투자력 · 생산력을 감소시키는 경비이다. 후자의 예로는 국방비, 치안비 등을 들 수 있다. 그러나 생산적인 것과 비생산적인 것의 구분이나 한계가 모호한 경우가 많다.

3. 재정지출(경비)의 현황

1) 지방경비의 증가추이

지방경비는 지방자치단체의 재정경제력, 주민의 욕구, 장단기의 지역발전계획 등에 따라 적절한 규모를 가지도록 해야 한다. 그러나 장기적으로는 정부기능의 확대와 공공경비 팽창의 법칙에 따라 지방경비도 매년 증가되는 경향이 있다. 지방경비가 계속적으로 증가되는 원인으로는 첫째 사회경제적 여건의 변화를 들 수 있고,[13] 둘째 위임사무가 증가하고 있으며, 셋째 주민의 행정서비스에 대한 욕구가 증폭되고 고도화되고 있기 때문이다.

2) 지방경비의 부담

중앙정부와 지방정부간 또는 지방정부 상호간에 그 사무처리 소요경비를 어느 행정주체에서 부담하도록 하느냐 하는 것이 문제시되고 있다. 우리나라는 이러한 경비부담 구분에 관하여 지방재정법에 다음과 같은 원칙을 규정하고 있다.

(1) 중앙정부와 지방정부간의 경비부담

중앙정부와 지방정부 사이의 경비부담에 있어서는 다음과 같은 원칙이 적용된다. 첫째

13) 사회경제적 발달로 인하여 사회집단, 계층간 이해대립과 갈등의 발생, 지역불균형의 확대, 도시화의 진전에 따른 생활기반시설의 부족과 환경의 악화, 기타 노사문제 · 사회복지문제 등이 지방경비의 팽창을 초래하고 지방행정의 수요를 지속적으로 증대시키고 있다.

지방자치단체의 공공사무에 관하여 필요한 경비는 해당 지방정부가 그 전액을 부담한다. 이는 경비부담에 관한 대원칙의 선언이다. 둘째 중앙정부와 지방정부 사이에 이해관계가 있는 사무의 처리를 위하여 국가가 부담해야 할 경비는 중앙정부가 그 전액 또는 일부를 부담한다. 이는 국가의 부담금에 관한 원칙이다. 셋째 중앙정부가 스스로 수행하여야 할 사무를 지방정부에 위임하여 수행하는 경우, 그 소요되는 경비는 중앙정부가 전액을 해당 지방정부에 교부한다. 이는 중앙정부의 교부금에 관한 원칙이다. 넷째 중앙정부는 시책상 또는 지방정부의 재정사정상 특히 필요하다고 인정될 때에는 예산의 범위 안에서 자치단체에 보조금을 교부할 수 있다.

(2) 기초정부와 광역정부 간의 경비부담

기초자치단체와 광역자치단체 사이의 경비부담에 있어서는 각각의 사항에 따라 상호 분담하도록 하고 있다. 첫째 광역정부가 기초정부로 하여금 그 사무를 집행하게 할 때에는 그 사무집행에 소요되는 경비를 광역정부가 부담하여야 한다. 둘째 광역정부가 시행하는 토목사업 등의 경우에는 그 사업의 효과와 관련 상호 협의에 의하여 처리하도록 한다. 셋째 광역시·도지사는 그 관할구역 안의 시·군이 광역시·도를 대신하여 징수한 광역시세·도세의 27%에 해당하는 금액을 일정한 기준에 따라 각 시·군에 재정보전금으로 배부하여야 한다. 넷째 시·도는 시책상 또는 시·군·자치구의 재정사정상 특히 필요하다고 인정될 때에는 예산의 범위 안에서 시·군·자치구에 보조금을 교부할 수 있다.

(3) 기타 사용료 등의 부담

지방자치단체와 중앙정부 사이의 사용료 등의 부담에 있어서는 다음과 같은 원칙이 적용된다. 첫째 지방정부가 중앙정부의 공공시설을 관리하면서 그 소요경비를 부담하는 경우에, 법령에 특별한 규정이 있는 경우 외에는 해당 지방정부는 해당 공공시설에 대한 사용료를 징수하여 그 수입으로 할 수 있다. 둘째 중앙정부가 지방정부의 재산 또는 공공시설을 사용할 때에는 국가가 그 사용료를 부담하여야 한다. 셋째 지방정부가 중앙정부 또는 다른 지방정부의 위임사무에 대하여 과태료 또는 과징금을 부과·징수하는 경우에는 그 징수금은 그 수임지방정부의 수입으로 한다. 끝으로 지방정부가 다른 단체의 위탁을 받아 공사를 대행한 경우에는 그 공사의 직접경비 및 사무관리비를 위탁자에게 청구한다.

Ⅱ. 지방정부의 재정자립도와 지방재정력

1. 지방재정자립도

1) 지방재정자립도의 의미

지방정부의 재정력을 측정하는 지표의 하나로 지방재정자립도를 강조하는 경우가 많다. 그것은 지방자치란 지방정부가 재정적으로 중앙정부에 대해 자립할 수 있어야 한다는 점을 가정하고 있기 때문이다. 지방자치가 지방행정서비스의 질과 양의 향상을 통하여 결과적으로 주민의 '삶의 질' 자체를 향상시키는 것을 궁극적인 목표로 하고 있음을 상기할 때, 지방재정의 중요성은 결코 경시되어서는 안 될 과제임에 틀림이 없다. 지방자치를 효과적으로 실시하기 위하여 자치단체에게 독립적 행정주체로서의 지위와 권한을 부여하는 동시에 이를 뒷받침할 수 있도록 독립적 경제주체로서의 지위와 권한도 부여해야 할 이유는 바로 여기에 있다.

지방자치단체의 수입구조를 자주적 수입과 의존수입으로 나눌 때 자주적 수입에는 지방세수입과 세외수입이 있고, 의존수입에는 지방교부세, 국고보조금, 국가균형발전특별회계 등으로 이루어진다. 여기에다 기초자치단체의 경우, 의존수입으로 지방재정보전금과 지방재정조정교부금 등이 부가된다. 그리하여 지방재정자립도란 이들 자주재원과 의존재원을 합친 총수입에 대한 자주적 수입(지방세와 세외수입)의 비율을 말한다. 이를 공식으로 나타내면 아래와 같다.

$$\frac{\text{자주수입 (지방세수입+세외수입)}}{\text{세입총액(자주수입+의존수입)}} \times 100 = \text{지방재정자립도(\%)}$$

* 자주재원(지방세수입+세외수입) *공채수입은 수입인 동시에 부채이다.
* 의존재원(지방교부세+국고보조금+균특회계지원금+재정보전금+재정조정교부금)

2) 재정자립도의 문제점

이러한 개념의 지방재정자립도라는 것은 우리가 원하는 지방재정력을 정확하게 측정해 주지 못한다는 문제점을 지니고 있다. 즉 지방재정자립도의 경우 지방정부가 중앙정부로부터 일체의 지원을 받지 않고, 자체재원만으로 지방정부를 운영하면 자립도 100%가 되지만, 지방정부가 많은 일을 만들어 중앙정부나 광역자치단체로부터 각종의 자금을 받아오면 그만큼 재정자립도가 떨어지게 되는 모순이 생긴다. 더구나 중앙정부가 법상 당연히 지방정부에게 교부해야 하는 지방교부세도 자체재원으로 분류되지 않고, 의존재원으로 분류되며, 지방정부가 공채를 발행하여 들어 온 수입은 분명 부채임에도 불구하고 자주재원으로 계산되는 모순을 지니고 있다.

(1) 재정자립도는 지방정부의 재정규모를 고려하지 않는다.

지방재정자립도는 지방정부의 총재정규모를 고려하지 않는다. 일반적으로 재정자립도가 같거나 유사하다고 해서 자치단체의 재정력까지도 같은 것은 아니다. 그런데 재정자립도개념에 의하면 다만 그 구성비가 유사하면 재정력까지도 유사하다고 간주해 버리는 오류를 낳게 된다. 재정자립도는 유사하더라도 재정규모가 다르면 여기에서 제기되는 지방재정문제의 특성이나 그 해결 방안도 각각 다를 수 밖에 없다. 예컨대 총재원과 자주재원의 비율이 50억/100억인 경우나 500억/1,000억인 경우가 재정규모면에서는 10배의 차이가 있지만 재정자립도는 모두 50%로 나타나기 때문이다.

(2) 재정자립도는 지방정부의 세출구조를 고려하지 않는다.

지방재정자립도는 자치단체의 세출구조, 즉 경상적 경비와 투자적 경비의 비율을 고려하지 않는다. 경상수지비율이란 경상적·의무적인 지출에 충당되는 일반재원이 일반재원총액에서 점하는 비율을 의미한다. 이러한 경상수지비율은 재정자립도로는 파악될 수 없다. 일반적으로 재정자립도는 같더라도 자치단체의 일반회계 세출총액 중에서 자본적 지출이 점하는 비중이 높아질수록 자치단체의 재정력은 그만큼 더 건전해진다. 재정자립도는 같더라도 막대한 개발투자에 지출을 하면서 충분한 재정자립도를 유지하는 자치단체가 있는가 하면, 인건비나 경상비를 충당하는데도 급급한 자치단체도 있다. 그러나 재정자립도가 같다는 사실만 가지고 이들 자치단체의 재정력이 서로 같다고 볼 수는 없다.

(3) 지방교부세제도의 근본취지와 상충한다.

지방재정자립도는 지방교부세제도의 취지에 어긋난다. 즉 지방교부세제도는 지방재정력이 부족한 자치단체들의 재정력을 확보하기 위한 수단으로 법령에 의해 중앙정부가 지방정부에게 의무적으로 교부하는 지방정부의 일반재원이다. 지방자치단체는 각자 세원(稅源)이 골고루 분포되지 않는 까닭에 기존 조세수입으로서는 '부익부 빈익빈'의 현상이 불가피하다. 중앙정부는 이것을 가능한 방지·조정하기 위해, 중앙정부가 일괄적으로 징수한 내국세총액의 일정비율(교부세율)을 떼 내어 이를 지방자치단체의 재정형편에 맞게 배분하는 것이다. 때문에 이것은 의존재원이 아니라 사실은 자주재원으로 보는 것이 마땅하다. 따라서 지방교부세로 충당한 재원에 대해서는 이를 자주재원으로 보아야 하지만 재정자립도를 산출하는 공식에서는 이를 의존재원으로 간주하고 있다. 그리하여 지방정부가 중앙정부로부터 지방교부세를 받을 경우에 그 받은 금액만큼 재정력은 강화되지만 재정자립도는 오히려 낮아지는 모순이 발생하는 것이다.

(4) 지방채발행으로 인한 수입을 자주재원에 포함시키는 모순을 안고 있다.

지방재정자립도는 지방채수입을 자주재원에 포함시키는 모순을 안고 있다. 지방채를 발행하여 들어오는 수입은 장차 일정한 기간에 걸쳐 상환하지 않으면 안될 지방정부의 부채이다. 따라서 이론상 지방채수입은 장래수입을 선취한 것으로서 그 자치단체의 자주재원이 될 수가 없으며, 특별관리해야 마땅하다. 그러나 현재의 자립도계산방법은 지방채수입을 세외수입으로 계산함으로써 빚을 수입으로 계산하고 있다. 빚은 어디까지나 빚이고 갚아야 하는 부채이지 자립능력의 측정에 플러스(+)가 될 수 없다. 또한 지금의 지방재정자립도는 누적된 빚에 대해서는 전혀 설명할 수 없다.

(5) 재정자립도로는 지방재정의 건전성을 파악할 수 없다.

지방재정자립도가 흔히 지방정부의 일반회계의 세출에 대한 자체재원비율을 산출한 것이어서 지방정부의 재정상황 전체(특별회계를 포함한 전체예산)를 파악하기에는 미흡하다. 예컨대 서울시의 경우 재정자립도는 98%라고 한다. 그런데 이것은 극히 사실을 왜곡하는 수치이다. 왜냐하면 현재 서울시가 안고 있는 부채가 4조 4,000억 원이며 서울시 특별회계 중에는 적자를 내는 공기업이 여럿 된다는 사실이다. 그래서 해마다 이러한 적자를 보전하기 위해서 계속 빚을 내고 있는 것을 위의 자립도는 숨겨주기 때문이다. 따라서 재정자립도는 지방정부의 특별회계에 대해서는 아무런 설명력이 없다.

3) 재정자립도와 재정자주도

2007년까지는 지방정부의 재정상태를 나타내는 주요지표[14]로 재정자립도라는 개념을 사용해 왔다. 그러나 재정자립도라는 개념은 위에서 살펴본 바와 같은 많은 문제점을 내포하고 있었다. 그리하여 재정자립도 보다는 재정자주도라는 개념을 사용해야 한다는 주장에 따라 정부에서도 재정자주도를 기준으로 활용하도록 하였다. 즉 2008.1.1부터 도농복합형태의 시(市) 설치기준 등에 있어서는 재정자립도를 기준으로 적용하지만, 자치단체에 대한 보조율 적용기준에 있어서는 좀더 포괄적 지표인 '재정자주도'를 주요 지표로 사용하도록 하였다. 재정자주도란 지방자치단체 일반회계 수입 중 자체수입과 자주재원의 비율을 나타낸 것이다. 즉 지방세·세외수입·지방교부세 등 지방자치단체 재정수입

14) 시·읍의 설치기준이나 보조율 적용기준 등의 기준으로 적용

중 특정 목적이 정해지지 않는 일반재원의 비중을 뜻한다. 재정자주도가 높을수록 지방자치단체가 재량껏 사용할 수 있는 예산의 폭이 넓어진다. 재정자주도는 자주재원에 자체수입(지방세와 세외수입)과 함께 지방교부세・재정보전금(혹은 조정교부금) 등을 포함하여 산출하는 재정지표를 말한다.

재정자립도 = [(지방세 + 세외수입) ÷ 일반회계예산] × 100
재정자주도 : (지방세+세외수입+지방교부세+재정보전금+조정교부금)/일반회계예산 × 100

2. 지방재정력의 의의와 측정변수

1) 지방재정력의 개념

지방재정력이란 자방자치단체의 재정적 능력을 말한다. 여기서 재정적 능력이란 지방재정의 자율성, 건전성, 노력성, 안정성 등을 측정하는 지표에 의해서 결정된다. 여기서 자율성이란 지방재정의 수요와 공급 양 측면에서 얼마나 지방정부가 자율적으로 결정할 수 있는가의 지수이다. 그리고 건전성은 부채의 비율로 측정이 가능하며 지방재정의 탄력성은 경제의 경기변동에 얼마만큼 지방세수가 탄력적으로 반응하는가 하는 지수이다. 지방재정의 노력성은 조세노력을 의미하며, 안정성은 적어도 3년간의 지방재정의 변동율 등으로 측정이 가능하다. 이처럼 지방재정력은 여러 가지 지표를 통해서 측정가능하며, 이렇게 다양한 시각으로 확인되는 것이지 앞에서 지적한 바대로 단순히 재정자립도 하나만을 갖고서 지방재정력을 평가하는 것은 충분하지 아니하다.

2) 지방재정력 결정의 주요변수

지방재정력을 결정하는 중요한 변수로는 주민 1인당 지방세부담액 등 8가지를 들 수 있다. 이중에서 i) 주민 1인당 지방세 부담능력 ii) 재정규모, iii) 자주재원비율, vi) 경상수지비율 v) 세출총액 중 투자비총액이 차지하는 비율, vi) 잠재적 재정능력 등이 증대되거나 높아질수록 지방재정력은 제고되는데 비하여, vii) 개발투자재원소요는 적을수록 지방재정력은 강화된다. 그리고 viii) 국가와 지방자치단체간의 기능배분비율과 재원배분비율이 일치될수록 지방재정력은 높아진다고 할 수 있다(정세욱, 2003: 711). 그러므로 지방재정력의 건전성여부를 판단하는 기준으로서 재정자립도는 적합하지 않으며, 위의 재정력 결정요인을 면밀히 분석함으로써 자치단체의 재정력을 보다 객관적으로 측정할 수 있는 재정력 지표를 개발하여 그것으로 대체하는 것이 바람직하다고 생각된다.

3) 지방재정력의 측정

지방정부의 재정력은 세출구조분석을 통해서도 측정할 수 있고, 세입구조분석을 통해서도 분석할 수 있다. 아래에서는 간략하게 그 내용을 소개하기로 한다.

(1) 세입구조에 의한 재정력 측정

지방정부의 재정력을 측정하려면 당해 지방정부와 유사한 타 지방정부의 세입에 관한 지표를 시계열적으로 대비·분석할 필요가 있다. i) 주민 1인당 지방세부담액 및 자주재원은 얼마인가? ii) 지방정부의 세입총액 중에서 자주적으로 확보 가능한 세입액이 차지하는 비율은 얼마인가? iii) 비용에 제약을 받지 않고 자유롭게 사용할 수 있는 세입이 얼마나 되는가? iv) 세입의 책임성·안정성이 있는가, 즉 매년 변동이 없이 일정하게 들어오는 세입은 어느 정도에 달하는가? 등으로 측정할 수 있다.

(2) 세출구조분석에 의한 지방재정력 측정

지방재정의 건전도를 측정하기 위하여 다음과 같은 경비분석을 필요로 한다. i) 주민 1인당세출액 및 투자비, ii) 세출총액에서 경상적 경비 또는 의무적 경비가 차지하는 비율, iii) 세출총액에서 소비적 경비가 차지하는 비율, iv) 세출총액에서 투자적 경비가 차지하는 비율 등이다. 즉 지방자치단체세출의 목적별 분류에 의한 분석결과를 유사 자치단체의 그것과 비교함으로써 지방재정력을 측정할 수 있다.

06
Chapter

지방자치단체의 기능과 자치역량의 제고

제 1 절 주민에 대한 행정서비스의 제공

Ⅰ. 지방행정서비스의 의의와 공급원칙

1. 지방행정서비스의 의의

1) 지방행정서비스의 공급

지방정부는 주민의 생명과 재산을 보호하고, 주민들에게 편리하고 위생적이며, 풍요하고 문화적인 생활을 보장하기 위해 가능한 최선의 행정서비스(공공서비스)를 공급하고 편익을 제공해야 한다. 즉 지방자치의 가치는 그것이 민주적 정치원리의 지역적 구현이라는 정치적 요청에 부합한다는 상징적 가치도 중요하지만, 실질적으로는 지역주민의 현실적 여망과 행정서비스에 대한 수요를 정확하게 파악함으로써 질 높은 행정서비스를 공급해 주는 데 더 큰 가치가 있다.

우리나라의 지방자치법은 지방자치단체가 주민에 대한 업무수행과정에서 준수하여야 할 기본원칙을 다음과 같이 규정하고 있다. 첫째 지방자치단체는 그 사무를 처리함에 있어서 주민의 편의와 복지의 증진을 위하여 노력하여야 한다. 둘째 지방자치단체는 그 조직 및 운영의 합리화에 노력하고, 그 규모의 적정화를 도모하여야 한다. 셋째 지방자치단체는 그 사무를 법령이나 상급자치단체의 조례에 위반하여 처리할 수 없다는 것 등이 그 것이다.

지방행정서비스에 관한 세계적 현상의 특징은 첫째 지방정부가 공급하는 행정서비스가 확대되고 있다는 것이고, 둘째 행정서비스의 수요에 부응하기 위한 재원확보와 이를 위한 조세강화에 주민저항이 강해진다는 것이며, 셋째 이러한 행정서비스에 대한 수요증대와 주민의 조세저항의 증대라는 딜레마 속에서 지방정부는 자구책으로 대내외적 관리개선 등 다양한 행정혁신을 추진하고 있다(경기도, 1991: 139-140)는 것이다.

2) 지방행정서비스의 개념

(1) 지방행정서비스와 공공서비스

지방행정서비스란 주민의 행정수요에 부응하여 지방정부가 공급하는 공공재화(public goods)와 용역(service)이다. 지방정부가 공급하는 행정서비스는 중앙과 지방의 다양한 공공기관들이 공급하고 있는 공공서비스의 한 부분이다. 그렇다면 공공서비스란 무엇을 의미하는가? 공공서비스란 중앙정부, 지방정부, 기타 공공기관에 의하여 사회일반의 공중이 모두 이용할 수 있도록 공급하는 서비스를 말한다.[1] 이 경우 공공서비스는 크게 재화와 용역으로 구분된다.

이 때 재화란 공공재와 준공공재를 의미하며 물리적 객체로서 소유·저장·양도할 수 있다. 반면에 용역은 다른 주체의 활동결과에 의해 초래되는 변화로서 소유·저장·양도가 불가능하다. 그러나 재화와 용역은 그 구분기준이 항상 명백한 것도 아니고 또한 실제로 구분의 실익도 별로 없기 때문에 둘을 함께 보아 공공서비스의 특징을 파악하는 것이 일반적이다(한국지방행정연구원, 1994: 4-6).

① 공공재(公共財)

공공재란 그 재화의 특성상 효율적인 자원배분을 위하여 일반적으로 공공기관에 의하여 공급되는 재화와 서비스를 의미한다. 재화와 서비스에 관하여는 양자를 엄격하게 구분하는 견해와 양자를 구별하지 않고 공공재로 이해하는 견해가 있다.

전자에 의하면, 첫째 재화는 소유하거나 양도할 수 있는 물리적인 것으로서 계속성을 가지는데 비하여 서비스는 한번 양도되면 다른 사람에게나, 다른 시기에 또 양도될 수 없는 일시성을 가지며, 둘째 재화는 저장이 가능하나 서비스는 저장이 불가능하고, 셋째 재화는 생산과 소비에 시간적 간격이 있는데 비하여 서비스는 생산과 소비가 거의 동시에 일어난다는 점에서 양자는 다르다.

---

1) 엄밀한 의미에서는 그 공급주체가 누구이든, 즉 정부이든 민간이든 관계없이 공공이 이용할 수 있게 공급되는 서비스이면 이를 공공서비스라고 하여야 할 것이다.

한편 후자에 의하면 재화와 서비스는 그 구분기준이 명확하지 않을 뿐 아니라 실제로 구별의 실익도 없다면서 공공의 재화와 서비스를 동일시하고 있다. 재화와 서비스의 성격이 비배제성(non-exclusion)과 비경합성(non-rivalry)이 있으면 공공재 또는 공공서비스라고 한다.

② 준공공재(準公共財)

그러나 지방정부가 공급하는 공공재가 과연 비배제성(非排除性)과 비경합성(非競合性)의 원리가 엄격히 적용되는 순수한 공공재인가 라는 의문이 제기된다. 지방정부의 행정서비스는 공간적 제약을 받고 있으므로 서비스 공급장소로부터 멀리 떨어져 있으면 서비스 편익이 감소할 뿐 아니라 비배제성과 비경합성의 정도도 달라지므로 준공공재라고 보는 것이 타당하다. 예컨대 상・하수도, 병원, 문화시설, 교통, 저소득층을 위한 주택 등을 들 수 있다.

(2) 행정서비스의 유형별 특성

서비스의 유형을 어떻게 분류하느냐에 따라 다르겠지만 지방정부가 공급하는 행정서비스는 그 성격상 대체로 다음과 같은 유형들이 있다.

첫째 일상적 서비스(routine services)이다. 대부분의 사람들에게 제공되는 서비스로서, 상・하수도, 쓰레기 수거 및 처리, 도로와 교통 등 많은 서비스가 그 예다. 이런 서비스는 그 서비스가 개인적으로 제공되며, 사용료 때문에 서비스이용이 제한될 수도 있다.

둘째 보호적 서비스(protective services)이다. 사람과 재산을 보호하며 공공의 질서를 유지하는 서비스로서, 경찰, 소방, 홍수통제 등이 포함된다. 특히 이러한 보호적 서비스는 두 가지 기능을 하는데 그 하나는 바람직하지 않는 사고를 사전에 예방하는 예방적 기능이고, 다른 하나는 어떤 사건이 일어났을 때 행하는 구제기능이다.

셋째 발전적 서비스(developmental services)이다. 개인의 육체적・지적・정신적 잠재력의 향상을 목적으로 하는 서비스로서, 교육, 도서관, 공원, 위락시설 등의 서비스가 이에 속한다. 이러한 서비스는 거의 모든 사람에게 제공되나 그 서비스의 사회적 기능은 상당히 다르게 나타난다.

넷째 사회보장 서비스(social minimum services)이다. 인간생활의 최저수준을 보장하는 서비스로서 공적 부조, 공중보건, 직업훈련, 공공주택 프로그램 등이 이에 속한다.

이상과 같은 서비스 중에서 일상적 서비스와 보호적 서비스는 기본적 공공서비스로서 주민들의 폭넓은 계층에게 혜택을 주지만, 사회보장적 서비스는 주민들 중에 특정한 하류계층의 집단에게만 직접적인 편익을 주며, 발전적인 서비스는 서비스 대상자의 선호나 선택에 의해 제공된다는 차이가 있다.

2. 지방행정서비스의 특징과 서비스공급의 원칙

1) 지방행정서비스의 특징

공공서비스로서의 지방행정서비스는 다음과 같은 여러 가지 특징을 가진다. 첫째 지방행정서비스는 비경합성과 비배제성을 가진다. 여기서 비경합성이란 공동소비성(joint consumption)이라고도 하며, 그 서비스를 다수인이 공동으로 소비하는 바, 이 때에 한 사람의 소비가 다른 사람의 소비량을 감소시키지 않는 것을 의미한다. 그리고 비배제성이란 서비스로부터 얻어지는 효용이 어느 특정인에게만 한정되지 않는 것을 의미한다.

둘째 행정서비스는 방대한 외부효과(externalities)를 가진다. 여기에서 외부효과란 하나의 서비스의 공급이 그로 인하여 방대한 다른 파급효과를 불러오는 것을 말한다. 즉 지방정부가 막대한 재원을 투입하여 지하철을 건설하면 지하철역 주변지역은 각종 효과를 낳는다. 기업이 집중하거나 지가가 상승하는 등의 긍정적인 파급효과가 발생하기도 하고, 과밀로 인한 혼잡, 환경오염, 범죄 등 부정적 효과도 생긴다. 이를 통털어 외부효과라고 한다. 특히 그 중에서도 경제적인 것을 일컬어 경제적 외부효과라고 한다.

셋째 행정서비스는 많은 무임승차자(free rider)를 산출한다. 여기에서 무임승차란 서비스를 제공받을 아무런 이유가 없는 자가 행정서비스의 공공재적 성격으로 인하여 서비스에 소요되는 비용을 부담하지 않고 서비스의 수혜자가 되는 것을 말한다.

넷째 지방행정서비스는 주민들에게 주민복지적 차원과 사회형평적 차원에서 공급된다. 즉 지방행정서비스가 수혜자들의 비용부담에 비례하여 공급되는 것이 아니라 사회적 형평성기준에 의거하여 배분되는 경우가 많다.

다섯째 지방행정서비스는 특정한 지역에 공급되는 것이 일반적이므로 지리적·공간적 요소를 포함한다. 따라서 지방행정서비스의 공급시설을 어디에 위치시킬 것인가 하는 입지선정의 문제가 중요하다.

2) 지방행정서비스 공급의 원칙

1980년대 이후 영국·뉴질랜드·캐나다·미국 등 여러 나라에서는 모든 주민이 공공서비스의 고객이요 소비자란 인식하에 정부의 공공서비스공급에 대한 기본원칙을 정하고 있다. 영국에서는 지방정부가 공공서비스의 공급과 관리과정에서 이 원칙을 구체화하도록 유도하고 있으며, 모든 시민들은 공공서비스가 이러한 원칙에 따라 공급될 것을 기대할 권리가 있음을 분명히 하고 있다(총무처직무분석기획단, 1997: 315-316).

(1) 기준(standards)의 설정

공공서비스에 대한 명확한 기준이 설정되어야 하며, 설정된 기준은 그 서비스가 전달되는 경로에 적절하게 게시되어 이용자가 이용할 수 있어야 한다. 기준은 관계법령에 근거를 두고 정확해야 하며, 관계직원의 도움에 관한 사항, 서비스를 받기 위한 대기시간 등을 포함해야 한다.

(2) 정보(information)의 공개

공공서비스의 공급과정에서 어떠한 비밀도 있어서는 안된다. 시민들은 어떠한 서비스가 공급되고 있는가에 대하여 완전하고 정확한 정보를 쉽게 접할 수 있어야 한다. 어떻게 서비스가 공급되고, 비용은 얼마나 들며, 담당직원은 누구이고, 주민이 원하는 바가 기준에 해당하는지 여부 등을 알 수 있어야 한다.

(3) 선택(choice)과 상담(consultation)

공공서비스는 어디에서나 처리할 수 있도록 하여 주민들이 선택할 수 있어야 하고, 바람직한 선택을 위해서는 적시에 상담을 받을 수도 있어야 한다. 그리고 행정서비스를 받은 경험이 있는 시민의 의견은 정기적으로 체계적인 방법에 의하여 수렴되어야 하며, 주민의 의견은 행정서비스의 개선이나 기준에 관한 의사결정에 우선적으로 고려되어야 한다.

(4) 예의(courtesy)바른 도움(helpfulness)

공공서비스는 어떠한 차별이 없이 공평하게 공급되어야 하며 언제나 예의바르고 친절한 담당직원의 도움을 받을 수 있어야 한다. 공공서비스는 그것을 공급하는 기관중심이 아니고 고객의 편의를 기준으로 공급되어야 하며, 서비스공급의 시작과 끝나는 시간, 급히 도움을 청할 수 있는 직원의 전화번호를 알 수 있어야 한다.

(5) 잘못된 서비스의 시정(putting things right)

서비스공급이 잘못된 경우에는 적절한 설명이나 사과를 받아야 하며, 즉각적인 구제조치가 이루어져야 하고, 불평을 처리할 절차가 잘 안내되어 있어야 한다.

(6) 비용에 상응하는 효율(value for money)

지방정부는 사용가능한 재원의 범위 내에서 공공지출을 가장 경제적이고도 효율적인 방법으로 집행할 의무를 진다. 이를 위해 지방정부는 공공서비스의 우선순위를 항상 점검해야 하며 공공서비스의 기준에 의한 성과를 평가해야 한다.

Ⅱ. 지방행정서비스의 유형

지방정부가 주민들에게 공급하는 행정서비스는 그 성질에 따라 i) 소극적 서비스(예: 주민의 신체와 재산의 보호, 질서유지·소방)와 적극적 서비스(예: 복지증진·기반시설의 확충)로 나눌 수도 있고, ii) 권력적 서비스와 비권력적 서비스, iii) 규제적 서비스(예: 환경규제·불법건출물규제)와 관리적 서비스(예: 지방공기업관리)로 구분할 수도 있으며, iv) 질서유지서비스와 사회변동촉진·관리서비스로 구분할 수도 있다.

한편 행정서비스의 유형을 국가발전목표를 기준으로 하여 그것을 전통적 서비스, 국민형성(nation-building), 경제적 관리서비스, 사회복지서비스, 환경보호서비스로 분류하는 견해도 있다(김규정, 1978: 37-38). 일찍이 디목(M. E. Dimock)은 현대정부의 기능을 보호(protection)·규제(regulation)·원호(assistance)·직접서비스(direct service)의 네 가지로 대별한 바 있다(Dimock, 1958: 26-34). 여기서는 첫째 지방행정서비스의 공급목적에 따라 구분하고, 둘째 지방행정서비스의 성격에 의해 구분해 보기로 한다.

1. 공급목적에 따른 분류

1) 공익사업적 서비스

지방자치단체의 공익사업적 서비스에는 상·하수도, 도로, 도시·농촌계획, 도시재개발, 교육·문화 등에 관한 행정서비스가 있다. 이러한 공익사업적 서비스는 자치단체 주민의 일상생활의 질(quality of life)을 향상시키고, 생활환경을 쾌적하게 하며, 주민들이 문화생활을 누릴 수 있도록 주민에게 서비스를 제공하려는데 그 목적이 있다. 공익사업적 서비스는 비영리적인 사업, 독점적 성격을 가진 사업, 또는 공공성이 높아 민영으로 할 때에는 일반 주민의 이익을 보호하기 곤란한 사업으로서, 이러한 사업은 지방자치단체가 직접 관리·경영할 필요가 있다. 공익사업은 그 성격에 따라 다음 세 가지로 구별할 수 있다.

첫째 공공성이 매우 높으며 경영상 일정한 재원부담을 요하는 사업으로서, 예를 들면 학교 등의 교육시설, 도서관·미술관·박물관 등의 문화시설, 병원·요양소 등의 의료시설이 있다. 둘째 독점적이어서 사기업에 맡겨 둘 수 없는 사업으로서, 예컨대 상수도, 가스, 지하철 등이 있다. 셋째 공공성은 그다지 높지 않으나 지방자치단체가 그 사업을 경영함으로써 일정한 재정수입을 확보할 수 있는 것으로, 예를 들면 경마·채석장·토사채취

등이 있다. 그러나 공공성 · 독점성이 없거나 희박한 사업, 즉 영리사업은 특별한 경우를 제외하고는 지방자치단체가 소유 또는 관리할 수 없음이 원칙이다.

2) 사회복지적 서비스

오늘날 지방정부가 제공하는 서비스의 중점은 과거 질서유지와 규제중심에서 주민에 대한 봉사와 복지의 증진으로 이행하고 있다. 즉 현대의 복지국가에서 행정은 국민의 기본적인 생계를 보장하고 생활의 질적 향상을 도모함으로써, 모든 국민이 인간다운 생활을 누릴 수 있도록 해야 한다. 이러한 맥락에서 지방정부는 주민 가까이에 있으면서 주민의 생활과 관련된 서비스를 공급하고 복지를 증진해야 한다. 개인의 최저한도의 생활보장, 생활안정을 위한 사회보장시책, 대규모의 사회보험사업, 실업대책, 근로기준, 직업안정, 복지수준에 관한 서비스를 들 수 있다. 이러한 사회복지적 서비스에는 생활보호(저소득층 생활보호 · 재해구호 · 사회보험 · 아동복지 · 부녀복지 · 노인복지), 보건 · 의료, 환경 · 위생, 소비자보호, 노동 등의 서비스가 있다.

3) 산업 · 경제적 서비스

지방정부는 당해 구역 내의 산업발전과 경제성장을 도모하기 위하여 주민의 사경제활동을 지도 · 장려하며, 때로는 거래의 안전과 공정을 기하고 주민의 이익을 보호하기 위하여 주민의 경제활동을 규제하기도 한다. 이러한 지방정부의 산업 · 경제적 서비스는 이론상 단체자치의 유형을 채택하고 있는 국가일수록 그 비중이 크다. 그것은 산업 · 경제적 서비스란 본래 국가적 사무영역이므로 원칙적으로 자치사무만을 처리하는 주민자치적 지방자치에 있어서는 지방정부가 산업 · 경제적 서비스를 직접 공급하지 않기 때문이다. 우리나라는 전통적으로 단체자치의 유형에 속하기 때문에 중앙정부의 위임을 받아 지방정부가 산업 · 경제적 서비스를 공급하고 있다. 다만 이러한 개인의 경제활동에 행정권이 개입할 경우, 상공자유의 원칙과 주민평등의 원칙에 따르는 내재적 한계가 있음을 유의해야 한다. 지방정부의 산업 · 경제적 서비스로는 농업, 축산, 수산, 임업, 상공(중소기업의 진흥, 시장관리, 지역경제), 관광, 운수 등의 서비스를 들 수 있다.

4) 환경보호 및 관리서비스

환경문제가 범지구적 문제로 제기되면서 지방정부도 환경보호와 유지관리는 물론 경우에 따라 환경을 재생 혹은 복원하는 사업까지도 추진한다. 이처럼 지방정부가 환경보호와 관리를 위해 행하는 기능은 매우 다양하다. 특히 현대행정이 지속가능한(sustainable) 개발을 강조하고 있어 중앙정부는 물론 지방정부에서도 각종의 공익사업 수행과정에서 환경문제를 가장 우선시 하고 있다. 산림보호를 위한 입산금지, 수자원보호를 위한 강이나 하천의 오염방지, 각종 공장이나 산업체의 오폐수 방류기준설정 및 유출통제, 그리고 대기오염방지를 위한 자동차 매연규제, 산업체 공장통제 등 다양한 기능을 수행한다. 그리하여 공장이나 건물신축시 환경영향평가를 요구하거나 환경오염방지시설을 요구한다.

5) 민원행정서비스

지방자치제도가 실시된 이후 지방정부의 행정기능 중 가장 현저한 변화를 보이고 있는 기능이 바로 민원행정서비스기능이라고 할 수 있다. 지방자치제도가 실시됨에 따라 과거 권위주의적 중앙집권적 행정체제로 운영해왔던 지방행정이 주민대표로 구성되는 자치행정체제로 바뀜으로써 주민들로부터 선출된 자치단체장과 지방의회는 유권자인 민원인들에 대한 서비스를 강조하고 향상시키는 데 최선을 다했다. 물론 중앙정부의 민주화와 함께 중앙정부의 지원과 독려도 있었지만 각 지방정부가 앞다투어 민원실을 확대 · 개편하고 민원서비스의 편의를 위해 공무원들을 교육 · 배치시키는 등의 시책을 추진해 왔다. 민원행정서비스란 성격상 주민들의 일상생활에 직결된 행정규제완화와 주민불편해소 등 “주민의 주민을 위한 행정서비스적” 성격이 강하다. 때문에 이러한 민원행정서비스에 대한 중요성 인식과 우선적 편의제공은 궁극적으로 지방행정서비스의 민주화와 신속화 등을 결과함으로써 지방정부의 기능을 혁신시키고 있다.

2. 서비스의 성격에 의한 유형구분

행정서비스의 성격에 따라 지방행정서비스를 분류하면 i) 사적 재화(private good)와 공동소유적 재화(common-pool goods), ii) 요금재(toll goods)와 집합재(collective goods) 등으로 분류한다. 그러나 사적재와 공동소유재는 경합성이 있으므로 지방행정서비스와는 관계가 없다. 여기서는 요금제와 집합재에 관해 간략히 검토하기로 한다.

1) 유료서비스(요금제)

유료서비스 즉 요금제란 비경합적인 소비가 이루어지는 서비스로 상 · 하수도, 유료지방도로, 유료공원, 어린이 대공원, 운동장, 도서관, 문화회관 등이 포함된다. 즉 서비스의 댓가로 요금을 지불해야 하는 공공서비스를 말한다.

2) 무상서비스(집합재)

무상서비스 즉 집합재란 비배제성과 비경합적 소비의 특징을 갖추고 있어 시장실패

(market failure)를 초래하며 공공부문이 공급해야 할 서비스이다. 예컨대 환경보존, 경찰, 소방, 전염병예방을 들 수 있다. 문제는 누구나 차별 없이 집합재의 서비스를 받으려고 하면서도 어느 누구도 서비스의 대가를 지불하지 않으려고 한다는데 있다. 무임승차자(free riders)를 어떻게 막느냐 하는 것이 문제이다.

Ⅲ. 지방행정서비스의 영역과 공급방법

1. 행정서비스공급에 시장경제적 경쟁원리도입

얼마 전까지만 하더라도 지방정부가 주민들에게 공급하는 행정서비스는 반드시 공공기관만이 공급이 가능한 독점적 영역이었으며, 예외적인 몇몇 분야를 제외하고는 민간으로부터의 서비스공급은 불가능하다고 믿어왔다. 그러나 1980년대 이후 선진제국에서는 행정서비스 중에서 민간기업과 경쟁시킬 수 있는 영역을 찾아내어 공공기관과 민간기업간에 경쟁을 시킴으로써 민간기업으로 하여금 보다 저렴한 비용으로 보다 많은 서비스를 공급할 수 있다는 사실을 알게 되었다.

따라서 행정서비스의 독점적 공급체제를 지양하고 시장형 메카니즘을 도입하여 행정서비스공급에 경쟁원리를 적용하려는 것이 영미, 캐나다, 뉴질랜드 등 선진국들이 추진해왔던 정부혁신의 전략이었다. 경쟁원리를 도입하여 '보다 적은 비용으로 일을 더 잘하는 정부(Government that works better and costs less)'를 만들려는 노력은 지방정부에서도 다를 바 없다. 지방정부의 행정서비스 공급에 있어 경쟁원리를 도입한다는 것은 바로 지방정부의 서비스공급 영역의 변화와 구조개편의 필요성을 의미하는 것으로 볼 수 있다.

2. 지방행정서비스공급에 대한 검토기준

지방행정서비스에 대한 검토기준은 지방정부의 서비스공급에 대한 재평가와 보다 질 높은 서비스 공급을 위해 반드시 필요한 기준이다. 지방정부가 공급하는 서비스를 검토하는 기준으로는 다음과 같은 것들이 있다.

첫째 공공서비스를 공급하는 것이 중앙정부가 맡아야 하는가, 아니면 지방정부가 공급하는 것이 더 바람직한가를 검토하여, 반드시 중앙정부가 공급해야 할 필요성이 없으면 모든 서비스는 지방정부에게 그 공급기능을 이양(지방분권화)해야 한다.

둘째 현재 지방정부가 제공하고 있는 서비스는 앞으로도 계속해서 공급할 필요가 있는가? 최초에 지방정부가 그러한 행정서비스를 제공한 이유는 무엇이며 서비스의 수혜자는 누구인가? 만일 현재의 행정서비스공급을 중단한다면 어떠한 역기능이 발생가능한가? 이러한 기준에 따라 그 서비스를 지속적으로 공급할 것인가 아니면 폐지할 것인가를 결정해야 한다.

셋째 지방정부가 앞으로도 계속해서 그 서비스를 공급할 책임이 있는가? 공급해야 할 책임이 있다면 민간부문에서 그 서비스를 매입하는 것이 보다 효율적이지는 않는가? 등을 검토하여 전략적으로 민영화(privatization)하거나 외부계약(contract out)으로 할 수 있다. 민과 관간의 경쟁에서 민에게 낙찰이 되면 외부위탁(outsourcing)도 가능하다.

넷째 지방정부의 조직, 인력, 재정 등에 개선해야 할 분야가 있는가? 이를 진단하기 위하여 벤치마킹(benchmarking)을 한 후에 내부구조조정을 한다.

이상과 같은 심사기준에 따라 지방정부가 현재 담당하고 있는 서비스영역 중에서 불필요한 각종 규제를 철폐하고, 공공서비스기능을 민영화해야 한다. 그리고 행정서비스영역에 경쟁을 확대하려는 개혁전략을 추진하여 경쟁입찰을 통한 외부계약과 외부위탁이 이루어지면, 지방정부가 직접 공급해야 할 서비스영역이 대폭 축소될 수 있다.

3. 지방행정서비스의 공급방법

전술한 지방행정서비스의 검토기준에 따르면 현재 지방정부가 공급하고 있는 행정서비스를 3가지로 분류할 수 있다. 첫째 지방정부가 직접 공급해야 할 서비스영역으로 지방정부의 본질적 서비스공급영역이다. 둘째 지방정부의 책임사항이지만 경쟁을 통해 민간부문으로부터 구입할 수 있는 서비스영역. 셋째 지방정부의 서비스가 불필요한 영역 등이다. 첫째 부분에 대해서는 이미 앞에서 검토했으므로 여기서는 둘째와 셋째에 대해서만 고찰하기로 한다.

1) 민간기업으로부터 구입가능한 서비스

(1) 외부계약(contracting out)

외부계약이란 행정서비스를 민과 관간의 경쟁입찰에 붙여 입찰결과에 따라 민간기업과 서비스공급계약을 체결하는 것을 말한다. 초기에는 많은 국가들이 경쟁입찰을 통한 외부계약을 시설유지 · 보수 · 쓰레기수거 · 청소 · 식당운영과 같은 단순한 서비스영역에 한정시켰으나 이제는 '상업적 활동은 고객들의 기호에 민감하게 반응하고 끊임없이 경쟁해야 하는 민간부분이 가장 잘 수행한다'는 인식에 따라 외부계약할 수 있는 서비스영역을 넓히고 있다. 근래 우리나라 지방정부에서도 공공서비스에 대한 시장성 테스트를 거쳐 외부계약을 체결하는 사례가 늘고 있다.

(2) 외부위탁(outsourcing)

근래 중앙정부는 물론 지방정부도 정부혁신전략의 수단으로 여러 분야에서 아웃소싱을 추진하고 있다. 아웃소싱이란 관리서비스의 일부를 민간기업에 의뢰하는 것을 의미한다. 아웃소싱은 기획·서비스생산·판매·홍보 등 일련의 관리활동 중에서 비교우위가 없는 부분을 외부전문기관에 맡김으로써 지방자치단체를 '강자연합구조'로 유도하려는 구조조정기법이다. 이웃소싱은 지방정부의 경쟁력을 높이기 위해 비핵심 기능을 전략적으로 외부로부터 조달하는 관리기법이다. 따라서 지방정부가 스스로 해결할 수 있더라도 원가절감 등의 명확한 전략적 목적으로 일부 사무를 외부에 맡긴다는 점에서 전통적인 외주 및 하청과 다르다. 아웃소싱은 처음에는 단순업무, 정형화된 업무에서 시작되었으나 그 후 회계·법무·세무·시스템개발 등 전문분야로 확대되었고, 최근에는 총무·인사·복리후생·연수·기획·생산분야로까지 확산되고 있다. 선진제국의 지방정부는 핵심적 업무 외에는 모두 외부에서 조달하려는 추세를 보이고 있다. 아웃소싱의 확산은 필연적으로 전문회사의 등장을 동반한다. 홍보대행전문회사, 연수전문회사 등이 그 예이다. 요컨대 외부위탁은 지방정부의 경쟁력을 높이기 위해 비핵심적 업무를 전략적으로 외부의 민간영역으로부터 조달하는 관리기법이라 하겠다.

2) 지방정부에 의한 서비스공급이 불필요한 것

(1) 지방정부의 규제철폐

근래 지방정부는 주민의 생활에 관련된 각종의 정부규제에 대하여 불필요한 규제를 줄이면서도 필요한 규제에 대해서는 그 질을 높여가고 있다. 이러한 지방정부의 규제에 대해서는 상반되는 두 가지 추세를 보이고 있다. 첫째는 지방정부가 주민의 건강과 안전을 증진하고 환경을 보호하기 위한 수단으로 사회적 규제를 더욱 강화하는 추세이며, 둘째는 지방정부의 규제에 대한 실망과 엄청난 규제비용, 과중한 부담과 폐해를 고려하여 경제적 규제를 철폐하는 추세이다.[2] 그리하여 오늘날 정부의 규제철폐는 바로 자유시장경제의 창달, 작은 정부와 동의어로 이해되고 있다. 우리나라는 중앙정부의 정부혁신정책추진에 따라 전국의 지방정부들이 규제철폐운동을 추진한 바 있다. 그러나 민주주의 정치이념이 지배하는 시민사회의 본질적 구조는 규제를 필요로 하는 영역이 존재하고 그러한 영역에 대한 규제는 점차 그 질을 제고시켜나가야 할 것이다.

---

2) 즉 선진국에서는 전력·통신·철도·항공·금융 등에 대한 경제적 규제를 지속적으로 폐지해 나가고 있는데 아직도 정부규제가 기술혁신·세계화와 지방화추세에 순응하지 못하므로 이를 철폐해야 한다는 주장들이 분출하고 있다. 특히 기업들로 하여금 외국기업과의 경쟁에서 유리하게 하려면 경제적 규제를 풀어야 한다는 의견이 지배적이다.

(2) 민영화(民營化)

새바스(E. S. Savas)는 "정부의 기능은 방향을 잡아주는 이른바 정책결정기능에 한정되어야 하며, 서비스를 제공하는 정책집행기능은 민간부문이 담당해야 한다"고 역설한 바가 있다(삼성경제연구소, 1994: 47). 그리하여 정부는 노젓는 일(정책집행)에 해당되는 서비스공급을 직접 할 것이 아니라 방향을 잡아주는 일에 해당되는 정책결정만 하는 것이 더욱 효과적이라고 했다. 미국의 시정부 중에는 시정부는 정책결정만을 담당하고 정책집행(서비스제공)을 민간부문에 맡김으로써 재정적자를 해소하고 서비스의 질을 향상시키는 성과를 거두었을 뿐 아니라 「작고 효율적인 지방정부」을 보여준 예가 적지 않다고 한다.[3] 이처럼 지방정부의 서비스공급영역의 일부를 민영화(privatization)하는 방법에는 두 가지가 있다. 하나는 서비스공급을 바로 민영화하는 방법이 있고, 다른 하나는 공기업화한 후 다음 단계로 민영화 하는 방법이 있다.

Ⅳ. 지방행정서비스와 품질향상

1. 행정서비스 품질향상의 의의

1) 개 념

1980년대의 정부개혁은 정부가 수행하는 기능이 과연 납세자가 낸 세금에 비하여 얼마나 큰 가치를 창출하고 있는가라는 의문에서 시작되었다. 그리하여 시장경제의 원리를 받아들여 가능한 한 정부기관과 민간기업간에 경쟁을 유발시킴으로써 행정의 경제성과 효과성을 제고하려고 하였다. 그러나 1990년대에 접어들면서 '경제성과 효과성이 누구를 위한 것인가'라는 문제의식을 갖기 시작하면서 행정서비스를 i) 공급자중심에서 수요자중심으로, ii) 관중심에서 민중심으로 전환하려는 경향이 나타났다. 그리하여 민간부문에서처럼 정부부문에서도 기업경영방식을 도입하려는 시도가 나타났으며, 주민에 대해서도 기업의 고객에 대한 서비스를 본받기 시작했다.

근래 대부분의 지방정부는 각종 현대적 기술을 활용함으로써 주민들에게 질 높은 서비스를 빠르게 공급하기 위해 노력하고 있다. 미래사회에서는 기술발달이 고도화되고 소득

---

3) 뉴저지주 뉴왁(Newark)시는 정책집행기능인 주택, 에이즈 치료, 무주택자 대책 등을 지역사회단체 또는 민간부문이 시행토록 하였고, '80년에 1만명이었던 공무원을 '88년에는 4천명으로 줄임으로써 재정적 어려움에서 벗어날 수 있었다. 미네소타주 세인트폴(St. Paul)시는 정책결정은 하되 노젓는 일을 민간부문에 맡겨 사향 길에 접어든 도시를 다시 살려내는데 성공했다.

이 증가함에 따라 주민들이 안락하고 편리한 삶을 회구할 것이며, 생활의 질 향상을 통해 양질의 지방행정서비스를 요구할 것이다. 특히 지역주민들은 멀리 떨어져 자신들의 수요를 잘 이해하지 못하는 중앙정부 보다는 자신들의 가까이에 있어 누구보다도 자신들을 잘 아는 지방정부로부터 서비스 받기를 바랄 것이다.

2) 정보화시대의 사이버지방정부와 서비스품질 향상

이미 많은 지방정부들이 사이버공간을 통해 행정업무를 수행하고 서비스를 제공하고 있다. 이에 따라 과거에 비해 지방행정서비스의 질이 이미 크게 향상되었을 뿐 아니라 앞으로는 더욱 제고될 것이다. 오늘날 우리나라는 물론 주요국의 정부들은 이미 사이버공간에 전자정부를 만들어 운영하고 있다. 사이버지방정부의 의의와 특징은 다음과 같다.

첫째 사이버지방정부란 문서없는 행정조직을 의미하는 것이 아니라 주민과 정보를 공유하고 주민을 위해 봉사하는데 정보기술을 사용하는 지방정부란 뜻이다. 즉 정보화를 통해 행정개혁을 완료하고 행정의 효율을 극대화함으로써 경쟁력을 갖춘 작고 생산적인 지방정부를 지향한다.

둘째 사이버지방정부란 고객지향적 정부를 의미한다. 주민들이 각종 인허가에 필요한 서류를 발급받기 위해 행정기관을 왕래해야 하는 번거로움이 사라진다. 지방행정기관은 온라인을 통해 자격증, 운전면허증을 발급하는 등 시간과 공간의 제약 없이 민원서비스를 제공할 수 있다. 예컨대, 주민이 교통범칙금을 내기 위해 많은 시간을 허비해야 하는 현재와는 달리 컴퓨터 클릭 몇 번으로 모든 것을 끝낼 수 있게 된다. 기업으로서는 각종 허가와 신고, 입찰 등의 과정이 모두 전자화되어 간편해질 것이다.

셋째 사이버지방정부에서는 정책결정 및 집행과정에 주민들이 직적 참여하는 까닭에 특수한 사안을 제외하고는 원칙적으로 모든 행정내용이 공개된다. 따라서 행정은 투명해지고 공무원들의 재량권남용 또는 자의적 판단이 개입할 여지가 없어진다. 그러므로 지방정부를 사이버지방정부로 변모시켜 원스톱 서비스와 셀프서비스 등을 실현함으로써 행정절차의 안내, 각종 양식의 온라인 제공은 물론 민원절차를 모두 온라인으로 하는 동시에 고도화된 원스톱 서비스를 공급해야 할 것이다.

2. 지방행정서비스의 품질향상 방안

주민에 대한 행정서비스의 품질을 향상시키는 방안은 나라마다, 지역마다 다를 것이다. 그러나 품질향상을 위한 접근방법에는 공통점이 있다. 예컨대 행정서비스의 대응성과 투명성을 제고시킨다거나 행정에 민간의 경쟁원리를 도입하는 방법, 기업이나 주민들이 행정기관에 쉽게 접근할 수 있도록 하는 접근성과 고객중심적 행정을 높여나가는 방법 등이 그것이다. 그 외도 행정서비스에 주민들의 선택의 폭을 넓혀나간다거나, 서비스 시간의 단축, 행정공무원의 친절 등을 강화해 나가는 방법 등이 있다.

1) 서비스의 대응성제고

우선 서비스의 질 향상을 위한 정책적 관심의 초점이 모두 접근가능성, 적시성, 정확성 등으로 대표되는 서비스 전달(service delivery)의 질에 맞춰져 있다는 점이다. 이른바 행정서비스 자체의 질과 성과보다는 고객에 대한 즉각적인 대응성(responsiveness)이 더 중요함을 의미한다. 일부 국가들은 서비스 전달 뿐만 아니라 그 결과에 대한 고객의 평가에도 관심을 쏟고 있다.

2) 민간영역의 경쟁원리 도입

경쟁원리가 적용되지 않아 정부가 직접 공급해야 할 서비스영역에 대하여는 가급적 비용을 줄이면서 서비스의 질을 향상시키도록 개혁하고, 목표에 대한 성과를 높이는 접근방법으로 나아가고 있다. 보다 적은 비용으로 보다 많은 서비스를 공급하라는 압력 때문에 지방자치단체도 돈의 자치를 높이려는 노력을 기울이고 있다. 그것이 바로 민간으로부터의 경쟁원리를 도입하는 것이다.

3) 행정에의 접근성과 투명성 제고

행정서비스의 질 향상을 위하여 지방정부는 주민 또는 기업들의 접근성을 용이하게 하고 행정의 투명성을 제고해 나갔다. 선진국에서는 지방정부가 주민들에 대한 서비스기준을 설정하여 공표·시행함으로써 일정수준의 서비스공급을 의무화하는 조치가 속속 취해지고 있다. 영국의 시민헌장(Citizen's Charter), 미국의 고객서비스기준(Customer Service Standards)이 그 예이다.

4) 주민선택의 폭 확대

고객에게 선택의 폭을 넓혀 주는 것도 중요하다. 서비스공급에 있어서 지방정부 담당기관의 배타적·독점적 지위를 인정하지 않고 민간부문 및 다른 지방정부의 기관과 경쟁관계에 놓이도록 하며 대민서비스에서뿐만 아니라 정부기관간의 서비스공급에 대해서도 가격을 책정하고 사용료를 부과하는 등 상업적 환경을 조성해 나가고 있다.

5) 시간단축과 친절 및 정중함

그 외도 각국의 지방정부는 지방행정서비스의 질을 향상시키기 위한 다양한 방법을 고안해 내었다. 예컨대 민원 일회방문처리제도 등을 통한 민원처리시간의 단축과 민원처리에 관련된 부서간의 협조체계구축 등은 물론 민원인들에 대한 친절과 봉사를 대대적으로 추진하였다. 민원실을 민원봉사실로 개칭하고 주민들이 가장 접근하기 쉬운 1층에 위치시켰으며, 각종 시설과 비품을 비치하여 민원인들에게 편의와 안락을 제공하였다.

3. 행정서비스 품질향상을 위한 정책

1) 시민헌장제(市民憲章制)의 시행

지방정부가 공급하는 행정서비스 중에는 민간기업적 경쟁원리가 적용되지 않는 영역이 많고, 이들 영역의 서비스는 그 품질이 현저히 떨어지는 경우가 적지 않다. 시민헌장(Citizen's Charter)제도는 이러한 시장원리의 사각지대에도 고객지향적 행정서비스를 공급하기 위한 대안으로 고안된 시책이며 영국에서 가장 잘 실시되고 있다.

지방공무원들이 제공하는 행정서비스에 대해서 주민들은 수요에 부응하는 서비스, 보다 양질의 서비스를 보다 저렴한 비용으로 공급받기를 기대한다. 그리고 단체장과 지방의회는 이러한 주민들의 기대에 부응하는 서비스를 제공하기 위해 노력해야 한다. 시민헌장제도는 종전의 공급자중심의 서비스공급방식을 수요자중심의 공급방식으로 전환함으로써 주민에 대한 행정서비스의 대응성을 강화하고 공무원들로 하여금 행정서비스의 품질에 대한 관심을 제고시키려는 데 그 목적이 있다.

이러한 시민헌장제는 지방정부의 각 기관과 공무원들이 반드시 지켜야 할 의무조항을 명시하고 주민들이 당연히 누려야 할 권리를 담고 있다. 공급될 서비스의 기준을 설정하고 그것을 불이행할 때에는 주민들이 시정조치를 요구할 수 있도록 하고 있다. 시민헌장의 내용도 나라마다 지방마다 기관마다 각각 다르다. 그러나 일반적으로 볼 때 시민헌장은 주민들에게 만족한 행정서비스를 제공하는데 필요한 내용을 담고 있다. 첫째 행정기관의 개방성, 행정서비스에의 접근가능성, 이용의 편리성 등을 담고 있고, 둘째 서비스 공급방법으로서 서비스공급의 정중성, 공개성, 공정성, 명확성, 신뢰성 등을 담고 있다. 셋째 서비스제공에 따른 주민들의 평가에 귀를 기울인다는 환류과정을 담고 있다.

2) 고객에 대한 서비스기준 제정

고객서비스기준(customer service standards)이란 지방정부가 주민들에게 공급할 서비스기준을 제정하여 공표함으로써 일정한 수준의 서비스 공급을 의무화하려는 제도이다. 즉 구체적인 서비스기준을 정함으로써 주민들은 서비스 기대수준을 알게 되며, 담당공무원들은 주민들에게 어느 수준까지 서비스를 제공해야 할지를 알고 직무를 수행하게 된다. 고객서비스기준은 공급되어야 할 최소한의 서비스 기대수준이므로 실제로 주민들은 그 이상의 서비스를 공급받게 된다. 이처럼 고객서비스기준을 설정하여 주민에 대한 행정서비스의 질을 향상시키는 것은 오늘날 선진제국의 일반적 추세이다. 다만 국가에 따라 서비스기준을 정치인들이 제정하기도 하고, 공공기관들이 정하기도 하지만, 대부분의 국가에서는 각 지방정부가 주민에 대한 행정서비스의 품질향상정책을 시행하고 있다(정세욱, 2003: 423).

이러한 고객지향적 서비스기준을 설정·시행하는 데에는 다음과 같은 점을 고려해야 한다. 첫째 서비스 기준제도는 자칫 일반주민의 이해관계를 도외시하고 특정인의 이익에 치우칠 우려가 있다는 점. 둘째 고객에 대한 대응성과 고객에 의한 포획(capture)간의 적절한 균형이 유지되기 어렵다는 점. 셋째 서비스기준이 실효를 거두려면 고객에 대한 보상체계가 마련되야 하며, 서비스기준에 의한 업무성과는 해당자치단체나 소속직원에 대한 인센티브로 활용되어야 한다는 점이다.

3) 공공서비스 구매권제의 시행

영국에서는 공공부문에 경쟁원리를 도입하기 위한 방안의 하나로서 공공서비스구매권제(voucher system)를 시행하고 있다. 공공서비스 구매권제란 행정서비스의 공급자를 다양화하여 고객(주민)들로 하여금 공급자를 자유롭게 선택할 수 있도록 하며 공급자들간에 경쟁을 촉진시킴으로써 가격을 인하시키거나 서비스의 질을 향상시키려는 제도이다. 특히 복지정책의 일환으로 지급되는 육아수당, 주택수당 등 각종 수당에 많이 도입되었다. 그러나 최근에는 복지급여의 수단이라는 차원을 넘어 소비자(주민)의 권한을 확대하는 한 방법으로서 공공서비스 구매권제의 활용을 확대하는 방안이 관심을 끌고 있다.

공공서비스 구매권제를 채택하려면 행정서비스시장에의 진입장벽을 제거함으로써 시장을 경쟁적으로 만들어야 하며 수요자(주민)들은 선택권을 행사하는데 필요한 정보를 가지고 있어야 한다. 공공서비스구매권은 첫째 서비스공급에 소요되는 모든 비용을 중앙과 지방정부가 부담하고, 둘째 개인에게 지급되는 액수의 상한선이 있으며, 셋째 공급받을 서비스를 전환하거나 양도할 수 없다는 특징이 있다.

4) 서비스의 전달방식의 개선

(1) 접근가능성의 제고

지방정부가 주민에게 제공하는 지방행정서비스의 질을 향상시키려면 먼저 주민들의 접근가능성(accessibility)을 높이고 행정의 투명성을 제고해야 한다. 공무원은 친절하고 정중하게 주민을 맞아야 한다. 지방정부가 설명서, 안내책자, 비디오를 준비해 놓고 불편해소절차에 관한 정보도 제공해야 한다. 옴부즈만, 행정심판기구, 정부공개법 등은 모두 자치행정기관과 주민간의 관계를 긴밀히 하기 위한 장치이다. 또한 고객인 주민의 편의를 위한 이동사무소제, 우체국의 민원처리제, 정보기술을 이용한 서비스 일괄처리제, 고객위주의 업무시간제의 운영이 국민의 접근가능성을 제고하는 방법이다.

(2) 서비스공급의 적시성 제고

주민들에게 그들이 원하는 적절한 시간에 행정서비스를 공급하는 것(timely service delivery)도 서비스의 품질을 향상시키는 것이다. 서비스공급의 적시성은 행정조직 내부의 서비스 기준이 아니라 정형적 서비스를 반복적으로 제공하는 부서의 근무자에게 해당되는 내용이다. 이것은 민원인을 위한 시혜적인 서비스 기준이 아니라 행정기관이 준수하지 않을 때에 민원인이 준수하도록 행정기관에 대해 요구할 수 있는 권리이다.

(3) 정중하게 서비스공급

지방정부의 공무원들은 서비스를 제공함에 있어 주민을 정중하게 대해야 하며, 서비스를 받을 수 있는 내용과 범위 등을 친절히 설명하고, 서비스를 제공해야 한다. 주민들을 대하는 직원들의 정중한 태도가 바로 행정서비스의 품질을 높이는 중요한 요소이다.

(4) 민원처리시간의 단축

'시간은 금이다'라고 했던 과거와는 달리 현대에 와서는 '시간은 생명이다'고 생각되게 되었다. 특히 현대의 사이버공간에서는 비트를 압축하고 확장하는 기술이 발달되어 시간조절의 무한한 가능성을 기대하게 한다. 과거에는 재물을 얻기 위해 시간을 소비했지만 21세기에는 시간을 절약하기 위해 재물을 소비하는 사회가 될 것이다. 시간이 그만큼 소중해 진다는 뜻이다. 그러므로 지방정부는 가능한 한 주민이 시간을 허비하지 않도록 행정서비스를 제공해야 한다. 지방행정기관은 민원업무처리에 소요되는 시간과 주민들이 다른 지역으로 이동하는데 소요되는 시간을 가능한 단축시켜줌으로써 주민들이 본업에 종사하거나 여가를 즐기는데 보다 많은 시간을 할애할 수 있도록 배려해야 한다.

제 2 절 지방정부의 행정정보공개

지방자치는 지역의 주민들이 자율적으로 지방정부의 자치행정에 참여하고 직·간접으로 지방정부를 통제함으로써 자치행정의 민주성과 생산성을 증진시켜 나가는 것이다. 그리고 이러한 주민들의 자율적인 참여촉진, 민주적 시민의식의 함양과 제고, 주민요구의 지방자치에의 반영, 지방자치발전을 위한 건전한 여론 등을 형성하려면 기본적으로 주민의 알권리를 충족시키는 지방정부의 행정정보공개가 이루어져야 한다. 행정정보공개에 있어, 행정정보는 실질적으로 정보의 내용뿐 아니라 정책결정과정까지도 포함한다. 이것은 행정정보가 타 정보와 비교하여 상대적으로 공공성과 공익성, 독점성, 합법성, 정치성이 크고, 그만큼 사회와 개인에게 미치는 파급효과나 영향력이 크기 때문이다. 따라서 행정정보공개는 무엇보다도 투명성과 민주성을 강조할 필요가 있다.

Ⅰ. 지방행정 정보공개제도의 이론적 기초

1. 행정정보공개의 의의와 기능

1) 행정정보공개의 개념

행정정보공개란 지방정부가 스스로 또는 주민의 정보공개청구에 의하여 보유하고 있는 행정정보를 주민에게 공표하거나 공개하는 행위를 의미한다. 지방정부가 보유하고 있는 정보를 자발적으로 공개하는 것을 광의의 행정정보공개 즉 행정정보의 제공 또는 공표라 하고, 주민의 공개청구에 따라 의무적으로 공개하는 것을 협의의 정보공개라고 한다. 광의의 행정정보공개의 개념은 지방정부가 주민에 대해 일방적으로 정보를 제공한다는 관리적 측면의 개념과 주민과 지방정부가 서로 정보를 주고받는다는 쌍방적 교류라는 기능적 측면의 두 가지 관점에서 검토할 수 있다.

(1) 관리적 개념(일방적 정보제공)

행정정보공개의 관리적 개념이란 지방정부의 최고관리층에서 하급관리층에 이르기까지 모든 공무원이 정보의 공개요원이라는 기본적 인식과 사회적 책임을 가지고 그 직책을 수행해야 한다는 원칙을 말한다. 민주행정이란 주민의 뜻에 따라 결정하고 그 결과에 대해 주민에게 책임을 지는 행정을 말한다. 따라서 지방정부의 행정이 책임있는 행정이 될 수 있도록 지방정부의 업무수행에 관한 가능한 많은 자료들이 주민들에게 공개되어야 할 필요가 있다.

(2) 기능적 개념(쌍방적 정보교류)

기능적 개념이란 행정정보전문가가 최고관리층에게 자문・조언하는 것을 의미한다. 행정정보전문가는 i) 자치단체의 정책이나 기능이 다양하고 이질적인 주민의 요구와 의견에 부합되도록 이를 최고관리층에 전달하고, ii) 주민다수의 이익에 불가결한 사항을 건의하며, 주민들이 자치단체의 정책과 활동을 수용하도록 하는 방안을 조언하고, iii) 자치단체의 정책과 활동에 관한 정보를 널리 알리는 기능을 수행한다.

2) 행정정보공개와 선전・광고의 구별

(1) 행정정보공개와 선전의 구별

행정정보공개와 선전은 그 활동의 동기가 그 객체에게 자기를 인식시키려 한다는 점에서는 동일하나, 양자는 그 목적・성질・방법・반응・시간의 측면에서 차이가 있다.

첫째 목적의 관점에 볼 때 행정정보공개는 그 주체와 객체의 쌍방의 이익을 증진하기 위해서 쌍무적인 협력을 이룩하려는 과정인데 비하여, 선전은 선전주체의 일방적인 이익을 충족하기 위하여 선전객체의 수동적 추종을 확보하려는 것이다.

둘째 그 성질에 있어서 행정정보공개는 수평성・교류성을 가지는데 비하여 선전은 수직성・편류성을 가진다. 즉 선전은 선전대상에 대한 일방적 자기주장이며 대상의 주장이나 반응에 민감하지 않다.

셋째 방법의 관점에서 볼 때 선전은 있는 사실을 은폐・왜곡하고 없는 사실을 날조하며, 선전주체에게 유리한 사실만을 과장함으로써 선전객체를 착각에 빠뜨리는데 비하여, 행정정보공개는 사실을 조작함이 없이 있는 그대로, 그리고 필요한 모든 자료를 객관적으로 공표하는 점에서 그 방법이 다르다.

넷째 반응에 대한 관점에서 선전은 선전의 결과 선전객체가 선전주체를 지지하게 되었다면 그 반응은 '협력'이 아니라 현혹・착각에 바탕한 무비판적인 '추종'이다. 이에 비하여 행정정보공개의 결과 얻어진 지지의 반응은 이상적 자주적 판단에 의한 '협력'이다.

다섯째 시간의 차원에서도 선전은 그 성질상 단기적 근시안적인 데 비하여, 행정정보공개는 그 객체의 신뢰를 획득하여 지지를 받고 인간관계를 개선하려는 과정이기 때문에 장기적 원시안적인 성격을 가진다.

(2) 행정정보공개와 광고의 구별

행정정보공개와 광고는 정보공개 또는 광고주체의 이익을 증진하는 외에, 그 객체의 이익도 증진한다는 점과 수평성·교류성을 지니는 점에서 유사하다. 그러나 구체적으로는 다음과 같은 차이점이 있다. 첫째 직접적인 목적의 관점에서 볼 때 광고는 상품의 판매를 목적으로 하는데 비하여 행정정보는 그 주체의 사회적 신뢰성을 향상시킴을 그 목적으로 한다. 그러나 광고도 때로는 상품판매목적이 아니라 주체에 대한 객체의 호감을 획득할 목적으로 하는 경우가 있다. 둘째 구체적 방법의 이용형식을 보면 광고는 광고크기와 규모, 광고시간 및 형식에 의하는데 비하여, 행정정보공개는 기사, 평론, 성명, 해설보고, 간담회 등 다양한 형식을 이용한다. 셋째 시간의 측면에서도 광고는 상품판매의 목적을 달성하려는 수단이므로 비교적 근시안적인데 비하여 행정정보공개는 이성에 호소하여 행정정보공개 주체와 객체의 인간관계를 개선하려는 과정이므로 보다 장기적 원시안적이다.

3) 행정정보공개의 기능

(1) 긍정적인 기능

첫째 광보기능을 수행한다. 행정정보공개는 지방정부가 이룩한 행정업적을 주민에게 널리 알림(광보)으로써 신임을 얻고 다음의 정책입안 및 집행을 효과적으로 지원하게 하는 기능을 한다. 둘째 방어기능을 수행한다. 현대행정국가에서 자치단체장이 지방의회, 정당, 이익단체, 언론기관 등과 대립되는 상황에 놓이면 지방정부에 대한 지탄과 공격을 중화시키고 지방정부의 정당성을 입증시키는 기능을 한다.

셋째 안전기능을 수행한다. 내외의 돌발사태로 인하여 일정한 지역사회가 위기에 처할 때 민심을 수습하고 불안을 감소시키며, 일부 주민들의 누적된 불만을 해소시켜 주민의 여론을 건전한 방향으로 유도하는 역할을 담당한다. 넷째 매개기능을 수행한다. 지방정부의 의도를 규명하고 주민의 참여를 유발하는 등 지방정부와 주민간의 의사소통을 원활히 하는 매개적 역할을 한다.

(2) 부정적인 기능

첫째 행정업무를 지연시킬 수 있다. 행정정보공개제도가 도입되면 종래까지 기본적인 절차나 과정을 무시하고 편의적으로 수행하던 행정행위도 적절한 절차와 양식에 의거하여 결정·집행됨으로써 종전보다 행정업무가 지연될 수 있다. 특히 정보공개제도를 이용하여 주민들이 이를 과도하게 이용할 경우, 이러한 행정업무의 지연은 더욱 커질 수 있다. 따라서 정보공개제도의 적용에도 일정한 절차와 의무를 부과하여 행정업무의 지연을 최대한 방지해야 할 것이다.

둘째 정보입수를 곤란하게 할 수 있다. 정보공개제도를 도입하는 곳에서는 어느 나라든 일정한 행정정보를 비공개로 할 수 있도록 하는 예외규정, 즉 비공개대상을 명문화하고 있다. 그런데 정보공개제도를 잘못 운영할 경우 종전까지지도 접근이 가능했던 정보도 비공개규정을 이유로 하여 오히려 정보입수에 곤란을 겪게 될 수도 있다. 따라서 비공개 대상정보는 가능한 최소로 해야 하며, 그 표현도 추상적이기보다는 구체적이어야 한다.

2. 행정정보공개의 이념(理念)

1) 사실 그대로의 공개

지방정부는 주민들에게 있는 사실을 그대로 공개해야 하며 왜곡된 정보를 제공하거나 사실을 과장·은폐해서는 안 된다. 이러한 행정정보공개의 이념에 위배하여 허위정보를 공개하면 지방정부는 주민의 신뢰를 잃게 되어 나중에는 사실 그대로를 공개하더라도 주민들이 불신하여 지지를 못 받게 된다. 그러므로 행정정보공개는 지방정부가 상당한 업적을 쌓고 나서 이를 공개하여 정당한 평가를 받으며, 신뢰를 얻는 과정이라 할 수 있다. 그리하여 행정정보공개 또는 PR을 실적+인정이라고 표현하기도 한다(정세욱, 2003: 357).

2) 장기적·계속적 과정

지방정부가 좋은 대민관계를 유지하려면 지속적으로 행정정보를 공개해야 할 필요가 있다. 그것은 필요한 때에만 일시적으로 실시하는 행정정보공개로는 소기의 성과를 기대할 수 없기 때문이다. 지방정부에 대한 주민이나 특정집단의 여론이 악화되었을 때 이를 무마하기 위하여 실시하는 정보공개는 위급한 사태를 모면하려는 임시적 방어수단일 뿐 진정한 의미의 행정정보공개로 볼 수는 없다.

3) 관리철학의 구현

지방정부의 행정은 주민의 이익증진을 제일 목표로 한다는 관리자의 철학을 구현한 것이어야 한다. 즉 자치행정이란 기본적으로 주민의 기본적 욕구충족에 기여해야 함을 의미하며, 행정정보공개도 이러한 맥락에서 그 의의를 찾아야 할 것이다.

4) 커뮤니케이션을 통한 실현

행정정보공개는 지방정부의 목표·시책 및 그 추진 상황을 다양한 매체를 통하여 주민들에게 알리는 것이다. 특히 주민들은 그들의 이해관계에 영향을 미치는 행정정보를 알려고 하므로 이를 공개하지 않으면 주민들이 그 내용을 곡해하거나 허황된 풍문이 나돌게 되어 오해하거나 비판적인 태도를 갖게 된다.

3. 행정정보공개의 필요성

1) 지방정부정책에 대한 주민의 이해와 협력획득

정보공개는 우선 지방정부의 정책에 대한 주민의 이해와 협력을 얻기 위해 필요하다. 행정정보공개의 목적은 단순히 주민에게 정보를 공표하는데 그치는 것이 아니라 정보공개 후에 주민들의 반응을 파악하고 이에 대처하는데 있다. 지방정부와 주민간의 관계에서 행정정보공개가 중요시되는 이유는 자치행정이 민주주의를 그 이념으로 하는 한 지방정부는 주민의 여론에 민감하게 반응해야 하며, 이른바 정보투입의 과정을 통하여 주민이 원하는 정책, 계획 및 방침을 입안하고 집행해야 하기 때문이다. 따라서 지방정부는 정책을 집행함에 있어서도 주민의 이해와 협력을 구하는데 주력해야 한다.

2) 주민참여의 활성화와 대의민주제도의 보완

행정정보공개는 주민참여를 활성화시켜 간접민주주의를 보완하는데 필요하다. 자치행정에의 주민참여를 제약하는 요인 중의 하나는 주민이 자치행정에 대한 정보를 가지고 있지 않다는 것이다. 민주주의란 합의에 의한 '자기지배의 원리'를 그 특질로 하는 까닭에 주체적 참여를 기본으로 하는 행정정보공개야 말로 바로 민주행정에 있어 필수불가결한 요건이 되고 있다.

3) 지방자치에 대한 주민의 인식과 편견교정

자치행정에 대한 주민의 그릇된 인식과 편견을 교정하기 위해서도 정보공개가 필요하다. 행정정보를 공개하지 않고 비밀로 묶어 두면 엉뚱한 악성루머가 퍼져 지방정부에 대한 오해 또는 편견이 증폭된다. 지방정부에 대한 주민의 그릇된 인식과 편견을 교정하는 것은 지방정부 관리층의 중요한 임무의 하나이다. 따라서 관리층은 주민으로 하여금 지방정부에 대하여 호감을 갖고 자치행정을 지지하도록 여러 방법으로 자치행정의 내용을 이해시켜야 한다.

4) 지방정부에 대한 주민의 신뢰와 지지획득

지방정부의 주민에 대한 행정정보공개는 지방정부에 대한 주민의 신뢰와 지지를 획득하기 위하여 필요하다. 자치행정은 주민의 신뢰와 지지 없이는 원만하게 수행될 수 없으므로 행정정보공개는 불가피하다.

5) 지방정부와 주민간의 관계긴밀화

행정정보공개는 지방정부와 주민간의 관계를 긴밀하게 하기 위하여 필요하다. 행정정보공개는 현대사회의 기능분화와 복잡화, 그리고 지방자치단체의 내외요인으로 말미암아 소원해지고 있는 지방정부와 주민간의 관계를 긴밀하게 하는 효과적인 수단으로 인식되고 있다.

6) 자치행정의 책임보장

정보공개는 자치행정의 책임을 보장하기 위해서도 필요하다. 즉 위법·부당한 행정으로 인하여 주민들이 불이익을 당하지 않도록 하며, 지방정부의 공정하고 투명한 행정을 보장하기 위해 행정정보공개는 반드시 필요하다. 자치행정과정과 성과를 모두 공개할 때에는 공무원들이 자의적 행정행위를 할 수 없게 된다.

7) 주민의 권리보호 및 부정부패방지

행정정보공개는 주민의 권리보호를 위해서도 필요하다. 주민들은 지방정부가 하는 일에 대해 충분히 알 필요가 있고, 그러한 각종의 업무에 대한 정보획득을 통해 지방정부에 주민들의 요구와 주장을 투입할 필요가 있기 때문이다.

그 외도 정보공개는 지방정부의 내부관리의 불합리나 이를 통한 부정부패를 방지하기 위해서도 공개가 필요하다. 근래 자치단체장의 업무추진비공개 등으로 공무원들의 공금지출에 투명성을 제고시켰으며, 부정한 지출을 통제하게 된 것도 이러한 관점에서 이해될 수 있다.

4. 행정정보공개의 촉진요인

1) 자치행정의 민주화의 요청

현대 지방자치행정은 민주정치의 당연한 요청으로 주권자인 주민에게 봉사하도록 요구되고 있다. 이러한 요청에 의해서 지방정부는 행정서비스의 고객인 주민들이 어떠한 서비스를 받을 권리가 있는지를 그들에게 알려줄 의무를 지고 있고, 주민은 이에 대해 알 권리가 있다. 또한 지방정부는 자치행정을 주민의 동의 하에서 수행할 의무를 지고 있다. 이와 같이 주민에 대한 보고와 동의의 확보는 바로 행정정보공개의 노력 여하에 크게 의존하게 된다(동의의 순환과정).

2) 지방자치행정의 능률화의 요청

지방자치행정이 정확한 자료에 의거하여 합리적 의사결정과 능률적 집행을 도모하려면 지방정부와 주민사이를 연결하는 상호 의사소통기능이 활성화되어야 한다. 이러한 기능을 수행하는 것이 바로 행정정보공개이다(정보의 순환과정).

3) 지방자치행정의 인간화의 요청

지방자치행정은 법집행적·기계적인 행정보다는 온정적·인간적인 행정일 것을 요구받고 있다. 그런데 지방자치행정을 지배하고 있는 관료제화의 경향으로 지방정부와 주민간에는 온정성·인간성이 상실되어 가고 있다. 따라서 이러한 상황을 극복하기 위하여 창구행정의 개선, 주민고충의 처리, 행정상담의 제도화 등을 마련하여 자치행정과 주민간의 온정을 순환시키려 하고 있다. 이와 같이 자치행정에 있어 인간화의 요청은 행정정보공개를 불가피하게 하였다(온정의 순환과정).

Ⅱ. 지방행정정보공개의 내용과 특성

1. 정보공개의 주요내용

지방정부가 주민에게 공개·제공하여야 할 행정정보는 첫째 행정서비스의 실효성을 높이기 위해 주민에게 철저히 알릴 필요성이 있는 것. 둘째 주민의 경제생활과 사회생활을 보다 효과적으로 하게 하고, 행정의 주체로서 주민이 지역사회의 상황을 정확히 파악하는데 필요한 것. 셋째 주민이 지방행정을 지역사회 관리자로서의 입장에서 비판하고, 지방행정기관의 의사결정에 참여하는데 필요한 정보 등이다.

이러한 행정정보공개의 구체적 내용은 1989년 행정개혁위원회가 분야별로 제시한 바 있다. i) 정책정보로서 시정의 현황, 과제와 논점, 장래예측, 정책방침, 정부의 중·장기계획, 예산·결산상황, 행정백서, 각종 통계자료, 위원회의 의견서 및 보고서, 여론조사결과, 공청·청문회의 결과 등이며, ii) 계획정보로서는 새로운 입법조례안, 사업계획 등의 근거 · 취지 및 기대되는 새로운 효과 등을 들고 있다. iii) 집행정보로는 사업집행에 있어서 집행의 기준 및 방침의 세목을 표시하는 사항, 인 · 허가의 기준 및 벌칙, 건설계획의 설계 세목, 행정서비스의 제공방침에 관한 사항 등이 포함된다. iv) 평가정보로는 행정사업의 진행상황, 사업의 효과에 대한 객관적인 평가에 관한 사항 등을 들 수 있다.

2. 행정정보공개의 특성

1) 수평성(水平性)

행정정보공개는 지방정부와 주민이 대등한 수평적 지위에 있을 것을 그 전제로 한다. 자유민주주의를 그 기본적 정치이념으로 하는 국가에서는 지방정부의 공무원은 주민 전체에 대한 봉사자로서 주민에 대하여 책임을 지는 지위에 있기 때문에 자치행정이야말로 바로 지방정부와 주민간의 협동작업임을 인식할 필요가 있다. 절대군주제 하에서는 관료와 국민간에 지배자와 피지배자라는 수직적 관계가 성립되어 있었지만 민주정치 하에서는 복종 대신 협력이, 맹종 대신 자발적 협조가 요청된다. 따라서 행정정보공개를 통하여 주민의 이해를 구하고 자발적 협조를 유도해야 한다.

2) 의무성(義務性)

민주주의 국가에 있어서의 행정정보공개는 주민에 대한 지방정부의 특전이 아니라 당연한 의무임을 그 특질로 한다. 주민은 '알 권리'가 있으며, 이에 대응하여 지방정부는 주민에게 "알려 줄 의무"가 있다.

3) 교류성(交流性)

자유민주주의 국가의 행정정보공개는 지방정부가 일방적으로 주민에게 공표하는데 그치는 것(편류성)이 아니라, 공개된 정보에 대한 주민의 반응 · 의견이나 요망을 듣고 이를 정책에 반영하는 것(교류성)도 포함된다. 따라서 지방정부와 주민의 의사는 상호교류 되어야 한다. 행정정보공개를 통하여 지방정부의 시책을 주민에게 알려주고 그 반응을 감지하여 환류시키는 의사의 교류 · 순환이 순조롭게 이루어질 때에 주민을 위한 자치행정을 실현할 수 있다.

4) 객관성(客觀性)

지방정부는 그 업적이나 시책의 성과에 관한 정보를 주민에게 객관적으로 공개해야 하며 이를 왜곡・과장하거나 은폐해서는 안 된다. 지방정부에 유리한 사실만을 공개하고 불리한 사실을 공개하지 않는다는 것은 주민을 기만하는 행위로서 주민의 올바른 판단을 그르치게 한다. 따라서 지방정부는 진실을 객관적으로 공개하는 동시에 주민들의 반대의견도 경청해야 한다.

5) 교육성(教育性)

행정정보공개는 주민에 대한 계도적・교육적 의의를 가진다. 특히 민주정치는 여론정치임을 그 특질로 하는 까닭에 건전한 여론이 형성 될 수 있는 기반을 조성하기 위하여 행정정보공개는 중요한 역할을 하게 된다.

3. 지방정부 정보공개의 특징

주민의 알 권리의 충족 또는 행정책임성의 제고 등을 위하여 정부가 보유하고 있는 행정정보를 주민에게 제공한다는 측면에서 볼 때, 지방정부차원에서의 행정정보공개도 중앙정부차원에서의 정보공개와 기본적으로 다를 바 없다. 다만 지방정부에서의 정보공개와 중앙정부의 정보공개를 구별 지울 수 있는 특징은 지방정부에서의 정보공개제도의 도입이 상대적으로 보다 용이할 것이라는 점이다.

첫째 지방정부의 경우는 중앙정부와는 달리 외교・국방 또는 국가안전보장에 대한 책임이 적다. 반면 공개대상정보의 영역은 넓다. 둘째 지방의 경우 정보공개에 따른 이해당사자의 제도의 도입에 대한 저항이 상대적으로 크지 않다. 그리하여 외국의 경우, 중앙정부에서의 정보공개제도 도입에 앞서 지방정부차원에서의 정보공개노력이 선행되었다.

Ⅲ. 지방행정정보공개의 방법과 제약요인

1. 행정정보공개의 과정

행정정보공개는 하나의 순환과정으로 파악할 수 있다. 그것은 지방정부가 주민에 대하여 행정정보공개를 하면, 이에 대해 주민은 나름대로 반응을 보이게 되고, 이것이 지방정부에 영향을 주게 된다. 지방정부는 적절한 행정결정 또는 조치를 취한 후, 이를 다시 행정정보공개정책에 반영하여 새로운 공개를 하는 환류과정을 밟는다. 이 과정을 체계적으로 살펴보면, 첫째 행정정보공개 주체가 그 객체의 의견과 태도를 파악하고(의견수렴), 둘째 자신의 정책・서비스 등을 스스로 개선하며(개선), 셋째 행정정보를 공개하여 주민을 이해시킴으로써(공개, 이해), 넷째 주민의 호의적인 이해에 기초한 신뢰와 협력을 확보하는 과정(반응)으로 순환되고 있다(정세욱 · 최창호, 1990: 665).

2. 행정정보공개의 방법

지방정부의 주민에 대한 정보공개는 주민으로부터의 공개요구가 없어도 지방정부가 스스로 공개하는 적극적인 공개방법과 주민들의 요구에 응하여 공개하는 소극적인 방법으로 나누어 검토할 수 있다.

1) 적극적인 정보공개

(1) 각종 집회를 통한 연설 · 토론 및 보고회

지방정부의 정보공개는 각종 행사시나 지방의회의 집행기관에 대한 질문에의 단체장 답변을 통해서나 단체장, 지방의원 그리고 공무원들이 각종 집회에서 행하는 연설이나 토론 · 심포지엄 · 보고회(예: 시정 · 군정보고회)를 통해서도 공개된다.

(2) 공개전시회 및 전람회

지방정부는 주민들의 공동관심사항에 대한 정보를 전시회나 전람회 등을 통해 관람시킴으로써 공개하기도 한다. 주로 도시계획이나 재개발계획, 도시디자인에 관한 정보공개에 이들 방법을 널리 활용하고 있다.

(3) 지역 케이블 방송사의 영상매체를 이용한 행정정보공개

근래 대부분의 지역에는 지역 케이블 TV 회사가 설치 · 운영되고 있다. 따라서 이들을 이용한 반상회정보나 지방정부의 추진업무 등을 대담방송을 통해 공개하고 있다. 이는 모든 주민에게 영상매체를 통하여 행정정보를 공개하는 방법으로 행정정보공개의 도구로서는 매우 유용하다고 생각된다. 그러나 그 내용이 복잡하거나 난해할 경우 행정정보공개의 효과가 오히려 감소될 수 있다.

(4) 정기간행물 등을 통한 행정정보공개

이것은 지방정부가 발행하는 각종 월간, 계간, 연간의 보고서와 포스터, 팜프렛 등을 통하여 주민들에게 행정정보를 공개하는 방법이다.

(5) 홈페이지 등 사이버공간을 통한 행정정보공개

전자정부의 구축에 따라 모든 지방정부는 홈페이지를 구축하여 사이버공간을 통해 각종의 행정정보를 주민들에게 공개하고 있다. 이러한 인터넷을 이용한 민원처리과정의 공개시스템이 정착될 때에는 행정기관의 행정처리과정에 투명성을 확보할 수 있고 공무원의 부정부패를 방지하는데도 기여할 수 있다.

2) 소극적인 행정정보공개

소극적인 정보공개란 지방정부가 주민들의 정보공개청구에 의하여 의무적으로 행정정보를 공개하는 것을 말한다. 국민주권주의 및 주민자치사상이 보편화됨에 따라 주민은 지방정부에게 필요한 행정정보를 공개하도록 청구할 수 있다. 법률 또는 조례로서 정하는 정보공개제도는 헌법에 내재하는 기본적 인권으로서의 알권리를 실효성 있게 확보해야 한다.

3. 행정정보공개의 제약요인

1) 정보공개에 대한 기피풍조

(1) 행정정보의 비밀주의

지방정부는 중앙정부와는 달리 비밀보장이 요구되는 외교·국방·안전보장 등에 관한 기능을 담당하지 않으며, 지역주민의 일상생활과 관련된 기능을 담당하므로 특별한 사유가 없는 한 공개되더라도 국가이익을 침해하거나 사회적 물의를 빚을 만한 행정정보가 적다. 그럼에도 불구하고 아직까지도 지방정부의 관료들은 행정의 폐쇄주의·비밀주의를 유지하려는 경향이 있다. 아직도 많은 공무원들에게는 행정정보가 주민을 위해서가 아니라 행정을 위해 생산된 것이라는 그릇된 사고방식을 지니고 있다.

(2) 개인 사생활(privacy)보호의 강조

행정정보의 공개로 주민들의 개인적 사생활이 침해될 우려가 있다는 이유로 정보공개를 기피하는 경향이 있다. 즉 행정정보공개에 따르는 개인의 프라이버시를 보호하기 위하여 개인의 정보접근권을 통제하고, 정보의 유출이나 이용·공개 등을 통제하려 하며, 비공개대상을 설정해야 한다는 것이다. 그러나 개인의 프라이버시의 개념은 그 범위가 명확하지 않아 일률적으로 규정하기 곤란하다. 이처럼 공무원들은 사실은 그렇지 않은 데도 불구하고 개인사생활침해라는 이유를 들어 정보공개를 기피하는 경우가 많아 정보공개제도의 발전적 정착을 제약하고 있다.

(3) 공무원의 소극적 · 방어적 태도

정보공개에 대한 주민들의 요구가 증대되면 이와 관련된 공무원들의 업무가 늘어나게 되고 그로 인한 책임문제가 야기될 우려가 높다. 따라서 공무원들은 이러한 책임문제에서 벗어나기 위해 정보공개와 관련된 법령, 조례, 규칙 등에 집착하게 되고 이들 규정에만 의존하게 됨으로써 정보공개에 대한 소극적 · 방어적 태도를 가지게 된다. 이러한 공무원들의 태도가 정보공개제도의 발전을 제약하게 된다.

2) 비공개 대상정보의 광범한 지정

(1) 실정법령에 의한 공개적 제외사항

실정법이나 명령으로 정보공개대상에서 제외되는 사유를 규정함으로써 정보공개가 금지된다. 이것은 헌법이나 법률 및 이에 따르는 명령에 의하여 그것들이 비밀로 보장된다는 것을 의미한다.

(2) 행정기관 내부의 인사규칙 및 관행

행정기관 내부의 인사규칙 및 관행을 이유로 정보공개의 예외를 인정한다. 이는 행정기관내부의 직원에 관한 규칙 및 관행에 관한 문서 내지 사항이다.

(3) 국가안전 및 외부관련 비밀

국가안전보장 및 외교정책상의 비밀을 이유로 정보의 공개를 제한하는 것이다. 이것은 국가의 안전, 방위, 외교, 통화, 신용 및 공공의 안전에 중요한 비밀로서 공개시 국민의 손해를 초래할 것이 명확한 사항은 비공개할 수 있다.

(4) 행정기관의 내부문서

행정기관의 내부 문서인 경우는 대외공개를 제한하고 있다. 내부문서에는 행정기관 내부에서 검토하기 위하여 작성되거나 제3자로부터 수령한 계획, 각서, 초안, 설명, 보고 및 그 외의 업무보고 등이 여기에 해당된다. 그리고 국가 및 지방자치단체의 기관이나 위원회 및 기타 각 부서간에 교환되는 문서 등이 포함된다.

(5) 기업관계비밀

기업관계비밀의 보호가 정보공개제한의 사유가 된다는 것이다. 이는 기업의 기술상, 영업상 및 그 외의 사업활동에 관한 정보로서, 그것을 공개하는 것이 관계되는 기업 또는 제3자에게 경쟁상 중대한 영향을 미치거나 부당한 이익 또는 불이익을 주기 때문이다.

(6) 개인의 프라이버시 침해사항

개인의 프라이버시를 침해하는 경우도 정보공개 제외사유가 되는데, 이는 개인의 일신상, 의료상, 심리상 및 기타 개인의 사적 관계와 관련된 문서로서 공개하게 되면 개인의 프라이버시를 침해하기 때문에 공개를 제한한다.

(7) 행정기관에 의한 규제 및 감독대상정보

이는 행정기관에 의한 규제·감독 등에 필요한 정보인 경우에는 공개를 하지 않는다. 그 이유는 행정기관에 의한 규제, 감독, 조사, 시험 및 계획을 위하여 작성한 문서 및 그 회답 등은 공개로 인하여 그 행정목표를 달성할 수 없기 때문에 공개를 제한할 수 있다.

(8) 법집행을 위한 조사기록

법집행을 위한 조사기록에는 범죄의 예방, 수사 및 그 외 타 법률의 위반에 관한 통지, 보고, 조사에 관한 문서 등이 있다. 이들을 비공개 대상으로 지정함으로써 정보공개제도의 발전적 정착을 저해한다.

Ⅳ. 한국행정정보공개제도의 실태와 전망

1. 행정정보공개제도의 내용

1) 정보공개제도의 목적과 개념규정

우리나라 정보공개제도는 1996년 12월에 제정되고 6개월 이후인 1997년 7월부터 실시된 공공기관의 정보공개에 관한 법률에 의해 실시되고 있다. 이 법은 공공기관이 보유·관리하는 정보에 대한 국민의 공개청구 및 공공기관의 공개의무에 관하여 필요한 사항을 정함으로써 국민의 알권리를 보장하고 국정에 대한 국민의 참여와 국정운영의 투명성을 확보하고자 제정·실시되었다.

여기서 '정보'란 공공기관이 직무상 작성 또는 취득하여 관리하고 있는 문서(전자문서를 포함)·도면·사진·필름·테이프·슬라이드 및 그 밖에 이에 준하는 매체 등에 기록된 사항을 말하며, '공개'란 법의 규정에 의하여 정보를 열람하게 하거나 사본·복제물을 교부하는 것 또는 「전자정부법」에 의한 정보통신망을 통하여 정보를 제공하는 것 등을 말한다. 그리고 '공공기관'이라 함은 국가기관, 지방자치단체, 정부투자기관 그 밖에 대통령령이 정하는 기관을 말한다.

2) 지방자치단체의 정보공개(조례)와 예외사항

현행 "공공기관의 정보공개에 관한 법률"에 의하면 지방자치단체는 그 소관사무에 관하여 법령의 범위 안에서 정보공개에 관한 조례를 정할 수 있도록 하고 있다. 그리고 동 근거규정에 의해 대부분의 지방자치단체는 이미 정보공개에 관한 조례를 제정하여 시행하고 있다. 그러나 국가안전보장에 관련되는 정보 및 보안업무를 관장하는 기관에서 국가안전보장과 관련된 정보분석을 목적으로 수집되거나 작성된 정보에 대하여는 예외적으로 공개하지 않을 수 있도록 하였다.

3) 정보공개청구권자와 공공기관의 의무

(1) 정보공개청구권자

모든 국민은 정보의 공개를 청구할 권리를 가진다. 외국인의 정보공개청구에 관하여는 대통령령으로 정한다. 공공기관은 정보공개를 청구하는 국민의 권리가 존중될 수 있도록 관련법령을 정비하여야 한다.

(2) 공공기관의 의무

공공기관은 정보의 적절한 보존과 신속한 검색이 이루어지도록 정보관리체계를 정비하고, 정보공개업무를 주관하는 부서 및 담당하는 인력을 적정하게 두어야 하며, 정보통신망을 활용한 정보공개시스템 등을 구축하도록 노력하여야 한다. 그리고 다음의 정보에 대하여는 공개의 구체적 범위, 공개의 주기·시기 및 방법 등을 미리 정하여 공표하고, 이에 따라 정기적으로 공개하도록 하였다. 즉 i) 국민생활에 매우 큰 영향을 미치는 정책에 관한 정보. ii) 국가의 시책으로 시행하는 공사(工事) 등 대규모의 예산이 투입되는 사업에 관한 정보, iii) 예산집행의 내용과 사업평가 결과 등 행정감시를 위하여 필요한 정보. iv) 그 밖에 공공기관의 장이 정하는 정보 등이다. 공공기관은 이상과 같은 정보 이외에도 국민이 알아야 할 필요가 있는 정보에 대해서는 그것이 국민에게 공개하도록 적극적으로 노력하여야 한다.

4) 정보목록의 작성 및 비치

공공기관은 자신이 보유·관리하는 정보에 대하여 국민이 쉽게 알 수 있도록 정보목록을 작성·비치하고, 그 목록을 정보통신망을 활용한 정보공개시스템에 공개하도록 하였다. 다만, 정보목록중 공개하지 아니할 수 있는 정보가 포함되어 있는 경우에는 당해 부분을 비치·공개하지 아니할 수 있다. 또한 정보의 공개에 관한 사무를 신속하고 원활하게 수행하기 위하여 정보공개장소를 확보하고 공개에 필요한 시설을 갖추도록 하였다.

5) 정보공개여부의 결정

공공기관은 정보공개의 청구가 있는 때에는 청구를 받은 날부터 10일 이내에 공개여부를 결정하여야 한다. 부득이한 사유로 이 기간 이내에 공개여부를 결정할 수 없는 때는 그 기간의 만료일 다음 날부터 기산하여 10일 이내의 범위에서 공개여부 결정기간을 연장할 수 있다. 이 경우 공공기관은 연장된 사실과 연장사유를 청구인에게 지체없이 문서로 통지하여야 한다. 공공기관은 공개청구된 공개대상정보의 전부 또는 일부가 제3자와 관련이 있다고 인정되는 때에는 그 사실을 제3자에게 지체없이 통지하여야 하며, 필요한 경우에는 그의 의견을 청취할 수 있다. 공공기관은 다른 공공기관이 보유·관리하는 정보의 공개청구를 받은 때에는 지체없이 이를 소관기관으로 이송하여야 하며, 이송을 한 공공기관은 지체없이 소관기관 및 이송사유등을 명시하여 청구인에게 문서로 통지하여야 한다. 정보공개를 청구한 날부터 20일 이내에 공공기관이 공개여부를 결정하지 아니한 때에는 비공개의 결정이 있는 것으로 본다.

6) 정보공개심의회와 정보공개위원회

공공기관(국가기관, 지방자치단체 및 정부투자기관 등)은 각 기관별로 정보공개여부 등을 심의하기 위하여 정보공개심의회를 설치·운영해야 한다. 동위원회는 위원장 1인을 포함하여 5인 내지 7인의 위원으로 구성한다. 위원장을 제외한 위원은 소속공무원, 임·직원 또는 외부전문가로 지명 또는 위촉하되, 그 중 2분의 1은 당해 국가기관 등의 업무 또는 정보공개의 업무에 관한 지식을 가진 외부전문가로 위촉하여야 한다. 위원장은 자격을 가진 자 중에서 국가기관 등의 장이 지명 또는 위촉하도록 하였다.

그리고 현행법은 다음과 같은 사항을 심의·조정하기 위하여 행정자치부장관 소속하에 정보공개위원회를 두도록 하였다. 즉 i) 정보공개에 관한 정책의 수립 및 제도개선에 관한 사항, ii) 정보공개에 관한 기준수립에 관한 사항, iii) 공공기관의 정보공개운영실태 평가 및 그 결과처리에 관한 사항, iv) 그 밖에 정보공개에 관하여 대통령령이 정하는 사항 등이 그것이다.

2. 한국행정정보공개의 문제점

1) 비밀범위의 과다와 비공개범위의 과잉지정

행정비밀의 분류는 보안업무규정과 그 시행규칙에 의거 1급 비밀, 2급 비밀, 3급 비밀 및 대외비의 4종류로 되어 있었으나, 특히 문제되는 것은 대외비로서, 판정기준이 모호하고 의심스러우면 일단 비밀로 분류하여 놓고 보자는 행정행태가 가세하여 많은 행정문서가 대외비분류에 포함되고 있는 것이 정보공개를 제한하고 있다. 그리고 현행법률에는 비공개대상정보를 과도하게 규정함으로써 정보공개제도의 근본취지를 무색하게 하고 있다.

2) 정보공개의 빈약성과 단기성

입법예고, 행정예고, 정부간행물 및 행정자료망을 통한 정보공개가 취약한 실정이고, 정보공개를 위한 Data Base 확충이 필수적이나 아직은 빈약한 실정으로 이에 대한 확충이 우선돼야 할 것이다. 굳이 지방정부가 정보공개를 한다해도 그것은 예컨대 지방선거시 자치단체장의 홍보용이나 자치단체가 어려움에 처했을 때 해결용 등으로 단기에 집중적인 정보공개가 있을 뿐이다. 따라서 최신기자제와 시스템을 구축하고 충분한 정보를 입수하여 저장했다가 주민들이 원할 경우는 물론 그렇지 않더라도 정기적으로 정보를 공개하도록 해야 할 것이다.

3) 공직자의 오해와 잘못된 인식

과거보다는 많이 나아지고는 있지만 아직도 공무원들은 정보공개를 하나의 주요한 업무라기보다는 공직에 대한 간섭이나 비판용 자료요구 정도로 인식하거나 그렇지 않으면 부정적 혹은 성가신 잡무로 인식하는 경우가 적지 않다. 그것은 그동안 지방정부는 진실한 정보가 아니라 과장·조작된 정보를 공개하거나 아니면 정보를 공개하지 않았다. 특히 지방공무원들은 불가피한 상황에서 정보를 공개했다가 상급자로부터 문책을 당한 경우가 적지 않았다. 그렇기 때문에 지역주민들도 지방정부로부터 공개되는 정보나 자료에 대해 관심을 갖지 않거나 크게 신뢰하지 않으려는 잘못된 경향을 가지고 있다. 시간이 갈수록 이러한 경향은 점차 사라지고 사실적인 행정정보가 공개되고 있지만 아직도 그 진실성에 대한 의문이 사라지지 않고 있는 것은 사실이다.

4) 제도에 대한 인식부족과 활용미흡

정보공개제도는 공개해야 할 정보수집을 위해 내부적 정보는 물론 외부 지역사회의 주민들에 관한 정보도 입수해야 한다. 예컨대 지방정부의 정책수행에 대한 정보는 정책추진 결과에 관한 자체정보는 물론 그러한 정책에 대한 주민들의 평가와 학계의 반응 등도 수집해야한다. 그리고 이러한 정보와 자료들은 정보공개용으로 사용할 뿐 아니라 다음번의 정책이나 사업추진과정에서 중요한 정보로 이용될 수 있다. 그러나 현실적으로 지방정부의 공무원들은 정보공개제도를 이렇게 인식하지 못하고 있다. 이미 중앙정부는 지식관리 정책과 시스템을 추진하고 있다. 따라서 지방정부도 정보공개제도를 바르게 인식하여 다음 단계의 지식관리시스템으로 연결시켜 나가야 할 것이다.

3. 한국행정정보공개제도의 전망과 대책

첫째 정보공개에 대한 주민의 깊은 관심과 이해가 요구된다. 정보공개제도는 지방정부의 주도권에 의해서 그 제도의 내용을 설정할 수도 있지만, 근본적으로는 주민 스스로가 주민총의를 결집하여 그 제도화를 추진하고, 설정된 제도를 적극적으로 이용할 때 그 발전이 가능할 것이다.

둘째 지방정부 공무원의 의식개혁이 선행되야 할 것이다. 오랜 기간 행정정보의 독점과 함께 형성된 공무원들의 업무태도나 사고방식은 주민들에게 행정이 어떻게 돌아가고 있는지 '알 필요도 없고, 알릴 필요도 없다' 는 것으로 고착화 되어 있다고 해도 과언이 아니다. 이러한 상태가 개선되지 않으면 정보공개제도의 발전은 어려워 질 것이다.

셋째 정보공개시스템의 간소화, 이용의 편리화, 그리고 지방정부 재정부담의 최소화 등이 구축되어야 한다. 그리고 보다 충실한 정보공개를 위한 문서의 분류・보존 등 정보매체관리를 근본적으로 개선하고, 정보의 건명(件名) 소재를 명확히 함과 동시에 비밀(특히, 대외비)지정을 재검토 하여야 한다. 또한 지방정부가 처리하고 있는 사무 중 50% 정도에 이르는 기관위임사무의 범위를 축소해 나감으로써 궁극적으로는 주민자치의 비율을 높이고 공개・제공할 수 있는 정보량을 점차 확대해 나가야 할 것이다.

넷째 지방정부의 정보공개제도는 공개를 위한 정보의 생산-관리-저장-공개 등의 과정을 중앙정부가 추진하고 있는 지식관리시스템과 접목시킴으로써 지방정부의 기능을 선진화시켜 나가야 할 필요가 있다.

요컨대 정보 없이는 참여도 없으며, 정보공개 없이는 주민자치도 있을 수 없다. 정보공개제도는 그 중요성만큼이나 이를 실시하는 과정에서 해결해야 할 문제도 많다. 실제로 정보공개제도는 지방자치의 모든 문제와 관련된 것이므로 지방자치행정의 기본패턴을 바꾸는 것이라고 해도 과언이 아니다. 따라서 정보공개제도의 성공적인 정착을 위해서는 의회의 정치적인 노력과 집행기관을 구성하는 전 공무원의 적극적인 봉사정신이 결합되어야 하며, 이를 위한 시민사회의 관심증대와 인식의 제고 및 적극적인 참여가 요구된다.

4. 외국 정보공개제도의 내용

1) 미 국

미국의 경우 제도운영의 시행착오를 거쳐 비교적 안정적인 정보공개가 이루어지고 있는 대표적인 나라로 볼 수 있다. 미국 정보공개제도의 법을 보면, 우리의 행정정보공개제도보다 구체적이라는 것을 알 수 있다. 그러나 광범위한 정보공개대상범위를 다루는 전문법률사무소가 출현하면서, 청구자들의 80%가 기업과 변호사들이 주류를 이루었다. 또한 청구건수는 지속적으로 증가하여 행정업무가 폭주하고 막대한 비용지출을 필요로 하게 되었다. 수수료 수입보다 비용지출이 전체의 93%에 달하는 정부부담을 안겨주었다. 이러한 운영상의 문제점을 해결하기 위해 문서감축법(PRA), 전자정보자유법(EFOIA)등이 시행되었다. 문서감축법은 정부정보의 통합관리, 정보자원의 효율적 활용을 통한 대국민서비스의 향상 및 정부 내에서 정보기술의 혁신적인 적용과 응용 등을 주요한 기본방향으로 하고 있다. 또한 전자정보자유법은 정보자유법이 가진 방대한 정보를 전자적으로 처리하여 정보의 일원화와 정보의 접근, 그리고 공개목록 발행 등 운영상에 필요한 모든 절차와 근거를 규정하고 있다. 이러한 법을 제대로 운영하기 위해 독자적인 기관인 관리예산국(OMB)을 두어 완전한 정보공개를 이루어 나가고 있다.

2) 프랑스

행정기관이 행정문서공개위원회에 조언을 구하는 횟수가 증가하고 접근권 제외문서를 지정한 법무부장관의 명령이 발포되자, 행정기관이 위원회의 심의에 협력하거나 권고에 따르는 사례가 증가하였다. 청구문서의 반수 이상은 세금, 의료, 사회보장급부, 공무원의 직무 등 개인적인 이해와 관계된 것이 많고, 일반 공중의 이익에 관한 문서에 관하여는 관심이 적은 것으로 나타났다. 행정기관을 상대로 한 법적쟁송준비, 혹은 쟁송 그 자체에 유리하게 이용되고 있는 사례가 다른 나라에 비하여 많다.

3) 일 본

일본의 경우는 정보공개를 전자정부의 실현과 동일선상에 놓고 공개운영상의 효율성을 높이려 하고 있다. 1997년 1월부터 행정업무와 관련된 문서의 전산화를 통해, 1999년부터 국민을 대상으로 행정정보를 제공하고 있다. 지방정부의 경우, 행정정보공개 서비스 청구와 그 갈등을 해소하는 부서가 조례에 의해 구성되어 있으며, 주민과 행정기관의 일대일 서비스기능을 하고 있다.

제 3 절 지방정부의 자치역량 제고

Ⅰ. 자치역량 제고의 의의와 내용

1. 의 의

급변하는 세계환경에 효율적으로 대처함으로써 한 차원 높은 지역발전을 추진하기 위해서는 환경변화 에 대한 대응능력을 제고함으로써 지방정부의 대외경쟁력을 향상시키는 일이 급선무이다. 그렇다면 과연 지방정부의 경쟁력이란 무엇을 어떻게 하면 제고시킬 수 있는가? 일반적으로 경쟁력이란 "겨루어 이길 수 있는 능력"을 의미한다. 지방정부가 수많은 외국의 지방정부와 특정한 문제나 제품을 놓고 겨루어 이 길 수 있기 위해서는 지식, 정보, 기술은 물론 품질이나 가격 등에서 외국지방정부들을 능가해야 한다. 이러한 경쟁력이 정치외교, 사회문화, 경제 등 모든 분야에서 다른 지방정부들 보다 앞서 갈 때 경쟁력이 생기게 된다. 그러나 이러한 경쟁력은 일차적으로 지방정부 스스로의 능력향상을 통해서 이루어질 수 있다. 그리하여 이러한 지방정부의 경쟁력은 지방정부가 자기지역 내의 문제해결과 발전관리를 스스로 수행해 나갈 수 있는 자립과 자치역량을 기반으로 하고 있다. 이렇게 볼 때 지방정부의 경쟁력을 제고하기 위해서는 우선적으로 자치역량을 신장시키는 일이 급선무라고 할 것이다. 그러면 지방정부의 자치역량은 무엇을 어떻게 함으로써 제고시킬 수 있는지 검토해 보기로 한다.

2. 지방정부 자치역량의 개념과 확충

지방정부의 자치역량이란 지방정부 스스로가 지방자치제도의 기본이념과 목적을 달성하기 위하여 당면한 제반 문제와 과업을 스스로의 힘과 노력으로 성취해 낼 수 있는 능력을 말한다. 사실 어느 나라를 막론하고 지방자치제도만을 실시한다고 해서 지방자치의 이념과 장점적 가치들이 저절로 지역사회 속에 구현되는 것은 아니다. 지방자치가 성공적으로 발전할 수 있기 위해서는 우선 자치제도를 운영하는 중앙정부가 지방정부를 적극적으로 지원하고 협력해야 한다. 따라서 중앙정부는 자치제도를 실천하는 지방정부가 자율발전이 가능하도록 적절한 자치권한을 부여해야 하고, 권한을 통해 지역발전과 행·재정적 수요를 수용·해결할 수 있도록 재원을 확충해 주어야 하며, 그러한 일들을 처리할 수 있는 인적 물적 각종자원과 정보 및 기술 등을 지원하고 제공해야 한다. 뿐만 아니라, 환경요소로서의 지방주민들의 협력과 지원은 물론 지역사회의 언론과 기업, 학계와 사회단체들의 적극적인 지원과 협력이 무엇보다도 중요하다.

그러나 우리의 경우 자치제도시행의 역사가 아직은 일천하여 제도가 불완전하거나 미흡한 점이 많아 자치역량의 제고라는 측면에서는 많은 어려움이 있다. 더구나 국경 없는 무한경쟁시대의 새로운 주자로 등장한 우리나라의 지방정부들이 세계의 지방정부들과의 치열한 경쟁에서 살아남기 위한 국내외적인 경쟁역량의 제고는 더 이상 소홀히 취급할 수 없는 목전의 과제로 다가와 있다. 역량(competency)이라는 개념의 사전적 의미는 '일을 해 낼 수 있는 능력 또는 그 능력의 정도'를 말하는데, 주로 개인이 조직 내에서 성과를 내는데 필요한 능력이나 특성으로 이해하고 있다. 이러한 역량개념은 학자들에 따라 조직역량, 관리역량, 개인역량으로 유형화되어 확대되었고 영어로는 'competency', 'capability' 또는 'capacity'등이 사용되고 있다.

3. 자치역량의 요소와 분석방법

지방정부의 자치역량을 구성하는 요소들은 무수히 많다. 우선 지방정부의 내부적 요소는 물론이고 지방정부를 둘러싸고 있는 정치경제적 요인, 사회문화적 요인 등 매우 다양하다. 그러므로 지방정부의 자치역량을 보다 정확하게 파악하기 위해서는 지방정부의 내부적 요인과 외부적 환경요인들까지 체계적으로 분석·검토해야 한다. 따라서 지방정부를 환경 속에서 작용하는 하나의 유기체(시스템)로 파악하고, 이러한 체제로서의 지방정부가 지역사회환경과 상호작용하면서 지역을 발전시키고 지역주민의 복지를 증진시켜 나갈 수 있는 지방정부 스스로의 역량을 분석해야 한다. 또한 이러한 지방정부의 역량분석은 지방정부의 구조적 역량과 가능적 역량으로 나누고, 각 역량을 구성하고 있는 역량요소들을 통해 파악할 수 있다. 요컨대 지방정부 내적인 구조·기능적 역량과 지방정부 외적인 구조·기능적 역량으로 구분하여, 이들을 중심으로 현실적인 지방정부의 자치역량을 검토해 볼 수 있다.

Ⅱ. 지방정부의 내부적 역량요소

1. 내부구조적 역량요소

일반적으로 구조란 '공식적인 제도일반'이라고 할 수 있으며 목표, 법제, 직책, 절차, 역할 등을 말한다. 따라서 지방정부의 구조란 지방정부를 구성하고 있는 지방정부의 목표와 정책, 지방정부의 과업수행을 위한 조직과 절차, 그리고 이것을 만들어내고 있는 법령과 조례 및 규칙, 이들에 의한 역할 등을 포함하는 매우 광범한 개념이다. 따라서 현실적으로 지방정부의 구조적 역량을 좌우하는 요인들을 모두 검토할 수는 없다. 따라서 현실적으로 분석이 가능한 지방정부의 권력구조, 조직구조, 인력구조 그리고 재정구조 등을 중심으로 구조적 역량을 분석할 수 있다. 이들 각각에 대한 구체적 내용은 〈표 6-1〉에 정리되어 있다.

〈표 6-1〉 내부구조적 역량요소

요 소	영 역 별	주 요 변 수	측정기준 및 고려사항
권력구조	자치권의 범위	자치입법권, 자치조직권, 자치행정권, 자치재정권	권한범위, 제정가능성, 개별법의 침해여부
	중앙통제수준	지방정부, 자치단체장, 지방의회	자율성정도
	지방분권수준	입법, 행정, 사법	입법권분권, 명령통제수준, 사법분권정도
인력구조	인력관리	적정규모, 적정인력, 아웃소싱	적절성, 신축성, 비율, 유연성
	인적역량	직무전문성, 직무능력, 리더십	신속성, 협조관계, 문제해결성
	공직자의 태도	윤리성, 혁신성, 책임성, 성취동기, 시민지향성	청렴성, 중립성, 적극성, 파트너십
조직구조	적정기구설치	수요대응성, 신축성, 네트워크 수준	지역특성, 저항과 장애, 조직 유형
	적정인원 충원	정원관리수준, 전문인력충원여부	합리성, 연관성
	조직개혁유연성	제도적 장치, 저항통제	용이성, 강도와 대응수단
재정구조	총재정규모	재정규모, 재정구조, 조세구조	세입비중, 지방세비중, 자립도
	개별재정구조	운영자율성, 재정편익, 재정부담, 재정력	재원과 경비구조, 주민당 부 담액,민간위탁, 참여예산

2. 내부기능적 역량요소

기능적 역량이란 지방정부의 공무원들이 위의 구조적 요인들을 이용하여 지방정부의 목표달성을 위해 내외부로부터의 각종 요구와 지지에 적절히 대응해 나갈 수 있는 능력을 의미한다. 지방정부의 구조와 기능은 동전의 앞뒤와 마찬가지로 상호 밀접히 연결되어 있어 이를 둘로 나누어 구조적인 것과 기능적인 것으로 확연히 구분할 수 없는 것이 현실이다. 즉 구조를 이루는 제도가 실시됨으로써 기능을 수행한다는 점을 감안한다면 기능을 따로 분리한다는 것이 무의미 할 수도 있을 것이다. 그럼에도 불구하고 행정현장에서 볼 때 구조적 역량이 바로 기능으로 연결된다고 볼 수는 없다.

지방정부를 하나의 사회체제로 파악할 경우,[4] 지방정부 역시 지역사회에 대해 이러한 기능들을 수행하고 있으며 구체적으로는 주민사회의 여론수렴 및 사회문제파악, 문제해결을 위한 정책개발 및 기획, 일반적 행정관리, 정보관리 및 활용, 사회변화관리 등의 다양한 기능을 수행하고 있다. 이러한 지방정부의 기능을 지방정부의 내부적 관점에 따라 실제기능영역에 맞추어 분류하면 i) 일반관리기능, ii) 발전정책추진기능, iii) 혁신창조기능으로 구분할 수 있다. 그 구체적인 내용은 아래의 〈표 6-2〉와 같다.

〈표 6-2〉 지방정부의 내부기능적 역량요소

기능영역	기능유형	분석지표/ 단위 (예시)	비고
일반관리기능	비젼 및 목표관리	유무와 성격, 관리방식	
	일반행정관리 및 서비스제공	민간화, 민관공동생산, 사무처리기술, 관리전화문화 경영화수준, 계획집행의 연관성, 민원대응태도 · 시간	
	정보관리체제와 신기술활용	전자정부의 추진정도, 지방정부의 사무처리실태 컴퓨터활용정도, MIS의 활용정도	
발전추진기능	사회문제의 인지능력과 주민사회의 여론수렴	공직자의식구조, 지역사회문제의 인식정도, 기관별, 기구별 계획과 과제의 규모와 내용	
	정책개발 및 기획	정책개발기구의 유무, 개발된 정책유무와 정도, 정책개발의 분야의 규모와 인력 및 재정규모	
	변화관리 및 복지증진	리더십, 공무수행정신, 지방의회의 협력지원, 관련기술확보, 시민집단 · 자원봉사단체의 협력획득	

4) 파슨즈(T. Parsons)는 사회체제의 기능을 AGIL, 즉 적응기능, 목표달성기능, 통합기능, 잠재적 유형유지기능 등의 4가지 기능으로 분류하였다.

혁신 창조 기능	지도자의 리더십	리더의 태도, 자질, 리더십행태, 리더십 유형	
	공직자의 의식혁신과 패러다임의 전환 정도	사고개혁, 가치혁신. 행정에 대한 패러다임의 형태, 발상전환의 수준과 형태	
	창조적 능력개발 수준	교육·훈련의 내용, R&D형태, 벤치마킹의 실천수준, 인적네트워커의 구축여부와 수준	
	성취동기 개발함양 정도	교육훈련과 인사, 보수 등의 유인제도, 경쟁체제와 평가제도의 형태와 내용	
	비전의 설정과 혁신지도자의 양성 수준	비젼의 유무, 내용과 성격, 혁신교육의 유무와 형태, 미래지도자육성프로그램의 유무와 범위 등	

Ⅲ. 지방정부의 외부적 역량요소

1. 외부구조적 역량요소

지방정부가 외부환경과의 관계에서 어떠한 역량을 가질 수 있는가는 지방정부의 환경이 구조적으로 어떠한 형태를 지니고 있는가 하는 것에 따라 영향을 받는다. 우리나라의 경우 중앙정부와의 관계를 통해 지역사회의 정당과 정치구조에 많은 영향을 미치고 있다. 중앙정부는 지방정부의 제도나 공식적 관계를 통해 지방정부의 내부적 역량을 좌우하지만, 비공식적 영향력이나 정당과 정치인을 통하여 외부적으로도 많은 영향을 미치고 있다.

그 외에도 시민사회단체들의 조직화 정도와 분야별 분포도, 그리고 지역사회의 산업구

〈표 6-3〉 지방정부의 외부역량 분석·측정 요소

역량유형별	분석·측정요소	비고
지역사회정치구조와 행정의 관계	지역정당구조, 지역정치인, 유지의 행태, 지역언론의 역할, 지역자본의 특성	
사회적 자본과 시민사회구조	사회적 신뢰, 자발적 참여, 지역사회 리더십, 사회적 네트워크, 시민적 책임감	
지역의 산업경제적 구조	지역총생산, 지역수출입총량, 지역주민소득수준, 산업구조유형, 성장동력산업, 첨단산업형태 등	
지역의 지정학적 구조	위치와 지형, 기온, 강수량, 교통조건, 인구이동량, 물동량, 접경지역 성격과 특성,	
지역사회의 문화규범적 구조	전통과 역사, 정치문화의 형태, 진보와 보수성향, 폐쇄와 개방성향	

조와 그 발전수준 등은 물론 그 지역이 역사적 전통을 통해 어떠한 규범과 문화를 가지고 있는가 하는 것들이 지방정부의 기능적 역량에 플러스 기능을 하기도 하고, 마이너스 기능을 할 수 있다. 이러한 외부구조적 역량요소들에는 i) 지역사회의 정치구조와 행정관계, ii) 사회적 자본과 시민사회구조, iii) 지역의 산업경제적 구조, iv) 지역의 지정학적 구조, v)지역사회의 문화규범적 구조 등을 주요한 요소로 들 수 있다.

2. 외부기능적 역량요소

지방정부의 외부적 역량으로서의 기능적 역량이란 환경으로부터 지방정부에 대한 요구와 지지 그리고 견제와 통제의 정도가 여하한가에 따라 지방정부의 역량이 강화될 수도 있고, 반대로 약화될 수도 있다.

즉 외부로부터 요구가 많고, 감시와 통제가 늘어나면 단기적으로는 구조적 역량과 기능적 역량이 떨어질 수 있다. 물론 장기적으로는 그러한 환경에 적응하고 대응능력이 생기면 오히려 구조·기능적 역량이 강화될 수도 있다. 반면에 지역사회로부터 지원과 협력이 강화되면 체제의 내부적 역량이 제고될 수도 있다. 그리고 지방정부나 지역사회가 상호 요구와 대응 간에 얼마나 유연성과 대응성을 가질 수 있으냐 하는 것이 지방정부의 외부기능적 역량을 제고하는 중요한 변수가 될 수도 있다(소순창, 2006: 574-575). 지방정부의 외부 기능적 역량은 아래의 〈표 6-4〉와 같이 지방정부에 대한 지역사회의 i) 요구·주장의 투입기능, ii) 정책·사업의 수용기능 iii) 지방정부의 통제기능, iv) 지방정부기능에 대한 지원협력기능 등이 지방정부에 대해 어떻게 작용하며, 지방정부는 여기에 어떻게 대응하는가에 따라 달라질 수 있다.

〈표 6-4〉 지방정부의 외부역량분석·측정 요소

<table>
<tr><th>역량유형별</th><th>분석·측정요소</th><th>비고</th></tr>
<tr><td>요구·주장의 투입기능</td><td>내용과 강도, 유형과 빈도, 성격과 특성</td><td rowspan="4">통제제도의 유형</td></tr>
<tr><td>정책·사업의 수용기능</td><td>지지와 반대의 형태, 범위와 강도,
진실성과 형식성, 등</td></tr>
<tr><td>지방정부에 대한 통제기능</td><td>단체장·지방의원·공무원의 공직관과 태도 지방행정기관의 공직풍토, 주민의식, 시민정신, 주민으로서의 자각의 정도 등</td></tr>
<tr><td>지방정부에 대한 지원협력기능</td><td>지지와 찬성, 세금납부, 인력동원,
자발적 참여, 자원봉사, 기부금제공 등</td></tr>
</table>

Ⅳ. 지방정부의 자치역량 제고방안

지방정부의 자치역량을 제고하는 방안은 지방자치단체의 특성에 따라서나 지방정부의 기능영역의 특수성에 따라 차이가 있을 수 있다. 뿐만 아니라 광역정부와 기초정부, 도시정부와 농촌정부에 따라서도 다를 수 있고, 인구규모나 지역발전의 정도에 따라서도 우선적으로 강화해야 할 역량요소와 그렇지 않은 요소들 간에 차이가 있을 수 있다. 그러나 여기서는 이러한 지방정부간 개별적 특성을 고려하지 않고, 보편적 관점에서 지방정부의 자치역량을 제고할 수 있는 방안을 검토해 보기로 한다.

1. 자원의 증진

지방정부의 자치역량제고를 위한 자원증진이란 역량제고에 필요한 자원지원의 양적 증대와 질적 제고를 의미한다. 자원이란 흔히 인적 자원과 물적 자원으로 나누지만 좀 더 구체적으로는 사람, 재물, 지식, 정보, 기술, 시간, 신용, 정치적 지지(권력) 등을 의미한다. 그리고 이들 자원은 지방정부의 자치역량을 제고하는데 없어서는 안 될 중요한 요소들이다. 즉 사람, 지식, 기술, 정보 등은 그 질적 수준을 제고시킴으로써 자치역량을 강화시키고, 재물이나 시간 그리고 신용 등은 양적 증대를 통해서 그 역량을 강화시킬 수 있게 된다.

지방정부의 구조적 역량요소들은 거의 이들 여러 자원의 어느 하나에 속한다. 즉 권력구조적 요소나 인력구조적 요소, 그리고 재정구조적 요소의 경우 바로 권력적 자원과 인적 자원 그리고 재정적 자원으로 볼 수 있기 때문이다. 기능적 요소 역시 지방정부의 공직자의 질과 그들에게 주어진 권력기반의 내용에 의해 기능적 역량이 좌우될 수 있다. 때문에 결국 지방정부가 이용하거나 활용할 수 있는 자원을 양적으로 증대시키고 질적으로 전문화시켜 나가는 것이 곧 지방정부의 자치역량을 제고시키는 지름길이다. 특히 21세기는 네트워크 사회(Network Society)이다. 따라서 자체의 한정된 역량을 그 이상으로 강화시킬 수 있는 새로운 방법으로서의 네트워크전략을 추진해야 한다. 인적 네트워크, 정책(정보)네트워크, 조직간 네트워크 등 다양한 네트워크 구축을 통해 지방정부의 역량을 확대·강화해 나갈 수 있도록 해야 할 것이다.

우리는 그동안 이러한 정부의 기본적 역량요소(기초, 토대, 뿌리)에 대한 투자는 하지 않고, 기능(잎, 가지, 꽃, 열매)만을 강조해 왔다. 즉 정부는 줄곧 혁신을 강조해 왔지만 혁신할 수 있는 기반을 마련하지는 않고, 혁신의 결과만을 강요해 왔다. 그 결과는 구호만 요란했고, 증후군만 만들어 놓았을 뿐 특별한 성과를 만들어 내지는 못했다. 이제부터 중앙정부는 지방정부의 이들 역량요소에 관심을 가지고 이들을 강화시키거나 질적으로 제고시킬 수 있는 방안을 찾아야 한다. 그것이 바로 지방정부의 자치역량을 강화시키고 궁극적으로는 국가의 역량과 경쟁력을 제고시키기 때문이다.

2. 지방분권 및 자치제도의 확충

지방정부의 자치역량을 강화시키기 위해서는 관련된 다양한 법령을 보완하고 수정함으로써 입체적으로 제도를 확충시킬 필요가 있다. 일반적으로 제도라함은 "일정한 상황하에서 누가, 무엇을, 어떻게 할 것인가에 대한 규범적 양식의 복합체"라고 할 수 있으며, 이 때 규범이란 관습, 법률, 도덕 등을 의미한다(정치학대사전, 1983: 1384). 그러나 행정연구영역에서의 제도란 이들 중에서도 특히 중앙정부의 법률과 명령, 규정, 관례, 절차 등을 비롯하여 지방정부의 조례와 규칙 등을 의미한다. 특히 여기서 제도란 이들 중앙정부와 지방정부의 제도를 비롯하여 보다 근본적인 권력분립제도, 지방분권제도, 공무원제도, 교육제도, 국가재정운영제도 등 관련제도들을 동시에 내포하는 것으로 보아야 한다. 근래에는 중앙정부가 법령을 통해 지역의 경제개발, 산업개발, 도시개발, 교육개발 등 지역차원의 독자적인 정책이나 제도개발을 허용하지 않고, 전국을 획일적으로 통제하고 있어 국가발전의 저해요인이 되고 있다. 21세기에는 지역발전 없는 국가발전은 기대할 수 없다. 결국 중앙정부와 관료들이 국가발전을 저해하는 악의 축으로 평가받지 않으려면 지금이라도 스스로의 오만과 편견으로부터 벗어나는 용기와 지혜가 절실히 요청된다.

3. 자치단체장의 리더십의 강화

가장 바람직한 지방정부의 역량제고방법은 중앙정부의 지원 없이 스스로의 노력으로 자율적으로 발전하는 것이다. 창조적 리더가 지역사회의 미래비젼을 제시하고, 변화를 통한 새로운 가치를 창조함으로써 지역사회의 자율적 발전을 추진해 나가야 한다. 물론 이때도 현재 우리나라처럼 중앙정부가 간섭이나 규제로 발전의 발목을 잡아서는 안된다. 외국의 경우 자치단체장의 리더십이 지역발전의 견인차 역할을 했던 곳이 적지 않다. 비록 짧은 지방자치의 역사지만 이미 우리나라에서도 자치단체장의 리더십이 지역발전의 견인차가 되고 있음을 증명해 주고 있는 곳도 있다.[5]

이처럼 자치단체장의 창조적 리더십이 지방정부의 자치역량을 제고시키는 주요한 동인으로 작용하기 때문에 지도자의 리더십을 강화할 필요가 있다는 것이다. 문제는 지도자

5) 91년 이후 3선 연임의 시장을 거친 경북 김천시의 박 팔용 시장을 비롯하여, 김 충석 여수시장, 김 세웅 무주군수, 김 흥식 장성군수 등이 그 대표적인 인물들이다.

가 자신의 능력으로 자치역량을 제고하는 사람중심의 자치역량제고가 아니라, 어떠한 지도자가 오더라도 자치역량이 강화될 수 있는 시스템적 역량을 제고시켜야 한다는 것이다. 지도자가 재임중에는 왕성하게 일하던 정부가 지도자가 바뀌면 기능이 쇠퇴해 버려서는 안된다. 그러한 역량은 진정한 의미에서의 자치역량이라고 할 수 없다. 따라서 지도자는 구조적·기능적 역량요소 그 자체 즉, 역량의 기초토대를 강화시키는 리더십을 발휘해 나가야 할 것이다.

4. 지원협력 및 통제의 효율화

지방정부의 자치역량은 중앙정부와 지방정부 그리고 지방정부 상호간에 서로를 신뢰하고 지원·협력할 때 제고될 수 있다. 우선은 중앙정부가 진실로 지역발전을 위해 지방정부를 지원하고 협력하겠다는 태도와 의지가 있어야 한다. 그리하여 지역발전을 위해 가능한 일이라면 재정지원, 인재파견, 기술 및 정보지원, 제도개편과 보완 등 중앙정부는 지방정부를 믿고 최선을 다해 지원하고 협력해주어야 한다. 예컨대 우리나라 수도권처럼 지원보다는 협력이 필요한 경우와 기타 지원과 협력이 모두 필요한 지역 등을 구분하여 지방정부에게 도움을 줄 때 자치역량은 제고될 수 있다.

그러나 자치역량은 맹목적으로 분권하고, 지원·협력만 한다고 증대되는 것은 아니다. 그만큼 효과성과 책임성을 담보할 수 있는 적절한 수준의 통제가 뒤 따라야 한다. 주도권과 책임은 지방정부가 쥐고 중앙정부는 단지 지원하고 협력하는 조력자로서 기능해야 한다. 자칫 지원·협력을 핑계로 지나친 통제를 가할 경우, 자치역량은 오히려 퇴보될 수 있음을 유의해야 할 것이다.

5. 창조적 정책개발과 추진

지방정부의 자치역량은 외부로부터의 지원에 의해서도 커질 수 있지만, 무엇보다도 스스로의 노력에 의해 제고시켜 나갈 필요가 있다. 특히 급변하는 지방자치환경과 그에 따른 행정수요변화에 대응하는 지방정부의 자세는 여러 측면에서 대대적으로 개혁되고 재구조화 되어야 한다. 그리하여 이러한 변화에 효율적으로 대응할 수 있는 유능한 지방정부를 만들어 나가기 위해 가장 우선적으로 추진해야 할 과제가 바로 자주적 정책개발능력의 배양이다.

정책이란 한정된 자원으로 최대의 목표를 달성하기 위한 전략적 수단을 강구하는 조치이다. 지금까지 우리나라의 지방정부들은 과거 중앙집권적 관치행정의 타성에 묶여 지역사회와 주민들의 현실적 수요에 대응하는 전략적 수단을 강구하지 못했다. 타성적이고 관행적인 업무수행이나 관료의 독선적 결정으로 업무를 수행해 왔던 것이 사실이다. 물론 공무원들의 업무수행은 주어진 권한범위 내에만 한정되어 있었기 때문에 원천적으로 권한의 범위를 넘어서는 적극적인 정책개발은 기대도 할 수 없었다.

그러나 이제부터는 영역별·부문별 자주적인 정책개발을 통한 전략적 수단을 강구해야 할 때다. 외국의 지방자치단체들은 이미 지방정부차원에서 다양한 정책개발을 추진해 상당한 성과를 거두고 있다. 예컨대 일본 고오베시의 지역개발정책(포토아일랜드), 구기노촌의 지역특산품개발(메밀식품), 나가노현 고우미정의 제3섹터사업(관광리조트개발), 이즈모시 이와꾸니 데쓴도 시장의 행정개혁정책(행정은 최대의 서비스 산업), 미국 미네소타주 세인트폴시의 라티머 시장의 도심지 재개발정책, 노스캐롤라이나 주 샤롯시 빈루터 시장의 신공항개발정책 등은 획기적인 정책개발을 통해 지역의 발전을 성공시킨 대표적인 사례이다.

물론 우리나라의 지방정부들도 다양한 정책개발로 지역을 발전시킨 사례가 적지 않다. 역내 기업 및 외자유치를 통한 경제발전을 비롯하여 각종의 축제를 개발하여 주민소득을 증대시키거나 대외적 이미지를 제고시킨 지방정부가 적지 않다. 그러나 아직은 이러한 예가 외국에 비해 많지 않고, 그 효과도 크지 않은 실정이다. 따라서 앞으로는 이러한 지방정부의 정책개발활동이 지방의 전 분야로 확산되어나가지 않으면 안되게 되었다.

제 4 절 지방정부의 역량제고와 정책개발

Ⅰ. 지방정부의 정책개발 필요성

1. 지방정부역할의 혁신과 과제

1) 지방중심의 국가발전전략

21세기 한국의 국가발전전략은 지금까지의 국가중심, 국가우선적 발전전략으로부터 지역중심, 지역우선의 발전전략으로 수정되어야 한다. 그것은 그동안 이룩한 경제발전의 과실과 편익이 수도권에 집중됨으로써 중앙과 지방의 지역격차가 점차 심화되고, 국민사회에는 가진 자와 갖지 못한 자간의 양극화현상이 갈수록 커지고 때문이다. 중앙정부에 의한 국가중심의 발전전략은 그것만으로는 이미 국민전체의 복지증진이나 지역간 균형발전이 불가능하다는 사실이 현실로 입증되었다.

따라서 이제부터는 전국의 지방자치단체가 골고루 잘 살게 되면 결과적으로 국가가 발전하는 전략을 추진해야 한다. 이러한 관점에서 볼 때 지방정부는 지금까지와는 다른, 한 차원 발전된 지역개발전략을 추진해 나가지 않을 수 없게 되었다. 그리하여 이제부터는 지역사회의 발전은 해당 지방정부의 창의적이고 독자적인 노력에 의해 달성해야 할 시대가 되었다. 지방정부의 정책개발은 바로 이러한 관점에서 그 필요성이 강조되고 있다.

2) 지방정부주도의 창조적 정책개발

지금까지 지방정부가 추진해온 기능보다는 한 차원 발전된 지역발전전략이 바로 지방정부의 정책개발이다. 그동안 우리는 '정책은 중앙정부가 결정하고 지방정부는 집행만 하는 것'으로 잘못 인식해 왔다. 그리하여 많은 지방공무원들은 지방정부가 독자적으로 지역발전을 위한 정책을 개발한다는 것은 사실 불가능한 것으로 생각했다. 열악한 권한과 자원, 빈약한 재정으로는 수 천년 운명처럼 함께해 온 빈곤의 그림자를 벗어날 수 없다고 체념해 왔다. 그리고 지역발전은 언제나 중앙정부나 광역정부로부터의 지원과 도움이 있어야만 가능한 것으로 생각했다.

그러나 이제부터는 아무리 어려운 여건이라도 극복하지 못할 환경은 없으며, 불가능은 없다는 적극적이고 개척적이며, 도전적인 정신혁명이 있어야 하고, 그에 따른 역할혁신도 병행할 필요가 있다. 외국의 지방정부들을 보면 모두가 불가능하리라고 믿었던 것을 가능케 했던 예가 적지 않다. 중앙정부의 지원에 의존하지 않고, 외국의 지방자치단체로부터 독자적으로 재원을 조달함으로써 지역을 발전시킨 일본의 고베시(神戶市)나, 산촌이라는 지역특성을 이용하여 유실수를 심고, 이를 상품으로 가공하여 판매함으로써 수 천년 빈곤으로부터 탈출한 일촌일품운동의 발원지, 일본의 오야마마찌(大山町) 등은 바로 이러한 대표적인 예라고 할 수 있다.

2. 지방정부의 정책개발에 대한 인식증진

지방정부가 지역발전을 위한 정책개발을 추진해야 한다고 할 때, 지방정부란 무엇이며, 정책이란 무엇을 의미하는가? 많은 사람들이 지방정부나 정책이라는 용어를 사용하면서도 여기에 대한 분명한 인식 없이 사용하는 경우가 많다. 따라서 우선 지방정부와 정책에 대한 개념과 그 인식을 분명히 할 필요가 있다. 우선 지방정부란 지방자치법상 지방자치단체의 기관(의결기관과 집행기관)을 말한다. 따라서 지방정부는 법상 용어가 아니라 학문적 용어이며, 생활용어라고 할 수 있다. 국가와 중앙정부(국가를 통치하는 기관)를 구분하는 것처럼, 지방자치단체와 지방정부(지방자치단체를 통치하는 기관)는 명백히 구분할 수 있어야 한다. 그리하여 국가가 일하거나 지방자치단체가 일하는 것이 아니라, 중앙정부와 지방정부가 일한다는 사실을 유의해야 한다.

그리고 정책이란 "문제를 해결하거나 변화를 유도하기 위한 정부당국의 방침"이다. 중앙정부의 정책이든 지방정부의 정책이든 간에 정책은 분명 미래의 바람직한 상태를 구현하기 위하여 문제해결(혹은 목표달성)이나 변화를 유도해 나가는 정부당국의 의도적이고 인위적인 활동이다. 중앙정부의 정책이 국가발전을 위한 것이라면, 지방정부의 정책은 지방자치단체의 발전을 위한 것이다. 그러나 현실적으로 지방정부의 정책이라는 범주 안에는 정책을 집행하기 위한 집행계획이나 소규모의 시책도 포함시키는 경우가 허다하다. 그렇다면 정책개발이란 무엇을 의미하는가? 한 마디로 새로운 정책을 만들어 내는 것을 의미한다. 지방정부가 주도적으로 지역발전을 가능하게 하는 새로운 어떠한 정책을 수립했을 때 정책을 개발했다고 할 수 있는 것이다.

3. 지방정부의 정책개발과 자치단체장의 정책리더십

지방정부의 창조적 정책개발은 공직자들의 적극적인 노력도 중요하지만 무엇보다도 자치단체장의 강력한 정책의지와 정책정향이 중요하다. 그것은 정책개발을 통해 지역을 성공적으로 발전시킨 대부분의 사례에는 그 지역 지도자의 혁신적 아이디어와 적극적인 정책추진이 저변에 깔려있었기 때문이다.[6] 특히 우리나라와 같이 자치단체장의 권한이 강력하고, 단체장중심으로 자치행정이 추진되고 있는 상황에서 하급공무원이 새로운 정책을 개발한다는 것은 매우 어렵다.

원래 정책이란 실무를 담당하는 부서에서 정책아이디어를 제출하면 이를 정책기획담당부서에서 취합·조정하고, 그 결과를 놓고 자치단체장과 정책관련부서의 공무원들이 의견을 조율함으로써 정책이 개발된다. 그러나 이때도 자치단체장이 정책개발에 얼마나 많은 관심을 갖느냐 하는 것이 관건이다. 따라서 지방정부의 정책개발은 자치단체장이 정책개발의 중요성을 어느 정도 인식하고 있느냐하는 점과 정책을 통한 문제해결에 어느 정도의 자신감을 가지고 있는가의 정도에 달려있다.

---

6) 예컨대 일본 고베시의 미야자키 타르오시장이나 오오야마 마찌의 하루미촌장 등의 예를 통해서도 쉽게 알 수 있다.

Ⅱ. 지방정부의 정책개발유형과 영역

1. 바람직한 정책개발의 유형과 방법

1) 정책개발의 유형

지방정부가 자기지역의 발전을 위해 개발하는 정책은 지방정부의 독자적인 정책일 수도 있고, 두 개 이상의 정부나 기업이 공동으로 참여하는 공동정책일 수도 있다. 공동정책일 경우, 인접하는 기초정부들 간의 공동정책일 수도 있고, 기초와 광역정부 간의 공동정책일 수도 있다. 물론 중앙정부와 공동으로 추진하는 정책일 수도 있고, 민간기업과 공동으로 추진하는 정책도 있을 수 있다.

우선 지방정부의 단독정책은 하나의 지방정부가 자기의 관할구역 내에서 자신의 의사와 책임 하에 추진하는 정책으로 비교적 소규모의 단기적 정책을 추진할 경우에 주로 활용된다. 그러나 개발해야 할 대상이나 영역은 많고, 재원이나 인력, 기술 등 자원이 빈약한 지방정부는 가능한 타지방정부나 민간기업을 참여시켜 공동으로 정책을 개발할 필요가 있다. 특히 중앙정부를 자기지역의 개발정책에 끌어들여서 중앙정부와의 공동정책(joint policy)을 개발하는 것이 가장 바람직하다.

2) 공동정책의 개발방안

이처럼 지방정부가 자기지역 내부나 인근지역에서 추진될 공동정책을 개발하기 위해서는 당해 정책사업의 내용이 공동으로 참여하게 될 타지방정부나 중앙정부 그리고 민간기업이 추구하는 목표와 부합되고 그들 스스로의 정책추진에도 도움이 될 수 있어야 한다. 예컨대 여수시의 세계박람회개최정책추진은 여수시는 물론 인근 지방정부와 전남도청 그리고 중앙정부까지 끌어들이는 참여자 모두의 공동이익이 가능한 정책개발이었다.

따라서 지방정부가 공동정책을 추진하기 위해서는 정책내용을 면밀히 검토하고 관련 중앙 및 지방정부 그리고 민간기업을 사전에 충분히 검토한 다음, 해당 정책사업에 대한 용역을 통해 가시적인 정책내용이 나타나야 한다. 그리고 용역결과물을 가지고 공동참여를 희망하는 중앙정부의 해당부처나 광역 및 기초정부 그리고 민간기업을 선정하고, 선정된 곳을 상대로 적극적으로 참여를 유치해야 한다. 경우에 따라서는 공동정책추진기관들의 의견을 수용하여 전적으로 새로운 정책을 개발해 낼 수도 있어야 한다. 특히 공동정책개발에 참여하는 것이 중앙정부의 업무추진과 직간접적으로 연계될 경우, 중앙정부가 적극적으로 참여하고 지원할 수 있다는 사실을 알아야 한다.

2. 지방정부의 바람직한 정책개발영역

1) 지역경제개발정책

어느 곳을 막론하고 우리나라의 지방정부에는 자신이 직접 개발한 정책이라고 할 만한 것은 별로 없다. 물론 지방자치제도 실시 이후 우후죽순처럼 나타난 지역축제를 감안하면 반드시 그렇게 단언하기는 곤란하지만, 그렇다고 하더라도 정책다운 정책을 개발하여 추진하고 있는 곳은 그렇게 많지가 않다. 이러한 관점에서 볼 때 앞으로 모든 지방정부들이 한결같이 개발·추진해야 할 정책이 있다면, 그것은 바로 지역경제를 발전시키는 정책일 것이다. 지방정부가 지역경제를 발전시키는 일은 인접 자치단체나 기업은 물론 광역정부나 중앙정부 모두가 공통으로 관심을 가질 수 있는 영역이다. 따라서 지역적 특성을 개발하면서 지역경제를 발전시킬 수 있는 정책을 개발할 경우, 공동참여기관도 확보할 수 있고 지역주민들의 협력도 얻어낼 수 있는 장점이 있다.

지역경제발전을 위해서는 물론, 지역사회 전체의 발전을 위해 정책을 개발할 수 있는 영역은 광범하고 다양하지만 우선은 지역경제발전이라는 정책목표에 초점을 맞출 필요가 있다. 그리하여 첫째 지방정부가 주도적으로 창의적인 정책을 추진함으로써 지역경제를 발전시킬 수 있는 방안, 둘째 지역 내 중앙 및 지방정부관련 공공기관들의 정책추진을 지역경제발전과 밀착시키도록 유도하는 방안, 셋째 역내외의 민간기업들로 하여금 지역경제발전을 위한 업종개선이나 사업영역의 확장 등을 촉진시키거나 유도하는 방안 등 주요 정책방향을 정하고 전략적으로 정책을 추진해 나가야 한다. 특히 중요한 것은 지방정부가 주도하여 중앙정부와 민간기관 등을 공동으로 참여시키는 지역특성개발과 이를 통한 지역경제발전을 추진하는 정책을 개발할 필요가 있다.

2) 기존정책추진영역과 새로운 정책추진

현재 우리나라 지방정부의 '지역발전을 위한 정책추진 가능영역'은 그렇게 광범하지도 않고, 다양하지도 못하다. 그것은 지방자치권의 범위가 협소할 뿐 아니라, 중앙정부에 의한 각종의 법령들이 지방정부의 독자적인 정책추진을 제한하거나 가로막고 있기 때문이다. 따라서 지방정부가 새로운 정책을 추진하고자 할 때는 어떠한 경우에도 이들 관련 법령 등을 검토하여 중앙부처의 승인이나 협조를 얻어야 하고, 경우에 따라서는 법령개정을 건의할 필요도 있다.

지방정부가 정책을 추진할 수 있는 기존의 업무영역으로는 i) 공익사업적 영역, ii) 산업경제적 영역, iii) 환경보호 및 관리영역, iv) 사회복지영역, v) 민원행정적 영역 등이 있다. 지방정부에 따라서는 이미 이들 영역에 대해 독자적인 정책을 추진하는 곳도 있고, 그렇지 않은 곳도 있겠지만 지역발전을 위해서는 우선은 가능한 영역의 범위 내에서라도 최적·최선의 정책들을 개발하고 추진해 나가야 한다.

그러나 지역발전은 그렇게 간단한 종래의 정책추진만으로 달성할 수 있는 성질의 것은 아니다. 따라서 상설 정책기획팀을 구성하여 전략적으로 정책을 연구개발 할 필요가 있다. 단기적으로 새로운 영역, 새로운 유형의 정책개발이 어렵기 때문에 우선은 기존정책의 목표를 한 단계 높이거나 전략수단을 확장함으로써 정책을 혁신할 필요가 있다. 새로운 정책영역을 개발하기 위해서는 타 지방정부든 중앙정부든 간에 공동정책을 추진하는 것이 가장 효과적이다.

3) 미래행정의 창조와 정책혁신

앞으로 지역사회의 발전은 지방정부가 추진하는 정책의 질과 수준여하에 의해 좌우될 것이다. 즉 우리나라가 반만년 빈곤의 굴레를 벗어날 수 있었던 것은 바로 박 정희 정부의 수출드라이브정책 때문이었던 것처럼, 지방정부들이 정책개발에 성공한다면 중앙정부에 의존하지 않고서도 얼마든지 지역을 발전시킬 수 있기 때문이다. 그러기 위해서는 소극적인 행정에서 적극적인 행정으로, 사후적 행정에서 사전적 예방행정으로 그 성격을 바꿔나가야 한다. 그리고 대외협력·교류를 통한 지방정부의 외교통상행정을 개발하는 등, 필요한 것을 제외하고 가능한 기존 행정을 민간화 시키고, 민간의 영역이라도 필요하다면 지방정부가 안고 처리해 나가야 한다.

Ⅲ. 지방정부의 정책개발방법과 과제

1. 지방정부의 정책개발방법

지방정부가 정책을 개발한다는 것은 다양한 의미를 내포하고 있다. 정책개발의 소재를 찾아내거나, 정책영역의 내용을 심화시키거나 정책추진주체를 변화시키는 등 다양하다. 그러나 주로 정책집행업무를 담당해온 지방공무원들이 새로운 정책을 개발한다는 일은 그렇게 쉽지가 않을 것이다.

1) 정책개발기능의 강화

지방정부가 정책을 개발하는 데는 여러 가지 방법이 있을 수 있지만 우선 가장 급한 것은 집행중심의 행정조직을 정책결정과 정책집행을 함께 할 수 있도록 조직의 구조와 기능으로 개혁하는 것이다. 그리고 지방정부에 종합정책기획실이라는 전담기관을 두고, 여기서 전문적으로 훈련된 인력에 의해 체계적으로 정책을 개발해내는 것이다.

(1) 행정부서의 정책결정기능강화

우선 정책집행구조로 체질화되어 있는 지방정부의 각 국실과 등의 보조기관을 정책결정과 정책집행의 종합적인 구조로 바꾸어 나가야 한다. 즉 모든 부서가 담당업무와 관련된 문제에 대해서는 스스로 결정하고 스스로 집행할 수 있는 입체적 조직으로 구조와 기능을 바꿔야 한다. 그 속에서 일하는 지방공무원 역시 스스로 문제를 찾아 정책으로 입안하고 자신들이 만든 정책을 직접 집행함으로써 문제해결이나 목표달성에 직접 참여하도록 해야 할 것이다. 여기에다 지방정부의 행정기관의 상층부에 종합정책조정기구를 설치하여 해당 기관들에 대한 감시감독과 지원협력을 담당하도록 해야 한다. 이러한 종합정책기구를 통해서 각부서의 정책기능과 타부서와의 연계, 자치단체장의 역할조정, 그리고 정책추진주체의 결정과 자원 동원문제도 담당하도록 해야 한다.

(2) 공동정책(Joint Policy)결정의 활용강화

다양한 정책문제들 중에서 하나의 문제를 정책의제로 선정하여 정책을 추진하고자 할 경우, 지방정부가 독자적으로 추진할 것인가? 아니면 타 정부나 기관과 공동으로 추진할 것인가? 등을 결정해야 한다. 독자적 추진과 공동추진은 비록 정책에 투입되는 재원, 즉 예산만의 문제는 아니다. 정책을 성공적으로 추진하기 위해서는 정책집행과정과 정책성과나 효과까지도 계산해야 하기 때문이다. 물론 일차적으로는 정책문제의 성격여하에 따라 결정될 것이지만, 가능만 하다면 중앙정부나 광역정부 혹은 인접하는 지방정부와의 공동정책추진이 바람직하다. 이러한 공동정책을 추진하는 데는 자치단체장의 적극적인 역할이 가장 중요하다. 물론 공동정책은 중앙정부와 공동으로 추진하는 것이 보다 바람직하다. 그것은 예산지원이나 각종 지식, 정보, 정책추진력 등 중앙정부의 지원이 정책성공에 많은 영향을 주기 때문이다. 우리나라 지방정부의 경우, 노력만 하면 충분히 공동정책추진이 가능한 것들도 단독으로 추진함으로써 예산낭비나 성책성과부진 등의 결과를 가져오는 경우가 적지 않다.

2) 정책개발의 소재발굴과 방법의 다양화

정책개발의 소재는 일차적으로는 정책적 해결을 요구하며 지방정부로 밀려드는 다양한 정책문제들이 있다. 그러나 바람직한 정책개발은 기존 문제로 부각되지는 않았지만 새로운 정책의 소재로 활용할 수 있는 지역사회의 자연자원이나 기존정책영역의 심화와 혁신이다.

(1) 지역사회의 특성을 이용한 정책개발

지방정부는 정책을 개발하여 지역경제를 발전시키고, 주민의 소득증진과 지방정부의 재정역량을 강화해야 한다. 그리고 이를 위해서 가장 효과적인 방법이 지역특성을 이용한 지역개발정책을 수립하는 것이다. 즉 지역 내의 부존자원을 개발하여 그 효용가치를 높일 수 있도록 하는 정책을 개발해 내는 것이다. 자연자원을 이용한 지역개발사업은 아이디어에 따라서는 무궁무진하게 개발이 가능한 분야이기도 하다. 일본 구기노촌의 메밀음식, 오오야마 마찌(大山町)의 NPC운동, 고오베시의 포토랜드와 로코랜드, 그리고 우리나라 청도의 소싸움, 함평의 나비축제, 보성의 차축제, 경북의 문화엑스포, 부산의 국제영화제, 광주의 뷔엔날레 등은 바로 지방정부가 추진한 정책개발의 가치를 증명하는 것들이다.

(2) 정책영역별 정책내용의 개발

정책개발은 이상과 같은 정책문제의 개발을 통해서도 가능하지만 기존의 정책이나 정책영역 안에서 새로운 변화와 혁신을 시도하거나 전문화시킴으로써 혹은 전혀 새로운 영역에서 새로운 정책을 만들어 냄으로써 한 단계 업그레이드 된 정책을 개발할 수 있다. 사실 이러한 정책개발이야 말로 가장 바람직한 정책개발이라고 할 수 있다. 가장 바람직한 것은 중앙과 지방의 공동정책영역에 대해서나 그동안 중앙정부의 정책영역이든 것이 지방분권화나 기능조정을 통해 지방정부의 업무로 바뀐 영역에 대해 지방정부의 입장에서 새로운 정책을 개발하는 것이다. 예컨대 고령화 사회에 따른 고용연령제한철폐, 영세농업구조의 개선을 위한 대단위 기업농화 정책, 교육과 산업의 융합, 의료와 관광의 융합, 도시와 농촌의 연계 등을 내용으로 하는 새로운 정책내용을 개발하는 것이다.

이러한 정책개발은 지역사회의 수준이나 지방정부의 역량에 따라 노력만 하면 얼마든지 좋은 정책을 개발해 낼 수 있을 것이다. 우리나라는 이미 지방정부도 효율적인 정책을 개발하지 않고서는 지역발전과 주민복지증진을 효과적으로 실현할 수 없게 되었다. 지방자치제도와 정신이 정책집행에 익숙해진 지방정부의 공무원들에게 정책개발을 요구하지 않을 수 없게 된 것이다. 지방공무원들에게 이러한 요구는 결코 쉽지 않는 일이다. 그러나 공무원들이 열정만 있으면 충분히 극복할 수 있는 일이기도 하다. 문제는 지역사회를 위해 무엇이든 해내고야 말겠다는 열정, 즉 일에 대한 에너지가 문제인 것이다.

2. 지방정부 정책개발의 과제

분권화를 통한 지방화와 지방화를 통한 세계화의 물결이 지구촌을 뒤덮기 시작한지도 벌써 오랜시간이 지났다. 1995년 WTO의 출범과 함께 본격적으로 불어오기 시작한 세계화 현상은 중앙정부에 대해서는 분권을, 지방정부에 대해서는 개방과 경쟁을 강요하고 있다. 그리하여 작금의 세계사회는 무한경쟁이라는 환경변화에 대응할 수 있는 지방정부의 경쟁력 있는 정책개발을 요구하고 있다.

그러나 안타깝게도 우리나라의 경우, 중앙정부는 지방분권을 거부하고, 지방정부는 정책개발에 무관심함으로써 세계화의 물결에 뒤쳐지고 있다. 21세기에는 지방자치단체를 하나의 소국가로 보고, 지방정부는 준 중앙정부적 차원에서 일해야 한다. 각각의 지방자치단체가 중앙정부에 의존하지 않고 독자적인 발전을 추진함으로써 그 시너지(synergy) 효과를 통해 국가발전을 도모해 나가야 한다.

1) 지방정부의 정책지향적(policy oriented) 성향강화

지방정부정책개발의 가장 기본적인 과제는 우선 지방공무원들의 사고정향이 정책지향적으로 바뀌어야 한다. 즉 행정을 문제해결을 위한 정책적 조치로 인식해야 한다. 부여된 과제를 수동적으로 집행하던 단계에서 벗어나서 주체적으로 문제를 찾아 그것을 정책적 수단을 통해 해결하려는 의지와 노력이 요구된다. 그리하여 지방정부 전체가 정책을 통해 살아있는 유기체적 기능을 수행할 수 있어야 한다. 지방정부가 정책을 통해 환경변화에 대응하고, 민간영역보다 한 걸음 앞서 주민사회의 변화를 유도・촉진하며 창조적 발전을 도모해 나갈 수 있어야 한다. 그리고 이러한 일들을 가능케 하기 위해 가장 우선적으로 해야 할 일은 지방공무원들에게 정책학을 교육시키는 일이다. 분권과 지방자치, 지역발전과 정책개발 등을 함께 묶어 종합적 시각을 갖도록 교육시킴으로써 징책지향적 마인드를 갖도록 만들어야 할 것이다.

2) 정책개발동력(Energy)의 충전

지방정부의 최대과제는 지역발전을 위한 성공적인 정책개발이고, 정책개발의 가장 큰 과제는 정책개발의 동력이라고 할 수 있는 개발에너지를 확충하는 것이다. 일반적으로 업무추진의 원동력은 공직자들의 성취동기에 달려있다고 한다. 따라서 지방정부 정책개발의 원동력은 자치단체장, 지방의회의원 그리고 지방공무원들의 정책지향적 동기로부터 유발된다고 할 수 있다. 그러나 실제 지방정부의 정책개발원동력은 그 보다는 더욱 본질적인 것으로부터 고찰할 수 있다. 지방정부 정책개발의 동력은 첫째 행정에 대한 패러다임(Paradigm)의 전환을 통해, 둘째 지방정부의 Network System 구축을 통해, 셋째 지방정부 공직자들의 강한 성취동기(motivation)와 적극적 사고방식(PMA)을 통해, 그리고 넷째 공무원들에 대한 혁신적 교육·훈련, 지식과 정보와 기술의 함양을 통해 가능하다. 끝으로 구성원들의 생산적 경험과 국내외의 벤치마킹을 통한 창조적 모방을 통해서도 생성시킬 수 있다.

3) 종합정책개발·조정기구의 설치운영

21세기 지방정부의 역할과 기능은 국내를 벗어나 국제사회의 지방정부들과 활발하게 교류하고 협력해 나가지 않으면 안된다. 그만큼 지방정부의 기능이 증대되고 활동영역도 광범해 질 것이다. 따라서 이러한 다양하고 다원적인 업무를 체계적이고 효율적으로 추진해 나가기 위해서는 정부내부라는 유기체의 두뇌역할을 수행할 수 있는 종합적인 정책기획기구를 설치운영할 것이 절실히 요청된다. 지방정부의 장기발전정책과 분야별 단기정책·계획의 수립은 하나의 기구 내에서 체계적이고 일관성 있게 조정·추진될 수 있어야 한다. 그리고 지방정부 내에서 추진되고 있는 모든 정책과 사업 등이 이 기구를 통해 평가되고 수정·통제되어 나가야 한다. 두뇌 없이 방만하게 나열된 조직이나 기구들은 소중한 자원의 낭비만 초래할 뿐이다.

4) 자치단체장의 정책지향적 의식확립과 창조적 리더십함양

분권화된 지역사회의 바람직한 발전을 추진하기 위해서는 자치단체장의 세계관과 리더십이 혁신적이고 창조적이어야 한다. 공공문제에 대한 단체장의 시각과 관점이 보다 종합적이고 체계적이어야 하고 정책지향적으로 개혁되어야 한다. 변화하는 환경과 증폭하는 행정수요를 지방정부가 해결해야 할 정책문제로 인식하고 이에 따른 체계적 정책대응방안을 강구하는 미래지향적 리더십을 함양해 나가야 한다. 이러한 일들을 효율적으로 추진하기 위해서는 우선 지방정부의 총체적 문제해결역량을 파악해야 한다. 총자산과 총부채, 동원가능한 자원의 총량, 단계적으로 소요될 비용의 총량, 당해 자치단체의 특성, 공무원들의 능력, 지방의회의 역량과 협력, 지역주민들의 지지와 반대 등에 관한 확실한 인식이 요구된다. 이러한 지식의 기반 위에 당해 지역사회의 발전관리를 위한 전략을 구상하고 대안을 탐색해 나가야 한다. 한정된 자원으로 최대의 효과를 달성하기 위한 전략적 수단으로 표현되는 정책은 미래의 지방정부통치에 최선의 대안이 될 것이기 때문이다. 따라서 자치단체장들은 가능하면 해외벤치마킹과 세미나 등을 통해 참신하고 창조적인 지식을 습득하도록 노력해야 한다.

5) 지방의회의 정책지향적 의정기능제고

분권화된 지방정부의 의원들에게는 창의적이고 개혁적인 사고가 요구된다. 주어진 대상이나 현상에 대한 비판과 견제에서 벗어나 무에서 유를 만들어 내는 창조적 사고와 능력이 절대 요청된다. 지방의회가 무엇을 어떻게 함으로써 지역발전의 주체적 역할을 수행할 수 있을 것인가를 진지하게 연구·토의해야 한다. 그리하여 그 동안 집행기관의 견제와 감시에 머물러 있던 의정기능을 새로운 아이디어와 정책개발로 바꾸어 나가야 한다. 의정기능 수행과정에서도 지방정부의 업무를 정책단위로 파악하도록 노력해야하며, 투입과 산출, 비용과 편익, 수단과 목표 등 체계적 관점에서 기능적으로 파악하도록 해야 한다. 뿐만 아니라 주민들의 창의적인 아이디어를 자극하고, 그것을 의회차원에서 수렴하는 정책제안담당기구나 홈페이지를 개설·운영할 필요가 있다. 그리고 이러한 주민제안제도가 지역사회의 저변으로 파고들 수 있도록 언론을 통한 홍보와 포상제도 등을 적절히 운영할 필요가 있다.

Ⅳ. 지방정부 정책개발의 과정

1. 지방정부 정책개발과정의 의의

지역사회를 발전시켜 주민의 복지를 증진시키려는 지방정부의 입장에서 볼 때, 개발하고 추진해야 할 과제가 한둘이 아니다. 특히 사회가 복잡다원화되고 발전할수록 지역사회 주민들의 요구는 시시각각 증대되고 있다. 지방정부의 정책개발과정이란 이처럼 이미 제기된 많은 문제들 중에서(혹은 지방정부스스로가 발굴하고 제안한 새로운 사업이나 시책들 중에서) 가장 창의적이고 바람직한 문제를 정책의제로 채택하고, 이것을 토대로 새롭고 참신한 정책을 만들어 내는 과정을 말한다. 이렇게 볼 때 지방정부의 정책개발은 바람직한 정책의제를 찾아내는 정책의제설정(policy agenda setting)과정과 그러한 정책의제를 소재로 창의적인 정책을 만들어 내는 정책결정(policy making)과정을 의미한다. 그런데 여기서 '개발'이라는 용어가 갖는 의미는 "지금까지의 것보다 새로운 것이나 기존에 없던 것들을 만들어 낸다"는 의미가 강하다. 따라서 의제설정이나 정책결정이 혁신적 혹은 창의적이어야 함을 뜻한다고 보아야 할 것이다. 아래에서는 이들 두 과정에 대해 자세히 검토해 보기로 한다.

2. 정책의제설정의 과정

정책의제를 설정하는 과정이란 지방정부가 장차 정책으로 입안·추진할 정책문제를 선정 혹은 채택하는 과정이다. 즉 지방정부로 하여금 그 해결을 요구하며 투입되어오는 수많은 사회문제들 중에서나 지방정부 스스로가 개발하거나 제안한 문제들 중에서 장차 그것을 정책으로 입안하여 추진하겠다고 공식적으로 선택한 문제를 말한다. 그리고 이처럼 정책의제를 선택하는 과정을 정책의제설정과정(혹은 정책의제형성과정)이라고 한다. 그리하여 지방정부의 정책과정은 이 의제설정과정으로부터 출발한다. 즉 정책의제설정과정은 주민들로서는 정책결정체제에 대해 요구 및 지지를 투입하는 과정이며, 지방정부로서는 지역사회로부터 요구와 지지를 수용하는 과정이다.

1) 정책문제의 파악 · 발굴과 임시의제 선정

첫째 지방정부의 입장에서 볼 때 정책의제설정과정은 지역사회로부터 지방정부로 투입되어 들어오는 수많은 문제들을 해당 정책담당기관이 인지하거나 파악함으로써 출발한다. 우리나라의 경우 어느 지역을 불문하고 지방정부에 대해 그 해결을 요구하고 있는 공공문제는 시시각각 쌓이고 있고 이들 문제에 대해 해당 정책담당기관이 각각 그 내용 및 정책적 해결의 중요성을 파악하고 이들 중 정책의제를 발굴해 내는 단계이다. 사실 많은 문제들이 지방정부에 의해 정책적으로 해결되기를 바라고 있지만 지방정부는 그 중에서 극히 일부문제들에 대해서만 해결을 시도하여 정책의제로 채택한다. 여기에는 여러 가지 이유가 있지만 가장 중요한 것은 해당 기관의 정책결정자들이 문제의 성격이나 자원의 부족 등으로 그 문제의 해결을 선호하지 않기 때문이다. 요컨대 의제설정과정이란 이렇게 파악하고 발굴한 주요한 문제들에 대해 일단 해당 기관이 임시로 정책의제를 선정하는 단계이다.

2) 새로운 정책문제의 제안 및 임시의제설정

둘째 지방정부는 기존 사회문제와는 별도로 정책당국이 스스로 현실문제의 개선이나 미래의 바람직한 목표를 달성하기 위하여 스스로 아이디어를 개발하고 정책을 제안을 함으로써 정책의제를 만들어 내기도 한다. 이 경우 정책담당자들이 직접 개발한 문제이외에도 사회내의 전문가 집단이나 정부내의 다른 기관에 의해 제안된 문제를 정책의제로 채택할 수도 있다. 문제는 새로운 정책을 개발하려면 기존의 패러다임에서 벗어나 사물이나 현상을 새로운 관점에서, 새로운 판단을 하지 않으면 새로운 정책의제를 찾을 수도 없음을 명심해야 한다. 요컨대 기존의 공공문제해결을 위한 것은 아니지만 다른 공공정책기관에 의해 개발된 새로운 정책의제를 잠정적으로 채택하는 단계이다.

3) 여론수렴 및 지방의회의 의견청취

여론수렴이란 앞에서 발굴하고 채택하거나 스스로 개발한 정책의제들에 대해 관련 지역사회의 공중이나 주민들로부터 반응을 청취하는 단계이다. 물론 언론 등을 통한 여론청취가 그 주요한 내용을 이룬다. 정책당국으로서는 확정하지는 않고 임시로 의제를 채택하였지만 지역주민들과 언론으로서는 정책당국이 공식적 의제로 채택한 것으로 간주하고 문제해결을 위한 정책대안에 대한 자기들의 요구와 주장을 하게 되는 데, 이 때 그들의 주장을 경청하면 정책대안을 탐색하는 데 많은 도움이 된다. 그리고 가능한 지방의회의 의견도 사전에 청취하도록 노력할 필요가 있다. 다시 말해 이 단계는 정책당국으로서는 그 문제가 실제 정책적으로 해결할 가치가 충분하고, 실현가능성이 있으며, 지방의회의 반응과 정책당국 스스로도 문제해결능력이 있는지를 검토하는 단계이다.

4) 해당기관의 공식의제채택

지방정부의 입장에서 공식의제를 설정한다는 것은 문제를 파악하고 발굴하거나 자신들이 제안한 새로운 정책문제들을(즉 일단 해당기관이 주요하게 고려하는 정책문제들) 해당 정책결정기관의 공식적 정책의제로 확정한다는 의미를 갖는다. 그리고 정책당국이 정책의제로 채택한 의제에 대해 국민사회의 요구와 기대를 반영함으로써 문제해결에 대한 방향을 재정립하거나 대안을 수정하겠다는 의미를 갖기도 한다. 보다 구체적으로는 정책당국의 여러 기관들 중에서도 그 문제를 관장하는 해당 기관으로 그것을 이관하는 의미를 갖는다. 이렇게 하여 지방정부의 해당 기관이 그 문제를 공식적으로 채택하면 그것이 바로 공식적으로 정책의제가 설정되는 것이다. 정책의제를 설정하는 것은 이처럼 해당기관이나 기구가 스스로의 판단에 따라 정책의제를 선정하는 경우도 있지만, 자치단체장의 공약이행이나 단체장의 직접지시로 이루어지는 경우가 많다. 그리고 때로는 예기치 못한 사건(촉매적 요인)으로 인하여 생각치도 못했던 문제들이 정책의제로 채택되기도 한다. 그리하여 기존의 정책의제라고 하더라도 새로운 의제에 우선순위가 밀려 정책결정이 지체되기도 하고, 시간적으로는 비록 뒤에 설정된 정책의제라고 하더라도 앞서 정책으로 결정되기도 한다.

3. 정책결정의 과정

1) 의의와 단계

정책결정(policy making)이란 지방정부의 정책결정기관이 현재 및 미래의 문제(정책의제)를 해결하기 위하여 주요한 활동지침을 결정하는 것을 의미한다. 즉 정책결정은 지방자치단체의 목적이나 공익을 실현하기 위한 주요 방침을 결정하는 것이다. 다시 말해 정책결정이란 이미 정책의제설정단계에서 채택된 정책의제를 대상으로 그 의제가 안고 있는 문제의 내용을 해결하기 위한 수단을 결정하는 것이다. 그러나 많은 경우 정책결정기관은 법규나 명령·지시·위임 등에 의해 이미 정책의제들이 쌓여 있고, 때로는 정책의제항목에 올라와 있지도 않은 문제들까지 갑작스런 해결을 요구하며 정책결정기관으로 투입될 수도 있다. 따라서 이미 의제항목에 포함되어 있는 정책의제들도 정책결정기관이 판단하는 우선순위에 밀려 결정이 지연·보류되는 경우가 적지 않다. 이와 같은 정책결정과정은 다시 해결해야 할 문제(정책의제)에 대한 i) 문제의 정확한 파악과 문제정의, ii) 정책목표의 설정, iii) 정책대안의 탐색·개발 , iv) 정책대안의 결과예측과, v) 각 대안에 대한 비교·평가, 그리고 vi) 최적대안의 선택단계에 이르기까지 복잡하고 동태적인 과정을 거치게 된다.

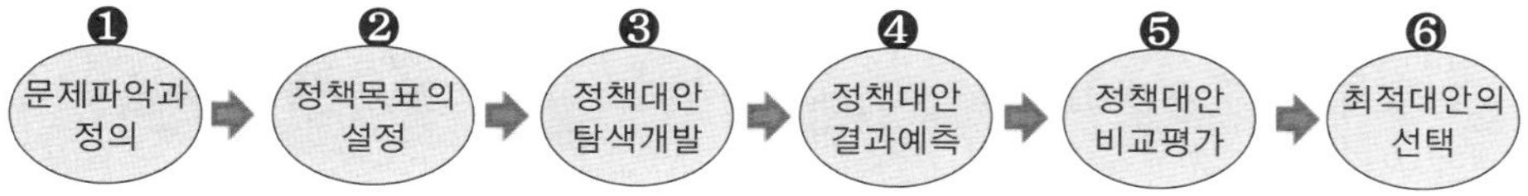

[그림 6-1] 정책결정과정의 단계

2) 정책결정과정의 주요단계별 검토

위에서 검토한 바와 같이 정책결정과정은 6단계로 이루어지고 있다. 아래에서는 그 각각에 대해 검토해 보기로 한다.

(1) 문제의 파악과 정의(무엇이 문제인가?)

정책의제가 안고 있는 문제내용을 정확하게 분석·파악하는 것은 바람직한 정책결정을 위해서 우선적으로 수행해야 할 가장 중요한 과업이다. 문제의 파악(把握)이란 정책의제가 해결하고자 하는 문제내용을 정확하게 분석·파악하는 작업을 의미한다. 그러나 어떠한 문제이건 간에 문제의 내용을 정확하게 파악하는 일은 그렇게 간단하지가 않다. 그것은 하나의 문제는 대부분 다른 문제와 상호의존 내지 연결되어있고, 문제를 파악하는 입장은 주관적이며, 그 해결방안도 다양할 수밖에 없기 때문이다. 그럼에도 불구하고 문제의 정확한 파악은 정책목표의 바람직한 설정을 위해서는 물론 정책대안의 개발과 그 결과예측을 위해서도 반드시 거쳐야 할 필수적인 단계이다.

여기서 문제의 파악이란 정책적 해결을 시도하는 문제의 원인, 결과, 그리고 이들 간의 인과관계를 알아내는 것을 뜻한다. 문제란 본래 시시각각 변하고 장소와 기술변화에 따라 그 내용이나 성격이 크게 변해 버릴 수 있기 때문에 정책결정과정에서 재검토·재파악되어야 한다. 그리고 문제의 정의란 그래서 무엇이 문제인가를 규정하는 것을 말한다.

(2) 정책목표의 설정(얼마나 해결할 것인가?)

정책목표를 설정한다는 것은 '문제를 해결하거나 내용을 실현하기 위해 어느 정도수준에서 그 적절한 선을 결정할 것인가?' 하는 것이다. 정책의 내용은 주로 정책목표와 정책수단으로 구성되어 있으므로 정책을 결정한다는 것은 결국 정책목표와 정책수단을 결정한다는 것을 의미한다. 정책수단은 정책목표를 달성하는 가능한 최선의 도구로 구성되어 있어야 하기 때문에 결국 정책목표는 정책수단을 포함한 정책의 내용까지 규정하게 된다. 따라서 정책목표가 바람직하고 분명하게 설정되지 못하면 정책수단은 물론 정책효과까지도 잘못될 수 있다. 때문에 정책목표의 바람직한 설정은 정책대안의 탐색단계와 함께 정책결정과정의 가장 핵심부분이다. 그러나 정책목표를 설정하는 것은 정책문제를 얼마나 잘 정의하느냐와 직결되어 있으며, 정책문제를 바람직스럽게 정의한다는 것은 정책문제의 구성요소를 어떻게 파악·결정하느냐에 달려있다. 목표는 가능한 구체적(예. 몇 % 등 숫자로 표시할수록 바람직)이고 실현가능한 것이어야 하지만 항상 변동될 수 있음을 유의해야 한다.

(3) 정책대안의 탐색과 개발(어떻게 해결할 것인가?)

정책대안의 탐색·개발이란 정책목표를 달성하기 위해 필요한 일련의 정책수단을 개발하고 찾아내는 작업을 뜻한다. 정책목표는 대부분 그것을 달성하기 위해서는 2가지 이상의 정책수단들을 필요로 한다. 그러므로 최선의 정책대안을 찾아내기 위해서는 가능한 많은 대안들을 광범하게 탐색하고 개발해야 한다. 중요하고 바람직한 모든 대안들을 빠짐없이 찾아내고 개발하여 이들을 대상으로 서로 종합, 보완하고 비교·평가함으로써 최선의 대안이 제외되지 않도록 해야 할 것이다. 그러나 실제 작업과정에서 정책대안의 탐색·개발은 여러 가지 요인들에 의해 많은 제약을 받기 때문에 충분한 대안을 개발하지 못한다. 이러한 제약요인들로는 첫째 정책결정자 및 그 관련자들의 능력부족, 둘째 정치적 영향력 및 지지의 부족, 셋째 이해관계집단들의 압력 등을 들 수 있다. 바람직한 정책대안을 찾아내기 위해서는 i)창의적 독창적 사고, ii)과거 및 현재의 국내외 정책, iii)과학기술 및 이론의 도움, iv)주관적 직관적 방법, v)창조적 벤치마킹, 그리고 vi)정책네트워킹 등 대안탐색을 위한 소재들(sources)를 잘 활용해 나갈 필요가 있다.

(4) 정책대안에 대한 미래예측(어느 대안이 목표달성을 높일 수 있는가?)

① 결과예측의 개념

정책목표달성을 위한 몇 가지 선택가능한 정책대안이 개발되고 나면, 그 다음 단계는 이들 대안들이 장차 정책으로 채택되었을 때 결과할 미래의 상태를 예측하는 단계이다. 정책대안의 결과를 예측하는 작업은 정책결정과정 중에서도 가장 어려운 작업에 속하며, 정확한 예측을 위한 각종의 기술과 방법들을 개발·이용해야 하는 복잡한 단계이다. 이 단계에서는 "정책대안의 결과란 무엇을 의미하는가?"라는 것과 "결과예측의 방법들은 어떤 것들이 있는가?" 라는 점을 정확하게 이해할 필요가 있다. 정책대안의 결과란 그 대안을 정책으로 결정하여 실제 집행했을 때 나타날 것으로 예상되는 모든 결과를 의미한다. 이러한 결과는 '바람직한 결과'와 '바람직하지 못한 결과' 그리고 '의도한 결과'와 '의도하지 않은 결과'로 구분된다. 여기서 바람직한 결과를 '정책효과'라고 하며, 바람직하지 못한 결과를 '정책비용'이라고 부른다.

② 미래결과예측의 방법

정책대안에 대한 결과를 정확하게 예측한다는 것은 사실상 불가능할지도 모른다. 아무리 과학기술이 발달된다고 하더라도 미래에 대한 인간의 예측능력에는 한계가 있으며, 정책대안이 해결하고자하는 정책문제나 목표는 항상 변화하고 있기 때문이다. 더구나 미래를 예측하는 데에는 많은 시간과 비용 및 고도의 기술과 능력도 요구된다.

지금까지 개발된 미래예측기법은 그 기준과 근거 등에 따라 매우 다양하다. 그러나 일반적으로는 i) 시계열적 경향예측(투사) ii) 인과관계를 통한 이론적 예측(예언), iii) 주관적, 직관적 판단에 의한 예측(추측) 방법 등이 이용된다.

첫째 경향예측방법이란 외삽식 예측이라고도 하며, 과거의 역사적 경향을 현재와 미래로 연장시켜 그 경향이나 추세를 보고 미래를 예측하는 방법을 말한다. 이러한 예측방법은 특히 과거나 현재에 관찰된 경향을 예측한다고 하여 경향외삽법 혹은 보외(補外)적 예측기법이라고도 한다.

둘째 이론적 예측방법이란 명확한 이론적 가정에 입각하여 일정한 법칙이나 명제의 형태를 띤 '인과관계를 밝히는 진술'에 의해 미래를 예측하는 방법을 말한다. 즉 이 방법은 대안의 미래결과에 대해 체계적이고 실증될 수 있는 일련의 법칙(예컨대, 한계효용체감의 법칙 등)이나 명제(예컨대, 사회의 무질서는 기대와 역량간의 격차에 의해 야기된다)의 형태로 예측하는 것을 뜻한다.

셋째 주관적 직관적 예측이란 추측자의 주관적 판단을 기초로 하여 이루어지는 미래상태에 대한 예측을 말한다. 즉 이 방법은 경험적 자료나 과학적 이론을 전혀 사용하지 않으며, 예측자 자신의 통찰력이나 창조적인 지각력 등과 같은 직관(intuition)에 의존하는 예측방법의 한 형태이다. 그리고 특정문제에 대한 전문가나 지식인들에 대한 질문과 응답을 활용하는 정책델파이(Policy Delphi)방식이나 집단토의(Brainstorming)방식을 이용하기도 한다.

(5) 정책대안간의 비교 · 평가(어느 대안이 더 바람직한가?)

이렇게 하여 정책대안들에 대한 미래의 결과예측이 끝나면 예측된 결과들이 정책문제의 해결이나 정책목표의 달성을 위해 얼마나 소망스러운지를 비교 · 평가해야 한다. 일반적으로 대안의 비교 · 평가기준으로는 크게 i) 합리성과 ii) 실현가능성의 두 가지 기준을 들 수 있다. 첫째 합리성이란 정치적 합리성, 법적 합리성, 경제적 합리성, 규범적 합리성을 들 수 있다. i) 정치적 합리성이란 민주성, 대응성, 형평성(공정성) 등을 들 수 있고, ii) 법적 합리성은 합법성을, iii) 경제적 합리성으로는 능률성, 효과성, 생산성을, iv) 규범적 합리성으로는 공익(公益)을 들 수 있다.

둘째 어떠한 대안이 바람직한 정책대안으로 평가되기 위해서는 그것이 정책으로 채택되고 집행될 수 있는 실현가능성이 있어야 한다. 그렇기 때문에 여기서 실현가능성이란 어떠한 정책대안이 장차 정책으로 채택될 수 있는 '채택가능성'과 채택된 이후 성공적으로 집행될 수 있는 '집행가능성'을 동시에 내포하는 개념이다. 아무리 바람직한 정책대안이라고 하더라도 그것이 정책으로 채택될 수 없거나, 채택된다고 하더라도 집행될 수 없는 것이라면 그것을 최선의 대안이라고 평가할 수는 없을 것이다. 그러므로 정책대안의 실현가능성은 정책집행을 제약하는 집행의 제약조건을 극복할 수 있는 것이어야 하며, 따라서 실현가능성이 높을수록 좋은 대안으로 평가받게 되는 것이다. 이러한 실현가능성의 유형으로는 기술적, 경제적, 행정적 실현가능성과 법적, 정치적, 시간적 실현가능성 등을 들 수 있다.

(6) 최적대안의 선택(어느 대안을 선택할 것인가?)

최종적인 대안선택은 이미 작성되고 평가된 여러 대안들 중에서 가장 바람직한 것을 선택함으로써 완료된다. 그러나 대안선택을 위한 활동은 앞에서 진행된 작업과정의 결과에 따라 기계적으로 이루어지는 순차적 단계는 아니다. 이미 앞에서 충분히 예측 · 평가된 대안들이라고 하더라도 최종적인 선택단계에서는 다시 여러 요인들을 고려해 보아야 한다. 특히 중요한 것은 어떠한 대안이든 완전히 만족할 만한 결과를 가져오지는 못한다는 사실을 인식해야 한다. 그러므로 정책결정자들은 우선 선택된 대안의 집행에 따르는 제반 위험과 시행착오를 극복해 나갈 용기가 있어야 하며, 정책의 대 주민적 효과를 사전에 다시 검토해 보아야 하고, 이해관계자 및 정치세력들 간의 대립과 갈등을 조정·통제해 나갈 각오가 되어 있어야 한다. 이러한 사전검토와 정책결정자들의 준비 및 각오가 충분히 이루어진 이후 각 대안의 소망성(desirability) 및 실현가능성(feasibility)의 결과에 따라 최적대안을 선택해야 한다. 대안의 선택과 동시에 정책결정과정은 일단락된다.

그러나 사실 완전한 정책결정이란 정책대안의 선택에서 끝나는 것이 아니다. 그것은 정책대안의 작성에 불과한 것이며, 정책대안이 완전한 정책으로 성립되기 위해서는 집행을 위한 예산조치 등 재정이 뒷받침이 있어야 하고, 나아가 주민의 대표기관인 지방의회에서 의결·통과되어야 한다. 그렇지만 합리적·분석적인 정책결정과정의 측면에서는 최적의 정책대안을 선택하는 것으로 정책결정과정이 완료되는 것으로 볼 수 있다.

V. 지방정부 정책개발의 실제

지방정부의 정책은 의결기관인 지방의회가 스스로 발의하여 결정할 수도 있고, 집행기관인 자치단체장이 집행부조직을 통해 정책안을 발의하여 지방의회의 의결을 거쳐 결정할 수도 있다. 그러나 많은 경우 정책결정과정에서의 의회와 집행기관의 역할은 명백히 구분되어 있지 않고 상호 협력과 지원을 통해 공동으로 정책을 만들어 나간다고 볼 수 있다. 따라서 지방정부의 정책결정은 집행기관 내부에서의 정책결정과정과 이 정책에 대한 지원과 협력 내지 합법화 과정에 해당되는 지방의회의 의결과정으로 구분된다.

1. 집행기관 내부의 정책결정과정

1) 정책결정과정의 절차

집행기관 내부의 정책결정과정은 앞에서 검토한 정책결정기관의 일반적인 정책결정과정의 절차를 밟는 것이 상례다. 예컨대 주민들로부터의 요구와 주장을 수용하거나 기간내부에서 스스로 정한 의제를 기초로 문제를 파악하고 정의하며, 정책목표를 설정하고, 목표달성을 위한 대안을 찾아(탐색개발)내며, 그 대안들에 대한 미래결과를 예측하고, 그 대안들을 서로 비교·평가한 다음, 그 중에서 한두 가지 가장 적절한 대안을 선택할 때까지 이루어지는 제반 과정을 거치게 된다. 물론 지방정부의 현장에서는 이들 6단계 중 한두 단계를 뛰어넘는 경우가 많아 이론과는 차이가 있을 수 있다.

2) 집행부내부 정책결정과정의 중요국면

집행기관내에서 정책을 결정할 경우 유의해야 할 사항으로 여기서는 첫째 의제설정의 문제, 둘째 관련법규의 검토 및 중앙정부와의 의견조율, 셋째 지방의회와의 지원과 협력 확보, 넷째 정책에 소요될 재원확보 등에 대해 간략히 검토해 보기로 한다.

(1) 의제설정의 문제

지방정부의 정책의제설정은 자치단체장을 정점으로 지역사회주민들의 요구와 주장 그리고 정당의 추천, 지방의회의 의견반영, 언론기관의 태도 그리고 집행기관의 내부적 의견을 청취하고 수렴한 이후에 결정하는 것이 상례다. 물론 정책문제가 외부로부터 들어온 것인가 아니면 내부적으로 투입된 것인가에 따라서, 그리고 지방정부의 단독결정사항인가 아니면 중앙정부나 다른 지방정부와의 공동결정사항인가에 따라 다르지만 지방정부의 의제설정은 대부분 자치단체장의 승인이 전제되어야 한다.

(2) 관련 법규검토 및 중앙정부의 협력과 지원확보

지방정부의 정책결정과정에서는 무엇보다도 관련 법령의 검토가 선행되어야 한다. 결정되어야 할 정책내용이 관련법규에 위반되거나 저촉되지는 않는지, 관련 중앙부처나 행정자치부로부터 제재를 받지는 않을지 등을 검토해야 한다. 그리고 필요한 경우 중앙정부와 사전에 협의·조정할 필요가 있다. 나아가 가능하면 중앙정부의 관련 부처로부터 정책관련 지원과 협력을 확보하도록 해야 한다. 그것이 지방정부의 정책결정을 위한 법령개정이든 예산지원이든 어떤 것이라도 좋다.

(3) 지방의회의 의견반영과 협력확보

집행부에서 정책을 결정하지만 그것이 공식적인 지방정부의 정책으로 완성되려면 지방의회의 의결이 있어야 한다. 따라서 정책과 관련되는 지방의원들과는 물론 지방의회의 관련 위원회와도 사전에 충분한 정보와 의견을 교환할 필요가 있다. 지방의회와 집행기관은 지방정부라는 수레의 두 바퀴와 같다. 따라서 지방의회와는 언제나 협력하고 지원함으로써 좋은 관계를 유지할 필요가 있다. 때문에 집행부가 주도하는 정책결정이라고 하더라도 가능하면 지방의회의 의견을 어느 정도 반영시킬 수 있어야 한다.

(4) 소요재원의 확보

정책은 그 성격상 대부분 예산을 수반하기 마련이다. 때로는 그 규모가 방대한 재정적 자금을 필요로 하는 경우도 있다. 따라서 정책을 주관하는 부서에서는 반드시 예산부서와 사전에 의견을 맞춰서 필요한 재정자원을 확보할 수 있도록 조치를 취해야 한다. 아무리 좋은 정책을 만들었다고 해도 예산지원을 받지 못해 집행되지 못한다면 오히려 정책을 결정하지 않은 것보다 못하기 때문이다. 특히 정책의 집행기간이 장기적이어서 다년간 예산을 사용해야 할 경우에는 더욱 그러하다. 그러나 무엇보다도 중요한 것은 중앙정부와 광역정부로부터 예산지원을 받을 수 있도록 조치를 강구하거나 노력할 필요가 있다.

2. 지방의회와의 협력과 동의형성: 의결과정

1) 의원들과 집행부공무원간의 비공식적 관계

지방의원들은 당해 자치단체의 정책결정과 집행을 담당하는 기관을 감시 혹은 감독하고 주민사회의 갈등과 민원사항을 처리한다. 또한 지방의원들은 지역주민들의 이해관계를 조정하고 주민들의 의견을 수렴하여 이를 지방행정과 정책에 반영한다. 그러나 지방의원들이 이러한 역할을 수행하는 제반 과정에서는 의원이 독자적으로 수행하는 것이 아니다. 사실은 관련 집행기관의 해당부서와 끊임없이 접촉하고 의논하면서 이들 업무를 행하고 있다. 이처럼 지방의원들과 지방공무원들 간에는 평소 업무와 관련하여 다양한 공식·비공식적 관계를 유지하고 있다. 따라서 공식적인 의회의 의결을 요구하거나 거치는 과정에서 평소의 이러한 관계가 상당한 영향을 미치게 된다.

2) 집행부와 지방의회간의 공식적 관계

비공식적 관계와는 달리 지방의회와 집행부와는 공식적 관계를 가지고 상호 유기적으로 활동하고 있다. 즉 예산안이나 조례안을 의회에 제출한 이후부터 집행부에서는 지방의회의 해당 상임위원회와 의장단 등 공식적인 지방의회의 기구와 관계를 가지고 지원과 협력을 유도해 나간다. 물론 평소 지방의회와 집행부의 관계는 지방의회의 사무기구를 통해 이루어진다. 이 기구를 통해 상호 충분한 정보와 자료를 교환함으로써 지방의회의 의결에 필요한 지원과 협력을 아끼지 않는다. 이처럼 집행부는 지방의회의 사무기구, 위원회, 의장단 등을 통해 정책(안)이나 조례(안), 예결산(안) 등의 처리를 위해 공식적 관계를 가지고 지원과 협력을 유지해 나간다. 그러나 지방의회에서의 의결과정은 국회의 그것과는 달리 집행부공무원과 지방의원들 간에 정치적 뒷거래가 거의 없다는 점이다. 가끔 지방의원들에 대한 자치단체장의 정치공작이 있을 수는 있지만 지방의회의 취약한 권한은 이러한 소지를 상당부분 방지하는 역할을 하고 있다.

제4편 한국지방자치의 역사와 지방선거

제1장 한국지방자치의 역사적 경험과 교훈
제2장 지방선거제도

01
Chapter

한국지방자치의 역사적 경험과 교훈

제 1 절 한국의 지방행정과 지방자치역사

Ⅰ. 근대이전의 지방행정과 지방자치

주지하는 바와 같이 한반도의 통치역사는 삼국시대 이후 줄곧 중앙집권적 통치체제를 유지하여 왔다. 지정학적으로 강대국들 사이에 끼여 있다는 점, 사상적 유교윤리를 강조해 왔다는 점, 이외에도 이러한 중앙집권적 통치체제의 전통을 확립하게 된 이유는 매우 다양하다. 그리고 한국의 경우 오늘날과 같은 근대적 지방자치의 발달은 외국에 비해 그 역사가 매우 일천하다. 중앙집권적 통치체제 하의 왕정시대에도 지방의 행정은 존재하였지만, 그것은 국왕에 의해 임명된 지방관리에 의하여 수행되었기 때문에 지방자치적 요소를 거의 찾을 수 없었다. 그 결과 지방의 통치과정에 공식적으로 해당지역 주민들의 참여나 민의를 반영하지도 않았다. 물론 당해 지역의 특성이나 해당 관리의 통치방식에 따라 전적으로 민의를 반영하지 않았다고 볼 수는 없지만 비민주적 행정체제 하에서의 민의반영이란 사실 권력자의 자비에 지나지 않는다. 이상과 같은 한반도의 근대이전의 한국사회를 삼국시대, 고려시대, 그리고 조선시대의 세 시대로 구분하여 시대별 지방행정체제의 지방자치적 요소를 중심으로 지방행정제도를 검토해 보기로 한다.

1. 삼국시대의 지방행정

고구려·신라·백제는 모두 부족국가에서 출발하여 부족연맹체로 발전된 후 점차 중앙집권적 전제왕정체제로 발전하였다. 전제왕권이 확립된 후는 전국의 구역은 중앙집권적 통치체제에 적합하게 행정구역으로 재편되었다. 그 부족장은 전제왕권 하의 귀족이 되었으며 각 행정구역은 왕족이나 귀족 중에서 임명되거나 세습되었다. 그러다가 신라에 의하여 삼국이 통일된 후에는 전국을 다시 9주 5소경 117군 283현으로 재편성하였다. 9주는 신라본토와 고구려, 백제에 각각 3주씩을 두었고, 소경은 주와는 독립된 일종의 특별행정구역으로서 중원경(충주), 북원경(원주), 서원경(청주), 남원경(남원), 금관경(김해)의 5소경을 두었다. 그리고 말단 행정구역으로는 향읍과 촌락이 있었고, 부곡이라고 하는 일종의 특별행정구역도 설치하게 되었다. 물론 이러한 지방행정단위의 통치 역시 왕권에 의하여 직접 또는 간접으로 임명된 관리가 수행하였다. 그리하여 이 시기에는 근대적 의미의 지방자치적 요소는 거의 발견할 수 없었다.

2. 고려시대의 지방행정과 지방자치

고려건국의 초기에는 신라의 지방제도를 답습하면서 지방토호들을 회유하였다. 그러다가 제6대 성종 때부터 중국의 당나라 제도를 도입함으로써 중앙집권적 관료제를 확립하였다. 고려의 지방제도는 초기의 제도(12목 10도제 등)가 몇 차례 바뀌어 제8대 현종(1009-1031) 때에 전국을 5도(道)·양계(界)[1]로 나누고, 그 밑에 경·도호부·목·부, 그리고 군·현·진을 두게 되었다. 도에는 관찰사, 계에는 병마사가 파견되었는데 초기에는 순회제를 채택하였다가 차후에는 상주전임제도로 변경되었다. 이 당시의 지방행정제도로서 자치적 요소를 가지고 있었던 것은 사심관과 향직단체를 들 수 있다.

1) 사심관제도

사심관제도는 건국공신에게 출신지방의 통치를 맡겨 상당한 정도의 독립성을 가지고 지방을 통치하게 한 제도로서, 약간의 지방분권적 요소를 지니고 있었다. 그러나 사심관들은 주민복지보다 착취와 수탈에 몰두하는 경우가 많았고, 지방행정과정에 주민의 참여가 전혀 인정되지 않았다. 그나마 이 제도는 고려중기(14세기)에 폐지되고 중앙집권제가 강화되면서 국가의 외관으로 완전히 대치되었다.

---

1) 5도는 일반행정구역으로서 경상도, 전라도, 교주도, 서해도, 양광도이며, 양계는 군사목적을 위한 특수지역으로서 동계와 서계로 구분되었다.

2) 향직단체

향직단체는 고려초기 지방토호세력의 협조를 받지 않고는 요역·공납 등의 과징이 어렵게 되자 주·목·군·현 등에 두었던 지방행정조직이었다. 이 단체는 지방의 토호들에게 중앙관직의 위계와 같은 직위를 부여하고 목, 군, 현 단위에서 소규모의 조직을 갖고 지방행정의 권능을 행사하였다. 소위 지방세력가를 중심으로 한 일종의 자치기관이었다. 이처럼 향직단체가 지방행정의 권능을 부여받는 대신에 그들의 자녀를 중앙에 인질로 보내어 국왕에 대한 충성을 담보케 하였던 기인(其人)제도라는 것이 있었다. 그러나 향직단체도 11세기 중앙집권의 강화와 함께 중앙정부의 지방기구로 편입되고 말았다.

3. 조선시대의 지방행정과 지방자치

조선초기에는 통치조직과 지방제도를 대부분 고려시대의 것을 답습하였다. 조선의 통치기구는 제3대 태종대(1401-1419)에 시작하여 제9대 성종대(1470-1495)에 이르러 완성되었다. 조선의 통치구조는 유교사상에 입각한 가산국가적 중앙집권체제였기 때문에 지방자치제도가 발달할 여지가 없었다. 지방에는 왕의 대리인으로서의 지방관이 파견되어 지방행정을 담당하였고, 이들에 대하여는 엄격한 중앙통제가 가하여졌다. 지방행정구역으로는 전국을 8도로 나누고 그 밑에 부·대도호부·목·도호부·군·현을 설치하였다. 지방단위의 관찰사나 수령은 모두 왕의 대리인으로 간주되었으며, 이들은 주로 농민으로부터 세금을 받아 주민교육이나 민생구휼사업에 주력하였다. 그런 가운데서도 지방행정의 효율성을 높이기 위하여 향청이나 향약과 같은 일종의 자치제도를 채택·운영하기도 하였다.

1) 향청(鄕廳)

조선초기에는 관직에서 물러나 귀향한 자나 향리에 세력이 있는 자들로 구성된 유향소(留鄕所)라는 것이 있었다. 이 유향소는 지방수령에 대한 행정고문의 역할을 담당하는 임의조직이었는데, 이것이 발전하여 나중에는 향청으로 공인을 받게 되었다. 즉 유향소는 지방행정의 고문으로서 유교적 풍교를 교정하는 임무를 담당하는 한편 중앙에 재경소(在京所)라는 출장소를 두고 지방민의 여망 또는 부정관리의 행패를 중앙에 고발하는 역할을 수행하였다. 향청은 바로 이 유향소를 일시 폐지하였다가 향청으로 개칭하여 공인하게 된 조직이었다. 조직은 좌수를 장으로 하고 그를 보좌하는 3내지 5인의 별감을 두었다. 이들은 명예직으로, 임기는 대개 2년이었다. 수령에 대한 자문·아전규찰·관리천거·정령전달·풍속교정 등 다양한 역할을 수행하였다. 그리고 구성방법이 민선이라는 점에서 당시로서는 자치적 요소를 제법 지니고 있었던 대표적 지방행정기관이었다.

그러나 이 기관의 설치목적이나 운영이 민의의 행정에 대한 반영이나 지역주민의 권익 옹호보다는 지방의 토호세력과 문벌의 집단이익을 옹호하는데 치우쳐 있었다는 점에서 현대적 지방자치제도와는 거리가 멀다. 그럼에도 불구하고 그 조직이 민선제였고, 명예직이었다는 점이 주목할만 하다.

2) 향약(鄕約)

향약이란 지역사회의 교화모임으로써 조선 중기 이후 지방의 양반, 토호, 유림 등 상류계급에 의해 전개된 주민교화운동이었다. 향약운동은 민간인들에 의해 수행된 자발적인 교화운동으로서 자치운동의 성격을 지니고 있었다. 초기에는 향교(鄕校)를 중심으로 전개되었으나 이후에는 향청을 중심으로 활동하였다. 향약은 다음과 같은 4대 강목을 실천하는 것을 목표로 하고 있었다. 첫째 지역주민의 덕행을 장려하고 서로 근면성실 하도록 하고(德業相勸), 둘째 과실에 대하여는 서로 경계하여 고치도록 하며(過失相規), 셋째 예의와 풍속을 서로 나누어 생활을 바르게 하고(禮俗相交), 넷째 질병과 재난에 대하여 서로 돕도록 한다(患難相恤). 이와 같이 훌륭한 이념을 지닌 향약도 실제 운영은 형식에 치우치고 형벌권의 남용으로 오히려 주민을 괴롭히는 악정기관으로 변질되었다.

3) 면(面)과 동·리(洞·里)[2)]

조선시대의 면과 동리는 주민이 피치자로서의 의무를 다하기 위하여 스스로 구성한 행정단위라고 볼 수 있다. 면장과 동・리장의 선임에는 주민의 의사가 많이 반영되었고, 면과 동・리의 경비도 주민들이 갹출하여 충당하였으며, 그 외에도 동・리민 사이에는 연대책임제가 실시되었다. 특히 주목할만한 것은 동・리 자체가 경지, 산야, 제언 등의 재산을 소유하고 관리하였다는 점이다. 이 재산의 관리는 동・리장이 맡되 그 처분은 주민전체 또는 유지들의 협의에 의해 행해졌다. 그리고 주민 모두는 그 재산의 관리로부터 파생된 이익을 향유할 권리를 가졌다. 동제도는 최말단의 주민조직에서 근대적 지방자치제도의 많은 면을 엿볼 수 있었던 제도였다.

---

2) 면은 서북지방에서는 방(坊), 동북지방에서는 사(社), 기타 다른 지역에서는 부(部)라고도 불렸다. 동과 리는 포, 평, 촌, 향, 현, 점, 합, 천 등 다양한 이름으로 불렸다.

Ⅱ. 근대의 지방행정과 지방자치

1. 조선후기의 갑오경장시기

갑오경장은 1894년부터 그 이듬해까지 단행된 내정개혁과 홍범14조, 내각개혁, 지방개혁 등에 이르는 일련의 국가체제개혁을 의미한다. 그리하여 갑오경장은 조선의 중국식 가산국가체제가 서구식 근대국가체제로 바뀌는 대규모의 국가체제개혁이었다.

1) 지방제도의 개혁

이 시기의 지방제도개혁만을 보면 처음 개혁에서는 23부제를 채택하였으나 이듬해 곧바로 전국을 13도로 나누고 그 밑에 부·목·군을 두고 교육과 지역사회복지사업을 관장케 하였다. 이런 사무처리를 위하여 1895년에는 회계법, 그리고 1909년에는 지방비법을 제정하여 지방재정의 제도적 근거를 마련하기도 하였다.

(1) 23부제

23부제는 1895년 5월에 채택되었으며, 23부 밑에는 당시까지 부, 목, 군, 현 등으로 불리던 행정구역들이 군(郡)으로 통칭되었다. 이때에 중앙정부의 내무아문이 지방행정의 주무부로 되고, 내무대신-관찰사-군수 사이의 피라미드체제가 형성되었다. 그러나 23부제는 이론적으로는 상당히 간편하여 합리적으로 보이나 종래의 뿌리 깊은 문화유산인 8도제를 무시한 인위적 획정이었기 때문에 전통과 현실간의 마찰 때문에 1년만에 폐지되고 13도제가 채택되었다.

(2) 13도제

13도제는 종래의 8도제를 근간으로 하였다. 수도인 한성부는 정부직할지로서 도와 그 격을 같이 하였다. 13도 밑에는 부, 목, 군을 두었는데 1906년에는 제주목이 군으로 개편됨에 따라 목제는 폐지되고 부, 군만이 있었다. 한성부에는 판윤, 도에는 관찰사, 부에는 부사, 목에는 목사, 군에는 군수를 두었다.

2) 향회제도

그러나 갑오개혁의 제도적 산물 중에서 가장 지방자치의 정신을 많이 엿볼 수 있는 것은 향회제도였다. 1895년 11월 3일에 반포된 향회조규(鄕會條規)와 향약판무규정(鄕約辦務規定)에 의하여 채택된 향회제도는 지방주민으로 하여금 지방의 공공사무를 처리하는 과정에 참여할 수 있게 한 제도였다. 이 제도로서 우리나라의 근대적 지방자치제도가 비로소 시작되었다. 향회제도는 군·면·리에 각각 그 지역주민으로 구성되는 군회·면회·리회를 설치하여 공공사무에 관한 의결권을 부여하였다. 그리고 면·리의 집행기관으로 임기 1년의 집강 및 존위를 주민이 선출케 하고, 만약 이들이 임무를 제대로 이행하지 못하면 임기 중이라고 하더라도 개선할 수 있도록 하였다. 이렇게 보면 향회는 오늘날의 지방의회와 매우 유사하며 집행기관의 주민선출제도, 임기제도, 명예직제도 등은 근대적 지방자치제도와 상당히 유사하였다. 그러나 이와 같이 지방자치제도로서 훌륭한 제도였지만 제대로 시행도 못해보고 1910년 한일합방과 더불어 폐지되고 말았다.

2. 일제시대의 지방행정과 지방자치

일본은 1905년 을사보호조약(외교권 박탈), 1907년 정미7조약(행정권 박탈), 1909년 기유각서(사법권 박탈), 1910년 경찰권을 박탈함으로써 한일합병을 통해 조선을 식민지로 흡수하였다. 그 후 조선총독부를 설치하고, 지방제도를 개편하기 시작하였다.

1) 지방조직

1910년 조선총독부지방관제를 통하여 도의 하부행정구역으로 부·군을 두고, 그 아래에 면을 두도록 하였다, 면 아래에는 동·리를 두었다. 그리고 한성부를 경성부로 개칭하고 경기도 관할 하에 두었다. 1913년에는 군, 면, 리의 명칭 및 관할지역을 대폭 조정하였다. 오늘날의 명칭과 규모는 대개 이 당시의 개편을 통해 정해진 것들이 많다. 1915년에는 도제(島制)가 실시되어 제주와 울릉의 2군이 도(島)로 편성되었고, 1917년에는 지정면제가 실시되었고, 1930년에는 지정면이 읍으로 개칭되었다. 그러나 궁극적으로 볼 때 이러한 지방체제개편의 주요 목적은 일본의 한국인에 대한 동화와 경제적 착취에 맞추어져 있었다.

2) 지방자치적 제도

그럼에도 불구하고 형식적으로는 지방자치의 면모를 갖추었다. 1930년 지방제도를 전면 개정하면서 지정면을 읍으로 승격시키고, 도와 읍에는 공법인의 자격을 부여하였다. 그리고 도·부·읍에는 의결기관으로서 도회·읍회·부회를 설치하였으며 면에는 자문기관으로 면협의회를 두도록 하였다. 20명 내지 50명으로 구성되는 도회와 12명 내지 30

명으로 구성되는 부회는 의결권·선거권·의견제시권·회의규칙개정권 등이 부여되어 있어서 형식상으로는 일단 지방의회의 모습을 지니고 있었지만 내실이 없는 명목상의 권한에 지나지 않았다. 읍회와 면협의회 역시 형식적으로는 의결기관 내지 자문기관이었으나 실질적으로는 그러한 기능을 수행하지 못했다. 다시 말해 이들 기관의 운영은 주민의 행정참여나 권익과 복지향상을 위한 것과는 거리가 먼 것이 문제였다.

3. 미군정시대의 지방행정

연합군의 2차대전 승리로 일제가 물러난 이후 우리나라에 진주한 미군은 1945년부터 1948년 정부수립까지 3년간의 군정을 단행하였다. 미군정은 서구식 자유민주주의의 정치·행정제도를 우리나라에 소개하고 도입하려고 하였다. 예컨대 서구 민주주의의 대의제도와 분권화된 지방행정체제를 도입하려고 노력하였다. 그러나 과도기적 군정이 갖는 한계로 인하여 일제시대의 통치기구는 거의 그대로 존속하였으며 정치·행정제도상 변혁은 별다른 것이 없었다. 물론 그러한 와중에서도 지방행정구역의 편제는 서울시를 서울특별시로 승격시키고, 제주도를 전라남도에서 분리하는 등 다소의 변화가 있었으며, 교육구와 교육위원회를 설치한 것 등 교육자치부분에서는 진일보하였다. 그러나 일제시대의 잔재였던 도회·부회·읍회·면협의회 등의 지방자치적 요소를 폐지함으로써 지방자치제도의 측면에서는 오히려 후퇴하는 경향을 보였다.

제 2 절 한국 지방자치의 제도적 보장과 자치경험

Ⅰ. 지방자치제도의 헌법적 보장

1. 지방자치에 관한 헌법의 규정

우리나라의 현행 헌법은 지방자치에 관한 1개의 장, 2개의 조문을 둠으로써 지방자치제도를 국가통치제도의 일환으로 보장하고 있다. 즉 헌법 제8장 제117조는 제1항에서 "지방자치단체는 주민의 복리에 관한 사무를 처리하고, 재산을 관리하며, 법령의 범위 안에서 자치에 관한 규정을 제정할 수 있다"고 규정하고, 제2항은 "지방자치단체의 종류는 법률로 정한다"고 하였다.

이처럼 헌법에 지방자치를 제도적으로 보장한 의미는 우리나라 지방의 통치는 지방자치로 해야 할 것과 지방자치단체의 자치권은 법률로서도 박탈할 수 없는 헌법적으로 보장된 권리라는 점을 분명히 하고 있다고 보아야 할 것이다. 또한 헌법 제118조는 그 제1항에서 "지방자치단체에 의회를 둔다"고 규정하였고, 그 제2항에서는 "지방의회의 조직, 권한, 의원선거와 지방자치단체장의 선임방법, 기타 지방자치단체의 조직과 운영에 관한 사항은 법률로 정한다"고 규정하였다. 이것은 지방자치는 지방의회를 중심으로 수행되어야함을 밝힌 것이라고 보아야 할 것이다.

요컨대 헌법에서는 "지방의 통치는 지방자치로 해야 하며, 지방자치는 지방의회를 중심으로 수행되어야 함"을 밝힌 것이라고 볼 수 있다. 이렇게 볼 때 지방자치법으로 지방의회의 지위와 권한을 극도로 제한하고 제왕적 자치단체장을 중심으로 지방자치제도를 기형적으로 만들어 시행하고 있는 현행 지방자치제도는 지방자치에 관한 헌법정신을 크게 훼손하고 있다고 보아야 할 것이다.

2. 헌법에 보장된 지방자치제도 내용

우리나라의 헌법은 지방자치제도를 통치제도의 일환으로 헌법에 보장하였고 아울러 중요 사항을 법률로 정하도록 (법률유보)하였다.

첫째, 지방자치단체에게 주민의 복리에 관한 사무처리권을 보장하고 있다. 따라서 주민의 복리에 관한 사무, 즉 자치사무에 대해서는 중앙정부나 기타 타정부의 간섭을 받지 않음을 의미한다.

둘째, 지방자치단체의 재산관리권을 보장하고 있다. 즉 바람직한 지방자치는 자치단체의 자주적인 재정력을 통해서 비로소 가능하기 때문에 자치단체의 재산관리권을 통해 자치단체의 자주적 재정권을 보장하고 있는 것이다.

셋째, 지방자치단체에게 자치에 관한 규정의 제정권을 보장하고 있다. 즉 지방자치단체는 일정한 지역의 통치단체이기 때문에 당해 지역 내에서 통치의 기준이나 근거가 되는 입법권(조례와 규칙)을 자주적으로 행사할 수 있도록 하는 권한을 보장하고 있는 것이다.

넷째, 지방자치단체에 의회를 설치하도록 보장하고 있다. 의회는 대의민주주의의 핵으로 기능하며, 의회구성을 통해 지역주민의 의사를 올바르게 반영할 수 있다는 뜻에서 주민의 대표기관인 지방의회의 설치를 지방자치의 중심내용으로 보장한 것이다.

다섯째, 지방자치단체의 종류, 지방의회의 조직과 권한, 지방의원선거, 지방자치단체장의 선임방법, 기타 지방자치단체의 조직과 운영에 관한사항은 법률로 정하도록 보장하고 있다.

이처럼 헌법에서 이들 중요사항들을 법률로 규정토록 유보한 것은 이들 중요사항들은 반드시 국민의 대표기관인 국회를 통해 법률로 규정토록 하였다는 데 그 의미를 찾을 수 있다. 즉 법률이 아닌 행정명령이나 행정규칙으로 이를 정하지 못하도록 한 것이다.

3. 지방자치제도의 헌법적 보장의 의미

"헌법에 지방자치에 관한 어떠한 내용을 규정하고 있는가?"하는 것과 함께 "지방자치에 관한 내용을 헌법에 규정한 것이 어떠한 의미를 가지는가?"하는 것은 검토해 볼 가치가 있는 매우 중요한 내용이다. 이러한 관점에서 자치제도에 관한 현행 헌법규정의 의의를 요약하면 다음과 같다.

첫째, 지방자치제도를 헌법에 규정함으로써 지방자치제도가 우리나라의 헌법적 사항 또는 국가의 기본질서, 즉 기본적 통치제도가 되었다는 의미를 가진다. 즉 헌법의 기본권, 정부조직, 정당제도 등과 함께 헌법의 기본영역을 형성하고 있다는 것이다.

둘째, 지방자치에 관한 사항이 헌법에 규정됨으로써 지방자치가 일반행정과는 다른 특별한 정치적 제도로 보장받고 있다는 중대한 의미를 가진다.

셋째, 지방자치에 관한 규정이 헌법에 명시됨으로써 헌법이 지방자치단체의 자치권을 창설하여 보장하였다는 점과 그 자치권을 제도적으로 보장하였다고 보아 그 의의가 크다고 할 수 있다.

넷째, 그러나 이러한 헌법의 지방자치에 관한 제도적 보장은 전체로서 지방자치에 관한 일반적 보장이고 개별적인 지방자치단체의 존립에 관한 보장은 아니라는 점을 유의해야 할 것이다. 따라서 법률에 의해 특정한 지방자치단체를 폐치·분합하거나 일시적으로 권능을 제약한다고 하더라도 그것이 헌법위반은 아니라는 것이다.

Ⅱ. 지방자치제도의 시행과 자치경험

1. 근대적 지방자치법의 제정과 자치제도의 실시

우리나라 역사상 최초의 근대적 지방자치법이 1949년 7월 4일 법률 제 32호로 제정·공포되었다.[3] 이 법은 1949년 8월 15일부터 시행하도록 규정되어 있었으나, 시행도 못하

3) 이 법에서는 지방자치단체의 종류를 서울특별시·도와 시·읍·면으로 하고, 기관구성방법으로는 지방의회는 주민의 직선제에 의하고, 집행기관은 서울특별시장·도지사는 임명제로, 시·읍·면장은 간접선거제를 채택했으며, 지방의원과 시·읍·면장의 임기는 4년으로 했고, 의회에 대해서는 불신임권을, 집행기관에 대해서는 의회해산권을 부여했다.

고 동년 12월 25일 제1차 개정을 보았다. 그 후 6·25동란으로 선거가 계속 연기되어 오던 중 1952년에 와서야 비로소 지방선거가 실시되었다. 즉 동년 4월 25일에는 기초의회의원이, 그리고 동년 5월 10일에는 도의회의원이 선출되어 지방의회가 구성되었고[4] 이렇게 구성된 지방의회에 의하여 기초자치단체장인 시장, 읍장, 면장의 선거도 실시되어 역사적인 지방자치의 시대가 열렸다. 동법은 제1공화국 내내 중앙정부의 정권이기적인 이유와 시행착오로 여러 차례(4차) 개정을 단행하였다. 그리고 1960년 4월 혁명 이후 수립된 제2공화국은 그 해 11월 민주성을 대폭 강화하는 방향으로 지방자치법을 다시 개정하였다.[5]

이처럼 초기 우리나라의 지방자치법은 자치단체장에 대한 직선제, 간선제 또는 임명제의 순환 등 잦은 법개정과 제도적 개편이 따랐고, 경우에 따라서는 독재정권의 권력의 도구로 활용되었음에도 불구하고 이 시대의 지방자치는 그런대로 우리 국민이 근대적인 민주적 지방행정을 처음으로 체험케 한 역사적 의의를 지니고 있다.

2. 제1회 지방선거와 지방자치의 경험

1) 선거전후의 환경

우리나라 최초의 지방선거는 지방자치법이 제정된 지 약 3년이 지난 1952년 4월과 5월에 실시되었다. 당시는 전쟁 중이었을 뿐만 아니라 모든 면에서 지방자치에 대한 주민참여여건이 극히 어려운 실정이었다. 그럼에도 불구하고 정부가 지방자치제도를 실시하기로 결정한 데에는 헌법에 보장된 지방자치를 빨리 실시하여야 한다는 당위성도 있었지만, 무엇보다도 제2대 대통령선거를 대비하기 위한 이승만 대통령의 정치적 필요성 때문이었다. 즉 이승만 정부는 대통령직선제 개헌안이 국회에서 부결된 것을 계기로 피난수도 부산에서 갑자기 지방자치를 실시하기로 결정하였다.

2) 선거와 자치경험

제1차 지방선거는 전쟁이 소강상태에 들어간 1952년 서울특별시, 경기도, 강원도를 제외한 전국에서 지방선거가 실시되었다. 동년 4월 25일에는 시·읍·면 의회의원 선거가 실시되었고, 5월 10일에는 도의회 의원선거가 실시되었다.[6] 그리하여 지방자치법이 실시

4) 6·25전쟁으로 제1차 지방선거는 한강이북과 제주도를 제외한, 한강이남 지역에서만 실시되었다. 그 결과 서울시는 제1차 지방선거를 실시하지 못하였다.

5) 지방자치단체의 장을 모두 주민직선제로 하고, 이들에 대한 징계권을 두고, 의장단에 대한 불신임제도를 채택하면서, 선거권 연령을 21세에서 20세로 낮춘 것이 바로 그런 것이다.

6) 당시는 전쟁 중이었으므로 도의 경우 경기도, 강원도, 서울특별시가 선거를 실시하지 못했으며, 시·읍·면의 경우, 한강 이북지역의 미수복지구와 지리산 지역의 전북 8개면이 선거

된 지 2년 9개월 만에 역사상 처음으로 실질적인 지방자치제도가 실시되었다.

한국정치사상 최초의 근대적 지방의회가 성립되고, 시·읍·면의회에서 자치단체장(시장, 읍장, 면장)을 선출(간선)함으로써 명실상부한 지방정부가 구성되었다. 그러나 당시에는 제반 사회적 여건의 미숙과 함께 국민적 정치역량과 민주시민적 정치의식이 낮아 자치제도를 실시하기에는 역부족이었다. 첫째 지방의원선거과정에서 혈연과 지연을 중심으로 선거전이 치열하여 주민들 간에 화목이 깨어지고 반목과 적대감이 심화된 예가 많았다. 둘째 기초의회에서 기초자치단체장을 선출하게 함으로써 많은 문제점이 발생했다. 즉 단체장 선거가 혈연과 지연중심으로 변하고, 의회 내에 파벌이 생기고 폭력사태가 발생하는등 의회구성 이후 반년이 넘도록 단체장을 선출하지 못한 예도 있었다. 셋째 지방의회와 자치단체장에게 상호 견제와 균형을 위해 부여한 단체장불신임권과 의회해산권을 함부로 행사하는 사례가 많았다. 그러나 지방의회의 자유로운 단체장불신임권 행사와는 달리 단체장의 의회해산권은 상급자치단체장의 허가를 받도록 제약함으로써 자치단체장이 지방의회에 예속되는 결과를 초래하였다. 넷째 이러한 문제점이 심각해짐에 따라 지방의회에 대한 비판과 불만이 국민들간에는 물론 지방의회 내부에서까지 대두되었다. 그러나 이들 문제점의 원인이 지방의원을 비롯한 국민들의 정치의식수준이 낮았기 때문이었음에도 불구하고 지방자치제도만을 탓하였다.[7]

3. 제2회 지방선거와 지방자치의 경험

1) 선거전후의 상황

1952년 제1대 지방의회가 구성된 지 4년 후인 1956년 제2차 지방선거를 앞두고 정부는 대규모 지방자치법개정을 단행했다. 1956년 2월 13일에 제2차 지방자치법이 개정되었고, 이 개정법은 한 번도 시행보지도 않은 채 동년 7월 8일자로 제3차 개정·실시되었다. 한편 1952년 8월 5일에는 국민직접선거에 의해 이승만대통령이 제2대 대통령으로 선출되었다.

2) 선거와 자치경험

2차 지방선거는 제1차 지방선거에 참여하지 못했던 서울특별시, 경기도, 강원도 등 전국의 모든 지방자치단체가 선거에 참여하게 되었고, 지방의회에서 선출하던 기초자치단

를 연기하였다.

7) 그리하여 i) 시읍면장의 직선제, ii) 지방의원의 정수감축, iii) 지방의원과 기초단체장의 임기단축, iv) 의회소집제도개정과 회의일수 제한, v) 지방의회의 단체장불신임권과 단체장의 의회해산권 모두에 대한 폐지 등을 주장하기에 이르렀던 것이다.

체장(시, 읍, 면장)을 주민이 직접 선출하게 되었다는 점에서 큰 의의를 지니는 선거였다. 그리하여 1956년 8월 8일에는 우리나라 최초의 자치단체장 선거였던 시장, 읍장, 면장 선거와 시·읍·면 의회의원 선거를 실시했고, 동년 8월 13일에는 특별시와 도의회의원 선거를 실시하였다.

주민직선으로 선출된 기초자치단체장들은 의회와의 마찰 없이 임기동안 일관성 있게 지역발전을 위한 정책을 펴 나갈 수 있게 되었다. 그러나 단체장들은 유권자들의 접대에 많은 시간을 소모하게 되어 업무처리에 소홀하고, 근무가 부실했으며, 재선을 위한 인기 유지에 급급하여 부당한 행정처리가 늘어났다.

첫째, 충분한 사전 연구와 검토 없이 남발하였던 공약이행을 위하여 파행적인 재정운영을 강행함으로써 그나마 부족한 지방재정을 더욱 악화시켰다. 둘째, 단체장의 정실인사가 난무하여 시·읍·면 공무원들의 사기를 떨어뜨리는가 하면 많은 반발을 야기시키기도 하였다. 셋째, 선거과정에서 지출한 과다한 비용과 그로 인한 부채상환을 위하여 단체장들은 행정과정에서 다양한 부정부패를 자행하였다. 넷째, 집권여당인 자유당은 장기집권을 위한 정략으로 시·읍·면장 직선제를 임명제로 바꾸는 내용을 주요골자로 하는 제4차 지방자치법개정을 가결하였다(1958년 12월 24일). 동 개정안은 그 외에도 지방의회의 회기제한, 지방의원의 임기연장, 선거운동의 규제강화 등을 담고 있었다.

4. 제3회 지방선거와 지방자치의 경험

1) 선거전후의 상황

1960년 이승만 정부의 3·15부정선거로 인해 4·19혁명이 발발하였고, 그 결과 4월 26일 이승만대통령이 하야하고 하와이로 망명함으로써 자유당 독재체제는 종말을 고하였다. 동년 6월 15일 제2공화국헌법이 공포되었고, 7월 29일 총선결과 민주당이 집권하였다. 곧이어 민주당 정부가 수립되고, 지방자치법은 다시 개정되었다.[8] 제5대 국회는 제5차 개정을 통해 자치단체장을 모두 주민직선제로 개정하였다. 제3차 지방선거는 제2공화국 장면정부에서 실시된 지방선거였고, 우리나라 역사상 최초로 4대 지방선거를 모두 실시한 선거였다.

8) 제5차 개정은 국민의 여론을 최대한 수용한 실질적으로는 최초의 민주적 개정이라 할 수 있다. 제5차 지방자치법개정의 주요내용은 i) 모든 자치단체장은 직선에 의하고 임기는 4년으로 하며, ii) 동·리의 장도 주민이 직선하고 임기는 2년으로 하고, iii) 선거연령은 20세로 하며, iv) 지방의회의 일수 연장 등으로 제5차로 개정된 지방자치법에 의한 제3차 지방선거는 제2공화국 하에서 실시하였다.

2) 선거와 자치경험

1960년 12월 12일에는 서울특별시와 도의 의회의원을 선거하였고, 동년 12월 19일에는 시 · 읍 · 면 의회의원을 선거하였다. 그리고 동년 26일에는 시 · 읍 · 면장을 선출하였고, 3일 후인 29일에는 서울특별시장과 도지사 선거를 하였다. 완전한 지방자치제도를 가지고, 4대 지방선거(광역단체장선거, 광역의원선거, 기초단체장선거, 기초의원선거)를 통해 모든 주민대표를 주민직선으로 선출하여 지방정부구성을 완료함으로써 제2공화국의 지방자치는 한국지방자치의 역사에 민주화의 초석을 다지게 될 것으로 기대되었다. 그러나 비록 짧은 기간이나마 지방자치를 운영하는 과정에서 역시 문제점들이 나타났다. 첫째, 자치단체장이 소속한 정당과 지방의원의 과반수 이상을 차지하는 정당이 달랐을 경우, 단체장과 지방의회 간에 불화와 반목이 심하였다. 지방의회에서 단체장을 물러나게 하려는 다양한 계략을 쓰기도 하였다. 둘째, 주민직선의 광역단체장(도지사)이 야당이었을 경우, 중앙정부가 임명한 도의 국장들이 단체장에 반발하여 마찰과 반목하는 불상사도 일어났다. 셋째, 중앙정부와 지방정부 특히 중앙정부와 도간의 협력미숙, 협력체계 결여 등으로 마찰과 갈등이 야기되었다. 넷째, 이러한 와중에서도 지방자치의 경험은 쌓여가고 있었으나 장면정부의 국정관리능력한계와 성역 없이 전면적으로 진행된 학생시위는 결국 5.16 군사정변을 불러왔다. 그리하여 제2공화국이 막을 내림에 따라 당시의 지방자치는 5개월도 채우지 못하고 끝나고 말았다.

5. 제3~제5공화국의 지방자치(자치제도중단)

1961년 5월 군사정부에 의하여 내려진 '군정포고' 제4호에 따라 전국의 지방의회는 일시에 해산되고 그 대신 「지방자치에 관한 임시조치법」이 공포되어 지방의회의 기능은 상급행정기관이 대신하고, 자치단체의 장 또한 상급행정기관의 장이 임명하도록 하였다. 지방자치제도의 시행중단은 이듬해 1962년 12월에 개정된 제3공화국 헌법에서 더욱 명료하게 나타났다. 이 헌법의 제96조와 제97조에는 지방자치제도를 실시하는 것으로 규정하고 있으나, 부칙 제7조 3항에서 '지방의회의 구성시기에 관하여는 법률로 정한다' 라고 유보조항을 두고 있다.

이런 태도는 제4공화국의 유신헌법에도 그대로 이어졌다. 유신헌법 제 114조, 115조에서는 지방자치제를 시행하는 것처럼 되어 있으나 부칙 제 10조에서는 '이 헌법에 의한 지방의회는 조국통일이 이루어질 때까지 구성하지 아니한다' 라고 통제하였다. 제5공화국 헌법도 부칙 제 10조에다 '이 헌법에 의한 지방의회는 지방자치단체의 재정자립도를 감안해 순차적으로 구성하되 그 구성시기는 법률로 정한다' 고 규정함으로써 지방자치제도의 실시를 억제하였다. 이와 같은 헌법적 태도는 정부주도적 개발전략을 통하여 급속한 경제성장을 이룩하고자 하는 중앙정부가 민주적 지방자치보다 능률과 효율성을 우선적으로 선택한 결과에서 비롯된 것이었다.

6. 제4회 지방선거와 지방자치의 경험

1) 자치제도의 기반조성

제6공화국이 출범하고 민주화의 물결이 밀려오기 시작하면서 1989년에는 지방자치제의 구체적 실시시기를 놓고 여야 간에는 많은 논란이 벌어지게 되었다. 정권의 장악 등 정치적 당리당략을 둘러싸고 이런 논란이 계속되는 가운데서도 지방자치의 재개를 위한 제도의 정비는 조금씩 진척을 보이기 시작하였는데, 1988년 지방자치법의 개정은 그런 노력 가운데서 괄목할만한 것이다.

그러나 지방자치의 재개는 이런 법적 규정에도 불구하고, 집권당의 정치적 계산에 의하여 다시 좀더 지연되어야만 했다. 즉 여소야대의 정치현상과 3당 통합 등으로 지방자치제도의 실시는 점차 연기되어 갔다. 그러나 야당(평민당)의 국회등원거부와 수서비리사건 등 정국불안이 심화되자 당시 민정당의 대표였던 김영삼대표에 의해 정치국면 전환용으로 갑작스럽게 자치제도를 실시하게 됨으로써 한국의 지방자치제도는 어렵사리 부활되었다.

2) 선거와 자치경험

제4차 지방선거는 1961년 5.16군사정변으로 지방자치제도가 중단된 이래 30년만에 부활된 지방선거였다. 그러나 정치권과 중앙정부의 정권이기주의로 인해 지방의회의원만 선거하고 자치단체장은 중앙정부의 임명제를 유지함으로써 완전한 지방선거가 되지 못했다. 당시 노태우 정부는 1991년 3월 26일 시 · 군 · 자치구의회의원 선거를 실시하였고(평균투표율 55.0%)고, 기초의원선거를 시행한 이후 약 3개월만인 6월 20일 서울특별시 · 직할시 · 도의회의원 선거를 실시하였다(평균투표율, 58.9%).

제4차 지방선거에 의해 구성된 지방의회는 30년만에 부활된 지방자치였기 때문에 국민들의 관심과 기대가 매우 컸다. 그러나 제4대 지방의회에 대한 평가도 긍정과 부정으로 엇갈리게 나타났다. 우선 긍적적 평가로는 i) 지방의원들은 지방정부의 밀실행정을 파헤치고, 예산낭비, 행정권한남용 등을 통제함으로써 지방행정의 독주와 전횡을 막는데 기여하였다. ii) 집행기관이 제출한 예산안의 문제점을 정확하게 지적하여 주민의 대표기관으로서의 역할을 잘 감당하였다. iii) 민원을 철저히 파악하고 그 해결을 위해 활발한 의정활동을 전개하였다. iv) 주민의 대표기관인 지방의회가 구성되어 활동한다는 그 자체만으로도 집행기관을 통제하고 공무원들의 행태를 바뀌게 하였다는 평가도 받았다.

한편 부정적 측면으로는 i) 일부의 지방의원들은 공직자로서의 자질이 부족하고 기본적 소양과 공직윤리가 부족하여 의정활동에 문제가 많았다. ii) 지방의원들이 자기출신 선거구의 공약사업을 추진하기 위해 예산책정에 지나치게 집착한 나머지 나눠 먹기식 예산심의를 하였다. iii) 지방의원연수를 빙자한 외국관광 나들이를 하여 국민적 비난을 사기도 하였다. iv) 특정 정당이 지방의회의 인사를 좌우함으로써 중앙정당이 지방자치를 망친다는 비판을 받았다.

7. 제5회 지방선거와 지방자치의 경험

1) 선거전후의 상황

김영삼 대통령은 대선과정에서 1995년 지방선거에서는 자치단체장도 주민직선으로 선출하겠다고 공약하였다. 그 결과 재임초기 4대 선거법(대통령선거법, 국회의원선거법, 지방자치단체장선거법, 지방의회의원선거법)을 「공직선거 및 선거부정방지법」이라는 하나의 법으로 통합시켰다. 그리하여 제5차 지방선거는 1980년대 이후 전개된 민주화의 분위기와 함께 한국 지방자치의 매우 중요한 전기를 마련할 것으로 기대되었다. 그러나 현실은 그렇지 못하였다.

첫째, 공직선거 및 선거부정방지법 제정의 취지가 "돈은 못쓰게 묶고, 말은 푼다"는 것이었으나 실제로는 돈도 많이 쓰고, 말도 풀었던 선거였다. 그리하여 상대후보에 대한 비난과 모함, 흑색선전이 자행되어 선거분위기가 혼탁하였다.

둘째, 선거운동과정에서는 지방자치의 본질과는 동떨어진 중앙정치의 3김 갈등이 재연되었다. 지방선거가 3김(김영삼, 김대중, 김종필)정치의 대리전 양상으로 변해 갔으며, 그리하여 그 선거가 분명 지방선거였으나 지방의 문제, 지방적 관심사는 거의 찾아볼 수 없었던 선거였다.

2) 선거와 자치경험

제5차 지방선거는 1995년 6월 27일에 실시되었으며, 우리나라 지방선거사상 최초로 4대 지방선거를 동시에 실시한 선거였다. 투표율은 68.4%로 나타났으며, 이것은 제4차 지방선거보다는 높았으나 그 전 다른 선거보다는 낮았다. 동 선거에서는 15명의 광역단체장, 230명의 기초자치단체장, 970명의 광역의원과 4,541명의 기초의원을 선출하였다.

동 선거의 특징은 첫째, 야당들이 대부분의 지방정부를 장악하여 중앙정부와는 지속적으로 갈등과 마찰을 빚었다. 둘째, 이 시기의 지방자치는 중앙정부와 지방정부의 갈등이 그 어느 때 보다도 심했고, 여야를 불문하고 중앙정당의 지방자치관여가 심해 지방자치가 중앙정치에 의해 오염되었던 시기로 볼 수 있다. 셋째, 특정지역에 대한 특정정당의 영향력이 과대하여 지방자치의 왜곡현상이 나타나고, 지방정부 내의 견제와 균형은 극히 약화되었고, 정치적 야합과 담합에 의한 부조리 현상이 나타나기도 했다.

8. 제6회 지방선거와 지방자치의 경험

1) 선거전후의 상황

제5차 지방선거에서 당선된 자치단체장과 지방의원들에 한해 그 임기를 3년으로 단축하기로 하였다.[9] 한편 1998년 2월 대통령선거에서는 야당후보였던 김 대중 후보가 대통령에 당선됨으로써 헌정사상 처음으로 여야정권교체를 이룩하였다. 제6차 지방선거는 그 전 해에 있었던 외환위기사태로 인해 IMF관리체제 속에서 치뤄졌다. 동 선거는 3년 전의 제5차 지방선거에 비하여 3김의 정치적 갈등이 줄어들어 지방선거가 중앙정당의 대리전으로서의 성격은 많이 완화되었다. 그러나 과열, 혼탁, 금품살포 등을 둘러싼 마찰과 불화는 끊이지 않았다.

2) 선거와 자치경험

1998년 6월 4일에 실시된 제6차 지방선거에서는 금권시비는 줄었지만 흑색선전과 지역주의는 더욱 심해진 선거였다. 경제적 위축과 정치혐오에 선거운동까지 혼탁해 선거사상 최저의 투표율을 기록했다. 유권자의 무관심과 흑색선전, 지역대립심화는 동 지방선거가 남긴 무거운 숙제가 아닐 수 없었다. 특히 동 지방선거의 최종투표율 52.6%는 역대 선거사상 최저의 투표율이었다. 이것은 과반수에 가까운 유권자들의 냉담한 '선거외면'을 여실히 보여주는 수치였다.

첫째, 지방선거가 중앙정당선거의 대리전이 되었고, 지방의 단체장과 광역의원들은 중앙정당과 지역구 국회의원들의 하수인에 불과하게 되어 지방자치제도는 형식화되고 사실상 그 의미를 찾을 수가 없었다. 둘째, 선거결과 국토의 동쪽과 서쪽을 여당과 야당이 분할 점령함으로써 동서분할구도는 더욱 심화되었다.[10] 그리하여 서쪽의 여권지역에서는 중앙정부의 정책지원과 자원투자를 통해 지역발전을 가속화시켜갔으나 동쪽의 야권지역

9) 국회의원선거와 지방선거를 2년마다 교대로 실시하기 위한 조치였다.

10) 서쪽은 수도권, 충청권, 호남권, 제주 등의 국민회의와 자민련의 공동여당이 차지하였고, 동쪽은 강원도와 경상도를 야당인 한나라당이 차지하게 되었다.

에서는 중앙정부로부터의 정책부재, 마찰증대 등으로 지역발전은 점차 악화되어갔다. 셋째 이 시기에 지역주민들은 i) 갈수록 중앙정치에 휘말리는 지방선거와 ii) 지역구출신 국회의원들과 지방정치지망생들 간의 구태의연한 음모와 부정부패, iii) 언론의 지방자치에 대한 무지와 중앙정부비호 등으로 지방자치에 대한 실망이 그 어느 때보다도 컸다.

9. 제7회 지방선거와 지방자치의 경험

1) 선거상황과 특징

제7차 지방선거는 그 과정이나 결과가 지방선거의 이상이나 희망과는 거리가 먼 선거였다. 동 지방선거는 지방선거제도의 불합리한 요소들과 함께 시민들의 공동체의식 내지 참여의식부족 등의 근본적 문제점들이 한 데 어울려 많은 문제점들을 파생시켰다. 제7차 지방선거의 특징을 요약하면 다음과 같다. 첫째 중앙정치의 정쟁에 잠식된 지방선거, 둘째 자치단체장 중심의 선거과정과 지방의원선거의 홀대, 셋째 사상최저의 투표율, 넷째 우리나라 선거사상 최초로 정당명부식 비례대표제도와 여성후보할당제 도입, 다섯째 무투표당선자, 선거부정사범 등의 증대와 선거운동에 대한 과잉규제, 여섯째 지방선거사상 최초로 시민사회단체(NGO)의 지방선거참여가 인정되었던 선거였다.

2) 선거와 자치경험

제7차 지방선거는 2002년 6월 13일에 실시되었다. 투표율은 48.8%로 지방선거사상 최저의 투표율을 보였다. 이 선거에서는 전국 16명의 광역단체장 중에서 11명이 야당인 한나라당에서 당선되었고, 우리나라 최초로 여성기초단체장이 2명(부산 남구와 해운대구)이 선출되었다. 이때까지만 해도 기초의회의원 후보자들에 대한 정당공천이 금지되었다.

첫째, 전국 대다수의 지방정부에 야당이었던 한나라당 출신자들이 대거 진출함으로써 중앙정부와 지방정부의 여야정치구도가 바뀌었다. 둘째, 지방자치는 중앙정부의 지방관련 각종 정책발표와 추진과정에 파묻혀 국민과 언론의 관심으로부터 점차 멀어져 갔다. 셋째, 지방자치제도의 핵으로 기능하는 지방의회와 의원의 권한을 극도로 통제함으로써 대다수 권한이 자치단체장에게 집중되었다. 그 결과 지방의회는 무력해지고 자치단체장의 권한남용은 증대하여 제왕적 단체장제도에 대한 비판이 제기되기에 이르렀다.

10. 제8회 지방선거와 지방자치의 경험

1) 선거전후의 특징

2003년 2월 노무현대통령이 취임함으로써 참여정부가 출범하였다. 2006년에 실시된 제8차 지방선거는 역대 대통령 중에서 지방분권과 지방자치를 가장 강조했던 노무현 대통령의 재임기간 중에 실시된 선거였다. 그리하여 소위 제4회 동시지방선거라고 했던 제8차 지방선거는 선거일정이 시작되기 전부터 지방자치제와 관련된 각종 제도개편이 대대적으로 추진되고 있었다. 즉 제주특별자치도제(2006년 7월부터 실시)와 경찰자치제, 주민소환제도 등의 각종 법률안들이 국회를 통과하거나 국회에 상정되어 있었다. 지방의원유급제는 이미 2006년 1월부터 시행하였다. 2005년 개정된 공직선거법에 따라 기초의회의원선거에 까지 정당공천제도와 비례대표제도를 도입하여 국회의원들에게 공천을 받기 위한 각종 편법과 부정부패가 끊이질 않았다. 특히 동 선거부터 예비후보자제도를 도입하여 사실상 선거기간이 연장되었다. 특히 동 선거는 매니페스토(공명선거를 위한 참공약실천)운동을 전개함으로써 시민사회가 지방선거에 직접 참여하게 되었다는 점들이 특징적이었다.

2) 선거결과와 특징

제8차 지방선거결과 전국 평균투표율은 51.3%로 집계 되었다. 선거결과를 보면, 우선 단체장의 경우 야당인 한나라당이 16개 지역에서 12명의 광역단체장을 당선시켰고, 230명 중에서 155명의 기초단체장을 당선시켜 전국 지방정부의 대부분을 야당이 지배하게 되었다. 광역과 기초의 지방의원 역시 한나라당출신이 압도적으로 당선되었다. 전체 3,867명의 의원당선자 중 여성이 총 529명 당선되어 전체 당선자의 13.7%를 차지하였다. 여성기초자치단체장도 3명이 당선되었다.

동 선거의 특징으로는 첫째, 지방선거였지만 지방자치나 지방문제는 잠식되고 중앙정당들 간의 정쟁에 휘말린 선거였다. 둘째, 야당인 한나라당이 전국 대부분의 지역을 휩쓸고, 집권여당인 열린우리당은 참패하는 수모를 겪었다. 셋째, 자치단체장 중심의 선거과정으로 일관함으로써 지방자치의 핵으로 불리는 지방의원선거를 홀대하였다. 넷째, 기초의원후보자들에 대한 정당공천제와 기초의회에도 비례대표제를 실시함으로써 전반적으로 지방자치제도의 정신이 후퇴했던 선거였다. 다섯째, 시민사회에서 매니페스토(참공약)운동을 전개하여 공정한 선거가 되도록 활동하였다.

11. 제9회 지방선거와 지방자치의 경험

1) 선거전후의 상황

우리나라 지방선거사상 아홉 번째로 치루어진 제9회 지방선거는 2010년 6월 2일에 실시되었다. 제9회 지방선거를 앞두고 정국은 엄청난 소용돌이 속으로 휘말려 들고 있었다. 이명박 정부는 정권출범 초기부터 광우병관련 촛불시위로 정권의 추진력을 잃었고, 4대강 사업, 세종시이전, 천안함피격 등으로 정국은 끊임없는 혼란의 연속이었다. 동 선거는 광역지방자치단체의 교육감과 교육의원에 대한 주민직선제가 실시된 최초의 지방선거였다. 선거관리에 관한 한 1987년 이후 가장 논란이 많았던 선거이기도 했다. 우선 선거의 규모가 매우 확대되었다는 것인데 한 사람의 유권자가 8가지 선거에 투표하는 1인 8표제(제주특별자치도는 1인 5표제)가 실시되었다. 제9회 지방선거의 특징은 첫째, 8가지 선거가 동시에 치러지는 사상최대규모의 선거였다. 둘째, 예비후보자 등록요건은 강화하고 선거운동의 자유는 확대하였다. 셋째, 방송매체를 통한 선거운동의 규정이 강화되었다. 넷째 공무원의 입후보를 제한하는 규정이 강화되었다. 다섯째, 선거사범에 대한 처벌규정을 현실에 맞게 조정하였다. 여섯째, 여성의 선거참여확대를 위하여 임기만료에 의한 선거의 경우, 국회의원지역구 선거구마다(군 지역제외) 여성후보자를 1명 이상 추천토록 의무화하였다.

2) 선거경험과 결과

제9회 지방선거는 동시선거로는 다섯 번째가 되는 선거였으며 1인 8표제(광역단체장, 기초단체장, 광역의회의원, 기초의회의원, 광역의회비례대표, 기초의회비례대표, 교육감 및 교육의원)로 실시된 선거였다. 투표율은 54.4%로 지방선거사상 두 번째로 높은 투표율을 나타냈다. 그동안 우리나라 지방선거는 중앙정당들의 정치적 각축장으로 변질되어 왔다. 제9회 지방선거도 예외는 아니었다. 양 정당은 이명박 정권에 대한 중간평가의 성격을 부각시키며 정국운영의 주도권을 쟁취하기 위한 치열한 정치투쟁장으로 변질시켰다. 각 정당들과 시민단체들은 메니페스토에 입각한 정책평가를 통해 시민들이 공정선거를 치루는 데 적극적으로 참여하도록 독려했다. 그러나 천안함 사건과 4대강 사업, 세종시 문제 등 굵직굵직한 국내정치적 현안들이 부각되어 지방선거는 유권자들의 관심을 크게 끌지 못했다. 선거결과 광역자치단체장은 한나라당이 6명(제8회 지방선거에서는 12명 당선), 민주당이 7명, 자유선진당 1명, 무소속 2명이 당선되었다. 기초자치단체장은 228명을 선출하는선거에서 한나라당이 82명, 민주당이 92명, 그리고 무소속이 36명, 자유선진당이 13명, 민주노동당 3명, 국민중심연합 1명, 미래연합이 1명을 당선시켰다. 그리하여 지방권력의 교체라고 불릴만큼 여당이 패배하고 말았다. 그리고 광역지방의회의원의 경우, 총 761명(비례 81명 포함)을 선출하였는데 한나라당이 288명(비례 36명), 민주당이 360명(비례32명), 자유선진당이 41명(비례3명), 민주노동당이 24명(비례6명), 진보신당이 3명(비례), 국민참여당이 5명(비례2명), 미래연합이 1명(비례), 친박연합이 3명(비례2명)을 당선시켰다. 기초지방의회의원의 경우, 한나라당이 1,247명(비160명), 민주당이 1,025명(비 154명), 무소속이 305명, 자유선진당이 117명(비22명), 민주노동당이 115명(비25명), 진보신당이 22명, 국민참여당이 24명, 미래연합이 11명, 친박연합이 19명을 당선시켰다. 그러나 분명 6.2지방선거는 지방의 대표를 선출하는 지방선거였지만 지방의 이슈는 사라지고 중앙정치의 각축장으로 변질되었던 바람직하지 못한 선거로 막을 내렸다.

12. 제10회 지방선거와 지방자치의 경험

1) 선거 전후의 상황

제10회 지방선거는 박근혜정부의 2년차에 해당하는 2014년 6월 4일에 실시되었다. 동 지방선거는 세월호참사가 많은 영향을 미친 선거였다. 동선거는 유권자 1인이 7번의 선거를 하는 1인 7표제로 실시되었다. 그러나 제주특별자치도는 1인 5표제, 세종특별자치시의 경우 1인 4표제가 실시되었다. 2010년 제9회 지방선거에서는 1인 8표제가 실시되었지만 2014년 선거에서는 교육의원을 따로 선출하지 않고, 일반 지방의원들로 교육위원회를 구성하도록 하였기 때문이었다. 제10회 지방선거의 특징으로는 첫째, 전국단위선거로는 최초로 사전투표제가 실시되어 2014년 5월 30~31일 양일간 실시되었다. 별도의 부재자신고없이 전국투표소 어느 곳에서나 투표가 가능하였다. 둘째, 유권자들의 투표권보장이 강화되어 피고용인들은 고용주에게 투표에 필요한 시간을 청구할 수 있고, 고용주는 이를 보장하도록 하였다. 이에 위반하면 고용주에게는 1,000만원 이하의 과태료를 부과할 수 있도록 하였다. 셋째, 가림막 없는 기표대가 등장하였다. 이것은 투표소의 분이기를 밝고 쾌적하게 하며, 투표용지를 카메라로 촬영하는 등의 불법행위를 근절하기 위한 취지로 도입되었다.

2) 선거결과와 특징

제10회 지방선거의 투표율은 사전투표의 경우 11.49% 전체투표율이 경우 56.8%로 제9회 지방선거 때보다 3.7%가 높아졌다. 이것은 사전투표제를 도입한 결과로 볼 수 있지만, 이것이 여와 야 어느 쪽에 유리한 영향을 미쳤는지를 판단할 수는 없었다. 선거결과 광역자치단체장의 경우, 여당에서는 8명, 야당에서는 9명을 당선시킴으로써 여야가 공히 어느 정도 만족할만한 결과를 얻었다. 교육감 선거의 경우, 대전과 대구, 경북과 울산을 제외한 전 지역에서 진보성향의 교육감이 당선되었다는 특징을 나타내었다. 광역자치단체장과 교육감 총 34명을 선출하는 선거에서 여성은 단 한 명도 당선되지 못했다. 2010년의 제9회 지방선거에서는 보수계가 10명, 진보계가 6명의 교육감을 당선시킨 것에 비하면 진보계 교육감들이 대거 진출하였다. 이러한 결과는 세월호 참사에 대한 젊은층 유권자들의, 기존 보수계 교육감들에 대한 반발로 풀이할 수도 있었다. 총 228명을 선출한 기초자치단체장 선거의 경우, 새누리당이 117명, 새정치민주연합이 80명, 무소속이 29명을 당선시켰다. 광역의원의 경우 새누리당이 416명(비례 41명 포함), 새정치민주연합이 349명(비례 40명 포함), 무소속이 20명, 통합진보당이 비례 3명, 노동당이 지역구 1명을 당선시켰다. 기초의회의원의 경우, 새누리당이 1,413(비례 207명 포함)명을, 새정치민주연합이 1,157(비례 168명 포함)명을 그리고 무소속이 277명, 통합진보당이 34명(3명 비례대표), 정의당이 11명(1명 비례대표), 노동당이 6명을 당선시켰다.

제 3 절 역대 지방선거의 종합과 교훈

1. 지방자치발전을 저해하는 요소들

지난 1952년의 제1회 지방선거로부터 2014년의 제10회 지방선거에 이르기까지 10번의 지방선거를 통해 우리국민들은 수많은 시행착오와 민주주의를 경험하였다. 그러나 과거나 현재를 막론하고 우리나라의 지방자치발전은 제자리를 맴돌고 있다. 물론 자치제도시행의 일천한 역사에 비하면 상당 수준 발전한 것 아니냐고 반문할 수도 있겠지만, 자치제도에 대한 중앙정부의 태도를 보면 과거나 현재 역시 큰 변화가 없다고 해도 과언이 아닐 정도다.

지금까지 10차례의 지방선거를 검토하면서 한결같이 변하지 않은 것이 있다면 중앙정부의 독선과 지방경시 태도이다. 중앙행정부는 물론 정당과 국회는 한국 지방자치발전의 최악의 적이라고 평가해도 결코 지나치지 않을 것이다.

행정부 특히 행정자치부는 분권과 자치발전을 고의적으로 차단하거나 제도를 왜곡시킴으로써 원천적으로 지역과 자치발전을 제약하고 있다. 정당은 지방선거에 중앙정당공천제를 도입하여 지역사회와 지방정부를 자신들의 수중에 장악하려 하였고, 지방선거를 중앙정당간의 권력투쟁의 장으로 변질시켰으며, 지방자치제도와 의회제도를 자신들의 권력유지용으로 악용하고 임의로 조작하였다. 그리고 국회의원들은 행정자치부 공무원들의 눈치만 살피고, 자신들의 이해득실만 저울질하였다. 이처럼 한국지방자치발전의 과정에서 이들이 지역사회와 주민들에게 범한 역사적 범죄는 결코 지워지지 않을 것이다.

특히 중앙정부의 요직을 점하고는 지방과 고향은 안중에도 없고, 지방을 착취하는 다른 부처의 고급관료들도 결코 좌시할 수는 없을 것이다. 이들은 지금 국민세금의 80%를 장악하고, 243개의 지방정부와 5천만 지역주민들에게 재정적 빈곤을 요구하는 21세기 신종 독선을 자행하고 있다. 중앙정부를 국가로 착각하고, 자신들의 독선을 정의와 진리로 오인하며, 지역을 불신하는 이들의 오만과 편견을 지방자치의 역사는 결코 용서하지 않을 것이다.

지역사회는 수도 서울의 뿌리이다. 지방은 중앙의 젖줄이다. 지방주민들의 지지로 대통령에 당선되고, 지역에서 국회의원직을 얻은 사람들이 지방을 홀대한다면 지역과 지역주민들은 그들을 결코 용서하지 않을 것이다. 지역사회에서 초중고교를 졸업하고 서울에서 일류대학을 나와 고시만 합격하면 고향과 지역사회는 안중에도 없는 지적 장애인과 같은 중앙부처의 고위공무원들도 지역과 지역주민들에게 범한 죄과는 반드시 치러야 할 것이다.

2. 역대 지방선거의 종합

지금까지 검토한 역대 한국의 지방선거를 제1차부터 8차에 이르기까지 일시와 내용 등을 정리하면 다음 〈표 1-1〉과 같다. 정부나 중앙선거관리위원회가 아직도 1995년 4대 지방선거를 동시에 실시한 이후부터 제1회 동시선거, 제2회 동시선거 운운함으로써 선거명칭을 잘못 사용하고 있다. 얼마 되지 않은 한국의 지방자치역사를 정부가 앞장서 왜곡하지는 말아야 할 것이다. 따라서 차기 제11차 지방선거에서부터는 분명히 바른 선거 명칭을 사용하도록 해야 할 것이다.

〈표 1-1〉 한국의 역대 지방선거실시 내용 종합

선거명	선 거 일	기초의원(수) (비례대표)	광역의원(수) (비례대표)	기초 단체장 (정수)	광역 단체장 (수)	투표율(%)	비고
제1회 지방선거	기초의원선거 : 1952. 04. 25(금) 광역의원선거 : 1952. 05. 10(토)	17,544명	306명(7개)			기초, 91 광역, 81	기초: 시, 읍, 면 광역: 도
제2회 지방선거	기초의원선거 : 1956. 08. 08(수)	16,954명 (정수	437명(10개)	580명 (1,491)		기초, 79.5 광역, 86	기초: 시, 읍, 면

	기초단체장선거: 1956. 08. 08(수) 광역의원선거 : 1956. 08. 13(월)	16,961)				기초장, 86.6	광역: 도, 서울특별시
제3회 지방선거	광역의원선거 : 1960.12. 12(월) 기초의원선거 : 1960. 12. 19(월) 기초단체장선거: 1960. 12. 26(월) 광역단체장선거: 1960. 12. 29(목)	16,851명	487명	1,467명 (시읍 면장)	10명 (서울시장, 도지사)	기초: 78.9 광역: 67.4 기초장: 75.4 광역장: 38.8	상동
제4회 지방선거	기초의원선거 : 1991. 03. 26(화) 광역의원선거 : 1991. 06. 20(목)	4,303명 (4,304)	866명			기초: 55 광역: 58.9	기초: 시, 군, 자치구 광역: 시, 도
제5회 지방선거	제1회 동시선거 1995. 06. 27(화)	4,541명	970명 (95)	230명	15명	평균: 68.4	상동
제6회 지방선거	제2회 동시선거 1998. 06. 04(목)	3,489명	690명 (74)	232명	16명	의원: 52.8 단체장: 52.7	상동
제7회 지방선거	제3회 동시선거 2002. 06. 13(목)	3,485명	682명 (73)	232명	16명	평균: 48.8	상동
제8회 지방선거	제4회 동시선거 2006. 05. 31(수)	2,888명 (375)	733명 (78)	230명	16명	평균: 51.3	상동
제9회 지방선거	제5획 동시선거 2010. 06. 02	2,888명	761명(비81)	228명	16명	평균: 54.5	교육감 16명, 교육의원 82명
제10회 지방선거	제6회 동시선거 2014. 06. 04	2,898명	789명(비84)	226명	17명	평균: 56.8	교육감 17명

1) 1회 지방선거자료: 대한지방행정협회「한국지방행정사」, (내무부, 1966: 455-464).
2) 2회 지방선거자료: 중앙선거관리위원회, 대한민국선거사 제1집: 792-800).
3) 3회 지방선거자료: 대한지방행정협회「한국지방행정사」, (내무부, 1966), 대한민국선거사 제1집.
4) 4회 지방선거자료: 중앙선관위,「구시군의원당선자명부」(1991. 3.26),「시도의회의원당선자명부」(1991.6.20).
5) 5회 지방선거자료: 중앙선거관위,「제1회전국동시지방선거당선자명부」(95.6.27), 비례대표 97명 중 95명 선출
6) 6회 지방선거자료: 중앙선거관위,「제2회전국동시지방선거당선자명부」(98.6.04).
7) 7회 지방선거자료: 중앙선거관위,「제3회전국동시지방선거당선자명부」(02.6.13).
8) 8회 지방선거자료: 중앙선거관위, 제4회전국동시지방선거 선거구 및 의원정수현황. 2006. 7월부터 제주특별자치도 설치로 기초자치단체폐지
9) 제9회 지방선거자료: 중앙선거관위, 제5회전국동시지방선거 선거구 및 의원정수현황
10) 제10회 지방선거자료: 중앙선거관위, 제5회전국동시지방선거 선거구 및 의원정수현황

3. 지방자치제도시행을 통한 경험과 교훈

1) 중앙정부의 자치제도에 대한 인식과 역할의 중요성

지방자치제도가 성공적으로 정착·발전하기 위해서는 무엇보다도 지방자치제도를 시행하는 대통령과 국회의원 그리고 중앙정부 고위공무원들의 지방자치제도의 정신과 가치, 제도에 대한 정확한 지식과 올바른 인식이 가장 중요한 관건임을 알 수 있었다. 즉 지방자치제도를 정권유지 내지 집권세력의 정권안보용으로 인식하거나 이용할 경우 지방자치제도는 결코 주민생활에 뿌리내릴 수 없고, 민주정치발전에도 기여할 수 없다는 교훈을 그 동안의 경험을 통해 알 수 있었다. 특히 이들은 지방자치제도를 국가통치제도의 하나로서 직접 실시하는 주체들이기 때문에 그 결과에 대한 책임도 져야한다. 그러나 지금까지는 권한만 강조하고 결과에 대한 책임은 모두 지방자치단체와 지역주민에 떠넘기고 말았다. 한국정부의 권력엘리트들이 얼마나 도덕적으로 취약했던가를 증명하는 역사적 사실이다.

2) 자치제도의 내용문제

지방자치는 제도의 내용이 올바르지 못하면 지방자치의 이상을 구현하거나 바람직한 지방자치를 실현할 수 없다는 교훈을 얻을 수 있었다. 즉 지역의 특성이나, 지방자치단체의 종류와 규모 및 능력을 무시한 획일적 제도를 고집한다거나, 주민이 원하지 않은 제도를 정치권으로부터 만들어 강요함으로써 풀뿌리 민주주의의 구현이라는 지방자치의 이상을 왜곡시킬 경우 지방자치는 정착하거나 발전할 수 없다는 것이다. 주민의 대표기관이며 지방자치의 핵심인 지방의회에 대해서는 온갖 통제와 규제를 다 가하면서, 집행기관인 자치단체장에게는 거의 모든 지방자치권을 집중시키고 있는(소위 제왕적 자치단체장의 제도) 제도 하에서는 지방자치제도가 발을 붙이기 어렵다는 점도 알게 해 주었다. 자치제도라고 하면서 자치를 허용하지 않는 법령중심의 획일적 자치제도를 고집함으로써 결국은 지역주민들의 자치의식까지 왜곡시키게 되었다는 점도 깨닫게 해 주었다. 지방자치제도를 초기에 입안했던 당시 고위공무원들과 지금까지 개혁을 거부하는 저항세력들에 대한 국민적 심판이 반드시 뒤따라야 할 것이다.

3) 자치단체장과 지방의원의 의식과 역할의 중요성

지방자치의 현장에서 직접 제도를 실시하고 운용하는 지방정부의 자치단체장과 지방의원들이 자치제도에 대한 인식이 결여되어 있거나 스스로의 역할인식이 미흡할 경우, 지방자치제도는 올바르게 실시되지 못한다는 교훈을 얻게 되었다. 다시 말해 잘못된 제도를 통해 적절하지 못한 사람들이 주민대표로 지방정부에 들어왔을 경우 지방자치가 왜곡되거나 제도가 제대로 발전할 수 없다는 것이다. 즉 정당이나 지역구 국회의원들과 결탁하여 적절하지 못한 후보자가 공천됨으로써 이들 임기 중 정책부재와 지역발전의 퇴보, 각종 사건사고에 휘말림으로써 자치발전을 저해한 사례는 무수하였다. 또한 자치단체장의 독선으로 지방의회를 무시하거나 지방의회와 대립함으로써, 그리고 공무원인사과정에서 뇌물수수로 공직사회의 풍기를 문란하게 했거나 자치행정의 발전을 저해했던 경험들도 이를 잘 설명해주고 있다. 특히 고시에 합격하여 중앙정부에서만 근무했던 사람들이 어느 날 국회의원이 되고, 자치단체장이 되어 지방과 지역사회의 맹주로 군림하는 한국의 지방자치제도는 중세의 봉건영주제도를 연상케 하는 시대에 뒤떨어진 제도이다. 지역사회에서 자라서 지역의 고통과 역경을 체험하지도 않은 외지사람들이, 그리고 중앙과 수도 서울에서 권력과 재정의 풍요를 구가하던 사람들이 어느 날 갑자기 지역사회의 수장으로 내려와 마치 중세 영주와 같이 군림하게 한 제도는 민주국가로서는 상상할 수 없는 모순된 제도이다.[11)]

4) 지역주민의 자치의식과 역할의 중요성

지방자치제도의 성공적 정착과 발전은 궁극적으로 지역주민들의 민주의식과 주민자치의식의 수준여하에 달렸다는 교훈을 얻게 되었다. 지방자치는 주민참여를 그 필수요건으로 하지만 주민들의 의식이 낙후되어 있거나 부정과 비리로 오염되어 있으면 지방자치는 바르게 발전할 수 없다는 것이다. 예컨대 지방선거에서 혈연이나 지연중심으로 파벌을 형성하고, 금품수수에 의한 불법타락선거를 자행하며, 선거 이후 무리한 청탁을 하거나 각종 사적 집회에 참석을 요구하는 등의 비리가 그칠 줄 몰랐다. 근래 한국사회는 중앙정부 고위관료들의 각종 마피아사건으로 부정과 부패가 극에 달하고 있고, 복지, 교육, 고용, 투자, 건설 등 각종 분야에서는 정부예산을 사취하려는 수많은 국민들이 혈안이 되어 부정과 부패를 야기시키고 있다. 경제적으로는 세계 10위권에 이르렀다고 하지만 국민들의 의식수준은 너무나 저급하여 도처에서 부정과 부패가 난무하고 있다. 요컨대 다수의 지역주민들이 자신의 이익보다는 남을 먼저 배려하고 지역사회의 이익을 앞세울 줄 아는, 수준 높은 시민의식을 함양하지 못하면 바람직한 자치제도의 실시는 기대하기 어렵다는 점을 알게 되었다. 한 국가의 선진화는 경제발전만으로 이뤄지는 것이 아니다. 국민의식의 민주화와 선진화가 뒷받침되지 않으면 아무리 소득수준이 높다고 하더라도 그 나라를 선진국이라고는 하지 않을 것이다.

---

11) 한국의 정당이 바로 이 나쁜 제도를 만들어 정치와 자치발전을 저해하는 원흉이다.

5) 제도시행에 대한 언론의 역할과 중요성

우리나라에서 지방자치제도가 성공적으로 시행되고 발전적으로 정착되기 위해서는 언론의 지원과 협력이 불가결하다는 교훈을 얻었다. 어떠한 정책이나 제도든지 국민적 지지를 받지 않고서는 성공적으로 시행될 수 없고, 그 생명력을 지속시키기 어려운 것이 민주사회의 현실이다. 더구나 우리나라와 같이 언론의 영향력이 세계에서 그 예를 찾을 수 없을 만큼 강력한 나라에서는 더욱 그렇다. 그러나 언론이 국민과 사회보다는 언론사와 사주의 이익을 앞세우고, 언론이 특정이념이나 편견에 빠져있을 경우 언론으로부터 합리적이고 바람직한 지원과 협력을 얻기 어렵다는 점을 알 수 있었다. 특히 중앙에 집중된 언론기관들이 자치제도의 본질과 가치, 제도자체의 문제점 등은 이해하지 못하고, 오만과 편견으로 중앙정부만을 옹호하고 나설 때 그 나라의 지방자치제도는 성공할 수 없다는 점을 알 수 있었다. 근래 한국사회는 언론과 재벌이 신흥권력으로 부각되어 정권을 위협하고 있다. 그러나 이들은 사회정의나 지역발전 등에는 관심도 없고 지적 수준도 높지 않다. 이들은 회사의 손익계산서와 자신들의 사적인 이익추구에 관심을 집중시키고 있다. 특히 언론인들의 분권과 자치제도에 대한 지적수준의 취약함은 지역주민들에게 심각한 피해를 끼치고 있다. 한국의 4대 일간지와 3대 대형방송사들 종사자 대부분은 분권과 자치발전에 대해서는 문외한이나 다름없다. 중앙정부를 국가로 착각하고 국가발전을 위한답시고 중앙정부의 권력엘리트만을 옹호하는 언론들이 대부분이다. 한국의 언론사와 언론인들 어느 누구도 지역과 주민 지방정부와 지역발전에는 관심이 없다. 제도의 잘못에는 눈감고, 잘못된 제도가 만들어 내는 결과만을 보며 평가하는 그릇된 행위를 나타내고 있다.

6) 학자와 전문가의 학문적 · 윤리적 태도의 중요성

지방자치분야를 전공하는 학자들이 지방자치의 이념에 관한 기본적 가치 · 지식을 갖지 못했거나, 학문적 양심을 지키지 못하고, 학문을 출세의 도구로 이용하거나, 자기의 지식을 정부의 용역수행용으로 매매할 경우 바람직한 제도는 물론 그 올바른 시행도 어려워진다는 점을 교훈으로 체득하였다. 즉 지방자치제도를 전공하는 학자들에게는 중앙정부의 집권적 제도에 대한 지방분권적 가치를 강조하는 기본적 양식을 필요로 한다. 그리고 이들의 학문적 사상은 인간을 위한 사회, 사회를 위한 지역, 지역을 위한 정부, 지방을 위한 중앙의 존재를 긍정할 수 있어야 한다. 또한 이들의 태도는 어떠한 유혹에도 양심을 팔지 않는 강한 학자적 정신을 가진 사람이어야 한다. 특히 지역의 정신 뿌리의 힘을 강조하는 참된 지식인이어야 한다.

그러나 그간의 우리나라 현실은 이러한 지방자치의 이상과는 너무나 달라 학자적 양심과 지식을 금권을 가진 사람들의 구미에 맞춰 그들의 요구대로 제조하는 사람들이 적지 않았다. 중앙정부의 각종 위원회에 참석하여 자신의 목소리는 내지 못하고 공무원들의 구미만 맞춘다든가 정부용역에만 관심을 가졌던 사이비 학자들이 적지 않았다. 중앙정부의 각종 위원회에 위원으로 참여하여 학자적 양심에서 우러나오는 바른 목소리를 내지 못하고 관료들에게 아부하여 위원직을 지속하려하거나 용역을 수행하기 위한 끈으로 활용하려는 사이비 학자들이 적지 않은 이 현실이 분권과 자치발전을 저해하였다.

02
Chapter

지방선거제도

제 1 절 지방자치발전과 지방선거의 이론적 기초

Ⅰ. 지방자치발전과 지방선거

1. 지방선거의 중요성

지방선거는 지방자치를 수행하는 데 없어서는 안될 필수불가결한 수단이며 제도적인 장치이다. 지방자치는 당해 지역의 공공사무를 그 지방자치단체의 기관(의결기관과 집행기관)을 통해 처리하는 제도이므로, 기관을 구성할 주민대표의 선출이 불가피하고, 선거는 바로 이 대표선출을 위해 반드시 치루어야 할 과정이다. 이처럼 지방자치는 주민들이 선출한 주민의 대표로 구성되는 지방정부에 의해 이루어지기 때문에, 자치제도의 성패는 바로 지방선거의 성패와 직결된다고 할 수 있다. 특히 선거과정은 생동하는 민주정치의 현장으로서 주민의 정치의식과 정치행태가 현실로 나타나는 민주주의의 시험장이다. 때문에 지방자치제도의 발전과 정착은 바로 지방선거의 발전과 정착에 직결되어 있다. 지방선거를 통해 유능하고 우수한 지도자들이 다수 배출되고 주민들은 이들을 믿고 그들의 지도와 통제에 따를 때 비로소 지방자치제도가 발전되어 나갈 수 있기 때문이다.

2. 지방선거와 중앙선거의 관련성

중앙(정부)의 선거나 지방(정부)의 선거는 비록 그 명칭은 다를지 모르나 선거에 참여하는 국민과 지역주민은 동일인이므로 양 선거는 밀접히 연관되어 있다. 다시 말해 중앙선거의 행태가 비민주적인 국가에서 지방선거에서 민주적으로 나타날 수 없고, 지방선거 행태가 비민주적인 나라에서 중앙선거에서 민주적으로 나타날 수도 없는 것이다. 따라서 지방자치를 위해 실시되는 지방선거가 민주적으로 자리잡아 간다면 그 효과가 중앙선거에까지 연결될 것이며, 그리하여 지방선거를 통한 중앙정부의 선거민주화와 발전을 가져올 수 있을 것이다. 지방자치의 발전과 정착은 지방선거과정의 민주화에 직결되어 있고, 지방선거의 민주화와 발전은 중앙정부에 의해 추진되는 국정의 민주화와 직결되어 있다.[1) 이러한 지방선거과정의 민주화와 지방자치의 발전은 바로 중앙정부의 의지와 노력에 달려있다.

Ⅱ. 지방선거의 이론적 기초

1. 지방선거의 의의와 가치

일반적으로 선거란 "일정한 조직이나 집단의 특정 직위에 취임할 사람을 그 구성원들의 집합적 의사에 의하여 선출하는 행위"를 말한다. 정치영역에서의 선거란 "유권자가 일정한 절차에 따라 다수의 후보자 중에서 특정인을 대표자로 선정하는 행위"이다. 따라서 선거는 국민의 대의기관을 구성하는 민주적 방법일 뿐 아니라 각급의 통치기관으로 하여금 민주적 정당성을 확보케 함으로써 대의민주주의를 실현하기 위한 불가결한 수단이다. 이렇게 볼 때 지방선거(local election)란 "지방자치단체의 유권자인 주민들이 다수의 후보자 중에서 일정한 절차에 따라 자신들의 대표를 선출하고, 이들로 하여금 지방자치단체의 기관(의결기관과 집행기관: 지방정부)을 구성케 하는 공적 행위"라고 할 수 있다.

지방선거는 지방주민들이 지방정부의 구성에 참여할 자신들의 대표를 선출하는 행위이므로 당연히 모든 주민들이 관심을 가지고 참여하는 축제의 장(場)이 되어야 한다. 또한 지방선거에서는 지방주민들의 자발적인 입후보와 자율적인 투표를 통한 공정하고 민

1) 그 이유는 지방선거제도를 지방에서 만드는 것이 아니라 중앙정부의 권력엘리트들이 만들기 때문이며, 특히 우리나라와 같이 하나의 선거법으로 중앙과 지방의 선거를 동시에 관리하는 경우, 중앙정부의 정치권력이 만들어 내는 선거제도의 내용이 지방의 선거까지 규제하게 되는 것이다.

주적인 선거과정을 통해서 주민들의 대표가 선출되어야 한다. 지방선거는 선거를 통해 선출된 공직자들과 그들이 근무하는 지방정부의 권위에 대해 정당성을 부여하기도 하며, 주민들에게는 지방자치에 관심을 가지게 하고, 공무원들과 주민의 대표자들에게는 주민들의 요구에 귀를 기울이게 하는 정치학습의 기회도 제공한다(안성호, 1991: 88).

2. 지방선거의 원리와 이념

1) 지방선거의 기본원리와 원칙

현대 민주국가의 선거는 직접적으로는 국민의 대표자를 선출하는 것이며, 간접적으로는 정부의 구성을 국민의 의사에 따르도록 한 것이다. 그리하여 현대의 선거는 모든 국민이 자유로운 상황 속에서 평등하고 공정하게 이루어질 것을 그 원리로 하고 있다. 즉 투표자유의 원리, 선거평등의 원리, 선거공정의 원리를 그 기본원리로 하고 있다.

(1) 보통 · 평등 · 직접 · 비밀선거

보통선거란 제한선거에 대칭되는 원칙으로서 연령. 성별. 신분. 재산 등에 의해 차별이나 제한 없이 원칙적으로 모든 성인에게 선거권을 인정하는 선거원칙을 말하고, 평등선거란 차등선거에 대칭되는 것으로서 선거인의 투표와 가치를 모두 평등하게 인정하고 모든 유권자에게 다 같이 한 표씩 투표하도록 하는 1인 1표 제도를 말한다. 직접선거란 간접선거에 대칭되는 것으로써 유권자가 직접 대표자를 선출하는 선거원칙을 말하고, 간접선거는 유권자가 선거인단을 선출하면, 선거인단이 다시 국회의원이나 대통령 등을 선거하는 제도이다. 그리고 비밀선거란 공개선거 내지 공개투표에 대칭되는 것으로써 선거인이 누구에게 투표했는지를 제3자가 알지 못하도록 하는 무기명투표제도를 말한다.

(2) 자유선거와 강제선거

자유선거의 원칙이란 강제선거에 대칭되는 것으로써 투표권 행사를 투표자의 자유의사에 일임함으로써 기권에 대한 법적제재를 가하지 않는 제도를 말한다. 그러나 강제선거제는 투표권 행사를 국민의 의무로 간주하고 정당한 이유 없는 기권에 대해서는 법적 제재를 가하는 제도이다. 기권에 대한 재제는 나라마다 다르나 견책, 기권자 명단공개, 공권정지 등이 있다. 선거는 국민의 참정권을 행사하는 권리이자 의무로서 단순한 개인의 권리행사와는 다르다. 때문에 선거에 불참하는 자들에게 최소한의 불이익을 제공하는 조치는 가능해야 할 것이다. 물론 이러한 불이익의 조치는 그 이전에 투표제도의 충분한 보완을 전제로 하는 것이어야 한다. 예컨대 부재자투표제도의 확충, 투표불참자들에 대한 사전 신고제, 투표용지에 기권(혹은 지지자 없음)란의 도입 등 임의적·의도적 불참자를 가려내기 위한 제도를 보강할 필요가 있다.

(3) 인터넷을 통한 사이버선거(전자선거)

우리가 살고 있는 21세기는 디지털기술혁명의 시대이다. 그리하여 앞으로는 인터넷을 통한 사이버선거제도가 도입될 것이다. 즉 우리나라에서도 유권자들이 선거관리위원회의 인터넷홈페이지에 접속하여 자신들의 주민등록번호를 입력하면 화면에 투표용지가 나타나고 여기에 표기함으로 투표하게 되는 사이버선거가 실시될 가능성이 높다. 이러한 사이버선거는 전자집계가 되어 투표결과도 즉시 알 수 있게 된다. 사이버선거가 실시되면 대규모집회와 청중을 동원하는 선거유세는 필요 없어지고 대신 후보자들은 영상홍보물을 제작하여 다양한 사이버 네트워크를 이용하여 전송하게 될 것이다. 그리고 후보자와 유권자들간에는 전자메일(e-mail)을 활용하여 쌍방적 의사소통이 가능하게 될 것이다. 이미 영국에서는 지난 2000년 5월 4일에 실시된 대런던시장과 동 의회의원선거에서 영국선거사상 처음으로 인터넷선거와 집계가 이루어졌던 경험을 가지고 있다.

2) 지방선거를 통해 구현하고자 하는 가치(이념)

첫째, 지방선거는 지방주민들이 당해 지역사회의 주인입장에서 공무를 수행할 대리인을 선임하는 행위에 해당되므로 궁극적으로는 민주성을 추구한다. 따라서 그것은 공정하고 투명하며 유권자 모두에 대하여 평등하게 실시되어야 한다. 둘째, 지방선거는 일정한 지역의 주민들이 스스로의 문제를 해결하기 위해 자율적으로 수행하는 대표선출행위이다. 따라서 선거를 위한 투표행위는 누구의 간섭도 받지 않고 자유로운 상황에서 투표자 자신의 자유의사결정에 따르게 된다. 그리하여 지방선거는 지역주민들의 자유의사를 기초로 하는 자율성을 그 이상적 가치로 추구하고 있다.

셋째, 지방선거는 주민들의 자유의사에 기한 자발적 참여를 기초로 하며 또한 그 참여증대를 추구하고 있다. 즉 지방자치제도는 지방선거를 통한 주민대표기관의 구성으로부터 출발한다. 나아가 자치제도가 시행되는 과정에서의 각종 정책과정에의 주민참여도 자치제도의 성공적 수행에 관건이 된다. 따라서 지방선거는 물론 지방자치제도의 시행과정에서 주민들의 자율적 참여부족은 제도 자체의 존립을 저해한다. 넷째, 지방선거는 선거에 의해 선출된 주민대표들과 주민대표들로 구성된 지방정부에 대한 정당성 내지 정통성을 부여하는 기능을 한다. 즉 지방선거에 의해 선출된 지방자치단체장과 지방의회의원들에게 주민들의 공식적 의사에 의해 결정된 합법적 대표와 기관임을 증명해주는 것이다. 지방선거는 이와 같이 소중한 현실적 혹은 이념적 가치를 추구하고 있다.

3. 지방선거의 유형

1) 지방의회의원 선거 · 자치단체장 선거 · 기타 기관선거

지방선거는 그 선거대상에 따라 지방의회의원의 선거와 자치단체장의 선거 및 기타 직의 선거로 대별될 수 있다. 지방의회를 구성하는 방법으로는 예외적인 경우를 제외하고는 대부분의 경우 주민직선제로 하고 있다. 그러나 지방자치단체장의 선임은 선거제에 의하는 경우와 임명제로 하는 경우가 혼재하고 있어, 단체장의 경우 선거의 대상이 되는 곳도 있고 그렇지 않은 곳도 있다. 우리나라의 경우 현재 지방자치단체의 장의 선임은 선거제에 의하도록 하고 있다. 그 외도 교육위원선거와 교육감선거 등이 있다. 외국의 경우 판사, 재무관, 검시관, 보안관 등도 선거로 선출하는 경우가 있다.

2) 총선거와 부분선거

총선거(general election)란 선거를 통하여 선거대상기관의 기관구성원 정수의 전원을 동시에 선출하는 선거를 말하고, 부분선거(partial election)란 기관구성원 정수의 일부를(1/2 혹은 1/3 등) 차례로 개선하는 선거를 말한다. 다시 말해 총선거는 전부교체식 선거(전원개선제)를 말하고 부분선거는 일부교체식 선거(부분개선제)를 말한다. 지방선거는 대부분 전원개선제가 일반적이나 미 · 영 · 불 등 몇몇 나라의 경우 부분개선제를 택하는 곳도 있다.[2)]

3) 직접선거와 간접선거

지방선거의 종류를 그 절차에 따라 구분하면 직접선거와 간접선거로 구분할 수 있다. 지방의회의원의 경우, 주민들의 직접선거제를 채택하는 것이 일반적이지만, 나라에 따라서는 간접선거제를 채택하는 곳도 있다.[3)] 직선제는 주민대표성의 원리를 가장 잘 구현할 수 있는 제도이며, 현실적으로도 주민참정의 욕구를 가장 잘 충족시킬 수 있는 제도이기 때문에 이른바 풀뿌리 민주주의의 실현을 위한 가장 이상적인 방법으로 평가되고 있다. 그러나 직선제는 지방행정의 전문가들이 의원으로 당선되기에는 어려운 제도이며, 지방의회와 자치단체의 운영을 인기위주로 흐르게 할 우려가 있다는 단점이 있다. 이에 반해

---

2) 영국의 메트로폴리탄 지역의 District에서는 4년임기 의회의원정수의 1/3씩을 4년중에 1년을 제외한 매년 개선하고 있고, 프랑스의 d'epartement에서는 6년임기 의회의원의 1/2씩을 3년마다 개선하고 있다. 그리고 미국 Los Angeles의 County에서는 Board of Supervisors의 4년임기 5명의 위원을 2년마다 2~3명씩 개선하고 있다(최창호, 전게서, p. 544).

3) 인도와 노르웨이 등의 광역의회의원선거에서 그 예를 찾아 볼 수 있다.

간선제는 지방행정의 전문가를 지방의원으로 선출할 수가 있어 지방의회의 운영이나, 지방행정의 내실을 기할 수 있고 직선제와 병행한다면 직선제의 단점을 보완할 수 있다는 장점이 있다.

4) 본선거와 재선거

본선거란 선거에 있어서 기관구성원의 임기가 만료되었을 때 또는 의회의 해산이나 자치단체장의 해임(불신임결의 등)과 같은 사유가 발생되었을 때에 그 기관을 구성하기 위하여 (구성원 정원의 전부 또는 일부를 선출하기 위하여) 실시하는 선거를 말한다. 재선거란 본 선거 실시 후 일정한 사유의 발생으로 당선인의 수가 기관구성원의 정수에 미달하거나 당선의 효력이 적법하게 발생하지 못함에 따라 재차 실시하는 선거를 말한다.

5) 보궐선거와 증원선거

보궐선거(補闕選擧)란 본 선거에 의하여 당선자가 적법으로 확정된 후 결원이 생겼을 때 이를 보충하기 위하여 실시되는 선거를 말하고, 증원선거란 지방자치단체의 구역변경에 따라 새로 설치된 기관구성원의 정수에 종전의 구역에서 선출된 당선자가 미달하는 경우 그 미달되는 구성원의 정수를 새로 선출하기 위하여 실시되는 선거를 말한다. 선거구에서 선출된 의원이 결원이 생긴 때에는 보궐선거를 실시한다. 보궐 및 증원선거에 의해 당선된 자의 임기는 전임자의 잔임기간으로 한다.

6) 개별선거와 동시선거

개별선거란, 위의 각 종류의 선거를 각각 다른 날에 별도로 실시하는 경우의 선거를 말하며 그렇게 하는 것이 일반적이다. 동시선거란 다른 종류의 선거를 같은 선거일에 함께 실시하는 경우의 선거를 말한다. 동시선거를 실시하는 이유는 개별선거제에 의하는 경우, 선거가 빈번함으로 인하여 막대한 비용과 노력이 소모되며, 그로 인하여 행정과 경제・사회에 비능률과 비생산 등 큰 영향을 미치기 때문에, 이러한 선거들을 동시에 실시함으로써 선거회수를 줄이려는데 있다.

4. 선거제도의 유형

1) 다수대표제(多數代表制)

이 제도는 다수파의 의사를 우선하여 다수파의 대표자가 선거에서 당선되도록 하는 제도인데, 그 예로 소선거구단기투표제와 대선거구완전연기투표제가 있다. 첫째, 소선거구단기투표제란 한 선거구에서 한 명의 후보자를 선출하며 소선거구에서 한 명의 유권자는 한 명의 후보자에게만 투표하게 하는 제도이다. 둘째, 대선거구완전연기투표제란 한 선거구에서 2명 이상을 선출하는 것으로, 대선거구에서 한 명의 유권자가 투표할 수 있는 수는 당해 선거구에서 선출하는 당선자의 수만큼 투표하게 하는 제도이다. 다수투표제는 정국의 안정에는 효과가 있으나 반면 사표(死票)가 많이 생겨 소수파의 의사가 무시될 수 있다.

2) 소수대표제(少數代表制)

이 제도는 소수파의 대표자에게도 당선의 기회가 주어지도록 하는 제도인데, 대선거구단기투표제와 제한연기투표제, 누적투표제 등을 그 예로 들 수 있다. 첫째, 대선거구단기투표제란 한 선거구에서 다수의 후보자를 선출하는 선거에서 한 명의 유권자가 한 명의 후보자에게만 투표할 수 있게 한 제도이다. 둘째, 제한연기투표제란 한 선거구에서 다수의 후보자를 선발하는 대선거구제에서 한 명의 선거인은 다수의 투표권을 가지지만 선출할 후보자 정수보다는 적은 투표권을 행사하게 하는 제도이다. 셋째, 누적투표제란 한 선거구에서 다수의 후보자를 선출할 수 있는 중대선거구에서 한 명의 선거인은 그 선거구에서 선출할 후보자의 정수와 같은 투표권을 가지며, 그 투표권을 같은 후보자에게 중복하여 투표할 수 있는 제도이다.

3) 비례대표제(比例代表制)

이 제도는 정당에 대한 선거인의 지지율을 당선인의 구성비에 반영하려는 제도로 가능한 사표를 줄이고 이를 유효하게 사용함으로써 i) 일정한 당선기준으로서 투표수를 정하며, ii) 이 투표수를 초과하는 표를 다른 후보자 또는 정당에 이양할 수 있도록 하는 제도이다. 비례대표제도는 초과득표의 이양방법에 따라 단기이양식(單記移讓式)과 명부식(名簿式)이 있다. 우리나라는 제5차 지방선거(95년 6.27선거)부터 지역구 시·도의원정수의 10%를 비례대표(정당별)로 선출하도록 함으로써 이 제도를 도입하였고, 제8차 지방선거(2006.5.31)부터는 기초의회의원선거에도 비례대표제(지역구의원정수의 10%)를 도입하게 되었다(공직선거법 제23조).

4) 의원겸임제(議員兼任制)

의원겸임제란 지방의회의원을 전원 선거하지 않고 그 일부 또는 전원을 기초자치단체나 광역자치단체 의회의원 중에서 선임하거나 겸임시키는 방법을 말한다. 우리나라는 아직 채택하지 않는 제도지만 외국의 경우를 보면 의원겸임제를 시행함으로써 상호 정책조정과 협조를 원활하게 할 뿐 아니라 경비절약에도 도움을 주고 있는 경우를 많이 볼 수 있다. 예컨대 캐나다의 광역자치단체인 몬트리올도시공동체[4]나 프랑스의 파리시의회의원(163명: 시의원 겸 각 구의회의원) 등에서 이러한 제도가 시행되고 있다. 우리나라도 시·군의원을 도의원겸직으로, 자치구의원을 특·광역시 의원으로 겸직하는 방안을 검토할 필요가 있을 것으로 판단된다.

5) 전원개선제와 부분개선제

지방의회를 구성함에 있어 그 구성원인 지방의원을 임기만료와 함께 전원 새로 선출할 것인가(전원개선제) 아니면 의원정수의 1/3 혹은 1/2 씩을 나누어 선출(부분개선제 혹은 일부개선제)할 것인가 하는 것은 의회운영제도의 중요한 부분이다. 우리나라는 전원개선제를 채택하고 있는데 나름대로의 장단점을 고려하여 실제에 유용한 방법을 채택해야 할 것이다. 그러나 영국, 프랑스, 미국의 일부 시 및 카운티에서는 부분개선제를 채택하고 있다. 즉 프랑스 지방의회의원의 임기는 6년이다. 그러나 시, 읍, 면의원은 6년마다 전원 개선되는 데 비하여, 도의회의원은 3년마다 1/2씩 개선된다. 우리나라도 프랑스제도를 연구·검토할 필요가 있을 것으로 판단된다.

제 2 절 지방선거와 정당참여

Ⅰ. 지방선거제도의 내용

1. 선거권과 피선거권(被選擧權)

1) 선거권(選擧權)

(1) 선거권의 의의와 요건

지방선거의 선거권이란 지방주민으로서 지방의 선거에 참여할 수 있는 권한을 의미한

4) 의회의원 86명: 공동체집행위원회 의장(1명)과 몬트리올시장 및 시의원(57명), 그리고 28개 소속 시에서 선출한 대표(1명)로 구성된다.

다. 이러한 선거권은 국민의 기본권인 참정권에서 비롯되는 권리지만 그것을 향유하기 위해서는 일정한 요건을 갖춰야만 한다는 점에서 차이가 있다. 일반적으로 선거권의 요건은 국적, 연령, 주소와 거주기간 등을 들 수 있다. 즉 선거권은 모든 나라에서 일정한 연령에 달한 그 나라의 국민에게만 부여하고 있으며, 지방선거는 일정한 연령에 달하고 그 지역 안에 주소를 가진 자에게만 부여하고 있다. 그러나 지역 내 주소와 관련하여 주소지에서 일정한 기간 거주해야 한다는 요건을 요구하는 경우가 있는가 하면, 주소만 가지면 되고 일정기간의 거주를 요구하지 않는 곳도 있다.

(2) 우리나라 지방선거권의 요건

많은 외국과 같이 우리나라에서도 선거권은 국민이고 지방주민이면 누구라도 가지는 권리는 아니며, 주민으로서 일정한 자격요건을 구비할 경우에 한하여 그 권한이 부여된다. 우리나라에서 주민이 지방선거권을 가지기 위해서는 대한민국 국민으로서 19세 이상이어야 하고(2005년 8월 개정), 선거인명부작성일 현재 해당 자치단체의 관할구역 안에 주민등록이 되어 있어야 한다. 이처럼 우리나라의 지방선거권은 주소지에서 일정한 기간 거주해야 한다는 요건을 부여하지 않고 있다.

2) 지방선거의 후보자와 피선거권

(1) 피선거권의 의의와 요건

지방선거의 피선거권이란 지방선거의 후보자로 등록할 수 있는 자격요건을 의미하며, 지방선거의 피선거권은 선거권을 가진 자 중에서 일정한 자격요건을 구비하여야 한다. 물론 피선거권의 요건도 나라마다 다르지만 대체로 선거권보다는 엄격한 국적요건, 연령요건, 주소와 거주요건 등을 요구하고 있다. 국적은 선거권과 같이 자국민이어야 하고, 연령요건의 경우 다양하며, 거주요건은 대체로 선거권과 유사하거나 일정한 기간의 거주를 요구하기도 한다. 그리고 피선거권이라고 하더라도 지방의원의 피선거권과 지방자치단체장에 대한 피선거권은 그 자격요건이 다른 경우가 많다. 영국에서는 성직자에게도 피선거권을 제한하고 있고, 대만에서는 현역군인, 학생, 선거사무종사자 등에 대해서도 피선거권을 제한하고 있다.

(2) 우리나라 지방선거의 피선거권

우리나라의 현행법상 지방선거의 피선거권은 대한민국 국민이어야 하고(동법 제16조 3항), 연령은 25세 이상이어야 하며, 선거일 현재 그 자치단체의 구역 안에 계속하여 90일 이상 주민등록이 되어 있어야 한다(동법 제16조, 17조). 그리고 선거권이 없는 자, 금고이상의 형을 받고 그 형이 실효되지 아니한 자, 법률 또는 법원의 판결에 의하여 피선거권이 정지되거나 상실된 자는 피선거권을 가지지 못하도록 제한하고 있다(동법 제19조).

(3) 후보자와 등록

지방선거의 후보자란 지방의회의원과 지방자치단체의 장에 당선되기 위하여 일정한 요건과 절차를 구비하고 정부의 선거관리기관으로부터 공식적으로 인정을 받은 자를 말한다. 원래 유권자는 피선거권을 가진 어떠한 사람에게도 임의로 투표할 수 있다. 그러나 그렇게 되면 다수의 피선거인을 가진 선거에서는 혼란으로 인하여 선거의 목적을 거둘 수 없다. 따라서 일정한 법적 절차에 따라서 후보자를 공인하고 그들에 대하여 투표하도록 하는 제도가 발달하게 되었다. 후보자 공인제도 중에서도 가장 대표적인 것이 선거관리기관에 대한 후보자등록제도이며, 현대선거에서는 대부분 이를 인정하고 있다.

2. 선거구와 선거기간

1) 선거구(選擧區)의 의의와 유형

(1) 선거구의 개념과 선거구의 획정

선거구(electoral circumscription, constituency)란 대표자를 선출하는 지역적인 단위를 말한다. 다시 말해 선거구는 선거가 이루어지는 단위, 즉 선거관리, 선거운동, 투・개표, 당선결정 등 일련의 선거과정이 이루어지는 단위를 말한다. 선거구는 선거의 기본목적을 원만히 달성하기 위하여 마련되는 것이므로 그 획정에 있어서는 다음과 같은 점에 유의하여야 한다.

첫째 각 선거구를 통하여 선거인수와 당선자정수와의 비율이 가능한 같아야 한다. 이는 대표자는 일정한 인구수의 선량이라는 기본관념에서 유래하는 것이며, 평등선거제의 정신과도 관련이 있다. 둘째 선거구가 특정 정당에게 유리하게 작용하지 않도록 공평하게 획정되어야 한다. 즉 선거구의 획정에 있어서는 다수당이 그 반대당을 억압하여 선거에서 자기당이 유리하도록 선거구를 의도적으로 조작・획정하는 소위 게리맨더링(gerrymandering)을 가능한 피해야 한다.

(2) 선거구획정위원회(選擧區劃定委員會)

우리나라는 선거구를 획정하기 위하여 선거구획정위원회를 구성・운영하도록 하고 있다. 즉 국회의원지역선거구와 자치구・시・군의원지역선거구의 공정한 획정을 위하여 국회에 국회의원선거구획정위원회를, 시・도에 자치구・시・군의원선거구획정위원회를 각각 둔다. 자치구 · 시 · 군의원선거구획정위원회는 11인 이내의 위원으로 구성하되, 학계 · 법조계 · 언론계 · 시민단체와 시 · 도의회 및 시 · 도 선거관리위원회가 추천하는 자 중에서 시 · 도지사가 위촉하도록 하였다. 동위원회는 선거구획정안을 마련함에 있어서 국회에 의석을 가진 정당과 당해 자치구 · 시 · 군의 의회 및 장에 대하여 의견진술의 기회를 부여하도록 하였다.

(3) 선거구제의 종류

① 소선거구제

지방선거에 있어서 소선거구제란 지방자치단체의 관할구역전체를 여러 개의 선거구로 세분하여 각 선거구에서 1인의 대표자를 선출하는 선거구를 말한다. 소선거구의 경우 유권자가 후보자 1명만을 기재하는 단기투표제가 채택되며, 투표의 계산방법은 단순다수결과 절대다수결에 의한다. 이러한 소선거구제는 그 장점으로, 선거구가 협소하여 인물식별이 용이하고 투표율을 높일 수 있으며, 소당분립을 방지하고 자치정국의 안정을 도모할 수 있다. 그리고 선거비용을 줄일 수 있고, 후보자의 난립을 막을 수 있으며, 유권자에게 후보자의 정견을 쉽게 전달할 수 있다. 나아가 선거관리 면에서 보면, 선거운동규칙위반에 대한 단속이 용이하고, 선거공영제실시가 용이해지며, 투표결과의 집계가 편리하고 재선거나 보궐선거의 실시가 용이하다.

② 대선거구제

지방선거에서의 대선거구제란 지방자치단체의 관할구역 전체를 하나의 선거구로 하는 것을 의미하며, 적게는 2명에서 많게는 100이상의 대표를 선출하는 복잡한 제도이다. 이러한 대선거구제는 선거결과의 면에서 소수대표제 또는 비례대표제를 가미할 수 있고, 신인 또는 신정당의 출현을 용이하게 하며, 득표수와 당선자수의 비례관계를 유지할 수 있고, 사표를 줄이고 선출된 대표들이 지역적 이해관계에 얽메이지 않도록 한다. 또한 대선거구제는 후보자의 선택범위가 넓고, 유권자에 대한 투표매수를 방지할 수 있으며, 선거운동의 과열을 막을 수 있을 뿐 아니라 선거구의 조작과 선거과정에 관권의 개입을 막을 수 있다.

③ 중선거구제

중선거구제란 지방자치단체의 관할구역을 몇 개의 선거구로 나누어 그 각 선거구에서 2인 이상의 대표자를 선출하는 제도를 말한다. 이러한 중선거구제는 편의상의 명칭에 지나지 않으며, 이론적으로는 대선거구제의 한 형태에 지나지 않는다. 중선거구제는 소선거구제와 대선거구제의 결점을 보완하여 후보자에 대한 평가가 비교적 명백하며, 선거자금이 적게 들며, 개표절차에 소요되는 시간과 노력이 경감된다는 장점을 가지고 있다. 그러나 한 선거구 한명의 대표제와는 달라서 동일정당후보간의 싸움이 발생될 가능성이 있으며, 정당중심의 선거가 되지 못하고 개인중심의 선거가 될 수 있는 단점을 지니고 있다. 우리나라는 지난 2005년 8월의 지방자치법개정과 공직선거법 개정을 통해 기초자치단체의 지방의회의원선거구를 1-2인을 선출하는 방식에서 2-4인을 선출하는 중선거구제로 변경하였다.

2) 선거기간

선거기간이란 후보자등록 신청개시일로부터 선거당일까지의 기간을 말한다(공직선거법 제33조 3항). 이러한 선거기간은 선거의 종류에 따라 각기 상이하다. 물론 같은 종류의 선거라 하더라도 나라마다 혹은 지역마다 동일하지 않다. 그리고 본선거와 재선거의 재선기간도 다른 것이 일반적이다. 뿐만 아니라 선거기간은 그 나라의 인구수 및 지역적 범위의 광협에 따라서도 달라질 수 있다.

3. 선거운동과 선거비용

1) 선거운동과 예비후보자제도

(1) 선거운동의 의의

선거운동이란 특정의 선거에 임하여 특정 후보자를 당선되게 하거나, 당선되지 못하게 하기 위한 행위를 뜻한다. 그러나 i) 선거에 관한 단순한 의견개진 및 의사표시, ii) 입후보와 선거운동을 위한 준비행위, iii) 정당의 후보자 추천에 관한 단순한 지지·반대의 의견개진 및 의사표시, iv) 통상적인 정당활동 등은 선거운동으로 보지 아니한다.

따라서 선거운동의 개념을 구성하는 요소로는 i) 특정의 선거에 당면하여 일정한 행위를 행하는 것. ii) 특정의 후보자를 위하여 행해지는 것. iii) 당선이나 낙선을 목적으로 행해지는 것. iv) 득표 혹은 실표하거나 득표 혹은 실표를 시키는 데 직·간접적으로 필요하고도 유효한 것 등이 포함된다. 즉 선거운동은 당선 혹은 낙선을 목적으로 하는 것이어야 하기 때문에 그러한 목적 없이 단순히 선거에 관하여 의견을 개진하거나 의사를 표시하는 행위와는 구별되어야 한다.

(2) 예비후보자제도와 선거운동

공직선거법은 2005년 8월의 개정을 통해 선거운동에 관한 예비후보자제도를 도입하였다. 그리하여 이 제도는 제8차 지방선거에서 처음으로 실시되었다. 우선 예비후보자가 되고자 하는 자[5]는 법에서 정하는 날[6]부터 관할선거구선거관리위원회에 피선거권에 관한 증명서류를 첨부하여 예비후보자등록을 서면으로 신청하도록 하고 있다.

예비후보자의 선거운동은 첫째 선거사무소를 설치하거나 그 선거사무소에 간판·현판 또는 현수막을 설치·게시하는 행위, 둘째 자신의 성명·사진·전화번호·학력·경력 기타 홍보에 필요한 사항을 게재한 명함을 직접 주면서 지지를 호소하는 행위, 셋째 전자우편을 이용하여 문자·음성·화상 또는 동영상 기타의 정보를 전송하는 행위, 넷째 선거구안에 있는 세대수의 10분의 1 이내에 해당하는 수(2만을 초과할 수 없다)의 인쇄물을 작성하여 우편발송하는 행위[7] 등이다.

(3) 선거운동방법

현행 선거법상 선거운동방법으로는 i) 문서·도서에 의한 선거운동, ii) 언론에 의한 선거운동, iii) 공개장소에서의 연설·대담, iv) 인터넷 등 정보통신망을 이용한 선거운동, vi) 기타 토론회등과 호별방문 등을 인정하고 있다.

(4) 선거운동의 제한

선거운동의 제한이란 선거운동의 기간과 주체, 방법 등에 대한 제한을 말하는 것으로 다음과 같은 제한들이 있다. 첫째, 선거운동기간에 관한 제한으로 기간은 각 선거에서 입후보를 마친 후부터 투표일 전일까지의 기간으로 되어 있다. 이 기간 외의 선거운동, 즉 사전선거운동은 일체 금지된다. 둘째, 주체에 관한 제한으로, 원칙적으로 누구든지 선거운동을 자유로이 할 수 있다. 그러나 특정한 자에 대하여는 제한이 가해지고 있다. 그것은 선거에 있어서 그 사람의 지위, 직무의 영향력 등을 고려하여 선거의 공정성을 확보해야 하기 때문이다. 셋째, 방법에 관한 제한으로 선거운동방법은 앞에서 검토한 바와 같은 5가지[8]로 제한한다.

2) 선거비용

(1) 선거운동의 공영제와 사영제

선거공영제란 국가 또는 지방자치단체가 그 비용을 부담해서 후보자의 선거운동을 수행하거나, 선거를 거행함에 있어서 편의를 제공하거나 후보자의 선거운동의 비용을 부담하는 제도이다. 일반적으로 공영제는 후보자간 기회균등의 보장과 선거과열방지 및 선거

---

5) 비례대표 국회의원선거 및 비례대표 지방의회의원선거를 제외한다
6) 그 날 후에 실시사유가 확정된 보궐선거 등에 있어서는 그 선거의 실시사유가 확정된 때.
7) 관할 선거관리위원회로부터 발송대상·매수 등을 확인받은 후 후보자등록기간 개시일 전일까지 1회에 한하여 중앙선거관리위원회규칙이 정하는 바에 따라
8) i) 문서·도서에 의한 선거운동과 ii) 언론에 의한 선거운동, iii) 공개장소에서의 연설·대담에 의한 선거운동, iv) 인터넷 등 정보통신망을 이용한 선거운동, v) 기타 토론회등과 호별방문의 방법에 의한 선거운동이다.

경비절감을 위하여 정도의 차이는 있으나 오늘날 대부분의 국가에서 채택하고 있다. 공직선거법 상의 선거공보나 선전벽보, 연설회장으로 공공시설의 무료사용, 합동연설회의 개최, 경력방송 등이 그 예이다.

한편 선거사영제란 선거운동에 관한 일체의 비용을 후보자 스스로가 부담하는 선거방식이다. 사영제에 의한 선거방식은 활발하고 자유스런 선거운동, 후보자에 대한 확실한 파악 등을 가능하게 하지만, 선거운동의 무질서와 과열선거와 타락선거를 유발할 수 있으며, 결과적으로는 선거운동경비를 과다하게 소모시킬 우려가 있다. 지방선거에 있어서는 무질서한 선거운동과 선거의 과열, 그리고 타락선거 등을 억제할 수 있는 제도적 장치가 중요하므로, 공영제를 원칙으로 하고, 사영제는 공영제의 보충수단으로 하는 것이 바람직하다.

(2) 선거운동비용

공직선거법에 규정된 선거운동방법은 다양하므로 그에 따라 경비도 다양하게 소요되는데 그 비용은 공영(公營)에 의해 부담되는 것을 제외하고는 후보자가 조달하여 부담하지 않으면 안 된다. 공직선거법은 후보자의 자금력에 의하여 선거결과가 좌우되지 않도록 하고 선거의 공정성을 도모하기 위해 선거운동에 관한 지출의 최고한도액(법정선거비용)을 정하고 있다. 선거운동비용은 원칙적으로 후보자 또는 정당이 선임하는 회계책임자에 의해 지출하지 않으면 안되고, 선거운동비용의 수입 · 지출을 국민 앞에 명확하게 밝히려는 뜻에서 회계책임자는 보고서를 관계 선거관리위원회에 제출하도록 하였으며, 선거관리위원회는 이를 공표하도록 하고 있다.

Ⅱ. 지방선거에 대한 정당참여

1. 의 의

지방선거에 정당참여를 인정할 것인가의 여부에 대해서는 학자에 따라서 견해가 다양하다. 정당참여를 인정하는 측에서는 지방자치도 민주정치의 하나로서 서로 다른 견해와 이익을 통합하는 정치기구인 정당이 참여하는 것은 당연하다는 것이다. 반면에 정당참여를 반대하는 측면에서는 지방자치란 지역주민들이 지역의 일을 스스로 결정하는 것이므로 중앙단위의 정치의사결정기구인 정당이 참여한다는 것은 지방자치의 본질에 맞지 않는다는 것이다. 문제는 정당참여 그 자체에 있는 것이 아니라 중앙정당이 지방선거에 관여한다는 데 있다. 반대론도 지역을 근거로 하는 지방정당의 참여까지 부정하는 것은 아니라는 점을 유의할 필요가 있다.

2. 지방선거에 대한 정당참여의 찬성론

1) 정당을 통한 여론형성 및 정책화에 기여

지방의 정책을 결정함에 있어서는 주민 각계각층의 의사를 골고루 수렴하여 조직화하고 이를 정책에 반영시키기 위한 중개적 기구가 필요한데, 이것이 바로 정당이라고 할 수 있다. 정당이 없다면 주민의 의사가 정책으로 결집되지 못하고 산발적인 불평만으로 끝나고 말 것이라는 것이다. 정당은 국민전체의 이익을 목적으로 하는데 비해 지방의원의 정당화는 그 지방의 이익을 위해 노력하게 되므로 지방주민의 여론이 국정에 반영되기 쉽다는 것이다.

2) 정당정치의 육성 · 발전

지방자치의 목적이 민주화에 있다면 정당정치의 발전이야말로 민주화에 없어서는 안 될 주요한 요소이다. 따라서 지방자치에 있어서 정당표방제를 금지한다는 것은 결과적으로 정당정치의 발전과 민주발전에 역행하는 일이 될 수 있다. 정당의 당내 민주화가 이루어지고 그에 따라서 정당에 의한 부정 · 부패가 없어지도록 할 수만 있다면 지방자치 실시에 정당의 참여는 결과적으로 정당의 육성발전은 물론 민주발전에도 초석이 된다고 할 수 있을 것이다.

3) 주민들의 의견수렴 용이

정당은 여론을 형성하고 조직화하여 다양한 견해와 이익을 통합할 뿐 아니라 정치사회에 표출하는 기능도 갖는데, 이러한 기능은 일반적으로 복수의 정당이 서로 다른 정책을 제시하여 이것을 국민들이 자유로 선출하는 형식으로 행해진다. 따라서 정당은 국민의 정치의사 형성에 참여하여 이를 촉진시키고 국민과 정부의 중개자로서의 교량역할을 한다. 때문에 지방자치에 있어서도 정당은 주민의 의사형성을 위한 여론수렴기능을 수행한다는 것이다.

4) 책임정치의 구현

지방자치단체의 자치가 민주발전에 도움이 되기 위해서는 무엇보다도 지방선거가 정당표시를 통한 책임정치를 구현하는 장치가 되어야 한다는 것이다. 개인이 정당에 속해 있으면 정당을 통한 상위구조의 통제가 가능하나 이것이 없는 경우에는 정치권력의 사조직화, 사병화를 막을 길이 없어진다.

5) 주민과 주민대표의 정치교육의 장

정당은 주민들에게 정책의 의의와 내용을 설명하여 주민들이 정치에 관심을 갖게 하는 동시에 나아가 정치적 활동에 능동적으로 참여하게 한다. 정당은 지역주민의 정치교육뿐 아니라 주민대표들에게 정당활동의 경험을 통하여 중앙의 정치무대에 진출할 수 있는 식견과 역량을 갖추게 하므로 지방선거에 정당참여를 허용함은 당연한 일이다.

6) 국정에 대한 지방이익의 대변 및 후보자선택의 용이

그 외도 지방선거에 정당이 참여해야 그 정당을 통해 중앙정부의 정책결정에 지방자치단체가 참여할 수 있다거나 정당이 참여해야만 지방선거에 있어서 선거인의 후보자선택 및 선거관리기관의 선거관행의 간편화 등을 기할 수 있다는 것이다.

3. 지방선거에 대한 정당참여의 반대론

1) 지방자치의 비정치성

지방자치는 본질상 정치적인 성격보다는 행정적인 성격이 강하다는 것을 강조한다. 지방자치가 행정적인 성격이 강하다는 것은 지방정부의 주요기능이 주민의 일상생활에 필요한 공공서비스의 공급에 있다는 것을 전제로 한다. 그러므로 주민생활과 관련된 비정치적인 문제를 다루는 지방자치에 정치집단으로서의 정당이 개입하면 지방자치를 정치적인 이해관계에 따라 왜곡하므로 바람직하지 않다는 것이다.

2) 중앙정당의 지방자치참여로 자치발전 저해

지방선거에 중앙정당참여를 인정할 경우, 지방적 사안이 아닌 전국적인 문제 또는 중앙당에 대한 평가에 의해 지방공직자를 선출하게 되므로 그 만큼 지방자치가 위협받게 된다. 대부분의 지방선거에서 각 당과 후보자들이 제시한 선거공약은 지방적인 것이라기보다는 전국적인 문제에 관한 것이었음은 이러한 우려를 사실로 입증해 준다. 나아가 이들은 중앙당과 지구당간의 수직적 지배구조를 통해 지방자치가 중앙정치의 영향을 여과없이 받게 되고 중앙의 정쟁이 지방의 정쟁으로 연장되어 자칫하면 지방자치가 질식될 수 있음을 강조한다.

3) 정당에 대한 국민적 불신팽배

정당의 책임성이 어느 정도 확보된 선진국과는 달리 정당의 책임성이 저조한 우리의 경우 정당참여는 득보다 실이 많으므로 가급적 그 활동범위를 제한하여야 한다고 주장한다. 설령 불가피하게 정당참여의 필요성이 인정된다 하더라도 여건이 성숙할 때까지는 연기될 필요가 있다는 것이다. 이와 함께 일부에서는 정당에 대한 국민의 불신을 이유로 들어 정당참여배제를 주장하기도 한다. 불신받는 정당에게 지방선거참여를 인정한다는 것은 지나친 배려일 뿐 아니라 불신받는 정당에 의한 주민지배는 모순이라는 것이다.

4) 지방의회와 지방자치단체장과의 마찰 우려

자치단체의 장과 지방의회의 의장이 다른 정당 소속일 경우 특히 잦은 마찰이 예상된다. 우리나라의 경우에도 1952년부터 1956년까지 지방자치단체의 장에 대한 불신임제도와 지방자치단체장의 의회해산권이 서로 부여되어 있을 때 사직한 읍·면장이 1,161명에 이르렀다는 것은 이에 대한 부작용이 어떠한가를 말해 주는 것이라 할 수 있다(임경호, 1991: 316).

5) 정당의 지방패권주의(覇權主義) 심화우려

우리나라의 정당은 지역연고적 성향이 크므로 지방선거에의 정당참여를 인정하는 경우에는 지역분할구도를 고착시키게 되어 고질적인 지역감정이 더욱 심화될 수 있고, 국정의 통합성이 저하됨에 따라 국가경쟁력까지 저해될 수 있음을 우려한다. 즉 정당에 의한 지역분할구도는 지역발전을 위해 분출해야 할 주민의 활력을 오히려 지역간 대립에 낭비하도록 만들며, 지방의 발전 뿐 아니라 국가발전에 도움이 되어야 할 지방자치를 왜곡시키게 될 것이므로 지방자치에서의 정당개입은 막아야 한다는 것이다.

6) 후보자공천과정의 금품수수 우려와 부정부패

지방자치의 본질은 주민들이 대표자를 뽑아 지역문제를 스스로 결정하여 나가는 것인만큼 지방의원들은 누구보다도 그 지역의 사정을 잘 알고 있을 뿐만 아니라 주민들의 존경을 받는 인물이 공천을 받아야 하는 것이 원칙이다. 그러나 정당이 지방선거에 관여하게 되면 특히 현재와 같이 정당공천제 하에서는 정당의 공천과정을 둘러싸고 부정부패가 가열될 수 있다는 것이다. 실제 국회의원들의 공천잡음이 끊이지 않는것도 모두 지방선거 후보자들에 대한 중앙정당의 공천제도 때문이다.

4. 찬성론과 반대론에 대한 의견

지방선거에 대한 정당참여에 관한 논쟁은 정치적 이상론자들과 현실론자들 간의 견해 차이에서 기인한다. 정치적 이상론자들은 한국정당의 실태를 감안하지 않고, 한국정당의 뿌리도 외면하려 한다. 그리고 찬성론자들은 왜 오늘날 대부분의 한국국민들이 지방선거에 정당참여를 배제해야 한다고 주장하는지를 애써 외면하고 있다. 특히 찬성론자들의 논거에 의하면 정당발전을 위하여 혹은 정치지도자를 육성하기 위하여 정당이 지방선거에 참여해야 한다고 하지만, 이러한 주장은 주객이 전도된 주장이다. 정당이 정치발전을 선도하고 정당을 통해서 지도자가 육성되어야 하지 왜 정당을 위해 지역주민들이 고통을 감내해야 하는지 주객을 전도시키고 있다. 사실 정당이 서유럽과 같이 전통적으로 국민사회에 뿌리박고 있다거나, 엘리트 국민들이 다수 정당원으로 활동하고 있으며, 정당이 참여하면 부정부패가 없어지고, 유능한 지도자가 선출된다면 누가 정당참여를 배제시키자고 하겠는가?

그러나 뿌리도 없는 정당이 만들어지고, 지방적 기초 하나 없는 중앙정당이 공천댓가로 금품을 수수하면서 온갖 부정부패를 야기시키고, 조용하던 지역사회를 선거전을 통해 갈등과 반목을 야기하며, 후보자대회나 당선자대회를 통해 지역사회와 지방정부를 중앙정당의 음모장이나 하수인으로 전락시키고 있다면 왜 그러한 정당을 지방선거에 참여시켜야만 하는가? 그럼에도 불구하고 국가가 발전함에 따라 중앙과 지방간의 관계는 점차 긴밀화되어야 한다. 그리고 지방자치단체의 성격상 광역자치단체의 경우 정치적 기능을 무시할 수 없다. 따라서 광역자치단체의 경우 정당참여를 전적으로 배제할 수는 없을 것이다. 그러므로 적어도 기초자치단체에 대해서만은 반드시 중앙정당의 관여를 배제시켜야 할 것이다.

5. 외국의 사례

영국, 프랑스, 스페인, 이탈리아, 네델란드, 스웨덴, 덴마크 등과 같이 대체로 유럽 제국에서는 정당이 지방선거에 깊이 관여하고 정당중심의 선거가 실시된다. 그러나 미국에서는 지방자치단체의 약 3/4이 정당의 선거관여를 배제하고 있다. 캐나다에서는 지방선거에 그 지역의 지방정당만이 참여할 수 있으며, 일본은 지방선거에 정당참여가 제도적으로 인정되어 있지만, 시·정·촌 등의 기초의회의원선거에서는 정당공천자들이 거의 진출하지 못하고 있는 실정이다. 즉 일부 정당소속 의원들이 없진 않지만 대다수의 기초의회의원들은 무소속으로 진출하고 있다.

요컨대 지방선거제도는 각국의 정치행정문화의 산물로서 나라에 따라 다르다. 따라서 지방선거에의 정당관여에 대해서는 찬반논의 중 어느 한편이 옳거나 틀리는 정답이 있는 것이 아니다. 단지 정당이 중앙정당이냐 아니면 지방정당이냐 하는 것과 정당이 국민적 지지와 신뢰를 받고 엘리트들이 모여 정상기능을 수행하는 정당이냐 아니면 국민적 신뢰와는 무관한 개별적 특수적 정파적 이익만을 추구하는 도당이냐에 따라 정당관여 여부가 좌우될 것이다. 우리나라와 같이 정당역사가 일천하고, 다수 엘리트들의 정당가입이 통제되고 있으며, 정당발전이 저급한 나라에서는 당분간 지방선거 특히 기초자치단체의 선거에는 중앙정당의 관여를 배제시킬 필요가 크다. 특히 미래의 정당은 점차 사이버정당화할 가능성이 크다. 따라서 이러한 변화추세에 맞춰 정당이 우리사회와 우리국민의 수준에 맞게 발전했을 때 정당관여는 저절로 이루어 질 것이다.

제 3 절 한국 지방선거제도의 문제점

Ⅰ. 공직선거법상 지방선거제도의 중요 문제점

현대는 변화와 경쟁의 바람이 온 지구촌을 뒤덮고 있는 글로벌 시대이다. 이미 세계의 지방은 세방화와 지세화 등 변화의 물결에 휩싸인 지 오래다. 따라서 중앙정부나 지방정부 공히 지방에 대한 의식과 지방을 통치하는 패러다임을 대대적으로 전환하거나 바꾸고 있다. 지방선거는 지방자치발전의 초석이다. 지방선거에 의하여 훌륭한 인재가 선출될 수 있도록 선거제도와 지방정치풍토를 바로 세워 나가야 한다. 유능한 인재들이 다수 선출되어 지방의회가 지방자치의 중책을 훌륭하게 수행해 나갈 수 있도록 공직선거법을 중심으로 하는 지방선거제도가 시급히 보완되고 정비되어야 한다.

그러나 우리나라 지방선거의 실태는 이와 너무 동떨어져 있다. 각종 정치제도의 개편을 요구하는 국민들의 여론이 비등할 때마다 국회는 정치발전특위를 가동했지만 이 특위는 매번 국민의사를 배신하고 법률개정이 아니라 법률개악만 시켜왔다. 언론과 국민들의 국회에 대한 통제기능이 그만큼 떨어지기 때문이다. 아래에서는 다시한번 우리나라 지방선거제도와 그 운영상의 불합리와 비민주적 문제점들을 몇 가지만 요약하여 지적하고자 한다.

1. 중앙정당의 지방선거 개입 문제

지방선거는 일정한 지역에 한정된 주민들이 그들의 공동체생활에 자율과 자치를 증진시키기 위해 그 대표자들을 선출하는 것이다. 때문에 사실 지방자치를 위한 선거인 지방선거는 엄격히 말해 중앙정치의 갈등으로부터는 자유로워야 한다. 그럼에도 불구하고 우리나라의 정당들은 지방선거를 중앙정치의 중간평가로 몰아감으로써 지방선거를 왜곡시키고, 중앙정치무대의 권력쟁탈을 위한 전략전술을 지방으로 전파시킴으로써 지방선거를 오염시켜왔다. 그리하여 지금까지 대부분의 지방선거는 중앙정치인들이 선거판을 좌우하고 그들의 권력투쟁의 무대로 변질시켜놓았다. 이렇게 잘못을 저질러 놓고도 아무런 죄책감도 갖지 못하고 책임도 지지 않는 사람들이 오늘의 우리나라 정당과 정당인들이다. 이러한 문제의 근본 원인은 정당공천제도에 있다. 그럼에도 불구하고 정당들은 지방선거에 정당이 후보자를 공천하는 이유가 정당이 정치적 책임을 지기 때문이라고 한다. 한국의 정당들은 그동안 국민들로부터 각종의 특권을 받아 많은 혜택을 누렸지만, 단 한 번도 국민에게 책임을 졌던 사실은 없었다. 더욱 안타까운 것은 이렇게 매번 지방선거를 국회의원 등 정당인들이 독점하여 자신들의 이권을 위해 악용해 왔지만 이러한 행태를 비판하고 책임을 묻는 언론이나 시민단체들도 보지 못했다. 모두가 국익이나 공익은 안중에 없고, 자기의 이익만을 좇아다니면서 입만 벌리면 국민 운운한다. 이제는 더 이상 지방선거를 중앙정치의 정권투쟁수단으로 악용하지 말아야 한다.

2. 선거 입후보자에 대한 정당공천 문제

지방의원후보자들에 대한 정당공천제도에 대해서는 찬성과 반대의견이 동시에 주장되고 있다. 그러나 공천찬반의 문제는 어느 주장이 옳고 어느 주장은 그르다 문제는 아니다. 각각이 갖는 장단점이 있기 때문이다. 그럼에도 불구하고 지금 우리나라의 지방현실에서는 정당공천제의 폐해가 너무 심하므로 당분간만이라고 중단시키자는 주장인 것이다. 그리고 국민여론도 67~70%가 공천폐지를 찬성하고 있고, 지난 대선에서는 여야후보 모두가 기초지방선거의 정당공천제를 폐지하기로 국민들에게 공약했다.

기초지방선거 정당공천의 폐해는 이미 공공연히 드러난 사실이다. 정당공천제가 지역현안과 관련 없는 사항에 대한 소모적 정쟁을 유발하는 것은 물론, 후보를 공천하는 과정에서도 지방정치를 중앙정치에 예속시키고 공천자금과 관련된 잡음을 끊임없이 일으켰다. 무엇보다 소속 정당의 공천을 받기 위해 현역 단체장과 의원, 후보들이 주민자치와 지방자치를 뒷전으로 여겨왔다는 것이다.

야 할 선거구의 범위가 너무 넓고, 한 명의 의원이 대표하는 지역범위가 지나치게 넓다. 그리하여 기초의원후보자로서는 감당하기 어려운 선거비용과 과도하게 넓은 선거구의 문제가 발생하였고, 그렇게 하여 한 선거구에서 한꺼번에 선출된 많은 의원들은 지역구 문제의 책임을 서로 미루게 되어 오히려 지역대표성을 상실할 우려가 있다. 특히 한 선거구에서 4명의 의원을 선출할 경우, 지나치게 많은 후보자들이 난립하여 유권자들이 유능한 후보자를 선택할 수 없을 정도로 혼란스럽기 때문이다.

더구나 한 선거구에서 4명까지 선출할 경우, 자칫 지방의원으로서 지나치게 자격이 부족하거나 왜곡된 성향의 무능한 인사가 당선될 위험이 있어 의회주의의 발전을 위협할 수도 있다. 따라서 기초의원 선거구를 중선거구제라는 단일 제도만을 고집할 것이 아니라, 소선거구와 중선거구제를 병행하거나 중선거구제라고 하더라도 2인 이하의 선거구제로 하는 방식 등 다양한 방식을 검토해 볼 필요가 있다. 비록 지방선거를 실시한 초기에는 소선거구제도에 문제가 있어 중선거구제로 바꾸었다고 하더라도 그 동안 지역사회의 환경과 주민의식이 성숙해진 만큼 변화된 환경에 맞게 지속적으로 개정할 필요가 있다. 20명 이상의 많은 의원들을 선출하는 광역의원선거구는 소선거구제로 하고, 대부분 10여명 전후의 기초의원을 선출하는 기초의원선거구는 중선거구제도를 도입하고 있는 현재의 제도는 다분히 정당과 국회의원들의 이해관계를 반영한 잘못된 제도이다. 따라서 한국의 지방선거구제도는 전면적으로 재조정할 필요가 있다.

4. 지방의원정수의 엄격한 통제와 최소의원정수 문제

지방의원의 정수는 주민들이 지방의원들을 통해 자신들의 이익을 충분히 대표할만한 정도의 수가 되어야 한다. 그러나 우리나라의 현행 지방자치제도는 광역의회의 의원정수는 물론 기초의회의 의원정수까지 법령에 의해 통제하고 있다(공직선거법 제23조와 별표 3). 지방의원의 정수를 주민이 정하는 것이 아니라 행정자치부의 공무원들이 정하고 이를 국회가 법제화 한 것이다. 지방의원의 정수를 중앙정부가 일일이 통제함으로써 지방자치단체의 자율권을 완전히 봉쇄하고 있는 것은 지방자치정신에 반한다. 중앙정부가 지역마다 사정이 다른 지방자치단체의 의원들을 몇 명으로 하라는 식의 통제는 지방자치를 침해하는 행위이다. 기초자치단체와 광역자치단체를 막론하고 중앙정부는 지방의원의 정수를 상한선과 하한선만을 규정하고, 각 지방자치단체는 의원정수를 중앙정부가 제시한 범위 내에서 그 지방자치단체의 조례로 규정토록 해야 한다.

예컨대 현재 우리나라는 동일한 광역자치단체지만 울산광역시, 대전광역시, 광주광역시는 지역구 19명 비례대표 3명으로 지방의원정수를 22명으로 통제하고 있다. 그러나 경기도는 124명(지역112, 비례 12) 서울시는 106명(지역 96, 비례10)이며 광역의회 평균 의원정수는 47.5명이다. 그리고 군 지역의 경우 많은 지방의회가 의원 정수 7명으로 통제받고 있어 지방의회운영 그 자체가 곤란한 실정이다. 우리나라는 세계에서 가장 적은 수의 지방자치단체를 가지고 있고, 군지역의 경우 자치구역에 비해 가장 적은 지방의원수를 가지고 있다. 지금의 지방의원정수를 어떤 기준으로 누가 정했는지 정부의 관련부처는 국민들에게 밝힐 필요가 있다. 그리고 차제에 전 국민들이 긍정할만한 새로운 기준을 제시하고 그 기준에 따라 다시 지방의원정수를 책정하도록 해야 한다.

그 외도 의원정수의 책정을 수정해야 할 보다 근본적인 이유는 우선 하나의 지방의회는 스스로 제 역할을 수행할 수 있을 정도의 의원들이 있어야 한다는 것이다. 뿐만 아니라 자치단체 간에 지나친 차이가 나는 것은 조정해야 한다. 우리나라 광역의회의 경우 최소의원정수(22명)와 최대의원정수(124명)의 차이가 무려 102명이나 된다. 기초의회의 경우 최소(7명)와 최대(55명) 간에 48명이나 차이가 난다. 22명으로 백만이 넘는 광역시의 역동적인 업무를 수행해야 하는 울산, 대전, 광주시의원들과 7명으로 광범한 지역사회를 관리하고 발전시켜야 하는 많은 군의원들을 고려하면 중앙정부의 통제정도가 지나치게 그 도를 넘었으며, 너무나 현실을 무시한 탁상행정의 결과로 밖에 볼 수 없다.

현재와 같이 중앙정부가 지방의원정수를 모두 통제하는 시대착오적인 행태는 시급히 개선해야 한다. 그리고 상한선과 하한선을 규정할 경우에도 인구기준에 의해 기계적으로 의원정수를 책정하는 방식은 지양해야 한다. 지방자치를 실시하면서 지방자치단체의 발전과 기능수행을 위한 업무와 역할은 외면하고 인구수만을 기준으로 의원정수를 책정하거나 무조건 그 수를 줄이려는 통제지향적 태도는 시대변화를 외면하는 무지의 발로거나 아니면 지방을 무시하는 오만과 독선에 지나지 않는다.

5. 단독후보자들에 대한 무투표 당선제도의 문제

현행법은 단독후보자에 대해서는 찬반투표 없이 무투표로 당선시키고 있어 그 부작용이 심각하다. 무투표당선제도는 주민들이 선출하지도 않는 사람을 지방의원으로 당선시키는 잘못된 제도이다. 따라서 무투표당선자들은 지역주민들이 선출한 주민대표가 아니라 국회의원들이 법을 통해 당선시킨 사람들이다. 특히 무투표당선은 기초의회의원선거에서 두드러지게 나타나고 있어 더욱 문제를 심각하게 만들고 있다. 따라서 이러한 폐단을 시정하고 유능한 지방의원들을 선출하기 위해서는 무투표당선제도를 찬반투표제도로 바꾸어야 한다.

즉 공직선거법 제190조 제2항은 "후보자등록마감시각에 후보자가 당해 선거구에서 선거할 의원정수를 넘지 아니하거나 후보자등록마감 후 선거일 투표개시 시각까지 후보자가 사퇴·사망하거나 등록이 무효로 되어 후보자수가 당해 선거구에서 선거할 의원정수를 넘지 아니하게 된 때에는 투표를 실시하지 아니하고, 선거일에 그 후보자를 당선인으로 결정한다"고 규정하고 있다. 엄격히 말해 무투표당선제도는 유권자가 선출하지 않은 사람을 법률이 강제로 대표로 선출하는 잘못된 제도이다. 이 때문에 하나의 시 · 군에서 1명의 도의원을 선거하는 지역에서는 자기지역의 도의원이 누구인지도 모르는 경우가 생길 수도 있다. 유권자가 선출하지 않은 자를 법률이 대표로 선출한 것으로 인정해주는 현행제도는 분명히 유권자의 권리를 침해하고 있다. 물론 무투표로 당선된 본인도 주민으로부터 정당성을 확보하지 못한, 주민대표성이 없는 대표로 전락하게 된다. 따라서 국회의원(동법 제188조 제2항)이든, 자치단체장(동법 제191조 제3항)이든, 지방의원(동법 제190조 제2항)이든 주민의 대표는 후보자가 1명이라고 하더라도 그 한 명에 대해서 주민들의 찬반투표를 거치도록 해야 한다. 그런 의미에서 현행 공직선거법은 유권자를 위한 민주적 법률이 아니라 후보자를 위한 비민주적 법률로 특징지을 수 있다.

6. 동시선거의 혼란과 자치단체장 중심의 선거

우리나라의 지방선거는 주민들이 4년에 한번씩 자신들의 대표들을 선출하는 축제와 같은 선거가 되지 못하고 있다. 지난 지방선거에서는 광역과 기초자치단체의 단체장과 의원의 4가지 선거는 필수며, 거기에다 광역과 기초의 지방의원 비례대표선거 2가지, 교육감 및 교육의원선거를 합쳐 8가지 종류의 선거를 한꺼번에 실시하였다. 그리하여 우리나라의 지방선거는 축제라기보다는 마치 전쟁을 치루는 것 같은 모습을 보였다.

우선 너무 많은 선거를 동시에 진행함으로써 후보자가 난립하여 어느 후보가 어느 선거에 출마한 것인지를 파악하기 어렵고, 후보자의 능력과 장점 등 특성을 파악하기가 매우 어려워 주민대표를 선출하는 선거의 본질을 해치기 때문이다. 뿐만 아니라 우리 국민들은 자신들 가까이 있는 기초자치단체보다는 멀리 떨어져 있는 광역자치단체나 중앙정부에 더 많은 관심을 가지며, 지방의원후보자보다는 자치단체장 후보자에게 더 큰 관심을 가진다. 설상가상 자기가 속하고 있는 지방자치단체와는 무관한 서울특별시장후보에 관심을 가지거나 수도권 지방선거에 관심을 가지는 사람들도 적지 않았다. 설령 자기지역에 대해 관심을 가진다고 해도 자치단체장 후보들에게만 관심을 가질 뿐 지방의원 보자들에 대해서는 거의 관심을 가지지 않는 경향이 강하다. 특히 신문과 방송 등 언론도 앞다투어 자치단체장 후보들만 집중적으로 조명함으로써 지방의원후보자들은 거의 언론의 관심을 받지 못했다. 그리하여 지방자치의 핵심기관인 지방의회의 구성원들은 상대적으로 검증되지 않은 자들이 다수 진출하였고, 그 결과 지방의회가 주민들로부터 지지받지 못하게 되는 이유가 되었다.

따라서 앞으로 지방선거는 '기초자치의 우선'과 '의회중심의 지방자치'라는 지방자치

본래의 가치와 정신이 훼손되지 않도록 정비될 필요가 있다. 때문에 기초자치단체와 광역자치단체의 선거를 분리해서 실시하거나, 아니면 지방의원선거와 자치단체장선거를 분리하여 따로 실시할 필요가 있다. 지방의원들은 자치단체장에 비해 권한도 취약한 데다 선거마저 동시에 실시함으로써 주민들의 관심과 충분한 검토가 부족했던 것이 사실이다. 과거 우리나라의 지방선거(제1회~제4회 지방선거)는 4가지 지방선거를 각각 다른 날에 실시했던 경험을 가지고 있다.

7. 지방의원에 대한 후원회 제한과 과도한 기부행위 제한

정치자금법(제6조)과 공직선거법상 지방의원에게는 후원회를 허용하지 않는다. 더구나 공직선거법 제112조, 제113조, 제114조에서는 과도하게 기부행위를 제한하여 사회통념상 인간관계의 기본적인 예의표시까지 통제하고 있다.

첫째, 정치자금법 제5조에 의해 지역구 국회의원과 자치단체장에게는 인정되는 후원회 제도를 지방의원에게만은 인정하지 않고 있다. 이처럼 제도상으로 지방의원에 대해 정치적 차별과 홀대를 한다는 것은 잘못된 제도이다. 기초나 광역의원을 불문하고 유권자의 수가 적어도 3만에서 10만에 이르는 지방의원들에게 후원회를 인정하지 않는다는 것은 반드시 재고되어야 한다. 지방선거에 출마하는 후보자들도 다른 공직선거출마자들과 같이 선거비용이 필요하며 때문에 후원회 지정권을 광역의원이나 기초의원 등 모든 정치인(정치지망생)들에게까지 확대할 필요가 있다.

둘째, 현실과 괴리되어 운영되고 있는 정치자금법 및 기부행위를 과도하게 제한하고 있는 공직선거법의 112조~115조 그리고 제120조에 규정된 선거비용 산정방식을 개선하여 후보자들로 하여금 자유로운 선거운동을 할 수 있도록 하여야 할 것이다. 선거법에서 규정하고 있는 법정선거비용을 준수하는 것이 현실적으로 어렵다면 이를 일정 수준 현실화시켜주어 유권자가 느끼는 체감선거비용과 후보자가 보고하는 선거비용간의 격차를 해소시켜주어야 한다.

Ⅱ. 한국지방선거제도의 합리적 개편방안

1. 중앙정당의 지방선거개입 방지

지난 수 차례의 선거경험을 통해서 알 수 있었던 것처럼 지방선거에 정당이 참여하면 이득보다는 손실이 많았다는 점이다. 지방선거에 정당이 참여한다는 것은 지방자치의 본질상 바람직한 것일 수도 있다. 그러나 이 때의 정당이란 지방정당을 전제로 하고 있고, 따라서 후보자의 추천이나 공천도 모두 지방정당에서 스스로 결정하고 권한을 행사할 것을 전제로 한다. 그러나 현실과 같이 지방정당이 존재하지 않고, 중앙정당의 모든 결정이 지방정당에 강요되고 있으며, 정당이 지방선거에 개입함으로써 후보자의 공천을 둘러싸고 수십 수억원의 막후 금전거래가 이루어지는 상황하에서는 아무리 정당참여의 대의명분이 있다고 하더라도 그것만으로는 그 폐해를 정당화할 수는 없을 것이다. 특히 지난번 광역의회의원선거에서 공천을 받아 당선된 많은 광역의회의원들까지도 정당공천제도는 지양되어야 한다고 강조함으로써 정당공천을 둘러싸고 야기되는 부정과 부패현상이 어떠한지는 짐작할만하다. 지방자치란 중앙의 정치행정으로부터 지방이 상대적으로 독립하여 지방의 특성을 발전시키는 제도이다. 중앙정당이 지방선거에 개입하는 것은 중앙정당이 지방자치를 거부하는 것과 다름없는 것이다.

2. 입후보 자격요건제한 완화와 거주기간 강화

지방의회의원을 유급직으로 할 때와 무보수·명예직으로 할 때의 입후보자격에는 차이가 있어야 한다. 일반적으로 무보수·명예직으로 할 때는 자격제한을 완화하는 편이며, 상근·유급직으로 할 경우 자격제한을 까다롭게 하고 있다. 그러나 우리나라의 지방의회의원선거법은 무보수·명예직제도를 취하면서도 입후보자격을 지나치게 통제하고 있다. 따라서 지방의회의원선거법 제35조의 공직자의 범위를 축소 조정할 필요가 있으며, 입후보하고자 하는 자가 공직에서 해임되는 기간도 현재 지방의원의 임기만료일 90일전으로 하기보다는 이를 60일 정도로 더욱 축소·조정할 필요가 있다.

그리고 후보자의 거주기간 제한규정은 이를 오히려 강화시킬 필요가 있다. 일정지역에서 일정한 기간의 거주를 요구하는 제도의 근본취지를 헤아리지 않고, 맹목적으로 3개월 이상 거주한 자로 하고 있다. 물론 광역의회의원이나 단체장 입후보자의 자격요건도 동일하고 일본의 경우도 동일하다. 그러나 기초의회의원의 경우, 당해 지역의 사정에 대해 누구보다도 잘 알고 있어야 하며 지역발전을 위해서나 주민복지를 위해서 무엇을 어떻게 개선하고 개발해야 한다는 점을 사전에 충분히 알고 있어야 한다. 그리고 평소 그러한 문제점들을 피부로 체험해온 지역토박이 일수록 바람직하다. 따라서 거주기간을 현재의 90일에서 최소한 1~2년 이상의 기간으로 하는 것이 바람직할 것이다. 현실적으로도 기초의회의원에 입후보하는 사람들이 그 지역에 이사와서 1년도 못된 사람들이 입후보자로 출마하는 경우란 거의 없다.

1991년 지방자치제도를 부활시키고 처음으로 실시했던 지방선거에서는 기초의원후보자들에게는 정당공천제도를 도입하지 않았다. 그러나 그 후 기초단체장에 대한 정당공천제도에 문제가 많다는 여론과 함께 많은 기초단체장들이 '기초단체장 정당공천제 폐지'를 요구하는 집단적 서명까지 했다. 이에 대응하여 17대 국회에서는 정치발전을 위한 제도개선을 위해 국회에 정치발전특위(2004년, 위원장 이강래)를 만들어 이 문제를 논의했다. 그러나 결과는 기초자치단체장 후보에 대한 정당공천제도의 폐지가 아니라 기초의원후보자들까지 공천제로 한다고 제도를 개악시켰다. 혹을 떼려다가 오히려 혹을 붙인 격이었다. 그 이후 2006년의 지방선거와 2010년의 두 차례 지방선거에서 정당공천제도의 다양한 부작용이 적나라하게 나타나 마침내 지난 대선에서는 여야후보가 기초자치단체선거에 한해 정당공천제를 폐지하겠다고 공약했다. 이에 민주당은 전체당원들에게 여론조사를 실시하여 정당공천폐지를 당론으로 확정하였고, 이를 여당에 촉구해오고 있다. 그러나 집권여당인 세누리당의 경우 국민에 대한 대선공약을 짓밟고 공천제를 유지하겠다고 하였다. 약속위반이 개인 간에 있었던 일이라고 하더라고 이 정도의 배신행위는 지탄받아 마땅하고 관계를 더 이상 지속할 수 없을 것이다. 하물며 집권여당으로서 이러한 행동을 보이는 것은 민주국가의 공당으로서는 이해되지 않는 행동이다. 정당이 비대해지고 국회의원들이 거만해지면 국민들의 목소리가 들리지 않는 법이다. 현실을 무시한 법을 만드는 국회의원들과 이론과 실제를 구분하지 못하는 일부법조인들의 논리가 수많은 국민들의 가슴에 상처를 주고 있다는 사실을 집권여당은 알아야 한다. 광역선거는 제외하고 기초선거만이라도 정당공천을 배제해야 한다는 국민들의 목소리를 굳이 왜면하고 있는 정당은 언젠가는 반드시 그 대가를 치를 날이 온다는 사실을 알아야 할 것이며, 기초선거 정당공천 폐지는 정치혁신의 첫 걸음일 것이다.

3. 기초의회 의원선거구제도의 문제

지금의 기초의원 중선거구제도는 1991년 지방자치제도를 부활하여 실시할 당시 소선거구제도가 가지고 있었던 문제점을 개선하기 위하여 개정한 제도이다. 그러나 중선거구제도의 진정한 의미와 가치를 흐리고 있어 다시 개정이 요구된다. 현행 기초의원선거구제도는 공직선거법 제26조 제2항에서 "자치구·시·군의원지역구는 …… 등의 조건을 고려하여 획정하되, 하나의 자치구·시·군의원지역구에서 선출할 지역구자치구·시·군의원 정수는 2인 이상 4인 이하로 하며 ……"라고 규정하고 있다. 이처럼 기초의회의원선거구를 중선거구로 하여 한 선거구에서 4명까지 선출할 수 있도록 하였다.

그러나 이렇게 도입된 중선거구제도이지만 현 시점에서는 다시 보완해야 할 문제점들이 나타나고 있다. 기초의원의 경우, 중선거구제하에서는 한명의 후보자가 선거운동을 해

3. 기탁금제도의 개선

입후보자의 난립을 막고 후보자들이 유권자로부터의 득표율을 높이게 할 수 있는 방법으로 기탁금제도를 채택하고 있지만 그 기탁금제도를 잘못 이용함으로써 문제점을 만들고 있다. 즉 기탁금의 액수를 지나게 거액의 규모로 책정함으로써 재력이 부족한 유능한 인재를 입후보할 수 없도록 하고, 재력을 가진 기업가의 의회진출을 용이하게 한다는 문제점이 지적되고 있다. 뿐만 아니라 그 기탁금으로 선거의 공영비용에 충당함으로써 국가가 부담하여야 할 선거비용을 개인인 후보자에게 전가시킨다는 문제점도 있다. 특히 생의 마지막 봉사기회로 생각하고 지역사회를 위해 일해보겠다는 생각을 가지고 있는 많은 지방의 원로들에게는 수백만원씩의 기탁금을 내야 한다는 것 자체가 불쾌하여 입후보 자체를 포기해 버리는 경우가 있다. 따라서 앞으로는 어떤 제도의 부작용이 두렵다고 하여 제도 그 자체의 본질을 해칠 수 있는 조건이나 장치를 만들어서는 안될 것이다. 선거과정의 혼란이 미워 선거 그 자체를 부정한다면 그것은 바로 민주주의를 포기하겠다는 것과 같기 때문이다.

4. 무투표당선제도 폐지와 단독후보에 대한 찬반투표제도 도입

무투표당선제도는 엄격한 의미에서 선거제도와는 상반되는 제도이며 선거 그 자체를 거부하는 제도이다. 무투표당선제도는 주민의 권리행사를 사전에 봉쇄하는 제도이며, 민주주의에 반하는 제도라고 할 수 있다. 따라서 앞으로 무투표당선제도는 폐지되어야 하며 단독후보자에 대해서는 찬반투표를 실시하는 제도를 도입하여야 할 것이다.

사실 공명선거란 훌륭한 후보자들이 다수 입후보하였을 경우를 전제로 이루어질 가치가 있는 현상이다. 그러나 훌륭한 입후보자의 진출을 막고 있는 제약요인들이 많아 입후보한 사람들이 바람직하지 못하다면 그러한 후보자들을 대상으로 아무리 공명한 선거를 해보아도 결국 뽑히는 사람은 바람직하지 못한 인물이 되고 말 것이다. 따라서 앞으로는 지역사회의 훌륭한 인사들이 다수 입후보할 수 있는 제도와 분위기를 조성해야 하고, 단일후보자에 대해서는 주민들의 찬성과 반대를 물어 지방의회에 내보내는 찬반투표제도를 도입해야 할 것이다. 지난 3차례의 선거직후에 신문지상을 오르내렸던 지방의회의원들의 전과경력 등의 추문은 바로 이러한 무투표당선제도가 가지고온 결과인 것이다.

5. 중대선거구제도로의 제도개편과 직능대표제도의 도입

지방선거제도에 관한 과거의 경험을 통해 제기된 문제점들 중 상당 부분은 소선거구제의 문제점을 지적한 것들이었다. 소선거구제도는 지역단위의 관권과 집권여당의 입김이 강하게 작용함으로써 정부정책에 동조하는 친정부적 성향을 가진 사람들만 지방의회로 진출시키게 되어 주민들의 다양한 목소리를 반영하지 못한다는 중요한 단점을 제기하고 있었다. 이러한 소선거구제도의 문제점에도 불구하고 여당과 야당의 정치인들은 그들의 이해관계에 따라 소선거구 제도를 채택하였고 그 결과 과거부터 제기된 문제점은 물론 새로운 문제점들까지 제기하게 되었다. 따라서 앞으로는 기초의회의 경우 현재의 광역의회의원선거구를 하나의 선거구로 하는 중선거구 제도를 채택하는 것이 바람직하며, 따라서 한 선거구에서 3명 내지 7명 정도를 선출하도록 하는 방안을 도입할 필요가 있다. 그리고 광역의회의 경우 현재의 국회의원선거구를 그대로 활용하여 한 선거구에서 3~5명을 선출하도록 하는 방안이 바람직할 것이다.[9]

또한 중선거구 제도를 채택함과 아울러 지역사회 내의 직능단체대표들을 지방의회에 진출시킬 수 있는 직능대표제도의 도입을 적극 검토해야 할 것이다. 물론 직능단체대표들은 광역의회차원에 해당될 수 있는 문제일 것이다. 이와 함께 이번 선거에서부터 도입하게 되는 광역의회의 여성비례대표의 의회진출문제 뿐 아니라 다른 제도적 장치에 관해서도 이를 보다 적극적으로 검토해 보아야 할 것이다. 특히 기초의회의 경우 여성의원의 진출이 더욱 절실히 요구되고 있다.

6. 자치단체장 선거와 지방의원선거의 합리적 분리실시

4대 지방선거를 동시에 같은 날 실시하는 현행제도는 반드시 개선되어야 한다. 즉 4가지 종류의 선거에 출마한 수많은 후보자들이 동시에 선거운동을 벌임으로써 선거운동방법이나 과정이 매우 혼란스러우며, 누가 어느 선거에 입후보했는지를 정확하게 파악할 수 없었다는 문제점이 제기되었다. 이러한 문제점은 사실 어떠한 문제점보다도 심각한 문제이며, 유권자인 주민들이 자신들의 대표를 선출하는 방법상의 자유를 침해하는 것이다. 따라서 자치단체장 선거와 지방의원선거는 반드시 분리되어 실시되어야 할 것이다.

---

9) 물론 이러한 제도에 대해서는 지역구 국회의원들이 적극적으로 반발하고 나올 수 있다. 그 이유는 자신들의 선거구에서 광역의원후보가 획득한 득표총수가 자신들이 국회의원후보로서 획득한 득표총수보다 많았을 경우, 차기선거에서 자신의 입지를 어렵게 한다고 판단하여 이를 용납하려 하지 않을 것이기 때문이다.

7. 선거공영제의 확대실시

우리나라도 선거공영제도를 도입·실시하고는 있지만 실질적으로는 합동연설회를 제외하면 완전한 의미의 선거공영제라고는 볼 수 없다. 즉 선전벽보의 작성·첩부, 선거공보의 발행·배부를 선거관리위원회가 수행한다는 점에서 선거공영제를 도입하고 있는 것으로 표현하고 있으나, 일본이나 대만 등과는 달리 그 제작경비를 후보자 개인에게 부담시키고 있기 때문에 엄격한 의미에서 공영제라고 보기 어려운 것이다. 다시 말해 선거운동에 소요되는 비용은 주민으로서 최소한의 참정권을 유지하고 정치적 지도자나 대표자를 키우고 통제하는 비용이며, 민주주의를 위한 비용임과 동시에 사회적 선택을 위한 비용이라고도 할 수 있다. 그러므로 지방선거에 소요되는 경비는 가능한 공공경비로 지불해야 한다. 그리고 이 경우 후보자의 난립을 막기 위해서는 기탁금제도를 도입하는 것보다는 일정한 수의 유권자들의 추천을 받도록 하는 것이 바람직할 것이다. 선거공영제는 재력은 부족하지만 정치적으로 유능한 많은 후보자들을 정치무대로 유인하는 중요한 제도적 장치로 기능한다는 점을 간과해서는 안될 것이다.

8. 선거운동방법의 개혁

현재 우리나라는 지방선거의 방법을 지나치게 통제하고 있으며 그나마 허용된 선거방법도 행정기관의 강력한 통제하에 자유롭지 못하여 효율적인 선거운동이 이루어지지 못하고 있다. 따라서 앞으로는 선거운동을 효과적으로 수행함으로써 유권자들이 후보자들을 정확히 알 수 있고, 후보자는 자신을 유권자들에게 충분히 알릴 수 있는 제도로 개선해 나가야 할 것이다. 이러한 관점에서 그 개선방안을 제시하면 다음과 같다.

1) 선거운동 채널(channel)의 다양화

일반적으로 후보자들은 유권자들에게 직접 호소하기를 원하지만 유권자들은 다양한 채널을 통하여 후보자를 이해하고 평가하려 한다. 특히 교육수준이 높아진 오늘날의 도시 유권자들은 통신매개체의 보급을 확대시켰고 정치문제를 이해하고 인지하는 방법에도 이러한 매개체를 이용하게 됨으로써 다양한 변화를 야기하였다. 따라서 앞으로는 우리나라도 보다 다양한 정보전달채널을 통한 선거운동이 가능해야 할 것이며 따라서 다음과 같은 선거운동방법이 도입·허용되어야 할 것이다. 즉 ① 선전벽보와 선거공보의 범위확대와 비용의 국가부담. ② 개인연설회의 허용 ③ 정견방송과 경력방송 허용. ④ 신문광고제도의 도입. ⑤ 가두연설회 허용 등이다.

2) 대중매체를 통한 선거운동의 다양화와 효율화

지방선거에서의 미디어 정치 활성화는 약간의 문제점에도 불구하고 원칙적으로는 바람직한 방향으로 볼 수 있다. 특히 점차 강화되고 있는 미디어 정치의 위력을 감안하면 불가피한 측면도 있다. 따라서 우선 지역매체로서의 큰 역할을 담당하고 있는 지역종합유선방송 등 지역방송에서도 선거관련 방송을 체계적으로 할 수 있도록 의무규정을 두는 등 가능한 노력과 관련법규의 대폭적인 재정비를 통하여 지방에서도 미디어선거가 가능하도록 중앙정부의 지원이 있어야 할 것이다. 그리하여 가능한 지역부터 체계적으로 미디어 선거의 영역을 넓혀 나가도록 해야 할 것이며, 이는 선거공영제의 취지에도 부합할 뿐만 아니라 선거비용을 줄이는 데도 큰 도움이 될 것이다.

3) TV와 라디오를 이용한 후보자초청토론회 등의 활성화

후보자검정을 가능하기 위해서는 후보자초청 정책토론회를 정착시켜 나아가야 한다. 다행히 지난 선거에서는 민간단체가 주최하는 후보자초청토론회가 제도적으로 보장되어 있었다. 때문에 공명선거실천협의회(공선협)의 경우, 많은 광역단체장과 기초단체장후보자에 대한 초청토론회를 개최함으로써 수많은 유권자들의 후보자선택에 많은 도움을 주었다. 그러나 이거 역시 단체장 중심으로 이루어져 지방의회의원 후보자들에 대해서는 후보자검증기회가 없었다. 따라서 차기선거에서는 기초의원과 광역의원 후보자들에 대해서도 초청토론회를 개최할 수 있도록 해 나가야 할 것이다.

4) 정당선거운동의 불법, 탈법 방지

정당의 이름아래 공공연히 자행되는 각종 불법 타락선거를 막기 위하여 지방선거기간중 중앙정당의 활동을 극히 제한하여야 하며, 현행 정당법의 개정을 통해 중앙정당의 지방분권화가 제도적으로 보장되어야 한다. 예컨대, 공직선거후보자의 추천을 중앙당이 주도하는 것은 지양되어야 하며, 적어도 지방선거입후보자의 추천은 지구당에서 자유경선제를 통해 결정하도록 해야 할 것이다. 또한 지방선거에만 입후보자를 추천하고 지방정치에 대한 정책의 실현만을 목적으로 하는 지역정당의 설립과 활동의 자유를 보장하는 제도를 만들고, 중앙정당에 준하는 지위와 권한을 부여해야 한다.

9. 선거운동규제의 개혁

1) 선거운동기간의 적정화와 사전선거운동규제의 완화

현행 선거운동기간은 불과 16일에 지나지 않는다. 이 기간 동안 4가지 선거에 입후보한 후보자들을 유권자들이 모두 파악하기란 불가능하다. 마찬가지로 입후보자들이 자신들을 유권자들에게 알리기에는 턱없이 부족한 기간이다. 따라서 어떠한 방법으로든지 후보자가 유권자들에게 자신을 알릴 수 있는 기회를 더 많이 확보할 필요가 있고 이를 위해 우선적으로 선거운동기간을 늘리거나 일정한 조건하에 사전선거운동을 허용하는 방안을 검토해야 한다. 즉 선거운동기간 전에도 후보자가 되고자 하는 자가 선거관리위원회에 신고할 경우 본인에 한하여 선거일전 일정한 기간 동안(예컨대 대통령선거는 선거일전 1년, 국회의원선거는 선거일전 120일, 지방의원선거는 선거일전 60일)부터 자신을 알리는 행위를 가능하도록 허용해야 할 것이다.[10]

2) 법정선거비용의 현실부합적 개선

현재의 법정선거비용규모는 부패한 선거실태를 개혁하려는 의지를 담고 있다는 점에서는 평가할 수 있으나, 한편으로는 현실을 도외시한 실현 불가능한 법규라는 비판도 받고 있다. 그리하여 현재의 선거비용에 관한 보고서는 처음부터 조작되거나 허위로 작성되고 있으며, 선관위는 이를 알면서도 묵인해온 것이 사실이다. 그러므로 이러한 보고서는 정치권이나 사정당국의 표적수사에 악용되어 왔으며, 후보자로서 선거비용으로부터 자유로운 사람은 없다고 해도 과언이 아니다. 이러한 문제점을 개혁하기 위해서는 우선 법정선거비용을 현실에 어느 정도는 부합시킬 필요가 있다. 그리고 선거비용에 관한 허위보고서를 통제하기 위해서는 첫째 선거관련비용의 공개제도를 도입할 필요가 있고, 둘째 선거비용에 대한 수입·지출의 투명성을 보장할 수 있는 장치를 강화해 나갈 필요가 있다.

3) 여론조사 등 발표규제완화 효율적 활용방안 강구

여론조사결과의 공포금지기간을 부재자투표가 개시되는 선거일전 7일부터 선거일까지로 단축하고, 언론기관의 투표소 출구조사는 현행 투표소로부터 300미터 밖의 거리제한을 폐지하되, 투표의 비밀이 침해되지 아니하고 투표소의 질서를 혼란하게 하지 아니하는 방법으로 할 수 있도록 하는 방안을 강구할 필요가 있다.

---

10) 그러나 이 경우에는 반드시 당해 선거와 관련된 모든 정치활동비용의 수입·지출 내역을 보고하도록 해야 할 것이다.

4) 시민단체의 선거운동 허용과 규제완화

시민사회 단체의 특정정당이나 후보자에 대한 지지, 반대의 허용과 노조의 정치활동의 자유보장이 검토되어야 한다. 공직선거 및 선거부정방지법은 선거운동원, 선거자원봉사자 등으로 등록한 개인의 선거운동은 보장하고 있지만 그 외에 당락에 영향을 미칠 수 있는 모든 행위를 금지하고 있다. 그러나 이것은 선거과정에서 유권자의 의사표시방법을 투표행위로만 한정하고 있다는 문제를 지적할 수 있다. 물론 시민단체의 선거운동이 허용될 경우 모든 민간단체가 선거에 휩쓸려 탈법 등 많은 문제를 발생시킬 수 있으나, 바람직하게는 주민의 알권리보장과 의사표현의 자유보장을 위해 이의 허용이 검토되어야 한다. 특정 민간단체나 노조가 특정후보자나 정당을 지지, 반대하는 것은 정책에 대한 동의나 반대 혹은 정책적 유인을 위한 것으로 선거 때마다 바뀔 수도 있는 것이기 때문이다. 즉 선거운동을 할 수 있는 단체는 선거운동기간 중 정당이나 후보자를 지지・반대하기 위하여 다수인이 왕래하는 공개된 장소가 아닌 장소에서 소속 구성원만이 참석하는 집회를 개최할 수 있도록 한다거나, 정당이나 후보자를 지지・반대하는 내용을 게재한 단체의 기관지 또는 소식지를 일정한 범위 이내에서 발행하여 소속 구성원에게 통상적인 방법으로 배부할 수 있도록 단체의 선거운동규제를 완화할 필요가 있다.

10. 선거과정의 민주화와 민주적 선거문화의 정착

지방선거는 지방주민들이 향토의 공무를 수행할 주민대표들을 선출하는 지역주민들의 축제의 한마당이 될 수 있어야 한다. 따라서 지방선거는 특정인이나 특정정당에게 유리하게 조작되어서는 안되며, 선거과정이 관권이나 금권에 의해 제한되거나 오염되어서도 안된다. 지방선거의 과정과 절차는 민주적으로 제도화되어야 하며, 소수의 정치인들에 의해 조작되거나 정파적 이익을 위해 자주 변경되어서도 안된다. 입후보와 선거운동에도 민주시민의식과 민주적 질서가 지배할 수 있도록 해야 하며, 안정되고 평화스러운 분위기하에서 자유로운 선거가 진행될 수 있어야 한다. 소수의 선동적 후보자의 흑색선전에 다수의 유권자들이 현혹되는 기만적인 선거분위기가 발붙일 수 없도록 해야 하며, 주민들에 대한 민주적 정치교육을 통해서 이러한 기만적 후보자가 나타날 수 없도록 해야할 것이다. 지금까지 우리나라는 학교에서는 물론 주민들에 대한 사회교육에서도 정치교육을 금기시해왔다. 그 결과 대부분의 국민들은 민주주의의 기본적 소양이 부족한 실정이다. 주민들에 대한 정치교육이란 바로 민주정치의 원리에 대한 기초를 가르치는 것이다. 이론적으로나 실제적으로 민주시민으로서의 기본적 자질과 역할이 어떠한 것인지 교육받아본 경험이 없는 국민들을 맹목적으로 비판만 하는 것은 크게 잘못된 것이다. 따라서 정부는 국민과 주민들에 대해 공정하고 깨끗한 선거문화의 정착을 위해 필요한 교육과 홍보를 게을리 하지 말아야 한다.

11. 선거관리기관의 정치적 독립과 제한적 사법권 보장

우리나라의 선거관리는 중앙선거관리위원회가 이를 총괄하고 있으며, 지방에는 자치단체별로 지역선거관리위원회가 구성되어 있으나, 선거관리위원은 상근직이 아니며, 선거관리위원회의 사무직 역시 선거가 없는 평시에는 그 업무가 적다는 이유에서 극소수의 인원으로 운영되고 있기 때문에 실질적인 선거업무는 일반행정기관에 의존하지 않을 수 없다.

따라서 향후 선거공영제의 실시에 대비해서는 물론 공정한 선거관리를 위하여 선거관리위원회에 대한 획기적 조치가 있어야 한다. 권한과 기능면에서는 물론 인력과 장비면에서도 과감한 개혁과 지원이 있어야 할 것이다. 특히 중앙 및 지방선거관리위원회가 그 권한과 기능에서 행정부의 간섭과 통제로부터 독립되어 있지 못하다는 점이 큰 문제다. 따라서 입법부와 행정부로부터 독립된 준사법기관으로서의 지위와 권한을 부여하고, 그 기능을 강화해 나가야 할 것이다.

제5편 정부간 관계론과 광역행정

제1장 정부간 관계의 이론과 실제
제2장 지방행정의 발달과 광역행정론

01
Chapter

정부간 관계의 이론과 실제

제 1 절 정부간 관계의 의의와 유형

Ⅰ. 정부간 관계의 의의와 성격

1. 정부간 관계의 개념

정부간 관계라는 용어는 그것이 언제, 누구에 의해 사용되기 시작했는지는 분명치 않다. 그러나 일반적으로 정부간 관계(Inter-Governmental Relation: IGR)[1]란 중앙정부와 지방정부간, 지방정부 상호간의 관계를 의미한다(최봉기, 1996: 41). '정부간 관계'란 용어는 1930년대를 지나 1940년대에 접어들면서 미국의 연방정부와 주정부간, 주정부와 지방정부간의 상호작용을 지칭하는 말로서 일상적인 용어로 변천해 왔다. 그리고 1950년대에 들어와 미국의회가 '정부간 관계'라는 용어를 법률이름이나 의

1) '정부간 관계'란 용어는 1940년대에 접어들면서 미국의 연방정부와 주정부간, 주정부와 지방정부간의 상호작용을 지칭하는 말로서 일상적인 용어로 변천해왔다. 그리고 1950년대에 들어와 미국의회가 "정부간 관계"라는 용어를 법률이름이나 의회에 의해 만들어진 위원회의 명칭으로 사용하면서 더욱 보편화되었다. 특히 정부간 관계는 1960년대에 들면서 연방제 국가인 미국을 통치하는 3가지 수준의 미국정부를 이해하는데 필요한 가장 핵심적인 용어의 하나로 발전되었다.

회에 의해 만들어진 위원회의 명칭으로 사용하면서 더욱 보편화되었다(정세욱, 1997: 21-22).

라이트(D. S. Wright)에 의하면, 정부간 관계란 1930년대의 미국 연방주의를 설명하는 하나의 용어로 개발되어 이후 광범위하게 사용되고 있는 개념이며, "정부의 숨겨진 부분", "제4부의 역할" 등을 통해 국민생활에 중대한 영향을 미친다고 주장하였다. 그리고 그는 "모든 유형과 수준의 정부단위들 간에 발생하는 중요한 활동이나 상호작용의 대부분"이라는 정부간 관계에 대한 앤더슨(W. Anderson)의 개념정의[2]를 가장 적절한 개념으로 제시하고 있다.

이처럼 정부간 관계라는 용어는 미국과 같은 연방제국가에서 생성 사용된 용어로서 우리나라와 같은 단일국가에서의 중앙정부와 지방자치단체 간에도 동용어가 사용 가능한 것인가에 대해서 다소간의 논란이 없었던 것은 아니다. 즉 1995년 6.27지방선거를 전후하여 대통령을 포함한 일부의 정치지도자들이 미국에서와는 달리 우리나라에서는 지방정부라는 용어가 적절치 않다고 지적하여 적지 않은 파문을 불러일으킨 적이 있었다(정세욱, 1997: 24-25). 그러나 학계에서는 다음과 같은 두 가지 이유로 우리나라에서도 지방자치단체를 지방정부로 명명해도 큰 문제가 없다고 보고 있으며, 따라서 정부간 관계라는 용어를 사용할 수 있는 것으로 판단하고 있다. 첫째 정부간 관계라는 용어 이외에 달리 사용할 적절한 용어가 없다는 점이며, 둘째 다소간 논쟁의 여지는 있지만 지방정부는 지방자치단체의 통치기구로 볼 수 있기 때문이라는 것이다. 현실적으로 판단해 보아도 중앙정부가 국가전체의 통치를 담당하는 기구라고 한다면 지방정부는 지역사회를 통치하는 기구이므로 이를 지방정부라고 해도 무방하다고 판단된다.

이러한 관점에서 지방자치단체를 지방정부로 파악할 때, 정부간 관계의 개념은 이것을 광의로 해석하면 국회와 지방의회를 포함하여 국회와 중앙부처간, 국회와 지방정부간, 국회와 지방의회간 등은 물론 현행법상 보통지방자치단체와 동등한 법인의 지위를 가진 특별지방자치단체(우리나라의 지방자치단체조합)와의 관계까지도 포함한다(안용식 외, 1995: 18). 그러나 일반적으로는 정부간 관계란 협의로 해석하여 "중앙정부와 지방정부간 및 지방정부 상호간의 관계"를 의미하는 것으로 본다(Wright, 1988: 13-14). 그리고 이들 정부간의 관계를 그 관계의 성격에 따라 수직적 통제관계와 수평적 경쟁관계, 그리고 상호의존적인 협력관계로 나누어 볼 수도 있다. 본서에서는 이들 정부간의 갈등관계의 원인을 파악하고자 하므로 아래에서는 정부간 관계의 성격에 따라 그 유형을 검토해 보기로 한다.

---

2) Anderson(1960)은 정부간 관계를 미국연방체제 내에서 모든 계층과 모든 형태의 정부간에 일어나는 상호 작용과 행위의 총체로 보았다.

2. 정부간 관계의 성격

정부간 관계라는 개념을 보다 정확히 파악하기 위한 노력으로 연방제와 IGR, 즉 연방제와 정부간 관계에 관한 비교와 정부간 관계의 특징적 내용을 검토할 필요가 있다. 따라서 여기에 관한 연구내용들을 소개하면 다음과 같다.(정세욱, 1997: 23 재인용).

첫째, 정부간 관계는 모든 계층의 모든 정부간의 관계를 모두 포괄하는 개념이다. 연방제라는 이름 아래 논의되는 정부간의 관계는 주로 연방과 주정부간의 관계에 관한 것이었다. 연방제라 하여 주정부와 지방정부, 그리고 지방정부 상호간의 관계를 완전히 배제하는 것은 아니었다. 그러나 연방제라는 이름 그 자체가 함축하고 있는 바와 같이 그 주된 내용은 주로 연방과 주(州)의 관계였다. 그럼에도 불구하고 현재에 와서는 연방과 주의 관계는 물론 주와 지방정부, 그리고 지방정부상호간의 관계를 모두 포함한다. 둘째, 연방제는 법률에 규정된 정부간의 공식적인 관계와 권한배분관계 등이 강조되는 정태적인 개념이다. 그러나 정부간 관계의 개념적 특성은 정부를 구성하고 있는 인간요소, 즉 구성원과 구성원들 간의 상호작용이 중시되는 개념이다. 그리하여 화이트 교수는 "엄격히 말해서 정부간 관계라는 것은 없다. 단지 각 정부를 구성하고 있는 공직자들 간의 관계가 있을 뿐이다."라고 주장했다(김병준, 1997: 24). 셋째, 정부간 관계는 각 정부 구성원간의 관계를 일시적이거나 단편적인 것이 아니라, 지속적이고 구조적인 것으로 보고 이에 대한 계속적이고 체계적인 관심을 둘 것을 강조하는 개념이다. 즉 정책의 결정과 집행에 영향을 미치는 의회의원들과 집행기관의 장, 그리고 고위공직자들을 중시하며, 이들 간의 공식적 혹은 비공식적 관계에 폭넓은 관심을 가질 것을 함축하는 개념이다. 넷째, 각 정부의 정책문제와 정책과정 그리고 정부 간에 형성된 공식적 혹은 비공식적 관계의 정치·경제적 성격과 그 배경을 중시한다는 것도 정부간 관계개념의 특징 중의 하나이다.

3. 정부간 관계에 관한 연구경향

정부간 관계에 관한 연구의 형태와 유형은 매우 다양하다. 미시적 분석과 행태적 연구가 있는가하면, 국가전체의 정치경제적 구조를 연구의 기반으로 하는 거시적인 분석도 있다. 기본적인 시각도 다원론, 엘리트론적 시각이 있는가 하면, 동반자적 시각과 대리인적 시각 등 분류기준과 내용에 따라 매우 다양하다. 따라서 여기서는 이들 정부간 관계에 관한 연구경향들을 간략히 정리해 보기로 한다.

1) 정부간 권한 자원배분 및 상호의존관계에 관한 연구

정부간 관계에 관한 연구문헌들 중에는 중앙정부와 지방정부간의 사무 및 권한배분, 그리고 중앙정부와 지방정부간의 재정관계 등에 관한 연구가 상당부분을 차지하고 있다. 그러나 중앙정부와 지방정부간의 권한, 기능, 사무, 재정 관계는 상호 관련된 개념이어서 이들 각자를 완전히 분리하여 연구한다는 것은 사실상 불가능하다. 따라서 어느 것을 강조하느냐 아니냐의 차원에 지나지 않는다고 할 수 있다. 특히 우리 나라의 경우 중앙정부와 지방정부간의 기능배분문제가 중점적으로 연구되어 왔고, 지방자치제도 실시 이후에는 권한배분과 재정조정 등에 관한 연구가 주를 이루어 왔다고 할 수 있다.

2) 정부간 상호작용 및 갈등에 관한 연구

20세기 후반에 들어와서 정부간 연구는 미국과 유럽제국 등에서 정부간의 실질적인 상호작용이나 갈등 등에 관해 연구하기 시작하였다. 예컨대 미국의 경우 공직자들의 정부간 관계에 관한 활동이 매우 활발하다. 즉 미국에서는 주정부의 부서책임자 중 60%가 다른 정부의 관리들과 빈번히 접촉하고 있는 것으로 알려지고 있다. 또 거의 대부분의 주정부와 많은 지방정부들이 정부간 관계를 전담하는 직원을 두고 있기도 하다. 최근에 들어와서는 님비(NIMBY) 또는 핌피(PIMFY) 등, 집단이기주의 내지 지역 이기주의적 분쟁이 증대됨에 따라 정부간 갈등에 관한 연구도 크게 늘어나고 있다. 지방자치제도 실시 이후 우리 나라에도 이러한 갈등들이 빈번히 야기되었으며 따라서 여기에 관한 연구도 활발히 추진되고 있다.

3) 정부간 관계의 성격규명과 관련된 연구

정부간 관계에 관한 성격을 연구하고자 했던 연구도 다수 있었다. 정부간 관계의 형태를 분석하거나 분석된 결과를 일반화시켜 유형화하려는 연구도 있었다. 이들 중 어떤 학자(Cockburn)는 지방정부를 지방국가로 보고 자본주의 체제아래서 지방국가는 중앙국가의 대리인에 지나지 않는다고 주장하여 큰 논쟁을 야기시켰다. 한편 다른 학자(Saunders)는 '이중국가(dual state) 이론', 즉 중앙국가는 생산부분을 주로 담당하고 지방국가는 주로 소비부분을 담당한다는 이론을 내놓았다. 그리하여 이론의 타당성 여부를 불문하고 동 분야의 연구를 활성화시켰다.

4) 정부간 법률 · 제도적 관계에 관한 연구

정부간 관계에 관한 연구의 많은 부분은 정부간 관계를 규율하고 있는 법률과 제도의 실태와 문제점 그리고 개선방향 등에 관한 연구들이다. 특히 단일국가의 중앙정부와 지방정부간에는 중앙정부에 의한 법령이 정부간 관계를 규율하게 되므로 중앙정부 법령의 실태와 개선 등에 관한 연구가 적지 않다. 중앙정부와 지방정부간 권한 및 기능배분, 중앙정부의 지방정부에 대한 지도감독 및 직무이행명령제도, 중앙정부와 지방정부간 갈등의 원인과 대책 등에 관한 연구들이 주로 이 분야에 관한 연구들이다.

Ⅱ. 정부간 관계의 유형

정부간 관계의 유형은 그것을 어떤 기준에서 파악하느냐에 따라 다양하게 분류할 수 있겠지만 여기서는 전통적 유형을 소개하고 나아가 연방국가에서의 정부간 관계유형과 단일국가에서의 정부간 관계유형을 간략하게 검토해 보기로 한다.

1. 전통적 유형분류

1) 수직적 통제 · 감독관계

중앙정부와 지방자치단체는 하나의 동일한 목적을 추구하는 별개의 권력주체로 파악할 수 있다. 그리하여 지방자치단체가 처리하는 업무는 종국적으로 국가의 이익과 직결된다. 따라서 중앙정부는 국민전체의 이익을 보호하기 위하여 지방자치단체의 업무수행에 감독권을 행사하게 된다. 이러한 관점에서 우선 중앙과 지방의 관계는 수직적 통제관계에 처하게 된다. 여기서 수직적 통제관계란 중앙에 의한 지방의 통치라는 수직적 통치구조론으로 이해되는 관계를 의미한다. 이러한 상황에서 정부간 관계는 중앙정부에 의한 지방정부의 지배와 피지배의 관계로 나타나기 때문에 지방정부를 국가의 통치기관의 일부로 이해하게 된다(안용식 외, 1995). 따라서 중앙과 지방의 관계만 의미를 가지게 되며 중앙정부와 관계를 가지는 하나의 정부로서 지방정부라는 용어자체를 인정하지 않기 때문에 정부간 관계는 논의의 여지가 없어진다.[3] 수직적 관계에서는 지방정부는 지방행정기관의 지위에서 중앙정부의 감독하에 국가정책을 집행하는 역할을 하게되며, 지방행정기관의 자율성이나 재량의 영역은 극히 제한될 수밖에 없게 된다.

---

3) 그러나 이러한 논리는 지방정부라는 용어에 대한 정확한 이해가 부족한 데서 비롯된 것이라고 하겠다. 즉 중앙정부든 지방정부든 간에 정부는 국가나 단체를 운영하는 기관이기 때문이다. 즉 국가를 통치 운영하는 기관을 중앙정부라고 한다면, 지방자치단체를 통치 운영하는 기관을 지방정부라고하기 때문이다.

2) 수평적 경쟁관계

정치는 중앙정부의 지방에 대한 통제를 한편으로는 강하게 다른 한편으로는 약하게 할 수도 있다. 수평적 경쟁관계란 중앙정부와 지방정부간의 정치관계를 정치자원(political resources)에 의한 상호 의존관계로 보려는 수평적 정치통합모형의 관점과 동일하다(김시영, 1996: 27-28). 즉 수평적 경쟁관계란 중앙정부와 지방정부가 일정한 권한의 범위 내에서 대등한 지위에 놓이는 관계를 의미한다. 그러므로 중앙과 지방의 관계 뿐 아니라 지방정부 상호간의 관계도 형성될 수 있다. 그리고 중앙정부와의 관계도 중앙에 의한 지방의 수직적 통치관계에서 상호분리 내지 경쟁의 관계로 변하게 된다. 정부간 경쟁과 갈등의 관계는 바로 이러한 관계에서 야기될 수 있다.

3) 상호의존적 협력관계

이상의 두 가지 이론은 서로 배타적이거나 모순을 비판하는 것이 아니라 중앙과 지방의 결속력의 상대적 중요성을 설명하고 있다. 따라서 이 두 가지 이론의 결합, 즉 행정적 결합과 정치적 통합을 동시에 구현할 수 있는 정치행정적 협력구조가 우리의 현실에서는 더욱 요구된다. 상호의존적 협력관계란 중앙정부와 지방정부간은 물론 지방정부상호간에 상호작용을 통하여 교환 및 협상과정이 이루어지는 관계를 의미한다. 즉 상호의존관계를 통하여 각 정부단위들이 그들의 과업과 기능수행을 위하여 자원이나 역할 및 권한을 상호 제약하고 교환하는 관계를 형성하게 된다. 이처럼 정부간 관계는 다양한 측면을 내포하고 있지만 수직적 통제관계에서 수평적 경쟁관계 내지 상호의존적 협력관계로 변화해 가고 있다. 근래 전국에서 야기되고 있는 정부간 갈등양상은 우리나라도 정부간 관계가 수직적 통제관계에서 수평적 경쟁관계로 이행하고 있음을 보이고 있다고 하겠다. 물론 점차 발전하여 앞으로는 상호의존적 협력관계로 나아갈 수 있어야 할 것이다.

2. 연방국가에서의 정부간 관계유형

라이트는 미국의 연방정부와 주정부 그리고 지방정부의 관계를 조정적 권위모형, 포괄적 권위모형 그리고 중첩적 권위모형으로 분류하여 설명하고 있다(wright, 1988: 39-55).

1) 조정적 권위모형(The Coordinate-Authority Model)

이 모형은 연방정부, 주정부는 대등한 관계를 유지하지만 주정부와 지방정부의 관계는 포괄적 권위모형에 해당된다고 본다. 실제로도 미국의 주정부는 연방정부를 구성하기 전에는 개별적 국가였고, 현재도 각주는 독자적인 헌법을 가지고 있는 준국가의 형태를 지니고 있다. 그러나 지방정부는 주정부에 의해 권한을 부여 받아 지역사회의 공공사무를 처리하는 지방정부의 창조물에 지나지 않는다. 이 모형에서는 주정부의 사무는 고유사무가 주종을 이루며 연방위임사무는 극히 적은 편이다. 인사권의 행사도 서로 완전히 독립적인 인사체제를 운영하고, 재정적인 측면에서도 연방정부와 주정부는 서로 다른 세원을 바탕으로 운영되어 연방과 주간에 상호 원조와 협력이 원활하지 않다. 그러나 주정부와 지방정부간에는 단일국가의 중앙정부와 지방정부간 관계와 유사한 모습이 나타난다.

2) 포괄적 권위모형(The Inclusive-Autority Model)

포괄적 권위모형이란 연방정부가 주정부와 지방정부를 수직적으로 내포하고 있는 것으로 보는 모형이다. 그리하여 주정부와 지방정부는 전적으로 연방정부에 의존하고 있기 때문에 주정부와 지방정부는 단지 연방정부에 종속된 기관에 지나지 않는다. 그리하여 사무도 주로 위임사무가 많고 그나마 기관위임사무가 대부분이며, 재정적으로도 주정부와 지방정부는 연방정부에 의존하고 있다고 보는 모형이다. 이러한 관계모형은 현대사회와 같이 행정기능이 고도로 전문화되고 복잡화됨에 따라 연방정부가 효과적인 통제를 통해 자원을 효율적으로 활용함으로써 국가전체적인 행정능률을 제고하기 위해 필요하다는 주장으로 합리화되고 있다(조창현, 2005: 91). 그러나 지역의 특성을 개발하여 주(州)나 지방을 통한 국가발전을 추진하려는 세계화시대에는 적절치 못한 형태라고 보아야 할 것이다.

3) 중첩적 권위모형(The Overlapping-Authority Model)

이 유형은 중앙정부와 지방정부의 관계를 상호 의존적인 것으로 보고 있다. 즉 중첩권위형은 연방정부, 주정부 지방정부의 관계를 종속적인 관계로 보지 않고 각자 자기의 영역을 가지고 상호 협력하고 의존하는 관계, 즉 독립적인 실체이면서 상호 협력적 관계로 본다. 그리하여 이것은 첫째 정부운영의 기본영역에는 연방정부, 주정부, 지방정부의 기관과 공직자들이 동시에 참여하고, 둘째 한 정부의 자치권과 재량권의 영역은 상대적으로 제한되고 분산되어 있으며, 셋째 한 정부나 관료에게 허용되는 권력이나 영향력 또한 상대적으로 제한되어 있어 상호 의존적이다. 넷째 정부 간에는 협상과 교환관계를 형성하면서 재정적 상호 협력과 경쟁관계가 이루어진다. 이모형의 가장 큰 장점은 연방정부, 주정부 그리고 지방정부가 단일 공동운명체임을 강조하고 상호간 재정적 협력과 원조가 원활하게 이루어지고 있다는 점이다. 인사교류에 있어서도 상호 호혜제도를 채택하여 인사상 불합리나 피해가 없도록 하는 차원에서 활발하고 원활한 교류가 이루어지고 있다.

3. 단일국가의 정부간 관계유형

단일국가에서 정부간 관계의 유형은 학자들에 따라 다소간 관점의 차이는 있으나 그 내용은 대동소이하다. 즉 엘코크(Elcock, 1994: 6-8)는 대리인 모형, 동반자모형, 지배인 모형으로 분류하고 있고, 윌슨과 게임(Wilson & Game, 1998: 115-124)은 대리인모형, 권력의존모형, 지배인모형으로 분류했으며, 무라마쓰 미치오(村松岐夫, 1991)는 수직적 행정통제모형과 수평적 정치경쟁모형 등으로 분류했다(강용기, 2008: 493-494). 그러나 이들 세학자들이 분류하고 있는 모형의 내용은 거의 유사함을 알 수 있다. 따라서 여기서는 이를 엘코크의 분류에 따라 대리인모형, 동반자모형 그리고 지배인 모형으로 분류하여 그 내용을 간략히 검토하기로 한다.

1) 대리인모형(Agent Model)

이것은 지방정부를 중앙정부의 대리인으로 보는 모형이다. 즉 지방정부의 존재는 중앙정부의 정책이나 지시를 충실히 수행하는 것으로 보며, 지방정부의 행정이나 정책집행에 자율권을 인정하지 않는다. 무라마쓰의 수직적 통제모형에 해당된다.

2) 동반자모형(Partnership Model)

이모형은 중앙정부와 지방정부의 관계를 동반자적 관계, 즉 상호 평등한 파트너 관계로 본다. 이 모형에 의하면 중앙정부와 지방정부는 업무수행과정에서 상호의존적이고 협상을 통해 처리해 나가는 것을 중시여긴다. 윌슨과 게임의 권력의존모형과 무라마쓰의 수평적 정치경쟁모형이 여기에 해당된다.

3) 지배인모형(Stewardship Model)

이것은 지방정부가 중앙정부의 통제 하에 있다고 보지만 상대적인 자율성을 가지고 있다고 본다. 즉 지방정부는 일정한 범위내에서 자율권을 가지고 지역사회의 공공사무를 처리한다고 본다. 물론 그 자율권의 정도에 따라 다시 자유방임형, 상대적 자율형, 규제중심형 등으로 나눌 수 있을 것이다.

4. 정부간 관계 행태

중앙정부와 지방정부, 또는 지방정부 간 관계의 행태는 크게 통합(consolidation), 갈등(conflict), 경쟁(competition), 협력(cooperation) 등 네 가지로 분류할 수 있다(Feiock, 2004: 3-16). 따라서 여기서는 이들 형태들의 장점과 특징들에 대하여 간략히 검토하고자 한다.

1) 통합(Consolidation)

통합이란, 둘 이상의 조직이나 기구 따위를 하나로 합치는 것을 의미한다. 정부간 관계에서의 통합은 두 개 이상의 시군을 합쳐서 새로운 지방자치단체를 설립하는 것으로, 우리나라에서는 주로 지방행정체제 개편을 목적으로 이루어지고 있다. 지방정부들 간의 통합의 효과는 통합지역의 ① 재정운용 효율성 제고, ② 재정 불균형 및 형평성 감소, ③ 재정규모의 증대, ④ 행정 비용의 감소 등으로 요약할 수 있다(이현우 & 이미애, 2001: 144-147). 현재 지방분권 및 지방행정체제개편에 관한 특별법이 2013년 5월 신규제정되어 시행되고 있다.

2) 갈등(Conflict)

정부간 갈등은 특정 현안을 중심으로 정부간 의견이 충돌되어 다툼이 일어나는 행태이다. 이러한 갈등의 발생 요인으로는 ① 다수의 정부들이 공동으로 소유하는 공유재(common pool resources)의 사용에 있어서 잠재적인 이용자들을 배제하기 곤란하거나 불가능한 경우 나타나는 비제제성, ② 한 정부의 공유재 사용량이 증가함에 따라 다른 이용자들의 사용량이 감소하게 되는 경우 나타나는 편익감소성, ③ 정부들이 소유한 재산권을 교환하고 집행함에 따라 수반되는 거래비용의 증가 등을 그 주된 이유라 할 수 있다(강윤호, 2005: 263-267). 정부간 갈등은 우리나라에서 가장 빈번히 나타나는 정부간 관계 행태로 다음에서 좀 더 자세히 다루고자 한다.

3) 경쟁(Competition)

정부간 경쟁은 동일한 수준에 위치한 지방정부 간의 수평적 경쟁(horizontal competition)을 의미한다. Kenyon & Kincaid(1991: 1)은 이러한 수평적 경쟁을 "귀결되는 비용을 최소화시키면서 편익일 최대화하려고 노력하는 지방정부들 간의 경쟁적 행동"으로 정의한다. 우리나라는 1995년 지방자치가 재실시되면서 기업과 인구를 지역 내로 유인하기 위한 자치단체간의 경쟁이 강화되고 있으며, 이를 위해 지방정부들은 재정권(fiscal powers)과 규제권(regulatory powers)을 주된 경쟁 수단으로 활용하고 있다. 경쟁을 통해 지방정부들은 시민들의 세금부담을 경감시키면서 높은 수준의 공공서비스를 제공해 주는 효과뿐만 아니라 거시적으로는 자원배분의 최적화를 통한 사회전체의 후생을 증진시킬 수 있다는 장점을 가진다. 하지만 정부간 지나친 경쟁은 기업과 부자들이 부담해야 하는 지방세수의 감소를 유발시키고, 이로 인해 발생되는 정부의 소득재분배 기능 약화, 및 네거티브섬 혹은 제로섬 게임으로의 전락 등 어려가지 단점들을 생산하기도 한다(유재원, 2014: 117-112).

4) 협력(Cooperation)

정부간 협력은 공동의 목표를 실현하기 위해 서로 힘을 합쳐 도움을 주고받는 정부간 관계의 한 행태이다. 교통·통신의 발달로 인하여 정부간 인적, 물적 교류가 확대되고 주민들의 생활권이 광역지역으로 확대됨에 따라 협력의 필요성은 증대되고 있다. 정부들은 공공시설의 공유, 행정서비스의 공동생산, 인력 및 정보의 공유 등 다양한 방식의 협력방안을 통해서 정부들의 재원을 절약할 수 있으며, 광역적 차원의 지역발전을 도모할 수 있다. 또한 자발적 협력을 통해 정부간 분쟁해소 및 재정 수익의 증가를 유발하기도 한다(김순은 외, 2009: 97-115).

Ⅲ. 정부간 갈등의 유형 및 원인

1. 정부간 갈등의 양상과 대응

지난 1991년 지방자치제도가 실시된 이래 우리 나라의 정부간 갈등사례는 점차 증대되고 있다. 중앙정부와 지방정부간에 야기되는 갈등은 물론이고 지방정부상호간의 갈등도 다발하고 있다. 예컨대 1992년 7월부터 1993년 7월까지 동아·조선·중앙·한국일보 등 4대 일간지와 14개 지방신문에 보도된 지방정부간의 갈등사례만 해도 143건이나[4] 발생했다고 한다(김영수, 1994: 207-215). 이러한 정부간 갈등사례는 지난해의 6.27지방선거 이후 더욱 늘어나고 있다. 한국지방행정연구원의 자료에 의하면 6.27지방선거 이후 96년 4월까지 10개월 간에 걸쳐 각종 언론매체와 PC통신에 의하여 기사화 된 정부간 갈등의 사례가 112건에 달하고 있다. 특히 지난 95년 6.27지방선거를 통하여 민선자치단체장이 주민직선으로 선출된 이후 우리나라의 정치행정은 새로운 역사를 개척해 나가고 있다. 그동안 움츠렸던 지역주민들의 목소리가 나오기 시작했고 정치부재의 지방사회에 지역정치가 부활되고 있다. 잠자고 있던 지방이 잠에서 깨어나고 있으며, 중앙정치에 맹종했던 주

4) 구체적으로는 광역자치단체간의 갈등이 16건, 광역과 기초자치단체간의 갈등이 14건, 기초자치단체 상호간의 갈등이 113건이었다.

민들도 점차 자기지역의 발전에 관심을 돌리고 있다. 이러한 지방의 정치화시대가 도래하고 있다는 것은 민주정치의 발전이라는 관점에서 볼 때 무엇보다도 환영할만한 현상이다.

그러나 지난 몇 년간 전국에서 야기되고 있는 지방자치의 현실은 국정의 민주화나 민주정치의 생활화를 통한 선진정치구현이라는 궁극적인 목적을 달성하는 데는 많은 문제점을 보이고 있는 것도 사실이다. 중앙과 지방정부간의 갈등이나 지방정부간 갈등현상, 그리고 님비(Nimby)와 핌피(Pimfy)현상으로 대변되는 지역 내지는 집단이기주의 현상이 그것이다. 따지고 보면 자치시대 초기의 우리 나라로서는 정부간 갈등이나 지역 및 집단갈등은 매우 자연스런 현상이며 발전을 위한 선의의 경쟁이 현실로 나타나고 있는 바람직한 모습일 수도 있다. 때문에 그 조정이나 해결만 바람직하게 이루어진다면 갈등을 문제시하거나 못마땅하게 볼 필요도 없다. 오히려 건전한 자치발전을 위해서는 이러한 갈등과 마찰을 슬기롭게 해결해나가는 지혜를 길러야 하고, 인내와 용기를 가질 필요가 있는 것이다.

즉 이러한 정부간의 갈등은 때때로 갈등주체들간에 선의의 경쟁을 통해 발전을 촉진하는 자극제가 될 수도 있기 때문이다. 그러나 우리나라는 전통적으로 갈등을 좋지 못한 것으로 생각하는 풍조가 지배적이다. 그리하여 가능하면 갈등이 야기되지 않기를 바라며 갈등이 야기된 경우에는 이를 숨기려는 경향이 강하다. 지방자치제도 실시 이후 우리나라에서 야기되는 정부간 갈등은 그 예에 따라서는 앞으로의 개선을 위해 불가피하게 야기되어야 할 갈등도 있고, 정부간에 발전의 에너지만 소진할 수 있는 불필요한 갈등도 야기되고 있다. 이처럼 갈등의 형태와 내용은 매우 다양하지만 어떠한 갈등이든 간에 그것은 반드시 해결되어야 한다.

특히 근래 우리나라에서 야기되고 있는 정부간 갈등양상은 지자제실시 초기에 나타나는 불가피한 양상이라는 점에서 그 합리적 해결은 자치제도의 발전에도 유익하게 될 것이다. 따라서 갈등 그 자체를 회피하려 하거나 죄악시 할 것이 아니라 적극적으로 대처함으로써 바람직한 방향으로 해결하기 위해 노력해야 할 것이다. 즉 인간공동체의 삶 속에서 갈등은 불가피한 것이며 갈등 그 자체보다는 갈등에 대처하는 정부의 태도와 그 해결방법이 더 중요한 것이다. 이러한 의미에서 근래 학계를 중심으로 정부간 관계에 관한 연구문헌들이 상당수 발표되고 있고, 다양한 논의가 진행되고 있는 것은 이러한 관점에서 볼 때 매우 바람직한 현상이라고 할 수 있다.

2. 정부간 갈등의 개념과 유형

1) 정부간 갈등의 개념

일반적으로 갈등의 개념은 조직·관리적 차원에서 규정되기도 하고 의사결정과 관련하여 규정되기도 한다. 조직·관리적 관점에서의 갈등이란 희소자원의 배분이나 과업활동을 배분하는 과정에서 상호 입장의 차이, 목표·가치·인지 등의 차이로 인하여 둘 이상의 개인간, 집단간에 야기되는 대립적 작용으로 정의된다. 그리고 의사결정과 관련하여 갈등이란 한정된 자원에 대한 이용 및 배분과정에 경쟁이 있거나 선택의 기준이 분명치 못해 대안선택에 곤란을 겪는 상황(박동서, 1989: 234)을 의미한다. 이러한 갈등의 개념을 기초로 중앙정부와 지방정부간의 갈등개념을 규정하면 " 중앙정부와 지방정부간에 목표, 권한, 자원배분 등과 관련하여 정부간에 상호 대립 혹은 경쟁상태에 빠지는 상황"으로 규정할 수 있다. 한정된 자원으로 두 사람 이상이 모여 공동체생활을 영위하고 있는 인간사회에서 갈등과 대립은 불가피한 현상일 수밖에 없다. 그러나 이러한 갈등을 적절히 조정하여 궁극적으로는 상호공동의 이익을 증진시켜 나가는 지혜를 갖고 있는 것도 인간이다. 법적으로나 제도적으로 충분한 사전 준비 없이 실시된 우리나라 지자제의 실정을 감안한다면 중앙과 지방간의 갈등은 극히 자연스런 현상일 수 있다. 그렇기 때문에 근래에 야기되고 있는 이들 갈등현상을 부정적인 관점에서만 파악할 것이 아니라 오히려 발전의 계기로 삼는 지혜를 가져야 할 것이다. 우리나라의 지방자치가 우리 실정에 맞도록 개선·조정되어 한국적 문화풍토에 정착되기 위해서는 오히려 이러한 갈등은 한번은 거쳐야 할 과정이기도 한 것이다. 따라서 현 시점에서 갈등에 임하는 우리의 자세는 모두가 머리를 맞대고 개선책을 찾아 우리 실정에 맞도록 합리적인 해결책을 찾아야 한다.

2) 정부간 갈등의 유형

사회 속에서 야기되고 있는 갈등의 유형은 매우 복잡하고 다양하다. 따라서 이들을 제대로 이해하기 위해서는 이들을 일정한 기준에 따라 분류하고 그 각각에 대해 면밀히 고찰해 보아야 한다. 일반적인 갈등의 유형은 갈등의 주체를 기준으로 개인적 갈등, 개인간 갈등, 집단간 갈등, 개인과 집단간 갈등 등으로 분류될 수 있다. 하지만 여기서는 정부간 갈등의 유형을, 갈등의 주체와 갈등의 내용을 기준으로 분류하고 그 각각에 대해 검토해 보기로 한다.[5)]

---

5) 갈등은 그 분류기준에 따라 달리 분류될 수 있다. 분류기준에 따른 갈등의 유형으로는 (1) 갈등의 주체를 기준으로 개인간, 조직간, 조직 내 갈등으로 (2) 조직체제를 기준으로 협상

(1) 갈등의 주체에 따른 분류

갈등의 주체에 따른 정부간 갈등유형은 정부의 종류가 얼마나 다양 하느냐에 따라 그 유형도 그만큼 다양해진다. 우리 나라는 정부가 크게 중앙정부와 지방정부의 두 종류로 분류되고, 지방정부가 다시 광역자치단체와 기초자치단체로 나누어지므로 전체적으로는 3가지 종류의 정부가 상호관계를 가지면서 갈등을 야기한다. 이러한 기본적인 인식 위에 우리 나라 정부간 갈등의 유형을 갈등주체인 정부를 기준으로 분류하면 중앙정부와 지방정부간의 갈등유형과 지방정부 상호간의 갈등으로 분류할 수 있다. 첫째, 중앙정부와 지방정부간의 갈등은 지방정부의 종류에 따라 중앙정부와 광역자치단체간의 갈등과 중앙정부와 기초자치단체간의 갈등의 두 가지 유형으로 분류할 수 있고, 둘째, 지방정부 상호간의 갈등은 광역자치단체 상호간의 갈등과 광역과 기초자치단체간의 갈등 그리고 기초자치단체상호간의 갈등의 세 가지 유형으로 분류할 수 있다.

(2) 갈등의 내용에 따른 분류

갈등의 내용을 기준으로 정부간 갈등의 유형을 분류할 경우, 정부가 수행하는 기능의 종류만큼 다양한 갈등이 나타날 수 있다. 따라서 내용에 따른 갈등의 유형을 분류한다는 것은 거의 불가능에 가깝다. 하지만 이러한 정부간 갈등의 내용을 권한과 이익으로 대별해 볼 수 있으며, 그럴 경우 정부간 갈등의 형태는 권한갈등과 이익갈등의 두 가지로 분류할 수 있다. 첫째, 정부간 권한갈등이란 각 정부간에 권한의 존부나 권한범위의 광협으로 야기되는 갈등을 의미하며 정부의 권한과 그 범위는 법령에 의해 정해진다는 점에서 법적갈등이라고 할 수도 있다. 둘째, 정부간 이익갈등이란 지방자치제도의 실시에 따라 지방정부들이 각자 고유한 자신들의 권한을 갖게 되고 점차 그 범위가 확대됨으로써 국가전체의 일반이익을 우선 시키려는 중앙정부와 지방의 특수이익을 우선시 하려는 지방정부들간에 발생되는 갈등을 의미한다. 권한갈등이나 이익갈등의 배경에는 "주민이 모여 국민이 되고, 지역이 뭉쳐 영토를 이루기 때문에 주민과 지방정부를 우선적으로 고려해야 한다는 관점"과 중앙정부를 곧 국가로 간주하고 "국가가 있어야 국민과 지역이 존재하기 때문에 국가인 중앙정부의 논리가 우선되어야 한다는 사고"의 근본적인 대립이 존재하고 있는 것이다.

적, 관료제적, 체제적 갈등으로, (3) 조직구조화의 유무에 따라 마찰적 갈등과 전략적 갈등으로, (4) 상황적 행태를 기준으로 반복적, 계속적, 극한적 갈등으로, (5) 갈등발생영역을 기준으로 외생적 갈등과 내생적 갈등으로, (6) 갈등의 진행과정을 기준으로 잠재적, 일과적, 타성적, 진행적 갈등으로, (7) 유인가치의 성격에 따라 접근, 회피, 접근/회피 갈등으로, (8) 갈등의 내용을 기준으로 권한갈등과 이익갈등으로 분류될 수 있다.

3. 정부간 갈등의 원인과 전개양상

1) 갈등의 원인

갈등의 일반적 원인으로 지적될 수 있는 것들은, (1) 개인적 혹은 집단적으로 나타나는 이해관계의 차이, (2) 인지의 차이, (3) 의사소통의 왜곡, (4) 평가기준과 보상체계의 차이, (5) 상호기대의 차이, (6) 구성원들의 이질화, 역할분화와 분업 등 매우 다양하다. 그러나 여기서는 정부간 관계의 현실세계에서 나타나고 있는 갈등의 원인들만을 간략하게 검토해 보기로 한다. 중앙정부와 지방정부도 하나의 조직이고 보면 이러한 조직갈등 원인의 일반이론을 벗어나지 못하며, 따라서 정부간 갈등의 원인도 조직갈등의 원인이라는 일반론적 관점에서 이해될 수 있다. 그러나 그 중에서도 특히 지자제 실시이후 우리나라에서 야기되고 있는 정부간 갈등의 표면화된 원인들을 간단하게 지적하면 다음과 같다(임경호, 1996: 12).

(1) 중앙과 지방의 정부간 권한차이 및 발전전략의 차이

근래 국내에서 야기되고 있는 중앙정부와 지방정부 그리고 지방정부 상호간의 갈등은 중앙정부와 지방정부간의 권한의 상대적 차이에서 비롯되고 있다. 특히 자치제도가 실시된 이후 각 지방정부가 앞 다투어 만든 지방정부의 발전전략상의 차이로 인해서도 갈등이 야기되고 있다. 특히 지방정부의 경우 중앙정부의 편견에 의해, 극히 일부분만 주어진 권한마저 중앙정부의 국가우선주의 논리에 밀려 지방정부의 기능이 통제되고 있고, 다소나마 지역현안문제를 강조하면 곧바로 중앙정부의 통제가 가해짐으로써 불가피하게 갈등이 야기되고 있다.

우리나라는 지방자치제도의 실시로 중앙정부는 지방정부에 대하여 자치권을 부여하게 되었고, 지방정부는 자치권의 범위 내에서 가능한 빨리 그리고 가능한 최대의 지역발전을 추구하려는 강한 의욕에 사로 집히게 되었다. 그러나 한 나라의 통치권을 중앙과 지방이 적절히 배분해 나누어 가진다는 것 자체가 쉬운 일이 아니며, 국토의 균형개발이라는 중앙정부의 전략과 국토의 일부분을 점하고 있는 특정지역정부의 개발전략이 조화를 이룬다는 것도 결코 간단한 문제가 아니다. 이렇게 볼 때 현 시점에서 정부간 갈등의 발생은 어쩌면 매우 자연스런 현상일지 모른다.

(2) 정부간 상호의존성의 증대

대한민국이라는 하나의 국가를 운영하는 주체로서의 정부란 중앙정부와 지방정부를 통합지칭한다. 따라서 국가발전관리는 양 정부의 공동노력으로 이루어지고 있다. 다시 말해 중앙정부의 발전전략과 지방정부의 그것은 국가발전관리라는 하나의 목표를 추구하고 있기 때문에 상호 밀접히 관련되어 있다. 그러나 현실적으로 중앙정부의 국가 전체적 발전논리와 지방정부의 지역 특수성를 추구하려는 발전논리간에는 차이가 있기 마련이다. 예컨대 자원이용의 효율화, 규모경제의 실현, 재정투자의 효율성 등을 제고하기 위하여 중앙정부와 지방정부가 공동으로 처리해야 할 공공사업이 점차 증대되고 있다. 이러한 사업들은 서로 협력하여 갈등 없이 처리될 수도 있지만 공무원, 의원, 주민 등의 상호 기대, 인식의 차이로 일의 추진과정에서 종종 갈등이 야기되고 있는 것이다. 우리 나라에서는 지방에 설치하는 국가공단, 지방에서 실시하는 중앙정부의 사업 등과 관련하여 이러한 갈등들이 야기되고 있다.

(3) 한정된 자원경쟁과 자기정부 우선주의의 타성

현재 우리나라에서 야기되고 있는 정부간 갈등원인은 한정된 자원을 놓고 상호간에 이를 더 먼저, 더 많이 사용하고자 하는 자원경쟁에서 유발된다고 볼 수 있다. 권한과 기능, 사무와 재원을 놓고 각 정부들이 경쟁하고 있는 것은 바로 이것을 설명하고 있다. 또한 각 정부들이 한결같이 자기들의 논리와 자기이익의 우선적인 추구를 강조함으로써 야기되는 갈등들이 많다는 것이다. 중앙정부는 중앙정부대로 국익 우선논리를 강조하고 있고, 지방정부는 지방정부대로 지역 우선주의를 외치고 있다. 물론 이러한 갈등은 전문화된 법령이 체계적으로 정립되어 있다거나 지방자치의 역사가 길어 정부공직자들의 업무처리경험이 축적되어 있을 때는 이를 최소화시킬 수 있다.

그러나 그렇지 못한 우리의 현실이 이들 갈등을 야기시키고 있다. 이러한 현상과 관련하여 각 정부는 내부적으로나 외부적으로 근래 님비(Nimby)와 핌피(Pimfy)현상을 적시(敵視)하고 있으나 님비와 핌피는 그 자체 인간본성의 자연스런 표현으로 이해할 수 도 있어야 한다. 문제는 그러한 현상들을 긍정하면서도 한 차원 높은 이익을 우선시킬 수 있는 그러한 공직자와 국민이 필요하다는 것이다.

(4) 민선단체장의 무분별한 선거공약

선거과정에서 민선단체장들은 정책공약 등에 대한 구체적인 실현가능성이나 검증절차 없이 함부로 제시하는 경우가 많다. 따라서 취임 후 자신이 제시한 정책공약을 실현시키기 위하여 현행 법령 등을 무시하고 무리하게 공약사업을 추진하게 됨으로써 불가피하게 주변 자치단체나 중앙정부 혹은 주민들과 갈등 내지 마찰을 야기시키는 것이다.

2) 갈등의 전개양상

갈등을 과정적인 관점에서 파악한 대표적인 학자로는 폰디(Pondy)를 들 수 있는 데, 그에 따르면 갈등은 갈등의 선행조건(자원의 제한, 정책지향 등의 차이) 관련인들의 정서적 상태(긴장감, 압박감, 증오감, 불안감), 관련인들의 인지적 상태(갈등상황인지), 수동적 저항으로부터 표면적 공격에 이르는 갈등행동 등 그 어느 것이나 해당될 수 있다. 갈등은 이러한 것들이 서로 무관한 것이 아니라, 선후관계에 따라 연속된 것으로 보고, 이를 에피소드(episode)라고 하였다. 에피소드는 잠재적 갈등(latent conflict), 인지된 갈등(perceived conflict), 느껴진 갈등(felt conflict), 명백한 갈등(manifest conflict), 갈등여파(conflict aftermath) 등 다섯 가지로 구성되어 있다(정세욱, 1997: 502).

(1) 잠재적 갈등단계

이 단계는 갈등행위 이전의 단계로서 집단간 갈등의 기본조건 또는 상황을 나타낸다. 그 원인은 첫째 희소한 자원에 대한 경쟁, 둘째 집단간의 목표의 차이로 분류된다. 이 단계를 잠재적 갈등단계로 부르는 이유는 갈등의 원인은 있으나 갈등 그 자체는 아직 잠재해 있어 현실로 나타날 수도 있고 나타나지 않을 수도 있기 때문이다.

(2) 인지된 갈등단계

이 단계는 잠재적 갈등조건이 존재한다는 것을 인지하는 것을 의미한다. 즉 인지된 갈등은 행위주체가 갈등상황을 지각하고 있는 상태를 말한다. 그러나 잠재적 갈등이 있다고 하더라도 반드시 갈등이 인지되거나 인지된다고 하더라도 반드시 현실로 나타나는 것은 아니다. 이것은 갈등의 인지와 지각을 감소시키는 두 가지 중요한 매카니즘이 있기 때문이다. 첫째 개인이나 집단은 사소한 위협이 되는 갈등은 의식적으로 차단하거나 억제하려는 경향이 있고(suppression mechanism), 둘째, 개인이나 집단은 장기적이고 비일상적인 것보다 단기적이고 일상적인 해결이 가능한 것부터 먼저 관심을 가지게 되는 경향이 있다(attention-focus mechanism).

(3) 느껴진 갈등단계

이는 갈등을 느끼는 심리적, 정서적 상태로서 집단이나 집단외부로부터 받는 긴장, 적의, 불안, 좌절 등을 가리킨다. 따라서 조직구성원이나 집단들이 압력이나 긴장 아래 있다고 느끼고 동시에 그들의 좌절감을 제거하려는 성향을 보일 수도 있다. 즉 행위주체가 스트레스, 긴장, 적대감 같은 것을 느끼는 상태를 의미한다.

(4) 명백한 갈등단계

이 단계는 수동적인 저항단계에서 적극적이고 명백한 대응에 이르는 행위적 갈등이 야기되는 단계이다. 이 단계의 특징은 노골적인 갈등행위가 야기된다는 점이다. 말로 공격하는 행위, 정보를 왜곡시키는 행위, 육체적 격투행위 등이 이에 해당된다. 명백한 갈등은 공개적인 공격에서부터 파업, 태업, 냉담, 방어적인 연합행위 등에 이르기까지 상대방의 목표달성을 방해하기 위하여 의식적으로 행하는 행위이다.

(5) 갈등여파

갈등상황은 그것이 어떻게 관리되고 해결되는가가 매우 중요하다. 그 이유는 갈등은 상황에 따라 보다 협조적인 관계로 진전될 수 있기도 하고, 계속적인 공격과 갈등에 빠질 수도 있기 때문이다. 즉 갈등에 직면해도 갈등이 적정수준에서 만족할 만큼 관리될 수만 있다면 보다 협조적인 관계로 진전될 수 있고, 반면에 갈등이 억압되거나 무시되어 제대로 관리되지 않으면 잠재적인 갈등상황이 공격적이 되거나 보다 심각한 상태로 빠지게 되는 데 이를 갈등여파라고 부른다. 갈등여파를 유리하게 하기 위해서는 갈등관리에 더욱 세심한 주의를 기울일 필요가 있다.

4. 정부간 갈등조정에 관한 이론

1) 갈등조정의 기본방향

갈등은 적정한 수준에서 관리되거나 조정되지 않으면 개인이나 집단의 통합과 안정을 위협하게 된다. 그리고 극단적인 경우에는 조직이 무질서와 파멸로 치달을 수도 있다. 따라서 갈등은 적당한 수준에서 적절히 관리되어야 하는데, 갈등의 조정에는 다음과 같은 몇 가지 원칙과 기본방향을 특히 유의하여야 할 것이다.

① 게임의 룰과 규칙을 준수

갈등 당사자들이 지나치게 자기이익에 집착하다 보면 사회적 규범과 규칙, 질서를 파괴하는 경우가 종종 발생하게 된다. 그러나 갈등의 해결이나 조정과정도 사회적 질서를 규율하고 있는 정당한 규칙과 규범의 테두리를 벗어나서는 안 된다.

② 기본적 접근방법에 대한 국면전환과 인식전환의 필요성

갈등해결을 위한 국면전환에서 가장 중요한 것은 승패(win-lose)상황을 승승(win-win)상황으로 전환하고 참가자들을 적으로 보는 것이 아니라 문제 해결자로 보아야 한다는 것이다. 그리고 인식전환의 핵심은 적대적 태도를 우호적 태도로, 소극적 태도를 적극적 태도로 전환하는 것이다.

③ 사회적 정의에 부합되는 비용과 편익(갈등해결로 나타난)의 배분

갈등해결을 위해 지출한 비용과 갈등해결로 인해 받은 편익의 배분상태는 가능한 정의롭고, 공정하여야 한다. 만약 갈등해결 결과가 공평성에 어긋나서 편익의 향유자와 비용분담자간에 간격이 지나치면 인간관계의 악화와 불신을 증폭시키게 된다. 이렇게 되면 갈등은 완전히 해결된 것이 아니라 이로 인해 새로운 갈등이 야기될 수 있는 재연가능성을 가지게 된다.

④ 갈등당사자간의 원활성 유지와 개인과 지역의 안정성 유지

갈등이 주민들과 행정기관간에 야기된 것이라면 갈등해결은 주민들과 공무원들간의 원만한 관계가 침해받지 않는 범위 내에서 이루어져야 한다. 그리고 갈등으로 인하여 개인 또는 지역의 안정이나 화합이 깨어지지 않도록 유의하여야 한다. 주민들의 요구를 맹목적으로 님비나 핌피현상으로 몰아붙이는 우를 범해서는 안 된다.

2) 갈등의 조정이론

갈등조정에 관한 이론모형으로 제시되고 있는 전략 내지 방식은 매우 다양하다. 예컨대 R. R. Blake 등은 (1) 후퇴, (2) 완화, (3) 타협, (4) 강압, (5) 문제해결 등을 제시하고 있고, H. A. Shepard는 (1) 억압, (2) 제한된 투쟁, (3) 협상, (4) 문제해결 등을 들고 있다(유종해, 1985: 527). 또한 K. Thomas와 A. Luden은 협조성와 독단성을 기준으로 갈등해결방식을 (1) 회피, (2) 양보, (3) 경쟁, (4) 협력, (5) 타협 등을 제시하고 있다.

그러나 갈등 주체나 갈등내용에 따라서는 이들 학자들이 제시하는 일반적이고 보편적인 방안으로는 해결이 불가능한 경우가 많고, 이론적으로는 가능할지 모르나 현실적으로는 해결방안 그 자체를 사용하기 어려운 경우가 많다, 현실사회의 갈등이 해결되지 못하고 장기간 지속되거나 확대 조성되는 예는 바로 이런 이유 때문이라고 볼 수 있다. 이상의 다양한 모형들을 종합해보면 갈등관리에 관한 일반적인 전략 내지 방법으로 (1)문제해결, (2) 상위목표의 제시, (3) 자원의 증대, (4) 회피, (5) 완화, (6) 타협, (7) 상관의 명령, (8) 당사자의 태도변화, (9) 구조적 요인의 개편, 등 다양한 방법을 찾을 수 있다. 그러나 이들 갈등관리 혹은 조정모형은 대부분 개인간 갈등이나 조직간 갈등을 전제로 하고 있기 때문에 이들 모형들을 정부간 갈등조정 모형으로 그대로 도입하는 데는 일정한 제약이 따를 수밖에 없다. 이렇게 볼 때 정부간 갈등조정방식으로 실현가능성이 높고 바람직한 방식으로는 (1) 문제해결 (2) 협상과 타협, (3) 자원의 증대, (4) 상위정부의 조정 등을 들 수 있다.

첫째, 문제해결방식이란 갈등원인이 되는 쟁점적인 문제를 분석하여 그 원인 자체를 해결하는 가장 적극적인 갈등해결방식이다. 둘째, 협상과 타협이란 갈등 당사자들이 서로 자기의 주장과 이익을 일정한 선에서 양보하거나 나누어 가짐으로써 갈등상태를 해결하는 가장 민주적인 갈등해결방식이다. 셋째, 자원의 증대란 한정된 자원을 놓고 서로 많은 부분을 차지하기 위한 경쟁과정에서 갈등이 야기되었을 경우 유효한 방식이다. 넷째, 상위정부의 조정방식은 갈등당사자간의 노력으로 그 해결이 어려울 경우 이들 모두의 상급기관이나 중앙정부가 갈등중재에 나서는 방식을 말한다. 지방정부간 갈등은 그 원인이나 배경에 따라 조정 혹은 해결방식이 다를 수밖에 없겠지만 우리나라의 현실에서는 이상과 같은 4가지 방식으로 대부분 해결이 가능할 수 있을 것으로 판단된다.

제 2 절 한국의 정부간 분쟁요인과 조정방안

Ⅰ. 한국의 정부간 분쟁요인

1. 중앙정부와 지방정부간의 분쟁요인

1) 법령 및 제도의 미비로 인한 권한 · 기능배분의 불합리

중앙정부와 지방정부간에 야기되는 분쟁의 주요요인은 지방자치제도 실시에 앞서 충분한 권한 및 기능조정과 예상되는 관련 법령의 정비가 없었다는 데서 일차적인 원인을 찾을 수 있다. 예컨대 중앙정부가 추진하는 국책사업에 대해 이를 반대하는 지역주민들을 맹목적으로 비난할 것이 아니라 국책사업의 결정에 이해관계를 갖는 지역주민의 대표를 참여시키도록 하는 법령을 마련하거나, 피해지역에 대한 적절한 보상제도를 마련하지 못했고, 사업결정이전에 관련 지방정부와 충분한 협의를 거치도록 하는 제도가 마련되지 못했다는 점 등이 분쟁의 요인으로 지적된다.

2) 자치제도에 대한 중앙과 지방간의 관점 및 인식의 차이

중앙정부와 지방정부 공직자들 간에 지방분권이나 지방자치제도에 대한 인식에 현격한 차이가 있다는 점이다. 즉 중앙정부로서는 국가 없는 지방이 존재할 수 없으므로, 아무리 지방자치를 실시한다고 하더라도 지방정부는 당연히 중앙정부의 지시와 규제에 우선적으로 따라야 한다는 관점을 가지고 있다. 그러나 지방정부로서는 지방 없는 국가, 주민 없는 정부란 있을 수 없고, 지금까지 중앙집권적 통제중심의 국가발전이 계층간 지역간의 극심한 불균형발전을 초래하여 돌이킬 수 없는 사회문제를 야기했으므로 이제부터라도 지역사회는 각각 자기들의 발전을 위해 최선을 다해야 한다고 믿고 있다. 지방자치제도에 대한 이와 같은 양자 간의 현격한 관점의 차이가 분쟁의 요인으로 나타나고 있다.

3) 자치제도에 대한 이해부족과 지방불신주의

아직도 중앙정부의 많은 공직자들이 지방자치제도의 진정한 의미를 제대로 이해하지 못하고 있거나 권위주의적 국가운영방식에 빠져 있고, 중앙정부 우월주의와 지방을 불신하는 사고에서 벗어나지 못하고 있다. 즉 지방자치가 국가발전에 도움이 되지 못한다거나 지방공직자들은 능력이 부족하고, 지방의원들은 자신들의 이익만 챙기려고 한다는 부정적 생각을 가진 사람들이 적지 않다는 것이다. 그러나 사실은 중앙정부의 공직자들도 지방자치제도의 의미를 제대로 파악하지 못하고, 지역사회의 실정을 이해하지 못하는 사람들이 대부분이며, 그들도 자신들의 직무와 관련하여 자신들의 이익을 도모하려는 보통사람들에 지나지 않는다는 사실을 인식해야 한다. 중앙정부의 공직자들은 적어도 지역사회의 문제해결에 관한 한 지방공무원들이 훨씬 더 유능하고 많은 지식과 정보를 가지고 있다는 사실을 인식해야 한다.

4) 지역사정에 대한 몰이해와 중앙정부의 권위주의적 태도

중앙정부의 공직자들이 지나치게 지역사정을 이해하지 못하고 있거나 지방정부를 경쟁자로 인식하는 경향이 갈등의 요인으로 지적된다. 서울중심의 국가발전에서 상대적으로 낙후된 지역주민들의 지역발전과 소득증대에 대한 거친 요구를 직접 체험하지 못하는 중앙정부의 공직자들은 아직도 국민사회의 변화에 둔감하며 권력을 통해 지방을 일방적으로 통제하려는 생각에서 벗어나지 못하고 있다.

특히 빈약한 지방재정력을 강화시켜 줌으로써 지방의 자치역량을 제고시키려 하기보다는 오히려 중앙정부의 재정확충을 강화하여 지방을 통제하려는 바람직하지 못한 행태를 보이고 있다. 그러나 지방주민들로서는 생존문제가 걸린 일들이 많고, 자치단체장들로서는 지역발전이 지상과제로 인식되고 있다. 중앙정부와 지방정부간 분쟁은 민주국가의 운영자로서 역할정립이 부족한 중앙정부의 공직자들이 분쟁을 발전의 계기로 삼지 못하고 이를 창의적으로 해결하려는 태도가 부족한 데서 비롯되고 있다.

5) 지역이기주의와 성급한 발전욕구

지역주민들의 지역이기주의와 성급한 발전심리가 분쟁의 요인으로 부각되고 있다. 즉, 지방자치를 만병통치약으로 착각하거나 다른 지역의 사정을 아랑곳하지 않고 자신들의 발전만을 성급하게 고집하는 지역이기주의 내지 집단이기주의와 국민전체의 이익을 도모하려는 균형감각을 가진 중앙정부간에 분쟁이 야기되고 있는 것이다. 물론 지역이기주의 문제에 대해서는 찬반의 논의가 분분하다. 자기지역발전을 위한 일에 주민들이 나서는 것은 인간본연의 자세며 이를 지역이기주의로 몰아 부치는 것은 지나친 편의주의적 발상이라는 비난이 많다. 이러한 점을 감안하더라도 지역에 따라서는 지역이기주의적 행동이라는 비난을 면할 수 없는 과도한 집단행동이 많기 때문이다.

2. 지방정부 상호간의 분쟁요인

1) 인접한 지방정부들 간의 상호의존성 증대

지방자치제도하의 지방정부는 인접하고 있는 정부들과 언제나 교류하고 경쟁하기 때문에 지방정부들 간에는 언제나 협력과 갈등이 야기될 수밖에 없다. 그리하여 지방자치제도가 실시된 이후 모든 지방자치단체는 그 전까지만 해도 별로 관심을 두지 않았던 환경개선, 지역개발, 지역산업과 경제발전 등에 전력을 다하고 있다. 이처럼 경쟁하듯 지역의 발전을 추진하는 과정에서 필연적으로 영향을 주고받는 인접 지방정부간에 다양한 분쟁이 야기되고 있다. 요컨대 인접하는 지방정부들 간에 상호의존성의 증대가 분쟁의 요인으로 작용하고 있다.

2) 자원이용 및 개발에 대한 상호 이해관계의 차이

수도권 계발계획이 서울주변 모든 지방정부들의 지역개발계획에 영향을 주고 있으며, 수도권 상수원보호대책이 주변 지방정부들의 생존문제와 관련되어 분쟁이 야기되고 있다. 두 개 이상의 지방정부를 거쳐 흐르는 강의 개발과 유수의 이용을 둘러싼 관련 자치단체들간에도 치열한 분쟁이 야기되고 있다. 이처럼 토지자원이나 수자원의 개발·이용과 관련 지방정부들간 이해관계의 차이가 분쟁요인으로 나타나고 있다. 요컨대 특정지역의 골프장 건설과 공단조성이 인접하는 타 지역의 환경오염을 유발한다거나, 특정지역의 자원보존을 위해 인접지역 주민들의 생존권을 침해함으로써 야기되는 분쟁이 지방정부간 분쟁의 대표적 요인으로 지적되고 있다.

3) 경쟁적 지역개발사업과 지역이기주의

광역자치단체의 지역개발사업에서 제외된 기초자치단체의 반발로 인한 갈등이나, 인접자치단체간의 공단부지조성을 놓고 야기되는 갈등, 대도시의 교통망을 인접하는 농촌지역으로 확대하라는 광역교통망건설을 놓고 야기되는 갈등, 쓰레기처리장 건설을 놓고 인접하는 지역간에 야기된 갈등 등은 모두 경쟁적 지역개발사업과 지역이기주의로 인한 분쟁으로 파악된다. 조금만 거시적으로, 좀더 장기적으로 생각한다면 분쟁보다는 오히려 상호협력으로 해결될 수 있는 문제들이 성급하고 목전의 이익만 생각하는 사람들에 의해 심각한 분쟁으로 왜곡되고 있는 것이다.

4) 지방정부간 관계에 관한 각종 법령과 규정의 미비

중앙정부와 지방정부간의 분쟁요인으로 작용했던 각종 법령과 제도의 미비가 지방정부간의 분쟁요인으로도 작용하고 있었다. 예컨대 광역자치단체와 기초자치단체간의 분쟁을 야기했던, 기초자치단체에 대한 광역자치단체의 감사와 관련된 갈등, 고위공직자들에 대한 인사문제나 행정구역개편을 두고 인접 자치단체간에 야기된 갈등 등은 바로 충분한 관련규정의 정비가 미비했기 때문이었다. 또한 인접하는 자치단체간의 경계구역에서 야기되는 도로의 확포장과 관련된 갈등이나 2개 이상의 자치단체가 공동으로 관리하는 공익시설이나 환경보호시설에 대한 관리운영비에 관한 갈등 등은, 사전에 중앙정부나 광역자치단체 차원의 관련기준이 마련되지 않아 야기되는 분쟁이라고 보아야 할 것이다.

Ⅱ. 정부간 분쟁의 조정방안

1. 중앙정부와 지방정부간 분쟁조정방안

1) 기존 조정제도의 적극적 활용

분쟁조정제도는 주로 지방자치법에 규정된 것들로 그 자체가 중앙정부중심적인 것들이 많아 바람직한 분쟁조정장치로 볼 수는 없다. 그럼에도 불구하고 현실적으로는 이들 법규 외는 다른 제도적 장치가 존재하지 않으므로 다음과 같은 분쟁조정제도들을 활용하고 있다.

첫째, 중앙정부의 지도감독의 방식이 있다. 즉 지방정부가 중앙정부로부터 위임받아 처리하는 국가사무에 관하여는 광역자치단체 대하여서는 주무부장관의 지도감독을 받도록 하고 있으며, 기초자치단체에 대하여서는 1차로 광역단체장의 지도·감독을, 2차로 주무부장관의 지도감독을 받도록 하고 있다.

둘째, 중앙정부에 의한 시정명령제도가 있다. 즉 지방자치단체장의 위법·부당한 명령·처분에 대하여 시·도에 대해 주무부장관이 시정명령을 내릴 수 있도록 하고 있으며 기간 내에 이를 이행치 않을 경우에는 이를 취소·정지시킬 수 있도록 하고 있다.

셋째, 중앙정부의 직무이행명령제도를 들 수 있다. 지방자치단체장이 국가위임사무나 시·도 위임사무의 관리·집행을 명백히 게을리 하고 있다고 인정될 때, 시·도에 대해서는 행정자치부장관이 서면으로 직무이행명령을 할 수 있도록 하고 있다.

넷째, 중앙정부의 감사제도를 들 수 있다. 즉 동조는 행정자치부장관으로 하여금 자치사무에 대하여 보고를 받거나 법령위반사항의 경우에는 서류. 장부 또는 회계를 감사할 수 있도록 하고 있다.

다섯째, 주무부장관의 사전승인제도를 들 수 있다. 기초자치단체의 구역개편시 사무와 재산을 승계할 지방자치단체의 지정과 시·도간 분쟁의 조정, 그리고 개별 법률에 근거한 관계중앙행정기관의 장으로부터 사전승인을 받도록 하고 있다.

여섯째, 헌법재판소의 심판에 의한 분쟁해결방안을 들 수 있다. 즉 중앙정부와 지방정부, 지방정부 상호간에 권한의 존부나 그 범위에 관해 갈등이 야기되었을 경우, 헌법재판소에 제소하여 그 심판을 통해 분쟁을 해결할 수 있도록 한 것이다.

일곱째, 대법원의 판결에 의한 분쟁해결방식을 들 수 있다. 지방자치단체는 중앙정부의 시정명령과 이에 따른 취소·정지처분에 대해 이의가 있을 경우 이를 접수한 날로부터 15일 이내에 대법원에 그 심판을 제기할 수 있도록 하고 있다.

2) 바람직한 분쟁조정방안의 탐색

(1) 중앙정부와 지방정부간의 권한·기능에 관한 법령·제도의 정비

현재 우리나라에서 야기되고 있는 중앙정부와 지방정부간 갈등의 주요요인은 지방자치제도를 실시하면서 사전적 준비나 사후적 개선이 미흡했다는 것이다. 따라서 법령의 개정을 통하여 기존의 법률과 행정관행을 명확히 하고 권한과 기능의 지방위임을 분명히 해야 한다. 그리고 국회의 지방자치단체감사는 관련업무에 대한 중앙행정기관을 통해 실시하고 국회의원들이 직접 지방자치단체에까지 내려와 민폐 아닌 민폐를 끼치는 일이 없도록 해야 하며, 자치단체의 자율권을 침해하고 있는 지방자치법과 그 시행령도 대대적으로 개혁하여, 기본적인 골격을 제외하면 법령에 의한 지방자치가 아니라 조례에 의한 지방자치가 되도록 해야 할 것이다.

(2) 중앙정부의 지방자치단체에 대한 관리방식의 개혁

작금의 국제사회는 집권에서 분권으로, 규제와 통제에서 자율과 자치로, 획일화에서 다원화로 그 관리패턴이 바뀌고 있다. 따라서 중앙정부도 이제부터는 지방정부의 관리방식을 과감히 개혁해야 할 필요가 있다. 종래의 권위주의적 규제와 통제방식으로는 변화하는 경쟁환경에서 효율적인 국가경영을 할 수 없기 때문이다. 또한 중앙행정기관의 고위공직자들이 지역실정을 이해하지 못한데서 야기되는 갈등을 방지할 수 있도록 중앙정부와 지방정부간에 고위공직자의 인사교류를 보다 더 활성화하는 방안도 적극 도입해 볼 필요가 있다.

(3) 중앙정부의 지방불신의식(地方不信意識) 개선

아직도 중앙정부의 공직자들은 권위주의적 태도에서 벗어나지 못하고 있고, 지방자치단체에 대한 중앙정부의 기득권고수를 위해 다양한 법령과 규제를 강화하려고 하고 있다. 지방화시대를 강조하면서도 지방정부의 역량을 과소평가하고 지방공무원의 능력을 불신하며 자신들의 역량을 과대평가하는 경향이 강하다. 지방의 소리나 지방정부의 요구는 대부분 지역이기주의적인 것으로 매도하고 자신들만이 국가발전을 위한 정의의 사도로 착각하고 있는 중앙정부의 공직자들이 많다. 이러한 문제들이 개선되지 않는 한 중앙정부에 대한 지방정부의 문제제기와 반발은 앞으로 점차 늘어날 것이다.

(4) 중앙정부 및 지방정부의 공직자에 대한 자치제도의 인식증진

어떠한 제도이든 간에 제도실시에 대한 종국적 권한을 가지고 있는 자는 그 제도의 성공여부에 대한 책임도 있음을 알아야 한다. 따라서 지방자치제도의 성공을 위해 노력해야 할 중앙정부가 오히려 지방자치제도를 고사(枯死)시키려고 하는 비정상적인 조치들이 늘어나고 있다는 것은 큰 문제다. 그 동안 우리는 권위주의적 국정운영으로 서울에 비하여 지방이, 특정지역에 비하여 다른 지역이 상대적으로 낙후되어왔다는 사실 때문에 국론이 분열되고 지역할거정치가 힘을 얻고 있다. 따라서 중앙정부의 공직자들은 이러한 잘못을 시정하고 국정의 민주화와 국토의 균형발전을 위해 특히 지방자치제도의 성공적 정착을 위해 노력해야 한다.

(5) 지역주민과 지방자치단체의 이성적 문제해결능력 제고

지방자치제도가 지방의 요구와 주장을 무한정으로 들어주는 제도는 아니다. 모든 자치단체들이 각자 고유한 사정과 어려움이 있다고 하더라도 그것은 중앙정부와 관련 지방정부들이 모두 함께 지혜를 모으고 협력과 지원을 통해 같이 풀어나가야 한다. 지역주민들 역시 당면한 지역문제해결에 보다 이성적으로 접근할 수 있는 지혜와 슬기를 가져야 한다. 따라서 중앙정부와 지방정부는 국민들과 주민들의 불합리한 요구와 주장을 설득할 수 있는 능력을 가져야 하고, 국민들과 주민들은 합리적인 설득을 수용할 수 있는 용기와 지혜를 가져야 한다. 그리고 이러한 국민적 역량을 증진시키기 위해서는 민주주의와 지방자치에 대한 범국민적 교육을 서둘러 실시해야 한다.

(6) 국가차원의 갈등조정장치 설치·운영

정부간 관계는 어떠한 이유에서든 간에 언제나 다소간의 갈등은 야기되기 마련이다. 따라서 이러한 갈등에 대비하여 중앙정부에서는 범국가적 조정장치를 마련해 둘 필요가 있다. 가능하면 정부의 3부를 초월하여 독자적인 조정기능을 수행할 수 있는 제도적 장치를 마련하는 방안이 가장 바람직하다. 그러나 우리의 현실은 그것이 거의 불가능하다. 따라서 국민의 대표기관인 국회가 중심축이 되어 위원회를 만들거나 아니면 정부의 3부를 대표하는 위원들과 지방자치단체의 대표들이 함께 참여하는 위원회를 구성함으로써 중앙정부와 지방정부의 분쟁을 조정할 수 있는 장치를 마련해야 할 것이다.

2. 지방정부 상호간의 분쟁조정방안

1) 기존 분쟁조정제도의 활용

(1) 지방정부 상호간의 자율적 조정장치

현행법상 지방정부 상호간에 분쟁이 야기되었을 경우 그 조정제도로 활용할 수 있는 것들로는 행정협의회와 지방자치단체조합 그리고 각종 협의와 협약 등이 있다.

첫째, 행정협의회란 두 개 이상의 지방자치단체에 관련된 사무의 일부를 공동으로 처리하기 위하여 관계 지방자치단체 간에 협의에 따라 규약을 정하여 지방의회의 의결을 거쳐 구성하도록 하였다.

둘째, 지방자치단체조합이란 두 개 이상의 지방자치단체가 어떤 사무를 공동으로 처리할 필요가 있을 때, 규약을 정하여 지방의회의 의결을 거쳐, 관련 광역단체장 혹은 행정자치부장관의 승인을 받아 설립하는 공공법인이다.

셋째, 각종의 협의와 협약이다. 이것은 지방자치단체가 다른 지방자치단체로부터 사무의 공동처리에 관한 요청이나 사무처리에 관한 협의·조정·승인 또는 지원의 요청을 받았을 때 법령의 범위 안에서 이에 협력해야 하는 것을 의미한다.

(2) 외부에 의한 타율적 분쟁조정제도

첫째, 중앙행정기관장과 시·도지사의 조정에 의한 분쟁조정제도가 있다. 이것은 지방자치단체 상호간 또는 지방자치단체장 상호간에 분쟁이 있을 경우, 관련 시·도지사나 중앙행정기관장이 분쟁당사자의 신청에 의하여 이를 조정할 수 있는 제도를 말한다.

둘째, 지방자치단체분쟁조정위원회에 의한 조정방식이 있다. 이것은 분쟁당사자의 신청에 의하여 지방자치단체 간 분쟁조정과 행정협의회의 협의사항을 조정할 경우, 필요한 사항을 심의하기 위하여 행정자치부장관 또는 시·도지사의 소속 하에 설치되는 분쟁심의기관이다.

셋째, 환경분쟁조정위원회에 의한 조정방식이 있다. 여기서 환경분쟁조정위원회란 환경오염의 피해로 인한 분쟁의 재정(裁定)과 둘 이상의 광역자치단체에 걸치는 분쟁사건 및 대통령령으로 정하는 분쟁사건, 그리고 광역자치단체 내부에서 야기되는 분쟁사건을 관장하기 위해 중앙정부(중앙환경위원회)와 광역자치단체(지방환경위원회)에 설치하는 환경분쟁해결기관이다.

넷째, 헌법재판소의 판결에 의한 분쟁해결방식이 있다. 즉 지방자치단체들 간에 권한의 존부(存否) 또는 그 범위에 관하여 다툼이 있을 때, 당해 지방자치단체는 피청구인의 처분 또는 부작위가 헌법이나 법률에 의해 부여받은 청구인의 권한을 침해하였거나 침해할 현저한 위험이 있는 때에 한하여 헌법재판소에 권한쟁의심판을 청구할 수 있다.

다섯째, 중앙정부에 의한 구역개편 방식이다. 이것은 중앙정부가 지방정부를 흡수·통합하는 등의 방법으로 분쟁을 조정하는 방식이다. 다시 말해 이것은 지방자치단체간의 분쟁을 중앙정부가 자치구역개편을 통해 해결할 수 있는 방식을 말한다.

2) 바람직한 분쟁조정방안의 탐색

(1) 지방정부 상호간 관계에 관한 법령의 정비·보강

우리나라의 현실적인 법제는 자치제도를 실시하면서도 자치제도에 맞지 않는 것들이 많다. 전술한 중앙정부와 지방정부간의 분쟁조정을 위한 방안의 제시에서도 언급한 바와 같이 대부분의 법제들이 중앙정부의 강제나 규제에 의한 해결방식을 취해오고 있으며, 광역자치단체와 기초자치단체간의 업무분장이 모호하여 분쟁이 유발될 가능성이 많지만 대부분 광역자치단체에게 조정권을 주고 있어 문제점으로 부각되고 있다. 따라서 지방정부간의 분쟁발생을 사전에 차단할 수 있는 관계법령을 자치정신에 맞게 정비하고 보강해 나가야 할 것이다. 따라서 지방정부의 의견을 종합하고 중앙정부의 의견을 함께 고려하여 지방정부간 관계에 관한 각종 법령을 정비하고 보완해 나가야 할 것이다.

(2) 지방정부간 자율적 분쟁조정장치의 정비·보완

지방자치제도를 실시하지 않았을 때는 거의 필요성이 의문시되었던 행정협의회와 자치단체조합 등과 같은 지방자치단체간의 협의체 등이 본격적인 지방자치제도의 실시와 함께 그 중요성이 부각되고 있다. 따라서 기존의 제도적 장치에 대해서는 관계법령을 개정하여 그 권한의 범위를 확대하거나 분명히 하고, 나아가 지방정부간 자율적 분쟁관리체제를 자유로이 설치·운영할 수 있도록 권한을 부여해야 하며, 이들 장치에 대해서는 중앙정부의 간여를 가급적 최소화시켜야 할 것이다. 특히 기초자치단체간의 분쟁에 대해서는 광역자치단체에서 조정할 수 있도록 권한을 대폭 위임해야 한다.

(3) 각종 지방자치단체연합회 등에 분쟁조정기능 부여

지방정부간 분쟁의 효율적 조정과 관리를 위해서는 이미 법적 지위를 인정받은 전국시도지사협의회, 전국 시장·군수·구청장협의회, 전국 시·도의회 의장협의회, 전국 시·군·구의회 의장협의회 등과 같은 4대 자치단체연합회를 적극적으로 활용할 필요성이 높아지고 있다. 지방의 활력이 점차 증대되어감에 따라 이들 단체의 활동도 늘어나게 될 것이며 각종 지방정부간 분쟁도 이들 단체를 통해 해결할 수 있어야 한다. 그러므로 지방자치발전에 관한 중대한 역할을 할 수 있고, 지방정부간의 분쟁조정은 물론 중앙과 지방간의 분쟁조정역할까지 수행할 수 있는 이들 단체들이 적극적으로 활동할 필요가 있다.

(4) 행정법원의 확충과 설치·운영의 강화

현행제도는 자치단체간 권한의 존부(存否)나 그 범위에 관하여는 헌법재판소에 권한쟁의 심판을 청구할 수 있도록 하고 있다. 그리고 중앙정부의 직무이행명령에 대해 당해 지방정부의 이의가 있을 때 대법원에 제소할 수 있도록 하고 있고, 위법한 지방의회의 재의결에 대해 자치단체장이 대법원에 제소할 수 있도록 하고 있으며, 자치단체장의 자치사무에 대한 명령·처분의 취소·정지에 대해 대법원에 제소할 수 있게 하였다. 그러나 그 이외의 정부간 갈등에 대해서는 사법적으로 해결할 길이 열려있지 않다. 따라서 정부간 분쟁해결을 전담할 수 있는 행정법원의 설치·운영을 강화할 필요가 있다.

(5) 인접지역 지방의원 및 주민간의 "공동활동의 장" 증진·지원

정부간 갈등은 사후적 해결보다는 사전적 조정이 더욱 바람직하다. 지방정부간에 야기되는 대부분의 분쟁은 인접하고 있는 자치단체들 사이에서 야기된다. 즉 인접하고 있는 지방정부와 주민들 간에 지역개발, 자원이용 등을 놓고 분쟁이 야기되고 있다. 따라서 이들 지방정부들은 주민들과 의회의원들의 공동활동의 장을 마련하거나 공동모임이 가능한 각종 단체를 설치·운영함으로써 분쟁발생을 사전에 예방할 수 있다. 인간과 인간간의 분쟁은 상호간 대화부족에서 발단되기 쉽다. 인접하는 지역의 공직자와 지방의원, 전문가와 기업가 그리고 일반주민들이 평소 동일한 단체나 모임에서 함께 활동함으로써 상호간에 공동체 의식을 공유하고 있을 때, 분쟁의 발생은 사전에 차단될 수 있기 때문이다.

02
Chapter

지방행정의 발달과 광역행정론

제 1 절 광역행정의 본질과 방식

Ⅰ. 광역행정의 본질

1. 광역행정의 의의

현대의 지방행정수요는 하나의 구역 내에서는 그 요구를 충족시킬 수 없는 경우와, 한 자치구역 내에서 수요를 충족시킬 수 있는 경우에도 그 경제성 및 민주성을 달성하기 어려운 것들이 점차 늘어나고 있다. 그리하여 인접하는 자치단체 상호간의 협력·조정의 필요성이 증대되고 있는 데, 이러한 행정수요를 광역행정수요라고 하며 앞으로 이러한 행정수요는 점차 증대될 것으로 예상된다. 광역적 행정수요에 대응하기 위해서는 특정지역의 중심도시와 그 주변지역 간에 공통적인 이해관계가 있는 사업들에 대해 여러 행태의 협력과 조정을 통해 처리하는 광역행정이 필요하게 되었다.

이처럼 광역행정이란 법령 등에 의해 인위적으로 고정시켜 놓은 기존의 자치구역에 구애됨이 없이 자치단체의 구역을 넘어, 보다 넓은 지역에 걸쳐서 일정한 행정사무를 종합적·통일적으로 수행하는 행정업무처리방식을 말한다. 오늘날의 지방행정은 광역행정의 비중이 점차 높아지고 있다. 선진국은 물론 중후진국에서조차 교통·통신기술의 발달 등에 따른 도시화의 물결을 타고 대도시구역 및 농촌지역의 구분 없이 이러한 광역행정방식의 채택이 확산되고 있다.

지방자치단체가 처리해야 할 광역행정사무 중에는 i) 한 자치단체의 구역 내에 한정시켜 처리하기가 곤란한 사무, ii) 2개 이상의 자치단체에 걸치는 행정이 많아 그 구역을 엄격히 분리할 경우 행정능률을 떨어뜨리거나 효과적인 목표달성이 어려운 사무, iii) 기타 국가 전체적으로 큰 영향을 미치는 사무 등이 있다. 광역행정은 이와 같이 변모된 행정수요에 직면하여 기초자치단체인 시나 군보다 넓은 광역권에 부응하도록 재편성하거나 광역권을 구획하고, 여기에다 새로운 광역정부를 설치할 것을 요구하고 있다.

그러나 이러한 광역행정은 첫째, 지방자치를 옹호할 수도 있고 제약할 수도 있는 양면성을 지니고 있으므로 그 목적을 명확히 설정해야 한다. 둘째, 광역행정은 그 기능영역이나 자치단체의 지위에 따라 효과가 각각 달리 나타날 수 있으므로 적정한 수준을 먼저 결정해야 한다. 셋째, 광역행정은 그 처리방식에 따라 효과가 달라지므로 일정한 행정문제를 어떠한 방식으로 처리할 것인가를 신중히 결정해야 한다.

2. 광역행정의 촉진요인

오늘날 이러한 광역행정의 필요성이 증대되고 있는 데에는 여러 가지 이유들이 있다. 아래에서는 이들을 요약 설명하기로 한다.

1) 사회경제발전에 따른 행정사무의 성격변화

산업화의 진전과 함께 경제가 발전하고 이에 따른 사회전반의 발전을 가져와 행정이 처리해야 할 사무의 성격도 변하게 되었다. 예컨대 지방자치단체가 수행하는 각종의 행정사무 중에 i) 일정한 행정구역의 경계 내에 국한하여 집행할 수 없는 사무, ii) 이를 국한하여 집행할 경우 능률적인 행정을 할 수 없거나 행정목표를 달성할 수 없는 사무, iv)사무가 국가전체에 영향을 미치는 사무 등이 점차 증대하고 있다. 이들 사무는 인접한 자치단체와 협조, 계약, 공동처리, 법령 등에 의해 광역행정방식으로 처리함이 불가피하게 되었다. 상하수도, 쓰레기매립장, 체육시설, 공원 기타의 사무가 여기에 해당된다.

2) 산업 · 기술발달에 따른 지역사회의 구조변화

산업발달과 경제성장은 산업 및 인구의 지역적 편재와 지역간 격차를 발생시켰다. 그리하여 산업입지 및 인구의 균형분산이 요구되었고, 이를 해결하기 위해 각 자치단체는 산업입지의 합리화, 장기적 토지이용계획수립 등이 필요하게 되었다. 이러한 업무는 방대한 자본과 고도의 전문기술을 요구하게 되는 바 단일의 기초자치단체로서는 사실상 불가능하므로, 광역적 처리 내지 전국적 차원에서 종합·조정이 필요하게 되는 것이다.

3) 급격한 대도시화의 진전

농어촌인구의 도시유입으로 도시가 과밀화 되면 도시면적은 확대된다. 이처럼 기존도시의 주변지역이 도시권역으로 흡수되면 도시권의 근접지역의 개발로 이어지며 경제·교통권이 일치되는 광역도시권이 형성된다. 이러한 광역도시의 인구·교통·상하수도·경찰 등 행정문제는 일정한 지방자치단체의 관할구역뿐만 아니라 근접구역까지 대상으로 하는 광역처리방식이 요구되는바, 중심도시는 위성도시 및 근교지역을 흡수하여 일종의 집합도시화 하게 되는 것이다.

4) 도시와 농촌간의 행정서비스의 평준화

대도시와 배후지역, 도시와 농촌간의 행·재정능력을 고려하여 행정서비스의 균질화, 주민복지의 평준화를 이룩함으로써 복지국가의 이념을 실현하려고 할 때 광역행정이 요청된다. 주변지역과 대도시의 행·재정 능력이나 기술은 양자간 격차가 크므로 주변지역을 대도시에 흡수시킴으로써 지방자치단체의 행·재정적 격차를 완화하고, 주민의 복지향상과 행정서비스의 평준화를 도모할 수 있다.

5) 중앙집권과 지방분권의 조화와 균형

광역행정은 지방분권주위와 중앙집권주위를 조화시키기 위하여 요구된다. 광역행정이 지방자치를 옹호하는 논리는 바로 그 지방의·경제·사회·문화에 관한 지역적 특수성과 주민의 편의를 도모하기 위해 중앙정부에 의한 획일적·권력적 행정으로부터 자치행정을 보호하는데 있다. 결국 현실사회에는 전국적 성질을 가진 행정사무, 지방적 성질을 가진 자치사무, 전국적 성질과 지방적 성질의 중간적 성질을 가진 사무 등이 존재하므로 하나의 자치단체에만 맡겨서는 효율적으로 처리할 수 없는 사무가 증대되고 있다는 데에 광역행정의 의의와 촉진요인이 존재하는 것이다.

3. 광역행정의 기준

광역행정을 효율적으로 수행하기 위해서는 그 사무의 성격에 따라 각기 다른 기준과 방식 및 절차에 따라야 할 것이다. 그 중에서도 광역행정의 기준으로는 아래와 같은 5가지를 대표적인 것으로 들 수 있다(김원, 1981: 180-189).

1) 골격기준과 세포기준

광역행정의 기준으로서 골격기준(skeletal criteria)이란 자치단체 상호간에 이해관계가 긴밀하게 연계되어 있는 기능에 관해서는 연계된 광역적 지역차원의 기획으로 접근해야 함을 의미한다(지역개발 등 광역계획사무: 상하수도, 교통통신, 전기 수도, 도시계획 등). 그리고 세포기준(cellular criteria)이란 당해 구역내에서 지방주민의 이해와 관심 등과 직결되는 사무(학교, 경찰, 소방, 병원)는 당해 지방정부에 맡겨 처리해야 함을 의미한다.

2) 환경체계기준

각 지방자치단체가 처리해야 할 사무 중에서도 수질, 대기오염, 쓰레기처리, 산업폐기물처리 등과 같이 각 자치단체가 개별적으로 처리하기 보다는 강, 해안, 대기권 등과 관련된 광역환경체계에 속하는 여러 자치단체들이 광역적으로 처리하게 하는 것이 더욱 바람직한 사무가 있다. 이처럼 환경체계기준이란 환경관련업무는 개별자치단체가 아니라 여러 자치단체가 함께 협력하여 광역적으로 처리하게 하는 기준을 말한다. 예컨대 한강에 대해서는 강원도, 서울시, 경기도, 충청북도, 인천시 등이 광역적으로 처리하는 것이 효과적이며, 낙동강에 대해서는 강원도, 충청북도, 경상북도, 대구시, 경상남도와 부산시 등이 광역적으로 처리하는 편이 훨씬 효과적일 것이다.

3) 협력체계기준

지방자치단체의 기능 중에는 하나의 자치단체가 독자적으로 처리하는 것보다는 여러 자치단체가 서로 협력하여 처리하면 훨씬 효과적으로 처리할 수 있는 사무들이 있다. 이처럼 2개 이상의 자치단체들이 서로 협력하여 처리할수록 효과적으로 처리할 수 있는 사무들을 협력체계기준이라고 한다. 예컨대 마약이나 범죄에 관한 특수경찰사무, 쓰레기수거 및 처리시설, 동물원, 박물관, 화장장 등에 관한 사무를 들 수 있다. 물론 이러한 사무들은 협력적으로 처리하면 효과적이지만 자치단체간의 이해관계가 얽혀 처리과정에서 협력이 원만하게 이루어지지 않아 어려운 문제가 없진 않다.

4) 형평(衡平)기준

광역적 사무를 처리하는 과정에서는 자치단체간 불평등으로 인하여 행정서비스나 복지시설이 상대적으로 낮은 자치단체에서 높은 자치단체로 주민이동이 가능하므로 지역간 과집중현상이나 과소외현상이 야기될 우려가 있다. 이러한 문제점을 시정하기 위하여 특정사무처리를 개별자치단체에 맡겨두지 않고,여러 개의 자치단체가 형평의 원리에 입각하여 광역적으로 처리함으로써 해결할 수 있게 된다. 이 때 적용되는 기준을 형평기준이라고 한다.

5) 전문화된 서비스기준

각 지방자치단체 내에 소재하고 있는 대학, 연구소, 종합병원, 박물관 등은 고도로 전문화된 지식과 서비스를 요구하는 시설들이다. 이들은 개별 자치단체별로 관리하는 것보다는 광역행정권을 단위로 여러 자치단체가 함께 관리하도록 하는 것이 보다 효과적이다. 이처럼 전문화된 서비스 기준이란 고도의 전문지식이나 기술을 요구하는 시설이나 기관의 관리나 서비스에 대해서는 여러 자치단체에 의한 광역행정의 필요성을 제시하고 있는 것(기준)을 말한다.

Ⅱ. 광역행정의 방식

광역행정의 방식은 여러 가지로 분류된다. 그것은 각 국가에 있어서의 광역행정사무의 종류와 질·양 및 관계법령에 따라 각각 다르며, 또한 그 분류기준에 따라서도 차이가 난다. 그러나 광역행정의 방식을 고찰함에 있어서는 중앙정부의 통제를 강화하는 방향과 지방자치를 존중하는 방향으로 나누어 집권방식과 분권방식으로 분류하는 것이 지배적이다.

1. 처리주체에 따른 분류

1) 기초자치단체의 수준에서의 광역행정

기초자치단체수준에서 광역행정을 수행하는 방식으로는 우리나라의 시·군조합, 일본의 시·정·촌합병, 미국의 특별구(special district), 프랑스의 시·읍·면조합, 도시공동체 등이 기초자치단체 수준에서 광역행정을 처리하는 방식이다.

2) 광역자치단체 수준에서의 광역행정

우리나라 서울특별시, 광역시, 도간의 자치단체조합, 일본의 도주제, 그리고 프랑스의 레종(Region) 수준에서 광역행정사무를 처리하는 방식으로서 광역행정의 가장 전형적인 방식이라고 볼 수 있다.

3) 중앙정부의 하급행정기관에 의한 광역행정

우리나라의 지방국토관리청, 지방해운항만청 등 국가의 하급행정기관에 의한 광역행정사무의 처리방식이다. 일본에서는 지방에 설치되어 있는 국가행정기관의 종류와 수가 너무 많아 이를 종합화·일체화하여 국가의 종합적인 광역행정기관으로서 지방청을 설치할 것을 구상해온 바가 있다. 우리나라에서는 지방분권과 지역균형개발이라는 국정방향에 따라 특별지방행정기관의 지방자치단체에의 통폐합정책이 추진되고 있으나 현실적인 반대에 부딪혀 단기간내 성공가능성이 낮아보인다. 따라서 중앙정부의 하급행정기관에 의한 광역행정처리방식은 당분간 지속될 것으로 예상된다.

2. 협력방식에 따른 분류

1) 공동처리방식

이 방식은 두 개 이상의 지방자치단체 또는 지방행정기관이 상호 협력관계를 형성하여 광역행정사무를 공동으로 처리하는 방식을 말한다. 여기서 공동처리라는 의미는 인접한 복수의 자치단체가 그 구역 내 또는 구역의 일부에서 공통의 이익을 증진하기 위하여 서로 협력하여 공통의 사무·사업을 수행하는 방법이다. 엄격히 말하면 광역행정의 방식은 대부분 2개 이상의 자치단체가 공동으로 처리하는 방식을 의미한다고 할 것이다.[1] 이러한 공동처리방식의 유형으로는 첫째 협의회에 의한 방식, 둘째 공동처리기관설치방식, 셋째 사무의 위탁방식, 넷째 일부사무조합의 설치운영방식 등이 있다.

2) 광역처리기관설치방식

광역처리기관설치방식이란 2개 이상의 자치단체가 광역사무를 처리하기 위하여 공동으로 그 사무처리를 전담할 기관을 설치하여 그것으로 하여금 광역사무를 수행토록 하는 것이다. 여기에 속하는 것으로는 i) 도시공동체구성방식, ii) 기관의 공동설치방식, iii) 자

1) 이러한 방식의 장점으로는 i) 지방자치단체 단독으로 할 수 없는 시설의 설치·관리나 사업의 시행을 효과적으로 도모할 수 있고, ii) 사무와 서비스의 이익이 하나의 자치단체구역에만 한정되지 않거나, 규모의경제가 기대되는 것일 때는 행정서비스의 효율화가 가능하며, iii) 기초자치단체의 구성이나 수행해야 할 사무, 사업의 종류·범위 등에 있어 융통성이 많다는 점이다. 그리고 단점으로는 i) 역사적으로 종적·수직적 사회의 전통을 가진 우리나라에서는 횡적구조를 하는 그 이념으로 하는 이 방식은 그 취지를 살리기 어렵고, ii) 특히 자치단체 간에 이해가 대립되거나 비용부담문제 등이 표면화되는 경우 그 해결이 곤란하며, iii) 주민공동시설의 설치와 장소선정에 대해 주민들의 반대가 격심할 경우 그리고 공동시설의 설치절차가 번잡할 경우 그 해결이 어렵다는 점 등이다.

치단체연합방식, iv) 특별구 설치방식 등이 해당된다.

3) 지방자치단체조합과 기업단설치방식

우선 지방자치단체조합이란 1개 또는 그 이상의 사무를 공동으로 처리하기 위하여 2개 이상의 자치단체가 설치하는 법인격을 가진 특별자치단체이다. 여기에는 다시 일부사무조합 또는 목적조합과 복합사무조합이 있다. 일부사무조합이란 지방자치단체가 그 사무의 일부를 다른 자치단체와 공동으로 처리하기 위하여 조합을 설치하는 방식이고(프랑스, 독일, 한국 등), 주민을 갖지 않으며, 직접청구를 할 수 없다는 점에서 보통자치단체와 다른 특별자치단체로 인정하고 있다. 그리고 복합사무조합이란 지방자치단체가 복수의 사무를 다른 자치단체와 공동으로 처리하기 위하여 조합을 설치하는 방식이며, 일부사무조합을 다수 설립하는 폐단을 방지하기 위하여 설치하도록 하였다.

한편 기업단 설치방식이란 전술한 지방자치단체조합의 일부사무조합과 유사한 협력방식이다. 기업단은 수도, 궤도, 자동차운송, 전기, 가스 등 사업의 경영에 관한 사무를 공동처리하는 기업이다. 이것은 일본에서 주로 사용되는 광역행정방식이다.

4) 광역의회와 협의기구설치방식

광역의회설치방식이란 주민이 선출한 지방의회 등이 대표로 참여하여 광역의회(metropolitan council)를 구성하고 여기에서 광역적 사무를 토의하여 처리하는 광역행정방식을 의미한다. 그리고 지방자치단체협의회 설치방식이란 지방자치단체가 i) 그 사무의 일부를 공동을 처리하거나, ii) 그 사무에 대한 연락조정을 도모하고, iii) 광역적 계획을 공동으로 수립하기 위하여 관련 자치단체간의 협의에 의하여 규약을 정하고 이에 따라 협의회를 설치하여 처리하는 방식이다. 그 외 연락회의 설치방식이라는 것도 있는 데 이것은 광역행정의 필요에 따라 광역적 행정단위에 그 관할구역내의 자치단체 및 중앙정부의 지방행정기관 대표들로 구성되는 연락회의를 두는 것을 말한다.

5) 지방자치단체간 상호 원조방식

광역적 사무를 처리하는 방식의 하나로 관련되는 지방자치단체가 상호 지원 혹은 원조하는 방식에는 i) 사무의 위탁, ii) 구역외 관할권의 인정, iii) 상호원조 등이 있다. 첫째, 사무위탁방식이란 한 자치단체가 다른 자치단체에게 자신의 특정한 사무관리를 위탁할 경우, 위탁을 받은 수탁자치단체가 위탁자치단체를 대신하여 광역행정사무를 처리하거나 주민에게 광역적 행정서비스를 제공하는 방식이다. 둘째, 구역 외 관할권 인정방식이다. 이것은 일정한 경우에 한하여 자치단체가 그 구역 외에서 행정권을 행사하거나 행정활동을 수행하는 것을 인정하는 방식을 의미한다. 셋째, 자치단체간 상호원조의 방식이다. 이것은 하나의 자치단체가 다른 자치단체에 대하여 특정한 사무처리에 필요한 기술이나 인력지원 혹은 다른 원조를 요청할 경우, 그 요구를 받은 자치단체는 그 기능의 전부 또는 일부를 동원하여 응원(지원)하도록 하는 것을 말한다.

3. 광역행정의 강제성 정도에 따른 분류

1) 합병(合併)의 방식

자치단체의 합병(annexation)이란 몇 개의 기초자치단체를 통폐합하여 하나의 법인격을 가진 자치단체를 신설하는 방식이다. 합병의 방식에는 크게 두 가지가 있는데 하나는 도시지역을 병합하는 도시합병이고, 다른 하나는 농촌지역을 병합하는 도시통합이다. 이 방식은 광역행정문제를 신속・용이하게 처리하고 비용을 절감할 수 있다는 장점이 있다.

2) 특별행정기관설치 방식

이것은 특별한 광역행정사무를 처리하기 위하여 인접 자치단체간의 합의 하에 특정기능만을 수행하는 국가행정기관을 일반행정기관과 별도로 설치하는 방식을 의미한다. 특별행정기관을 설치하는 방식은 국가에 따라 다르지만, 프랑스의 르아브르 항만청, 미국의 뉴욕항만청(New York Port Authority) 등을 그 예로 들 수 있다. 이 방식은 우리나라에서도 채택되고 있는바 지방노동청, 지방국토관리청, 지방환경청, 수출자유지역관리소, 공업단지관리공단 등이 대표적인 예이다.

3) 권한 또는 지위의 흡수방식

권한의 흡수방식이란 기초자치단체의 권한을 광역자치단체 또는 국가가 흡수하는 방식으로 신중앙집권화를 촉진하는 방법으로 간주되고 있다. 그리고 지위의 흡수방식이란 광역자치단체가 기초자치단체의 권한뿐 아니라 그 자치단체의 지위까지도 흡수하는 방식을 의미한다. 우리나라의 읍・면 자치제가 군 자치제로 개편된 것을 그 대표적인 예로 들 수 있다.

4) 관치적 집권화의 방식

권한흡수나 지위흡수의 방식은 중앙집권화의 방식을 다분히 내포하고 있다고 하겠지만, 관치적 집권화 방식은 자치단체를 통해서가 아니라 국가의 지방행정기관의 강화를 통해서 광역행정을 수행하는 것이므로 이보다 더 중앙집권화에 가까이 가는 방식이라고 하겠다.

4. 한국의 광역행정방식

우리나라의 광역행정에 대한 일반적인 근거법규로는 지방자치법을 들 수 있다. 비록 광역행정이라는 용어는 사용하고 있지는 않지만 광역행정의 방식인 지방자치단체조합의 설립, 지방자치단체간의 행정협의회의 구성 등을 규정하고 있다. 이외에 광역행정에 관한 법률로는 국토건설종합계획법, 교육자치법, 지방공기업법 등이 있다.

1) 기초자치단체의 지위흡수

우리나라에서 실시되었던 광역행정방식 중 중요한 것은 기초자치단체이자 행정단위였던 읍·면이 상급단체인 군에 흡수된 것은 들 수 있다. 일본의 경우 행정의 광역화를 위해 기초자치단체인 시·정·촌을 합병하여 규모를 조정한 반면, 우리는 기초자치단체의 지위를 폐지하고 상급자치단체가 흡수하였다는 차이가 있다. 그 결과 우리나라의 군은 세계에서 그 예를 찾아볼 수 없을 정도로 광역적인 기초자치단체가 되었다.

2) 지방자치단체조합의 설치

또 다른 광역행정방식의 하나는 지방자치단체들이 특별지방자치단체에 해당되는 지방자치단체조합을 구성하는 방식을 들 수 있다. 과거에는 자치단체 중에서도 시·군 간의 조합설립만이 허용되었으나 1973년의 지방행정관계법의 개정 이래 모든 지방자치단체가 조합을 설립할 수 있게 됨으로써[2] 서울특별시, 광역시, 도 간의 조합도 인정하게 되었다. 그러나 현행 법규정으로는 일부사무조합과 전부사무조합 양자가 모두 가능하도록 되어있으나, 전부사무조합의 설립은 사실상 가입한 자치단체간의 합병을 의미하므로 문제가 있다. 우리나라의 지방자치단체조합은 1991년에 설치되었던 수도권매립지운영관리조합이 2000년도에 폐지되어 지방공사로 전환되었다. 현재는 자치정보화조합, 부산·진해 경제자유구역청, 광양만권 경제자유구역청, 부산·거제간 연결도로건설조합, 부산·김해경량전철조합 등이 설치·운영되고 있다. 근래 수도권광역교통조합의 설립이 추진되고 있어 지방자치단체조합의 설치가 증가될 조짐을 보이고 있다.

---

2) 지방자치에 관한 임시조치법 제2조의 ③, 자치법 제149조.

3) 행정협의회설치

광역행정의 세 번째 방식은 지방자치단체들이 행정협의회를 구성하는 방식이다. 과거에는 법적 근거없이 도시권에서 관례적으로 채택되어 왔으나 1973년 「지방자치에 관한 임시조치법」의 개정으로 "두 개 이상의 지방자치단체에 관련된 사무의 일부를 공동으로 관리·처리하기 위하여" 행정협의회를 구성할수 있다는 법적 근거가 마련되었으며, 1989년 지방자치법 개정에서도 명문화가 되었다.

우리나라 행정협의회는 선진국의 그것과 달리 지방자치단체나 지방주민이 광역행정의 필요를 느끼고 그들의 자발적 의사에 따라 설립된 기구가 아니라 중앙정부의 지시에 의해 설립된다. 행정협의회는 지방행정의 효과적인 시행을 위해 지방자치단체간 갈등과 분쟁을 줄여 서로 협력하게 하거나 일정한 사무를 공동으로 처리하게 하는 광역행정의 중요한 한 가지 방식이다. 우리나라 행정협의회의 설치 및 운영에 관해서는 현행 지방자치법과 동 시행령에서 비교적 자세하게 규정을 하고 있지만, 그 운영실적은 극히 부진하였다.

4) 특별행정기관설치

중앙정부는 i) 건설교통부의 '서울지방국토관리청', ii) 환경부의 '한강환경관리청'과 같이 국가가 특별지방행정기관을 설치하여 자신의 정책을 수도권에서 실현하고 있다. 또한 iii) 수도권정비심의위원회와 iv) '수도권광역행정조정위원회'의 두 위원회를 국무총리실 산하에 두어 수도권내 지방정부의 개발과 행정을 조정하고 있다. 이들은 엄밀한 의미에서는 자치단체간의 수평적 협력에 의해서 이루어지는 광역행정방식으로 보기는 어려우나, 수도권역 내에서 광역적 서비스를 통합적으로 이루어 질 수 있도록 중앙정부가 직접 광역사무를 담당하거나, 심의·조정 업무를 한다는 점에서 넓은 의미의 광역행정에 포함시킬 수 있다. 우리나라에서는 중앙정부가 각종의 특별행정기관을 설치하여 이 기관으로 하여금 광역적 사무를 처리하는 예가 적지 않았다. 지방국토관리청·지방해운항만청 등이 바로 그것이다.

제 2 절 광역행정의 문제점과 개선책

1. 광역행정의 문제점

1) 광역행정의 필요성에 대한 인지부족

오늘날 도시행정은 제도화 및 산업화로 인하여 도시와 그 주변지역간의 생활연계가 증대함으로 광역행정의 필요성이 증대되고 있다. 그러나 광역행정의 필요성에 대한 인지도가 아직은 낮은 수준에 머물러 있어 여러 가지 문제점이 대두되고 있다. 이러한 현상은 편협한 지역주의에 기인한 것으로 분석된다. 그리고 기초지방자치단체 공무원들은 광역행정업무에 대한 경험이 많지 않아 광역행정업무의 추진에 커다란 장애요소로 나타난다. 이것은 결국 우리나라에서의 광역행정업무에 대한 필요성 및 경험이 아직은 초기단계에 있다고 볼 수 있다.

2) 상설 광역행정기구의 미비

우리나라 광역행정의 처리방식은 구역변경방식, 행정협의회에 의한 방법, 특별지방행정기관에 의한 방법 등 다양하다. 그러나 중요한 사안에 대해서는 주로 각 자치단체간의 개별적 접근에 의한 협조전략에 의존하고 있다. 그러나 해당 지역간의 이해관계가 첨예하게 대립될 때는 여전히 상급자치단체의 조정에 크게 의존하고 있어 광역행정업무를 효율적으로 수행하지 못하고 있는 형편이다. 따라서 광역행정업무처리에 대해서 독자적인 특별행정기관을 설립하고 이에 따른 독립적인 예산운영 및 법적 구속력을 가질 수 있는 제도가 마련되어야 할 것이다.

3) 중앙집권적 광역행정

광역행정사업의 의사결정형태는 주로 관련 자치단체간의 협상에 의해 이루어지고 있지만 아직도 상당부분이 상급기관 및 중앙부처의 일방적 지시나 명령에 의해서 이루어지는 하향적 의사결정행태를 보이고 있다. 이는 아직 의사결정권한이 상부에 집중되는 중앙집권적 경향이 있어 지방자치단체수준의 의사결정경험이 부족하였기 때문으로 볼 수 있다. 따라서 광역행정업무에 관한 권한을 지방자치단체에 대폭 이양하여 지방자치단체 수준에서 의사결정경험을 갖게 해줄 필요가 있다.

4) 지방정부의 재량권 부족

광역행정의 업무처리과정에서 주도적인 역할은 해당 자치단체의 자원에서 긴밀한 협조에 의해서 이루어지기 보다는 관계되는 법률 및 행정명령에 의해 조정되고 있다. 이는 지역적 특수성을 깊이 이해하고 있는 해당 지방자치단체가 스스로 문제를 해결하려고 노력하기 보다는 상부의존적인 해결을 도모하고 있기 때문이다. 이러한 경향은 지방정부의 권한이 한정적이라는 구조적 특징과 자치경험이 부족함으로써 나타난 결과라고 하겠다. 앞으로 광역행정의 공동업무처리과정에서는 해당 자치단체에 재량권을 많이 부여해 이를 근거로 관련 자치단체간의 협조에 의해서 조정되도록 법률 및 제도적 장치가 뒷받침되어야 하겠다.

5) 지방공무원의 소극적인 참여

우리나라 광역행정의 문제는 주로 해당지역의 주민들에 의해서 제기되고 있다. 광역행정의 직접 수혜자는 바로 그들이기 때문이다. 때문에 주민들이 문제를 제기한 경우, 지방자치단체 공무원들은 주민들의 편의를 위해 이들의 문제를 인지, 수렴하여 그 해결방안을 제시하여야 한다. 그러나 지방정부의 공무원들은 주민들의 관심도에 비하여 상대적으로 낮은 참여의식을 보이고 있다. 따라서 광역행정에 대한 지방공무원들의 적극적인 참여를 유도할 수 있는 방안이 모색되어야 할 것이다.

2. 광역행정체제의 개선방안

1) 기본방향

앞으로는 교통·통신 등 여건의 변화에 따른 광역행정의 필요성이 급증될 것으로 판단된다. 따라서 지방자치의 발전적 정착에 따라 지역사회의 발전과 동시에 국가 전체의 균형발전을 고려하는 문제가 우리나라 광역행정의 기본적인 과제가 될 것이다. 이에 우리나라의 광역행정이 그 본래적 가치를 구현하기 위해서는 첫째 보다 바람직한 지방분권화의 실현이고, 둘째 각 정부간 기능 및 권한의 명확화이며, 셋째 광역권역의 합리적 설정과, 넷째 수많은 중앙정부의 특별지방행정기관을 가능한 한 정비하여야 한다는 기본전제가 해결되어야 한다.

이와 같은 기본전제 하에 새로운 광역행정체제의 기본방향은 첫째 민주성과 능률성의 양대 행정이념이 보다 적극적으로 추진되어야 하고, 둘째 주민생활의 편의를 증대할 수 있는 방향으로 나가야 하며, 셋째 환경에 대한 광역행정체제의 적응성을 확보할 수 있어야 하고 끝으로 기존 정치행정적 제반 제약조건을 충분히 수용할 수 있는 신축성 있는 체제로 조직되어야 한다. 그러기 위해서는 어떠한 여건 하에서도 체제의 신설 또는 개편이 가능해야 한다.

2) 광역행정체제의 구체적 개선방안

(1) 구역변경에 의한 개선방안

우선 구역변경시 고려해야할 사항으로는 첫째 도시계획구역과 지방자치구역을 일치시키도록 해야 하고, 둘째 개발제한구역을 넘어서는 자치구역의 변경을 제한해야 하며, 셋째 가능한 생활권과 자치구역을 일치시키도록 해야 하고, 넷째 불연속 구역[3]의 설정변경 문제로서 불연속 구역(분절구역)은 구역개편시에 반드시 고려되어야 한다. 그리고 대도시지역에서 구역을 변경할 경우 역내의 도시지역과 농촌지역의 경계문제 등을 동시에 고려할 수 있는 합리적 구역변경기준을 마련해야 할 것이다.

(2) 행정협의회의 개선방안

우선 기존제도를 다음과 같은 방향으로 수정해 나갈 필요가 있다. 첫째 기존의 도시권역을 합리적으로 개선할 필요가 있다. 둘째 회원단체 대표공무원의 직급을 조정하고 회원자격을 조정할 필요가 있다. 셋째 관계법규의 제정이나 개정이 요구되며, 넷째 협의회운영을 전담하는 상설기구를 설치해야 한다.

이러한 제도적 개선을 기초로 하여 다음과 같이 그 운영도 개선할 필요가 있다. 첫째 회의개최를 정기화하고 해당 자치단체장의 참석을 의무화 시킨다. 반드시 기관장이 참석하도록 하고 부득이한 경우에 부시장, 부지사, 부시장, 부군수에 한해서 대리참석이 가능하도록 한다. 둘째 부의안건을 확대시키고 결정된 사항에 대해서는 구속력을 부여한다. 셋째 광역권 개발기금을 설치하고, 넷째 기능별 실무집행위원회를 구성·운영할 필요가 있으며, 다섯째 자문위원회를 구성하여 전문가 및 주민의 참여를 활성화 시킨다.

(3) 광역구 설치방안

광역구란 자치단체수준의 특별지방자치단체를 의미하며, 중앙정부와 지방정부가 공동으로 설치하여 광역행정을 담당할 필요가 있다.

첫째, 기관구성으로는 중앙정부, 지방정부 및 관계전문가가 공동으로 참여하는 최고의결기관인 이사회 및 이사회에서 임명하는 집행기관을 둔다. 이사회에서는 주요사안에 대

3) 불연속 구역(분절구역)이란 예컨대 안양시에 의해 시흥군이 2분된 예나 대구시에 의해 달성군이 2분된 경우와 같이 자치구역이 분절되어 연결되지 못한 구역을 말한다.

한 심의·의결을 하고 이사장이 광역구를 대표하며 집행기관은 의결된 사항을 구체적으로 실천하며 결과를 이사회에 보고 하여야 한다. 둘째, 기능적 측면에서는 광역구와 회원 지방정부간의 기능배분을 명확히 하여 업무의 중복이나 공백이 나타나지 않도록 해야 한다. 셋째, 재정적 측면에서는 자본금이나 운영수지적자는 중앙정부와 회원 지방정부가 공동으로 부담해야 하며, 그 비율은 현행 우리나라의 국세, 지방세의 비율 및 지방정부의 재정력을 감안하여 결정되어야 한다.

(4) 광역기능별 개선방안

중앙정부와 지방정부 그리고 정치와 행정을 동시에 고려하는 광역행정이 되도록 해야 한다. 특히 정형화된 계획내용을 탈피하고 지역의 기능적 사안에 부응할 수 있도록 계획의 내용이 신축적이어야 한다. 또한 행정·재정상의 능률, 지역간의 균형, 계층간의 균형, 주민복지의 목표를 각 지역의 수요와 국가전체의 정책간의 조화 속에서 수용하고 발전시키도록 해야 하며, 지역의 안정을 위한 경제적·사회적 지원계획이 추진되어야 하지만 무엇보다도 각 개인이 거주하고 있는 지역에 대한 애향심을 불러일으킬 수 있는 지역주의를 유도한다.

참 고 문 헌

1. 국내저서

강형기(1997). 「혁신과 진단」, 한국지방자치경영연구소.
———(1998). 「관의 논리 민의 논리」, 비봉출판사.
구민상(1998). 「지방자치의 이론과 실천」, 한남대학교 출판부.
———(1999). 「지방자치의 재정이론과 경영방안」, 한남대학교 출판부.
김규정(1998). 「행정학원론」, 법문사.
김도창(1981). 「일반행정법론」(하), 청운사.
김동기(2004). 「한국지방재정학」, 법문사.
김동희(1998). 「행정법Ⅱ」, 박영사.
김번웅 · 김동현 · 김판석(1997). 「한국행정개혁론」, 법문사.
김병완 외(1996). 「지방자치와 지역정책」, 한울아카데미.
김병준(1994). 「한국지방자치론」, 법문사 .
김보현 · 김용래(1983). 「지방행정의 이론과 실제」, 법문사.
김봉식(1971). 「국가기획제도론」, 서울: 상지문화사.
김안제(1979). 「환경과 국토」, 박영사.
김안제 · 노융희 · 조석준(1980). 「지방자치론」, 서울대학교출판부.
김영기(1997). 「지방자치행정론」, 대영문화사.
김　원(1981). 「도시행정론」, 박영사.
김종순(2001). 「지방재정학」, 삼영사.
김종표(1988). 「현대지방행정론」, 일신사.
김진욱 역(1992). 「제3의 물결」, 범우사.
김형배(1988). 「지방자치론」, 계명사.
김홍래(2005). 「지방재정의 이론과 실제」, 박영사.
노상환(편) (1977). 「환경예산과 정책목표」, 한국환경기술개발원.
노융희(1988). 「한국의 지방자치」, 녹원출판사.
노화준·송희준 공편(1994). 「세계화와 국가경쟁력」, 나남출판.
박동서(2001). 「새정부혁신의 전략과 과제」, 법문사.
박용주(2002). 「지방자치론」, 형설출판사.
박응격(1999). 「지방행정론」, 신조사.
———(2002). 「지방자치 성공시대」, 백산자료원.
박호숙(1996). 「지방자치단체의 갈등관리」, 다산출판사.
삼성경제연구소(1997). 「정부혁신의 길」, 21세기 북스.
성경룡 · 박양호 외(2003). 「지방분권형 국가만들기」, 나남출판사.
소진광(2005). 「지방자치와 지역발전」, 박영사.
소진광 외(2001). 「지방정부의 혁신」, 경원대학교 출판부.
손봉숙(1985). 「한국지방자치연구」, 삼영사.

손재식(1991). 「한국지방자치의 진로」, 박영사.
안성호(1995). 「한국지방자치론」, 대영문화사.
안용식·김천영(1995). 「지방정부간협력관계론」, 대영문화사.
양영철 · 한세억(2001). 「지역정보화론」, 제주대학교 출판부.
오스본 · 게블러(1997). 「정부혁신의 길」, 삼성경제연구소.
오연천(1989). 「지방재정론」, 박영사.
우명동(2001). 「지방재정론」, 도서출판 해남.
윤여중 역(2006). 「매가트렌드 2010」, 패트리셔 에버딘 저, 청림출판.
윤영진 외(2001). 「지방정부개혁」, 대영문화사.
이계탁(1984). 「지방행정론」, 고려원.
이광종(1989). 「지방책임론」, 대영문화사.
이규환(1999). 「한국지방행정론」, 법문사.
이규행 역(1994). 「권력이동」, 한국경제신문사.
이극찬 역(1980). 「희망의 철학」, 도서출판 나남.
이기우(1996). 「지방자치이론」, 학현사.
———(2003). 「지방분권과 시민참여」, 도서출판 역사넷
이범준·신승권(1990). 「정치학」, 박영사.
이상운·장권(2002). 「정부의 재정개혁」, 법문사.
이상희(1992). 「지방재정론」, 계명사.
이성덕(1978). 「지방정부개혁론」, 법문사.
이승종(2005). 「지방자치론」, 박영사.
이영희(1995). 「세계화 시대의 지방화」, 여의도연구소.
이용규(1996). 「행정정보체계론」, 박영사.
이재규 역(1999). 「21세기 지식경영」, 한국경제신문사.
———(2002). 「 Next Society」, 피터 드러커 저, 한국경제신문사.
이종수 · 윤영진 외(2002). 「새행정학」, 대영문화사.
이주희(1996). 「초일류자치단체를 만들자」, 한국지방자치연구원.
임경호(1991). 「지방의회론」, 대영문화사.
———(2001). 「최근 일본지방의회의 개혁사례」, (사)지방의회방전연구원.
임도빈(1994). 「지방화 시대의 국가행정」, 장원출판사.
———(1997). 「지방조직론」, 박영사.
장지호(1982). 「지방행정론」, 대왕사.
정세욱(1997). 「정부간 관계」, 법문사.
———(1997). 「한국지방자치의 과제」, 법문사.
———(2003). 「지방행정학」, 법문사.
정세욱 · 최창호(1990). 「행정학」 개정판, 법문사.
조창현(1996). 「지방재정론」, 박영사.
———(2005). 「지방자치론」, 박영사.
조창현 · 강태구(1998). 「지방재정 조정제도」, 한양대학교 출판원.

조창현 외(1995). 「한국지방자치의 쟁점과 과제」, 문원출판사.
최봉기외(1989). 「한국의 지방자치와 행정」, 대영문화사.
최봉기(2003). 「한국지방자치의 발전전략」, 계명대학교 출판부.
―――(2006). 「정책학개론」, 박영사.
최외출·이성환 역(1988). 「중앙정부와 지방정부 관계론」, 대영문화사.
최인기·이봉섭(1993). 「지방의회론」, 법문사.
최창호(1981). 「지방행정구역론」, 법문사.
―――(1995). 「지방자치학」, 삼영사.
홍성준(2005). 「차별화의 법칙」, 새로운 제안.
홍정선(2000). 「지방자치법학」, 법영사.

2. 국내논문

강경근(1993). 「정보공개제도에 관한 연구」, (고려대학교 대학원, 박사학위논문).
강윤호(2005). "지방정부간 공유재 갈등의 원인과 해결방안: 거래비용 이론을 통한 부산신항만 관할권 분쟁 사례분석을 중심으로, 「한국행정학보」, 39(2): 263-285.
강형기(1985)."지방자치를 위한 행정정보의 공개", 「인문 · 사회과학논문집」, 30집, 충북대학교.
―――(1989). "지방선거운동과 주민의 정치의식", 「지방자치연구」 I.(1), 한국지방자치학회.
구병삭(1987). "헌법상 지방자치원의 원리", 「현대법학의 제 과제」, 송산출판사.
권오철(1996). "중앙-지방간 갈 등에 대한 공무원의 의식조사연구", 「지방행정연구」, 11(2).
김남철(1998). "지방자치권의 제한에 대한 한계", 「연세법학연구」, 5(1), 연세법학연구회.
김동훈(1989). "지방자치단체의 기관구성" 「지방자치연구」, 1(1).
―――(1990). "지방자치시대의 주민참여", 「지방자치연구」, 2(1), 한국지방자치학회.
김두옥(1993). "정부간 관계연구의 이론적 고찰", 「지방자치연구」, 5(1).
김범열(2002). "혁신의 성공적 실행을 위한 5가지 원칙", 「LG주간경제」.
김병국(1999). "지방자치단체의 주민감사청구제 활성화방안" 한국지방자치학회 주최, 「21세기 지방자치의 과제와 발전방향」에 관한 하계학술세미나 발표논문.
김병섭(1996). 기업가적 정부혁신의 길. 「한국정책학회보」, 5(2).
김병준(1997). "정부간 관계의 이론" 정세욱, 「정부간 관계」, 법문사.
김순은(2004). 지방분권 정책의 집행에 영향을 미친 요인 분석: 일본사례를 중심으로, 지방정부연구, 7(4).
김순은 외(2009). "지방정부간 협력방안에 관한 연구", 「한국지방자치학회보」, 21(1): 97-119.
김시영(1996). "광역시와 자치구간의 관계정립", 「시정연구」 제16호, 대구광역시.
김안제(1979). "도시화에 부응한 지방단계 및 구역조정," 「지방행정」, 대한지방행정협회.
김영삼(1989). "중앙집권과 지방분권의 재개념화." 「동의법정」, 제5집(동의대학교).
김영수(1994), "중앙과 지방정부간의 갈등관리에 관한 연구", 「중앙행정논집」, 제8권.
김용래(1995), "중앙과 지방자치단체간의 효율적 관계정립방안", 「국회보」, 9월호.
김종표(1978), 「현대지방자치구역에 대한 연구」, 박사학위논문(단국대학교 대학원).
김진혁(2005). 「바람직한 자치경찰제에 대하여」, 전국시도지사협의회.

김태영(2001). 우리나라 지방정부개혁의 논리와 실제, 「도시행정연구」, 15.
김학로(1985). "지방자치단체의 계층구조와 기능배분," (사) 지방행정연구소, 「비교행정」, 제5권.
김흥회(2001). 지방정부혁신을 위한 조직개혁과정 이론모형, 도시행정연구 15: 3-32.
민경완(2000). 「한국 행정정보공개의 개선방안 연구」(연세대학교 행정대학원 석사학위논문).
박기영(1985). "자치여건과 지방정부의 자치능력" 「한국행정학보」, 19(1), 한국행정학회.
박세정(1998). "21세기를 대비하는 지방행정의 개혁방안",「한국지방자치학회보」, 10(2), 한국지방자치학회.
박수혁(1998). "지방자치권의 범위와 한계", 「저스티스」, 31(1), 한국법학원.
박순애(2001). 서울시 행정개혁의 현황과 향후 과제, 서울도시연구 2(1): 103-116.
박종수(1995), "지방정부수준의 NIMBY해결방안", 「지방자치연구」, 제7권, 제1호.
서원우(1990). "국가·지방자치단체론의 재검토." 「지방행정연구」, 5(2).
손봉숙(1985). "한국의 역대지방의회와 지방자치", 「한국행정학보」, 19(1), 한국행정학회.
손재식(1992). "지방자치단체는 행정의 전문화시대에 대응하고 있는가", 『자치행정」, 지방행정연구소.
손희준 외(1994). 「공공서비스의 공·사간 비용분석」, 연구보고서 93-9, 제174권, 한국 지방행정연구원.
송희준(1999). "공공부문개혁의 평가와 향후방향" 「공공부문개혁의 평가와 앞으로의 방향」, (서울대학교 행정대학원, 제56회 국가정책과정 세미나 발표논문).
심익섭(2000). "지방자치단체 경쟁력강화를 위한 신패러다임" 「자치공론」, 6(1), 한국자치개발연구원.
안해균(1979). "행정결정권한의 배분과 위임에 관한 평가" 「행정논총」, 17(1), 서울대 행정대학원.
유재원(2014). "지역간 경쟁: 논리, 현황 및 강화방안", 「국가정책연구」, 28(4): 117-140.
육동일(1999). "지방자치단체 개혁의 평가와 개선과제", 「공공부문개혁의 평가와 앞으로의 방향」, (서울대학교 행정대학원, 제56회 국가정책과정 세미나 발표논문).
이계남(1995). 「지방의회의원 선거제도의 변천에 관한 연구」, 계명대학교 정책개발대학원.
이기우(2003). "지방분권화의 방향과 미래", 「경기논단」, 봄호: 41-55.
이달곤(1988). "지방자치실시와 행정관리방식의 대안개발." 「행정논총」26(1), 서울대학교 행정대학원.
———(1992), "중앙정부와 지방자치단체간의 갈등관리에 관한 연구", 「행정논총」, 제30권, 제1호.
이윤식(2004). 지방분권시대의 공무원의 역할과 과제, 지방자치연수 45: 17-22.
이주희(2004). 지방분권의 전략적 사고, 지방자치연수 45: 12.
이종배(2005), "자치경찰법안의 기본방향과 주요내용", 자치경찰법제정 대토론회 발제문.
이현우·이미애(2011). "지방행정체제 개편에 따른 지방재정의 변화", 「한국지방재정논집」, 16(1): 143-175.
임경호(1996). "지방자치시대의 갈등과 해결방안" 「자치행정」제105호.
임승빈(1996), "6.27민선자치시대 이후의 정부간 관계변화", 「지방자치시대의 행정의 역할」, (한국행정학회 하계학술대회논문집).
장지호(1994). "지방자치권에 관한 연구", 「인하대학교 사회과학연구소 논문집」, 12. 인하대 사회과학연구소.

전영평(1994), "환경규제실패의 모형구성과 그 적용", 「한국정책학회보」, 3(2).
정세욱(1981). "정책결정의 참여자와 과정", 「고시계」, 1월호.
―――(1984). "국가와 지방자치단체간의 기능배분론," 김운태 외 공저, 「한국정치행정의 체계」 박영사.
―――(1987). "지방의회의 의결권에 관한 비교연구", 86-87년도 한국의회발전연구회지원연구논문.
―――(1996). "광역자치단체와 기초자치단체간의 재정조정제도", 「지방재정」15(4). 한국지방재정공제회.
―――(1998). "지방자치단체 혁신에 관한 연구" 「한국지방자치학회보」, 10(3), 한국지방자치학회.
정재근 (2005). "지방자치단체의 총액인건비제도의 도입과 지방분권" 「자치행정」, 4월호.
조석준(1992), "지자제실시의 실효성제고를 위한 지방행정제도의 개선방안", 「행정논총」, 30(1).
조창현(1996), "지방화시대의 중앙과 지방간의 역할분담", 「자치공론」, 2(1).
차병권외 (1988). 「지방재정조정제도의 개선연구」,연구보고서 제27권, 한국지방행정연구원.
천광길(1997). "자방선거에 있어서 정당참여에 관한 탐구",(호남대 논문).
최길수(2003). 지방정부행정개혁의 목적과 수단에 관한 연구, 「한국행정연구」, 12(3).
최봉기(1989). "지방자치와 민주주의", 「한국의 지방자치와 행정」, 관악행정학회편(서울: 대영문화사).
―――(1995). "환경변화와 지방자치단체의 정책형성", 「지방자치단체의 정책과제」, 대구발전동우회.
―――(1996), "지방정부의 자치역량강화와 국제화 전략" 「지방자치연구」, 8(3), 한국지방자치학회.
―――(1996). "자치환경의 변화와 지방정부의 대응기능에 관한 고찰" 「대구경북정치학회보」 4. 대구경북정치학회.
―――(1996). "중앙과 지방의 정부간 갈등실태와 합리적 조정방안", 「사회과학논총」 제15집, 계명대학교 사회과학연구소.
―――(1997). "현정부의 개혁평가와 차기정부의 개혁과제" 사회과학논총 제16집, 계명대 사회과학연구소.
최봉기외(1993). "지방정부의 자치역량 강화방안", 「대구경북행정학회보」, 제5집, 대구경북행정학회.
최유성(2002). '국민의 정부'의 지방행정개혁에 대한 평가와 향후 개혁과제, 한국행정연구 11(2).
최종이(1999). 「지방선거와 정당참여에 관한 탐구」, (계명대 정책대학원 석사학위논문).
최창현(역)(1998). 「정부개혁의 다섯 가지 전략」 삼성경제연구소.
최창호(1967). "PR의 선전·광고와의 이동(상하)," 「사법행정」, 4월호, 5월호.
―――(1995), "중앙과 각급 지방간의 적정한 기능배분", 「지방자치연구」, 7(1).
최창호·박기관(1999). "지방행정개혁의 실태와 발전방안에 관한 연구" 「한국지방자치학회보」, 11(2), 한국지방자치학회.
하미승(1994). "정부기능 민간이관의 논리와 추진전략", 「한국행정연구」, 3(2), 한국행정연구원.
하재룡(1996), "중앙-지방간 행정사무의 배분방안", 「지방행정연구」, 11(2).
하혜수·정정화(2004). 신공공관리론적 지방행정개혁의 성과평가, 한국지방자치학회보, 16(1).
한영수(2005). 지방자치단체간 발전적 관계에 관한 연구. 「지방정부연구」, 9(4).

홍준형(1998). "지방자치단체 조직개편에 대한 평가"「자치행정」, 제129호, 지방행정연구소.

3. 정부 및 관련연구기관 연구자료

경기도(1991).「지방자치제 하에서의 지방행정 전문화에 관한 연구」, 수원: 경기도청.
대통령자문 고령화 및 미래사회위원회.(2005).「고령친화산업활성화 전략」, 제57회 국정과제회의 보고자료. http://www.innovation.go.kr
삼성경제연구소[역](1994),「정부혁신의 길-기업가정신이 정부를 변화시킨다」
엘지경제연구원(2005).「2010 대한민국 트렌드」, 한국경제신문사.
여의도연구소(1995).「세계화 시대의 지방화」, (여의도논총-1).
전국시·도지사협의회 지방분권특별위원회(2003). 지방자치행정분야 지방분권주요과제.
정부혁신추진위원회(2002). 활동보고서.
정부혁신지방분권위원회(2003). 참여정부 지방분권 추진 로드맵.
———(2004).「정부혁신관리매뉴얼」, 혁신관리전문위원회.
———(2005),「21세기 혁신국가」, "정부의 IQ와 EQ를 높이다."
———(2006).「참여정부의 혁신과 분권」, 정부혁신지방분권위원회 백서 1.
총무처(1994),「중앙.지방사무총람」, 총무처.
총무처직무분석기획단(1997).「신정부혁신론」, 동명사.
한국지방행정연구원(1986),「2000年을 向한 지방행정좌표」, 한국지방행정연구원.
———(1986).「지방자치시대의 주민참여확충방안연구」, 서울, 한국지방행정연구원.
———(1994),「공공서비스의 공·사간 비용분석」, 한국지방행정연구원.
———(1996),「지방자치시대의 갈등사례」,
———(1994),「지방자치단체간 분쟁조정방안」,
행정자치부(1998).「조직개편추진지침」.
———(1999).「지방자치단체 2단계 구조조정 추진지침」.

4. 영미문헌

Benson, G. C. S.(1941), *The New Centralization*(N. Y. : Rinehart and Co.), pp.9-15.
Bingham, R. D. (1977). The Diffusion of Innovation among Local Governments. *Urban affairs Quarterly*. 13(2): 223-232.
Bryce, James (1921), *Modern Democracy*, Vol. 1.(N. Y. : MacMillan Co.), pp.131-133.
Capino, Joseph F. and Geffner Janet(1998), "Dose Privatization Affect Access to Government Information?" *Government Information Quarterly*, Vol .5, pp.147-154.
Canfield, Bertrand R.(1960), *Public Relations : Principles, Cases, and Problems*, 3rd edition (Homewood, Illinois : Richard D. Irwin, Inc.), pp. 6.
Chandler, J. A.(1991), Local Government Today, Manchester : Manchester University Press.
Christensen, J. G.(2000). The Dynamics of Decentralization and Recentralization, *Public Administration Review*, 64(1) : 81-91.
Cunningham, P.(2002). Progressivism, Decentralisation, Recentralisation Local Education Authorities and the primary curriculum, 1902-2002, *Oxford Review of Education*, 28(2-3) : 217-233.

Dimock, Marshall E. and Dimock, Gladys O.(1969), *Public Administration*, 4th edition. (New York: Holt, Rinehart & Winston, Inc,), p. 595.

Duncan, Simon & Goodin, Mark(1988), The Local State and Uneven Development, Cambridge : Polity Press.

Feiock R. C.(2004). *Metropolitan Governance: Conflict, Competition, and Cooperation* (Washington, DC: Georgetown University Press).

Fesler, James. W. (1949), *Area and Adminisstration* (University of Alabama Press).

Glennerster, H.(1991), "Market-type Mechanism and Health Services in the U. K."OECD Occasional Papers, *Market-type Mechanism*, Series No.2(Paris).

Gomez, E. J.(2003). Decentralization and Municipal Governance : Suggested Approaches for Cross-Regional Analysis, *Studies in Comparative International Development,* 38(3) : 57-80.

Guy, Peters.(1996), *The Future of Governing : Four Emerging Models,* (University Press of Kansas).

Hambleton, Robin(1978), *Policy Planning and Local Government*, London : Hutchinson & Co., Ltd.

Havelock, Ronald G. (1971), *Planning for Innovation,* (Michigan, Ann Arbor : Institute for Social Research, The University of Michigan).

Haruna, P. F.(2003). Reforming Ghana's Public Service: Issues and Experiences in Comparative Perspective, *Public Administration Review* 63(3) : 343-353.

Helden G. J. V. & Jansen, E. P.(2003). New Public Management in Dutch Local Government, *Local Government Studies* 29(2) : 68-88.

Highsaw, Robert B. and Dyer, John A.(1965), *Conflict and Change in Local Government : Pattern of Cooperation* (Alabama; University of Alabama Press), p. 12.

Hill, D. M.(1974), *Democratic Theory and Local Government*, (London : George Allen & Unwin Ltd.), pp174-183.

Hill, Peter(1997), "On Goods and Services", *The Review of Income and Wealth* No.4, Dec. pp. 317-318.

Hollis, Guy. Ham, Gai & Ambler, Mark(1992). *The Future Role and Structure of Local Government,* (Longman Group U.K. Ltd.).

Huntington, Samuel P. and Nelson, John M.(1976), *Political Participation in Developing Countries* (Boston : Harvard Univ. Press), p. 5.

Hutchcroft, P. D.(2001). Centralization and Decentralization in Administration and Politics : Assessing Territorial Dimensions of Authority and Power, *An International Journal of Policy and Administration*, 14(1) : 23-53.

Kamieniecki, Sheldon & Ferral, Michael R.(1991), Intergovernmental Relation and Clean-Air Policy in Southern California, *Publius* , Vol.21, No.3 (Summer).

Katzenstein, Peter J.(1985). *Small States in World Markets*(Cornell Univ. Press).

Karahan, G. R. et al.(2002). Centralized versus decentralized decision-making in a county government setting, *Economics of Governance*, 3 : 101-115.

Kellough, J. E.(2003). The Reinventing of Public Personnel Administration: An Analysis of the

Diffusion of Personnel Management Reform in the State, *Public Administration Review*, 63(2) : 165-176.

Kenyon D. A. and Kincaid, J.(1991). *Competition among States and Local Governments: Efficiency and Equity in American Federalism* (Washington, DC: The Urban Institute Press).

Kim, W. Chan & Mauborgne Renee.(2005), *Blue Ocean Strategy* (Massachusetts, Boston : Harvard Business School Press).

Korthals Altes, W. K.(2002). Local Government and the Decentralization of Urban Regeneration Policies in The Netherlands, *Urban Studies*, 39(8) : 1439-1452.

Koehler, J. W. & Pankowski, J. M. (1997). *Transformational Leadership in Government,* (Delray Beach, Florida : St. Lucie Press)

Lavigna, R. J.(1996). Innovation in recruiting and Hiring : Attracting the Best and Brightest to Wisconsin State Government, *Public Personnel Management,* 25(4) : 423-437.

Legaspi, P. E.(2001). The Changing Role of Local Government Under a Decentralized State : The case of the Philippines, *Public Management Review*, 3(1) : 131-139.

Lundahl, L.(2002). Sweden : decentralization, deregulation, quasi-markets and then what, *Journal of Educational Policy*, 17(6) : 687-697.

Lynn, L. E.(2001). Globalization and Administration Reform : What is happening in theory?, *Public Management Review*, 3(2) : 191-208.

Moreno, L.(2002). Decentralization in Spain, *Regional Studies*, 36(4): 399-408.

Musgrave, Richard A. (1959), *The Theory of Public Finance : A Study in Public Economy* (New York : McGraw-Hill Book Co., Inc.), pp.575-576.

McCool, Daniel(1993), Intergovernmental Conflict and Indian Water Rights : An Assessment of Negotiated Settlements. *Publius* : The Journal of Federalism, Vol.23, No.1(Winter).

Naisbitt John.(1984). *Megatrend* (New York, N. Y. : A Warner Communication Company).

Newman, J. et al.(2001). Transforming Local Government : Innovation and Modernization, *Public Money & Management,* April-June : 61-68.

Osborne, David and Gaebler Ted (1992). *Reinventing Government* (M. A. : Addison-Wesley Publishing Company, Inc.)

Osborne, David & Gaebler Ted (1993), *Reinventing Government* (N. Y : Penguin Group).

Paddison, R.(1999). Decoding Decentralization: The Marketing of Urban Power?, *Urban Studies*, 36(1):107-119.

Pondy, Louis R. "Organizational Conflict : Concepts and Models," *Administrative Science Quarterly*, 1967. Vol.12, No.2, pp. 298-320.

Riggs, Fred W. (1964), *Administration in Developing Countries : The Theory of Prismatic Society* (Boston : Houghton Mifflin Company), p.15.

Rhodes, R. A. W.(1981), Control and Power in Central-Local Government Relations (Aldershot, Hants : Gower Publishing Co., Ltd.).

Rhodes, R. A. W..(1983), *Control and Power in Central-Local Governments* (Aldershot : Gower

Publishing Co., Ltd..), pp.78-79.
Rogers, E. M., & Kim, J. I. (1985). Innovation in the Public Sector. In Merritt, R. L. & Colleagues (eds.). *Diffusion of innovation in Public Organizations.* : 85-108. (Sage Publications).
Rogers, E. M. (1995). *Diffusion of Innovations* (4th ed.), New York : Free Press.
Russell, Bertrand.(1951). *New Hopes for a Changing World* (London : George Allen & Unwin, Ltd.,)
Ryan, J. J.(2004). Decentralization and Democratic Instability : The Case of Costa Rica, *Public Administration Review*, 64(1): 81-91.
Sato, M.(2002). Intergovernmental Transfers, Governance Structure and Fiscal Decentralization, *The Japanese Economic Review*, 53(1) : 55-76.
Schneider, A.(2003). Decentralization : Conceptualization and Measurement, *Studies in Comparative International Development,* 38(3) : 32-56.
Stoner James A. F.(1978). *Management* (Englewood Cliff, N. J. : Prentice Hall Inc.,).
Strumpf, K. S.(2002). Does Government Decentralization Increase Policy Innovation? *Journal of Public Economic Theory*, 4(2): 207-241.
Tocquville, Alexis de (1961), *De la Democrate en Amerigue,* Vol. 1,(Paris : Editions Gallimand)
Travers, T.(2002). Decentralization London-style: The GLA and London Governance, *Regional Studies*, 36(7) : 779-788.
United Nations, *Decentralization for National and Local Development,* pp.90-130.
Verba, Sydney(1967), Democratic Participation in *The Annals of the American Academy of Political and Social Science*(September), pp.53-78.
Wright, Deil S.(1978), *Understanding Intergovernmental Relation*(North Scituate, Massachusetts : Duxbury Press), pp.5-21.
Wright. Daniel S. (1988). *Understanding Intergovernmental Relation*(Pacific Grove, California : Brooks/Cole Publisher Company)
Zimmerman, J. F. (1978), *State and Local Government*(N. Y. : Barnes & Noble books).

5. 일본문헌

成田賴明 (1976),「現代社會と自治制度の變革」(東京: 學陽書房)
寺田達史 (1993), "住民の 直接請求と 陳情·請援의 處理" 西尾勝·.岩崎忠夫 編著,「地方政治와 議會」(東京, きようせい).
吉田善明 (1981),「地方自治와 住民의 權利」(東京: 三省堂,).
礎村英一・星野光男 (1982),「地方自治讀本」(東京: 東洋經濟新聞社).
花田英夫 (1965),「現代地方自治論」(東京: 評論社).
秋山陽一郎,(1983),「選擧」(東京: 第一法規,).
高寄昇三 (1994),「地方自治の 新領域」(東京: 學陽書房)
山梨學院大學行政研究所編(平成 5年),「政策形成の 課題と 實際」(東京: 第一法規,).
都市問題, 第68卷 第8號(東京: 市政調査會, 1977. 8).

찾아보기

ㄱ

간접참정제도 217
갈등조정 및 조화기능 162
감사청구 216
개별적 지정주의 48
거버넌스 238
거버넌스의 대두배경 239
거버넌스의 유형 240
견제감시기능 161
겸업금지의무 174
겸직금지의무 174
경제성의 원칙 68
경제성질별 분류 306
경찰제도의 모델 192
경찰집행기관 191
계약주의 48
계층구조의 변천과정 121
고유권설(지방권설) 133
공공재 315
공무담임권 208
공익사업비 303
공청회 230
과세자주성(課稅自主性)의 원칙 283
관계긍정론 12
관계부정론 15
광역 · 지역발전특별회계 298
광역자치단체(상급자치단체, 중간자치단체) 108
광역행정 28, 470
광역행정의 기준 472
광역행정의 문제점 480
광역행정의 방식 474
광역행정의 촉진요인 471
광역행정체제의 개선방안 481
교부금 296
교육 · 문화 · 체육비 303
교육 · 학예집행기관 188
교육감(教育監) 189
교육위원회 189
구역조정의 목표 268
구역조정의 방식과 유형 269
구역조정의 사후처리 271
구역조정의 준거기준(하위목표) 268
구역조정의 필요성 266
국고보조금 295
근대의 지방행정 385
기관분리형(機關分離型) 128
기관위임사무 66
기관통합형(機關統合型) 126
기능배분의 기준 69
기능배분의 문제점 76
기능배분의 변수 70
기능배분의 원칙 68
기능배분의 합리화방안 78
기초자치단체(하급자치단체) 110
기초자치단체의 우선의 원칙 69

ㄷ

단체위임사무 66
단체자치 5
단층제 115
단층제의 장 · 단점 115
담배소비세 286
대의(代議)기능 162
도농분리방식 271
도농통합방식 270
등록면허세 285

ㄹ

레저세 286
로컬 거버넌스 238

ㅁ

민방위비 303

민영화 325

ㅂ

보조기관 184
보편성의 원칙 282
부단체장 184
부담금 291, 296
부담분임(負擔分任)의 원칙 283
분권 42
분권화 42
분담금 291
분산 42

ㅅ

사무조직 156
사법통제 86
사업소·출장소 186
사용료 290
사회복지비 303
산업경제비 303
삼국시대의 지방행정 382
상임위원회 154
선거관리위원회 186
선거구 417
선거구제의 종류 418
선거구획정위원회 417
선거권 158, 207
선거권과 피선거권 415
선거비용 419
선거소청권 208
선거운동 419
선거제도의 유형 413
선결처분권 198
세외수입 290
소속행정기관 185
수수료 290
수익권 209
시·군 조정교부금 299
신장성(伸張性)의 원칙 283
신중앙집권론 56
신중앙집권론의 한계 59
신중앙집권의 촉진요인 57
신중앙집권화 27
신지방분권론 56, 60
신지방분권론의 촉진요인 61
신지방분권의 구체적 형태 62

ㅇ

안정성의 원칙 282
외부계약 323
외부위탁 324
원내경찰권 160
응익성(應益性)의 원칙 283
의견제출권 159
의결권 157
의결기능 161
의사자율권 160
의안의 발의와 발의권 164
의안제출권 197
의원신분사정권 160
의원정수 152
의장단 153
의회출석답변권 199
의회해산권 199
인사위원회 187
일반집행기관 176
일반행정비 302
일사부재의(一事不再議)의 원칙 166
입법기능 161
입법통제 85

ㅈ

자동차세 287
자문위원회 231
자율운영 및 발전관리기능 162
자주성의 원칙 68
자주적 재원 11
자치(고유)사무 66
자치구 조정교부금 300
자치구역 255
자치구역과 행정구역 255
자치구역설정의 기준 263

자치권(自治權) 107
자치권의 보장 135
자치권의 제한 136
자치단체장의 신분 178
자치단체장의 지위 177
자치역량 제고방안 355
자치역량 349
자치입법권(自治立法權) 136
자치재정권(自治財政權) 146
자치적 분권 47
자치조직권(自治組織權) 142
자치행정권(自治行政權) 144
재산세 287
재산수입 291
재의요구권 198
재정자립도 309, 311
재정자주도 311
재정지출 301
재정지출(경비)의 분류 302
전래권설(국권설 혹은 수탁권설) 134
절충주의 48
절충형 130
정부간 갈등의 원인 456
정부간 갈등의 유형 454
정부간 갈등조정에 관한 이론 459
정부간 관계 443
정부간 관계 행태 450
정부간 관계의 유형 447
정부간 분쟁의 조정방안 464
정책개발 361
정책결정 371
정책의제설정 369
제1회 지방선거 390
제2회 지방선거 391
제3회 지방선거 392
제4회 지방선거 394
제5회 지방선거 395
제6회 지방선거 396
제7회 지방선거 397
제8회 지방선거 398
제9회 지방선거 399
제10회 지방선거 400
제척(除斥)의 원칙 166
조례제정 및 개폐청구권 208
조선시대의 지방행정 383
종합성의 원칙 68
주민 10, 205
주민감사청구권 208
주민발안 215
주민세 285
주민소송권 209
주민소송제도 217
주민소환 216
주민의 권리 207
주민의 의무 210
주민의 지위 206
주민자치 5
주민자치센터 231
주민참여 211
주민참여의 단점 223
주민참여의 방법 229
주민참여의 유형 228
주민참여의 장점 222
주민참여의 제약요인 234
주민참여의 활성화방안 236
주민청원 216
주민총회 214
주민통제 241
주민통제의 방법 245
주민통제의 취약 249
주민통제의 효율화방안 250
주민투표 215
주민투표권 208
준공공재 316
중앙집권 40, 50
중앙집권의 장·단점 51
중앙통제 81
중앙통제의 문제점 96
중앙통제의 실태 93
중앙통제의 특징 92
중앙통제의 필요성 82
중앙통제의 한계 84

중앙통제의 현대적 경향 90
중층제의 장·단점 117
지방경비 301
지방공무원소청심사위원회 187
지방교부세 294
지방교육세 288
지방분권 40, 50
지방분권의 목적 44
지방분권의 방식 47
지방분권의 장·단점 53
지방선거에 대한 정당참여 421
지방선거의 원리와 이념 410
지방선거의 유형 412
지방세 282
지방세의 세목 284
지방세의 원칙 282
지방소득세 287
지방소비세 286
지방의원신분의 취득과 상실 170
지방의원의 권리 171
지방의원의 보수 170
지방의원의 신분 170
지방의원의 의무 173
지방의원의 임기 170
지방의원의 지위 169
지방의회 149
지방의회 자율권(自律權) 159
지방의회의 권한 157
지방의회의 규모 152
지방의회의 기능 161
지방의회의 내부조직 153
지방의회의 운영 163
지방의회의 조직 151
지방의회의 회의원칙 165
지방자치권 10, 131
지방자치단체 103
지방자치단체의 계층구조 119
지방자치단체의 구성요소 106
지방자치단체의 구역조정 266
지방자치단체의 기관구성 형태 125
지방자치단체의 성격 104
지방자치단체의 장 176
지방자치단체장의 권한 179
지방자치단체조합 478
지방자치의 구성요소 9
지방자치의 목적 7
지방재정 275
지방재정력 312
지방재정수입 280
지방재정운영의 원칙 278
지방재정의 기능 277
지방재정의 성격 276
지방재정자립도 309
지방정부 9
지방정부의 행정구조와 기능 224
지방정부의 환경 227
지방채 291, 292, 293
지방행정서비스 314
지역 10
지역개발비 303
지역성의 원칙 283
지역자원시설세 288
지원 및 기타경비 304
직접참정제도 214
집권화 42
집단민원 233

ㅊ

책임명확화의 원칙 68
청원 231
청원권 208
청원의 수리(受理) 및 심사·처리권 158
출석답변요구권 158
취득세 285

ㅌ

특별지방자치단체 112
특별행정기관 479

ㅍ

포괄적 위임주의 47

품목별(성질별) 분류 304
피선거권 207

ㅎ

하부행정기관 188
한국의 정부간 분쟁요인 461
한국의 주민참여제도 230
행정구역 255
행정사무감사 및 조사권 158
행정적 분권 49
행정정보공개 331
행정정보공개의 촉진요인 336
행정정보공개의 필요성 335
행정통제 86
행정협의회 479
현지성의 원칙 68
협력봉사기능 162
협의의 보조금 296
회기계속의 원칙 166
회의규칙제정권 160

저자 약력

최 봉 기

중앙대학교(행정학 박사)
미국 미주리주립대학교 객원교수
지방행정고등고시 및 입법고시 출제위원역임
대한지방자치학회 회장, 한국정부학회 회장 및 동 편집위원장 역임
대통령자문 정부혁신지방분권위원회 정책자문위원
대통령실 정책자문(정무부문)위원 역임
대통령 소속 지방분권촉진위원회 위원 역임
계명대학교 사회과학대학 학장, 정책대학원 원장, 일반대학원 원장 역임
대구광역시의회 의정자문위원(현)/한국지방자치학회 및 한국정부학회 고문(현)
전국 시·도의회 의장협의회 정책자문위원(현)
현, 계명대학교 행정학과 석좌교수

〈주요 저서 및 논문〉
새행정학(대영문화사, 2008) (공저)
정책학개론(박영사, 2008).
한국지방자치론(법문사, 2008)
한국지방의회의 발전과 선진화(계명대 출판부, 2012)
지방정부의 자치역량강화(계명대 출판부, 2014 등 다수)
중앙정부의 지방분권추진실태와 지방정부의 대응정책과제
지방의회의원의 전문성제고방안에 관한 연구
한국 지방자치 20년의 회고와 선진화 과제 등 다수

박 종 선

Florida State University(행정학 박사)
경상북도 주요재정사업 민간평가위원 역임
7·9급 공무원 공개경쟁채용시험 출제 및 검수위원 역임
대구지방환경청 보통징계위원회 위원(현)
대구광역시 수성구 규제개혁위원회 위원(현)
한국정부학회 국제교류·협력이사(현)
한국조직학회 기획위원회 위원(현)
현, 계명대학교 사회과학대학 공공인재학부 행정학전공 교수

〈주요 저서 및 논문〉
해외사례를 통해 본 책임운영기관 평가제도 (공저, 경성문화사, 2014)
Untangling the Complexity of Association between Contracting and Local Fiscal Performance and Income Inequality in Terms of Competing Values
Economic Development and Local Government Structures

성 영 태

계명대학교(행정학 박사).
9급 공무원 공개경쟁채용시험 출제 및 검수위원 역임
한국정부학회 총무이사 역임
한국정부학회 이사(현)
현, 계명대학교 사회과학대학 공공인재학부 행정학전공 교수

〈주요 저서 및 논문〉

신체계 경찰학개론 (공저, 21세기사, 2006)
민원담당공무원의 감정노동이 자기효능감과 직무소진에 미치는 영향
변혁적·서번트 리더십이 조직몰입에 미치는 영향
새마을조직의 조직문화가 조직효과성에 미치는 영향 등 다수

지방자치의 이해와 전략

2015년 8월 25일 초판 인쇄
2015년 8월 30일 초판 1쇄 발행

저 자 최봉기·박종선·성영태
발행인 배 효 선
발행처 도서출판 法 文 社

413-120 경기도 파주시 회동길 37-29(문발동)
등 록 1957년 12월 12일/제2-76호(윤)
전 화 031-955-6500~6, 팩 스 031-955-6500
E-mail (영업) : bms@bobmunsa.co.kr
(편집) : edit66@bobmunsa.co.kr
홈페이지 http://www.bobmunsa.co.kr
조 판 광 암 문 화 사

정가 30,000원 ISBN 978-89-18-02434-9